地　　图

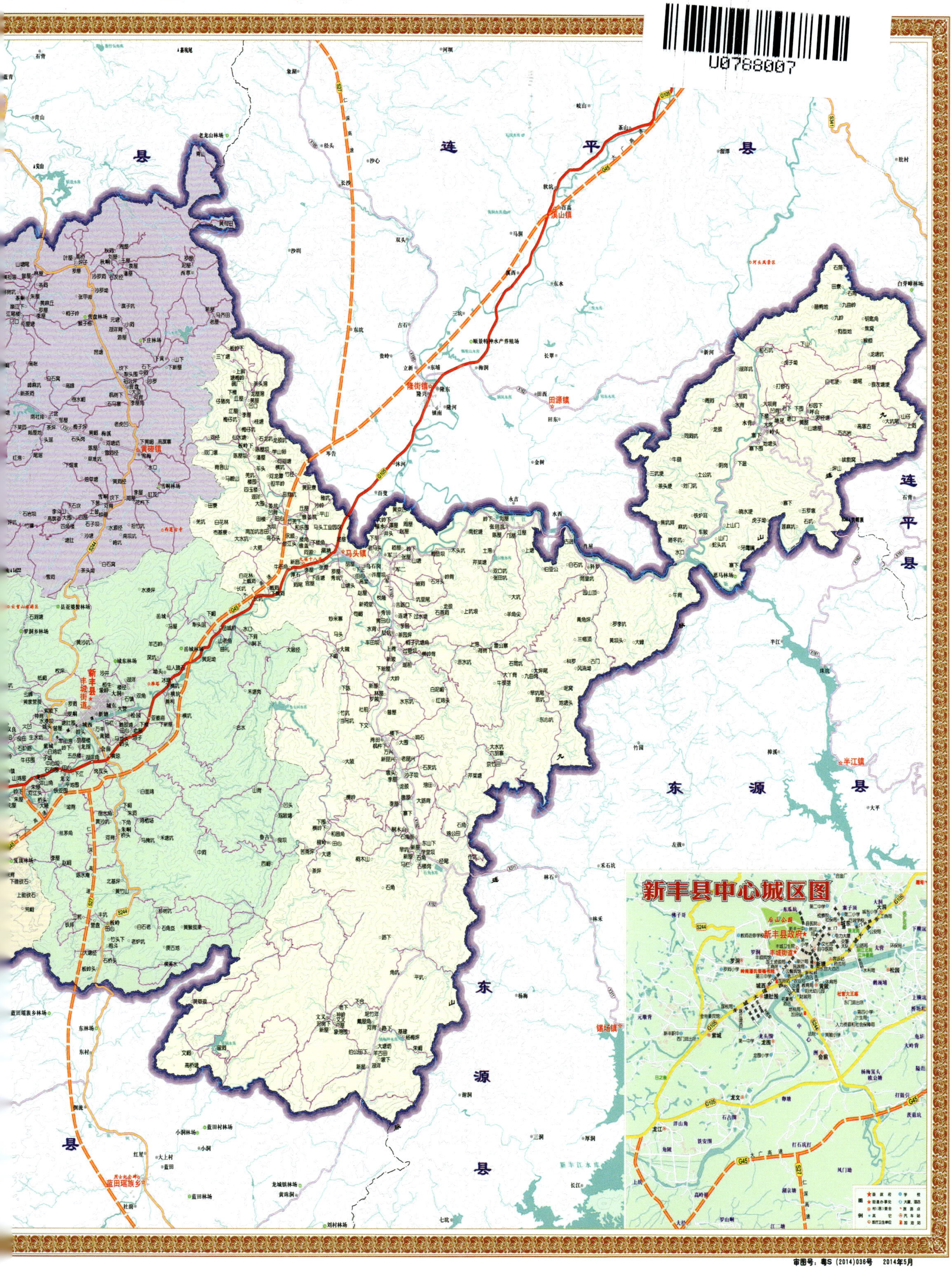

审图号：粤S（2014）036号　2014年5月

2018

XINFENG YEARBOOK

新丰年鉴

中共新丰县委员会
新丰县人民政府 主办 《新丰年鉴》编纂委员会 编

方志出版社
Publishing House of Local Records

图书在版编目（C I P）数据

新丰年鉴. 2018 /《新丰年鉴》编纂委员会编. --
北京：方志出版社，2018.12
ISBN 978-7-5144-3636-5

Ⅰ. ①新… Ⅱ. ①新… Ⅲ. ①新丰县—2018—年鉴
Ⅳ. ①Z526.54

中国版本图书馆CIP数据核字（2019）第036611号

新丰年鉴（2018）

编　　者：《新丰年鉴》编纂委员会
责任编辑：王　娜

出 版 人：冀祥德
出 版 者：方志出版社
地址　北京市朝阳区潘家园东里9号（国家方志馆4层）
邮编　100021
网址　http://www.fzph.org
发　　行：方志出版社图书经销中心
电话（010）67110500
经　　销：各地新华书店
印　　刷：韶关市文星彩色印务有限公司

开　　本：889×1194　1/16
印　　张：27.25
字　　数：666 千字
版　　次：2018 年 12 月第 1 版　2018 年 12 月第 1 次印刷
印　　数：001~600册

ISBN 978-7-5144-3636-5　定价：388.00 元

编辑说明

一、《新丰年鉴》是由中共新丰县委、县政府主办，新丰县史志办公室和《新丰年鉴》编纂委员会组织实施，各承编单位共同参与编纂的公开出版发行的综合性资料年刊，也是总结和宣传县委、县政府和全县各单位年度工作的权威性资料刊物。以马克思主义、毛泽东思想、邓小平理论、“三个代表”重要思想、科学发展观、习近平新时代中国特色社会主义思想为指导，坚持辩证唯物主义的立场、观点和方法，通过全面、系统、准确地记载新丰县自然、政治、经济、文化、社会等方面的基本情况，为读者了解和研究新丰提供基本资料，并为今后编修新丰县地方史志积累历史资料。

二、全书为彩版印刷。正文采用分类编辑法，主体内容设篇目、类目、分目、条目四个结构层次，以条目为表现内容的基本形式。正文设特辑、新丰大事记、新丰概况、政治等共26个类目。全书条目的标题统一用黑体加【 】表示，少数包含多方面资料的条目则在文内用楷体标题标明各段资料的主题。

三、《新丰年鉴（2018）》着重反映2017年新丰县经济社会发展的基本情况。单位排列依据编纂规范的需要确定，全书前有目录，后设索引，便于读者检索。

四、《新丰年鉴（2018）》力求图文并茂，生动形象、直观、真实地反映新丰的风貌。从资料的存史性和时效性着眼，部分照片未受收录年限限制。个别单位没有按要求提供图片，无法收录。

五、《新丰年鉴（2018）》所收录的先进集体和个人，是2017年度获国家级（含国家部委办）、省级（含省直部门）以及韶关市委、市政府表彰或授予荣誉称号的单位和个人，以及副高（副教授）以上职称的人员名单。未按要求提供资料的，则无收录。

六、本年鉴稿件由各镇（街）、各部门、各单位专人撰写，并经供稿单位审定，年鉴编辑部据以收编，撰稿人署名于各相应条目文末。

七、本年鉴采用法定计量单位。全县国民经济和社会发展情况的统计数据采用县统计部门数据或撰稿单位数据，一些统计数据由于资料来源不同或统计口径不一，可能存在记载不一致的情况，采用时请以新丰县统计局资料为准。

八、本年鉴的编辑出版工作在县委、县政府领导下，得到各镇（街）、各单位、各部门的大力支持与配合，广大撰稿人员为此付出了辛勤的劳动，谨此致谢。本刊疏漏之处，敬请批评指正。

《新丰年鉴》编纂委员会

名誉主任： 陈　波（市委副书记、新丰县委书记）
刘祥锋（新丰县委书记　9月起任）

主　　任： 马志明（县委副书记、县长）

副 主 任： 潘文辉（县委常委、县委办主任）
谭雪梅（县政府副县长）

成员单位： 县委办　县人大办　县政府办　县政协办　县委组织部　县委宣传部　县史志办　县发改局　县经信局　县教育局　县民政局　县财政局　县人社局　县国土资源局　县环保局　县住建局　县交通运输局　县水务局　县农业局　县文广新局　县卫计局　县审计局　县统计局　县林业局　县旅游局　县档案局　县广播电视台

《新丰年鉴》编辑部

主　　编： 张京泉

执行主编： 黄文武

成　　员： 丘　苹　冯伟平

《新丰年鉴》撰稿人员（按姓氏笔画为序）

王明浩　邓汇锋　古谍芳　龙景丰　卢运青　卢怀宇　叶远航　叶国安　叶海涛　丘学算
丘家瑶　白　洋　冯珍结　朱友谊　朱春慧　朱峰辉　朱海英　刘永忠　刘越明　刘智利
刘嘉琳　刘翠红　江　邮　江春利　许东明　孙　情　李一友　李小华　李文芳　李汉修
李　杨　李英桃　李建宜　李建城　李珊珊　李剑辉　李素叶　李海龙　李常划　李斯明
李婷婷　肖慧靖　吴机战　何小鹏　何仙娣　何昌茂　何荣春　何晓波　余计森　余尚策
余笏兴　余俊蔚　余燕菱　张远峰　张　波　张泽培　张宜中　张惠青　陈子悦　陈元元
陈论锋　陈苏明　陈秀珍　陈贤乐　陈春丽　陈珊珊　陈洪检　陈海峰　陈家悦　陈职阳
陈婷婷　陈瑞瑛　陈嘉源　范明珠　林　旭　欧洪蝶　罗文珊　罗伟强　罗观湖　罗海雯
罗敬强　罗耀辉　周仁锋　周志可　周美珍　周德祥　郑利斌　郑晓雁　赵师何　胡卫东
胡文算　钟　芳　钟幸儿　钟剑锋　钟美连　俞志高　夏　力　钱成亮　黄文武　黄永康
黄红敏　黄国辉　黄河浪　黄　秘　黄继真　黄维一　黄琼贤　黄新创　蒋雄军　韩高洋
曾志杰　温丽华　温栎杨　谢振辉　赖云辉　赖国珠　谭小怀　谭志凡　谭春丽　潘永概
潘伟锋　潘红英　潘志祥　潘苑珊　潘杵汝　潘建华　潘星群　潘俊才　潘恩松　潘菲菲
潘新怀　戴支农

数字新丰·2017

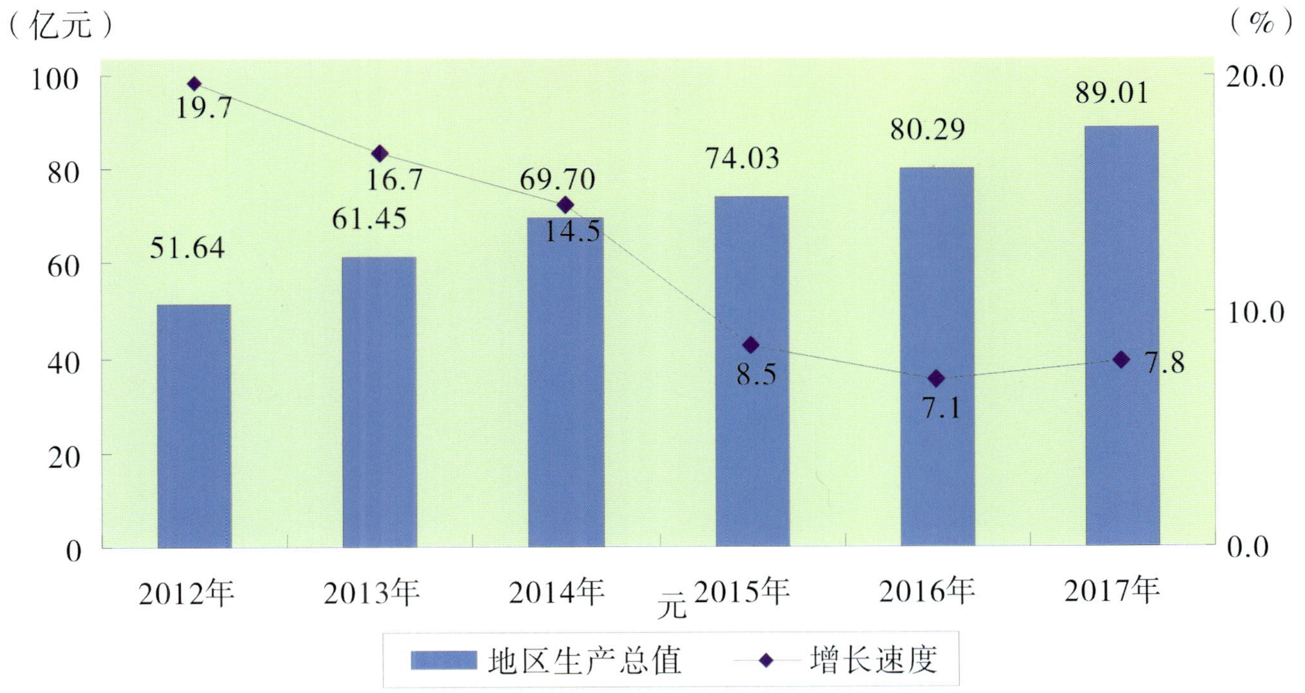

国民经济较快发展

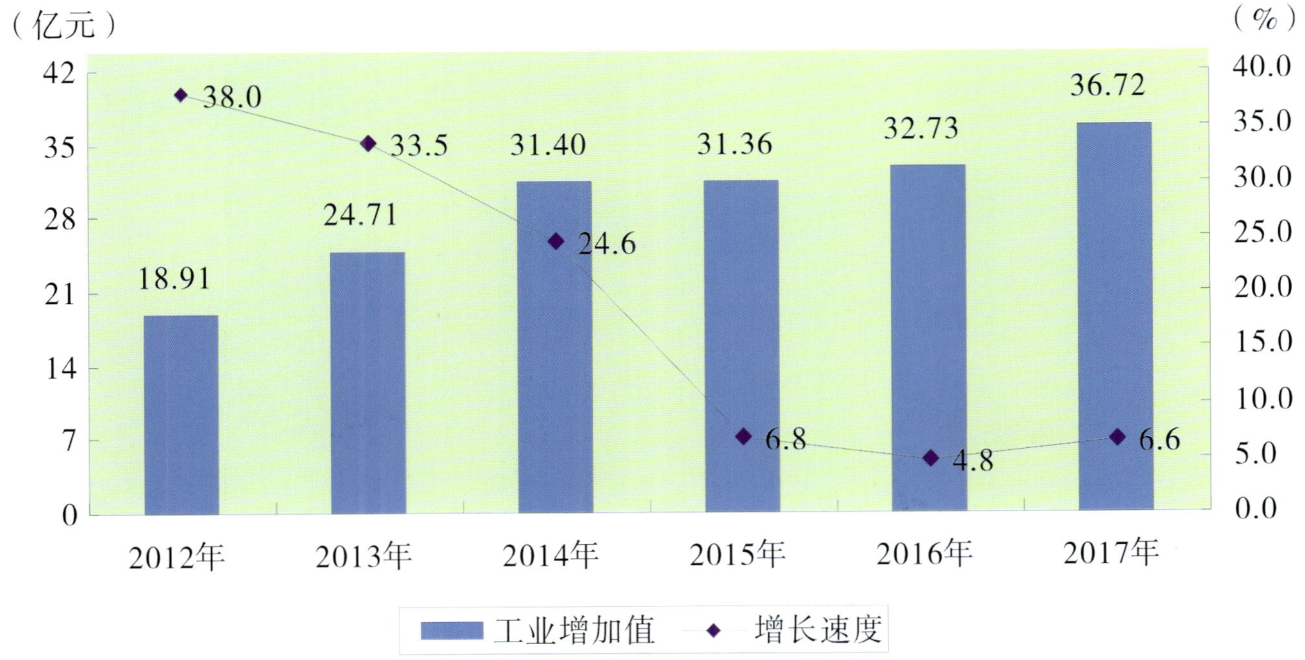

工业生产回暖

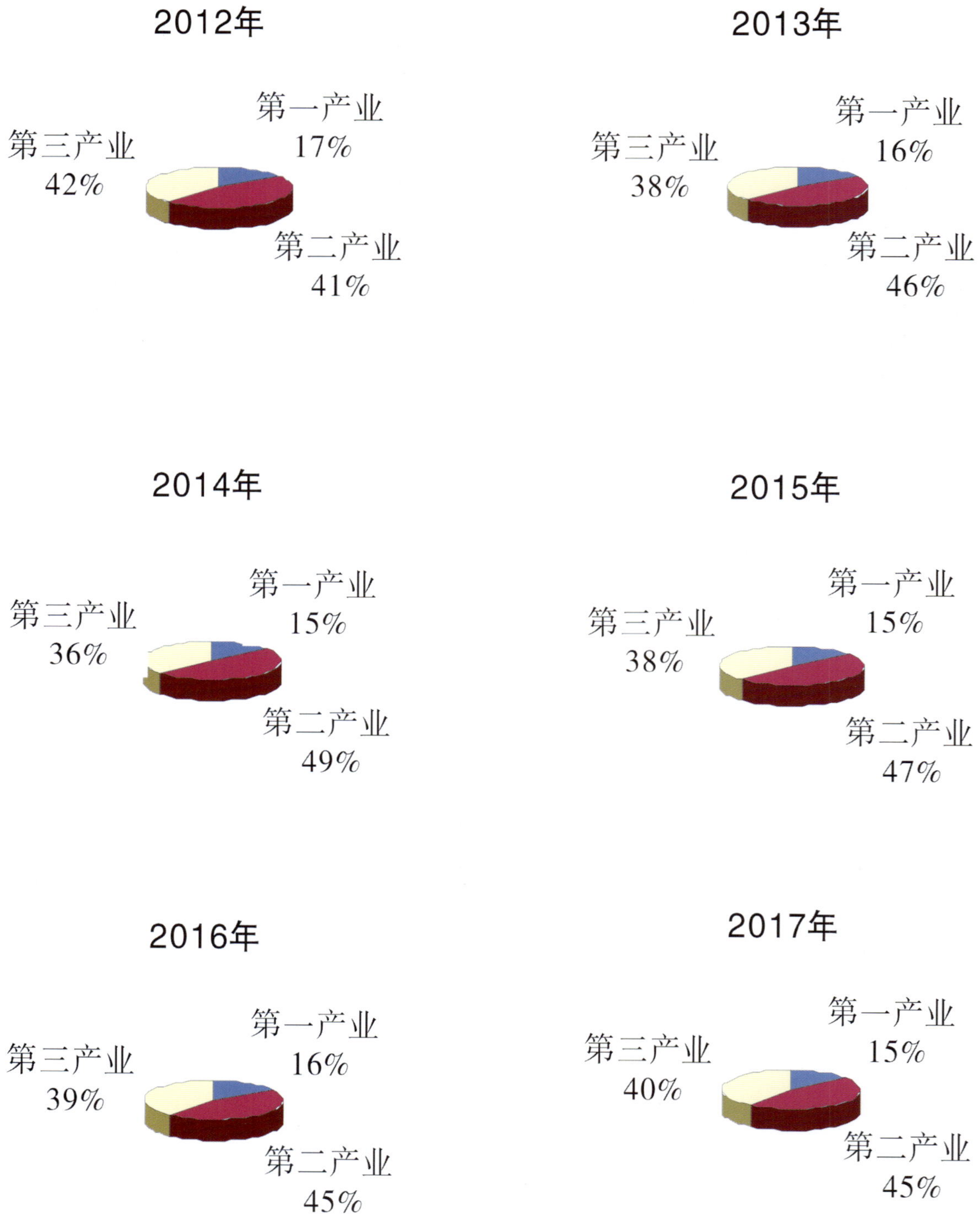
2012年
第一产业
17%
第三产业
42%
第二产业
41%
2013年
第一产业
16%
第三产业
38%
第二产业
46%
2014年
第一产业
15%
第三产业
36%
第二产业
49%
2015年
第一产业
15%
第三产业
38%
第二产业
47%
2016年
第一产业
16%
第三产业
39%
第二产业
45%
2017年
第一产业
15%
第三产业
40%
第二产业
45%

产业结构优化

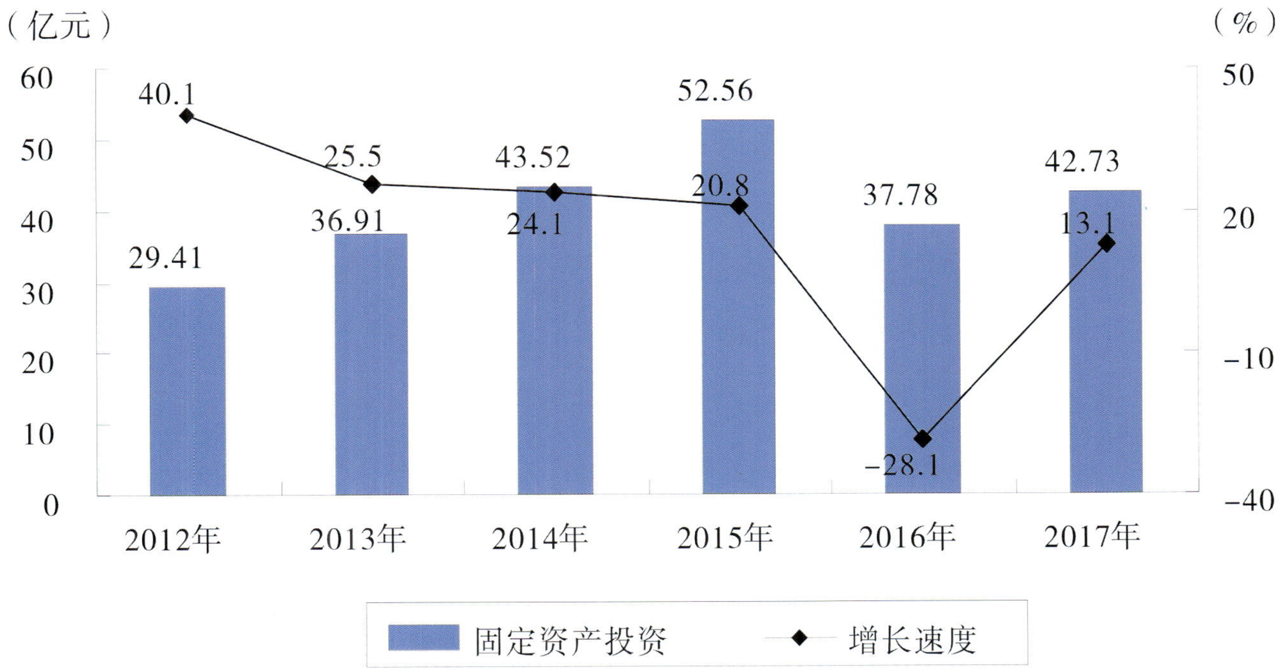

投资逐渐回暖

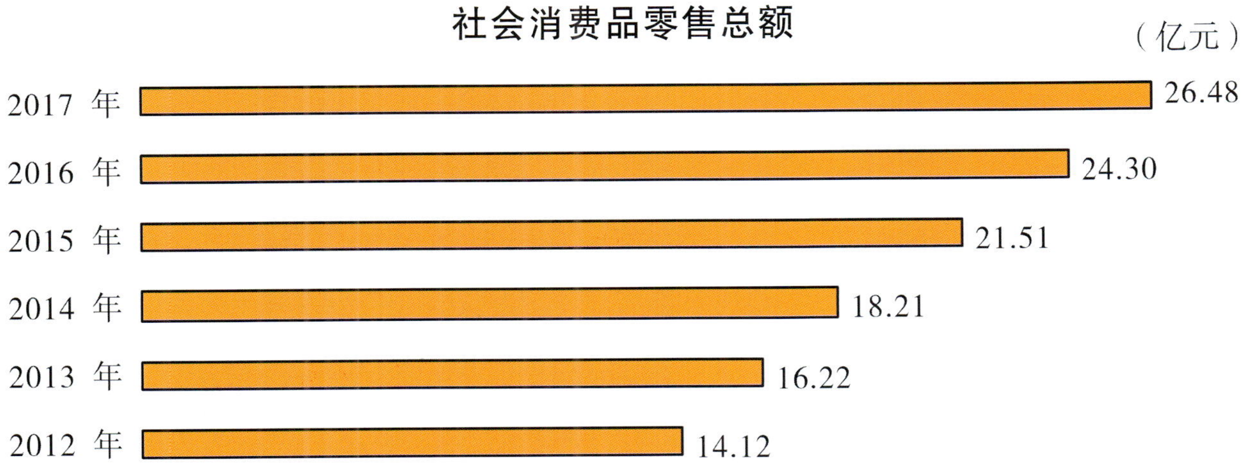

消费市场稳定

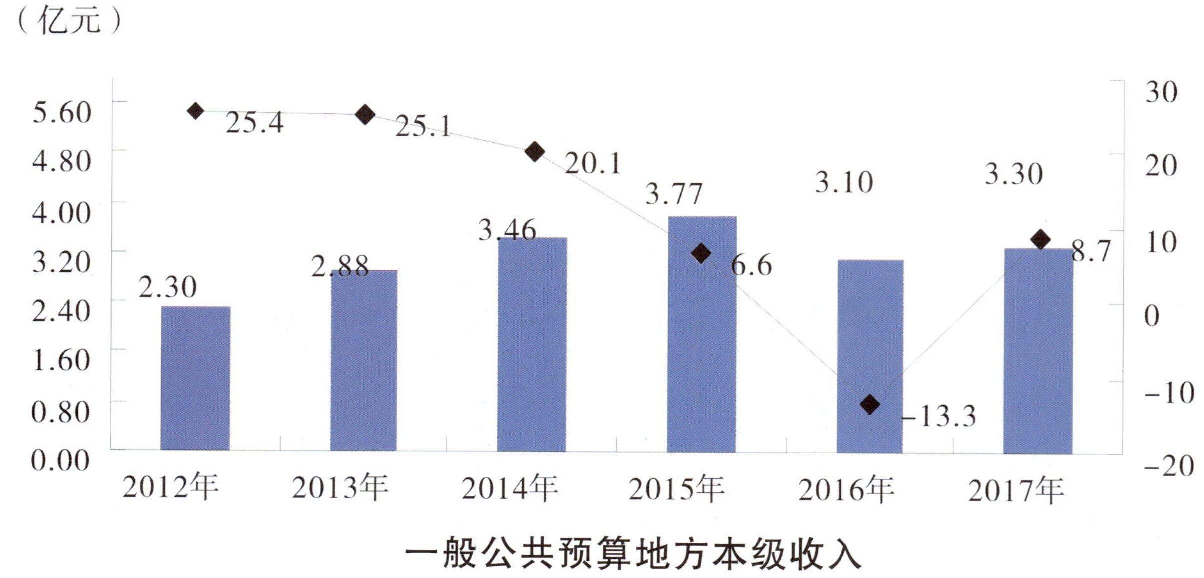

财税增速回升

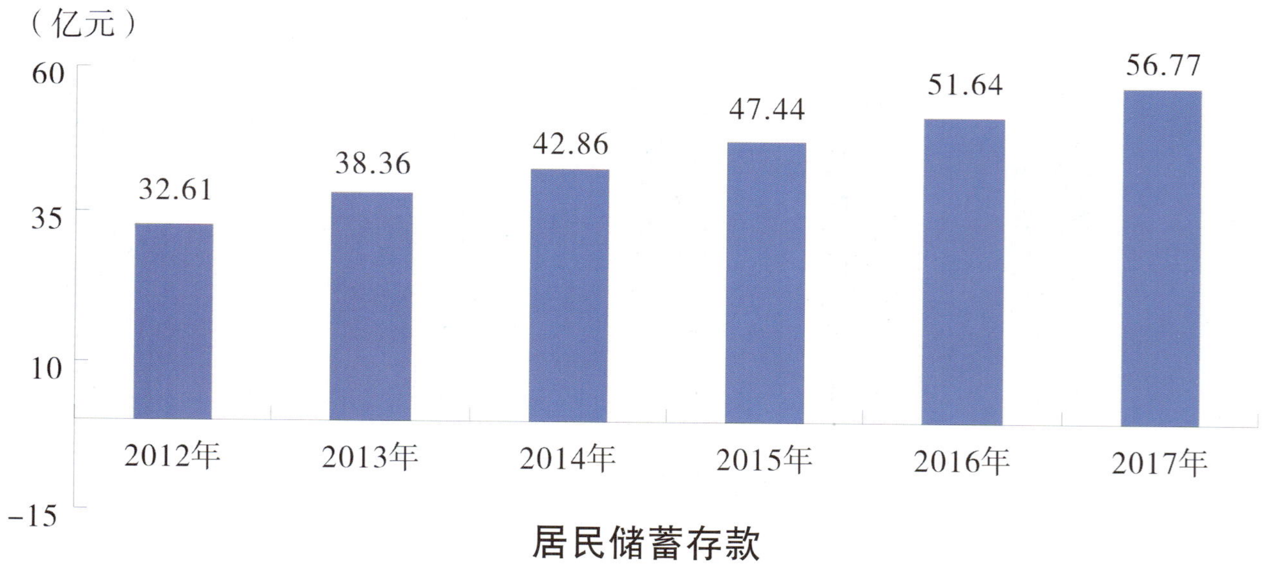

生活质量提高

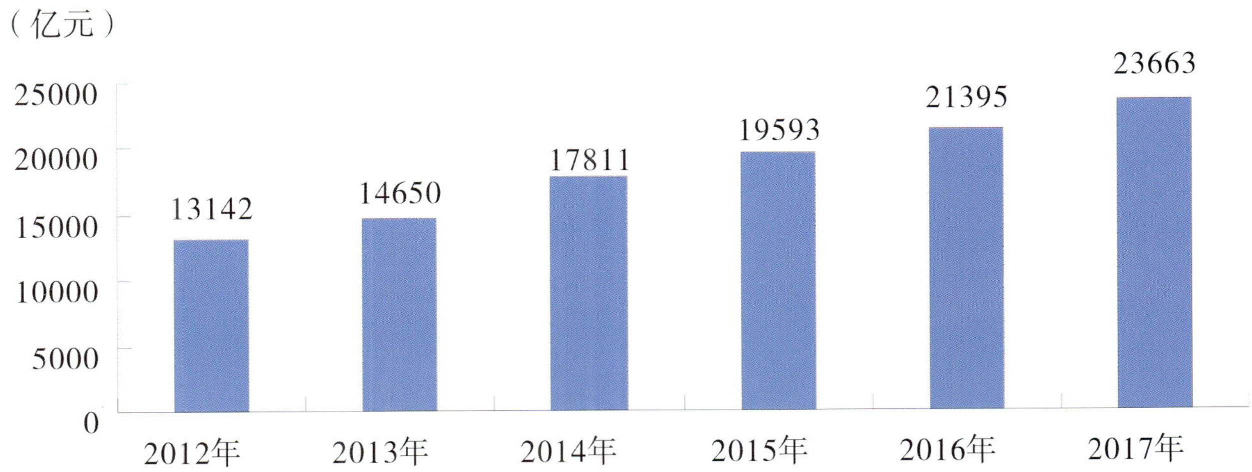

城镇居民人均可支配收入

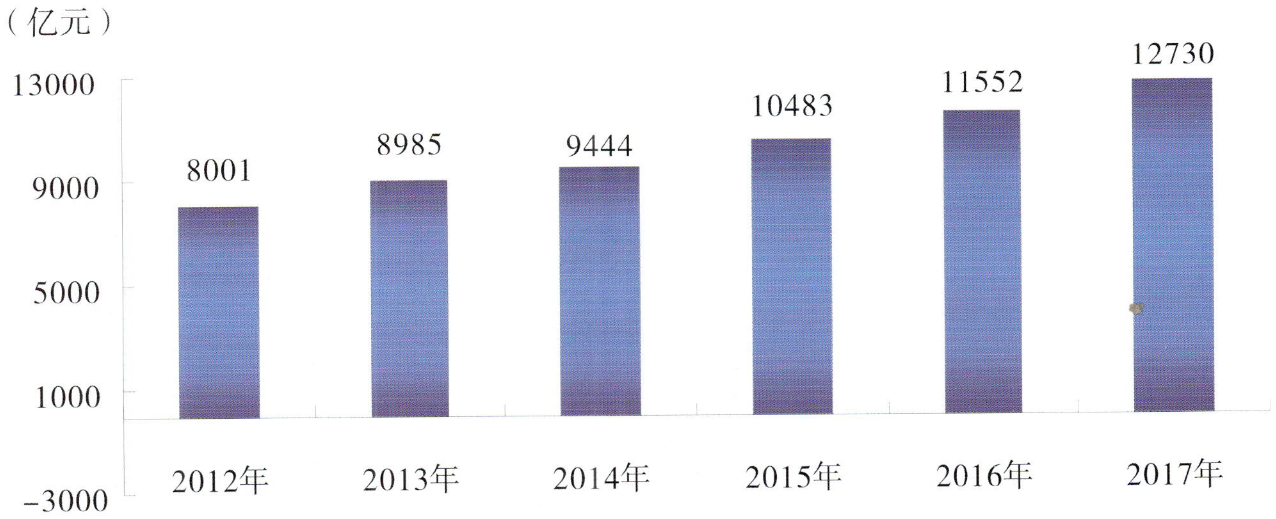

农村居民人均可支配收入

图片专辑

领导关怀

2017年11月16日，省人大常委会副主任黄业斌（前右三）考察梅坑镇人大示范点建设情况

2017年11月22日，韶关市委书记莫高义（左前中）考察蔬东坡农场

2017年7月10日，韶关市市长殷焕明（右四）考察调研珠江东岸（新丰）创新产业示范园

韶关市市长殷焕明（中）考察蔬东坡农场

省政府参事考察团成员到蔬东坡农场考察指导

图片专辑

大事要闻

2017年5月14日，广兴牧业增资扩产暨广兴大厦动工仪式

2017年8月1日，市委副书记、县委书记陈波（后右四）参加马头循环经济产业园项目租签约仪式

2017年11月13日，市委副书记、县委书记陈波率领县委常委班子重温入党誓词

（廖耀理 摄）

2017年11月13日，中共新丰县委常委集体瞻仰李任予烈士像

2017年12月16日，市委副书记、县委书记陈波参加新丰2017枫叶系列文化活动启动仪式

2017年全国学生定向锦标赛开幕式

12月3日，新丰籍影视演员潘粤明（右二）回乡参加《新丰年味》拍摄工作

2017年11月4日，广东省修身齐家演讲比赛（新丰县赛点复赛）

图片专辑

重要会议

2017年12月11日，中国共产党新丰县第十三届委员会第四次全体会议在新丰县城召开

（新丰县史志办提供）

2017年2月28日，新丰县第十五届人民代表大会第二次会议在新丰县城召开

（新丰县史志办提供）

2017年2月27—28日，中国人民政治协商会议第十届新丰县委员会第二次会议在新丰县城召开　　（新丰县史志办提供）

2017年3月8日，中共新丰县第十三届纪律检查委员会第二次全体会议

（伍淑芳 摄）

2017年2月6日，工业经济专题工作调研会议

2017年8月3日，新丰县2017年上半年经济形势分析会召开

2017年11月8日，市委副书记、县委书记陈波（中）到县电视台调研并召开新丰县新闻舆论工作座谈会

2017年9月8日，市委副书记、县委书记陈波（左四）在新丰县第一中学参加教师节座谈会

赣广高铁项目推进工作协调会

2017年12月22日，市委副书记、县委书记陈波（前排左一）到云髻山旭日旅游总体开发项目调研

2017年10月26日，韶关市和新丰县有关领导、企业代表共同为韶能绿洲生态植物纤维项目奠基

2017年4月28日，县委副书记、县长马志明（中）对县人民医院搬迁选址进行现场办公

韶能集团（新丰）旭能生物质发电有限公司

施工中的韶新高速新丰互通一角

图片专辑

城市提升

2017年10月8日，市委副书记、县委书记陈波（右三）到城市提升工程项目拆迁现场实地察看

2017年11月1日，市委副书记、县委书记陈波（中）调研城市提升相关项目进展情况

2017年4月1日，县城市容市貌综合整治动员大会

2017年4月28日，县委副书记，县长马志明（右四）调研城市提升“一江两岸”项目建设工作

碧水公园

丰城新姿

丰江夜景

图片专辑

乡村振兴

2017年10月7日，市委副书记、县委书记陈波（中）在回龙镇调研新农村建设情况

2017年10月7日，市委副书记、县委书记陈波（中）在遥田镇通过无人机察看“三清三拆三整治”情况

2017年5月23日，县委副书记、县长马志明（中）到黄礤镇营盘村调研社会主义新农村建设工作

2017年6月26日，县委副书记、县长马志明（左三）到梅坑镇大岭村调研人居环境整治和精准扶贫工作情况

黄礤镇营盘村文化长廊

马头镇大陂村党建示范工作展示

马头镇秀田村党建阵地一角

蔬东坡农场

新丰县沙田镇百香果基地

遥田镇下埔村农村党建示范广场

目　录

特　辑

新丰县大事记

新丰概况

政　治

社会团体

法　　治

军 事

经济监督管理

农业·林业·水务·气象

工　业

交通 · 邮政 · 通信

城建·环保

商业·贸易·投资

旅　　游

财政税务

金融保险

教育 · 科技

文化·体育·传媒

医疗·卫生·计划生育服务

扶贫开发

镇·街道

统计资料

先进单位和个人

附　　录

索　　引

特　辑

深入学习贯彻中共十九大精神 为开创新丰“融珠先行”新局面而努力奋斗

——在中共新丰县委十三届五次全会上的报告

（2018 年 1 月 8 日）

市委副书记、中共新丰县委书记　陈　波

一、2017 年工作回顾

2017 年，是新丰改革发展进程中极为特殊的一年，一方面，在经历了前几年高速增长后，我县经济发展在年初陷入低谷；另一方面，利坑、练溪托养中心事件的爆发，重创了新丰形象，给全县经济社会发展带来了巨大的负面影响。面对严峻形势，我们在省委、市委的坚强领导下，团结带领全县广大党员干部群众，统筹抓好全县经济社会发展，狠抓“干部作风建设、城市整体提升、产业规划发展”三大主题工作，成功扭转经济下行趋势，实现干部作风明显好转，党的建设深入推进，社会民生不断改善，城乡环境整治成效显著，社会大局和谐稳定，发展和改革步伐明显加快。

（一）强化管党治党主体责任，全面从严治党开创新局面。我们切实担负起管党治党责任，把各级党组织建设得更加坚强有力。一是迅速掀起学习宣传贯彻党的十九大精神热潮。认真组织学习宣传贯彻习近平新时代中国特色社会主义思想和党的十九大精神，部署了 10 个需要深入研究的重大课题，推动学习宣传贯彻往深里走、往实里抓，让贯彻落实党的十九大精神成为全县上下的共同意志、共同目标、共同行动。二是狠抓干部作风建设。深刻吸取练溪事件教训，将 2017 年定为“干部作风整顿年”，组织召开以干部作风建设为主题的县委中心组理论学习会 3 次、书记专题会 3 次，座谈会 113 次，组织参观警示教育基地 5 批次；出台了系列干部作风建设长效管理机制，组织开展明察暗访活动 17 次，通报个人 40 人次，通过系列作风建设活动的开展，全县干部作风明显好转、服务质量明显提高。三是扎实推进基层组织建设。深入开展镇（街）和县直党（工）委、局机关党委书记抓基层党建工作述职评议考核；圆满完成 157 个村（社区）“两委”换届工作；实施抓基层党建创新“书记项目”，打响了“云髻红枫”党建工作品牌。四是坚定不移正风肃纪反腐。持之以恒落实中央八项规定精神，查处相关问题 17 宗，纪律处分 22 人；把纪律和规矩挺在前面，对排查出 216 名公职人员经商办企业行为进行整改；始终保持反腐高压态势，全年立案100宗，处分党员干部89人。

（二）完善“融珠先行”思路，经济实现平稳健康发展。自觉践行新发展理念，明晰四大产业园区定位，强化企业服务，实施倍速增长计划，实现县域经济触底回升。预计全年完成地区生产总值88.23亿元，增长7.2%。一是不断加快产业结构转型升级。广兴牧业增资扩产、总投资20亿元的绿洲生态植物纤维项目动工建设，韶能生物质发电扩建、中华制漆总部搬迁和广汽集团（南方）测试场等项目扎实推进，华润风电一期、云髻山酒厂等项目即将投产，绿智工业废物回收处理等一批不符合排污标准的项目正依法依规有序清退，发展方式和发展动力进一步优化。二是构建全域旅游发展大格局。完成《新丰县旅游发展总体规划》修编；与市金财集团、市旅投集团签署了总投资达150亿的云髻山旅游养生项目和桐木山温泉项目开发框架协议；成功举办2017年第16届全国学生定向锦标赛和百香果采摘节、枫叶节、樱花节等活动，打造了大丰农场、秀田村、营盘村、大陂村等乡村旅游亮点。三是现代农业加快发展。茶叶、油茶和中药材等特色农产品规模不断扩大，农民合作社、家庭农场和农业龙头企业等新型农业经营主体逐步成长壮大，农产品营销平台建设不断加快，农业产业化、现代化之路迈出新步伐。预计全年实现农业增加值13.43亿元，增长4.5%。

（三）坚持优化发展环境，“融珠”基础不断夯实。采取针对性措施补齐发展短板，着力夯实基础，为“融珠先行、加快发展”提供强有力的支撑和保障。一方面，交通基础设施逐步完善。武深高速新丰段建设有序推进，控制性工程九连山隧道实现双线贯通；韶新高速新丰段饮用水源保护区调整工作已得到省政府批复，前期工作准备就绪，即将动工建设；国道105线县城段迁建项目建成通车，县城环城北路、徐坑至清水、马头至路下等县乡道路升级改造项目顺利推进。另一方面，发展软环境不断优化。建立健全县领导和县直部门挂点联系企业制度，组建县企业服务中心，及时收集汇总、统筹解决企业发展中遇到的困难和问题；大力推进“一门式一网式”政府服务模式改革，完成全县253项行政审批事项的梳理；推动审批流程优化和再造，将投资项目从立项到开工办理时间压缩到60个工作日，服务企业和群众的水平不断提升。

（四）强力推进城市整体提升，市容市貌焕然一新。将城市提升作为提升党委、政府公信力和群众幸福感、获得感的一项重大任务来抓，积极实施一系列城市提升项目，推进城市品质实现新提升。一是完善体制机制。成立城市提升工作领导小组，并设立县提升办，制定了《新丰县城市整体提升三年行动计划》，计划三年实施项目共60个；组建县代建局和县城市管理局，城市建设管理体制进一步理顺。二是有序推进项目建设。落实“两统两分”工作法，组织开展了一场声势浩大的征地拆迁大行动，制约城市提升的征拆难点问题有望得到解决；群众期盼已久的丰城大道升级改造、“一江两岸”慢行系统、老一中及周边地块改造项目已开工建设；完成31条市政道路硬底化工程和新西路等五条主要道路的升级改造工程，打通了一批城市“断头路”；谢屋街停车场、城西小绿地、碧水公园、老花厂农贸市场等“五小”项目已经完工；县城公交1、2号线正式投入运行。三是加强城市管理。推行城市管理“路长制”，将县城建成区域内的72条道路划分为24个责任区，由24名县四套班子成员担任责任区的“路长”；深入开展“城市管理集中整治提升月”活动，县城主要道路新增隔离带（花箱）约8800米，组织开展“红马甲”志愿服务活动，获得广大群众点赞。

（五）深入实施乡村振兴战略，新农村建设掀起新热潮。将社会主义新农村示范村建设工作确定为2017年重点工作之一，明确“整体推进、示范带动、体现特色”工作思路，精心策划，突出重点，掀起新农村建设新高潮。一是坚持规划优先。投入资金640万元，完成19个省定贫困村和2个非贫困村的规划编制，统筹推进全县行政村规划编制。二是突出示范带动。选取56个行政村作为先行试点村，将梅坑村、大岭村、大陂村、天中村确定为首批示范村，并要求“两年任务，半年完成”，大陂村、东瓜坑社区的建设治理得到省、市肯定。三是强化资金保障。56个先行试点村共安排“三清”奖补资金280万元，统筹“三拆”奖补资金1543万元，安排各镇（街）创建示范点奖补资金140万元。同时，全县农村土地承包经营权确权登记颁证工作已完成市下达颁证率达95%以上的年度任务，有效夯实农村改革发展基础。

（六）突出抓好三大民生工程，民生事业不断进步。坚持把民生工作当成县委、县政府头等大事，集中全县近八成的财力用于民生实事，让人民群众得到更多实惠。一是脱贫攻坚稳步推进。坚持一户多策、一人一策精准帮扶，累计投入省、市拨付资金和奖补资金4807万元，实施扶贫项目23096个，圆满完成年度3633人相对贫困人口脱贫任务。二是教育事业加快发展。着力补齐教育现代化先进县工作短板，不断优化城乡教育资源配置，完成第四幼儿园改造；全面完成黄礤镇、沙田镇和大席社区等一批中小学教学设施升级改造；县职中创建广东省重点职中工作顺利推进。三是医疗服务体系不断健全。大力推进“省卫生强县”创建工作，加快调整县城医疗机构布局，县人民医院、中医院、妇幼保健院搬迁建设项目前期工作进展顺利；深化公立医院综合改革，全面取消县级公立医院药品加成和挂号费；深入推进分级诊疗服务，完成37间村卫生站规范化建设。

（七）积极推进民主法治建设，社会大局保持稳定。坚持党的领导、人民当家做主和依法治县的有机统一，充分发挥法治的规范、引领作用。一是切实加强党对人大和政协工作的领导。支持县人大及其常委会依法行使职权，强化县、镇人大建设，完成梅坑镇人大示范点规范化建设；支持政协围绕中心开展专题调研、建言献策，履行好政治协商、民主监督和参政议政职能。二是扎实推进全面依法治县。全面推进“法律六进”宣传教育活动；“一村（社区）一法律顾问”工作效果明显，全县驻村律师为村（社区）提供法律服务6015件，服务对象8500余人次，有力地推进了基层治理法制化进程。三是打赢信访维稳攻坚战。坚持打击整治和防范并重，切实维护了党的十九大、省第十二次党代会等重点时期的社会稳定，实现维稳安保“四个不发生”工作目标。健全矛盾排查研判和纠纷预防化解机制，列账社会矛盾纠纷化解率达91%；落实领导包案制度，31宗县领导包案已化解18宗，其中省、市交办4宗积案已妥善解决。四是深入开展“平安新丰”建设。全力推进“中心＋网格化＋信息化”建设，完成各镇（街）综治中心的升级建设，将全县划分成602个网格，实现网格化全覆盖；深入推进警务机制改革，成立社会面管控巡逻队，刑事治安警情同比下降8.75%；健全预防未成年人犯罪机制；强力推进全民“禁毒工程”，严打涉毒违法犯罪。

当然，我们还要清醒地认识到，经济总量小、综合实力弱仍是我县最基本的县情，产业转型、结构调整的成效还不够显著；公共基础设施历史欠账多，教育医疗基础设施、城市地下管网、污水和生活垃圾处理设施建设滞后；城市建设和管理还有不少短板，城市功能品质亟待提升；党风廉政建设和反腐败斗争形势依然严峻复杂；少数干部对新常态不适应，政治不过硬、本领恐慌的问题还比较突出。对这些困难和问题，我们将高度重视，并切实加以解决。

二、深入学习领会习近平新时代中国特色社会主义经济思想，主动适应新时代新要求，把握好关系新丰发展全局的重大问题

中国特色社会主义进入新时代，新丰站在了新的历史起点上。我们要坚持以习近平新时代中国特色社会主义思想为指导，观大势、谋全局、抓大事，推动新丰实现“融珠先行、加快发展”。

（一）坚持以习近平新时代中国特色社会主义经济思想引领新丰发展。十八大以来，以习近平同志为核心的党中央成功驾驭经济发展大局，形成了以新发展理念为主要内容的习近平新时代中国特色社会主义经济思想。这一思想，是习近平新时代中国特色社会主义思想的重要组成部分，是中国特色社会主义政治经济学的最新成

果。新丰要开创“融珠先行”新局面，必须把这一思想作为长期坚持的科学理论指导、行动指南和根本遵循，深刻领会并始终做到“七个坚持”。一是要坚持加强党对经济工作的集中统一领导，不折不扣贯彻落实党中央决策部署，不断完善党委领导经济工作的体制机制。二是要坚持以人民为中心的发展思想，坚定践行根本宗旨，带领人民通过不懈奋斗创造美好生活。三是要坚持适应把握引领经济发展新常态，坚定贯彻新发展理念，努力实现更高质量、更有效率、更加公平、更可持续的发展。四是要坚持使市场在资源配置中起决定性作用，更好发挥政府作用，不断深化经济体制改革，优化新丰营商环境。五是要坚持适应我国经济发展主要矛盾变化，深入推进供给侧结构性改革，以高水平供给满足人民群众升级变化的需求。六是要坚持问题导向部署经济发展新战略，进一步深化对县情的认识，研究制定解决发展不平衡不充分问题的行动计划和具体方案。七是要坚持正确工作策略和方法，坚持稳中求进，保持战略定力，强化底线思维，把雷厉风行与久久为功结合起来，开创新丰“融珠先行”发展新局面。

（二）牢牢把握高质量发展根本要求。前不久召开的中央经济工作会议，作出了“我国经济已由高速增长阶段转向高质量发展阶段”的重大战略判断，明确了推动高质量发展将成为今后一段时期我国经济发展的根本要求。因此，我们在确定发展思路过程中，要全面准确贯彻高质量发展的根本要求，推动我县经济发展从规模的扩张转向效益的提高。同时，我们必须清醒认识到，进入高质量发展阶段，不是不要速度，而是要整体把握稳和进的辩证统一关系，稳是主基调、是大局，并在稳的基础上把进的方向和目标落到提高发展质量和效益上，更加注重发展方式的转变，更加注重结构的调整和优化，防止用消耗环境和资源的粗放发展方式，去追求低质量和低效益的速度。

推动高质量发展，正是县委、县政府推动“融珠先行”、确立生态富民立县战略、明确产业发展五大原则的根本原因和目的。一方面，我们通过认真分析研判县情实际，新丰已经积累了良好的区位交通优势、丰富的矿产和生态资源、扎实的产业基础和不断优化的发展环境等“融珠先行”优势；另一方面，珠三角地区作为我国经济总量最大、最具发展活力和辐射带动力的三大经济圈之一，集中了最多先进的生产要素和发展资源，正处于切换发展动力、重整产业链条的关键阶段，一大批成长起来的企业有意识地在更大范围进行产业布局；更重要的是，经过这段时间的积极探索实践，全县上下在思想上行动上对“融珠先行、加快发展”已经形成共识。因此，我们要进一步增强推进“融珠先行”的信心和决心，在稳定中求发展，在产业落地中求脱贫，在建设粤港澳大湾区生态客厅基础上求突破，奋力推动新丰实现高质量发展。

通过“深调研”找准新丰发展的方向路径。调查研究是谋事之基，成事之道。学习、调研最终是为了落实。我们一定要以严实作风开展“大学习、深调研、真落实”工作。特别是对县委十三届四次全会布置的十大课题，各牵头统筹县领导、调研牵头县领导要切实提高政治站位，坚持以党的十九大精神和习近平新时代中国特色社会主义思想为指导，在认真学习最新理论、把握最新政策的基础上，按照“坚持问题导向，聚焦重点问题，确保调研质量”的要求，根据分工安排，深入基层、深入一线、深入到群众当中，掌握最真实的第一手资料，摸排出一至两个事关全局、切合我县实际的关键性问题，找到牵一发而动全身的着力点和突破口，透过现象看本质，深入思考、总结经验、探索规律，提出破解难题的工作措施和行动方案，为县委、县政府完善发展思路、推进工作落实提供科学的、有针对性的决策依据。对新思路、新部署、新要求，要研究出台具体举措，并成为某项工作的纲领性文件；对已明确的具体工作任务，要细化措施抓好落实。需要强调的是，“大学习”“深调研”“真落实”是相互贯穿的有机整体，不能简单看成先后顺序、割裂开来，不要等到学习、调研结束后再抓落实。必须坚持边学习、边调研、边落实，切实把这一工作变成践行习近平新时代中国特色社会主义思想、狠抓党的十九大精神贯彻落实的过程。

三、以习近平新时代中国特色社会主义思想为指引，奋力开创新时代新丰“融珠先行”新局面

2018年是贯彻党的十九大精神的开局之年，是改革开放40周年，也是新丰推动“融珠先行、加快发展”的重要之年。党的十九大胜利召开，作出了中国特色社会主义进入了新时代的重大政治论断，为我们绘制了决胜全面建成小康社会、夺取新时代中国特色社会主义伟大胜利的宏伟蓝图，进一步指明了党和国家事业的前进方向。根据中央的战略判断和决策部署，省委十二届三次全会也明确指出，要深刻领会中央对当前经济形势的判断，切实增强推动高质量发展的自觉性和坚定性，推动我省经济发展从量和规模的扩张转向质和效益的提高。对此，我们要准确把握高质量发展的深刻内涵和根本要求，在推动现有企业转型升级、优化结构的同时，加大力度引进更多有质量的增量，培育新的增长动力，力争在经济发展的新时代，展现发展新气象，实现发展新作为。

根据新形势和新要求，县委将2018年全县工作的总体要求确定为：深入贯彻落实党的十九大和中央经济工作会议、中央农村工作会议以及省委十二届二次、三次全会、市委十二届四次、五次全会精神，以习近平新时代中国特色社会主义思想为指引，紧紧围绕“融珠先行、加快发展”总目标，坚持稳中求进工作总基调，紧扣社会主要矛盾变化，贯彻高质量发展的要求，在深入研究事关全局十个重大课题的基础上，以更大力度推动产业发展、城市提升、乡村振兴、民生保障和党的建设等工作落实，进一步转变干部队伍作风，营造良好发展环境，以强烈的政治担当、务实的工作作风、奋发进取的精神状态，戮力同心，真抓实干，为开创新时代新丰“融珠先行”新局面、跟上全国建成全面小康社会步伐、开启建设社会主义现代化新征程而努力奋斗！

今年经济预期目标是：全县地区生产总值增长8.0%左右，地方一般公共预算本级收入增长6.0%左右，居民人均可支配收入增长和经济增长基本同步。

按照上述要求和目标，我们将重点做好以下六个方面工作：

（一）抓产业，促发展，培育县域发展新动能。产业是实现“融珠先行”的基础和关键。要牢牢把握高质量发展这个根本要求，坚持以新发展理念为统领，突出工业提速升级，推进旅游业提质增效，大力培育发展新动能，推动县域经济实现高质量发展。

把生态富民立县战略落到实处，全面提升产业发展水平。习近平总书记指出，高质量发展就是能满足人民日益增长的美好生活需要的发展。对新丰来说，实现高质量发展就是要把生态富民立县作为新丰发展的根本，把好环境关口。一是把好产业项目准入关。项目招引要立足我县产业发展的基础和优势，综合考虑所需付出的生态代价以及新丰财政的承载能力，转变过去简单承接低端产业转移的思维，坚决摒弃质量效益不优和不利于可持续发展的项目，从源头上做好质量管理。二是把好产业项目服务关。强化主动服务意识，帮助现有企业协调解决发展中的困难和问题，引导和推动现有涂料、建材等产业通过更新更换设备、采用新技术实现转型升级。三是把好产业项目后续监管关。坚持“腾笼换鸟”的发展思路，建立健全企业退出机制，严格落实环保、安全生产等政策法规，依法依规做好不符合产业准入的企业退出工作，进一步优化产业结构，提高能源利用效率。

不断深化产业共建，推进产业发展提质增效。紧紧抓住省推进产业共建、东莞–韶关全面对口帮扶的契机，主动对接，积极作为，切实把省市的战略举措转化为推动新丰“融珠先行”的具体行动。一是充分利用东莞东城在园区建设、项目招引方面的资源优势，主动对接，大力推进“东新食品产业园”建设，推动广东新盟食品、香港艺成食品项目尽早动工。二是加强与广汽集团的对接，促进广汽集团（南方）测试场项目早

日落地，以汽车测试、汽车营地、汽车展览和体验等内容为主题，打造华南地区重要的汽车主题公园。三是构建韶能集团与马头工业园共建新模式，依托韶能生物质发电厂项目，大力推动韶能生物质发电厂二、三期和绿洲生态植物纤维项目建设，共同打造宝能（新丰）循环经济产业园。四是强化与中国有色金属建设股份有限公司对接，加快推进稀土采矿证申办工作，并依托稀土分离厂，引进更多下游稀土加工应用企业落户，延伸稀土深加工产业链。

促进产业集聚发展，构建产业发展新格局。以产业园区建设为抓手，大力开展现有园区整合、优化、升级，不断增强园区竞争力和产业承载力，打造产业集聚发展的重要载体。一方面，始终把产业园区建设摆在更加突出位置。坚持“筑巢引凤”原则，加强园区基础设施建设，完善产业服务功能，积极探索资金筹集、土地供应新路径，着力破解资金、土地等要素瓶颈，激发园区发展活力，推动产业园区提速升级、扩能增效。另一方面，以园区为平台依托，推动特色工业集聚发展。一是全力打造循环经济产业园区，加快推进绿洲生态植物纤维项目建设，确保首期8条生产线下半年建成投产，加紧启动生物质发电厂二期建设，推动马头工业园转型升级。二是着力打造产城融合示范园，做好永强五金、杰力电工的协调服务，大力推进广兴牧业增资扩产、中华制漆物流园和总部经济项目建设，促进紫城工业园企业提质增效；同时积极谋划紫城工业园区与云髻山、碧桂园等项目有机连接，按照生产、生活、生态“三生”融合发展的理念，以“一轴两翼，两体五区”为整体功能结构建设云髻特色小镇，着力打造“宜居、宜业、宜游”的高端商务区。三是努力打造好稀土特色产业园，尽快理顺华夏建陶产业园合作机制，引进新的战略投资者，切实完善园区基础和配套设施建设，突出稀土下游应用产业招引，推动稀土资源深加工和材料应用开发产业集聚发展。四是大力打造创新产业示范园，重点招引电子信息、生命健康、“互联网+”等生态科技型产业，积极推进珠江东岸（新丰）创新产业示范园首期工程和东新食品产业园建设。

发挥旅游载体功能，提高全域旅游发展水平。坚持“旅游产业社会化，社会产业旅游化”的发展思路，把旅游业融入经济社会发展全局，推动新丰全域旅游走在全市前列。一是创新旅游发展理念。以全域视野、全局意识谋划旅游发展，形成各行业积极融入、各部门齐抓共管、全县人民共同参与的全域旅游模式，推动旅游业和农业、工业、商贸、体育等产业的深度融合，构建全县旅游发展新格局。二是完善旅游产品体系。加快项目建设，完善旅游线路，发挥串联效应，着力满足多元化的旅游消费需求。加快推进云髻山古镇、岭南红叶世界、雪山氧吧、西莲寺、竹林古寺等项目建设，发挥景区的辐射带动作用。坚持“美丽乡村+乡村旅游”发展模式，利用我县的生态资源优势，走出一条富民的绿色发展之路。充分挖掘和利用李任予故居、九栋十八井、将军第等历史文化资源，创建和培育具有新丰特色的文化旅游品牌。三是提升旅游营销水平。遵循政府推介和企业营销相结合、区域合作和联合营销相结合、主题宣传和策划营销相结合的原则，充分发挥传统媒体和自媒体的作用，创新旅游营销模式。统筹全县各类节庆活动，做实做强“越野新丰”“枫叶节”等旅游节庆品牌，不断提升新丰旅游的吸引力和影响力。

（二）抓建设，强管理，推动城市提升上新台阶。高标准推进城市规划、建设和管理，努力把新丰县城建设成为人与自然和谐共处的美丽家园，为“融珠先行”创造良好的城市环境。

坚持规划先行，建立更加有效可行规划体系。按照“老城区做减法、新城区做加法”的思路，把新丰“融珠先行”的功能定位、山水特色资源等元素，充分融入规划修编和实施全过程，通过合理规划业态布局，留足发展空间，实现城市可持续发展。优化“多规合一”规划编制体系，科学统筹各类空间性规划，推动城市总体规划、专项规划、控制性详细规划以及产业、国土、林业规划等“多规合一”。加强规划实施，严格规划落地执行，强化社会监督，坚决维护规划的严肃性和权威性。

强化项目带动，不断完善城市功能。一是深入推进征地拆迁工作。各级各部门要发扬钉钉子精神和久久为功精神，紧密协调配合，集中精力推进征地拆迁工作，为下一步推进项目建设、做好城市经营文章提供坚强保障。二是扎实组织实施城市提升三年行动计划。重点攻坚“一江两岸”慢行系统、丰城大道改造、“老一中”及周边地块升级改造和南区路网项目建设；加强交通路网衔接打通，新建一批“五小”工程，进一步提升城市功能和品质；加快推进县城的城市地下管网、污水和生活垃圾处理等基础设施建设，形成适度超前、相互衔接、满足未来需求的功能体系。三是健全城市提升推进机制。充分发挥县提升办统筹协调作用，加强对城市提升工作推进中的各类困难和问题的收集和统筹，加快协调解决影响项目推进问题。

突出建管并重，着力提升城市品位。一是深化“路长制”管理。深化城市环境综合整治，持续开展城区“六乱”治理，组建城市提升志愿队，推动城市管理常态化、制度化、规范化；抓好城区及城乡接合部背街小巷等“微改造”，促使老城焕发新容和活力。二是重启“广东省县级文明城市”创建工作。积极推动精神文明与城市提升相融相促、协调发展，把弘扬社会主义核心价值观作为城市灵魂工程来抓，大力提高市民文明素质，鼓励广大市民参与到城市管理中来，实现共治共管、共建共享。三是加快智慧城市建设。以网格化管理、社会化服务为方向，大力实施“智格工程”，通过把大数据、云计算运用到城市管理全过程，逐步改变原来粗放型管理方式，加快形成与经济社会发展相匹配的城市管理能力。

（三）抓乡村，促振兴，助力农村发展新突破。以全县18万农民致富和2000多平方公里人居环境美丽为目标，深入研究实施乡村振兴战略，加快推进农业农村现代化，着力补齐“三农”这块全面建成小康社会短板。

加快社会主义新农村示范村建设，改善乡村发展条件。一是体现村庄规划特色。坚持产城融合的理念，因地制宜完善乡村全域规划，并结合当地自然资源、历史文化、民俗习惯等因素，打造独具特色而又生态宜居的乡村风貌，避免千村一面。二是改善农村人居环境。以农村人居环境综合整治为突破口，深入开展“三清三拆三整治一美化”工作，加大农村危房改造和“拆旧建新”工作力度，统筹布局道路、污水处理、垃圾收集等公建共享的基础设施，尤其要扎实开展农村“厕所革命”工作，努力补齐影响群众生活品质的短板。三是突出示范带动。继续巩固提升梅坑村、大岭村、大陂村、天中村等示范村建设，带动全县15个省定贫困村及8大片区、56条示范村的建设步伐，努力推动我县社会主义新农村示范村建设工作走在全市前列。此外，要统筹推进各镇（街）墟镇的规划建设，不断完善墟镇基础设施建设，优化管理服务水平，进一步改善墟镇环境与提升墟镇品质。

构建现代农业产业体系，加快农业农村发展步伐。一是坚持以农业供给侧结构性改革为主线。按照“一镇一业、一村一品”的发展思路，制定实施农业产业发展规划，突出市场导向，引导各村扩大特色农产品种植规模，打造农产品知名品牌，助力农民增收致富。二是推动农旅融合发展。把“农业＋旅游”作为农业发展的主攻方向之一，按照休闲及乡村旅游发展模式，做好观光农业规划，结合沙田镇百香果和砂糖橘、黄礤镇佛手瓜和高山茶等特色农产品的种植，打造若干个集“吃住行游购娱”于一体的田园综合体，拓宽农民增收路子。三是抓好农产品营销平台建设。依托特色农业，打造服务功能齐全、辐射周边县市的区域性农产品销售集聚地，进一步畅通线上线下渠道，推动新丰优质农副产品走向市场，实现农业产业转型升级、融合发展。

积极推进乡村治理，夯实农村发展基础。一是加强农村基层党组织建设。实施乡村振兴战略，要靠坚强有力的村党组织和好的带头人。要抓住村党组织这个关键，建强组织，建好阵地，健全制度，不断提升村党组织的组织力；要把村党组织书记队伍建设摆在更加突出的位置，建设一支坚强有力的带头人队伍。二是培育良好文明乡风。进一步规范完善村规民约，加快农村文化场所建设，依托基层党员、外出乡贤、德高望重者等人员的力量，积极倡导现代文明理念和生活方式，严厉打击村霸和涉黑恶势力，努力形成以自治、法治、德治相结合的乡村治理体系。三是推进基层治理法制化进程。深入持久开展“法律六进”活动，扎实开展“一村（社区）一法律顾问”工作，增强全民法治观念，为创新基层社会治理注入新的活力。

（四）抓保障，惠民生，促进人民生活新改善。要坚持以人民为中心的发展思想，聚焦人民群众的现实需求，周密谋划、精准施策，不断优化公共产品和服务供给，让人民群众的获得感、幸福感、安全感更加充实、更有保障、更可持续。

打赢精准脱贫攻坚战。认真落实精准扶贫、精准脱贫要求，压实镇村扶贫主体责任，构建精准扶贫工作统筹推进机制；以增加农民收入为核心，加强扶贫资金管理，大力实施脱贫攻坚八项工程；落实兜底保障政策，实现扶贫与低保有效衔接；要把扶贫和扶志、扶智结合起来，实现稳定脱贫，确保到2018年现行标准下的农村贫困人口全部脱贫。

大力推进“省卫生强县”创建。深入推进医药卫生体制改革，着力优化医疗资源配置，大力推动县人民医院、县中医院、县妇幼保健院迁建项目动工建设，加快县域医共体建设步伐，抓好村（社区）卫生站公建规范化建设，提高基层医疗卫生服务能力，推动分级诊疗制度落到实处；抓好医务人员队伍建设，建立健全医疗卫生行风管理长效机制，加强医德医风建设，着力解决当前医疗行业作风方面存在的突出问题。

加快推进“省教育现代化先进县”创建。推动城乡义务教育一体化发展，科学调整城乡学校布局，着力解决县城中小学及幼儿园学位不足问题；加强教师队伍建设，抓好教师继续教育和师德师风建设，不断提升教师教书育人水平；进一步健全教师队伍激励机制，逐步落实公交、景区等公共服务教师优惠政策，在全社会营造尊师重教的良好氛围。

健全完善社会保障体系。扎实推进机关事业单位养老保险制度改革，完善统筹城乡的社会保障体系，提高城乡居民养老保险、医疗保险覆盖面和保障水平；完善社会救济服务体系，提高行政企事业单位职工互助保障、城乡居民最低生活保障、农村五保户供养等保障水平，实现应保尽保；完善养老服务体系，积极推进医养结合、养老照护试点工作；加强保障性住房建设和管理，加快建立多主题供给、多渠道保障、租购并举的住房制度，着力解决低收入家庭的住房困难问题。

大力加强生态文明建设。继续推进绿色发展，调整产业结构，努力争当全市绿色发展的排头兵。大力推进森林碳汇、森林抚育、乡村绿化美化工程，加强森林资源保护管理，提升林业生态建设水平；以改善环境质量为核心，打好大气、水、土壤污染防治“三大战役”，狠抓河长制落实，加大全县河流特别是丰江河流域的治理力度。

着力加强基础设施建设。不断改善基础设施条件，进一步夯实“融珠先行”基础。强化服务保障，力争武深高速新丰段实现如期通车，加快韶新高速新丰段建设；积极争取广从轨道快线延伸至新丰、赣广高铁项目纳入省、国家规划；加快推进省道244线、遥田半陂至大埔、马头至路下等省县乡道升级改造；大力加强农田水利能源建设，加快推进高标准基本农田、鲁古河水库供水及第三水厂建设，完成山区中小河流治理年度任务，实施好新一轮农村电网改造升级工程。

此外，要实施更加积极的就业政策，大力发展职业教育、技能培训和创业就业培训，提高劳动者就业能力，助力更多群众就业创业；关注妇女儿童发展，加大对残疾人扶助力度，切实保障妇女、未成年人、残疾人的合法权益。

（五）抓改革，活机制，激发内生发展新动力。改革是社会发展的强大动力。我们要突出问题导向，以自我革新的勇气和胸怀，破除制约“融珠先行”的思想和体制机制障碍，激发发展活力。

狠抓改革工作落实。一是落实中央和省市改革部署。自觉向中央和省委、市委的全面深化改革工作看齐，全面梳理新提出的改革任务和举措，逐项明确任务分工和进度安排，推动各项改革工作出成绩、出亮点，为改革提供可复制、可借鉴的新丰经验。二是健全改革工作督察机制。创新督察方式方法，围绕改革重要任务、重要试点，盯住关键环节、关键节点，以时限倒逼进度，力争重点改革率先取得突破，带动整体改革顺利推进，取得成效。三是构建激励和容错纠错体系。坚持正向激励与容错纠错相结合，激励先进、鼓励探索、宽容失误，充分调动各级干部锐意改革、勇于创新的积极性，在全县营造抓改革促发展的良好氛围。

打造优质高效政务环境。各级各部门和广大干部要切实转变“重招商、轻服务”的思想观念，强化主动服务意识，切实提高服务能力和水平。一是理顺服务企业的机制体制。落实县领导和县直部门挂点联系帮扶企业制度，建立企业问题台账，科学运用“两统两分”工作法，统筹协调解决企业遇到的困难和问题，全力做好韶能集团、广兴牧业、中华制漆、云髻山旅游等企业的协调服务工作，促进项目早日开工建设、投产见效。二是深化政务服务模式改革。深入推进行政审批事项清理工作和部门权责清单制度改革，抓紧抓实“一门式一网式”政务服务模式改革，推进审批流程再造，逐步实现“一门受理、分类审批、限时办结、统一出件”联合审批，为群众和企业提供“一站式受理”“一条龙服务”。三是深入推进营商环境综合改革。用好用足用活惠企政策，从企业税费、融资成本、制度性交易成本、人工成本、用能用地等方面着手，想方设法为企业降低营商成本，助推企业增资扩产、做大做强。

提升科技创新能力。坚定不移地实施创新驱动发展战略，全面深化科技体制机制改革，不断优化创新创业的生态环境，推动全县科技创新水平不断提高。一是加大对企业科技创新的支持。探索政府支持企业创新服务机制，落实高新技术企业扶持政策，健全以企业为主体、市场为导向、产学研深度融合的技术创新体系，引导和推动广兴牧业、杰力电工、中华制漆等企业开展自主创新和核心关键技术攻关，着力在先进装备制造、新材料和新能源等领域取得突破。二是加快推进创新平台建设。加大对科技企业孵化器、加速器扶持力度，着力引进国内知名孵化器运营机构，加快推进珠江东岸（新丰）创新产业示范园、“农村淘宝”县级运营中心的建设与运营，推动科技企业孵化器高水平发展。三是加快集聚创新型人才。实施更加科学、更具吸引力的人才引进政策，全面优化人才服务环境，创造良好集聚人才生态环境，把新丰打造成为人才高地；深入推进“百名行业精英人才集聚计划”，着力引进及培养本县急需的教育医疗、金融、产业发展等人才。

（六）抓民主，强法治，保障社会大局新作为。加强民主法治建设是新丰各项事业不断前进的重要保障。要加强和改善党对人大、政协工作的领导，更加注重发挥法治在社会治理中的重要作用，营造和谐稳定的社会氛围。

围绕中心工作，凝聚改革发展合力。坚持以习近平新时代中国特色社会主义思想为指导，凝聚起推动新丰实现“融珠先行、加快发展”的磅礴力量。一是支持人大依法行使职权。积极为人大及其常委会依法有效行使监督、决定、任免等职权，创造良好条件，更好发挥人大代表作用，推动产业发展、城市提升、新农村建设等重点工作有效落实。二是支持政协积极履职。积极支持政协履行政治协商、民主监督、参政议政职能，充分发挥政协人才荟萃、智力密集优势，围绕新丰改革发展面临的重大课题，特别是“深调研”的10个重大问题开展调查研究，积极建言献策。三是充分调动各方积极性。深入推进工会、共青团、妇联等群团组织改革，提高联系服务群众水平；进一步做好双拥工作，不断提高军民融合发展层次和水平。

加强社会治理，构建和谐稳定社会环境。牢固树立“稳定是第一责任”的思想，积极稳妥化解社会矛盾纠纷，为新丰“融珠先行”营造和谐稳定的发展环境。一是扎实做好社会矛盾排查化解。严格落实信访维稳工作责任制和县领导包案制度，完善县、镇、村三级矛盾纠纷排查化解机制，对排查出的矛盾纠纷和不稳定因素，及时采取有针对性的措施妥善处置，努力把矛盾化解在基层和萌芽状态；创新社会治理模式，推进“数字政府”建设，推动网格化管理工作与现代信息技术相结合，提升社会治理社会化、法治化、智能化、专业化水平。二是抓好社会治安综合治理。扎实推进“平安新丰”建设，保持严厉打击各类违法犯罪的高压态势，重点打击青少年涉毒涉黑、打架斗殴等人民群众反映强烈的违法犯罪问题，深入推进警务机制改革，提高社会面见警率、管事率，增强人民群众安全感。三是扎实推进全面依法治县。坚持把党的领导贯穿始终，推进严格执法、公正司法、全民守法，增强全民法治观念，积极引导群众合法合理表达诉求。四是抓好安全生产工作。时刻绷紧安全生产这根弦，严格落实安全生产责任制，进一步压实安全生产属地责任、行业主管部门监管责任和企业主体责任，建立健全风险排查预警和应急处置机制，切实维护人民群众生命财产安全。

四、坚定不移推动全面从严治党向纵深发展，努力营造良好的政治生态

办好新丰的事情，关键在党，关键在党要管党、全面从严治党。严格落实新时代党的建设总要求，不断提高党的建设质量，以风清气正、干事创业的良好政治生态，为加快新丰“融珠先行、加快发展”提供坚强政治保证。

加强党的政治建设。政治建设是铸魂工程。各级党组织要旗帜鲜明地讲政治，牢固树立“四个意识”，增强“四个自信”，坚决维护习近平总书记的核心地位，时时处处事事坚持和维护以习近平同志为核心的党中央权威和集中统一领导，始终与中央和省委、市委同心同向、步调一致，确保上级决策部署在新丰政令畅通、令行禁止。要尊崇党章，严格执行新形势下党内政治生活若干准则，增强党内政治生活的政治性、时代性、原则性、战斗性。推进“两学一做”学习教育常态化制度化，深入开展“不忘初心、牢记使命”主题教育，加强党性锻炼，坚定理想信念，切实增强广大党员特别是领导干部的底线意识、红线意识，着力构建“亲”“清”新型政商关系，营造风清气正的良好政治生态。

加强干部队伍建设。从严治党，关键是从严治吏。我们将坚持党管干部原则，深化干部人事制度改革，牢牢把握新时代党和人民需要的好干部的标准，强化干部管理监督，坚决防范选人用人上的不正之风，做到“在改革发展中甄别干部、在工作一线中考察干部、在群众口碑中检验干部”，着力打造政治过硬、本领高强、实绩突出、群众公认的干部队伍。强化作风建设，进一步提升广大干部自信心和责任感，教育引导树立正确的事业观，全身心地投入到我县“融珠先行、加快发展”的事业上来。进一步健全绩效考核和监督问责制度、干部政绩档案管理库，落实领导干部考验性管理要求，构建完善正向激励和负向激励相结合的激励机制和容错纠错机制，旗帜鲜明支持和保护爱护那些作风正派又敢作敢为、锐意进取的干部，推动干部勇于负责、敢于担当。

加强基层组织建设。严格落实基层党建工作责任制，深入开展抓基层党建工作述职评议考核；压实镇（街）直接责任，抓实抓细干部驻点直接联系群众工作；认真落实新时代基层党组织建设5项重点任务，深入实施抓基层党建创新“书记项目”，全面开展基层党建示范点和新农村示范村“双创”工程，全面建设堡垒型、服务型、规范型“三型”党组织，全面打响“云髻红枫”党建工作品牌，坚持以党建工作引领乡村振兴；持续开展软弱涣散基层党组织整顿工作；积极探索实践“党建+”模式，推动基层治理重心下移，努力把基层党组织建设成为宣传党的主张、贯彻党的决定、领导基层治理、团结动员群众、推动改革的坚强战斗堡垒。

加强意识形态建设。牢牢掌握意识形态工作领导权、管理权、主动权，严格落实党委意识形态工作责任制，做到守土有责、守土负责、守土尽责。要着重加强阵地建设和管理，切实守好互联网这个主阵地，提升网络综合管理水平，营造更加清朗的网络空间。着力构筑齐抓共管的意识

形态工作格局，全方位筑牢意识形态安全的“护城河”和“防火墙”。加强舆论引导，旗帜鲜明反对和抵制各种错误观点，最广泛地凝聚社会共识。党员领导干部要敢于发声、敢于亮剑，与意识形态领域的各种错误思想观点作坚决斗争，决不能当“开明绅士”，明哲保身。

加强党风廉政建设。深刻领会习近平总书记关于“纠正‘四风’不能止步，作风建设永远在路上”的重要批示精神，深入推进全面从严治党，强化管党治党政治责任，深入贯彻落实中央八项规定实施细则，坚持不懈纠“四风”、树新风，以钉钉子精神把作风建设推向深入。实践运用监督执纪“四种形态”，正确把握“两个尊重”“三个区分”，加强廉政风险排查防控工作，坚持把纪律和规矩挺在前面，做到抓早抓小成为常态。深入开展反腐败斗争，始终保持惩治腐败的高压态势，坚持无禁区、全覆盖、零容忍，坚持重遏制、强高压、长震慑，对在干部作风建设中发现的以权谋私、监守自盗、拒不整改“三类人”坚决进行查处。认真落实领导干部报告个人有关事项制度，进一步规范领导干部配偶、子女及其配偶经商办企业行为。充分发挥巡察利剑作用，大力推进监察体制改革试点工作，整合全县反腐败资源，实现对全县行使公权力的公职人员监察全覆盖。严肃查处群众身边的不正之风和“微腐败”，努力实现干部清正、政府清廉、政治清明，营造良好的政治生态。

新丰已经进入“融珠先行”、全面建成小康社会的关键时期，让我们更加紧密地团结在以习近平同志为核心的党中央周围，以习近平新时代中国特色社会主义思想为指导，团结带领全县广大党员干部群众，锐意进取、埋头苦干，奋力开创新丰“融珠先行”发展新局面，为如期全面建成小康社会、开启全面建设社会主义现代化新征程做出更大贡献！

政府工作报告

——2018年1月10日在新丰县第十五届人民代表大会第三次会议上

新丰县人民政府县长　马志明

2017年工作回顾

2017年是我县发展进程上极为困难、极具挑战的一年，也是勇于担当、敢于突破的一年，面对经济下行巨大压力和练溪托养中心事件的严峻影响，在市委市政府和县委的坚强领导下，在县人大、县政协的有力监督支持下，特别是在陈波书记“身先士卒、雷厉风行、胸怀全局、忘我奉献”的示范带动下，县政府紧紧依靠全县人民，紧扣“融珠先行”核心任务[①]，全力推动产业规划发展、城市提升及干部作风建设，一手抓经济“稳增长”、一手抓“融珠先行”，全县经济社会持续健康发展，较好地完成了县十五届人大一次、二次会议确定的各项目标任务，为决胜全面小康进一步奠定坚实基础。

一、县域经济企稳回升

近年来，面对经济发展新常态的机遇、挑战，日趋激烈的区域竞争，我县资源型传统产业深受影响，县域经济下行压力持续加大。我们深入把握新发展理念，始终保持发展定力，坚持稳增长与调结构相结合，大力破除无效供给，引进培育新动能，全力扭转经济下行态势，主要经济指标逆势上扬、速度与质量效益同步提升[②]。全年完成地区生产总值89.01亿元，增长7.8%；固定资产投资42.73亿元，增长13.1%；一般公共预算地方本级收入3.3亿元，增长8.7%。积极落实环保督查整改要求，推进产能转换、产业转型升级，一批规上工业企业止跌回升，规上工业增加值实现逐季回升[③]；固定资产投资、财税收入也走出负增长，企稳上升[④]；财税金融平稳较快发展[⑤]。内联招商合同达69个，引进资金49.6亿元，其中超亿元项目8个，加快发展后劲更强[⑥]。

二、“融珠先行”拓开新局面

以新发展理念为指引，积极把握供给侧结构性改革机遇，遵循产业发展“五大原则”[⑦]，全力推动“产业共建、产业集聚、产城融合发展”，“筑好巢”，“引好凤”。

（一）产业发展提质增效。突出提升传统产业、做大做强优质企业、扶持培育新兴产业，推动产业集聚发展。

特色工业加速壮大。韶能生物质发电厂、华润风电一期并网发电建成投产，兆盈装饰、亿美化工等项目即将建成投产；总投资20亿元的韶能绿洲生态植物纤维、广兴牧业增资扩产项目动工建设，韶能生物质发电二、三期扩建、中华制漆物流园、总部搬迁等项目即将动工；稀土分离厂加紧建设，稀土采矿证正在申办；广汽集团（南方）汽车测试场项目约定落户新丰。长期以来，以铁矿、水泥等资源型产业为支撑的工业格局开始“突围”，呈现出“新能源、新材料、装备制造”等多点支撑的新局面。全年完成工业增加值36.72亿元，增长6.6%。

休闲旅游产业活力迸发。以全域旅游发展理念引领休闲旅游业跨产业融合发展[⑧]。完成《新丰县旅游发展总体规划》修编提升。云髻山旅游开发、雪山国际旅游度假区、岭南红叶世界等重点项目加快建设。乡村旅游发展势头强劲，秀田、横坑、大陂、禾溪、茶峒、天中等一批“美丽乡村”广受游客喜爱[9]。我县迄今为止承办的规格最高、规模最大、影响最广的全国性体育盛事——第16届全国学生定向越野锦标赛圆满成功；枫叶文化交流、百香果开园等旅游推介活动接连上演、精彩纷呈；充分放大电影《榫卯》[10]、腾讯综艺《年味有FUN》[11]新丰元素，借助线上线下媒体开展“新丰十大旅游手信”评选，“越野新丰、休闲天堂”旅游品牌越来越响亮。

现代农业亮点纷呈。突出抓好“规模、市场、品牌”三篇文章，现代农业“接二（产）连三（产）”融合发展势态强劲。优质稻、蔬菜、水果、生猪、茶叶、油茶、中药材和花卉等8大特色农业基地规模不断壮大[12]；新增农民专业合作社40家、家庭农场5家，培育市级以上农业龙头企业7家，华瑞生态农业、广鸿联民等“公司+基地+农户”生产经营模式得到越来越多的农民朋友欢迎、参与。农村土地承包经营权确权登记颁证工作加快推进[13]；“全国休闲农业与乡村旅游示范县”创建工作深入开展。全年实现农业增加值13.12亿元，增长4.5%。

（二）产业共建迈出坚实步伐。明晰园区发展定位，推动园区转型整合。珠江东岸（新丰）创新产业示范园以广州、东莞东城共建为依托，健全完善东城新丰产业共建帮扶机制，完成园区首期项目主体工程建设，“食品园中园”引入东莞味盟、香港艺成落户；园区新近勘探出优质温泉，增添发展新元素。紫城工业园以广兴牧业、杰力电工、永强五金等制造业、云髻山旅游为依托，融合碧桂园、滨江国际等商住服务业，规划建设“云髻特色小镇”，打造县城扩容提质新增长极。马头园区积极推动转型升级，与韶能集团携手共建，规划建设循环经济产业园区，全力打造我县首个百亿产业集群。回龙园区申报省级产业转移开发区待国务院批复，开发重组取得共识，即将焕发新活力。加大工业园四大片区道路、水电、通信、排污等基础设施建设，园区承载力、吸引力逐步提升。同时，积极做旺生态休闲旅游发展平台，以“两山一源”[14]为核心的休闲旅游项目纷至沓来。线上、线下农产品流通平台加紧建设，阿里巴巴淘宝县级服务中心、32家农村服务站开业运营，优质农产品销售平台即将动工建设。

（三）城乡建设大步迈进。聚焦规划滞后、功能不全、布局不优、环境不美、管理无序等问题，坚持把城乡规划建设、环境提升作为惠民利民、增强“融珠发展”竞争力的重中之重抓实抓好。大力度推进县城提升、社会主义新农村建设、发展环境优化，全县城乡呈现出整治环境、建设美丽家园的热潮，“融珠发展”形象在改善、品位在提升，人才、产业、资本吸引力明显增强，获得广大市民、游客的一致好评。

城乡规划体系更为完善。坚持以新理念不断完善城乡规划体系，努力构建总规、控规、专项规划相互支撑的规划体系。县城总规、控规修编工作稳步推进，启动“多规合一”系统建设。完成马头镇、回龙镇控规，及全县环境卫生、县城消防专项规划编制。

城市提升成效初显。紧扣“优化布局、完善功能、强化管理”，制定城市提升三年行动计划，全力推进县城扩容提质，项目之多、投入之大，前所未有[15]。启动县城教育、医疗等资源布局调整，优化县城老城、新城功能布局。群众期盼已久的“一江两岸”美化亮化、丰城大道改造提升、老一中改造动工，新龙公路改造提升加紧完工。着力推动市政道路升级改造，打通城市“断头路”[16]。开通城市公交，规范整治三轮车，一大批“五小”工程建成使用[17]。集中力量推进城市综合治理，推行城市管理“路长制”、商铺“门前五包”[18]等系列长效机制，县城管理逐步由“治标”向“治本”迈进[19]。县城更加干净、整洁、有序，更加便利、舒适、宜居。在推动城市提升热潮中，我们许多干部群众“舍小家、顾大家”，乐于奉献、支持征拆[20]；许多商家、居民积极参与、共建家园；广大干部兢兢业业、走村入户，深入细致、反复耐心做工作；涌现了许多感人事迹、先进典型，值得点赞、喝彩。

社会主义新农村建设掀起热潮。按照“整体推进、示范带动、体现特色”的工作思路，健全机制，乡村建设更加规范、有序。完成19条省定贫困村规划编制，统筹开展全县141个行政村规划编制，村庄规划即将实现全覆盖；精心谋划，科学选取一批省级示范片、先行试点村、重点示范村、县级示范片㉑；梅坑、大岭、大陂、天中等示范村建设“两年任务、半年完成”，大陂、东瓜坑的建设、治理获得省、市充分肯定。全面启动全县141个行政村“三清三拆三整治一美化”工作，全县19条省定贫困村169个自然村100%成立村民理事会，100%建立卫生保洁和垃圾收运体系，创建社会主义新农村示范村工作取得初步成效。

（四）基础设施建设再上新台阶。着力加快交通、水利、能源等基础建设，“融珠发展”的支撑保障能力不断增强。积极争取从化至新丰轨道快线、赣广高铁项目纳入省、国家线网规划；武深高速加紧建设，韶新高速动工建设；国道105线县城段迁建项目建成通车，西部出口遥田半陂至大埔公路改造动工，完成一批县乡道改建㉒。完成山区中小河流治理57.2公里，16宗村村通自来水工程动工，鲁古河水库供水工程及县城第三水厂春节前即将动工。严守耕地红线，大力推进垦造水田工作。县城生活垃圾填埋场二期动工，农村电网改造升级加快推进㉓。

（五）营商环境持续优化。围绕“行政审批提效、营商成本降低、企业服务提升”全面发力，重商、亲商、安商氛围更加浓郁。组建县招商（企业）服务中心，再造、优化项目审批流程，行政审批效率进一步提升。开展营商成本调研，强化产业发展激励扶持，打出降低企业成本“组合拳”。建立县领导、县直部门挂点联系企业制度㉔，强化“一企一策”精准服务，领导干部走访企业、排忧解难、推动发展成为常态，企业发展获得更多给力支持，一批优质企业增资扩产、一批优质项目先后落户，加快发展的动力更加强大。

三、民生社会事业取得新进展

坚持民生优先，突出抓好精准扶贫、办好民生实事、兜好底线民生，人民群众得到更多实惠。

精准扶贫工作稳步推进。坚持扶贫开发与新农村建设相结合，强化责任落实，因户因人施策，精准发力，脱贫工作扎实有效。制定贫困村三年帮扶规划、年度脱贫计划及系列机制政策；全面实施脱贫攻坚“八项工程”和“六种帮扶模式”㉕，累计投入省、市拨付资金4807万元，用于贫困户发展生产和就业奖补，实施扶贫项目23096个。打造精准脱贫三大产业发展示范区，培育发展一批股份企业和合作组织，顺利完成年度脱贫任务㉖。

社会事业全面进步。教育事业加快发展。“教育创先”㉗、县职中创建省重点职中工作稳步推进；启动县城第五小学升级改造，完成第四幼儿园主体改造，新增6间民办幼儿园，新丰一中体育馆加紧建设，完成一批中小学教学设施升级改造㉘；成立奖教奖学基金，高考、中考成绩稳中有升㉙。卫生计生服务更加惠民，县城医疗机构布局调整加快推进㉚，规范化建设村卫生站36间。文化活动异彩纷呈㉛，文艺精品不断涌现㉜，完成文化中心及档案馆、方志馆选址，建成一批基层文体基础设施㉝。完成史志、年鉴编纂工作㉞。充分利用东莞东城帮扶资源，制定东城新丰“十大”帮扶行动计划㉟；科技工作有新亮点㊱。体育竞技水平稳中提升㊲，群众体育活动蓬勃发展。完成2017年人口变动情况抽样调查，全国第三次农业普查稳步推进。

民生保障更为有力。集中精力和财力改善民生，民生支出占一般公共预算本级支出的78%；8件民生实事加快推进㊳。就业再就业稳中向好㊴。机关事业单位养老保险改革稳步推进，被征地农民社保资金分配工作取得新进展㊵，社会保险扩面征缴工作完成年度任务，覆盖城乡的社会保险体系初步建成。危房改造、公租房建设扎实推进㊶。

社会治理创新发展。平安新丰创建扎实推

进，强化治安综合防控体系建设，提高见警率、管事率，刑事治安警情同比下降8.75%，群众安全感有效提升。深入开展“七五”普法，推进“一村（社区）一法律顾问”工作，健全县、镇、村三级矛盾排查研判和纠纷预防化解机制，积极回应群众合理诉求，群众法治意识明显提升。把安全工作放在突出位置，马头镇火灾隐患重点地区整治有望高分通过省验收；强化食品药品、安全生产监管，人民群众生命财产安全得到有力保障。完善气象灾害应急预案体系，应对突发事件处置能力有效提升。加强基层治理，健全村务公开、民主管理制度，顺利完成村（社区）“两委”换届工作。人民武装工作稳步推进，双拥优抚工作深入开展。开展“最美家庭”、第二届“十大新丰好人”[42]评选活动，唱响主旋律，传递正能量，引领新风尚。

此外，粮食物价、民族宗教、外事侨务、水文气象、防震减灾、人民防空、妇女儿童、老龄事业、残联慈善等工作都取得了新成绩。

四、生态优势获得新提升

坚持生态富民立县战略，绿色崛起底蕴更加深厚。深入推进新一轮绿化大行动，完成造林面积3.45万亩，启动了2个镇级森林公园建设，完成10个乡村绿化美化工程示范点建设，鲁古河国家湿地公园加快建设，森林覆盖率高达80.8%，位居全省县级第4。强化林业生态红线管理，持续开展林区秩序整治行动。积极落实中央环保督查整改，企业环保意识显著增强；大力治理环境污染，推进丰江河综合整治；

科学划分全县畜禽养殖禁养区，全面清理禁养区内养殖场；整县推进村镇污水处理设施建设。落实最严格水资源管理制度，加强土地卫片执法和矿产资源管理，山水田林湖等自然生态资源得到最严格保护。

五、政府建设实现新进步

对标“融珠先行，加快发展”要求，全力推进政府法治、效能建设和改革创新，政府施政水平明显提升。

法治建设高效推进。深刻吸取利坑石场、练溪托养中心事件教训，开展行政执法、行政监管大排查，组织依法行政专题培训；推行政府法律顾问制度，推动县直部门、镇（街）依法履职、规范运行；大力推进行政机关负责人出庭应诉工作，有效预防和化解行政争议[43]；开展规范性文件清理工作[44]，政府依法行政水平明显提升。全力支持县、镇人大规范化建设，主动接受人大的法律监督、政协的民主监督和社会监督，人大代表建议、政协提案办结率、满意率100%[45]。

行政效能明显提升。积极运用“两统两分”工作法[46]，推进重点项目、企业服务机制改革，指导政府规范化改革、效能化建设；落实专家论证、群众听证等重大事项决策机制，县政府决策更为科学；规范土地房屋征拆、“三旧”改造、土地收储机制，健全完善跟踪督办机制，深入开展“两讲两办两干”作风建设活动[47]，政府执行力有效提升。大力实施简政放权，清理规范政府部门行政审批中介服务事项36项，加快商事登记制度改革，施行“多证合一、一照一码”登记制度[48]，市场活力有效释放。成立县提升办，组建县代建局、城管局，城市建设、管理体制更加顺畅高效。加快投融资体制改革创新，积极开拓投融资渠道，有力破解发展资金制约难题[49]。“一门式一网式”政务服务模式改革[50]扎实推进，建成7个镇（街）公共服务中心、157个村（社区）公共服务站，基层群众足不出村（社区）即可办理公共事务服务事项。

廉政建设全面加强。扎实推进“两学一做”学习教育活动常态化制度化，以“执纪、用人、激励”三个导向加强干部队伍作风建设，全力推进干部政绩档案管理、考验性管理，突出抓好公职人员经商办企业清理规范工作，干部队伍作风有了较大改进。严格落实党风廉政建设责任制，持之以恒纠“四风”，廉政风险防控体系建设进一步推进。充分发挥行政监察和审计监督作用，强化乡村建设、精准扶贫、土地出让等关键领域的监督。严格执行“三重一大”制度[51]，有效防

范和规避了决策风险。

各位代表，过去一年，县政府和全县人民一起携手奋进、主动作为，适应新常态、抢抓新机遇，实现了经济社会平稳较快发展。成绩的取得，是县委统揽全局、科学决策的结果，是县人大、县政协积极参与、有力监督、鼎力支持的结果，是全县上下同心同德、攻坚克难、真抓实干的结果。在此，我谨代表县人民政府，向奋战在各条战线的全县广大干部群众，向关心支持政府工作的人大代表、政协委员、老干部、老同志，向无党派、群众团体和社会各界人士，向县驻军武警、消防官兵、政法干警，向为我县发展做出贡献的投资商、建设者、纳税人，向所有关心、支持、参与新丰发展建设的朋友们表示崇高的敬意和衷心的感谢！

此刻，我们也清醒地认识到，新丰仍处于发展和建设的爬坡越坎的攻坚阶段，新丰的发展仍有很多问题需要解决。主要表现在：一是经济发展实力弱是我们加快发展面临的最大问题。2016年全县GDP为80.29亿元，与全市1218亿元、全省79512亿元对比，差距非常突出，总量几乎可以忽略不计；人均GDP是全国的69.34%、全省的51.4%、全市的90.5%，人均GDP偏低。2016年全县城乡居民人均可支配收入1.71万元，与全国、省、市差距较大（全国2.38万元，全省3.029万元、全市1.99万元）。二是产业支撑弱是我们“融珠先行”面临的最大挑战。现代农业规模小，农业产业化程度不高；特色工业仍是传统资源型产业为主，引进的新兴支柱产业有待加快培育壮大，工业园区承载力有待提升；休闲旅游与服务业还没有形成规模，全域旅游仍处于起步阶段，旅游基础配套、整体服务水平不高，与珠三角都市群客源市场消费升级的需求仍存在较大差距。2016年我县规上工业增加值仅26.74亿元，远远落后于周边龙门县的78.08亿元；规上工业增加值增速仅7.2%，也落后于同期的乳源、始兴（乳源增长11.4%、始兴增长12.2%）。67家规上企业仅有4家高新技术企业，远低于从化的48家、英德的17家。三是民生欠账多是我们决胜小康所面临的最大压力。从小康社会实现程度看，2016年我县小康社会实现程度仅为76.2%，比全市（79.7%）低3.5个百分点，比全省（96%）低19.8个百分点，比全国（89%）低12.8个百分点，实现程度在全市居第5位；民生和社会事业领域欠账较多，县城教育、医疗资源布局不够科学，城乡医疗基础设施、污水和生活垃圾处理设施建设滞后等，难以满足群众对美好生活的向往；同时，全县仍有3424户8879名相对贫困人口。四是发展环境不优是我们绿色崛起所面临的最大困境。城乡规划建设存在布局不优、公共功能不足、基础配套缺乏等诸多短板，人才、资本、项目的竞争力、吸引力有待提升。2016年，县城建成区面积仅9.6平方公里，均低于周边县城建成区面积。同时，对标新时代全面增强执政本领的要求，以及珠三角的服务意识、行政效率、营商环境，一些干部思想观念、素质能力仍跟不上经济发展新常态的要求，一些在珠三角能实行，在兄弟县、周边县能实施的举措在新丰却难以奏效。五是资源环境约束加剧是我们后发赶超面临的最大瓶颈。我县是典型的“九山半水半分田”山区县、国家重点生态功能区、省生态发展区、东江重要支流新丰江的水源地，产业发展门槛更高，发展要素制约更为明显。这些问题事关全局，影响长远，需要我们采取更加有力的措施，努力加以解决。

2018年工作安排

2018年，是全面贯彻落实党的十九大精神开局之年，是决胜全面小康、实施“十三五”规划承上启下的关键一年，也是新丰推动“融珠先行，加快发展”的重要一年。党的十九大胜利召开，开启了新时代全面建设社会主义现代化国家新征程，党中央支持东部地区率先推动高质量发展，实施粤港澳大湾区发展战略，省委省政府推进珠三角、东西两翼和粤北山区依主体功能区分区发展战略，市委市政府大力实施“融珠发展”战略，随着咱们武深、韶新高速的建设，我县的区位交通、生态资源等优势、政策利好更加凸显。去年以来，县委县政府全力推动“产业规划发展、城市提升、干部作风建设”三大主题工作，全县干部群众思想更加解放、思路更加清晰、作风更加务实，“融珠先行”基础更为厚实、平台更为广阔、支撑更为强劲，正可谓“潮平两岸阔，风正一帆悬”，新丰迎来了“跨越发展、绿色崛起”的黄金机遇期！只要我们坚定信心，抢抓机遇，乘势而上，奋力而为，就一定能够在新起点上开创新丰经济社会发展新的局面。

2018年政府工作的总体思路：以习近平新时代中国特色社会主义思想为指导，深入贯彻落实党的十九大精神、中央经济工作会议精神、习近平总书记对广东工作的重要批示精神和省委十二届二次、三次全会、省委书记李希新丰调研重要讲话精神以及市委十二届五次全会、县委十三届四次、五次全会精神，对标决胜全面小康和开启全面建设社会主义现代化国家新征程，坚持稳中求进工作总基调，主动适应经济发展新常态，深化供给侧结构性改革，紧扣“融珠先行”核心任务，全力推进“产业壮大、环境提升、民生改善”，突出打好“防范化解重大风险、精准脱贫、污染防治”三大攻坚战，沉着保持发展定力、增进累积发展实力、全面提升执行力，加快推进“跨越发展、绿色崛起”，努力建设“经济强、城乡美、生态优、百姓富”的美丽新丰！

2018年全县经济社会发展主要预期目标是：地区生产总值增长8%，一般公共预算地方本级收入增长6%，固定资产投资增长15%，规模以上工业增加值增长8%，社会消费品零售总额增长9%，实际利用外资增长5%，城乡居民人均可支配收入增长8%，城镇登记失业率控制在3.5%以内，居民消费价格指数、节能减排降碳、计划生育等约束性指标控制在市下达指标内。

围绕上述目标，我们将重点抓好以下四大方面的工作：

一、全力推动产业发展，累积经济发展实力

以新发展理念为指引，坚持质量第一、效益优先，盯紧瞄准粤港澳大湾区辐射、珠三角优化发展形势走向，紧扣粤北生态优先与绿色发展定位，大力发展新动能，强化产业支撑，推动县域经济高质量发展。

做强产业园区。加快推进循环经济产业园建设，确保韶能绿洲生态植物纤维项目首期4个车间生产线年底建成、二期6个车间生产线尽早落地，加紧启动韶能生物质发电二、三期扩建，努力在打造百亿产业集群上走在全市前列。积极推进珠江东岸（新丰）创新产业示范园建设；加强与东莞东城对接，全力推进东新食品产业园建设和广汽集团（南方）汽车测试场落地；充分放大园区区位、温泉资源优势，招引更具竞争优势、更为高端前沿的产业项目。抓紧“云髻特色小镇”申报、建设，加快中华制漆物流园总部搬迁、广兴牧业增资扩产，强化基础配套与社区服务，着力打造“宜居宜业宜游”高端商务区。加快回龙工业园开发、重组，加紧稀土分离厂建设，启动稀土二期探矿工作，推动稀土上下游产业集聚发展，以建陶园区转型、稀土特色产业园打造省级产业转移开发区。马头、回龙两镇依托园区加紧推进产城融合发展，加快园区污水处理、供水供电等基础设施建设。加快优质农产品销售平台、农村淘宝平台建设，将其打造成为连接珠三角市场的集散交易中心。坚持以“两山一源”为核心努力打造新丰江旅游发展平台，大力推进云髻山旅游开发、雪山国际旅游度假区建设，深入挖掘以新丰江、鲁古河国家湿地公园为依托的江河生态旅游新领域。

推动特色工业提质。坚持改造提升传统产业和引进发展高新技术产业相结合，构建以“新能源、新材料、先进制造业、高新科技”为支撑的工业发展新格局。推动兆盈装饰、亿美化工等在建项目投产；支持铁矿、水泥、陶瓷、涂料等传统产业技改扩能，让企业焕发新活力；推动韶能生物质发电厂、广兴牧业、中华制漆等优质企业增资扩产，做大做强；加紧对接、协调，推动广东新盟食品、香港艺成食品、美瑛石英石等项目尽早动工，广汽集团（南方）汽车测试场等洽谈项目尽早落地建设。

推动休闲旅游产业提速。围绕打造粤港澳大湾区都市群休闲旅游首选目的地，以全域旅游发展理念为引领，统筹推进旅游景点景区建设与旅游服务基础配套建设、城乡环境提升，推动旅游产业与文化体育、工业农业等跨产业、跨界融合发展，力争加入全市全域旅游发展的先进行列。全力推进桐木山温泉综合体开发及丹桂山、西莲山旅游开发。启动红色爱国主义教育基地（李任予故居）建设，深入挖掘九栋十八井、儒林第等历史文化资源，打造特色文化旅游品牌。结合“美丽乡村”建设及百香果园、佛手瓜基地，推动田园综合体发展，打造一批乡村特色民宿。创新举办旅游宣传推介活动，进一步打响“越野新丰、休闲天堂”品牌。加强景区、乡村旅游点停车场等配套设施建设，推进厕所革命，加快云髻山、桐木山旅游公路建设，持续优化旅游市场环境。

推动现代农业提效。以农业供给侧结构性改革为主线，坚持质量兴农、绿色兴农，推动农业向产业化、现代化发展。抓实粮食生产，确保粮食安全。加快完成农村土地承包经营权确权登记颁证，引导土地经营权有序流转。按照“一流域一品牌”“一镇一业”“一村一品”推动特色农业规模化、产业化发展。建立健全特色农业发展激励扶持机制，加大对龙头企业、农民专业合作社、家庭农场等农业经营主体的扶持，助力华瑞生态农业、广鸿联民等龙头企业（基地）发展壮大[52]。积极发展林下经济，培育壮大农村电商、休闲农业与乡村旅游等新业态，推动特色农林业形成“接二连三”产业链式发展。

全面激发加快发展活力。强化科技创新引领，加快“农村淘宝”运营中心众创空间、创新产业示范园科技孵化基地建设，建立健全企业科技孵化育成体系；探索出台高新科技企业招引培育、技术创新、产学研激励机制，推动黄磜镇创建省级高山茶专业镇、回龙镇创建特色工业专业镇，全面提升高新科技引领高质量发展的支撑力。加快项目推进，完善重点项目管理、奖惩、督查机制，强化综合调度，全力推动重点项目建设。发展壮大非公有制经济，完善促进非公有制经济发展系列激励机制，鼓励非公有制企业做大做强。推进精准招商，转变“捡到篮子都是菜”的粗放招商方式，紧紧把握供给侧结构性改革动态，积极融入粤港澳大湾区发展，围绕“新能源、新材料、创新创意、休闲旅游、特色农业”等新兴产业，完善产业准入名单、招商引资负面清单，招好商、选好商，力争引进一批大项目、好项目落地，增强发展内生力。加强招才引智，申报省级竞争性重点人才工程项目“扬帆计划”，实施“百名行业精英人才集聚计划”，引进高层次、高技能的专业技术人才，为县域经济发展提供人才支撑。

二、全面实施乡村振兴发展战略，提升“融珠发展”区域竞争力

以粤港澳大湾区城市群消费需求升级、城市功能疏解为契机，以更大力度提升城乡环境、完善基础设施、增创生态优势，大力改善“硬环境”；以更强决心创新体制机制，不断优化“软环境”，努力在“融珠发展”竞争中抢得先机。

强力推动城市扩容提质。按照“老城做减法、新城做加法”思路，紧扣“宜居宜业、宜游宜创”，推动县城提升。突出规划引领，完成县城总规修编和控规编制，抓紧马头、回龙城镇控规修编，加快县城公共功能设施专项规划，推动“多规合一”体系建设。加快推进县城教育、医疗资源布局调整，优化城市功能布局。全面实施城市提升三年行动计划，加紧落实60个城市提升项目，重点推动“一江两岸”美化亮化、丰城大道改造提升、老一中改造尽快见成效，抓紧启动城标公园、美食城及其综合体开发、雁塔公园建设，加紧推进县城“五小”工程、公厕、排洪排污管道改造建设，全力推动县城扩容提质。强化县城综合整治、管理，严格落实“路长制”，组建城市提升志愿队，实现城市管理常态化、制度化、规范化，努力为全市城市提升工作提供新丰经验。

全力推进社会主义新农村示范村建设。按照城乡一体化发展要求，创新投融资机制，补齐农

村发展短板，让农村更美、农民更富。加强城镇基础设施建设，强化城镇管理，推动城镇开发建设。加快村庄规划编制，以“一村一特色”为要求，推进其余37条先行试点村加快完成规划编制，逐步完成全县141个行政村村庄规划编制工作。抓好示范带动，巩固提升梅坑、大岭、大陂、天中等重点示范村建设，带动全县56个先行试点村完成新农村建设，推动省级示范片、县级示范片整合资源、整体规划、整体推进，全面促进我县乡村建设走在全市前列。深入开展全县“三清三拆三整治一美化”工作，进一步巩固农村人居环境综合整治成果；改善农村发展条件，加紧村镇生活污水处理设施建设，扎实推进农村“厕所革命”，实施乡村道路提升工程，建好、管好、运营好农村公路。加强农村基层治理，健全农村自治、法治、德治相结合的乡村治理体系，打造产业兴旺、生态宜居、乡风文明、治理有效、生活富裕的新时代小康社会美丽乡村。

着力加快基础设施建设。加快交通、水利、能源等基础设施建设，全面提升“融珠先行”的基础保障。力争武深高速年底建成，加快韶新高速建设；积极争取从化至新丰轨道快线、赣广高铁项目尽快列入省、国家规划“笼子”；抓紧完成省道244线升级改造暨环城北路前期工作，尽早动工；加快西部出口遥田半陂至大埔公路改造建设，实施一批旅游公路建设、县乡道改造[53]。加大农田水利建设投入，加快推进水田垦造、高标准基本农田、鲁古河水库供水及第三水厂建设，完成山区中小河流治理、村村通自来水年度任务，推进新一轮农村电网改造升级工程。

努力增创生态建设优势。牢固树立“绿水青山就是金山银山”的发展理念，始终坚持生态富民立县战略，全力打好污染防治攻坚战，实行最严格的生态环境保护制度，让新丰的天更蓝、山更青、水更绿、空气更清新。实施水污染防治行动，全面落实“河长制”，加大全县河流特别是丰江河治理力度；制定和实施“呵护新丰江三年行动计划”；加强农业面源和畜禽养殖污染整治，严格执行畜禽养殖禁养区限养区规定，切实改善水质。开展大气污染防治，保持空气质量优良。扎实推进土壤污染综合防治，开展废弃矿区生态环境治理，严厉打击非法开采，实现土壤环境质量全面提升。加紧推进创新产业示范园、“云髻特色小镇”等污水处理设施建设，推动园区绿色发展。全力争取省、市生态保护激励补偿，积极实施生态系统保护工程，探索建立桉树林退出机制，尽新丰之力推进粤北生态特别保护区建设。切实加强林政管理，积极开展新一轮“绿化新丰，打造岭南红叶之乡”大行动，大力推进森林公园、景观林带、生态公益林等林业工程建设，完成各类造林4万亩，建设乡村绿化美化工程示范点10个，改造云髻山林相，确保鲁古河国家湿地公园建设通过国家验收。

竭力创优营商发展环境。持之以恒优服务，努力打造新丰营商环境新高地，让“新丰服务”成为一张闪亮的名片。深化“放管服”改革，整合优化审批流程，推动行政审批全面提速。深入开展企业综合营商成本调研，痛下决心，综合施策，切实降低企业制度性交易、中介服务、融资用工、用能用电等成本，帮助企业降本增效。健全企业服务机制，严格落实县领导、县直部门挂点联系重点企业、重点项目制度，坚持问题导向，帮助企业解忧破难。用足用好产业发展基金，支持鼓励一批成长性好、贡献率高的企业增资技改、做大做强。

三、坚持以人民为中心的发展理念，增强加快发展凝聚力

全面小康，民生优先。聚焦群众期盼，努力提供更好的教育、更稳定的工作、更可靠的社会保障、更高水平的医疗服务、更丰富的精神文化生活。

聚力打好精准脱贫攻坚战。认真落实精准扶贫、精准脱贫要求，确保2018年2300人顺利实现脱贫，决不让一名贫困群众在全面小康路上掉队。注重扶贫与扶志、扶智相结合，突出抓好就业扶贫、产业扶贫、金融扶贫；引导支持贫困户因地制宜发展特色种养业，力争在每个镇（街）发展1－2个带动性强的合作社。抓好兜底保障

政策落地，实现最低生活保障制度和扶贫开发政策有效衔接。

优质均衡发展社会事业。坚持教育优先发展，加快推进“教育创先”，完成教育强县复评工作。建设县城第五小学，实现县第四幼儿园招生。着力建设健康新丰，推动“省卫生强县”创建，抓紧启动县人民医院、妇幼保健院、中医院建设、改造；完成33间村卫生站规范化建设。扎实推进“省文明县城”创建和“省卫生县城”的巩固提升。大力发展文体事业，加快推进文化中心和档案馆、方志馆建设；建设全民健身中心，丰富群众文体生活。加大文物保护修缮力度，推进基层综合性文化服务中心建设，实现行政村（社区）全覆盖。

巩固提升民生保障水平。办好办实民生实事[54]，鼓励创业带动就业。依法推进社保扩面征缴工作。建立健全城乡综合性社会救助体系。开展县敬老院场地升级改造、马头敬老院迁建工作。全面落实优抚安置政策，实施“提标计划”，进一步提升双拥优抚安置水平。完成县福利院公寓楼（光荣楼）建设，启动原练溪托养中心改建、殡仪馆搬迁改造规划工作。

不断创新社会治理。大力推进平安新丰、法治新丰建设，努力打造共建共治共享的社会治理格局。完善立体化、信息化社会治安防控体系，严厉打击违法犯罪，提升广大群众安全感；深入开展“法律六进”活动[55]，加强青少年法制教育，增强全民法治观念。加强基层治理，开展141个行政村村务公开“五化”建设[56]。完善安全监管体系，加强安全生产、消防安全、道路交通、食品药品等重点领域安全监管，确保群众生产生活安全。扎实推进人民武装工作，加强国防动员和后备力量建设。健全突发事件预警和应急处置机制，提升预防和应对各类突发事件能力。

四、强化政府自身建设，加强推动发展执行力

进入新时代，实现新作为，必须以改革创新精神加强政府建设。我们将围绕提高干部队伍“学习力、创新力、团结力、落实力”，全面增强队伍执行力，全力转作风、提效能，努力建设人民满意政府。

依法行政，提升法治政府新形象。把法治理念和法治思维贯穿于政府工作的全过程，建设法治政府。主动接受人大法律监督、政协民主监督、社会监督和舆论监督，积极支持监察委工作，加强审计监督，让行政权力在法治轨道和阳光下运行。健全依法决策机制，发挥法律顾问作用，完善重大决策公众参与和风险评估机制，规范行政执法，强化行政监管，深入推进依法行政。认真落实中央防范化解重大风险攻坚要求，做好重点领域风险防范和处置。

实干兴政，增强服务发展新能力。聚焦产业融珠、乡村振兴、全域旅游、生态文明建设等事关新丰改革发展全局的十大课题[57]，深入开展“大学习、深调研、真落实”活动，推动中共十九大精神学习宣传贯彻往深里走、往实里抓，引领新丰“融珠先行”步伐更快、更实、更稳健。主动对标新时代全面增强执政本领要求[58]，对标珠三角的服务意识、行政效率、营商环境，强化政府干部学习培训、实践历练，以“两统两分”为指导，推进政府工作规范化、效能化建设，全面提升服务加快发展的能力。持之以恒推进“两讲两办两干”作风建设，建立健全“钉钉子”狠抓落实机制，夯实责任落实，强化跟踪督导，聚沙成塔、聚水成涓、久久为功，以一个个项目的落地加快美丽新丰建设，以一件件工作的落实不断满足人民群众对美好生活的期盼。

创新施政，展现开拓担当新面貌。坚持用改革创新思维推动工作，加快推进相关领域改革。加快完成市场监督管理局组建；加紧农信社改制农商行工作。大力开展投融资创新，做大做强投融资平台。升级完善“一门式一网式”政务服务平台，推广延伸至镇（街）、村（社区）；大力推进智慧城市[59]、“数字政府”建设，以互联网信息化优化政务服务。稳妥推进中小学教师“县管校聘”管理改革，深入推进医药卫生体制改革、机关事业单位养老保险改革、地方公路转制改革等各个领域的重大改革，激发经济增长的内生

动力。

从严治政，构建廉洁从政新常态。坚定理想信念，树牢“四个意识”，在思想上、行动上同以习近平同志为核心的党中央保持一致；严格执行中央“八项规定”实施细则，坚持不懈反“四风”；始终把纪律和规矩挺在前面，严格执行廉洁从政各项规定，严格落实党风廉政建设责任。认真落实干部政绩档案管理、干部考验性管理，从严从实管理干部；强化招投标、土地出让、政府采购等重点领域的行政监察和审计监督，营造风清气正的干事创业环境。

新的征程已经开启，新的目标催人奋进。让我们紧密团结在以习近平同志为核心的党中央周围，在县委的坚强领导下，紧紧依靠全县人民，锐意拼搏，开拓进取，不断开创新丰“融珠先行”发展新局面，为如期全面建成小康社会、开启全面建设社会主义现代化新征程而努力奋斗！

注①：县委十二届六次全会根据韶关市主动融入珠三角加快发展战略，将我县定位为“创建韶关主动融入珠三角加快发展先行区”。

注②：2017 年人均 GDP 为 4.1 万元，增长 7.4%；规模以上工业增加值 24.37 亿元，增长 7.5%；社会消费品零售总额 26.48 亿元，增长 9%；产业结构由 2016 年的 16：44.4：39.6 优化为 14.7：45.1：40.2。

五大经济指标增速与年初目标比，一般公共预算地方本级收入完成预期，GDP、规上工业、固投、社会消费品零售总额与年初目标分别仅差 0.2、1.5、1.9、1 个百分点，增速位列全市前列。

注③：67 家规上企业，25 家负增长企业 23 家实现恢复增长；规上工业增加值第一季度增长 -3.6%，第二季度增长 1.6%，第三季度增长 3.7%。

注④：2016 年固定资产投资增长 -28.1%，2017 年增长 13.1%；2016 年一般公共预算地方本级收入增长 -13.3%，2017 年增长 8.7%。

注⑤：预测年末辖内各银行机构各项存款余额 82.44 亿元，增长 16.73%；各项贷款余额 44.98 亿元，增长 12.96%。

注⑥：8 个超亿元项目：广兴大厦、广兴牧业增资扩产、明堂种植、韶能生物质发电厂扩建、韶能绿洲生态植物纤维、华瑞生态农业、求美汽车露营、万亩果园。

9 个超亿元在谈项目：广汽集团（南方）汽车测试场、遥田风电、烟墩风电、抽水蓄能电站、浙江颐高集团、东莞味盟、香港艺成、海山娱乐科技、美瑛石英石材料，有望在 2018 年签约落户。

注⑦：牢固树立生态立县富民理念，结合生态发展区主体功能定位，产业规划发展五大原则：保护与开发相结合、以保护为主的原则；规划先行与项目带动的原则；产业融合与产城融合相结合的原则；产业集聚与要素集中的原则；引资与引智相结合的原则。

注⑧：全年接待游客 274 万人次，旅游总收入达 21.9 亿元，分别增长 18% 和 21%。

注⑨：秀田村列入市旅游名村示范村创建单位。

注⑩：在云髻山取景拍摄的电影《榫卯》入围中国百花金鸡新片展，获塞班国际电影节四项提名。

《年味有 FUN》：由腾讯视频出品的贺年美食文化真人秀节目，12 月 3 日在新丰开拍，著名演员潘粤明携父母录制《年味有 FUN》第二季第三期，并于 12 月 14 日在腾讯视频独家开播。

注⑪：“新丰十大旅游手信”：茶（仙堂山有机红茶、仙堂山有机高山茶、蝉红红茶、菩善堂辣木茶）、神菇五指香鸡、食得先香脆泡鸭掌、粤客醇、佛手瓜宝宝、张田饼印、果逅饮料、“雁鸣传情”特色面、“凤鸣山”佛手瓜、东方之星葡萄。

注⑫：全县共有 9 个农产品获广东省品牌产品称号：“少丰”牌菜心、“少丰”牌芥蓝、“明日之星”葡萄、“凤鸣山”牌佛手瓜、“少丰”牌奶白菜、“时新”牌霸王花、“陆康源”牌叶芥菜、“仙堂山”牌红茶、“蝉红 + 图形”牌红茶。

注⑬：截至12月25日，全县已完成实测指界面积18.54万亩；完成二轮公示村107个，累计完成公示确认户数共3.07万户，打印证书6024本。

注⑭：两山：云髻山旅游总体开发项目、雪山国际休闲度假区；一源：以新丰江源、新丰江、鲁古河国家湿地公园为核心打造新丰江生态旅游区。

注⑮：三年计划实施项目共60个，总投资达60亿元。其中交通提升项目19个，功能提升项目34个，景观提升项目7个；2017年开工项目31个。

注⑯：完成东风路、人民西路、新西路、城西路升级改造；完成县城东祥、万隆、双城等31条市政道路硬底化铺设改造工程。

注⑰："五小"工程：小市场、小停车场、小公园、小绿地、小广场。沙塘小区临时停车场、谢屋街停车场、原老干活动中心停车场、沙塘小区市场、城西小绿地（金钥匙绿地）、碧水公园（水务局绿地）、原老花厂农贸市场、三角公园绿地等"五小"工程已建成使用。

注⑱："路长制"：将城区72条路划分为24个责任区，由县四套班子成员担任"路长"，每个责任区含2至4条道路，每条道路安排一个科级单位作为责任单位，并安排一名城管人员、一名交警队员、一名街道（社区）干部组成巡查小组，重点整治县城"六乱"行为。

"门前五包"：包卫生、包绿化、包秩序、包容貌、包设施。

注⑲：县城主要道路新增机动车道、人行道隔离带、新增果皮箱；更新县城道路的交通标线；新增肉菜摊档，规范进入花厂市场、中心市场、城南三角市场、城东市场、联永市场、沙塘小区市场经营。

注⑳：2017年"一江两岸"美化亮化、丰城大道改造提升、南区路网建设等涉及征收土地面积996亩，拆迁房屋140户。截至12月31日，完成签订补偿安置协议书74户、拆除房屋61户。

注㉑：将县内的省定贫困村、主要交通沿线、云髻山风景区周边的56个行政村列为先行试点村，力争三年内打造1个省级示范片，十年内打造7个县级示范片。

注㉒：完成Y965线徐坑至清水、秋峒至石燕岩公路改造工程，建成硬底化自然村公路40公里。

注㉓：新建10千伏线路83.55千米，架设低压线路199.7千米。

注㉔：建立县党政主要领导与企业座谈会制度、县领导和县直部门挂点帮扶企业制度、部门联系企业沟通协调制度。

注㉕：八项工程：产业发展、劳动力就业、社会保障、教育文化、医疗保险和医疗救助保障、农村危房改造、基础设施建设、人居环境改善。

六种帮扶模式："农村改革美丽乡村建设"整村推进扶贫模式、"产业金融"扶贫模式、"互联网电商股份合作社"扶贫模式、"旅游教育文化"扶贫模式、"行业组织社会力量"扶贫模式、"党建致富能手外出乡贤"扶贫模式。

注㉖：2017年完成市下达脱贫人口数3633人。

注㉗：创建广东省推进教育现代化先进县。

注㉘：完成黄磜、沙田两镇中小学及大席、小正等村级小学教学设施升级改造。

注㉙：全县共有1556名考生被各类高校录取，录取率达95%；县职中专科上线率100%。

注㉚：县城医疗机构布局：主要是县人民医院、县妇幼保健院、中医院、丰城社区卫生服务中心选址、建设、改造。

注㉛：开展送书下乡12次、"迎十九大"专题公益电影下乡1580次，专题送戏下乡34场；举办送图片展进工厂、社区、校园、警营等社会主义核心价值活动。

注㉜：新增2个市级非遗项目：新丰舞春牛和鲤鱼舞。

注㉝：文化中心：文化馆、图书馆、博物馆；建成11间基层综合性文化服务中心示范点、83个行政村（社区）基层综合性文化服务中心。

注㉞：完成《中国共产党新丰县历史大事记

(1979.01—2009.12)》《红星耀丰江（第二卷）》《新丰年鉴·2017》出版发行。

注㉟："十大"帮扶行动计划：计划投入700万元，开展教育、医疗、文化、农业、工业、旅游、教育、人力资源、政务政风、改革等领域帮扶。

注㊱：博兴、也乐2家企业被认定为国家高新技术企业，誉桦中纤板荣获2017年广东省（工业类）名牌产品称号，实现省名牌产品零突破。

注㊲：参加韶关市第十五届青少年运动会获得团体总分第七名、竞技团体总分第六名、突出贡献奖第五名。新丰县体育局被国家体育总局评为2013－2016年度群众体育先进单位。

注㊳：民生实事除个别需跨年度实施外，其余6件基本完成。

注㊴：开展"大众创业、万众创新"活动，城镇登记失业率为2.39%，控制在市下达目标3.5%以内。

注㊵：全县2008年至2016年批次的征地农民社保资金已100%划拨到城乡居保专户，落实到个人的分配工作完成65.17%。

注㊶：顺利通过2016年危房改造550户验收工作，完成C栋公租房主体建设（50户），2017年度危房改造任务500户全面动工。

注㊷："十大新丰好人"：助人为乐的榜样周如力、卢元录、罗继福，敬业奉献的表率冯上娣、罗文恒、廖自迎、谭飞武、陈海晶，见义勇为的楷模冯福超，孝老爱亲的模范黄飞娜。

注㊸：全年完成行政复议16件。

注㊹：全年完成政府文件合法性审查106件、文件审查清理1284份。

注㊺：全年办理人大代表建议65件，政协委员提案66件，提案转来信5件。

注㊻："两统两分"：统项目、分任务，统问题、分责任。

注㊼："两讲两办两干"：讲服务、讲效率，我来办、马上办，扎实干事、干净干事。

注㊽：将工商营业执照、组织机构代码证、税务登记证、社会保险登记证和统计登记证整合为由工商行政部门核发加载统一社会信用代码的营业执照。

注㊾：2017年，以丰江投资公司为平台，为"一江两岸"征地拆迁、农村公路路网建设、珠江东岸（新丰）创新产业示范园、城市公交建设等建设项目融资规模达6亿元，到位资金近1亿元。

注㊿："一门式一网式"政务服务模式改革：群众进一扇门就能办理所有的审批事项，上一个网站就能够找到所需要的政务服务。

注51："三重一大"制度：重大事项决策、重要干部任免、重要项目安排、大额资金的使用，必须经集体讨论作出决定。

注52：力争培育省级农业龙头企业1家，市级龙头企业1家；国家级合作社1家，省级合作社1家，市级合作社2家。

注53：X355线紫城至高桥路面大修、Y963线长江至长坪路面改造续建、通自然村公路硬底化30公里；X853线云髻山、雪峒龟咀坝至沙塘、S244线至茶园新村、Y978线坳头至岳城、Y996线遥田至桃源、桐木山、梅南至梅东旅游公路规划、建设。

注54：12件民生实事：1. 智慧城市规划建设；2. 城标公园建设；3. 南区路网建设；4. 县城"五小"工程与公厕建设；5. "六馆"建设（文化馆、图书馆、博物馆、美术馆、档案馆、方志馆）；6. 红色爱国主义教育基地（李任予故居）建设；7. 县城第五小学升级改造；8. 县城医疗机构建设；9. 村卫生站公建规范化建设；10. 第三水厂工程建设；11. 农村饮水、村村通自来水工程；12. 优质农产品销售平台建设。

注55："法律六进"：法律进机关、进乡村、进社区、进学校、进企业、进单位。

注56：村务公开"五化"：设施建设标准化、公开内容规范化、公开时间经常化、公开形式多样化、公开地点公众化。

注57：县委十三届四次全会提出，新时代新丰"融珠先行"十大调研课题：1. 产业融珠发展壮大县域经济；2. 实施乡村振兴战略；3. 全面深化改革提升服务发展能力；4. 群众期盼的民

生改善；5. 生态文明建设；6. 文化和全域旅游发展；7. 科技创新能力；8. 加强法治新丰和平安新丰建设；9. 加强党的基层组织建设；10. 构建激励和约束并重的干部管理机制。

注㊽：中共十九大报告提出，“要全面增强执政本领”，明确增强八项本领：学习本领、政治领导本领、改革创新本领、科学发展本领、依法执政本领、群众工作本领、狠抓落实本领、驾驭风险本领。

注㊾：智慧城市：运用物联网、云计算、大数据、空间地理信息集成等新一代信息技术，促进城市规划、建设、管理和服务智慧化。

重点项目建设

总体情况

2017年，全县固定资产投资完成42.73亿元，同比增长13.1个百分点，增速全市排名第2。其中5000万元以上项目完成14.06亿元，同比下降1.4个百分点；500至5000万元项目完成12.38亿元，同比下降7.2个百分点；房地产项目完成9.76亿元，同比增长143.7个百分点。

2017年，全县重点建设项目完成投资35.74亿元（部分项目未统计入库），占年度计划的89.7%，对比去年同期增长1.2个百分点。全县54个重点项目中，已开工项目41个，占75.9%；统计入库37个，占68.5%。其中市重点项目完成投资11.3亿元，占年度计划的88.97%。

基本特点

一、项目建设进度加快

投资进度超过100%以上且统计入库的项目有东城（新丰）产业转移马头园区基础设施、兆盈装饰板项目、韶能生物质发电厂、岭南红叶世界、丰农原生态农业基地建设、天丰生态基地、武深高速公路新丰段、韶新高速公路新丰段、县道X852线、华润金竹风电场、2017年中低压配电网基建项目、云髻山温泉大酒店（二期）、新丰华瑞生态农业有限公司项目、万丰花园（安置房）建设项目、碧桂园房地产开发项目、奥林匹克花园项目、人民东南侧“三旧”改造、名家商贸物流城、一号公馆房地产、滨江国际花园、云髻山旭日旅游总体开发、大风门旅游度假酒店、西莲寺建设、福盈大饭店、广兴大酒店、老瓷厂改造项目、广东新丰雪山国际旅游度假区等27个项目，占50%。

二、一些项目呈现新的亮点

如韶新高速公路与丰江新城龙围起步区路网及滨江景观带工程项目新增入库，有力支撑固定资产投资数；华润金竹园风电场项目成功并网发电，标志着投产运行；广兴牧业增资扩产项目举行了签约暨动工仪式；城市公园建设项目进入清拆阶段；新丰优质农产品营销平台项目南片区龙围地段的征拆工作已全面完成，北片区半数以上居民同意签订征地协议；垃圾填埋场二期项目正式动工建设，进入新的建设阶段。

三、部分项目进展缓慢

有23个项目低于年度投资平均进度，有8个项目没有投资进度，尚处在前期筹备阶段。

存在问题

从投资额度看，全年重点项目建设略有增长，但增速放缓，整体不平衡，有27个项目未完成年度计划投资，占50%；有8个项目未开工建设，有4个项目缓建或停建；从项目分类看，社会事业类项目投资乏力，如鲁古河水库供水和第三水厂建设工程、鲁古河国家湿地公园、“六馆”建设、新丰优质农产品营销平台、垃圾填埋场、村镇污水和垃圾处理工程等项目，投资进展缓慢，主要存在以下问题：

1、部门对统计报数不够重视。部分镇（街）或部门对固定资产投资不够重视，存在不报、漏报、少报项目或不主动报项目等现象，另外个别部门统计人员因工作关系变动未做好交接手续，造成统计报数工作脱节。

2、项目瓶颈因素多。推进缓慢的项目主要受征地拆迁（占17个）、报批报建（占12个）、需要协调（占15个）、政策资金（占8个）等要素影响，导致部分项目严重滞后。

3、项目协调难度大。部分项目因涉及用地报批或调整投资方向影响，需要到相关部门申请办理手续，耗费时间长，造成项目推进受阻。

4、责任单位对重点项目管理水平有待提高。一是责任单位与投资方联系不够紧密，对项目的形象进度掌握不多，报送的月进度数据不够准确。二是项目协调力度不够，未严格落实项目调度机制，面对项目存在问题应对办法不多，措施不力，化解与协调矛盾能力有待提高。（县重点办）

表1 **2017年新丰县重点建设项目进度表**

单位：万元

<table>
<tr><th rowspan="2">序号</th><th rowspan="2" colspan="2">项目名称</th><th rowspan="2">总投资</th><th colspan="4">2017年</th><th rowspan="2">责任单位</th><th rowspan="2">统计入库情况</th><th rowspan="2">备注</th></tr>
<tr><th>计划投资</th><th>12月份完成投资</th><th>1—12月完成投资</th><th>完成年度计划（%）</th></tr>
<tr><td rowspan="3"></td><td rowspan="3" colspan="2">总计（共36项，54个）</td><td rowspan="3">3661812</td><td rowspan="3">398532</td><td>73228</td><td>357359</td><td>89.7</td><td rowspan="3">—</td><td rowspan="3">已入库37个项目</td><td rowspan="3">已开工41个项目</td></tr>
<tr><td colspan="3">统计入库数</td></tr>
<tr><td>72051</td><td>349102</td><td>87.6</td></tr>
<tr><td rowspan="2">1</td><td rowspan="2">莞韶园新丰县产业集聚地</td><td>稀土及建材产业聚集地基础设施建设</td><td>530000</td><td>5000</td><td>0</td><td>1172</td><td>23.4</td><td>县工业园
回龙镇
国土局</td><td>已入库</td><td>已开工</td></tr>
<tr><td>稀土分离厂</td><td>73000</td><td>28000</td><td>3105</td><td>12000</td><td>42.9</td><td>经信局</td><td>回龙镇
已入库</td><td>已开工</td></tr>
<tr><td rowspan="4">2</td><td rowspan="4">东城（新丰）产业转移马头园区</td><td>基础设施</td><td>30000</td><td>4000</td><td>661</td><td>4022</td><td>100.6</td><td rowspan="4">县工业园
环保局
马头镇</td><td>已入库</td><td rowspan="4">—</td></tr>
<tr><td>亿美化工</td><td>3000</td><td>1000</td><td>5</td><td>913</td><td>91.3</td><td>已入库</td></tr>
<tr><td>兆盈装饰板项目</td><td>10000</td><td>9500</td><td>2123</td><td>14700</td><td>154.7</td><td>已入库</td></tr>
<tr><td>韶能生物质发电厂</td><td>50000</td><td>5000</td><td>0</td><td>15566</td><td>311.3</td><td>已入库</td></tr>
<tr><td>3</td><td colspan="2">珠江东岸（新丰）创新产业示范园</td><td>100000</td><td>25000</td><td>2765</td><td>15000</td><td>60.0</td><td>经信局
县工业园
丰城街道
梅坑镇</td><td>已入库</td><td>已开工</td></tr>
<tr><td rowspan="3">4</td><td rowspan="3">黄礤生态旅游现代农业产业园</td><td>岭南红叶世界</td><td>50000</td><td>10000</td><td>1200</td><td>15000</td><td>150.0</td><td>黄礤镇
林业局</td><td>已入库</td><td>已开工</td></tr>
<tr><td>丰农原生态农业基地建设</td><td>10000</td><td>2000</td><td>200</td><td>2000</td><td>100.0</td><td rowspan="2">黄礤镇</td><td>已入库</td><td>已开工</td></tr>
<tr><td>天丰生态基地</td><td>5000</td><td>1000</td><td>60</td><td>1000</td><td>100.0</td><td>已入库</td><td>已开工</td></tr>
</table>

续表1 单位：万元

序号	项目名称		总投资	2017年				责任单位	统计入库情况	备注
				计划投资	12月份完成投资	1—12月完成投资	完成年度计划（%）			
5	高速公路新丰段	武深高速公路新丰段	142000	50800	10720	50800	100.0	武深高速指挥部 交通运输局	已入库	已开工
		韶新高速公路新丰段	550000	2000	500	2500	125.0	交通运输局	已入库	已开工
6	县道X852线		13108	6000	1230	6030	100.5	遥田镇	已入库	已开工 缓建
7	华润新丰风电项目	金竹风电场	45000	20000	16150	33630	168.2	发改局	已入库	—
		丰源风电场	47000	1000	0	0	0.0		已入库	
8	中电投新丰风电项目		遥田风电场	50000	1000	0	600	60.0	经信局	—
9	2017年中低压配电网基建项目		4205	4205	546	4205	100.0	供电局	已入库	已开工
10	上川食品饮料有限公司		5000	500	0	250	50.0	文广新局 梅坑镇	已入库	已开工 停建
11	云髻山温泉大酒店（二期）		20000	6000	450	6200	103.3	人社局	已入库	已开工
12	卡奈尔美甲项目		5230	500	0	200	40.0	经信局	已入库	已开工
13	广兴牧业增资扩产项目		30000	1000	0	0	0.0	经信局	—	—
14	遥田合和猪场（第二期）		5000	300	95	305	101.7	遥田镇	—	—
15	新丰华瑞生态农业有限公司项目		11800	2000	0	2000	100.0	沙田镇	已入库	已开工
16	丰江新城建设	丰江新城龙围起步区路网及滨江景观带工程项目	38194.96	5000	2260	2500	50.0	丰江新城管委会	已入库	已开工
		丰江新城龙围起步区安置房项目	41030.04	3000	0	20	0.7		—	

续表 1　　单位：万元

序号	项目名称		总投资	2017 年				责任单位	统计入库情况	备注
				计划投资	12 月份完成投资	1—12 月完成投资	完成年度计划（%）			
16	丰江新城建设	南区路网建设	42800	4900	0	300	6.1	住建局	—	已开工缓建
		万丰花园（安置房）建设项目	29380.68	3000	5000	7000	233.3	丰江新城管委会 住建局 国土局	已入库	已开工
		奥林匹克花园项目	60900	20000	6500	20000	100.0	丰江新城管委会 住建局	已入库	已开工
		碧桂园房地产开发项目	50000	8000	2000	12000	150.0	住建局	已入库	已开工
17	名家商贸物流城		60000	13000	9650	22274	171.3	丰城街道	已入库	已开工
18	县城东区房地产开发	人民东南侧“三旧”改造	31000	7000	586	7000	100.0	住建局	已入库	已开工
		一号公馆房地产	18000	510	30	510	100.0	住建局	已入库	已开工
		名汇花园房地产	78000	11000	1000	5700	51.8	公安局	已入库	已开工
19	县城西区房地产开发	宝丰隆城房地产	120000	5000	1000	4840	96.8	国土资源局 丰城街道	已入库	已开工
		滨江国际花园	80000	7500	940	22100	294.7	住建局	已入库	已开工
		贵峰商住小区（香格里拉广场）	13000	3000	0	0	0.0	司法局	已入库	—
20	城市公园建设项目		70000	20000	0	0	0.0	住建局		
21	垃圾填埋场		7650	5737	0	0	0.0	住建局	已入库	已开工
22	村镇污水和垃圾处理工程		47194	12000	200	200	1.7	住建局	—	—
23	宝丰新苑项目		15000	9000	300	4900	54.4	丰城街道	已入库	已开工

续表 1　　单位：万元

序号	项目名称		总投资	2017 年				责任单位	统计入库情况	备注
				计划投资	12 月份完成投资	1—12 月完成投资	完成年度计划（%）			
24	广东新丰雪山国际旅游度假区		300000	5000	100	5539	110.8	旅游局	已入库	已开工
25	云髻山旭日旅游总体开发	4A 级景区、五星级酒店	300000	30000	500	30010	100.0	林业局 丰城街道	已入库	已开工
		X853 线	9488.9	3000	569	1200	40.0	交通运输局	—	缓建
26	西莲寺建设		7500	3000	100	3000	100.0	黄礤镇 民宗局	已入库	已开工
27	大风门旅游度假酒店		13000	3000	100	3358	111.9	旅游局	已入库	已开工
28	福盈大饭店		24000	1000	90	1003	100.3	旅游局	已入库	已开工
29	宋美汽车露营旅游基地项目		300000	10000	0	5000	50.0	梅坑镇	—	已开工
30	大岭温泉项目		60000	5000	0	0	0.0	梅坑镇 国土资源局	—	—
31	广兴大酒店		18000	8000	1900	8000	100.0	经信局	已入库	已开工
32	老瓷厂改造项目		3700	2180	280	2180	100.0	财政局	已入库	已开工
33	鲁古河水库供水和第三水厂建设工程		14430	2000	0	200	10.0	水务局	—	—
34	鲁古河国家湿地公园		2905.05	400	313	432	108.0	林业局	—	—
35	“六馆”建设		8500	2000	0	0	0.0	文广新局 档案局	—	—
36	新丰优质农产品营销平台		11700	500	0	0	0.0	农业局 丰城街道	—	—

县委县政府督办工作

2017 年 4 月 28 日，新丰县委、县政府制订了《关于构建大督查工作机制的实施方案》，并联合发文成立县委县政府督办工作领导小组，充分发挥督查工作在提高工作效率、推动工作落实中的作用，以大督查营造好作风，以大督查促进大落实，确保中央、省、市、县各项决策部署落到实处，取得实效。

县委县政府督办工作领导小组组长为县委副书记曾军，副组长为县委常委、常务副县长胡亮亮，县委常委、县委办主任潘文辉，县人大常委会副主任欧阳历，县政协副主席嵇春明，成员由县委办、县政府办、县委组织部、县人大常委会、县政协、县监察局、县发改局等部门有关负责人组成。领导小组下设办公室和督查工作组，办公地点设在县档案局一楼，领导小组办公室主任由潘文辉兼任，督查工作组组长由嵇春明兼任，陈传宏、潘光凯任督办专员，从县委党校、县财政局、县工商局、县住建局、县交通运输局、马头镇政府等单位抽调了六位同志到办公室工作。

领导小组主要职责是组织领导全县督查督办工作，安排部署督查工作任务，听取工作情况汇报，研究和解决工作中遇到的困难和问题，并对督查督办工作事项办理情况和结果作出评价，统筹协调督查督办工作。领导小组办公室主要负责领导小组的日常事务和督查督办事项的具体落实，制定督查督办年度工作计划，负责通知督查对象做好督查前期准备工作，研究提出督查督办事项组织实施方案并组织实施，负责起草督查工作的各类材料，汇总反馈督查督办工作情况，负责做好有关督查工作的材料归档及其他工作。督查工作组负责具体督查督办工作，确保中央、省、市、县各项决策部署落到实处，取得实效。同时，根据工作需要，适时充实督查督办工作队伍，确保各项工作落实到位。

自督查督办工作启动以来，县督办工作组充分发挥督查督办的职能作用，紧扣“作风建设、城市提升、产业发展”三大主题，有力推动了县委、县政府相关决策部署的贯彻落实，促进县域“融珠先行”发展。2017 年，共下发督查督办通知 56 份，督查督办有关工作及项目 194 项 324 次/轮，涵盖书记部署工作、县长部署工作、县委常委会会议决策工作、县政府常务会会议决策部署工作、重点建设项目、城市提升项目、民生实事项目、新农村示范村建设、农村土地确权工作、矿区资源开发整治、县妇幼保健院建设、“路长制”管理工作、县人大代表建议和政协提案办理、县城道路改造、道路交通节点综合整治、各行业增加值完成情况、县城泥头车、生活污水和垃圾处理、建筑工地管理综合整治工作及其他事项，编发督查督办工作简报 6 期，撰写督办工作情况专报 7 篇（全部被书记批转），发出督办工作情况通报 6 篇。

县督办工作组主要采取听取汇报、查阅资料、实地察看、暗访调查和催办、回访等方式方法详细了解所督办的工作项目开展情况，深入查找存在的实际困难和问题原因，尽量做到底数清、情况明，并对所督办的工作和项目进行归类整理、造表汇总、分析评估、提出建议，对长线的工作和建设项目进行定期跟踪。督查督办工作作用主要表现在：一是核查责任，督促落实到位。县督办工作组结合所督办工作项目方案要求，认真对照检查责任单位和责任人员的任务完成情况，对工作责任落实到位、成绩明显的责任单位及责任人进行通报表扬，对责任落实不到位、工作任务进展缓慢的责任单位及责任人进行通报批评。二是发现问题，督促整改推进。针对进展缓慢或停滞不前的工作项目，县督办工作组认真帮助责任单位查找问题及原因，进一步厘清责任、压实责任，促进工作责任落实。三是协调指导，助力工作推进。督办过程坚持指导不干涉、协调不包办的原则，对于责任单位单方面难以解决的困难问题，县督办工作组除了悉心指导工作方式方法外，还按照“两统两分”（统项目，分任务；统问题，分责任）工作方法，积极帮助协调各相关单位集中分析问题，寻找解决问题行之有效的方式方法，助力工作和项目建设加快推进。

（潘俊才）

新丰县大事记

2017 年新丰县大事记

1 月

5 日 县委副书记、县长马志明调研国道 105 线县城段改建项目、优质农产品营销平台项目、新龙公路县城段市政道路改造项目建设情况，强调要切实抓好项目落实，形成合力，加快项目建设。县政协主席潘允标，副县长胡志彬、潘小定等参加调研。

6 日 省侨办主任李心到新丰县梅坑镇长江村实地调研扶贫工作，强调要准确定位，因地制宜，尽心、尽力、尽情、尽责把扶贫工作做好，确保完成精准扶贫工作目标。县委副书记、县长马志明，副县长谭雪梅参加调研活动。

8 日 樱花节暨砂糖橘采摘节助学骑行活动在体育馆拉开帷幕，来自香港、深圳及新丰 500 多名骑行爱好者沿县道 244 线樱花峪、回龙、沙田、梅坑、新丰线路骑行，全程 170 公里。

11 日 县领导曾军、胡树军、廖少明、罗志方等四套班子成员到县人武部、消防大队，武警中队开展慰问活动，并送上春节慰问金，表达对驻军部队官兵的深情厚谊。

13 日 县委书记陈景辉率领慰问团，先后来到韶关军分区、市武警支队、市消防支队、某炮兵旅、96318 部队开展春节慰问活动，向广大人民子弟兵送去新春祝福。县领导曾军、胡树军、李芳足、廖少明、刘洪、郑斌等参加慰问活动。

17 日 中共新丰县第十三届委员会第二次全体会议召开，回顾总结 2016 年工作，研究部署 2017 年加快县域发展的思路和举措。县委书记陈景辉代表县委常委会做工作报告，县委副书记、县长马志明作关于经济工作的讲话。全会强调，要进一步解放思想，凝聚共识，狠抓落实，加快推进创建韶关主动融入珠三角加快发展先行区步伐，奋力开创新丰发展新局面。县委书记陈景辉，县委副书记、县长马志明，县委副书记曾军，县委常委曾伟、胡亮亮、胡树军、王展渊、潘文辉、刘国洪、李芳足在主席台就座。十三届县委委员、候补委员出席会议，不是十三届县委委员、候补委员的县人大常委会、县政府、县政协领导，县纪委常委，各镇（街）、县直局以上单位主要负责人等列席会议。

18 日 市委副书记陈波、市人大常委会副主任梁韶灵率领市慰问组到沙田镇开展春节慰问活动，给困难群众送上党和政府的慰问与关怀。县领导陈景辉、王展渊、刘国洪、周明参加慰问活动。

同日 县委副书记、县长马志明主持召开县政府十五届三次常务会议，讨论并原则通过《关于新丰县2017年森林碳汇重点生态工程相关事项的请示》《关于S347线在建设期提前拨付工程款有关事项的请示》。

2　月

4日　县委开展“干部进基层? 共建美好家园”主题活动。县委书记陈景辉、县委副书记、县长马志明分别前往回龙、梅坑，了解村情民意，听取和探讨基层一线对做好县第十三次党代会确定的各项目标任务的意见和建议，指导改善农村人居环境，走访慰问困难群众。县领导胡亮亮、廖功文、李国彬、谭雪梅、廖保青、嵇春明参加活动。

6—7日　县领导率队到梅州市梅江区和蕉岭县学习两地人居环境整治、新农村建设及文明城市创建工作先进经验，助推新丰相关产业和民生事业发展。县领导曾军、李芳足、廖功文、胡志彬、潘小定及相关部门和各镇（街）负责人参加考察活动。

9日　县委书记陈景辉在参加全县农村人居环境整治工作会议时强调，要把握农村人居环境整治工作总体思路和重点，紧紧围绕美丽乡村建设的奋斗目标，全力打好农村人居环境整治攻坚战。县领导曾军、李芳足、廖功文、胡志彬等参加会议。

15日　县委中心组理论学习扩大专题报告会召开，邀请省委党校副巡视员、省委党校城镇化研究中心主任陈述作城市建设发展的专题报告，报告围绕绿色发展理念，深入挖掘新丰城市价值，提出建设山林水都新丰中心的政策建议。县委书记陈景辉，县委副书记、县长马志明，县人大常委会主任江大凡，县政协主席潘允标等县四套领导班子成员及各镇街、县直有关单位负责人等参加报告会。

17日　县十五届人大常委会第二次会议召开，县人大常委会主任江大凡等人大常委会组成人员参加会议，副县长陈小可及相关部门负责人列席会议。会议审议并通过相关人事任免事项，县人大常委会主任江大凡为新上任人员颁发了证书。会议审议并原则性通过《县政府关于2016年国民经济和社会发展计划执行情况与2017年计划草案的报告》、《县政府关于2016年预算执行情况和2017年预算（草案）的报告》、《县人大常委会2017年工作要点（草案)》、《新丰县人大常委会关于开展第七个五年法治宣传教育的决议（草案)》等相关议题。

27—28日　中国人民政治协商会议第十届新丰县委员会第二次会议在县会议中心召开，会议听取县政协常委会工作报告和提案工作情况报告，通过县政协十届二次会议决议。

28日　新丰县第十五届人民代表大会第二次会议在县会议中心召开，会议听取、审议并表决通过《新丰县2016年计划执行情况与2017年计划草案报告》《新丰县2016年预算执行情况和2017年预算草案报告》。

3　月

2日　县委常委、常务副县长胡亮亮主持召开县政府十五届第五次常务会议，讨论并原则通过《新丰县丰江新城建设三年行动计划（2017—2019年)》《新丰县公共消防设施三年补短板行动计划建设项目实施方案》等多个事项。

7日　韶关市气象现代化工作现场会在新丰召开，与会人员参观了新丰县突发事件预警信息发布中心，了解新丰县气象现代化建设的历程。作为全省试点县，新丰如期率先基本实现气象现代化，建成突发事件预警信息发布中心，构建多部门预警信息共享、统一平台、统一发布的“大应急”体系，这一新丰模式在全市被复制推广。省气象局副局长邹建军，副市长许志新，副县长胡志彬及各县市区、市相关部门负责人参加会议。

同日晚 新丰县庆祝“三八”国际妇女节暨2016年“最美家庭”表彰晚会在任予广场举行。县委常委、宣传部长李芳足，县政协副主席嵇春明等参加活动。

8日 市委常委、市芙蓉新城新区管委会主任曾风保一行来到新丰，对丰江新城规划建设等工作进行调研，副县长潘小定等参加调研活动。

同日 中国共产党新丰县第十三届纪律检查委员会第二次全体会议在县会议中心举行。会议传达贯彻十八届中央纪委七次全会、省纪委十一届六次全会、市纪委十二届二次全会精神，总结2016年全县党风廉政建设和反腐败工作情况，研究部署新一年工作。县委副书记、县长马志明、县政协主席潘允标、县委副书记曾军等出席会议。

17日 县人大、政协组织部分县人大代表、政协委员对县城医疗布局及图书馆、博物馆、文化馆、档案馆“四馆”规划建设进行视察调研，县人大常委会主任江大凡、县政协主席潘允标等参加调研活动。

21日 广东省委、省政府从省纪委、省委政法委、省检察院、省民政厅、省公安厅、省卫计委、省审计厅、省食药监局等相关部门抽调精干人员，与此前韶关市成立的事件调查处理工作组一起，组成联合调查组进驻新丰县，对练溪托养中心展开全面深入调查。

前期调查表明，新丰县练溪托养中心未办理社会福利机构设置批准证书，证照不全，设施简陋，托养条件不符合民政部的相关规定。该中心在运营过程中，存在涉嫌挪用特定款物和骗取国家有关补贴行为，存在新丰县公职人员违规参与经营牟利问题。新丰县民政部门对该中心监管失职，存在渎职行为。

韶关市相关部门对涉有关问题人员已经采取严厉措施。新丰县练溪托养中心于3月2日被依法取缔。韶关市公安局于3月8日将托养中心出资人刘秀玉、托养中心法人代表罗丽芳刑事拘留，于3月9日将托养中心工作人员罗碧增、李志成刑事拘留。3月15日以来，韶关市纪委分别对涉有关问题的新丰县人大常委会副主任（曾任新丰县民政局局长）李翠琼和新丰县中小企业局局长李伟理进行组织审查。新丰县委已对县民政局局长刘祥铁和分管社会救助工作的副局长朱雄欣作出停职检查决定。韶关市委已对翁源县政协副主席（新丰县原分管民政工作的副县长）赖展锋作出停职检查决定。

25日 市委常委、组织部长华旭初到新丰县梅坑镇调研指导工作。县委常委、组织部长刘国洪，县委组织部副部长、“两新”组织党工委书记张文聪等陪同调研。

26日 省委批准：陈波任中共新丰县委书记；免去陈景辉的中共新丰县委书记职务。市委同意：陈波任中共新丰县委委员、常委；免去陈景辉的中共新丰县委常委、委员职务。

新华社广州3月27日电 广东省市联合调查组3月21日进驻新丰后，迅即对练溪托养中心有关问题展开全面深入调查。根据调查进展情况，韶关市依法依规对有关人员进行了严肃查处。

调查发现，韶关市、新丰县个别党政领导和有关部门负责人对练溪托养中心存在监管不力和失职失责问题。韶关市根据有关规定对相关人员进行严肃问责，决定：免去陈景辉的新丰县委书记职务，免去龙勇文（韶关市民政局原党组书记、局长）的韶关市水务局党组书记、局长职务，免去赖启新的韶关市民政局党组成员、副局长职务，免去刘祥铁的新丰县民政局党组书记、局长职务。

调查发现，新丰县有关国家工作人员违规审批、参与练溪托养中心经营管理，非法牟利，涉嫌渎职违法犯罪，韶关市检察机关决定：对新丰县人大常委会副主任、县民政局原局长李翠琼，县民政局原副局长潘忠蔼（已退休），县民政局副主任科员、原副局长丘金花，县民政局社会组织管理股股长应艺丹等4人以涉嫌滥用职权罪立案侦查；对新丰县文广新局局长、县民政局原局长易必恒，县农业机械管理局副局长、县民政局原副局长陈新华，县民政局副局长朱雄欣，县民政局社会福利和社会事务股股长李云华，韶关市翁源县政协副主席、新丰县原副县长赖展锋等5人以涉嫌玩忽职守罪立案侦查。上述9人已被依法采取刑事强制措施，其中李翠琼、易必恒、潘忠蔼等3人已被刑事拘留。

调查发现，练溪托养中心出资人、法人代表和部分经营管理人员违规经营，挪用救助补助资金，有工作人员存在虐待托养人员行为。韶关市公安机关继3月8日以涉嫌挪用特定款物罪、虐待被看护人罪对托养中心出资人刘秀玉、法人代表罗丽芳予以刑事拘留，3月9日对托养中心工作人员罗碧增、李志成予以刑事拘留之后，近日又对托养中心工作人员及有关嫌疑人陈翠芬、陈燕娜、潘营军、李品鑫、曾志任、许武加等6人予以刑事拘留。对上述人员，在彻查案情后将依法从严追究刑事责任。

为举一反三，严格规范管理，广东省委、省政府已部署民政部门对全省社会救助托养机构进行全面清查。省民政厅组成工作组赴各地进行督查，全面掌握受托机构的设施条件和安全管理等情况，彻底排查和整治问题隐患，并加快制订完善推进全省救助机构健康发展的政策。

27日 县十五届人大常委会召开第三次会议，会议审议并表决通过有关人事任免事项，决定任命祁晓峰为县人民政府副县长。

30日 县委、县政府组织召开县政府全体会议、县重点项目建设动员会和其他重点工作会议。会议分别就2017年新丰县重点项目建设工作、农村人居环境整治工作、城市提升工作、信访维稳和干部作风等工作进行安排部署。市委副书记、县委书记陈波和县领导马志明、江大凡、潘允标、曾军等参加会议。陈波在会上强调，要坚持正确的用人导向、执纪导向和激励导向，推动和加强新丰工作。

31日 韶关市新型职业农民培育工作现场推进会在新丰召开。省农业厅及全市农业部门有关负责人、副县长胡志彬参加会议。

同日 县委副书记、县长马志明主持召开县政府十五届六次常务会议。会议讨论并原则性通过《关于将政府购买服务建设项目资金列入县本级财政预算的请示》《新丰县法治政府建设实施纲要（2016—2020年）》《新丰宋美汽车露营旅游基地项目合同》等事项。

4 月

1日 新丰县开展县城人居环境宣传和整治活动，县委副书记、县长马志明、副县长潘小定以及相关部门执法人员、志愿者共170多人参加活动。马志明指出，要进一步开展县城人居环境宣传，加强公民文明行为的教育引导，执法人员要严厉打击非法占道经营、乱停乱放等严重影响社会秩序和城市形象的“六乱”行为，全力提升城市居住环境。

5日 市委副书记、县委书记陈波主持召开县委十三届第16次常委会，会议听取讨论《新丰县丰江新城建设三年行动计划（2017—2019）》《新丰县法治政府建设实施纲要（2016—2020）》《新丰县村（社区）“两委”换届工作安排》、《新丰县“十三五”人才发展规划》、《加强干部作风建设专题工作方案》等多项议题。

6日 县委副书记、县长马志明，副县长陈小可率国土、环保、安监、水务、林业等部门到马头镇铁冒顶矿山、韶能生物质发电厂和福斯特化工厂，调研安全生产及环保工作。马志明强调要高度重视安全生产与环保工作，企业和监管部门要共同担负起责任，共同把安全生产和环保工作整改落实到位。

同日 县人大常委会主任江大凡主持召开县十五届人大常委会第五次会议，听取和审议县政府关于新丰县城乡规划实施情况报告、新丰县2016年环境状况和环境保护工作完成情况、关于提请政府购买服务建设项目资金列入县本级财政预算等议题。

同日 新丰县召开村（社区）“两委”换届动员部署会议，贯彻落实上级相关工作会议精神，部署安排全县2017年村（社区）“两委”换届选举工作。市委副书记、县委书记陈波在会上强调，各镇（街）党（工）委书记要认真履行“直接责任人”的职责，各级、各部门要形成工作合力，突出工作重点，切实选优配强村（社区）“两委”班子。县委副书记曾军等参加会议。

同日 新丰县召开2017年组织工作会议，总结2016年工作，部署2017年任务。市委副书记、县委书记陈波强调，要准确把握新形势下做好组织工作的新要求，为新丰实现“融珠先行”目标、全面建成小康社会提供坚强组织保证。县委副书记曾军、县委常委、组织部长刘国洪出席会议。

10日 新丰县组织召开县提升办筹备会议，专题研讨新丰县城市提升办组建和运行问题。市委副书记，县委书记陈波在会上提出，要通过“两统两分”工作法，推进城市提升三年行动计划，改变新丰形象，让市民有更多获得感。马志明、潘文辉、欧阳历、潘小定等领导参加会议。

同日 市委副书记、县委书记陈波到丰江新城龙围村、黄陂村调研新城建设，听取各部门意见，要求规划先行，找准城市发展定位，努力做好城市经营。县委常委潘文辉、副县长潘小定等参加调研。

11日 市委副书记、县委书记陈波带队调研新丰县工业企业生产经营情况和珠江东岸（新丰）创新产业示范园建设情况，要求坚定不移做好产城融合，做好修编规划，规范征拆安置制度和机制，搭建产城融合的融资平台，实现城市与产业发展之间的相互促进。县委副书记曾军、县委常委潘文辉、副县长陈小可、副县长潘小定等参加调研。

同日 县委常委、人武部长胡树军以及县民政局一行到立功军人家属家中进行慰问，详细了解军人的家庭情况及立功受奖情况，鼓励军人安心服役，再立新功，并为他们送去证书和慰问品。全县共有5名军人受到部队表彰，其中优秀士兵3名、三等功2名。

14日 县委副书记、县长马志明主持召开县政府十五届七次常务会议。会议讨论并原则通过关于《教育局机关办公楼改建为县城第四幼儿园》等议题；听取研究云髻山酒厂项目、创建广东省教育现代化先进县及基础教育综合改革推进情况、村（社区）“两委”换届选举情况等相关工作。

同日 新丰县召开2017年全县宣传思想工作会议，总结部署全县宣传思想工作，并对2016年新闻报道工作先进单位及优秀通讯员进行表彰。县委副书记曾军、县委常委、宣传部长李芳足参加会议。

17日 县委中心组（扩大）务虚研讨会召开，市委副书记、县委书记陈波主持会议，要求领导干部要深入学习贯彻习近平总书记关于广东工作的重要批示精神，以“四个坚持、三个支撑、两个走在前列”统领工作全局，指导干部作风建设，推动新丰县创建韶关主动融入珠三角加快发展先行区。

18日 市委副书记、县委书记陈波在黄礤镇调研时指出：要立足于实际，坚定不移走生态立镇、富民的发展之路，形成品牌效应，打好基础，把黄礤打造成为一个响亮的品牌。县委常委潘文辉、副县长潘小定参加调研活动。

同日 省委组织部副厅级组织员欧阳贵有率领调研组到新丰县调研村级换届工作并给予充分肯定。市委副书记、县委书记陈波参加调研。

同日 市妇幼保健院生殖医学中心新丰分中心在县妇幼保健院成立并举行挂牌仪式，标志着新丰县生殖医学技术迈上了一个新的台阶，副县长谭雪梅参加签约和揭牌仪式。

20日 东城新丰对口帮扶第九次联席会议在新丰召开，总结交流对口帮扶工作，两地签订《东城新丰对口帮扶共建协议》，会议提出，要充分发挥两地优势，加强合作共建，共同推动新丰发展。市委副书记、县委书记陈波，市委常委、副市长、莞韶对口帮扶指挥部总指挥万卓培，县委副书记、县长马志明、东莞市东城街道党委书记陈志伟及东城、新丰两地有关领导等参加活动。

21日 市委副书记、县委书记陈波主持召开县委十三届第18次常委会，会议审议《关于学习宣传贯彻习近平总书记重要批示精神的实施方案》，讨论《新丰县加强干部作风建设工作方案》《关于构建大督查工作机制的实施方案》等工作。

24日 市委副书记、县委书记陈波到回龙镇陶瓷工业园区、鸿丰水泥（新丰）有限公司、稀土工业园区等地进行调研，指出要立足实际，营造良好的宜商环境，打响回龙工业品牌。县委常委潘文辉参加调研活动。

25日 省国资委主任李成率队来到挂点帮扶的梅坑镇大岭村调研指导精准扶贫工作，并为刚落成的大岭村桥揭幕。市委副书记、县委书记陈波，县委常委潘文辉，县委常委、统战部长廖功文等参加调研活动。

26日 新丰县组织召开学习习近平总书记重要批示精神暨全县干部作风建设动员大会。市委副书记、县委书记陈波要求，要以习近平总书记对广东工作的重要批示精神统领新丰工作全局，下猛药治沉疴，出重拳治顽疾，狠抓、常抓干部作风建设，确保全县干部作风有根本性转变，营造风清气正的政治生态环境，教育和引导全县党员干部为实现“融珠先行”、全面建成小康目标勇于担当、积极贡献。江大凡、潘允标等在家县四套班子成员和全县各级各部门400多名干部参加会议。县委副书记曾军主持会议。县委常委、组织部长刘国洪作干部作风建设专题调研情况通报和《中共新丰县委关于新常态下加强干部作风建设的意见》形成说明。会上，县委常委、纪委书记王展渊通报了全县党政干部经商办企业调查情况。

27日 新丰县召开县委中心组理论学习（扩大）专题报告会，邀请韶关市副厅级干部、市提升办负责人许俊杰为全县领导干部作《抓住机遇、借力融资、促进发展——通过投融资促进辖区经济发展》专题报告。

28日 新丰县举行学习贯彻习近平总书记对广东工作重要批示精神集中培训会，邀请市委党校副校长杨斌教授作题为《牢记习总书记嘱托，推动韶关振兴发展》的专题辅导报告。会议由县委常委、组织部长刘国洪主持，来自全县各镇街的领导班子成员及各村、社区支书、主任200多人参加培训会。

同日 县委副书记、县长马志明在调研南岸滨江路建设工作时强调，要以“两讲两办”务实作风推动“一江两岸”建设，全面提升城市建设发展水平。县人大常委会副主任欧阳历、副县长潘小定参加调研活动。

5 月

1日 市委副书记、县委书记陈波深入挂点联系的重难点村丰城街道罗峒村，就该村“两委”换届选举工作进行专题调研，要求要坚持党的领导，强化责任落实，依法依规选优配强村“两委”班子。县委常委、组织部部长刘国洪陪同调研。

同日 县总工会、司法局、普法办、人社局、安监局、交警大队和团县委等单位联合在县政府广场开展以“劳动光荣，与法同行”为主题的“五一”国际劳动节大型法治宣传活动。

2日 市委副书记、县委书记陈波调研县交通运输工作情况时指出，要充分发挥交通在“融珠先行”的基础性作用，修编交通总体规划，破除体制机制障碍，为交通事业快速发展打下坚实的基础。县领导潘文辉、陈小可、江武佳等参加调研。

3日 市委副书记、县委书记陈波先后到县人大机关和县政协机关调研，分别听取县人大常委会主任江大凡、县政协主席潘允标的工作汇报，并详细了解人大和政协工作开展情况。陈波要求用习近平总书记关于广东工作的重要批示指导人大和政协工作，坚持党的领导，坚持新的发展理念，履职履责，助推新丰各项事业发展。

4日 县委副书记、县长马志明到广兴牧业设备（新丰）有限公司调研，强调要加强服务，支持企业增资扩产，推动新丰经济社会加快发展。副县长陈小可参加调研。

同日 市委中心组学习（扩大）会议暨第二期韶关学习论坛电视电话会议召开。县委副书记、县长马志明，县人大常委会主任江大凡，县政协主席潘允标等领导干部在分会场收视收看会议。

5日 市委副书记、县委书记陈波到马头镇调研农村综合改革、村居“两委”换届选举、基层党建等工作时指出，要发挥区位优势，坚持走小城镇发展之路；规划引领，依靠新型工业和现代农业支撑小城镇发展，完善城镇配套设施。选优配强村两委班子，确保村“两委”换届选举任务顺利完成。随后到马头镇秀田、上湾、乌石岗等村进行实地调研。县委常委潘文辉参加调研。

同日 县委副书记、县长马志明主持召开县政府十五届八次常务会议。会议传达、学习贯彻习近平总书记对广东工作重要批示精神。审议并原则通过《新丰县医疗机构布局调整实施方案》、新农村建设和农村人居环境整治相关方案等。会议强调，新建医疗机构选址要深入论证，确保科学，要全力争取上级资金，用好融资政策，做好项目的前期准备工作，为项目建设打好基础。会议还研究了农村土地承包经营权确权登记颁证工作和城市提升等工作。

8日 市委副书记、县委书记陈波率队到深圳市、广州市走访县的重点企业总部，就企业总部搬迁和增资扩产等方面进行了对接。陈波指出，要服务好现有企业，协调解决发展困难，把新丰现有企业做大做强，共同推进新丰经济发展。随后到中华制漆（深圳）有限公司和广州广兴牧业设备集团有限公司，参观企业的生产车间，了解企业的生产和规划发展情况，与企业负责人座谈对接，协调解决企业在发展和项目推进中遇到的问题。县领导胡亮亮、陈小可及相关部门负责人参加对接活动。

9日 市委副书记、县委书记陈波到丰城街道城西村和龙江村调研精准扶贫和软弱涣散基层党组织整顿工作。陈波指出，要继续深入做好调查统计工作，有针对性地帮扶贫困户，要增强村“两委”战斗力和凝聚力，确保软弱涣散整顿工作取得实效。县委常委、组织部长刘国洪参加调研。

同日 市委副书记、县委书记陈波主持召开县委十三届第19次常委会，会议研究讨论农村和扶贫开发工作、全县农村土地承包经营权确权登记颁证工作、城市提升工作和城市提升项目等工作。会议要求要充分认识农业农村工作的重要地位，以超常规的措施做好农业农村工作，做到沟通协调到位、督查督导有力，确保县的农业产业化、精准扶贫、农村人居环境整治和土地确权等各项工作稳步推进；会议强调，县城城市提升工作的体制机制和氛围已经初见成效，相关职能部门要继续做好城市提升项目的工作，要深化好城市提升项目的包装、归类、说明、设计和管理，确保城市提升项目工作顺利开展，着力把县城建设成为宜居宜业的生态之城。

11日 新丰县召开2017年全县消防工作会议暨全市第九批火灾隐患重点地区整治动员会。会议要求，各单位要增强抓好消防工作的责任感和使命感，加强保障，严密措施，补足公共消防设施短板，提升消防事业发展的持续性和稳定性；落实责任，严肃问责，确保各项消防工作目标任务落地见效。副县长、公安局局长刘洪参加会议。

12日 省扶贫办主任梁健一行到新丰县进行调研，要求市、县、镇、村各级帮扶单位做好三年攻坚，两年巩固，到2020年如期完成脱贫任务。市委副书记、县委书记陈波，县委副书记曾军，县委常委、组织部长刘国洪参加调研。

同日 县委中心组理论学习（扩大）专题报告会召开，邀请市委党校副教授于忠龙以“在新的起点上再创新局面——学习贯彻习近平总书记对广东工作的重要批示精神”为主题作专题讲座。县委副书记曾军等县四套领导班子成员及各镇（街）、各部门负责人参加学习。

14日 市委副书记、县委书记陈波，县委副书记、县长马志明参加广州广兴集团增资扩产暨广兴大厦动工剪彩仪式，标志着县促进产城融合发展迈出了坚实的一步。县委常委、常务副县长胡亮亮，副县长陈小可等参加仪式。

15日 副县长胡志彬调研三防与民生水利工程工作，实地察看三防物资仓库、三防指挥部值班室，了解三防抢险救灾物资储备、三防会商系统运作、水利工程建设等情况。

16日 广东省人大常委会主任李玉妹，副主任黄业斌，秘书长陈逸葵等省领导到梅坑镇梅坑村检查指导对口帮扶工作，实地查看扶贫工作成效，看望慰问贫困户，察看梅坑村小水电站、梅坑村村委会建设情况和听取梅坑镇人大工作汇报。李玉妹强调，县、镇要把省人大扶贫计划落到实处，重视村庄规划，帮助梅坑村村民早日脱贫致富。市委副书记、县委书记陈波，县人大常委会主任江大凡等陪同调研。

同日 县委常委、常务副县长胡亮亮主持召开县政府十五届九次常务会议，审议并原则通《关于创建卫生强县的实施方案》《新丰县地方志事业发展规划（2017—2020年）》《关于进一步加强新丰医疗卫生服务能力建设的实施方案》以及关于开设新丰县县城公交的请示等多个事项，听取产业发展、特色小镇申报规划、政务购买服务项目等工作进展情况汇报。

17日 新丰县召开新时期精准扶贫精准脱贫工作推进会，韶关市扶贫办副主任刘世冬，副县长胡志彬分别在会上分析了当前扶贫驻村工作中存在的问题，并就推进精准扶贫、精准脱贫等工作提出要求。各镇（街）有关负责人及县驻镇、驻村干部参加会议。

同日 韶关市商务局局长李宏到新丰县开展工业发展情况调研活动。县委常委、东城新丰产业转移指挥部总指挥祁晓峰参加调研。

18日 市委副书记、县委书记陈波先后深入县城学校和医院进行调研。陈波强调，要以创建教育现代化为抓手，办人民满意的教育；以“卫生创强”为平台，强基建制，推动医疗资源的整合与改革。副县长谭雪梅参加调研。

同日 县委副书记、县长马志明先后到黄礤镇营盘村无土栽培蔬菜基地、健身广场以及岭南红叶世界项目等地进行实地调研，与当地干部群众和企业负责人进行交流，详细了解当地经济社会发展情况。副县长胡志彬以及各相关部门负责人参加调研活动。

19日 县政协副主席罗志方带领部分政协委员调研校园安全工作，先后来到县城第二小学、清华幼儿园、马头镇中心小学，对学校保安队伍、饮食卫生状况、用火、用电情况、设施设备、校内活动及校园周边交通安全等方面进行调研。

21日 县人大常委会副主任、县城市整体提升三年行动计划领导小组办公室主任欧阳历，副县长潘小定率县住建局、国土局等提升办有关成员单位负责人到仁化县考察学习城市提升先进经验。

22日 新丰县召开2017年村级换届选举工作推进会暨定期专题分析研判会议，会议要求要高标准高质量完成村级换届选举工作任务，确保信访维稳形势持续稳定。县委副书记曾军，县委常委、组织部长刘国洪，副县长刘洪以及各镇（街）和相关部门负责人参加会议。

23日 县委副书记、县长马志明到中华制漆（新丰）有限公司调研企业安全生产及发展规划等情况时指出，大力支持企业扩能增产，积极推动企业做大做强。副县长陈小可参加调研活动。

同日 县委副书记、县长马志明到县城市整体提升三年行动计划领导小组办公室进行调研时强调，各成员单位要加强沟通协调、密切协作配合，让城市提升工作早日见成效。县委常委、常务副县长胡亮亮，县人大常委会副主任、县提升办主任欧阳历，副县长潘小定参加调研。

同日 县第十五届人大常委会第九次主任会议召开，县人大常委会主任江大凡主持会议。会议听取《中华人民共和国食品安全法》执法检查审议意见落实情况的汇报、《中华人民共和国森林法》执法检查报告有关情况说明、教科文卫工委关于创建教育现代化先进县工作调研汇报，讨论县人大常委会党组关于贯彻落实陈波书记人大工作调研有关要求的意见等议题。

24日 韶关市副市长、市公安局长李安平带领市消防安全督导检查组一行来到马头镇，对该镇火灾隐患重点地区整治工作进行检查督导。县委副书记、县长马志明，副县长、公安局局长刘洪等陪同参加。

同日 2017年新丰县推进“两学一做”学习教育常态化制度化工作会议召开，会议要求把“两学一做”学习教育常态化制度化工作融入日常、抓在经常，确保“两学一做”学习教育常态化制度化工作落地见效。县领导马志明、曾军、潘文辉、刘国洪、李芳足等参加会议。

同日 市旅游局局长林炜东带领调研组一行对新丰县旅游业发展情况进行调研督导，实地察看云髻山总体开发项目进展情况，听取县旅游的总体情况及发展工作思路汇报，深入了解新丰旅游业发展所面临的问题、困难并进行探讨。副县长谭雪梅参加调研活动。

同日 韶关市村（社区）“两委”换届选举工作督导组一行，到新丰县开展村（社区）“两委”换届选举督导检查和指导工作。县委副书记曾军，县委常委、组织部长刘国洪参加调研活动。

25日 县委副书记、县长马志明到东城新丰对口帮扶指挥部调研对口帮扶工作时要求，要全面启动十大帮扶行动计划，有效推进帮扶工作，积极推动项目实现产业共建发展。县委常委、东城新丰产业转移指挥部总指挥祁晓峰、副县长陈小可参加调研活动。

同日 县委副书记、县长马志明主持召开县政府十五届十次常务会议，会议研究部署“两学一做”学习教育常态化制度化工作，审议并原则性通过关于落实新旧警衔津贴增资补发的请示、关于建立政府欠薪应急周转金制度的实施方案、新丰县“十三五”环境保护与生态建设规划、新丰县城市整体提升三年行动计划项目表等议题。会议还研究部署县公安工作和分析了校外托管机构情况。

同日 新丰县召开落实中央环境保护督察整改工作领导小组暨丰江河整治工作会议。副县长陈小可参加会议。

26日 新丰县召开珠江东岸（新丰）创新产业示范园控制性详细规划、县城消防专项规划、马头镇区控制性详细规划、新丰县环境卫生专项规划专家评审会。华南理工大学教授刘玉亭等专家应邀出席评审会。县领导欧阳历、潘小定、江武佳等参加会议。

同日 县委常委、统战部长廖功文率队到乳源瑶族自治县学习农村人居环境整治经验，并与韶关市农业发展银行洽谈农村人居环境整治项目融资事宜。

27日 韶关市副市长李欣到挂钩指导的重难点村新丰县梅坑镇张田村指导村级换届工作，强调要通过换届，换强班子、换好风气、换清思路。县委常委、组织部长刘国洪陪同参加活动。

同日 县委副书记、县长马志明到县水务局就当前汛期工作和河长制推进情况进行调研，要求切实做好防汛、全面推进“河长制”工作。

同日 县委常委、纪委书记王展渊到县城第一小学调研指导“廉政文化进校园”活动，实地察看学校活动宣传栏，了解校园廉政文化环境布置情况，座谈了解学校廉政文化活动开展情况，旁听廉政文化课堂《廉政我知道，诚信我做到》。

同日 县人大常委会主任江大凡主持召开县十五届人大常委会第六次会议。听取和审议《中华人民共和国森林法》执法检查报告、听取县政府关于创建教育现代化先进县工作情况报告。

同日 县委常委、组织部长刘国洪，副县长谭雪梅等县领导到县城第三小学、第三幼儿园开展“六一”国际儿童节慰问活动，为留守儿童、贫困儿童送去学习用品和慰问金。

31日 市委副书记、县委书记陈波主持召开县委十三届第二十次常委会。会议传达学习中央、省、市推进“两学一做”学习教育常态化制度化相关会议精神，审议《关于新丰县2017年推进“两学一做”学习教育常态化制度化的实施方案》《新丰县新时期精准扶贫精准脱贫资金安排方案》《新丰县精准扶扶贫开发资金筹集和使用监管实施方案》《新丰县城市整体提升三年行动计划（2017—2019 年）项目责任分工表》及卫计工作有关制度、干部管理有关制度等。

同日 市委副书记、县委书记陈波主持召开县委十三届第二十次常委会（扩大）会议，传达学习省第十二次党代会重要精神，推动新丰县“融珠先行、加快发展”，全力补齐短板，确保如期全面建成小康社会。会议邀请广东省第十二次党代会代表、黄礤镇营盘村党支部书记廖四英传达学习广东省第十二次党代会精神。县领导马志明、江大凡、潘允标、曾军等四套班子成员及各镇（街）、部门负责人参加会议。

同日 市委副书记、县委书记陈波率市妇联、市卫计局、市关工委有关人员来到新丰县遥田中学，代表市委、市政府看望慰问少年儿童，并为他们送上节日的祝福和礼物。县领导潘文辉、谭雪梅参加慰问活动。

同日 市委副书记、县委书记陈波到遥田镇调研，他强调，遥田镇要制定好产业发展规划，搭建平台，把资源优势转变为发展优势。县领导潘文辉陪同调研。

同日 县委组织部召开专题学习会议，传达学习省第十二次党代会精神。会议学习传达中共广东省第十二届委员会第一次全体会议决议，市委常委、组织部长华旭初在市委组织部专题学习会议上的讲话精神以及市委副书记、县委书记陈波在县委十三届第二十次常委会（扩大）会议上的讲话精神。县委常委、组织部长刘国洪参加会议并作讲话。

6 月

1 日 市委副书记、县委书记陈波主持召开全县产业发展专题会议。会议强调要充分认识产业发展在“融珠先行、加快发展”的主导作用，整合现有产业发展平台，加快产业发展规划修编，推动新丰“融珠先行、加快发展”。县委副书记、县长马志明等参加会议。

同日 新丰县组织召开 2017 年新丰县创建省推进教育现代化先进县暨创建卫生强县工作会议，会议要求全面抓好两大创建工作，增强人民群众的获得感和幸福感。县领导马志明、曾军、廖少明、谭雪梅、稽春明以及县各镇（街）相关部门负责人参加会议。

2 日 新丰县召开上半年经济指标平稳增长工作座谈会，分析 1—4 月全县经济运行情况，研究布置确保上半年经济指标平稳增长的工作任务和加快重点项目建设有关工作。县委常委、常务副县长胡亮亮，各镇（街）、县直有关部门负责人等参加会议。

同日 新丰县组织召开统战工作座谈会。会议由县委常委、统战部长廖功文主持，县人大常委会副主任廖少明参加会议。

同日 召开马头镇秀田村旅游名村总体规划专家评审会，专家组原则性通过了评审，并对规划提出了参考建议。副县长谭雪梅参加会议。

5 日 新丰县召开《韶关市新丰县黄礤镇旅游名镇发展总体规划》初步方案汇报会，与会人员听取了广东省城乡规划设计研究院对黄礤镇旅游名镇发展总体规划的介绍，各职能部门对进一步完善总体规划提出了参考意见。副县长谭雪梅参加会议。

同日 县委副书记、县长马志明深入到新丰县第一中学，就 2017 年高考准备工作进行检查指导。马志明先后察看了考务培训室以及学校监控室，并认真听取了学校高考各项准备工作情况的介绍。副县长谭雪梅参加活动。

同日 县委副书记、县长马志明率队调研武深高速九连山隧道建设情况。马志明指出，当前正值汛期，相关部门要树立安全生产的理念，明确责任，确保汛期不发生泥石流等安全事故；想方设法解决大广高速遗留问题，积极推进韶新高速建设。副县长陈小可参加调研活动。

同日 韶关市人大调研组到新丰县开展禁毒法和禁毒条例实施情况专项调研，县人大常委会副主任廖少明，副县长、公安局长刘洪参加调研。

6日 市委副书记、县委书记陈波先后到丰城街道高桥村和紫城村调研土地确权颁证、精准扶贫、农村人居环境整治、农业现代化工作开展情况。陈波强调，农村发展要找准定位，处理好发展与环境的关系，充分利用县城扩容提质、人居环境整治和土地确权的契机，主动带动村民融入县城发展。县领导潘文辉、廖功文、祁晓峰、胡志彬参加调研。

同日 市委副书记、县委书记陈波主持召开专题会议，研究部署新丰县新时期精准扶贫、农村人居环境整治、土地确权以及农业现代化、农业产业化发展工作。县领导潘文辉、廖功文、祁晓峰、胡志彬、潘小定参加会议。

同日 韶关市委第一巡查组组长张朝盛率队到新丰县开展村级两委换届风气专项巡查。县领导曾军、王展渊、刘国洪参加活动。

同日 新丰县副县长、公安局长刘洪带领检查组一行来到县一中考场检查指导考场内外的安保、交通、消防工作。

同日 县委常委、县委政法委书记曾伟带领由政法委、综治办及住建、国土、应急指挥中心、信息中心、丰城街道、沙田镇等部门和镇街有关人员组成考察团前往东莞市寮步镇、东城区考察学习当地社会治理创新“智网工程”建设工作的先进经验和做法。

7日 市委副书记、县委书记陈波到新丰一中高考考点检查指导工作，察看视频监控室，看望考务工作人员，询问了解考场安排、监考巡考、交通组织、安全保卫、饮食卫生等方面情况，并通过高考视频会议系统，了解市招考中心对今年高考工作提出的要求。县委常委潘文辉、副县长谭雪梅参加检查活动。

同日 县委副书记、县长马志明率队调研农业工作，与农业部门人员讨论新丰县农业发展规划。马志明要求，新丰县应加快农产品加工中心项目建设，推进土地确权，按照政策要求做到确权达标。副县长刘洪参加调研活动。

同日 新丰县组织召开2017年三防工作会议，对三防工作进行部署。副县长胡志彬及县三防指挥部各成员单位负责人参加会议。

同日 省委常委、宣传部长慎海雄率队到新丰县马头镇大陂村检查指导新时期精准扶贫工作，座谈了解精准扶贫工作开展情况及成效，走访慰问贫困户。慎海雄强调，要认真贯彻落实省委关于精准扶贫工作的决策部署，全力做好精准扶贫工作。市人大常委会主任莫高义，市委副书记、县委书记陈波，市委常委、宣传部长柳琛子，县委常委潘文辉，县委常委、宣传部长李芳足参加活动。

同日 新丰县召开全县纪检监察系统学习贯彻省第十二次党代会精神暨作风建设专题会议。县委常委、县纪委书记王展渊出席会议。

8日 市委副书记、县委书记陈波到沙田镇调研。他强调，沙田镇要通过美丽乡村加乡村旅游的发展思路，变资源优势为发展优势，实现富民强镇。县委常委潘文辉参加调研活动。

同日 县委副书记、县长马志明到新丰县提升办调研。要求县提升办工作人员全力确保城市提升工作快速见效。县委副书记曾军，县委常委、常务副县长胡亮亮，副县长潘小定参加调研活动。

同日 新丰县组织召开2017年全县办公室工作暨培训会议。县委常委、县委办主任潘文辉以及县相关部门和各镇街相关负责人参加会议。

9日 市委副书记、县委书记陈波到新丰县招商服务中心和行政服务中心调研，了解招商服务中心的运行情况，察看行政服务中心综合服务窗口、专业服务窗口、三级公共服务平台视频监控，了解企业和群众的办事流程。县委常委、常务副县长胡亮亮，县委常委、县委办主任潘文辉参加调研活动。

同日 新丰县委、县政府召开全县农村工作暨扶贫开发工作会议，全面贯彻落实中央、省、市系列相关会议精神。市委副书记、县委书记陈波强调，要认清目前“三农”工作中存在的问题，以问题为导向，坚定信心，以创新的工作方式，一手抓经济发展，一手抓大局稳定，全力推动农业、农村和扶贫开发工作再上新台阶。

12日 县委召开中心组理论学习（扩大）专题报告会，邀请市委党校副校长、省级形势政策宣讲员杨斌以“作风建设永远在路上”为主题作专题报告。县领导潘允标、曾军等县四套班子成员参加了会议。会议由县委常委、纪委书记王展渊主持。

13日 新丰县召开中电工程投资有限公司新丰遥田风电项目座谈会。会上，中国电力工程顾问集团投资有限公司总经理师重光一行与副县长陈小可和县相关部门人员观看了该公司已建成风电项目宣传片，听取了遥田风电项目情况介绍，并就项目推进的相关工作进行深入交流。

同日 市委副书记、县委书记陈波率队到马头镇九栋十八井、丰城街道李任予故居调研新丰县旅游产业发展情况，并与相关部门负责人进行座谈。县委常委、县委办主任潘文辉、副县长谭雪梅参加调研活动。

同日 国务院召开全国推进简政放权、放管结合、优化服务改革电视电话会议。县领导马志明、祁晓峰、刘洪、胡志彬、潘小定等在新丰分会场参加会议。

同日 中国能建投资公司新丰风电、抽水蓄能项目座谈会在新丰县召开。中国能建投资有限公司董事长许金明，县领导马志明、祁晓峰、陈小可及相关部门和镇街负责人参加座谈。

14日 市委副书记、县委书记陈波主持召开县委十三届21次常委会会议，会议审议有关文件、讨论有关事项，审议通过《新丰县全域推进农村人居生态环境综合整治建设社会主义新农村示范村总体实施方案》。

同日 县委副书记、县长马志明主持召开工作会议，对当前新丰县城市提升工作进行积极部署。县领导胡亮亮、欧阳历、潘小定及县提升办成员参加会议。

同日 广东省民政厅副厅长陈奇率队到紫城村调研村务公开和扶贫工作，并走村入户慰问贫困户。副县长刘洪参加调研。

15日 县委副书记、县长马志明主持召开县政府十五届十一次会议，审议并原则通过多个议题，对相关工作进行积极部署。要求相关部门确保会议讨论并原则通过的相关事项落到实处，推动经济社会发展。

同日 韶关市委统战部常务副部长孔庆红率调研组来到新丰县，对县统战各项工作进行调研。县委常委、统战部部长廖功文参加调研活动。

同日 新丰县提升办召开坳头村至龙江村人居环境连片整治（一期）工程（即一江两岸、丰城大道改造）项目可行性研究报告汇报会。县委常委、常务副县长胡亮亮，县人大常委会副主任、县提升办主任欧阳历，副县长潘小定和县提升办成员参加汇报会。

16日 县委副书记、县长马志明，副县长、公安局长刘洪，县政协副主席嵇春明带领有关部门人员到沙田镇天中村处理异地倾倒垃圾事件，并进村深入了解情况。

同日 新丰县与韶关市金财集团、旅投集团合作项目框架协议签约仪式在韶关市金财集团举行，三方对云髻山旅游健康养生项目开发和桐木山温泉项目达成共识并签署框架协议。市委副书记、县委书记陈波，韶关市金财集团党委书记钟裕荣，副总经理蔡秉智，韶关市旅游发展投资集团有限公司副总经理肖锋，副县长谭雪梅、陈小可参加签约仪式。县委常委、常务副县长胡亮亮与韶关市金财集团副总经理欧锦梧，韶关市旅游集团副总经理曾文分别代表三方签署协议。

18日 市委副书记、县委书记陈波，县委副书记、县长马志明率县委、县政府考察团到深圳市开展考察活动，与有关企业负责人座谈交流、对接项目，增进沟通了解，共谋双方合作发展。县领导潘文辉、祁晓峰、胡志彬、陈小可及县相关部门负责人参加考察活动。

19日 县委常委、政法委书记曾伟带领县政法委、住建局、国土局、应急预警发布中心、县信息中心及丰城街道等单位人员，前往韶关市参观学习“数字城管”平台建设情况。

20日 新丰县组织安全生产委员会成员单位在县政府广场开展2017年新丰县第十六届“安

全生产月”现场咨询日活动。县委常委、常务副县长胡亮亮参加活动。

21日 县委副书记、县长马志明主持召开工作会议，对当前新丰县城市提升工作进行积极部署。县领导胡亮亮、欧阳历、潘小定及县提升办成员参加会议。

同日 县人大常委会主任江大凡主持召开县人大常委会十五届第十次主任会议。会议听取并讨论《县政府关于落实〈全民健身计划〉工作情况的报告》《关于创建广东省推进教育现代化先进县的审议意见》《县检察院关于公益诉讼情况的报告》、关于对《开展〈中华人民共和国森林法〉执法检查情况的报告》的审议意见等议题。

同日 韶关市召开学习贯彻省第十二次党代会精神专题报告视频会议。县领导马志明、江大凡、潘允标等四套领导班子成员、各镇街党（工）委书记和县直各党（工）委书记等在新丰分会场收听收看。

同日 省老区建设促进会副会长谭世勋率调研组到县开展“发展特色产业，促进老区人民脱贫致富”专题调研，听取县革命老区振兴发展情况和特色产业发展情况汇报，到黄礤镇实地察看特色产业扶贫情况。县委常委、统战部部长廖功文参加调研活动。

同日 新丰县组织召开学习贯彻省第十二次党代会精神专题报告会。报告会邀请市委宣传团成员、市委党校副教授陈伦盛做专题辅导。会议由县委常委、宣传部长李芳足主持，各镇街、各部门负责人参加专题报告会。

23日 新丰县禁毒委在县政府广场举行以“无毒青春，健康生活”为主题的禁毒宣传活动。市委副书记、县委书记、县禁毒委主任陈波参加活动，并为自行车禁毒志愿者授旗。县领导曾军、欧阳历、刘洪及相关部门负责人和县城部分中小学生参加活动。

同日 新丰县召开省级新农村示范片建设规划成果汇报会，听取设计单位对新丰县省级新农村示范片规划情况的汇报。县领导胡亮亮、廖功文、祈晓峰、李国彬、胡志彬、郑斌参加会议。

26日 市委副书记、县委书记陈波率队到遥田镇开展“七一”慰问老党员和困难党员活动，代表市委、市政府为他们送去党和政府的关怀，送上节日的慰问和美好的祝福。市政法委副书记刘祥锋，县领导潘文辉、刘国洪参加慰问活动。

同日 县委副书记、县长马志明到梅坑镇大岭村调研党建、精准扶贫、乡村旅游开发等工作。县领导李芳足、胡志彬参加调研。

同日 县人大常委会主任江大凡率县人大常委会班子成员、各工委（室）主任以及城市提升监督专责小组成员到县提升办开展调研活动。

27日 市委副书记、县委书记陈波来到挂点帮扶的丰城街道城西村开展扶贫慰问活动，走访慰问帮扶对象，送上慰问金和慰问品，向贫困户送去党与政府的关心、关怀和关爱。县委常委、县委办主任潘文辉参加慰问活动。

同日 市委副书记、县委书记陈波参加丰城街道学习贯彻省第十二次党代会精神“七一”主题党日活动，为基层党员干部讲了一堂生动的党课。陈波强调，要认真学习贯彻省第十二次党代会精神，在省党代会精神的指导下主动“融珠”发展，发挥党员干部先锋模范作用，争当“融珠先行”好干部。县领导曾军、潘文辉及丰城街道领导班子、各村（居）两委干部和县委党校有关人员参加学习。

同日 县委副书记、县长马志明到遥田镇金山村实地察看该村20多亩罗汉果试种基地，深入了解并详细询问该村的人居环境整治工作和精准扶贫工作等基本情况。县领导胡志彬参加当天调研活动。

同日 新丰县召开2017年“广东扶贫济困日”活动企业座谈会，并对“广东扶贫济困日”和“慈善一日捐”活动捐款进行动员。县委常委、常务副县长胡亮亮、副县长陈小可及各企业代表参加会议。

28日 新丰县民间企业家公会举办年会。县人大常委会副主任周明，副县长胡志彬与民间企业家公会会员企业代表参加会议。

29日 县委、县政府召开新丰县城市整体提升三年行动工作动员大会。市委副书记、县委书记陈波强调，全县各级、各有关部门要积极行动起来，同心同向，共建共享秀美新丰城。县领导马志明、江大凡、潘小定等县四套班子成员及各级、各部门负责人参加会议。

同日 市委副书记、县委书记陈波主持召开县委第十三届二十二次常委会议，传达东莞韶关对口帮扶第九次联席会议精神，研究召开县委十三届三次全会有关事宜，听取全县村（社区）换届选举工作总结汇报。

30日 新丰县旅游局召开“慈善一日捐”活动动员会，县人大常委会主任江大凡参加会议。

同日 新丰县召开迎“七一”党建座谈会。会上，市委副书记、县委书记陈波强调，要充分发挥基层党组织的战斗堡垒作用和党员的先锋模范作用。

同日 新丰县举行2017年“广东扶贫济困日”暨“慈善一日捐”活动集中捐款仪式。市委副书记、县委书记陈波，马志明、江大凡、曾军等县四套班子成员带头捐款。

7 月

2日上午，县人大常委会主任江大凡及县人大常委会班子成员到县肉联厂调研，并听取县畜牧、农业、住建等部门对县人大代表相关提案的办理实施情况。县人大常委会调研组认为要加快完成屠宰厂、动物交易市场的选址、规划等前期准备工作，让市民有一个卫生、安全的生活环境。副县长胡志彬参加调研活动。

3日 市委副书记、县委书记陈波到梅坑镇调研，听取相关情况介绍，了解乡村民宿、龙皇宫民俗、温泉民宿和温泉开发等工作。强调梅坑镇要在思想观念、产业发展、城市发展等方面做好准备，主动融入县城发展。县领导潘文辉、廖功文参加调研活动。

同日 新丰县党外干部培训班在县委党校开班，来自全县63名优秀党外干部参加学习培训。县委常委、统战部长廖功文参加开班仪式。

4日 市委副书记、县委书记陈波率队到大席铁帽顶伟帆矿业有限公司进行安全生产检查，要求企业绷紧弦、筑好堤、讲规矩，做好安全防范，确保生产安全。县领导胡亮亮、潘文辉陪同参加检查活动。

同日 县委副书记、县长马志明到县提升办调研，听取近期城市提升项目进展情况汇报，并就“一江两岸”、丰城大道和老一中地块等项目的征地拆迁工作实施方案进行讨论研究，强调要确保城市提升项目尽快见效。县领导欧阳历、潘小定参加调研。

5日 县委副书记、县长马志明主持召开县政府第十五届十二次常务会议，学习贯彻省第十二次党代会和市相关会议精神，讨论并原则通过《关于调整绿色建筑建设范围的请示》《关于提请批准我县租赁小汽车驾驶人社会化考场的请示》《关于启动组建新丰农村商业银行工作的请示》等多个事项。

同日 副市长陈磊率市调研组到新丰调研工业园区建设情况，了解企业建设、项目进展、环保生产、科技创新等情况，指出要加快推进园区建设步伐，推动产业集聚发展。副县长陈小可等参加调研活动。

6日 全县农村土地确权及人居环境综合整治工作现场会在黄磜镇召开。县委副书记、县长马志明强调要统一思想，把农村土地确权、农村人居环境整治和扶贫工作摆到重要议程，真抓实干，迅速掀起行动高潮，确保全县农村土地确权和农村人居环境综合整治取得实效。县委常委、统战部长廖功文和副县长胡志彬参加活动。

7日 新丰县召开保密委员会全体会议暨全县保密工作会议，县委副书记、保密委主任曾军，县委常委、常务副县长胡亮亮，县委常委、县委办主任潘文辉参加会议。

11日 市委副书记、县委书记陈波主持召开县委十三届第二十二次常委会会议，传达殷焕明市长到新丰调研讲话精神，强调要结合新丰实际，把殷焕明市长到新丰调研讲话精神转化为具体行动，奋力开创新丰“融珠先行”发展新局面。

12日 中国共产党新丰县第十三届委员会第三次全体会议召开，市委副书记、县委书记陈波代表县委常委会作题为《深入贯彻落实省党代会和市委全会精神奋力开创新丰“融珠先行”发展新局面》的讲话。全会深入学习贯彻习近平总书记对广东工作的重要批示精神和省第十二次党代会、市委第十二届第四次全会精神，动员全县各级党组织和广大党员干部群众，把思想和行动统一到省委市委的决策部署上来，把省市的战略举措转化为推动新丰“融珠先行”的具体行动，坚持以新发展理念谋划新丰产业发展，切实增强“融珠先行”的产业基础，坚持改革创新优化发展环境，为“融珠先行”提供坚实保障。全会表决通过《中共新丰县委关于深入推进全面从严治党的实施意见（审议稿）》《中国共产党新丰县第十三届委员会第三次全体会议决议（草案）》。

13日 省农业厅调研组一行到新丰调研土地确权和承包经营流转工作。县政协副主席郑斌参加调研座谈会。

14日 市委副书记、县委书记陈波率队调研新丰公安工作，听取县公安工作及队伍建设等工作情况汇报，并就公安队伍建设、维护公共安全等有关工作进行部署。陈波强调，全县公安机关要把维护社会公平正义和社会稳定作为首任务，从严治警，转变作风，提升公安干警队伍形象，营造公安队伍干事创业的环境，进一步提高党委政府公信力，提升人民群众安全感和对公安工作满意度。县委常委潘文辉，副县长、公安局长刘洪参加调研活动。

14日 省总工会党组副书记郭泽宇一行到新丰县公路养护中心看望和慰问一线养护职工，并送上慰问品及慰问金。

17日 县委、县政府召开征地拆迁大行动动员大会，安排部署县重点项目和城市整体提升用地征地拆迁工作，动员全县上下进一步统一思想，提高认识，狠抓落实，全力确保征地拆迁任务顺利完成。市委副书记、县委书记陈波，县委副书记、县长马志明，县政协主席潘允标等在家的县四套班子成员、各镇街、各部门负责人等参加动员会。

18日 新丰县人武部党委第一书记任职大会在县会议中心举行，市委副书记、县委书记陈波任县人武部党委第一书记。

19日 由中国大学生体育协会、中国中学生体育协会、中国测绘地理信息学会联合主办，新丰县人民政府承办的2017年全国学生定向锦标赛暨“中国四维杯”全国测绘地理信息职工定向越野赛开幕式在县政府广场举行。中国测绘地理信息学会副理事长彭震中，中国大学生体育协会定向分会主席姜恩来，市委副书记、县委书记陈波，市政府副厅级干部王伟阳，县委副书记、县长马志明等领导和嘉宾以及省、市相关部门人员，中央、省、市各级新闻媒体参加了开幕式。此次锦标赛吸引了包括来自北京大学、清华大学、中国地质大学（北京）等全国20多个省市159所学校202个代表队共计2800余名运动员、教练员、裁判员、测绘员等参与，参赛学校以及参赛人数创全国学生定向锦标赛历史之最。此次比赛共设接力、短距离、中距离、长距离、团队、积分与百米定向7个参赛项目10个组别，从7月18日开始至25日结束，历时7天。

同日 “中国地质大学高水平运动员选拔培养基地”揭牌仪式在新丰一中举行，中国测绘地理信息学会副理事长彭震中，中国地质大学党委副书记姜恩来，市委副书记、县委书记陈波，县委副书记、县长马志明及省、市、县教育部门有关人员参加揭牌仪式。

21日 县委副书记、县长马志明主持召开县政府十五届十三次常务会议，审议并原则通过《新丰县深化小型水利工程管理体制改革实施方案》《新丰县全面推行河长制工作方案》。

24日 2017年全国学生定向锦标赛闭幕式在新丰一中举行，来自全国20多个省市159所学校202个代表队2800多名运动员及中国地质大学

（北京）体育部书记吴小勇、中国大学生体育协会定向分会常务副秘书长陈津梁、中国大学生体育协会定向分会裁判委员会主任朱建清、县领导马志明、曾伟、王展渊、刘国洪、李芳足、谭雪梅、潘小定参加闭幕式。

同日 市委副书记、新丰县委书记陈波率领“八一”慰问团，先后来到军分区、市武警支队和市消防支队开展慰问活动，共叙军民鱼水之情。

26 日 县委副书记曾军，县委常委、常务副县长胡亮亮，县委常委、人武部长胡树军和县政协副主席罗志方率领“八一”慰问团，先后来到县人武部、县消防和县武警开展慰问活动，共叙军民鱼水之情。

同日 市委副书记、县委书记陈波主持召开专题会议，研究重点项目推进工作。会议强调，以务实的作风、扎实的工作，确保重点项目建设顺利推进。县领导潘允标、胡亮亮、潘文辉、廖功文、郭世初、廖少明、欧阳历、谭雪梅、陈小可、潘小定和县直有关单位主要负责人参加会议。

同日 县人大常委会组织我县选区的十四届市人大代表调研农村土地承包经营权确权登记颁证工作情况。县人大常委会主任江大凡、县人大常委会副主任李国彬、副县长胡志彬参加了调研。

27 日 县委常委、常务副县长胡亮亮主持召开县政府十五届十四次常务会议，审议《新丰县2017年村庄规划编制工作实施方案》、梅坑等四镇总体规划、县城农贸市场专项规划等多个议题。

同日 县广播电视台数字电视营业厅举行省“巾帼文明岗”挂牌仪式，县委常委、组织部长刘国洪，县委常委、宣传部长李芳足为省“巾帼文明岗”揭牌。

31 日 县第十五届人大常委会第七次会议召开。会议传达贯彻县委十三届三次全会精神，审议通过相关人事任免事项，听取并审议《2016年财政决算情况报告及审查结果报告》、《2017年上半年预算执行情况报告及初审意见》等多个议题。县人大常委会主任江大凡等县人大常委会全体组成人员出席会议，县委常委、常务副县长胡亮亮列席会议。

8　月

1 日 马头循环经济产业园项目暨绿洲生态植物纤维项目、韶能新丰生物质发电厂扩建项目签约仪式在县政府会议中心举行。市委副书记、县委书记陈波，市国资委主任段平波，县人大常委会主任江大凡，县政协主席潘允标等县领导和韶能集团董事长陈来泉见证签约，县委副书记、县长马志明代表县政府与韶能集团签约。

2 日 全省贫困村创建社会主义新农村示范村工作电视电话会议召开，动员部署2277个省定贫困村创建社会主义新农村示范村工作。市委副书记、县委书记陈波，县委副书记、县长马志明及县领导曾军、胡亮亮、刘国洪、廖功文、李国彬、潘小定和各镇街、各相关部门主要负责人、县19条省定贫困村支书、主任、驻村工作队队长等在新丰分会场收听收看此次会议。

同日 华为技术有限公司有关负责人一行到新丰县考察“智慧城市”建设，县领导马志明、曾伟、胡亮亮、潘小定等参加座谈会。县委副书记、县长马志明希望双方加强接触与交往，进一步加强合作，共同推进“智慧城市”示范点建设，希望华为公司充分发挥人才、技术优势，通过智慧城市建设实现新丰政务管理提升、产业聚合提升和社会治理提升。

同日 县委召开第十三届第二十四次常委会议，传达学习习近平总书记在省部级主要领导干部专题研讨班上的重要讲话精神，研究农村土地确权等工作，审议《县委十三届三次全会重点工作责任分工（审议稿）》。市委副书记、县委书记陈波主持会议。

3 日 新丰县召开2017年上半年经济形势分

析会，县委副书记、县长马志明传达了市委副书记、县委书记陈波对全县经济工作的要求。会议总结了上半年经济运行情况，对下半年经济工作进行部署。

同日 县委宣传部、县文广新局在县任予广场举行城市提升和美丽乡村建设工作专场文艺晚会。县领导李芳足、廖功文、欧阳历、嵇春明、江武佳及相关部门负责人，县城群众1000多人观看了文艺演出。

7日 县人大常委会召开党组学习（扩大）会议，学习传达贯彻张德江委员长在全国推进县乡人大工作和建设经验交流会上的讲话及李玉妹主任在全省县乡人大工作和建设座谈会上的讲话精神，学习领会县委转发《中共新丰县人大常委会党组关于贯彻落实陈波书记人大工作调研有关要求的意见》通知精神。党组成员江大凡、郭世初、李国彬、欧阳历、周明、陈志武出席本次会议，廖少明副主任及各工委正副主任、各镇街人大主席列席。

8日 县领导潘允标、曾军、王展渊、廖少明等率县水务、安监等有关部门，分别深入沙田、马头两镇开展汛期灾害防范大检查。要求克服麻痹大意思想，建立长效机制，确保安全度汛。

同日 县委副书记、县长马志明主持召开县政府党组会议及县政府十五届十五次常务会议，会议强调，要以“钉钉子”精神狠抓落实，加快“融珠先行”步伐。县政府党组会议传达了韶关市贫困村创建社会主义新农村示范村会议精神。县政府十五届十五次常务会议听取县交通局、遥田镇工作汇报，听取新丰县县道352线遥田半陂至大埔段改建工程进展情况汇报。会议审议并原则通过《韶关东新实业投资开发有限公司情况及产业共建方向思路（征求意见稿）》等事项。

10日 清华大学美术学院院长鲁晓波在广东省文化学会美术专业委员会常务副会长潘军如的陪同下来到县一中，参观指导美术教育教学工作。副县长谭雪梅参加活动。

同日 省政府消防工作督查组一行来到新丰县马头镇，对省政府挂牌督办的火灾隐患重点地区整治情况进行检查督导。副县长刘洪及相关部门负责人陪同督导。

14日 2017年广东农信“智慧校园”发布会暨“丰江学子卡”发卡仪式在县第一中学学术报告厅举行。省银信中心副总裁周丹、市联社书记张敬川、副县长陈小可等出席活动仪式并为学生代表发卡。

22日 县委副书记、县长马志明调研“一江两岸”工程、丰城大道改造等项目征地拆迁工作时指出，要想方设法解决特殊困难群众的生活困难，及时将各项工作任务落到实处，进一步加快推进城市提升项目建设。县人大常委会副主任、县提升办主任欧阳历、副县长潘小定等参加调研。

23日 县委召开十三届第二十五次常委会议，会议由市委副书记、县委书记陈波主持。会议讨论了县、镇人大组织建设及有关工作规范制度修订等事项，原则上同意按照责任分工表抓好贯彻落实《关于大力推进县乡人大工作和建设的若干意见》（粤常办〔2017〕47号文）。会议传达学习了习近平总书记在深度贫困地区脱贫攻坚座谈会上的讲话精神，研究新丰县下一步脱贫攻坚工作。会议还审议通过了《新丰县贯彻落实〈法治广东建设第二个五年规划（2016—2020年）〉实施意见》。

24日 县委副书记、县长马志明主持召开县政府党组会议和县政府十五届十六次常务会议，传达全市重点项目建设工作推进会会议精神、全市土地管理工作和拆违控违暨市容市貌提升工作动员会会议精神，审议并原则通过《新丰县盐业体制改革实施方案》等多个议题。

同日 县人大常委会组织召开城乡生活垃圾管理及保洁工作落实情况座谈会，县人大常委会主任江大凡，副主任郭世初、廖少明、周明，副县长潘小定以及各镇（街）人大代表和有关部门负责人参加了座谈会。

25日 新丰县举行百名行业精英“一卡通”授卡仪式，县委常委、组织部部长刘国洪出席仪式并为精英代表授卡。20名政府特聘专才及13名企业人才在现场领取了百名行业精英“一卡通”，仅凭一张卡，就可以在子女入学、配偶就业、住房公积金贷款等11方面享受政府优惠政策。

29日 县委召开专题协商会议，共商城乡人居环境提升工作。市委副书记、县委书记陈波在会上强调，组织县政协委员围绕全县经济社会发展重大课题进行专题协商，对党委政府工作有很大帮助，县委、县政府和全县各级各部门对政协委员提出的建议和意见要充分吸纳，用以改进和推动工作。会上，8位县政协委员围绕城乡人居环境提升这一主题，从城市规划、城市管理、经营理念、项目带动、农村人居环境整治、新农村建设等方面作了发言。县委副书记、县长马志明，县政协主席潘允标分别在会上作了讲话。

31日 县委副书记、县长马志明主持召开全县重点项目建设工作推进会，强调要落实责任，加强调度，充分运用“两统两分”工作法，全力加快重点项目建设。县领导胡亮亮、祁晓峰、欧阳历、胡志彬、潘小定、郑斌等参加会议。

9 月

1日 县委召开全县人大工作会议。市委副书记、县委书记陈波强调，要深化对人民代表大会制度认识，进一步增强做好新形势下人大工作的自觉性、坚定性；要牢记职能定位，提升人大工作服务大局的能力；要强化组织领导，为人大依法履职提供根本保证。县委副书记、县长马志明在发言中表示，县政府将在人大的依法监督和支持下开展工作，自觉接受人大监督；积极创造条件，全力支持人大依法履职；广泛汇集民声，合力推动新丰加快发展，全面提升效能，倾力打造为民政府，建设人民满意政府。县人大常委会主任江大凡对进一步做好新时期的人大工作进行部署。县领导潘允标、胡树军、潘文辉、刘国洪等出席会议。县十五届人民代表大会代表；工作和居住在我县的省十二届、市十四届人大代表；县人大常委会及县政府班子成员、各镇（街）、各部门负责人等参加会议。

4日 县委副书记、县长马志明到新丰农信联社调研，强调要明确改制任务，把握时间节点，确保农商行的组建工作顺利推进。县委常委、常务副县长胡亮亮等参加调研。

5日 县委副书记、县长马志明到县住建局调研城市提升工作。强调要坚定思想、务实担当，加强沟通协调，统筹实施任务，确保城市提升工作在今年国庆节前见成效。

6日 新丰县召开城市管理工作会议，就城区主次道路实施“路长制”管理进行动员和部署。市委副书记、县委书记陈波在会上强调，形成齐抓共管合力，共同推进城市管理工作。会议印发了《新丰县市容环境提升联合执法集中整治方案》。县领导胡亮亮、潘文辉、欧阳历、刘洪、潘小定及县有关部门负责人员、社区居委干部参加会议。

同日 市政协副主席张文铭率队来到中华制漆（新丰）有限公司、杰力电工材料有限公司、苏粤铜铝业有限公司调研企业生产经营情况，县政协副主席江武佳参加调研。

7日 县委副书记、县长马志明率队到县工商局调研全县推进商事制度改革工作情况，要求各部门加强协调联动，合力推动新丰县营商环境大改善，营造优质营商环境。

同日 县人大常委会召开党组（扩大）会议，进一步传达贯彻县委人大工作会议精神，研究部署落实措施，明确各项工作任务责任分工。会议由县人大常委会主任江大凡主持。

8日 市委副书记、县委书记陈波带队先后来到县一幼、县三中、梅坑镇大岭小学、县一中等4所学校，看望慰问一线教师，代表市委市政府、县四套班子以及26万人民群众为全县教育工作者送上节日的问候和祝福。县领导胡亮亮、潘文辉、郭世初、嵇春明陪同开展慰问活动。

同日 县委副书记、县长马志明率队到梅坑中学、梅坑镇中心小学和梅坑镇中心幼儿园开展教师节慰问活动，与学校领导、教师代表座谈，向教师们致以节日的问候和敬意。县领导李国彬参加慰问活动。

11日 市委副书记、县委书记陈波主持专题会议，研究2017年1—8月经济运行情况和县领导挂点联系重点企业工作。陈波在会上强调，要坚持问题导向，健全工作制度，落实工作责任，确保全年经济增长目标任务顺利完成。

同日 省委、省政府召开2017年全省计划生育工作电视电话会议，总结去年全省计划生育工作，部署下一步重点工作任务。市委副书记、县委书记陈波，县委常委、常务副县长胡亮亮，县人大常委会副主任郭世初及县相关部门负责人在县分会场参加会议。

12日 市委副书记、县委书记陈波专程到新丰县第一中学，以“立德树人、学为人师、行为世范”为题，为广大中小学教职员工上了一堂精彩的教育发展专题辅导课。专题辅导课由副县长谭雪梅主持。县委常委、县委办主任潘文辉及县教育局负责人、新丰一中教职员工、省市县优秀教师代表、各镇（街）中小学校长共300多人聆听了辅导课。

15日 市委副书记、县委书记陈波主持召开县委十三届第二十六次常委会议，传达学习贯彻省委书记胡春华在韶调研指示精神，研究部署全县农村土地承包经营权确权登记颁证、工业园区、环保暨中央环保督查反馈意见整改等工作。

21日 新丰县举办全县领导干部党纪政纪法纪专题辅导课，邀请市纪委政策法规研究室主任王长征为全县近200名领导干部作专题辅导。县委副书记曾军等县四套领导班子成员参加了辅导，辅导课由县委常委、纪委书记王展渊主持。

22日 新丰县召开政府十五届十七次常务会议，传达市有关会议精神，会议就大力推进全域旅游发展、商事制度改革等工作作了部署，会议还讨论并原则通过《新丰县复退军人服务体系实施方案》《新丰县中小学生校外托管机构管理办法（试行）》《新丰县关于在城区主次道路“路长制”管理实施方案（征求意见稿）》《新丰县云髻特色小镇规划建设实施方案（征求意见稿）》等方案。

26日 新丰县召开韶新高速新丰段建设动员会，会议对韶新高速新丰段项目征地拆迁工作进行部署，确保2018年6月底全面完成土地与房屋征收工作。县委副书记、县长马志明在会上强调，要创新方式方法，统一征拆标准，全面推进韶新高速新丰段项目征地拆迁工作。县领导曾军、李国彬、陈小可、江武佳参加会议。

同日 县人大常委会主任江大凡主持召开县人大常委会十五届第十三次主任会议，听取并讨论《城乡生活垃圾管理及保洁工作落实情况专题调研视察报告》《鲁古河供水筹建工作情况报告》，会议还讨论审议了相关事项。县委常委、常务副县长胡亮亮参加会议。

同日 县政协召开十届三次常委会，审查并通过县政协专门委员会《关于打造红色旅游品牌，推进新丰红色旅游发展》；《关于加强社区建设与管理，提升服务能力》以及《关于县城医疗机构规划布局》三个调研报告；讨论修改并通过县政协委员履职工作规则。县政协主席潘允标等参加会议。

28日 新丰县一项重大民生民心工程——坳头村至龙江村人居环境连片整治项目第一期工程开工建设，标志着新丰县城市提升进入加速提质时期，该项目总投资3.69亿元，包括丰城大道改造和一江两岸美化亮化工程两个子项目。开工仪式由县委常委、常务副县长胡亮亮主持，县委副书记、县长马志明在开工仪式上作了讲话。县领导江大凡、潘允标、欧阳历、潘小定、嵇春明、江武佳及市金财投资集团董事长、总经理吴武超等参加仪式。

同日 市委常委、统战部部长黄劲东率队到新丰县调研新时期精准扶贫工作和社会主义新农村建设工作。县委常委、组织部长刘国洪参加调研。

30日 新丰县分别在后山公园革命烈士纪念碑及李任予广场举行烈士纪念日公祭活动，县委副书记、县长马志明，县人大常委会主任江大凡，县政协主席潘允标等县四套领导班子成员，驻县部队官兵、老战士联谊会代表、离退休老干部代表等参加了在革命烈士纪念碑前举行的公祭活动。

同日 县人大常委会主任江大凡、副主任郭世初带领县人大调研组开展创建广东省推进教育现代化先进县专题调研，江大凡要求教育部门要加快工作进度，提高工作效率，突破瓶颈问题，确保新丰县在2018年实现创建广东省推进教育现代化先进县的目标。副县长谭雪梅参加调研活动。

10 月

2日 由广东华瑞生态农业有限公司主办，县旅游局、东莞东城对口帮扶指挥部、沙田镇人民政府协办的新丰县首届百香果采摘节在沙田镇天中村百香果基地开幕。县委副书记、县长马志明，县政协主席潘允标，县委常委、副县长祁晓峰，副县长谭雪梅参加活动。

4日晚 县政府广场附近发生一起故意伤害案件。一名男青年在案件中受伤，经诊治，伤者为外伤，生命体征平稳，无生命危险。案发后，县公安机关快速行动，成立专案组，全力开展侦查工作。经过15小时连续奋战，已将四名主要涉案人员抓获，成功侦破该案。

9日 县人大常委会在全省九个乡镇人大建设示范点之一的梅坑镇召开乡镇人大工作和建设现场会，学习交流该镇乡镇人大建设的经验做法，确保在11月底前全面完成各镇街的人大建设工作。县人大常委会副主任李国彬及各镇街人大有关人员参加现场会。

10日 省委农办副主任刘洪盛率队到新丰县调研督导省定贫困村创建新农村示范村工作。调研督导组一行实地查看相关清拆现场，深入了解人居环境整治和省定贫困村创建社会主义新农村示范村工作开展情况。市委副书记、县委书记陈波参加座谈会，市委常委、统战部长黄劲东，县委常委、常务副县长胡亮亮，县委常委、宣传部长李芳足及市委、县委农办有关负责人陪同调研。

11日 “百名法学家百场报告会”韶关市委理论学习中心组专场暨南粤法治报告会第三十九讲在韶关市委会议中心举行，邀请广东外语外贸大学教授陈小君作“《中华人民共和国民法总则》的制度特色和时代精神”的专题报告。报告会以电视电话方式在各县（市、区）设分会场。市委副书记、县委书记陈波，县人大常委会主任江大凡，县政协主席潘允标等县领导，及各镇街、县相关单位负责人在县分会场参加会议。

12日 省地税局党组书记、局长吴紫骊率队到新丰调研地税工作。县委副书记、县长马志明，县委常委、常务副县长胡亮亮参加调研活动。

12—13日 市人大常委会副主任张平、邓小杰率市人大代表到新丰考察园区建设情况，县人大常委会主任江大凡、副主任周明、副县长陈小可等陪同参加考察活动。

13日 市委副书记、县委书记陈波到县老干部（老年）大学及老干部活动中心开展工作调研，强调相关部门要关心老干部身心健康，发挥老干部经验优势，助力新丰县融珠先行工作。县领导潘文辉、刘国洪参加调研活动。

同日 县委副书记、县长马志明调研新龙公路县城段市政道路改造项目拆迁工作，实地察看该路段违章建筑拆除现场，听取相关情况汇报，并与相关部门负责人研究解决项目推进中存在的问题。县领导潘小定、江武佳参加调研活动。

同日 新丰县召开“两学一做”学习教育常态化制度化推进会，县委副书记曾军，县委常委、组织部长刘国洪参加会议。

16日 县委副书记、县长马志明在调研县卫计工作及“六馆”建设时指出，要主动作为，加快县城医疗机构布局调整进度；要统筹考虑、科学论证，加快推进“六馆”选址勘察测量工作。

县领导欧阳历、谭雪梅、潘小定参加调研活动。

18日 新丰县组织党员干部群众收听收看中共十九大开幕盛况。市委副书记、县委书记陈波，县委副书记、县长马志明，县人大常委会主任江大凡，县政协主席潘允标等县四套领导班子成员及相关单位负责人在县政府会议中心集中收听收看了中共十九大开幕盛况，认真聆听习近平同志代表第十八届中央委员会向大会所作的工作报告。全县党员干部群众分别通过电视、网络、新媒体等形式积极收听收看十九大开幕会直播。

同日 市委副书记、县委书记陈波率队到丰城街道调研，强调丰城街道要牢牢树立主业意识、服务意识和合力意识，以舍我其谁的责任担当，做新丰“融珠先行”的排头兵。县委常委、县委办主任潘文辉，副县长潘小定，县政协副主席陈小同参加调研活动。

19日 县委副书记、县长马志明主持召开县政府党组会议和县政府十五届十八次常务会议。传达学习中国共产党第十九次全国代表大会报告以及全市招商引资工作联席会议主要精神，全市新农村建设和农村人居环境综合整治领导小组暨扶贫开发领导小组全体成员（扩大）会议主要精神。讨论并原则通过《新丰县精准扶贫信贷工作实施细则》《新丰精准扶贫贷款贴息资金管理办法》《新丰县精准扶贫贷款担保基金管理办法》等精准扶贫贷款相关政策文件，以及《新丰县精神卫生工作规划（2016—2020年）》等多个议题。

同日 县委副书记、县长马志明到马头镇大陂村调研新农村示范村建设进展情况。实地察看该村后山公园和村道建设情况，深入了解该村社会主义新农村建设规划和进展情况。县委常委、宣传部长李芳足参加调研活动。

同日 县人大常委会首次组织召开县人大代表约见国家机关负责人座谈会。县人大常委会主任江大凡、县人大常委会副主任李国彬、周明及部分县人大代表参加座谈会。此次约见围绕大广高速建设遗留问题和紫高公路扩建等交通建设存在的问题，以及解决黄礤镇佛手瓜美少女西瓜棚改造的问题进行座谈沟通，县政府及交通局、农业局等有关单位负责人现场逐一进行了答复和回应。

23日 市民政局党组书记、局长邢丽一行到新丰县督查指导民政工作，实地察看丰城、马头敬老院及流浪乞讨人员救助安置中心等多个民政服务机构。县委常委、常务副县长胡亮亮参加督导活动。

24日 县政府与广晟有色集团召开项目对接座谈会，双方就申办稀土采矿权主体资格及新丰公司股权重构问题、二期探矿立项及资金筹集和其他合作问题进行洽谈。县委副书记、县长马志明，县委常委、常务副县长胡亮亮，副县长陈小可、潘小定及相关镇（街）、部门负责人参加会议。

25日 县人大常委会丰江河水质保护监督专责小组与县丰江河整治工作领导小组联合开展督查、巡查活动。督查人员一行先后来到丰城街道罗峒村、紫城村巡查公路沿线、河道两旁建筑垃圾整治情况，到达龙文村、朱峒村察看高速公路施工水土保持设施完善情况，随后来到县城万丰桥了解丰江河县城段排污管网接入工作。县委副书记曾军、县人大常委会副主任郭世初参加活动。

26日 新丰循环经济产业园启动暨韶能绿洲生态植物纤维项目动工仪式在马头镇举行，标志着新丰县循环经济产业及相关项目建设发展取得重大进展。市委副书记、县委书记陈波，县委副书记、县长马志明，县人大常委会主任江大凡，县政协主席潘允标、市直有关单位负责人、县有关领导、韶能集团代表和其他代表出席动工仪式。

28日 省委召开全省传达贯彻中共十九大精神电视电话会议，就学习宣传贯彻中共十九大精神作出部署。县委副书记、县长马志明，县人大常委会主任江大凡，县政协主席潘允标等县四套班子领导成员，及各镇街、各单位主要负责人在县分会场参加会议。

30日 新丰县召开学习贯彻中共十九大精神

会议。市委副书记、县委书记陈波作讲话，强调要坚持以习近平新时代中国特色社会主义思想为指导，围绕中共十九大报告提出的新目标、新任务、新举措、新方略，按照中央和省委、市委的统一部署，制定切合新丰实际的落实方案，细化工作举措，加快新丰“融珠先行”步伐。县委副书记、县长马志明传达了中共十九大主要精神，并就当前县政府部门工作提出具体要求。县人大常委会主任江大凡、县政协主席潘允标出席会议。会议由县委副书记曾军主持。

11 月

1 日 市委副书记、县委书记陈波到紫城工业园部分企业调研，了解企业发展情况，并召开专题会议协调解决企业发展过程中遇到的难点问题。陈波要求，全县各级各部门要深入学习贯彻好中共十九大精神，不断改进工作作风，提升服务水平，既要重视招商，又要做好营商环境这篇文章，不断促进全县经济社会持续健康发展。副县长陈小可及县有关部门负责人参加调研活动。

同日 新丰县召开《新丰县革命老区发展史》编委会工作会议，对《新丰县革命老区发展史》编纂工作进行部署，县委副书记曾军、副县长胡志彬等参加会议。

同日 市委副书记、县委书记陈波在调研城市提升工作时强调，县提升办要充分发挥统筹协调作用，抢抓施工黄金期，加快项目建设，并持之以恒、保持常态做好城市管理，合力奋战 60 天，推动城市提升再上新台阶。县领导胡亮亮、潘文辉、欧阳历、潘小定、江武佳及县直有关部门负责人参加调研活动。

2 日上午 县委副书记、县长马志明主持召开县政府十五届十九次常务会议，听取《关于原“云髻小镇”规划创建相关情况的汇报》及《新丰县域旅游发展规划提升相关情况汇报》，还审议了其他事项。

4 日 “翰墨传情——东城新丰书画作品联展开幕式暨作品集首发式”在县图书馆举行，广东音乐文学会副主席、国家一级作家杨湘粤等广东省知名艺术家代表，及县委常委、副县长、东城新丰对口帮扶指挥部总指挥祁晓峰、副县长谭雪梅等参加仪式。

7 日 新丰县云髻小镇概念规划通过省专家组评审验收。市委副书记、县委书记陈波及县领导胡亮亮、潘文辉、谭雪梅参加评审会。

10 日 由乳源县委书记钟沛东率队的考察团一行到新丰县考察城市提升工作并进行座谈交流。市委副书记、县委书记陈波出席座谈会并强调，乳源与新丰要相互学习，进一步加强交流与合作，共同促进两地经济又好又快发展。县领导马志明、潘允标、胡亮亮、潘文辉、欧阳历、谭雪梅、潘小定、江武佳陪同考察。

11 日 副县长谭雪梅及县体育局负责人一行来到马头镇秀坑村，看望在 2017 年 8 月份举行的中日韩青少年运动会荣获举重总成绩第一名的罗雨森，对他为国争光、为县争荣表示感谢，并希望他能够再接再厉，刻苦训练，争取在以后的体育生涯中创造更好的成绩。

13 日 市委副书记、县委书记陈波率领县委常委班子集体瞻仰李任予烈士像，参观县革命历史纪念厅，重温入党誓词，并主持召开县委常委会会议。传达学习习近平总书记在瞻仰上海中共一大会址和浙江嘉兴南湖红船时的重要讲话精神、李希在省委常委班子集体瞻仰中共三大会址时召开的省委常委会会议上的重要讲话精神和莫高义在市委常委班子集体瞻仰粤北省委旧址时召开的市委常委会会议上的重要讲话精神，强调要深入学习宣传贯彻中共十九大精神，以习近平新时代中国特色社会主义思想为指引，不忘初心，牢记使命，为加快新丰“融珠先行”而努力奋斗。

14 日 市委副书记、县委书记陈波到挂点的丰城街道城西村开展“学习贯彻中共十九大精神”主题党日活动，并为城西村全体党员讲党课，推动十九大精神贯彻到基层、落实到一线。

县领导潘文辉、刘国洪参加活动。

16日 省人大常委会副主任黄业斌率队到新丰县梅坑镇梅坑村检查指导工作，强调要以习近平新时代中国特色社会主义思想武装头脑，扎实做好对口帮扶、新农村建设和县乡人大建设工作。市委副书记、县委书记陈波陪同检查。县领导江大凡、潘文辉、李芳足、李国彬参加检查活动。

18—19日 韶关市第二十二届中小学（幼儿园）“英东杯”文艺竞赛活动在新丰举行，来自全市各中小学校、幼儿园的1512名学生参与民族舞蹈、民族器乐等63个文艺节目的竞赛，400多名学生参加书法、绘画、陶艺、摄影、篆刻类竞赛。

20日 市委书记、市人大常委会主任莫高义到新丰县调研新农村建设工作，强调要全面深入贯彻落实中共十九大提出的实施乡村振兴战略的部署要求，按照产业兴旺、生态宜居、乡风文明、治理有效、生活富裕的总要求，以推进全市278个省定贫困村创建社会主义新农村示范村工作为抓手，加快建设粤北美丽乡村。市委副书记、新丰县委书记陈波，市有关部门负责人参加调研。

同日 中国扶贫开发协会副会长周朝龙带领“物联网+产品流通扶贫项目”考察组来到新丰县开展项目考察活动，实地查看相关企业，并就项目发展进行深入探讨。市委常委、统战部长黄劲东、副县长胡志彬以及市、县相关部门负责人参加考察活动。

27日 县委副书记、县长马志明到梅坑镇开展学习贯彻中共十九大精神专题党课活动，为镇、村党员干部讲党课，推动十九大精神深入基层。

28日 省委书记李希赴韶关市新丰县，深入丰城街道东瓜坑社区和马头镇大陂村，考察基层党建、社区治理、精准扶贫等工作，就学习宣传贯彻中共十九大精神进行指导。李希强调要用群众易于接受、乐于接受的方式宣讲十九大精神，分类指导、因人施教，春风化雨、润物无声，真正把十九大精神讲到群众的心坎上，把十九大的决策部署落到增进群众福祉的具体实践中。李希要求各级党委政府牢固树立以人民为中心的发展思想，把人民放在心中最重要的位置，把以人为本的理念贯彻落实到各项工作中，在发展中保障和改善民生，切实关心关爱困难群众、弱势群体，用心用情为老百姓做好事办实事解难事，让群众在贯彻落实十九大精神中有更多获得感和幸福感。省领导江凌，韶关市领导莫高义、殷焕明参加调研。

29日 市委副书记陈波在新丰督导学习宣传贯彻中共十九大精神工作，并在县委常委会（扩大）会议上作专题辅导报告，强调要切实把学习宣传贯彻中共十九大精神引向深入，通过持续深入的学习，使十九大精神成为推进新丰“融珠先行”步伐、凝聚精神、鼓舞士气的持久动力，推动中共十九大精神在新丰落地生根、结出丰硕成果。会议由县委副书记、县长马志明主持，县人大常委会主任江大凡、县政协主席潘允标等四套班子成员、原四套班子主要负责人和各镇街、各部门负责人等参加会议。

同日 市委宣讲团中共十九大精神报告会在县政府会议中心举行，市委宣讲团成员、市委党校政治学副教授赵倩倩作学习贯彻中共十九大精神专题辅导报告。县人大常委会主任江大凡、县政协主席潘允标等县四套班子领导，全县副科级以上干部共300多人参加报告会，会议由县委副书记曾军主持。

29—30日 新丰县举办科级干部学习贯彻中共十九大精神专题培训班，来自全县的科级干部参加了此次培训班。县委常委、组织部长刘国洪在培训班上作了讲话。省委党校副教授李金哲作题为《不忘初心，牢记使命，认真学习宣传党的十九大章程》辅导报告。

30日 广州广兴牧业设备（新丰）有限公司增资扩产项目暨动工仪式在紫城工业园区举行，项目建成后年产值将达3亿元，年缴税3000万元以上。市委副书记、县委书记陈波，县委副书记、县长马志明、县人大常委会主任江大凡，县政协主席潘允标等县领导及企业负责人参加了签约暨动工仪式。

同日 新丰县举行新时代全域旅游创新发展专题讲座。专题讲座邀请北京颠峰智业旅游文化创意股份有限公司创始人刘锋教授进行授课。市委副书记、县委书记陈波、县委副书记、县长马志明、县人大常委会主任江大凡、县政协主席潘允标等县四套领导班子成员及各镇街和直属副科以上单位主要负责人参加专题讲座。

12 月

4 日 省侨办党组书记雷彪，党组副书记、巡视员林琳率队到对口扶贫点新丰县梅坑镇长江村调研指导精准扶贫工作，考察长江村水电站、贫困户危房改造等帮扶项目，以及新农村建设示范村建设情况，走访慰问贫困户，并召开扶贫座谈会。县人大常委会副主任李国彬、副县长谭雪梅参加调研活动。

同日 由县委宣传部、县平安办、县普法办等联合主办的 2017 年“12・4”国家宪法日暨创建平安新丰文艺晚会在南门塘广场举行。县领导江大凡、曾伟、王展渊、李芳足、刘洪等到场观看晚会。

5 日 市安委会考核组到新丰县考核 2017 年安全生产责任制落实情况。县委副书记、县长马志明，县委常委、常务副县长胡亮亮，副县长、公安局长刘洪，副县长潘小定参加考核活动。

6 日 县委副书记、县长马志明主持召开县政府党组会议和县政府十五届二十一次常务会议，传达学习国家、省、市相关会议精神，讨论并原则通过关于实施居民阶梯水价、调整污水处理费和水资源费标准的请示等多个议题。

7 日 新丰县召开全县创建社会主义新农村示范村工作推进会。市委副书记、县委书记陈波出席会议并作讲话，强调要深入实施乡村振兴战略，全力推进社会主义新农村建设，让人民群众在贯彻落实中共十九大精神的生动实践中有更多的幸福感和获得感。会议由县委副书记、县长马志明主持。县领导江大凡、潘允标、潘文辉、李芳足、李国彬、胡志彬等参加会议。

11 日 中国共产党新丰县第十三届委员会第四次全体会议在县政府会议中心召开。会议深入学习宣传贯彻中共十九大精神和省委十二届二次全会、市委十二届五次全会精神以及省委书记李希在新丰调研时的重要讲话精神，坚持以习近平新时代中国特色社会主义思想为指导，研究分析新丰在新时代面临的形势和任务，进一步谋划新丰未来发展，动员全县党员干部群众不忘初心，牢记使命，扎实做好新时代我县改革发展稳定各项工作，不断开创新丰“融珠先行”新局面，确保如期全面建成小康社会，开启新时代新丰全面建设社会主义现代化新征程。全会由县委常委会主持。市委副书记、县委书记陈波作全面深入学习贯彻中共十九大精神专题讲话。会议审议通过了《中共新丰县委关于深入学习贯彻习近平新时代中国特色社会主义思想开创新丰“融珠先行”新局面的决定》和《中国共产党新丰县第十三届委员会第四次全体会议决议》。

同日 新丰县召开安全生产暨消防安全工作会议，对当前安全生产和消防安全工作形势进行分析并进行工作部署。县领导马志明、胡亮亮、刘洪及县安全生产委员会全体成员参加会议。

同日 省青年联合会、九三学社韶关市委会、韶关市卫计系统“情暖新丰健康行”捐赠和义诊活动在回龙镇卫生院举行，市委副书记、县委书记陈波，市人大常委会副主任邓小杰、省青年联合会副主席刘宗杰和县领导潘文辉、郭世初、谭雪梅等参加活动。在捐赠仪式上，省青联会牵线的两家广州爱心企业分别向回龙镇卫生院捐赠了价值 36 万元的彩色超声仪、心电监护仪和 20 万元的医院建设资金。

16 日 “2017 醉美枫叶红”启动仪式在县政府广场举行，市委副书记、县委书记陈波，县领导马志明、江大凡、潘允标、潘文辉、祁晓峰、谭雪梅等参加启动仪式。本届枫叶文化系列活动包括以“不忘初心、融珠先行”为主题的秀美新丰文化交流活动、自行车骑行赛、客家美食文化节、摄影比赛、特色手信展示等活动，进一步提升“越野新丰，休闲天堂”品牌影响力，推动全域生态旅游加快发展。

19日 省国资委主任、党委书记李成一行到梅坑镇大岭村调研指导精准扶贫工作，李成强调要按照新时代脱贫工作的要求，大岭村在产业扶贫、乡村振兴工作上要走在前列。市委副书记、县委书记陈波陪同调研。

21日 县人大常委会与“一府两院”联席会议召开，县政府、县法院、县检察院及县人大常委会先后通报2017年工作和2018年工作计划，与会市、县人大代表就相关工作提出意见和建议。县委副书记、县长马志明、县人大常委会主任江大凡、县委常委、常务副县长胡亮亮、县人大常委会副主任廖少明、李国彬等出席座谈会。

22日 市委副书记、县委书记陈波到挂点联系的云髻山旭日旅游总体开发项目调研，强调要认真学习贯彻落实中共十九大精神，按照市委书记莫高义在新丰调研时的讲话要求，坚持以人民为中心的发展思想，群策群力破解当前云髻山旅游开发项目发展难题，推动项目建设取得实质性进展。县领导潘文辉、谭雪梅参加调研活动。

25—26日 东城新丰对口帮扶第十次联席会议暨机关党支部党建学习交流活动在新丰举行，会议总结部署两地对口帮扶工作，签署《东城新丰产业共建园区提质增效三年实施方案（2017—2019）框架协议》，为加快推进两地帮扶共建打下坚实基础。市委副书记、县委书记陈波，东莞市东城街道党委书记邓涛等参加会议，县委副书记、县长马志明主持会议。

28日 省委宣传部巡视员、省文明办主任顾作义，省委宣传部副部长崔朝阳一行到新丰县检查指导工作。顾作义、崔朝阳一行深入到省委宣传部对口帮扶村马头镇大陂村调研精准扶贫工作。随后前往县城花厂农贸市场、碧水公园、一江两岸提升工程建设现场和县提升办检查指导创文工作。市委副书记、县委书记陈波、市委常委、市委宣传部长柳琛子和有关负责人参加活动。

同日 县委副书记、县长马志明主持召开县政府党组会议和县政府十五届二十二次常务会议。会议传达学习中央经济工作会议精神，韶关市2018年主要经济指标任务及一季度经济工作会议精神和韶关市殷焕明总河长到新丰巡河工作讲话精神。会议研究了《2018年政府工作报告》、2018年重要工作和民生实事计划安排、2018年经济社会发展计划、2018年重点项目和预备项目计划安排等事项。

29日 赣广高铁项目工作推进协调暨《赣广高铁方案研究》成果报告会在新丰县召开。赣广高铁沿线的赣州市全南县、龙南县，河源市连平县、韶关市新丰县和广州市从化区等“四市四县一区”相关领导参加会议。县委副书记、县长马志明出席会议并致辞。（新丰县史志办）

新丰概况

建置沿革

新丰县建置前，属南海郡龙川县地。南齐永明元年（483），析龙川县地置新丰县，取义于“物产丰富”之意，故称“新丰”，属南海郡。梁天监六年（507），改属东莞郡。南陈祯明二年（588），改东莞郡为东官郡，新丰隶属亦随之变更。隋开皇十年（590），东官郡废，新丰属循州。隋开皇十八年（598），改新丰县为休吉县。隋大业三年（607），改循州为龙川郡，废休吉县并入河源县，属龙川郡。明隆庆三年（1569），析河源县地，兼割英德、翁源两县之东南隅，设置长宁县，取“长久安宁”之意，属惠州府。初设县时，知县赵钺在长吉都之沐河竹子坝（今属连平县）治事，至明隆庆六年（1572）徙治鸿雁洲（今丰城镇东象岭坪大营一带）始建土城。明万历元年（1573）迁治所于君子嶂下（今新丰县城）兴建砖城。清朝，长宁县属惠州府。民国初，废府制。民国3年（1914），因避江西、两省的长宁县重名而复称南齐旧县名新丰县。民国3—9年。属潮循道；民国10—38年，属广东省第四行政督察区。1949年6月13日，新丰解放。1951年1月，广东省东江人民行政督察专员公署（东江专属）成立，新丰隶属东江专属。1952年11月9日，新丰改属粤北行政公署。1956年3月1日改粤北行政公署为韶关专员公署，新丰隶属韶关专员公署。韶关专区成立后，新丰隶属韶关专区。1975年1月，新丰县划归广州市管辖。1988年1月，新丰县划回韶关市管辖。（新丰县民政局）

自然地理

【位置与面积】 新丰县位于广东省中部偏北，韶关市南端、珠三角发达经济圈边缘，是东江重要支流——新丰江的源头。东南与东源县接壤，东北与连平县毗邻，南临从化市和龙门县，北靠翁源县，西北与英德市相连，西与佛冈县相邻。县境范围南北介于北纬23°53′至24°17′，南北相距45公里，东西介于东经113°42′至114°36′，东西相距98.4公里，全县总面积2015平方公里。县城至韶关市区公路里程168公里、广州市区158公里、深圳市区189公里。

【地质】 新丰县位于华南台地粤湘褶皱的西南端，地质发育较全。出露的有震旦系、寒武系、奥陶系、泥盆系、二迭系、三叠系、株罗系、白垩系和第四纪红土系。同时又处于粤中花岗岩侵入的东部边缘接触地带，县内岩性复杂，主要出露岩石有四类：分布于东部的变质岩，主要为前泥盆纪变质砂岩和页岩；分布于西部和中部的燕山期侵入岩，主要为黑母花岗岩；分布于中部覆盖在花岗岩之上的喷出岩，主要为流纹岩；形成于第四纪的河流冲积物，颁布于河流两岸呈带状出露，构成了河流阶地，以花岗岩、流纹岩和前泥盆纪砂岩、页岩为多。大至以东经114°15′左右为分界，西部属花岗岩地带，东部属砂岩和页岩地带。

3 月 23 日，县政府在县气象局召开 2017 年全县气象服务需求调研座谈会。（余俊蔚　摄）

【地貌】　新丰县境内有岩溶地貌和流水地貌。在中生代末期白垩纪地层发生的燕山运动，使陆地发生剧烈上升，且拌有花岗岩侵入，经过长期风化和流水作用的剥蚀、侵蚀，使原来形成于地下的花岗岩逐渐露出成为山体，而原来覆盖在花岗岩上部的泥盘纪、石灰纪、二叠纪、三叠纪和侏罗纪的地层大部分被侵蚀掉，构成了西部低平的花岗岩丘陵区，山体浑圆缓和。在东部，由于受花岗岩岩溶作用较少，泥盘纪、石灰纪、二叠纪、三叠纪的地层保存较多，形成分割破碎的丘陵和山地。在中部和北部，由于受中生代末第三纪初断裂作用影响，使广泛的中酸性喷出岩喷出，成为流纹岩覆盖在花岗岩之上，形成了中北部最高的山群。到第四纪时又发生新构造运动，使内陆有升降，上升地区为高丘陵和低丘陵，下降地区则为冲积平原。根据地貌成因及形态特征，全县地貌可分为东部低山区，山峰一般在 400 米以上，大部分山峰海拔在 800 米以上，一般海拔在 300 ~ 400 米左右；西部丘陵区，海拔一般在 500 米以下；中部中山区在东部和南部山势高度在 800 米以上，东南、西北一般在 400 ~ 600 米之间；县境内最高山峰云髻山，主峰海拔 1438 米。

【气候】　新丰县位于北回归线偏北，气候温和，雨量充沛，光照充足，无霜期长，四季分明，属南亚热带季风气候区。历年（1981—2010）平均气温 20.3℃。最热的时候一般在 7 月，月平均气温 27.5℃，最高年份达 28.7℃（2007 年），极端最高气温 38.3℃（1980 年 7 月 10 日）。1 月为最冷月，月平均气温 11.5℃，最低年份达 7.6℃（2011 年），极端最低气温—5.3℃（1999 年 12 月 23 日）。无霜期 300 ~ 340 天。县境中部偏北的山区，年均气温比县城低 1 ~ 2℃，昼夜温差大，适宜种植反季节蔬菜和高山花卉。新丰县位于广东省暴雨中心的边缘地带是一个多雨地区，具有雨日多、雨季长、雨量丰的特点，多年平均相对湿度 80%。历年最大风速 15.0 米/秒，平均风速 1.4 米/秒。历年平均降雨量 1889.4 毫米，历年平均蒸发量 1392.9 毫米。降雨年内分配不均，多集中在 4 ~ 9 月。（温丽华）

资源物产

【土地资源】　新丰属典型的山区县，境内山高岭峻，地势险要，山峰林立，山脉纵横交错。东部为九连山脉，西部为青云山脉，呈东北—西南走向斜贯全境。地势为中北部较高，东西部稍低，形成一条条狭长的山谷地带和一个个小型盆地。全县土地总面积 19.67 万公顷，人均面积 0.79 公顷。其中：林地 16.6 万公顷，占总面积的 84.38%；耕地 1.63 万公顷，占总面积的 8.28%；园地 1277.69 公顷，占总面积的 0.65%；草地 2081.61 公顷，占总面积的 1.05%；城镇村及工矿用地 4705.38 公顷，占总面积的 2.39%；交通运输用地 1432.94

公顷，占总面积的0.73%；水域及水利设施用地3187.56公顷，占总面积的1.62%；其他土地1766.64公顷，占总面积的0.9%。

【矿产资源】 新丰有丰富的矿产资源，在侏罗纪中晚期多次受花岗岩侵入，具有极为丰富的成矿条件，矿产资源品种多、储量大，已查明的矿产资源包括黑色金属矿产、有色金属矿产、稀有金属矿产、化工原料非金属矿产、能源矿产及地下矿泉水、建筑材料及其他非金属等6类，共计26个品种，其中铁矿储藏量1200多万吨，平均品位46.2%；离子吸附型稀土矿储量50万吨以上，平均品位0.096%；瓷土矿储量在2000万吨以上；水泥用灰岩储量达2亿吨以上，矿石品位48%～52%之间，还有大理岩、花岗岩、石英石、萤石等矿种。

（陈贤乐）

【水资源】 新丰县位于广东省中部偏北，境内山脉延绵，山峦起伏。整体地势为中部稍高，东西部偏低，形成东、北江的天然分水岭。

新丰县集雨面积100平方千米以上河流有10条，东江流域分别为小正、梅坑、双良、羌坑、层坑、大席河与新丰江干流；北江流域分别为沙田、遥田、回龙河。水力资源蕴藏量（理论数据）14.9万千瓦，可开发量（理论数据）14.2万千瓦。2017年，全县建成有小水电站293宗，总装机容量13.5万千瓦，年发电量3.36亿千瓦时。新丰县是全国第一批一百个农村水电初级电气化达标县之一，又是“十五”和“十一五”水电农村电气化县建设达标县。

新丰县主要水利工程有：蓄水工程水库35宗（含发电专用水库13宗），其中中型水库1宗（鲁古河水库），总库容1250万立方米；小（1）型水库15宗，总库容5061.71万立方米；小（2）型水库19宗，总库容604.1万立方米。 （何君民）

工作组与国土局测绘队测量国防光缆位置

【森林资源】 新丰县是广东省重点林区和国家重点生态功能区之一，森林资源丰富。2016年末，全县拥有林业用地面积16.822万公顷，占土地总面积的86.33%，森林覆盖率80.80%，林木绿化率82.18%，活立木蓄积量1049.2万立方米。生态公益林面积7.22万公顷。

全县有乔木树种209种，隶属64科；灌木树种309种，隶属60科。主要野生树种有白花槲、五列木、白锥、荷木、枫木、黄心果、乌桕、柞木、红椎、樟木、酸枣等。列入国家保护的名贵树种有罗汉松、红豆杉、石斑、隆香黄檀、桦木、檫木、柏树、广东松、三尖杉、楠木、格木、银杏、观光木、重阳木等。芳香观赏树木有樱花（屐皮木）、杜鹃、玉兰、荫香、桂花、九里香等。人工栽培大面积的有松、杉、竹，其他有油桐、桉树、桂花、荫香、榕树、玉兰、板栗等。

竹的种类主要有粉单竹、簕竹、毛竹、坭竹和杂竹等。新丰是广东省丛生竹生产基地之一。主要分布在东片新丰江干支流河边、山边，西片的沙、遥、回等镇河边、山边、山窝等，面积18733公顷。

【植被】 新丰县植物种类繁多。全县共有野生维管植物204科682属1372种，分别占广东省维管植物 280 科、1645 属、7055 种的 72.86%、41.46% 和 19.45%。其中列为国家一、二级重点保护植物的有 8 科 8 属 9 种，有半枫荷、红豆杉、七叶一枝花、榉树、伞花木等。

天然阔叶林及针阔叶混交林面积 98933.7 公顷，主要分布在县内中部、西部和南部交通不便的边陲地带和中部崇山峻岭峡谷间，多为天然阔叶林和针阔叶混交林，是新丰江的主要水源林资源。天然阔叶林种类齐全，以壳梓科、豆科、山茶科、楠科、棒科为主，乔木以枫树、荷树、梓树、樟树、榨树及酸枣为多数，面积 74759.1 公顷。针阔叶混交林一般是常绿阔叶林被砍伐后，由马尾松飞花侵入而形成的混交林，面积 31331.6 公顷。天然林在自然情况下，森林发育繁茂，生态系统处于相对稳定状态，含蓄水源丰富，林下枯枝落叶多，腐殖质层深厚，环境潮湿，能正常进行生态系统能量转移和物质循环的自行调节过程。随着年代推移，林下发育成的黄壤或红壤，一般来说，土层较深厚，有机质含量高。

人工林以桉树、杉树、松树为主，还有少量的茶树、果树和观赏树。人工林面积共：64920.5 公顷，其中桉树 17965.2 公顷、杉树 11143.7 公顷、松树 20933.5 公顷，营林生态针叶林面积 80666.67 公顷。其中松树和杉树主要分布在沙田、遥田和丰城等镇（街），桉树主分布在东西两翼的马头镇、丰城街道办、沙田镇、遥田镇和回龙镇。

经济林，以油茶、板栗、果园、茶园为主，总面积 2071 公顷。油茶主要分布在黄磜、马头、梅坑等镇。果园、茶园集中分布在丰城街道、黄磜镇、梅坑镇、遥田镇和县属各林场。

灌木林地 4714.7 公顷，包括山顶、陡坡、石花地，凡有土壤的地方都有它们的分布。县内灌木主要为鱼骨柴、野油茶、山苍子、布荆等。

栽培植被种类多，分布广。除大面积人工营造的松、杉用材林、经济林、“四旁”绿化树、园林（茶、果、桑）外，尚有农作物，如水稻、红薯、玉米、木薯、花生、豆类、甘蔗、芋麻、油菜、瓜菜等作物。

【野生动物资源】 新丰县共有野生脊椎动物 195 种，隶属 28 目，72 科，151 属。经调查鉴定：国家重点保护动物 25 种，一级重点保护动物 2 种，二级重点保护动物 23 种。濒危野生动植物种国际贸易公约保护物种 27 种，世界自然保护联盟（简称 IUCN）确定的濒危保护动物 8 种，其中濒危动物 5 种，易危动物 3 种。广东省省级保护动物有 12 种。列入国家一、二级保护的有金钱豹、猫豹、猴、豺、穿山甲、小爪水獭、水鹿、山牛、斑林狸、果狸、鹰咀龟、金钱龟、虎纹蛙、娃娃鱼、石蛤等。野禽类主要有黄腹角雉、白肩雕、苍鹰、誉鹰、游隼、猫头鹰、斑鸠、竹鸡、鹧鸪、雉鸡、画眉、杜鹃、鹌鹑、白头翁、胡鸭、野鸭、鹤、鹊、乌鸦、了哥、麻雀、燕子等。被列入国家一级保护的主要有黄腹角雉、白劲长尾雉；属国家二级保护的有斑鸠、凤头鹃隼、黑耳鸢、苍鹰、褐耳鹰、赤腹鹰、凤头鹰、雀鹰、松雀鹰、峰鹰等。

爬虫类主要有蟒蛇、五步蛇、金环蛇、银环蛇、三索线蛇、草花蛇、青竹蛇、水律蛇、眼镜蛇、大壁虎、巨蜥、蜈蚣、蚯蚓、草龟、水鱼、青蛙、金钱龟、大头龟、蜜蜂、蜘蛛、蜻蜓、螳螂、蚱蜢、蟋蟀、蝉、蝴蝶、黄蜂、蚊、蝇、牛虻、蚂蚁、白蚁、水蛭等被列入国家一级保护的有蟒蛇等。

【旅游资源】 新丰县地处粤中偏北，韶关市南端，东江、北江和流溪河三河水系分流之处，是东江重要支流——新丰江的发源地。新丰旅游资源丰富，自然资源有地质地貌、河流湖泊、森林瀑布、原草地、温泉冷泉等。人文旅游资源有历史文化遗址、古建筑类、宗教类、民间习俗等。

地文景观　主要有云髻山省级自然保护区，位于县城西北 8 公里处，由燕山第三纪中粒斑状黑云母花岗岩构成。由顶峰向西北、西南及东南伸出三条山脊，坡陡谷深，形成由顶峰向下伸展的马蹄形地貌。

主峰海拔1438.8米，在燕山期由于受花岗岩的差异侵蚀，形成主峰周围有杨州巷、樟树岩、静水庵、灵芝石、桥顶石、五指石等几十处奇峰异石，因此远望似螺髻，四时云雾缭绕，故有“髻岳堆云”之称。云髻山地貌奇特，山、石、水、林、泉组合巧妙，悬崖峭壁、奇岩怪石遍布。形态各异而又惟妙惟肖，十分壮观、雄伟；鲁古河湿地公园，位于新丰县的东南部，2014年12月经国家林业局批准为国家级湿地公园。湿地规划总面积469.54公顷，湿地总面积153.46公顷，湿地率为32.68%，以人工水库、自然河流、环湖次生林组成的湿地—森林复合湿地生态系统为主体，在我国亚热带山地区具有典型性和代表性。湿地公园属东江水系，主要水域为鲁古河和鲁古河水库，是广东最大的水库——新丰江水库的一级支流，是东江的二级支流。公园地处北回归线北缘，境内地势北高南低，山峦起伏，溪流纵横，森林茂密，具有暖湿、雨量充沛、无霜期长、四季分明、夏长冬短等气候特征。公园内野生动植物物种丰富，有维管束植物1208种，野生脊椎动物438种，列入国家重点保护的动植物有40种之多，在生物多样性方面具有重要保护价值；桐木山，位于新丰县马头镇，旅游资源丰富，周围高山内有温泉、森林、溪流、田园等，资源组合良好，空气清新。温泉资源，水量充足，水质好，富含硫、铜、铁等矿物质元素，属硫黄温泉。结合利用项目内的森林、矮坡草地、河流及田园风光等，可开发集温泉度假、体育娱乐、养生休闲等为一体的大型旅游景区。其他有西莲山高山草原、丹桂山、白花林、回龙燕子岩、黄磜西草狮子岩、黄磜秋洞燕子岩等。

生物景观　有樱花峪景区，位于黄磜镇，总面积800多亩，是广东省第一个以樱花为主题的农业观光旅游区。区内种植了三万多株20多个品种的日本樱花和台湾樱花及五针松等，造型奇特的樱花，珍稀的五针松，具有较高的观赏和科研价值，是集农业观光、科普休闲、购物于一体的生态农业景区；佛手瓜村，是广东省无公害蔬菜生产基地、省绿色食品生产示范区、县社会主义新农村示范点。位于黄磜镇秋峒村，属高寒山区，平均海拔550米，昼夜温差较大，生产的佛手瓜品质非常好，畅销珠三角及港澳地区；茶峒高山茶场，位于黄磜镇茶峒村，距县城33公里，属革命老区，存有直径数米宽的千百年银杏树。村内龙头潭水深达6米，瀑布发源于海拔1300米的青云山，落差10多米。茶峒村景色优美，空气清新，适宜种植高山茶，目前拥有两个比较大规模的茶场。可开发集旅游观光、休闲度假、登高探险、农业观光、野外拓展于一体的综合性旅游度假区；万亩果园，位于丰城街道矩陂村，果园种植各种名优水果面积近万亩，分设梨园、杨桃园、桑葚园、柠檬园、杨梅园、枇杷园、百得果园、合欢园、茶花园、油茶园等，并在各个园区内配种各种瓜果和中外名花；天地人和葡萄园，位于丰城街道岳城村，占地一百多亩，园内现栽培有温克、夏黑、圣诞玫瑰等十多个品种的葡萄；乐葡萄农业生态园，位于新丰县梅坑镇利坑村，占地300亩，园内种植有葡萄、水龙果、番石榴、柑橘、青枣、鹰嘴桃、柠檬等十几个品种的优质水果；华瑞百香果基地，位于新丰县沙田镇天中村，2017年示范种植优质1000多亩，设有旅客品尝休息服务区；秀田古树，位于马头镇秀田村，距县城15公里，古树周围环境优美，常有飞鸟憩息，有古民居、连片田园风光、秀丽的新丰江等旅游资源，客属风情浓郁。

水域风光　主要有新丰江，新丰江是东江水系的一级干流，横贯新丰县三个镇，境内全长77.4公里，占新丰江水库总流量的43%。新丰江水通过东深供水系统将洁净的水供给下游的惠州、东莞、深圳、香港等地，惠及4千多万人。新丰江之源瀑布落差128米，与瀑布岩石旁刻的前中国书法家协会主席沈鹏先生题写的“新丰江之源”五个大字交相辉映，蔚为壮观。其他有市级自然保护区鲁古河、南山河、曲礼农庄、云髻山鸳鸯湖等。温泉有梅东温泉、大岭温泉、利坑温泉、徐坑温泉、松山温泉、桐木山温泉、沙塘下温泉、西坑温泉、暖水角温泉、白桦林温泉、咸水温泉等，冷泉有湾田冷泉等。

历史文化遗址　有科罗笔摩崖石刻、雁塔、九栋十八井客家围屋、儒林第、镇江楼、濂溪祠、稔五公祠、参军第、白塔、阳福塔、白楼村的水口塔等。宗教类有西莲山佛寺、丹桂山竹林古寺、龙隍庙、关帝庙、基督教丰城教堂等。人文活动有纸马舞、春牛舞、狮子舞、火龙舞、金凤舞、鲤鱼舞等。

其他类　有革命烈士纪念碑和李任予烈士塑像碑。

表2　**新丰县旅游资源分组保护表**

名　称	类　别	等级	保护对象
云髻山	自然保护与人文环境保护	四级	山体、植被、动植物资源、建筑设施
九栋十八井	人文环境保护	四级	建筑设施与人文活动
云天海温泉	自然保护与人文环境保护	四级	温泉资源、周边环境、建筑设施与人文活动
鲁古河湿地公园	自然保护	三级	水资源、植被、动植物资源
佛手瓜村	自然保护	三级	山体、植被与周边环境
樱花峪	自然保护	三级	山体、植被与周边环境
张田饼印	人文环境保护	三级	文化遗产
新丰江	自然保护	三级	水资源与两岸风光
桐木山	自然保护	三级	山体、植被、周边环境
松山温泉	自然保护	三级	温泉资源与周边环境
大岭温泉	自然保护与人文环境保护	三级	温泉资源、周边环境、建筑设施与人文活动
梅东温泉	自然保护与人文环境保护	三级	温泉资源、周边环境、建筑设施与人文活动
竹林古寺	人文环境保护	三级	建筑设施、宗教文化与周边环境
西莲山佛寺	人文环境保护	三级	建筑设施、宗教文化与周边环境
水口塔、咸水温泉	自然保护	二级	温泉资源、建筑设施与周边环境
燕子岩	自然保护	二级	山体、植被、岩石洞与岩穴
儒林第	人文环境保护	二级	建筑设施与人文活动
参军弟	人文环境保护	二级	建筑设施与人文活动
白花林	自然保护	二级	山体、植被与周边环境
秀田古树	自然保护	二级	建筑设施、周边环境、民俗
猫笼坳战斗旧址	人文环境保护	二级	建筑设施与人文活动
燕子岩战斗旧址	人文环境保护	二级	建筑设施与人文活动
鸡嫲潭战斗旧址	人文环境保护	二级	建筑设施与人文活动

环境质量

【大气环境质量】 2017年新丰县城区环境空气质量自动监测站有效监测天数为342天，其中空气优良330天，空气质量优良率为96.5%。PM10、二氧化氮、二氧化硫年均浓度分别为48微克/立方米、18微克/立方米、22微克/立方米，与2016年相比，PM10上升29.7%、二氧化硫上升28.6%、二氧化氮上升10%。PM2.5、一氧化碳和臭氧为2016年5月份新增监测项目，2017年PM2.5、一氧化碳和臭氧年均浓度分别为24微克/立方米、1.9微克/立方米、146微克/立方米。

【水环境质量】 在新丰江设置梅坑河、水文站、潭石桥、马头福水（省控跨市交界水质断面）等四个地表水常规监测断面，2017年新丰江四个监测断面水质年均值达到《地表水环境质量标准》（GB 3838—2002）Ⅱ类水标准要求，水质为优。新丰县县城居民饮用水水源地——白水礤水库2017年取水量839.28万吨，全年各项监测项目均达到《地表水环境质量标准》（GB 3838—2002）Ⅱ类水标准要求，水质达标率为100%，平均综合富营养状态指数为24.2，达到贫营养标准。

2017年，新丰县集中式饮用水水源地水质保持稳定达标。监测结果表明，白水礤水库、各镇饮用水水源地水质达标率均为100%。与去年同期相比，饮用水源地水质仍保持100%的达标率。

【声环境质量】 全县根据监测规范要求，在县城区域设置环境噪声监测网格大小为180米×180米、测点总数为111个；区域环境噪声监测网格覆盖面积为5.1平方千米，覆盖率为100%。县城2017年区域噪声等效声级年均值为52.1分贝，控制在国家声环境质量2类功能区限值标准（55分贝），比2016年噪声值上升了1.4分贝，网格达标率为100%，区域声环境质量为好。在县城交通主干线丰城大道、次干线人民路设置交通噪声监测点17个，县城2017年道路交通噪声的等效声级年均值为68.2分贝，达到国家声环境质量4A类限值标准（70分贝），比2016年上升1.3分贝，道路交通噪声达标率为100%。 （李婷婷）

人口·民族·宗教

【人口】 2017年末全县常住人口为21.74万人，比2016年增加0.18万人。城镇人口比重51.63%，比2016年提高0.56个百分点。年末全县户籍人口为26.76万人，比2016年增加0.06万人，其中：城镇人口9.8万人，比2016年增加1.14万人；乡村人口16.97万人，比2016年减少1.07万人。年末户籍人口的主要构成：男性13.92万人，占52%；女性12.85万人，占48%。2017年全县出生3663人，其中男孩1906人，占比52%；女孩1757人，占比48%。

（钟剑锋）

【民族】 新丰县是汉族聚居区，没有其他民族。1949年后，随着解放大军南下，县内常住人口中开始出现其他民族，特别是改革开放后，因工作调动、婚姻等原因迁入新丰的其他民族有所增加。至2017年末，全县有回族、苗族、白族、壮族、布依族、满族、侗族、瑶族、蒙古族、黎族、朝鲜族、土家族等24个少数民族837人。

【宗教】 截至2017年12月，县内依法登记的宗教场所5间。其中佛教场所2间（黄礤镇雪洞村西莲寺和遥田镇大埔村丹桂山竹林古寺），有信徒4130人；基督教场所3间（新丰县基督教丰城堂、新丰县基督教马头礼拜堂和新丰县基督教羊石礼拜堂），有信徒1189人。

（潘杵汝）

行政区划

【概况】 新丰县地处广东省中部偏北、韶关市南端、东江和流溪河三河水分流之处，是东江重要支流新丰江的源头。东南与河源市接壤，东北和连平县毗邻，北临翁源，南临从化区、龙门县，西靠英德市，西南与清远市佛冈县相邻。全县总面积2015.2平方公里，辖六镇一街，141个行政村，16个居委会，总人口26.76万人。

（新丰县民政局）

经济社会发展概况

【概况】 初步核算，2017年全县地区生产总值89.01亿元，增长7.8%，比去年同期回升0.7个百分点，增速全市排名第3位。其中：第一产业增加值13.12亿元，增长4.5%，对GDP增长的贡献率为8.7%；第二产业增加值40.1亿元，增长6.8%，对GDP增长的贡献率为39.5%；第三产业增加值35.79亿元，增长10.2%，对GDP增长的贡献率为51.8%。三次产业结构为14.7∶45.1∶40.2，三次产业分别拉动GDP增长0.7个百分点、3.1个百分点和4个百分点。按常住人口计算，人均地区生产总值41113元；民营经济增加值60.81亿元，同比增长6.8%。

【农村经济】 2017年农林牧渔业增加值13.12亿元，比上年增长4.5%。其中：农业增长4.4%；林业增长7.9%；畜牧业增长4.0%；渔业减少1.7%，农林牧渔服务业增长6.1%。2017年全县耕地16213.3公顷，园地1159.7公顷，林地165570.8公顷，草地2049.9公顷，设施农业用地58.3公顷。2017年全县粮食播种面积18.35万亩，同比增长2.2%，粮食产量5.84万吨，同比增长3.5%。2017年全县甘蔗播种面积0.34万亩，与去年持平；全县油料播种面积6.33万亩，同比增长3.1%；全县蔬菜播种面积18.80万亩，同比增长4.2%；全县水果播种面积10.15万亩，同比增长1.5%。2017年末农业机械总动力5.01万千瓦时，比上年增长0.4%；农村用电量10044万千瓦时，增长233.2%；化肥施用量（折纯）4918吨，增长0.2%。

【工业经济】 2017年全部工业完成增加值36.72亿元，比上年增长6.6%，工业增加值对全年经济增长的直接贡献率为35.7%，拉动经济增长2.8个百分点。年末规模以上工业企业67家，该年新增1家，规模以上工业完成增加值24.37亿元，同比增长7.5%，增速全市排名第4位。从经济类型看，国有及国有控股企业增加值2.54亿元，同比增加86.8%；集体企业增加值2.66亿元，同比下降10.3%；股份制企业增加值16.88亿元，同比增长6.0%；外商及港澳台企业增加值0.97亿元，同比增加15.2%；其他经济类型企业增加值1.33亿元，同比下降6.7%。规上工业总产值94.55亿元，增长11.2%，民营工业增加值20.16亿元，同比增长3.3%。

【建筑业】 全县年末资质内建筑企业8个，全年实现建筑业增加值3.38亿元，同比增长8.1%。房屋施工面积100.19万平方米，增长36.4%，其中新开工面积34.03万平方米，增长366.2%。房屋竣工面积13.52万平方米，增长104.2%。

【固定资产投资】 全年社会完成固定资产投资42.73亿元，增长13.1%，增速全市排名第2位。其中：第一产业完成投资2.28亿元，增长59.4%；第二产业完成投资8.31亿元，下降30.3%；第三产业完成投资25.63亿元，增长40.3%。分类型看：固定资产投资项目完成额32.97亿元，下降2.4%，其中武深高速完成额3.69亿元，下降40.3%，韶新高速完成额2.83亿元；房地产开发投资完成额9.76亿元，增长143.7%。分投资主体看：国有及国有控股经济投资8.83亿元，增长25.3%；民营经济投资23.21亿元，增长26.4%；外商及港澳台经济投资2.47亿元，增长50.4%。2017年，全县重点项目完成投资35.74亿元（部分项目未统计入库），占年度计划的89.7%，对比去年同期增长1.2%。全县54个重点项目中，已开工项目41个，占75.9%；统计入库37个，占68.5%。其中市重点项目完成投资11.3亿元，占年度计划的88.97%。

【贸易和外经】 全县年末限额以上商贸企业42家，全年实现社会消费品零售总额26.48亿元，同比增长9%，增速全市排名第1位，增速比上月回升0.3个百分点，比去年同期回落4个百分点。限额以上批发业销售额10.83亿元，增长9.6%；限额以上零售业销售额2.72亿元，增长19.9%；限额以上住宿业营业收入1.29亿元，增长17.5%；限额以上餐饮业营业收入0.39亿元，增长20.6%。全年实际利用外资545万美元，同比增长3.4%；完成外贸进出口总额3068.3万美元，同比增长18.1%。

【财税金融】 全年一般公共预算地方本级收入3.30亿元，增长8.7%，增速比去年同期回升22个百分点，其中税收收入2.19亿元，增长8.1%。一般公共预算地方本级支出18.35亿元，增长8.7%，增速比去年同期回升16.5个百分点，其中财政八项支出14.2亿元，增长15.1%。年末金融机构各项存款余额84.66亿元，增长10.1%；其中城乡居民储蓄存款56.77亿元，增长9.9%；年末金融机构各项贷款余额44.08亿元，增长7.0%；其中短期流动资金贷款7.43亿元，增长30.3%。

【社会保障】 年末基本养老保险（含企业统筹、机关事业单位）参保人数31762人，下降12.9%；失业保险参保人数10336人，增长0.7%；工伤保险参保人数24194人，增长0.1%；生育保险参保人数13496人，增长7.1%；医疗保险参保人数20961人，增长1.2%。2017年，养老、失业、工伤、医疗、生育保险全年征缴2.22亿元、支出2.32亿元；其中医疗保险全年征缴6034万元，增长4.1%；医疗保险全年支出4722万元，增长17.8%。年末全县拥有社会福利机构8所（敬老院7所，社会福利院1所），敬老院收养人数80人，同比下降3.6%；全县五保户928户，同比下降1.4%。城乡居民享受最低生活保障6758人，同比下降19.6%；其中：城镇622人，下降24.1%；农村6136人，下降19.1%。

【交通旅游】 截至2017年12月，新丰县公路通车总里程1566.52公里，其中国道57.13公里（1条），省道106.51公里（2条），县道260.27公里（15条），乡道754.71公里（213条），村道349.91公里（340条）。随着全县交通区位优势不断凸显，旅游业正日渐成为支柱产业，以山水田园、文化历史和乡村民俗的地域环境为依托，总体定位为“山水田园城”，聚焦珠三角城市群旅游市场，规划打造集山水观光、户外运动、文化休闲、农耕体验、旅居度假等功能于一体的综合性生态休闲旅游目的地。7月，新丰县举办了“2017年全国学生定向锦标赛”，全国有来自北京大学、清华大学、中国地质大学等159所学校202支代表队2600多人到新丰县进行为期8天的国家级赛事，规模浩大，人数众多。赛事是“越野新丰”系列比赛之一，是2017年新丰旅游活动的重头戏，是进一步扩大“越野新丰”旅游品牌吸引力的重要举措，也是此项赛事首次选在县级城市举办，新丰县历年来举办过的规模最大、项目最多、时间最长的户外体育盛事，推动新丰“旅游+教育+体育”融合发展。

【人民生活】 据城乡居民抽样调查，2017年全县城乡居民人均可支配收入18803元，同比增长10.2%，其中：城镇居民人均可支配收入23663元，同比增长10.6%；农村居民人均可支配收入12730元，同比增长10.2%。全年总降雨量1704.9毫米，比去年减少了1030毫米；最大降雨量120.8毫米，比去年增加了2.1毫米；雨期天数153天，比去年减少了32天。全年最高气温38.1℃，最低气温—0.1℃，年平均气温20.9℃。 （钟剑锋）

政治文明建设

【健全决策机制】 严格落实《韶关市重大行政决策程序规

定》《新丰县人民政府工作规则》《新丰县人民政府常务会议工作规则》和《新丰县重大行政决策听证实施办法（试行）》，完善“两重一大”事项民主决策机制，从决策主体、决策事项范围、决策法定程序三个重要方面规范重大决策规则和程序，从而确保新丰县行政机关决策有章可循，推动行政决策制度化、规范化。健全重大事项征询意见制度。2017年，新丰县对惠民实事、土地和房屋征收情况等凡涉及城市规划、土地利用总体规划的编制和重大市政基础设施建设、重大投资项目的立项审批、城镇房屋拆迁、农村土地征收和征用的补偿安置，以及其他涉及经济社会发展全局、事关人民群众切身利益的重大事项，都进行充分调研论证，通过公示、听证等方式广泛听取公众意见，大大提高群众的决策知情度和参与度，提升政府公信力。全面推行政府法律顾问制度。2017年，新丰县制定印发《关于推行法律顾问制度和公职律师公司律师制度的实施意见》，吸收专家和律师加入法律顾问队伍，健全完善政府法律顾问工作机制，各镇（街）政府（办事处）基本配备法律顾问，建立法律顾问室。加大对行政决策合法性审查力度，在作出重大决策前，将相关决策交由县政府法律顾问和县政府法制机构进行合法性审查论证，并对可能引发的行政争议作出预测，积极发挥法律顾问在制定重大行政决策、推进依法行政中的作用。

【深入推进行政审批制度改革】 精简行政审批事项，清理规范政府部门行政审批中介服务事项相关规范性文件，加强权责清单的动态管理，巩固完善政府部门权责清单制度。在全县开展“减证便民”行动，形成“减证便民”清单，推动政府行政职能转变，进一步减少行政审批事项，规范审批行为，狠抓行政审批制度改革和制度建设，形成科学、规范的制度管理体系，大力推广“一站式服务”和电子政务，大大提高了行政审批效率。

【加强规范性文件管理】 严格执行规范文件制定程序、报备制度、前置合法性审查和定期清理制度。认真抓好规范性文件制定管理。在全县依法行政工作会议上发放制定规范性文件流程图，并向县直各有关单位强调制定规范性文件程序，要求严格执行《韶关市行政机关规范性文件管理规定》和《新丰县行政机关制发规范性文件程序规定》。截至2017年12月，共审查规范性文件4件，全县规范性文件前置审查和发布制度得到有效贯彻落实。认真开展政府文件清理工作。县政府制定印发了《新丰县人民政府文件清理工作实施方案的通知》，抽调人员成立工作小组，根据工作实施方案细化措施，开展县政府文件全面清理工作。对县政府成立以来至2016年12月31日以县政府及县政府办名义制发的1284份文件进行审查清理工作，形成初步县政府文件清理清单，及时修改、废止与全面深化改革不适应的相关规定，为新丰县经济社会发展营造良好的法治环境。

【稳步推进规范文明执法】 加强重点领域执法监管，依法行政深入推进，县政府组织有关部门先后多次到重点执法单位，调研执法、监督和管理等情况，重点在执法程序、执法范围、适用法律等方面给予指导。坚持严格执法、公正执法、文明执法，在执法过程中大力推行说理式执法和阳光执法，增强了行政执法的说服力和公信力。开展行政执法检查工作。建立联合行政执法监督检查工作制度。为全方位推进行政机关各项行政行为的合法性，确保行政处罚做到程序和实体并重，结合全县行政执法情况，联合县人大常委会办公室、县林业局制定《〈中华人民共和国森林法〉执法检查》方案，重点对林业行政执法部门的执法案卷进行抽查，并对检查情况进行通报。开展行政执法案卷评查工作。县政府制定印发了《开展2016年至2017年上半年行政执法案卷评查工作的通知》，以书面与实地查看方式，对各执法单位执法案卷进行检查，并将检查情况在全县依法行政工作会议上进行通报。法制局结合工作实际，在以不干涉行政执法机关的正常执法活动为前提，通过政府法制机构、县政府法律顾问室专家、律师对行政执法机关及其执法人员在具体的行政执法过程中出现的或者可能出现的侵犯国家利益、集体利益和公民利益的行为，以及负有法定职能的行政执法机关及其公务人员因怠于履行职能，给国家利益、公共利益和公民利益造成损失的行为予以监督，促进各行政执法单位依法、公正、文明的开展行政执法活动。9月，县法制局联合县法援处、县法院等部门业务人员通过与相关负责人座谈、查阅执法台账、检查行政执法卷宗等形式，对县住建局、工商局、国土局和环保局等行政执法部门2016—2017年上半年的行政执法工作进行了专项监督检查。

【强化依法行政能力建设】 建立健全领导干部学法制度。印发《新丰县2017年度县政府常务会议学法计划》，邀请具有深厚理论功底和丰富实践经验专家为全县政府系统领导干部开展依法行政专题讲座。县政府常务会议先后学习了《政府土地征收行为规则的解读》和《民法总则》等法律法规，进一步增强领导干部的综合素质，提高决策能力和领导水平。同时，积极依托市委、县委党校、韶司在线微信公众号组织新丰县领导干部职工分期分批进行学法培训，把法制课作为领导干部培训计划的必修课。做好行政执法人员证件的培训和动态管理工作。为进一步夯实行政执法队伍力量，促进行政执法队伍的规范化建设，在市政府、市法制局的指导下，组织县审计局等单位符合条件的行政执法人员的执法证件进行审核上报和考试工作，强化行政执法人员岗前、岗位综合法律知识和专业法律知识培训，推动行政执法队伍的规范化建设。

政务公开

【概况】 2017年，全县认真贯彻落实《中华人民共和国政府信息公开条例》《广东省政务公开条例》等相关规定，着力推进重点领域政府信息公开工作，及时公开政府部门权责清单、重大项目建设、扶贫工作、社会救助、就业创业、农村危房改造和保障性住房、环境保护、教育、卫生和食品药品安全等与群众日常生活生产密切相关的信息，积极稳妥地推进财政预算、决算信息公开，大力建设法治政府、服务政府、透明政府。

【工作机制】 印发《新丰县贯彻落实韶关市政府办公室2017年政务公开工作要点分工方案的通知》《2017年新丰县政务公开工作绩效考核工作方案》《新丰县政府网站集约化建设方案》的通知，切实加强组织领导，完善工作制度体系，规范公开内容，提高政务公开成效。

【县政府门户网集约化建设】 根据《新丰县政府网站集约化建设方案》，各部门及镇（街）原则上不再单独建设政府网站，统一利用县政府门户网站技术平台开设专题栏目、频道等。同时，在韶关市2017年度政府网站考评中，县政府门户网站得分89.31分，排名位于全市第二。

【政务信息公开平台】 下发《关于进一步规范我县政府信息公开平台和做好更新工作的通知》，进一步明确信息更新时间节点，督促各单位对照要求进行自查自检，主动做好政务公开工作。2017年度主动公开各类信息3345条。其中，政务动态信息2708条，占63%；财政预决算类信息367条，占8.5%；其他信息270条，占28.5%。

精神文明建设

【社会主义核心价值观宣传教育】 组织开展第二届“新丰好人”评选推荐活动，评选表

2017 年 12 月 21 日新丰好人颁奖晚会举行

彰了冯福超等十名“新丰好人”，发挥先进典型践行核心价值观的示范引领作用，对道德模范的先进事迹进行宣传，推进社会主义核心价值体系建设，发动广大群众积极参与道德建设，树立道德典型、弘扬社会正气、引领文明风尚；在县“小绿地”“小公园”改造项目中，配置了社会主义核心价值观宣传牌，精心将社会主义核心价值观宣传融入市民的日常休闲活动中，营造培育和践行核心价值观浓厚氛围；印发《新丰县城市提升志愿服务行动方案》，组织开展了46 场志愿服务活动，动员和引导广大市民群众积极参与志愿服务活动，弘扬社会主义核心价值观。

【举行“最美家庭”表彰】 举办“最美家庭”表彰晚会，表彰了 2016 年度 10 户“最美家庭”和6 户“最美家庭”入围家庭，颁发了证书和奖金。通过“最美家庭”评选表彰活动深入挖掘和宣传“最美家庭”在勇担家庭责任、弘扬夫妻和睦、尊老爱幼、科学教子、勤俭持家、邻里互助等传统美德，传递社会正能量，培育“注重家庭、注重家教、注重家风”的良好社会风气。

【群众性基层文明创建工作】 2017 年认真指导丰城街道东区社区等 6 个单位通过省级精神文明建设工作先进集体复查，指导县国家税务局等 6 个单位成功申报市级 2016—2017 年度精神文明建设先进集体，开展县级文明校园创建工作，第一批次评选了 4 间县级文明校园，4 月份指导该4 间学校通过市级文明校园评选，12 月份第二批次评选了 6 间县级文明校园。

附：2017 年新丰县精神文明建设办公室主任名单

主任：黄文生

全面深化改革

2017 年，充分发挥县委改革办的作用，强化与县委全面深化改革领导小组、专项小组和联络员以及各职能部门的沟通协调，组织召开了县委全面深化改革领导小组第三次、第四次会议。在对接中央、省、市改革各项举措的基础上，及时制定了《新丰县全面深化改革 2017 年工作要点》，明确了“融珠”体制机制、“三大重点”工作体制机制、经济体制等九大领域的改革要点和年度任务，大力推动全县改革各项工作落实。出台了《东城新丰实施深化改革对接行动计划工作方案》《新丰县城市整体提升两统两分工作方法》《新丰县深化小型水利工程管理体制改革实施方案》《新丰县深化医药卫生体制改革总体方案（2016—2018）》《关于进一步加强镇人大工作和建设的实施意见》《新丰县县管领导干部考验性管理意见（试行）》等系列意见方案，确保了社会经济体制改革、农村综合改革、医疗卫生体制改革、民主法治改革、党的建设制度改革等改革工作有序推进。

（王明浩）

政　治

中共新丰县委员会

综　述

【概况】　2017年，在省委、市委的坚强领导下，县委团结带领全县广大党员干部群众，统筹抓好全县经济社会发展，狠抓“干部作风建设、城市整体提升、产业规划发展”三大主题工作，成功扭转经济下行趋势，实现干部作风明显好转，党的建设深入推进，社会民生不断改善，城乡环境整治成效显著，社会大局和谐稳定，发展和改革步伐明显加快。2017年，全县地区生产总值完成89.01亿元，增长7.8%。

【强化管党治党，全面从严治党】　认真组织学习宣传贯彻习近平新时代中国特色社会主义思想和中共十九大精神，推动学习宣传贯彻往深里走、往实里抓；狠抓干部作风建设，全县干部作风明显好转、服务质量明显提高；深入开展基层党建工作述职评议考核，圆满完成“两委”换届工作，坚定不移正风肃纪反腐，始终保持反腐高压态势，持之以恒落实中央八项规定精神，把纪律和规矩挺在前面。

【完善“融珠先行”思路，实现经济平稳发展】　明晰四大产业园区定位，强化企业服务，加快产业结构转型升级，广兴牧业增资扩产，绿洲生态植物纤维项目动工建设，韶能生物质发电扩建，华润风电一期、云髻山酒厂等项目即将投产；签署云髻山旅游养生项目和桐木山温泉项目开发框架协议，成功举办2017年第16届全国学生定向锦标赛和百香果采摘节、枫叶节、樱花节，打造旅游亮点；特色农产品规模不断扩大，现代农业加快发展。2017年，全县地区生产总值完成89.01亿元，增长7.8%。

【优化发展环境，夯实“融珠”基础】　武深高速九连山隧道实现双线贯通，国道105线县城段迁建项目建成通车，县乡道路升级改造项目顺利推进；建立健全县领导和县直部门挂点联系企业制度，组建县企业服务中心，大力推进“一门式一网式”政府服务模式改革，服务企业和群众的水平不断提升。

【强力推进城市整体提升，市容市貌焕然一新】　丰城大道升级改造、“一江两岸”慢行系统、老一中及周边地块改造项目已开工建设；完成31条市政道路硬底化工程和新西路等五条主要道路的升级改造工程；县城公交1号线、2号线正式投入运行；推行城市管理“路长制”，组织开展“红马甲”志愿服务活动，获得广大群众点赞。

【深入实施乡村振兴战略，新农村建设掀起新热潮】　将社会主义新农村示范村建设工作确定为

2017年重点工作之一，坚持规划优先，突出示范带动，强化资金保障，完成19个省定贫困村和2个非贫困村的规划编制，将梅坑村、大岭村、大陂村、天中村确定为首批示范村，大陂村、东瓜坑社区的建设治理得到省、市肯定；全县农村土地承包经营权确权登记颁证工作已完成市下达颁证率达95%以上的年度任务，有效夯实农村改革发展基础。突出抓好三大民生工程，民生事业不断进步。坚持一户多策、一人一策精准帮扶，实施扶贫项目23096个，圆满完成年度3633人相对贫困人口脱贫任务；着力补齐教育现代化先进县工作短板，完成第四幼儿园等一批中小学和学前教学设施升级改造，县职中创建广东省重点职中工作顺利推进；大力推进“省卫生强县”创建工作，加快调整县城医疗机构布局，全面取消县级公立医院药品加成和挂号费，深入推进分级诊疗服务，完成37间村卫生站规范化建设。

【推进民主法治，保持社会稳定】 强化县、镇人大建设，完成梅坑镇人大示范点规范化建设；全面推进“法律六进”宣传教育活动；“一村（社区）一法律顾问”工作效果明显；健全矛盾排查研判和纠纷预防化解机制，列账社会矛盾纠纷化解率达91%；全力推进“中心+网格化+信息化”建设，深入推进警务机制改革，成立社会面管控巡逻队，刑事治安警情同比下降8.75%。

重要会议

【县委十三届三次全会】 中共新丰县委第十三届委员会第三次全体会议于7月12日召开。深入贯彻习近平总书记对广东工作的重要批示精神和省第十二次党代会、市委第十二届四次全会精神，动员全县上下围绕创建“韶关主动融入珠三角加快发展先行区”的战略定位，紧扣全面建成小康社会的总目标总任务，分析存在问题，优化发展思路，全力推动县域经济加快发展、社会民生事业全面进步，奋力开创新丰“融珠先行”发展新局面。

会上，市委副书记、县委书记陈波代表县委常委会向全会作了题为《深入贯彻落实省党代会和市委全会精神奋力开创新丰“融珠先行”发展新局面》的讲话，就深入贯彻习近平总书记对广东工作的重要指示精神和省第十二次党代会、市委第十二届四次会议精神，加快“融珠先行”步伐进行部署。县委副书记、县长马志明作了题为《振奋精神谋发展凝心聚力抓落实》的讲话，明确落实会议精神要求和今后工作推进要点。

会议强调，新丰已经进入“融珠先行”、全面建成小康社会的关键时期，在前进的道路上，既面临难得的发展机遇，也面临着诸多困难和挑战，号召全县各级党组织和广大党员干部紧密地团结在以习近平同志为核心的党中央周围，认真贯彻落实省第十二次党代会、市委十二届四次全会精神，同心同德，凝心聚力，抢抓机遇，攻坚克难，为创建韶关主动融入珠三角加快发展先行区、奋力开创全面小康社会建设新局面而努力奋斗，以优异成绩迎接中共十九大胜利召开！

会议还审议通过了《中共新丰县委关于深入推进全面从严治党的实施意见》，表决通过有关人事决定和《中国共产党新丰县第十三届委员会第三次全体会议决议》。

【县委十三届四次全会】 中国共产党新丰县第十三届委员会第四次全体会议于12月11日召开。全会深入学习宣传贯彻中共十九大精神和省委十二届二次全会、省委书记李希在新丰调研时的重要讲话精神以及市委十二届五次全会精神，坚持以习近平新时代中国特色社会主义思想为指导，研究分析新丰在新时代面临的形势和任务，进一步谋划新丰未来发展，动员全县干部群众不忘初心，牢记使命，扎实做好新时代全县改革发展各项工作，不断开创新丰“融珠先行”新局面，确保如期全面建成小康社会、开启全面建设社会主义现代化新征程。

会议强调，要以习近平新时代中国特色社会主义思想统领新丰一切工作，推动中共十九大精神学习宣传贯彻往深里走、往实里抓。我们要充分认识和准确把握中共十九大在政治上、理论上、实践上、制度上取得的一系列重大成果，牢牢把握学懂、弄通、做实的要求，进一步深化学思践悟，领会好、把握住中共十九大精神的思想精髓、核心要义。切实增强“四个意识”，做到“四个服从”，坚决维护习近平总书记的核心地位和以习近平同志为核心的党中央权威和集中统一领导。把贯彻落实中共十九大精神和习近平总书记对广东工作的重要批示精神结合起来，把“大学习”和“深调研”结合起来，把当前和长远结合起来，把分类指导、督导落实和总结经验、复制推广结合起来，扎实深入把中共十九大精神贯彻落实到各项工作中去。

会议强调，全县各级各部门要认真抓好全会精神的传达学习，引导全体党员干部把思想和行动统一到中共十九大精神上，把智慧和力量凝聚到落实中共十九大确定的目标任务上，切实把习近平新时代中国特色社会主义思想落实到新丰县经济社会发展的实践中，做好今年工作和谋划好明年工作。

重大决策

【作风建设永远在路上】 深入剖析“利坑石场事件”和“练溪托养中心事件”所暴露出来的干部作风问题，总结经验、吸取教训，进一步改进干部作风，印发《关于新常态下加强干部作风建设的意见》（以下简称意见）。意见强调，通过深入开展作风建设，切实解决全县各级领导干部在思想作风、工作作风、领导作风、生活作风等方面存在的突出问题，进一步增强领导干部的政治意识、大局意识、核心意识和看齐意识，提高改革创新和破解发展难题的能力和执行力，使全县各级领导干部以昂扬向上、奋发有为的精神状态抓工作、保增长；以攻坚克难、开拓进取的胆识魄力抓改革、促发展；以优质高效、规范有序的工作机制抓效能、强保障；以只争朝夕、时不我待的责任感和紧迫感干实事、争一流，使领导干部有新形象、工作效能有新提升、服务质量有新进步、推动跨越发展、“融珠先行”有新成效。

【城市提升在行动】 为破解发展难题，推动新丰经济社会更好发展，提出《新丰县城市整体提升三年行动计划（2017—2019）》（以下简称行动计划）。行动计划以问题为导向，立足当前中心城区人口密度和建设强度过大、城市功能过度集中等问题，围绕“优化城市布局、完善城市功能、提升城市形象”等三大内容，提出城市交通提升、城市功能提升、城市景观提升等三大工程。以突破单中心的城市格局，促进城市人口、优质资源适量分批从核心圈外迁，推动城市整体提升为重点，通过三年行动计划的实施，达到年年见成效、三年换新貌，努力把新丰县城建成绿水青山的生态之城、包容开放的文化之城、创业创新的活力之城、和谐宜居的幸福之城，从而形成新的城市格局和城市风貌。

【深入推进全面从严治党】 出台《中共新丰县委关于深入推进全面从严治党的实施意见》（以下简称意见）。意见强调，要高举中国特色社会主义伟大旗帜，坚持以马克思列宁主义、毛泽东思想、邓小平理论、“三个代表”重要思想、科学发展观为指导，深入贯彻习近平总书记系列重要讲话精神和治国理政新理念新思想新战略，全面贯彻中共十八大和十八届历次全会精神，从加强思想政治建设、规范党内政治生活、选好用好干部、加强基层党建、深入推进作风建设、抓好干部监督、推进反腐败斗争等7个方面深入推进从严管党治党，将思想从严、管党从严、执纪从严、治吏从严、作风从严、反腐从严，把严的要求落实到全面加强党的思想建设、组织建设、作风建设、反腐倡廉建设和制度建设全过程，为我县创建韶关主动融入珠三角加快发展先行区、全面建成小康社会提供坚强有力的政治保证。

【全面推进农村人居生态环境综合整治】 按省、市部署，与精准扶贫精准脱贫相同步，确定“三年攻坚、两年巩固，到2020年如期完成”的总体目标，制定《新丰县全域推进农村人居生态环境综合整治建设社会主义新农村示范村总体工作方案》（以下简称工作方案），全面推进农村人居生态环境综合整治，建设社会主义新农村示范村，切实改善农村生产生活生态条件，促进农民脱贫奔康，补齐全面建成小康社会短板。工作方案强调，推进社会主义新农村建设要遵循“政府主导、规划引领，因地制宜、突出特色，整合资源、集中投入，立足增收、推动发展，农民主体、共建共享”的基本原则，提升农村宜居生态环境水平，推动农村基础设施和公共服务建设上新水平，推进富民强村，促进乡风文明和谐共建，进一步提升基层治理水平。

【扎实开展“深调研”】 为持续深入学习宣传贯彻中共十九大精神，根据省委十二届二次全会、市委十二届五次全会的要求部署，县委十三届四次全会决定，在前期开展大学习的基础上，在全县组织开展大调研、深调研，并印发《县领导同志开展“深调研”工作方案》。以县委十三届四次全会部署的十大课题为基础，将“加强党的基层组织建设”和“构建激励和约束并重的干部管理机制”合并拓展为“全面加强党的建设”，形成全面加强党的建设（将“加强党的基层组织建设”和“构建激励和约束并重的干部管理机制”合并拓展为“全面加强党的建设”）、产业融珠发展壮大县域经济、实施乡村振兴战略、推进全面深化改革、加快社会民生事业发展、推进生态文明建设、深入研究文化和全域旅游发展、提高科技创新能力、建设法治新丰和平安新丰等九个课题，每个课题由一名县领导牵头统筹，组成调研课题组开展调研。每个课题细分为若干个专题，每个专题再由一名县领导牵头负责，以使调研更加具体深入、取得实效。

【深入学习贯彻习近平新时代中国特色社会主义思想】 为贯彻落实《中共广东省委关于持续深入学习宣传贯彻中共十九大精神推动习近平新时代中国特色社会主义思想在南粤大地落地生根结出丰硕成果的决定》和《中共韶关市委关于坚持以习近平新时代中国特色社会主义思想为指引加快韶关改革发展的决定》，动员全县各级党组织和全体党员更加紧密地团结在以习近平同志为核心的党中央周围，持续深入学习宣传贯彻中共十九大精神，扎实推动习近平新时代中国特色社会主义思想在新丰落地生根、结出硕果，加快“融珠先行，加快发展”步伐，确保如期全面建成小康社会，开启新时代新丰全面建设社会主义现代化新征程，研究出台《中共新丰县委关于深入学习贯彻习近平新时代中国特色社会主义思想开创新丰“融珠先行”新局面的决定》。

重要活动

【李心到新丰调研】 1月6日，广东省侨办主任李心一行到梅坑镇长江村进行调研，县委副书记、县长马志明，副县长谭雪梅参加了调研活动。

省侨办主任李心表示，省侨办将尽心尽责地按扶贫目标和计划落实好帮扶工作；新丰县相关单位要加强扶贫资金的管理，把资金用到实处，把好事做好。村“两委”要把扶贫项目经营好，加大宣传力度，提高村民意识，确保扶贫项目能持续发展，完成精准扶贫工作目标。同时省侨办将加强与新丰县的沟通，为新丰园区的招商引资方面提供帮助。

【杨日华到新丰调研】 4月11日，广东省政法委专职副书记、综治办主任杨日华到新丰县突发事件预警信息预警中心调研指导工作。县委常委、政法委书记曾伟陪同调研。杨日华充分肯定新丰县作为全国气象现代化试点县所取得的成效，结合新丰县突发预警信息发布平台，杨日华提出了三点意见：一是各职能部门要继续加强资源整合，避免基础设施重复建设；二是城市综合治理和网格化服务发展要有效利用起突发预警信息发布平台，从而全面提升城市治理水平；三是信息数据要拓宽采集和报告渠道，确保及时反馈突发事件现场第一信息，进一步有效解决预警信息发布“最后一公里”问题。

【李成到新丰调研】 4月25日，省国资委主任李成一行到挂点帮扶村——梅坑镇大岭村调研指导精准扶贫工作，省交通集团董事长邓小华，省国资委副主任蔡秀芬，市委副书记、新丰县委书记陈波，县领导潘文辉、廖功文参加活动。

座谈会上，李成认真听取了镇、村有关负责人和驻村工作组工作人员的情况汇报。他表示，省国资委将继续加大对大岭村的帮扶力度，充分利用当地特色资源打造旅游亮点，积极帮助村民脱贫致富。

【梁健到新丰调研】 5月12日，省扶贫办主任梁健、省水电集团总经理刘卫东一行到新丰县马头镇桐木山村调研指导新时期精准扶贫精准脱贫工作，强调要按照“三年攻坚、两年巩固”的要求做好精准扶贫精准脱贫工作，实现到2020年如期完成脱贫攻坚任务的目标。市委副书记、县委书记陈波参加调研活动。

梁健充分肯定了新丰县在推动精准扶贫工作中的努力和成效，要求省水电集团要认真按照省委、省政府的要求，加强人力调配，协助新丰县做好发展项目规划，实施“一村一策”，将桐木山村建设成为社会主义新农村示范村，通过标兵示范作用，引领全县精准扶贫、精准脱贫工作，助力当地早日实现脱贫攻坚的最终目标。

【李玉妹到新丰调研】 5月16日，省人大常委会主任李玉妹率队到新丰县梅坑镇梅坑村检查指导对口帮扶工作，调研乡镇人大工作情况，在梅坑镇政府召开了座谈会，与市、县、镇有关负责人，村“两委”干部及省人大常委会机关驻村工作组进行座谈交流。

李玉妹在座谈会上强调，扶贫攻坚是一项极为重要和极其严肃的政治任务，县镇两级政府要协助省人大常委会机关驻村工作组共同做好梅坑村的对口扶贫工作，抓紧落实好今年的扶贫工作计划，特别是水电站的收购和升级改造、村级公共服务站的建设以及道路、水利等基础设施建设等；市县镇三级政府要高度重视镇村规划，注重规划先行、点面结合与长期坚持，要将梅坑村作为示范点开展好农村人居环境整治工作；省人大常委会要与当地党委共同研究如何进一步规范乡镇人大工作，将梅坑镇人大作为省人大常委会的联系点，推进乡镇人大工作和建设，更好地发挥乡镇人大作用。省人大常委会副主任黄业斌，秘书长陈逸葵，办公厅主任戴运龙等参加活动。

【慎海雄到新丰调研】 6月7日，省委常委、宣传部部长慎海雄到新丰县马头镇大陂村检查指导新时期精准扶贫工作。

慎海雄认真听取了驻村工作队关于大陂村新时期精准扶贫工作进展情况的汇报，对大陂村的扶贫工作给予充分肯定。他强调，要认真贯彻落实省委关于精准扶贫工作的决策部署，坚决做好精准扶贫工作，以规划引领发展；要细化帮扶措施，因户施策，激发有生产能力贫困户的积极性，使之自力更生；要充分发挥资源优势，重视宣传，加大当地旅游资源与特色农产品的推广力度，稳步增加村民收入；市、县、村要“撸起袖子加油干”，干出帮扶亮点，全力做好精准扶贫工作。

【新丰举办第十六届全国学生定向锦标赛暨越野赛】 7月18—25日，第十六届全国学生定向锦标赛暨“中国四维杯”全国测绘地理信息职工定向越野赛在广东省新丰县隆重举行。7月19日上午在新丰县政府广场举行了开幕式，新丰县委副书记、县长马志明致辞欢迎各地来宾，并诚邀各方关注并支持新丰发展。马志明介绍，此次赛事是新丰建县以来承办的规模最大、项目最多、时间最长的学生户外体育赛事，这对促进新丰全民健身体育事业、旅游产业发展将起到积极的作用，新丰县将秉承“越野新丰?休闲天堂”的理念，以优美的环境、优良的秩序和优质的服务，全力保障赛事顺利进行，向全国乃至世界展示出“越野新丰，休闲天堂”的秀美形象。

【黄业斌到新丰调研】 11月16日，省人大常委会副主任黄业斌率队到新丰县梅坑镇梅坑村检查指导工作，强调要以习近平新时代中国特色社会主义思想武装头脑，扎实做好对口帮扶、新农村建设和县乡人大建设工作。市委副书记、新丰县委书记陈波陪同检查。

黄业斌强调，在精准扶贫和新农村建设中，要注意做好“三抓”：一是抓进度，力争精准扶贫和新农村建设工作达标，确保与全省同步全面建成小康社会。二是抓重点项目，大力推进产业扶贫，不断壮大村集体收入，带动贫困户稳定增收脱贫，确保真脱贫、不返贫。三是抓新农村建设，补齐农村发展短板。要按照省委部署和要求，在做好“三清三拆三整治”工作的基础上，既紧抓进度，又有长期规划，不急功近利，确保新农村建设成效“不反弹、不翻工”。对于乡镇人大建设，黄业斌要求，县、镇人大要在发挥作用、履行职责上下功夫，推广梅坑镇示范点的成功经验，带动全县各镇人大工作和建设。

【莫高义到新丰调研】 11月20日，市委书记、市人大常委会主任莫高义到新丰县调研新农村建设工作，强调要全面深入贯彻落实中共十九大提出的实施乡村振兴战略的部署要求，按照产业兴旺、生态宜居、乡风文明、治理有效、生活富裕的总要求，以推进全市278个省定贫困村创建社会主义新农村示范村工作为抓手，加快建设粤北美丽乡村。

莫高义强调，中共十九大报告把实施乡村振兴战略放在贯彻新发展理念，建设现代化经济体系进行论述和部署，充分体现了党中央对“三农”问题的高度重视。各地各部门要认真把握实施乡村振兴战略“产业兴旺、生态宜居、乡风文明、治理有效、生活富裕”的总体要求，结合实际，大力推进。一要大力发展农村特色产业，以土地确权促进土地流转，推动规模化经营，积极培养新型农业经营主体，由生产导向转向消费导向，加快推进农业供给侧结构性改革，实现农业增效，农民增收。二要扎实推进新农村示范村建设，依托当地生态资源禀赋，突出文化品位，大力推进人居环境综合整治，加快建设绿色、生态、宜居的美丽乡村。三要推进农村精神文明建设，大力提高教育卫生等公共事业发展水平，倡导好家风好家训，加快农村文化场所建设，不断丰富广大农民的精神生活。四要创新和加强基层社会治理，严厉打击村霸、涉黑势力，并要发挥好村民理事会和外出乡贤的作用，实现共建共治共享，提高群众获得感、幸福感和安全感。五要把精准扶贫精准脱贫工作做好，坚决打赢脱贫攻坚战，确保困难群众在全面建成小康社会路上一个都不掉队。

调研期间，莫高义还到梅坑镇调研全省乡镇人大示范点工作情况。莫高义要求，要大力加强乡镇人大建设，要准确把握乡镇人大工作的性质和特点，结合乡镇工作实际，充分发挥乡镇人大的功能作用，不断提高依法履职水平，更好地为全市乡村振兴发展做贡献。

市委副书记、新丰县委书记陈波，市有关部门负责人参加调研。

【李希到新丰调研】 11月28日下午，省委书记李希赴韶关市新丰县，考察基层党建、社区治理、精准扶贫等工作，就学习宣传贯彻中共十九大精神进行指导。

李希指出，基础不牢，地动山摇，党在基层执政基础的巩固、人民群众向心力的凝聚、基层和谐稳定局面的实现，都要依靠基层党组织。我们一定要坚持以习近平新时代中国特色社会主义思想为指引，认真学习贯彻中共十九大精神，把基层党组织建设作为重中之重，切实提升组织力，努力打造成坚强战斗堡垒。要把基层党建和基层治理紧密结合，把事关老百姓的小事当成我们的心头大事，一件一件解决，一项一项落实，密切党与群众的血肉联系。要鼓励更多青年投身基层、扎根基层，搭建发展平台、畅通成长通道，让他们在服务基层、服务群众的生动实践中锻造成长、书写人生华章。

李希强调，要用群众易于接受、乐于接受的方式宣讲十九大精神，分类指导、因人施教，春风化雨、润物无声，真正把十九大精神讲到群众的心坎上，把十九大的决策部署落到增进群众福祉的具体实践中。要实施好乡村振兴战略，落实好习近平总书记关于“厕所革命”的重要指示，倡导文明的生活方式，在为群众办实事中贯彻社会主义核心价值观，积极推进乡村治理，牢牢守住青山绿水，建设美丽家园，让群众望得见山、看得见水、记得住乡愁。要围绕脱真贫、真脱贫，抓好精准扶贫精准脱贫工作，结合实际发展乡村旅游等绿色产业，通过长久有效的“造血式”帮扶，从根本上实现脱贫。

李希要求各级党委政府牢固树立以人民为中心的发展思想，把人民放在心中最重要的位置，把以人为本的理念贯彻落实到各项工作中，在发展中保障和改善民生，切实关心关爱困难群众、弱势群体，用心用情为老百姓做好事办实事解难事，让群众在贯彻落实十九大精神中有更多获得感和幸福感。

省领导江凌，市领导莫高义、殷焕明参加调研。

【李成到新丰调研】 12月19日，省国资委主任、党委书记李成一行到梅坑镇大岭村调研指导精准扶贫工作，市委副书记、新丰县委书记陈波陪同调研。

李成指出，大岭村新农村规划实施情况令人鼓舞，要认真落实中央的乡村振兴战略，将大岭村打造成为省、市新农村建设的样板村。要学好十九大报告，在新农村规划上走在前列；要切实在建设坚强堡垒上走在前列，扎实推进基层党组织建设；要多想办法在产业扶贫上走在前列，进一步巩固和扩大扶贫工作成果；要切实在乡村振兴中走在前列，确保脱真贫，脱贫路上一个也不能少，让大岭村走上共同致富的道路；省国资委将继续发挥国企的优势，全力以赴做好扶贫工作，为新丰县开创百姓富、生态美的多彩未来做出贡献。

（王明浩　潘志祥）

县委办公室工作

【概况】 县委办公室是协助县委领导处理县委日常工作的综合职能部门，是县委工作高效运转、承上启下、协调左右和联系内外的重要枢纽。内设县委政策研究室、县委督查室、综合组、秘书组、通讯报道组、调研信息组六个职能组室。

2017年，面对极为特殊的新形势、新要求，在市委和县委的坚强领导下，县委办紧紧围绕“创建韶关主动融入珠三角加快发展先行区”的战略目标，认真贯彻落实中共十九大及习近平总书记对广东工作重要批示精神、省委十二届二次全会、省委书记李希同志在新丰调研时的重要讲话精神和市委十二届五次全会、县委十三届四次全会精神，坚持以习近平新时代中国特色社会主义思想为指导，紧扣县委中心工作，严格遵循“五个坚持”要求，充分发挥督促检查、参谋辅政、信息服务、综合协调、后勤保障等作用，较好地完成了各项工作任务，进一步提升了办公室的“三服务”水平。

【提升干部党性修养】 把学习贯彻习近平新时代中国特色社会主义思想和中共十九大精神列入全办工作的重中之重，结合省委十二届二次全会、省委书记李希在新丰调研时的重要讲话精神和市委十二届五次全会、县委十三届四次全会精神，强化思想政治建设，以真学实做推动工作落实。以周五学习会为抓手，推进“两学一做”学习教育常态化制度化，不断增强全办同志的政治意识、大局意识、核心意识、看齐意识，提高干部党性修养，牢牢把握正确的政治方向，自觉维护以习近平同志为核心的党中央权威和集中统一领导，在思想上政治上行动上与以习近平同志为核心的党中央保持高度一致。

【综合协调工作】 制定了《县委常委、副县长每周工作安排报送制度》，便于各级各部门及时掌握县领导工作动态，增强工作科学统筹性。积极做好“越野新丰，休闲天堂”2017全国学生定向锦标赛筹备工作，切实做好省委书记李希，省人大常委会主任李玉妹，省委常委、宣传部部长慎海雄同志，省委常委、常务副省长林少春同志，市委书记莫高义同志，市委副书记、市长殷焕明同志等省、市领导到新丰县的各项调研活动服务保障工作。圆满完成2016年县直各单位的绩效考核工作，扎实跟进落实县委领导交办的其他事项，为领导决策落实提供坚实保障。严谨做好党政系统密码通讯和全县保密工作，组织开展保密工作专项检查，圆满完成了各类电报的译、传、办、送任务，电报收发办理安全快速，实现了“零”差错“零”事故。认真做好党史征研、地方志编纂、年鉴编修等工作，完成了《中国共产党新丰县历史大事记(1979年1月至2009年12月)》《红星耀丰江》（第二卷）《新丰年鉴？2017》的出版工作。制定《新丰县地方志事业发展规划（2017—2020)》，新丰方志馆建设前期工作顺利推进。自然村落普查基本完成实地普查登记、普查结果撰写和部分数据上传等工作。加强信访管理工作，制定了《维护全县社会稳定“百日防护期”工作方案》和《“百日防护期”工作考核奖惩办法》，加强重要敏感时期、重点领域、重点案件的排查化解及重点群体的疏导稳控，为中共十九大胜利召开营造和谐稳定的社会环境。进一步规范机关事务管理以及接待事项管理，严格执行中央“八项规定”和公务接待制度，坚持厉行节约，拒绝铺张浪费。

【办文办会】 严格按照《县委办工作手册》和相关保密规定做好明件和密件的查收、办阅、存档和管理，在公文格式、政策依据、文字等方面严格审核，不断优化办文流程，及时传达落实上级文件精神要求。认真执行机关公文处理办法，严格把好行文关、会签关、政策法规关、文字关和格式关，及时准确传达县委的决策部署，确保县委各项工作部署贯彻落实到位。全年共发各类文件546份；处理文件3344件次，处理信访件242件。认真做好县委各项会议的会务工作，周密细致开展会前筹备布置、会中实时跟踪、会后跟进落实等，妥善处置应急情况，保障了县委全会、县委常委会等各项会议顺利召开，全年共承办各类会议282场次。组织召开全县办公室工作暨培训会议，邀请了市委办、市政府办相关领导对全县办公室人员进行培训，提高全县办公室工作科学化水平。

【政研信息工作】 在综合文稿撰写起草方面，以省委书记李希同志在新丰的调研指示精神作为行动指南，紧紧围绕新丰创建韶关主动融入珠三角加快发展先行区的战略定位，深入开展“大调研”“大研讨”活动，紧贴全县发展大局、主要领导思路、人民群众意愿，紧扣“干部作风建设、城市提升和产业发展”三大主题工作，在工作倍增、人手不足的情况下，坚持“咬紧青山不放松”，主动适应新常态，认真做好县委综合文稿撰写工作，探索创新文稿撰写方式，进一步规范文稿撰写机制，推动文字综合工作迈上新台阶。全年共起草撰写综合文稿378篇（其中讲话稿65篇、总结汇报19篇、常委会会议纪要31篇、专题会议纪要31篇、新办通报12期、会议记录16篇、其他材料204篇)，实现了文稿质量和总量的新飞跃。在信息报送方面，积极与上级部门沟通，围绕上级领导的关注焦点、县域经济的发展重点、社会民生的改革亮点、网络舆情热点及重要时间节点，积极主动报送信息，及时反映新丰县贯彻落实上级会议精神、上级领导调研指示精神及当前全县中心工作、重点工作的进展情况。全年共向省委办公厅、省委政策研究室、市委办公室、市委政策研究室、市委值班室上报信息148篇(其中普通类信息56篇，专报类信息20篇，紧急信息72篇)，向《南方》杂志投放信息稿件3篇。县委办被评为2016年全市党委系统信息工作先进单位，2017年上半年在全市各县（市、区）党委系统信息工作评比中排名第1，信息工作获得了上级部门的认可。

【督查督办工作】　围绕县委中心工作和全县工作大局，完善督查各项工作制度，制定《关于构建大督查工作机制的实施方案（试行)》，建立党委统一领导、党政齐抓共管、人大政协积极参与、部门协调联动的大督查工作机制，形成统筹联动、分级负责、齐抓共管的“大督查”模式。围绕重大决策部署及领导批示交办事项等开展决策督查、专项督查和其他督查工作，对应解决而未解决或未解决好的问题，责成承办单位重新办理并报告落实情况，对容易反复或未完全落实的情况开展“回头看”检查，对检查中发现的问题督促整改并予以通报，对逾期未反馈的情况下发催办通知单或上门催办，确保重大决策部署及领导批示办结落实到位。自2017年5月督查督办工作启动以来，全年共下发督查督办通知56份，督查督办有关工作及项目194项324次/轮，涵盖书记部署工作、县委常委会会议决策工作、重点建设项目、民生实事项目等，编发督查督办工作简报6期，撰编督办工作情况专报7篇(其中书记批转7篇)，发出督办工作情况通报6篇。

【深化改革工作】　发挥县委改革办的作用，强化与县委全面深化改革领导小组、专项小组和联络员以及各职能部门的沟通协调，组织召开了县委全面深化改革领导小组第三次、第四次会议。在对接中央、省、市改革各项举措的基础上，及时制定了《新丰县全面深化改革2017年工作要点》，明确了“融珠”体制机制、“三大重点”工作体制机制、经济体制等九大领域的改革要点和年度任务，大力推动全县改革各项工作落实。出台了《东城新丰实施深化改革对接行动计划工作方案》《新丰县城市整体提升两统两分工作方法》《新丰县深化小型水利工程管理体制改革实施方案》《新丰县深化医药卫生体制改革总体方案（2016—2018)》《关于进一步加强镇人大工作和建设的实施意见》《新丰县县管领导干部考验性管理意见（试行)》等系列意见方案，确保了社会经济体制改革、农村综合改革、医疗卫生体制改革、民主法治改革、党的建设制度改革等改革工作有序推进。

（王明浩　潘志祥）

附：2017年中共新丰县委办公室正副主任名单

县委常委、县委办主任：
潘文辉

副主任：陈志华
潘伟强
曾新行
王水坤（8月起任）

组　织

【概况】　中共新丰县委组织部内设办公室、干部组、组织组、调查研究组，2017年11月增设人才组。2002年机构改革核定行政编14名（不含部长编制)。其中，部长1名（县委常委兼任)、副部长3名。2017年末在编人员12人。2010年，下设新丰县党员干部现代远程教育管理办公室（新编委〔2017〕3号)，核定事业编制3名，设主任1名，2017年末在编人员2人。2017年，全县基层党组织共504个，其中，党委7个、机关党委6个、党总支23个、党支部468个（含行政、企事业单位党支部244个，村级党支部143个，社区党支部16个，非公有制经济和社会组织等党支部65个)。全县共有党员11671人，其中2017年发展党员201人。2017年全县组织工作在县委的正确领导下，认真贯彻全国、全省组织部长会议和全市组织工作会议精神，按照《新丰县2017年组织工作要点》要求，紧紧围绕县委中心工作和上级组织部门的总体部署，狠抓各项工作落实，努力提高组织工作科学化水平，为推动新丰“融珠先行”提供了坚强的组织保证。

【干部选拔任用】　坚持党管干部原则，严把“好干部”标准，坚持正确的选人用人导向，严格按照《党政领导干部选拔任用工作条例》要求，根据我县领导干部队伍建设需要，截至2017年12月31日，协助县委任免干部197人次，其中提拔76人次，交流轮岗87人次，兼职13人次，不再兼职7人，免职11，挂职3人。同时率先在全市建立县级群团组织兼职干部任用制度，推荐产生3名体制外人员到群团机关，分别兼任县总工会副主席、团县委副书记和县妇联副主席。

【干部教育培训】　2017年共选派40名干部在市委党校培训学习，其中县党政班子领导干部进修班3期共15人，乡镇（街道）党政正职进修班4期共14人，县处级干部进修班2人，县直部门正职培训班5人，中青班2期共4人。此外组织部贯彻落实县委“融珠先行干部素质能力提升工程”，选派8名优秀年轻干部到东莞进行实践提升，举办了北京大学正科级领导干部素质拓展培训班、中山大学青年副科级领导干部培训班、东莞市委党校组工干部能力提升班、青年干部实践提升班、县内科级班、学习贯彻中共十九大精神专题研讨班、村（社区）支书（主任）培训班等班次，培训人次达490人，基本实现各层级干部培训全覆盖，有效地提升了全县干部政策理论水平和业务素质能力，较好地拓宽了干部视野。

2017年2月9日召开高级雇员座谈会

【干部作风建设】　深入剖析“练溪托养中心事件”，结合实际制定《加强干部作风建设的专题工作方案》，成立以县委书记为组长，县长为副组长的干部作风建设领导小组，深入持久地推进干部作风建设。深入全县7个镇（街）党（工）委、9个县直党（工）委、局机关党委开展干部作风建设专题调研，通过采用个别访谈、座谈会、问卷调查等形式进行，其中集中座谈和个别访谈150多名干部，问卷调查160名干部，形成《新丰县干部作风建设专题调研报告》。先后制定《关于深入推进全面从严治党的实施意见》《关于新常态下加强干部作风建设的意见》，建立完善《新丰县干部政绩档案管理意见（试行）》《新丰县县管领导干部考验性管理意见（试行）》《新丰县干部激励实施意见（试行）》等制度，严格执行落实市《关于建立健全党员干部干事创业容错免责机制的通知》和县《关于进一步严明工作纪律改进工作作风的暂行规定》，进一步建立健全和优化完善县镇机关工作绩效考核制度，以更加科学有效的措施推动作风建设取得实效。自加强干部队伍作风建设以来，全县干部队伍的作风持续改善，精神面貌得到明显改观。截至12月31日，已有3名县管干部纳入考验性管理；结合村级组织换届选举、城市提升等全县性中心工作、重点工作，将各单位申报的二十多名干部突出表现与先进事迹列入政绩档案管理；对6名连续在2015和2016年年度考核优秀的干部由县委县政府授予嘉奖及按规定进行奖励。

【干部日常监督管理】 实施县管干部预警监督“三示三书”办法，严格执行领导干部离任交接制度、经济责任审计制度、出国（境）审批制度，清理规范领导干部在企业、社会团体兼职情况，加强干部人事档案审核。坚持谈心谈话，了解干部思想动态，全年共与500多位科级干部进行谈心谈话，实现谈心谈话镇（街）领导干部全覆盖和县直单位领导干部基本覆盖，同时结合城市提升工作，会同县纪委对征地拆迁工作中落实不力或工作不到位的42个责任单位“一把手”进行约谈，压实责任形成倒逼态势。关注重点舆情，建立“12380”选人用人综合信访举报平台、省电子政务外网与省、市举报网站的互联互通多位一体的综合信访举报平台，实行专人负责，确保有举必查、有查必纠，2017年共接到各渠道转来的选人用人信访举报1条，查实为零。坚持实行特邀部风监督员制度。每年在人大代表、政协委员、纪检监察部门、群众团体、新闻媒体、老干部代表中聘请6名同志为县委组织部部风监督员，召开两次以上会议，向部风监督员通报干部工作，并听取反馈的意见和建议。将干部人事档案目标管理升级工程纳入2017年组织部品牌工作和重点工作，截至12月31日已完成科级初审核复审579卷，签名确认551卷；初审和复审科员515卷，在全面完善修改全县干部档案的同时收集掌握重要选用信息。

【学习贯彻中共十九大精神】

提前谋划安排，全面组织收看大会　中共十九大召开前夕，认真组织全县党员参加迎接中共十九大考学工作，全县共有12448名党员、入党积极分子参加了考学活动，参考率100%，满分4641人，平均分95.24分。通过电话、微信群、QQ群等方式通知到位，开幕会当天，全县有490多个基层党组织11000多名党员通过广播、电视、网络、远教等直播平台观看了直播，其中，县四套班子成员、各县直属（含市直属）单位党（工）委、局机关党组主要负责人集中在县政府会议中心203室收听收看。注意收集收听收看现场照片、感言感想、学习简讯、心得体会等。10月27日，我们已收集汇总各镇（街）、县直各单位学习情况，并出版第一期学习专刊。

迅速安排部署，推动掀起学习热潮　10月30日，组织召开全县学习贯彻中共十九大精神会议，对学习宣传贯彻中共十九大精神工作作出全面部署。会后，及时制定《学习宣传贯彻中共十九大精神工作方案》；各级党组织及时召开专题学习会议，传达学习中共十九大精神，迅速掀起学习热潮。11月29日，召开县委常委会（扩大）会议，市委副书记、新丰县委书记陈波代表市委到我县督导学习宣传贯彻中共十九大

2017年11月1日，县委常委、组织部长刘国洪带领县委组织部班子成员到梅坑镇进行基层党建调研

精神工作，并作专题辅导报告；12月11日召开县委十三届四次全会，对深入学习贯彻中共十九大精神进行再动员、再部署，并通过了《关于深入学习贯彻习近平新时代中国特色社会主义思想开创新丰“融珠先行”新局面的决定》，推动中共十九大精神在新丰落地生根、结出丰硕成果。

创新学习方式，推动学懂弄通做实　11月13日、14日，县委领导班子、县政府领导班子先后集体带头前往南门塘红色教育基地，瞻仰李任予烈士像，参观县革命历史展厅，重温入党誓词，并分别召开县委常委会议、县政府党组（扩大）会议，带头以实际行动推动学习贯彻向纵深发展。印发《关于开展学习贯彻中共十九大会议精神主题党日活动的通知》，统筹安排和大力推动县四套班子和镇（街）党政党员领导干部到挂点联系的镇（街）、村（社区）讲学习贯彻十九大精神主题党课，其中，市委副书记、新丰县委书记陈波同志带头到城西村讲党课，县委副书记、县长马志明到梅坑镇讲党课，将十九大精神传达到最基层。各党（工）委（党组）书记也纷纷深入挂点村开展“学习贯彻中共十九大精神”主题党日活动，对中共十九大精神进行宣讲。11月10日，县委组织部机关全体党员到帮扶的马头镇秀坑村开展主题党日活动，与村党员干部一起学习贯彻十九大精神，并重温了入党誓词。为全县党员征订十九大学习资料和新《中国共产党章程》26000多本，确保人手至少拥有一本学习资料。结合推进“两学一做”学习教育常态化制度化，组织全县党员开展“学报告、学党章”考学工作，截至12月17日，参加考学党员9662人，参考率83.07%，平均分96.28分，满分5647人。

2017年5月24日，召开全县推进“两学一做”学习教育常态化制度化工作会议

突出学以致用，大规模组织开展培训　制定《学习宣传贯彻中共十九大精神总体工作方案》和干部学习培训方案，组织县处级以上领导干部分期分批到省委党校、市委党校接受系统学习培训；组织开展3期科级、副科级干部专题培训班，将十九大内容融入为期15天（11月10—24日）的县科级班培训课程，其中，于11月29—30日举办全县科级干部学习贯彻十九大精神专题培训班，实现全县500多名科级干部参加学习培训全覆盖。印发《关于做好学习贯彻中共十九大精神集中培训工作的通知》，各党（工）委、局机关党委按照通知要求，积极开展本系统本单位党员干部的学习培训工作，每名党员集中学习时间确保在7天以上。

注重宣传引导，营造浓厚学习氛围　于十九大召开前夕开通“云髻先锋”微信公众号，开设学习贯彻十九大精神专栏，持续推送十九大报告、大会精神解读、全县各级党组织和党员领导干部学习贯彻中共十九大精神系列活动报道100多条，营造了浓厚的学习宣传贯彻中共十九大精神氛围。及时编辑发行2期《新丰党建·学习贯彻十九大精神专刊》1600份，全方位宣传报道全县学习贯彻情况，并分送县四套班子成员、县直各部门、各党（工）委和各基层党支部学习，取得较好反响。此外，在梅坑镇成立农村党校，依托农村党校学习平台，不定期组织村（社区）“两委”干部、农村党员、村级后备干部、村民代表、入党积极分子开展十九大精神主题党日、专题学习等活动。

【村、社区“两委”换届选举工作】　围绕“一个总要求”，立足“早、稳、实”，全面加强党的领导　紧紧围绕“换强班子、换好风气、换清思路”总要求，于4月6日在全市最早召开动员部署会议，县委书记带头与各镇（街）党（工）委书记签订换届工作主体责任书，明确确保政治安全、社会稳定、换届质量等7项具体责任。同时有针对性地对全县干部特别是镇（街）干部实行考验性管理，将换届工作纳入干部政绩档案管理，强调换届工作坚持时间服从质量，制实工作目标，做实工作谋划，压实工作措施。

统筹“两向力量”，形成“三级联动”，确保换届平稳有序推进　县委主要领导多次听取换届工作汇报，并统筹安排县四套班子领导分别带头挂点联系、督导镇（街）特别是重难点村的换届工作，充分发挥了领导带动、以上率下的示范效应。横向整合县直有关部门力量，组成7个换届督导组、7个风气巡查组等协同作战；纵向统筹镇（街）力量，加强指导各村（社区）党支部领导开展“两委”换届工作，形成一级抓一级、层层抓落实的良好工作格局。

突出“四个到位”，抓严抓细抓实，确保换届环境风清气正　严格按照陈波书记提出的问题排查到位、宣传教育到位、选举程序到位、督导追责到位“四个到位”工作要求和“只许成功、不许失败”重要指示，坚持每周召开县镇问题分析研判会，及时解决换届选举过程中遇到的问题；对群众来信来电来访反映的问题，指定专人负责，第一时间受理、第一时间办理、第一时间答复。充分利用各种传统和新媒体，对换届纪律、政策要求、选举程序、经验做法等内容进行广泛的立体式宣传，不断传递正能量、发出好声音、营造好氛围。举办换届业务骨干培训420多人次，具体指导各镇（街）开展换届业务培训820多人次，确保换届选举政策要求不变通，环节不减少、程序不走样。县四套班子领导坚持不定期深入到挂点联系的镇（街）和村（社区），严格把关关键环节和重要节点，县7个换届工作巡视督导组和换届风气巡察组坚持把加强巡视督导贯穿始终，经常性深入到全县157个村（社区），对“两委”换届选举工作开展巡视督导和调查。县委以“零容忍”态度严厉查处4起干扰破坏选举等违法违纪行为，切实营造了风清气正的换届环境。6月15日，全县全面完成157个村（社区）“两委”换届工作，共选出668名新一届“两委”干部，其中支书、主任“一肩挑”136人，占86.6%；“两委”班子成员交叉任职425人，“交叉率”达88.7%；女性村（居）委会主任14人，占8.9%；具有高中及以上学历475人，35岁左右年轻干部129人，“两委”班子成员平均年龄46岁。全县广大干部群众普遍反映，此次换届选举，是新丰县史上纪律最严、要求最高、竞争最激烈、风气最好、质量最佳的一次。省委组织部副厅级组织员欧阳贵有、省民政厅副厅长陈奇、副市长李欣、省村（居）委会选举观察团在新丰调研时，充分肯定了新丰工作；市换届选举第三督导组对新丰工作多次给予高度评价；国家民政部、省委组织部、省民政厅主办的官网及简报也分别介绍了新丰的换届工作经验做法。

【“两学一做”学习教育常态化制度化】　全市推进“两学一做”学习教育常态化制度化工作会议召开后，新丰县第一时间进行安排谋划，紧跟全市节奏，于5月24日召开全县推进“两学一做”常态化制度化工作会议进行全面部署，狠抓落实。

认真推进系列学习教育活动　结合实际制定《关于新丰县2017年推进“两学一做”学

习教育常态化制度化的实施方案》，全年召开2次全县推进“两学一做”常态化制度化工作会议。结合“三会一课”、主题党日活动等，推动各级党组织开展学习贯彻中共十九大精神、习近平总书记重要批示、省第十二次党代会精神、廖俊波同志和黄大年同志先进事迹等系列活动，并于8月23日在全县举办一次“学习贯彻省第十二次党代会精神争做融珠先行排头兵”演讲比赛。10月13日，组织召开“两学一做”学习教育常态化制度化推进会，以现场观摩学习和集中座谈交流的形式，检查督导学习教育常态化制度化推进。

认真组织开展考学活动 根据《关于组织开展“学省党代会精神迎接中共十九大召开”党员考学工作的通知》，认真做好“迎接中共十九大召开”党员考学活动，全县有12448名党员参加考学，参考率100%，平均分95.24分，满分党员有4641名，满分率为37.28%。同时，在“云髻先锋”微信公众号开设“两学一做”专栏，持续推送各级党组织和党员干部开展“两学一做”学习教育的动态信息、工作经验、典型事迹等，营造了浓厚氛围。

【打造“云髻红枫”党建品牌】

村级组织换届结束后，结合市委组织部创建堡垒型、服务型、规范型“三型”农村基层党组织要求，新丰县按照“示范带动、规范提高、分类指导、整体推进”的工作思路，分类培育和重点打造了东瓜坑、大陂、下埔、桐木山、大岭、江下等13个基层党建示范点，打响了“云髻红枫”基层党建工作品牌。

书记亲自领办，找准工作发力点 将打造“云髻红枫”基层党建示范品牌列为2017年度抓基层党建的“书记项目”——《打造党建工作品牌，示范引领乡村振兴》，由县委书记亲自领办、亲自谋划指导，并主动协调省直帮扶单位驻村工作队和东莞东城区帮扶力量，借势借力，整合资源，助推党建品牌共建共享。

注重品牌内涵，深挖品牌吸引物 县委组织部作为“书记项目的”具体承办落实部门，制定了《新丰县关于打造基层党建示范点品牌工作的实施方案》，并具体指导13个基层党建示范点根据实际制定具体的创建工作计划，积极探索实践“党建+”创建模式，精准提炼和组织实施“党建+新农村建设”“党建+精准脱贫”“党建+基层治理”“党建+人居环境整治”“党建+民生事业”“党建+乡村旅游”“党建+产业发展”“党建+文化振兴”等创建模式，不断丰富品牌内涵，彰显品牌特色。

立足品牌实效，建立工作新机制 注重从制度机制层面保障品牌创建工作落地见效。建立定期调度机制，县委书记坚持定期带头深入各示范点调研，指导示范点创建工作，协调解决有关问题；建立健全挂点联系制度，县委组织部部务会成员定点联系1～3个示范点，坚持每两周一次，分别深入各自联系点加强督促协调、分类指导和资源统筹；建立督导考核机制，坚持每月底组织开展现场观摩暨“每月一点评”，实行每周一调度、每月一小结、每季一通报，以目标任务和时间倒逼工作进度；制定年度抓基层党建创新“书记项目”工作考核方案，不定期随机到各示范点进行明察暗访和跟踪督查，结果在全县进行通报并作为年终党建工作责任制考核依据，不断提升党建品牌创建速度和质量。

积极搭建平台，激活工作催化剂 用好村级公共服务平台，在示范点办公场所统一按照“不忘初心牢记使命”形象标识牌，制作系列党建宣传栏，营造浓厚氛围；紧密结合推进“两学一做”学习教育常态化制度化，突出党的基层组织政治功能，充分发挥示范点党支部的战斗堡垒作用和党员的先锋模范带头作用。用好村级班子青苗培养工程平台，分期分批集中培训426名村级后备干部，为农村基层组织建设注入新鲜血液，提升参与乡村振兴的服务水平和工作能力。搭建党小组、村民理事会、社工工作站等基层治理平台，推动基层党建和基层治理深度融合发展，做到同频共振。用好用活报纸、网络和微信等平台，及时总结提炼和宣传“下埔精神”“大陂速度”“梅坑温度”“天中产业”“东瓜坑新模式”“楼下新动力”“营盘特色产业”“江下红色基因”“紫城阳光服务”“桐木山客俗文化”等特色亮点，进一步扩大“云髻红枫”党建品牌影响力，引领乡村振兴。

【基层党建工作】 深入推进镇（街）干部驻点直联工作常态化　截至12月底，全县驻点普遍直接联系群众73878户，入户率97.5%，收集解决群众反映问题1290个。

持续整顿软弱涣散村党组织　按“一村一策”制定年初排查出的9个软弱涣散村党组织整顿工作方案，组建整顿工作组和选派第一书记驻村整顿，建立“示范党支部＋软弱涣散党组织挂钩联系制度”。目前，9个整顿对象已全部完成整顿转化升级工作。

认真落实青苗培养工程情况　在141个村选拔出426名年轻优秀人才作为村级干部后备人选（其中本科学历77名、大专学历185名，平均年龄31岁），制定《新丰县村级班子青苗培养工程实施意见》，按一人一册建立村级干部后备人选档案；拨付7个镇（街）青苗工程培养启动经费18万元，指导各镇（街）分期分批进行全员集中培训，至12月8日，已完成第一轮全员培训。

不断强化党员发展和教育管理　认真落实镇选村培党员发展工作，由各镇（街）领导班子成员结合驻点联系和包村工作，从广大青年农民中发现优秀分子，每村遴选党员培养对象3名以上，再交由村党支部培养，同时明确镇（街）党（工）委党建副书记和组织委员的直接责任。严格党员发展工作，全年指标198名，目前已发展190名（其中高知识群体21名、国有企业4名、非公企业24名、社会组织1名；农村党员84名，其中35岁以下51名，大专及以上22名，致富带头人25人）。于7月20日全面完成全县495个基层党组织、11848名党员的信息采集、校核、入库工作。结合推进“两学一做”学习教育常态化制度化，加强党员日常教育管理；同时组织开展“七一”走访慰问党员工作，统筹县委常委和其他相关单位对全县34名生活困难党员、50年以党龄老党员进行走访慰问。充分发挥党员远程教育平台作用，投入64200多元，完成全县161个站点的光纤改造，光改率达100%，远程教育平台每月开机率100%，月平均开机天数全市第一。

抓好抓实“两新”组织党建工作　目前新丰县登记在册的“两新”组织有96家，其中非公企业68家，社会组织28家，建立党组织的有66个（今年新组建4个），其中单独组建52个，联合组建14个；党组织覆盖率97.92%，党的工作覆盖率100%。今年在抓好“两个覆盖”巩固提升基础上，重点加强黄磜镇秋峒村佛手瓜专业合作社、遥田镇新群村砂糖橘经济合作社和新丰县个私协会3

2017年11月9日，市委副书记、新丰县委书记陈波到县委组织部调研指导工作

个党支部创建市级示范点工作，其中，2017年7月，新群村砂糖橘专业合作社党支部书记潘光育荣获广东省非公经济组织“党员标兵”荣誉称号。

【构建人才工作新格局】 健全领导机制。成立由县委书记任组长的新丰县人才工作领导小组，增设县委组织部人才组，调整充实县人才办的力量，形成县委总揽全局，县委组织部牵头抓总，县人社局、人才办具体负责落实，有关部门各司其职、密切配合，社会力量广泛参与的人才工作管理新格局。规划政策先行。出台《新丰县“十三五”人才发展规划》，实施“百名行业精英集聚计划”等重点人才工程，分类培养人才；加快人才载体建设；扶持人才创新创业，奖励一批柔性引进的人才；实施人才激励计划，选拔“新丰十大优秀人才”；优化人才发展环境6大方面对县人才发展进行了规划。加大经济支持。县财政人才工作经费投入年度预算不少于1000万元，同时鼓励动员社会力量扶持人才，形成政府引导、社会各界广泛参与的多渠道人才经营机制，确保人才优先发展，支撑引领经济社会发展。

【优化人才发展环境】 搭建服务载体引才育才 加快珠江东岸（新丰）创新产业示范园等园区建设，完善院士专家工作站，加快产学研协同创新平台建设，逐步解决高层次人才创新创业载体不足和层次不高问题。截至12月，各项人才目标任务均已提前超额完成，共引进50名融入珠三角急需紧缺的行业精英，占年度计划的150.15%。20名特聘专才主持和参与县级以上重点项目或中心工作202项，完成89项，助推新丰县城市提升和新农村建设等中心工作和重点工作。以“四园（区）”为载体，通过签订短期服务合同、定期研讨等形式，从广东中大科技创业投资管理有限公司、珠江设计院等单位，引进17名新能源、新材料、管理工程等方面的具有正高职称人员和高级管理人才，对加快新丰县“园区”技术改造、课题攻关、产业转型升级等方面起到了关键性的推动作用。将科技型企业中的13名高素质人才作为我县行业精英人才进行管理和使用，其中就包括“国家万人计划——科技部科技创新创业人才”、“新丰博兴聚合材料有限公司”董事长庞来兴博士。

营造宽松环境重才爱才 多次召开政府特聘专才座谈会，了解特聘专才的管理、使用及生活情况，协调解决具体问题；特聘专才列席全县性重要会议，2名特聘专才还成功当选县政协委员为新丰发展建言献策；举办“新丰青年论坛”，编印《才言广进》刊物，营造尊重人才、求贤若渴的社会环境。

强化保障领航创新创业 制定《新丰县机关单位急需紧缺专业人才管理办法（试行）》，以刚性制度确保特聘专才的福利待遇；实施人才安居工程，加快规划建设县人才公寓；帮助各类人才解决安家落户、配偶就业、子女入学、住房公积金贷款等实际困难，为首批33名行业精英颁发一卡通服务，并享受县指定的旅游景点、体育文化场馆免门票等优惠服务，帮助人才落户新丰解决后顾之忧。

【统筹人才科学使用】 统筹安排使用。根据20名具有国家“211”和“985”工程院校全日制本科以上学历和其他普通院校全日制研究生以上学历的政府特聘专才的专业特长，有针对性地安排到发改、国土、住建、环保、交通等重要职能部门，承担所在单位的中心工作和全县各领域的重点工作，参与城市规划和新农村建设，确保“好钢用在刀刃上”。坚持分类实施引育工程。坚持引才与引智、用才与育才相结合，用好用活政府特聘专才，如安排3名特聘专才到韶关市规划局跟班学习；在县委党校举办特聘专才专题理论学习讲座；抽调3名特聘专才全程参与新丰县云髻特色小镇发展规划；安排20名特聘专才列席中共新丰县十三届三次全会等。

【自身建设】 建立健全机关内部工作督查督办机制，对今年的4个品牌工作、7个重点工作，实行每月一汇报、每季一公示、半年一点评、年终一考核，并将工作落实情况公示在公开栏上，有效提高了组织工作效率。扎实开展抓党建促精准脱贫攻坚工作，协助挂扶的秀坑村完成新一届村“两委”换届选举工作。不断加强组工调研信息工作，组建成由49人组成的调研信息通讯员队伍，举办一期组工调研信息工作培训班，加大组织工作宣传力度。据不完全统计，截至12月31日，全县组工通讯员在国家级核心期刊和网站上发表文章4篇，在省级党报党刊《南方日报》《南方杂志》《广东党建》和广东组织工作网、南方网刊登文章、通讯、信息等27篇，在市级党报党刊《韶关日报》《韶关组工通讯》刊登文章、信息、报道等33篇。（陈家悦）

附：2017年中共新丰县委组织部正副部长名单

部　长：刘国洪
副部长：陈国校
　　　　彭石泉
　　　　张文聪（任至8月）
　　　　谭锦梅（8月起任）

宣　传

【概况】 2017年，中共新丰县委宣传部行政编制13名，其中部长1名，副部长3名（其中1名兼任县文明办主任，1名兼任县广播电视台台长），文联主席1名，社科联主席1名、副主席1名，正股长4名，新招录公务员1名，内设职能股室4个，包括办公室、理论股、宣传股、文艺股；县社科联、县文联与县委宣传部合署办公，县精神文明建设委员会办公室设在宣传部。

【理论武装】 印发《2017年全县党委（党组）理论学习中心组专题学习重点内容安排》，把中央、省委、市委和县委重大部署、最新精神设置为学习专题，精心谋划县委中心组理论学习（含扩大会议）15次，举办务虚研讨会2次，重点学习中共十九大精神、习近平总书记系列讲话精神、习近平总书记对广东工作重要批示等内容，全年共组织县委宣讲团到全县各党（工）委开展巡回宣讲活动54场。进一步完善县委中心组的学习机制，转发《中共中央办公厅关于印发〈中国共产党党委（党组）理论学习中心组学习规则〉的通知》到各党委（党组），加强学习管理、考核与问责，进一步推进党委（党组）理论学习中心组学习制度化、规范化，不断创新学习形式，丰富学习内容，用制度推动学习由“软任务”转变成“硬要求”。

结合转变干部作风、城市提升、新农村建设等中心工作开展理论学习及宣讲工作。2017年中心组学习邀请的专家涉及各行业，授课水平和质量有较大的提升。组织安排县四套班子成员深入挂点的新农村建设示范村，开展“学习贯彻中共十九大精神”主题党课活动32次。通过开展“聘请专家”“领导干部讲学”“理论下基层”“巡回宣讲”“多媒体展播推送”等不同形式的理论宣讲，营造学习宣传贯彻中共十九大精神的浓厚氛围，推动中共十九大精神在新丰县落地生根，结出硕果。

【新闻报道】 按照省委、市委安排部署，积极开展中共十九大精神学习宣讲宣传工作，全力营造学习宣传氛围，通过“秀美新丰”“云髻先锋”“新丰TV”等微信公众号和广播电视、宣传栏、宣传标语、党建专刊等多平台、多形式，持续不断推送、报道系列学习中共十九大精神活动。据不完全统计，在县广播电视台播出中共十九大精神学习宣讲宣传新闻报道55篇，385篇次，在“秀美新丰”“云髻先锋”“新丰TV”等微信公众号和县政府信息网等新媒体平台推送、转载学习贯彻中共十九大精神相关报道共计194篇。

积极配合中央、省级主流媒体到新丰县进行采访报道，结合旅游、民俗传统、党建和人居环境整治等工作，在中央电视台、广东电视台等主流媒体推出专题报道。做好2017年全国学生定向锦标赛、2017新丰枫叶文化系列活动的宣传报道工作。成功举办2017年全国学生定向锦标赛新闻发布会。积极配合做好在云髻山取景拍摄的电影《榫卯》的宣传报道工作，协调做好由著名演员潘粤明携父母录制腾讯综艺节目的宣传工作；此外，在南方电视台、腾讯大粤网、广东电视台等推出介绍新丰县旅游发展情况的相关报道，“越野新丰，休闲天堂”品牌影响力越来越大，有力推动全域生态旅游发展。

认真做好县委、县政府中心工作以及重要会议的宣传报道工作。县内新闻报道工作按照“既要有政治高度，又要贴近民生接地气”的思路开展。围绕干部作风建设、产业规划发展、城市整体提升三大主题工作在电视和微信平台推出“学习贯彻十九大精神”“城市提升在行动”“乡村美化在行动”和“融珠先行、担当有为”访谈和其他系列报道，正面鼓劲和反面监督同时发力，为全县掀起干事创业热潮营造良好的舆论氛围，受到广大干部群众的好评。2017年，在市级以上报刊网络发表新闻报道450多篇，播出电视广播报道800多件。其中，在《人民日报》推出《浇地不用愁种田有盼头——广东新丰秀田村推进高标准农田建设》专题报道；在南方日报推出半版《跨局》粤东西北特刊《新丰奋力创建韶关融珠发展先行区》；在《南方》杂志相继推出贯彻落实十九大、产业园区建设、新农村建设和党建等多篇专题报道，有效提升了新闻宣传的传播力和影响力。

【舆论宣传】 2017年，在上级宣传部门的精心指导下积极应对托养中心事件、公职人员坠楼、港媒关注马头镇企业疑似排污、“宝丰苑”住宅小区土地纠纷、沙田镇天中村倾倒大量垃圾、沙田镇长引村举报危房改造、扶贫及低保工作存在违规操作等数起突发热点事件的舆情处置，加强了县内各自媒体的有效沟通，引导自媒体加强政治意识，围绕县委、县政府中心工作开展宣传报道，做到帮忙不添乱。

履行网信办公室的职能，发挥舆情监测系统的预警作用和舆情专报的参谋作用。24小时监测网上舆情，密切关注微博、帖吧、论坛、微信公众号等敏感网络平台，及时收集整理网上动态，做好舆情分析专报及时呈送相关领导及部门。加强与维稳及涉民生部门的沟通与对接做到信息灵通、行动迅速。据统计，2017年全年共发舆情专报12期。

网络宣传阵地和管理得到加强。进一步推进新媒体政务平台建设，开通“秀美新丰”南方号、无线韶关新丰频道和腾讯企鹅号，初步实现多元化传播。切实加强对县内新闻网站、政务微博和微信公众号等网络平台的综合管理和管控引导，规范县内社会网站和自媒体信息传播秩序，定期召集县内社会网站和自媒体运营人员召开座谈会，引导其要坚守政治红线、道德底线，依法办网、文明办网。组织有关人员加强对各自媒体平台发布内容进行一对一重点监看，确保内容符合法律法规，避免出现重大负面网络舆情。截至2017年12月，由新丰县委宣传部主管的“秀美新丰”微信公众号关注粉丝已突破10000，日阅读量平均达1000以上，在韶关市内政务媒体中有一定影响，在全社会营造了良好的舆论氛围。

【文化惠民】 积极开展各类文化惠民主题活动，弘扬传承中华优秀传统文化。开展春节游园和联欢活动、“春节书法联展”、“春节文艺汇演”、“庆国庆迎中秋·喜迎十九大”摄影·美术·书法作品展览活动等节庆文娱活动；深化文化志愿服务活动，先后举办了文化艺术沙龙、书法艺术进校园、诗词创作进校园等文化志愿培训活动，组织县诗社、县书法协会到马头中心小学开展“结对子，种文化”帮扶活动，促进全县文艺爱好者之间的沟通交流，使文化惠民工作落到实处。

加强与省、市文艺界的交流联络，举办“樱花摄影比赛”和“花中贵族摄影比赛”、“东莞新丰书法联展”、“翰墨丹霞”书法作品巡回展等活动，成功邀请到著名摄影师黄日有老师到新丰开展专题讲座4场次；积极参加省、市文艺评比活动，《饮茶歌》获广东省第七届群众音乐舞蹈花会铜奖；小戏《圆梦》《同是一家人》分别获得韶关市2017年第五届戏剧曲艺花会汇演金奖、银奖。

抓好文化“三送下乡”工作，据统计2017年开展送书下乡14次、送“迎十大九”专题公益电影下乡1692次，以“两学一做”“社会主义核心价值观”“建设新农村”等专题送戏下乡37场。

加快公共文化服务体系建设，完成2016年综合性文化服务中心示范点建设，确定2017年综合文化服务中心示范点10个，投入36.1万元完成全县农家书屋点的图书增配、更新与轮换工作，增书近2万册。

【报刊发行】　2017年，中共新丰县委宣传部强化党报党刊征订发行工作责任制，层层分解任务，积极抓好落实。征订发行工作中，各单位一把手亲自过问，分管领导具体负责，做到领导到位、责任到位、任务到位、经费到位，按时按量完成了市委下达的党报刊征订任务。

【干部培训】　选派人4次到省委和市委学校培训班学习。组织各镇（街）党（工）委宣传委员进行中共十九大精神学习培训，进一步提高基层宣传文化工作水平。　（江　邮）

附：2017年中共新丰县委宣传部正副部长名单

部　长：李芳足

副部长：黄文生

李洪锋

黄小广

统一战线

【概况】　2017年，县委统战部内设办公室、台湾工作办公室（原县政府台湾事务办公室）等2个职能股室，县民族宗教事务局与统战部合署办公，编制共5人，其中部长由县委常委担任。

【工作思路调整】　2017年，县委统战部根据新形势下对统战工作的要求，认真筹划，结合新丰实际提出“一二三四五”工作思路：“一个目标”（同心同德聚合力、同向同行促发展），突出“两点要求”（外树形象、内强素质），打造“三大品牌”（掌上统战、同心家园、台胞服务），建设“四个统战”（服务统战、团结统战、创新统战、有为统战），创建“五型机关”（学习型、服务型、效能型、和谐型、廉洁型机关），进一步发挥统一战线凝聚人心、汇聚力量的作用，致力为新丰实现“绿色崛起、跨越发展”、创建韶关主动融入珠三角加快发展先行区提供力量支持，为中共十九大胜利召开营造良好的社会氛围。为强化对统战工作的领导，进一步营造大统战工作格局，4月成立县委统一战线领导小组，8月召开了县委统一战线工作领导小组第一次全体会议，会议审议通过《中共新丰县委统一战线工作领导小组工作制度》、《中共新丰县委统一战线工作领导小组办公室

2017年新丰县统一战线新春团拜会。（黄维一　摄）

工作制度》以及原则通过《新丰县统战工作“1+N”联席会议制度》。

【统战理论学习】 2017年，认真学习贯彻落实习近平总书记在中央统战工作会议上的重要讲话精神、《中国共产党统一战线工作条例（试行）》及省委、市委统战工作会议精神。注重抓学习与宣传，利用一切可以利用的时间和机会安排学习，力求统战干部全面系统学，统战成员（对象）联系自身实际抓住重点学，让统一战线大家庭的各类成员都明白自身在统一战线上的角色，明确自身的责任和义务。为了扩大学习宣传的覆盖面，年初建立了“新丰统战”微信公众号，同时利用县知联会微信群、工商联微信群、党外人士之家微信群等统一战线群体微信群进行学习交流。在6月召开的全县统战工作座谈会上，还专门安排一名副部长对《中国共产党统一战线工作条例（试行）》进行解读学习，使各级统战干部及统战成员，就如何开展好新形势下的统战工作有了更明确的方向。

【党外干部队伍建设】 2017年继续抓好坚持和完善中国共产党领导的多党合作和政治协商制度配套措施的落实，加强党外人士队伍建设，做好党外干部的培养、选拔、任用工作。进一步完善党外代表人士人才库，注重发现人才；建立联席会议制度，加强与组织部门的沟通联系，加大力度做好党外干部培训、培养选拔和任用工作；继续抓好县党政领导班子成员与党外人士挂钩联系制度的落实。注重抓好县知联会思想和组织建设。3月组织县知联会赴井冈山举办了一期理想信念教育培训班，参训学员共有30人，通过为期1周的培训，学员们较系统完整地学习领悟了“坚定信念、艰苦奋斗、实事求是、敢闯新路、依靠群众、勇于胜利”的井冈山精神的内涵意义，增强了政治意识、大局意识和看齐意识。4月，县委对党政领导干部联系党外人士具体分工作了调整，并提出工作的具体要求，到12月止，有31位党外人士与县党政领导干部建立了挂钩联系。7月上旬在县委党校举办第四期党外干部培训班，选调41名党外后备干部参加为期1周的集中培训。通过培训，学员较好地学习和掌握统一战线基本理论知识，熟悉和领会中国共产党领导的多党合作和政治协商制度的基本内容及其意义，进一步提高了党外干部的角色意识及其在工作实践中的政治把握能力、参政议政能力、组织领导能力、合作共事能力和解决自身问题能力。培训结束后，会同组织部门对部分党外后备干部进行考察推荐提拔任用。2017年共提拔任用了4名党外干部，交流调整了7名党外干部，较好优化了党外干部的年龄结构和部门区域分布，同时使党外人士在政府及其部门担任领导实职的安排更好地达到了上级有关文件要求。

【非公有制经济领域统战工作】 立足促进非公有制经济健康发展和非公有制经济人士健康成长，以巩固“五好”县级工商联为抓手，充分发挥县工商联党组在工商联工作中的领导核心作用，进一步加强工商联自身建设。以“团结、帮助、教育、引导”为工作方针，着眼培养一支坚决拥护党的领导，坚定走中国特色社会主义道路、有经济实力、有代表性的积极分子队伍，进一步加强对非公有制经济人士的思想教育和政治引导，并努力探索新时期做好非公有制经济人士思想政治工作的新路子、新方法。以“凝聚正能量，共创中国梦”为切入点，在非公有制经济人士中开展理想信念教育实践活动，引导广大非公有制经济人士在思想上明确方向，加强企业内部管理，加强企业文化建设；结合开展“爱国、敬业、创新、守法、诚信、贡献”教育，积极推动光彩事业，进一步引导非公有制经济人士热心开展参与社会公益事业、赈灾解困、扶贫助学，为党和政府分忧的各项回报社会活动。春节期间组织开展送温暖献爱心活动，共慰问了困难群众44户。2017年非公有制经济人士继续资助原资助的贫困学生完成学业，为其他社会公益事业捐款10.66万元，参与“6·30”扶贫济困日活动，全县非公有制企业共捐款项304.37多万元。11月推荐4名非公有制经济人士加入市光彩事业促进会。深入调研，关注非公有制企业经营状况，积极为非公有制企业排忧解难。6月，妥善处置了一宗因被村民阻挠，导致建筑工程停工10个多月事件，使工程得以复工。一系列积极有效工作推动了非公经济健康发展和非公有制经济人士健康成长。有1位非公有制经济人士当选为广东省人大代表。据统计，截至2017年10月底止，新丰县非公有制经济企业个体工商户和私营企业有9530户，注册资金431406.36万元，从业人员25439人，非公有制经济上缴税金34226万元，较去年同期增长了19%，占全县税收85%，为全县经济建设发挥了重要的作用。

【民族宗教工作】　2017年继续认真贯彻落实党的民族宗教工作方针、政策和法律法规，紧紧围绕“团结、稳定、和谐、发展”的工作中心，继续抓好对《宗教事务条例》和《广东省宗教事务条例》的学习、宣传、贯彻，全面贯彻党的宗教工作基本方针，依法加强对宗教事务的管理。组织民族宗教干部学习中共十九大精神、习近平总书记关于宗教工作的重要论述以及宗教政策法规，进一步提高领导干部的政策水平和工作能力；深入调查研究民族宗教方面的突出问题，对民族宗教领域各类矛盾纠纷进行全面排查，建立长效的宗教活动场所日常安全管理工作机制，着力解决重点难点问题，坚决抵御国际敌对势力利用宗教进行的渗透活动，坚决打击各种非法传教活动，防止私设聚会点行为；按照中央、省、市、县安全生产工作会议的精神和要求，明确各宗教活动场所的安全生产职责和主体责任，落实年度安全生产监督计划，完善应急预案，积极消除安全生产隐患；注重开展对宗教人士及信教群众的爱国主义教育，鼓励宗教人士和信教群众为和谐新丰建设出力，逐步引导宗教与社会主义社会相适应。协助推进竹林古寺和西莲寺的改扩建工作，加强质量、安全监督，规范监管制度，有关工程进展顺利。11月份，协助韶关市基督教三自爱国会在基督教丰城堂举办了一期韶关市基督教堂负责人、义工培训班，并争取到该会支持10多万元，更新改善基督教马头堂基础设施设备；协调有关单位投入资金5万多元，在县城设置经营固定点，解决流动占道摆卖难题。

【港澳台和海外统战工作】　2017年继续认真贯彻“和平统一、一国两制”的基本方针，学习宣传《反分裂国家法》，开展反“独”促统做好涉台工作，突出重点地做好台资企业的服务工作；积极开展“走出去”“请进来”多种形式的对港澳台地区的交往活动，据统计，一年来共接待港澳台人士17批约180人次，加强联络乡情，有计

2017年1月22日，新丰县各界党外代表人士新座谈会（黄维一　摄）

划、有目的地指导“同乡会”开展工作；6月，应邀派员参加香港韶关同乡总会、韶关海外联谊会在香港举办的庆祝香港回归祖国20周年活动；7月陪同香港新丰同乡会成员到乳源瑶族自治县开展参观访问活动；9月，协助省台办围绕“深化两岸交流、共创最佳效益”为主题，在黄礤镇大丰观光休闲农场举办了广东片区台商青年交流研讨会。

【“四进”试点工作】 2017年县委统战部筹划开展统战工作“进机关、进农村、进社区、进企业”试点工作，选择了县教育局、县卫计局、黄礤营盘村、遥田大埔村、丰城街道南区社区居委会、丰城街道冬瓜坑社区居委会、广东电网有限责任公司韶关新丰供电局、臻丰混凝土有限公司等8个单位为试点单位。试点单位在县委统战部指导下按《新丰县统战工作“进机关进农村进社区进企业”试点工作方案》开展工作。

【加强自身建设】 建立“掌上统战”“同心家园”“台胞服务”等统战工作平台；整合了统战部办公场所，添置更新办公设施，建立起多媒体会议室；完善有关内部管理制度，加强了战干部的学习和素质提升。县统战宣传信息工作获得全市三等奖，其中一名通讯员被评为“先进个人”。

【精准扶贫】 2017年统战部继续挂扶梅坑镇司前村。安排一名干部专门负责该村的新时期精准扶贫工作，注重加强基层组织建设，认真核准落实帮扶对象，努力为群众办实事，资助该村委会有关设施建设7.3万元，在“七一”、春节期间分别慰问困难党员、困难群众发放慰问金5200元。 （黄维一）

附：2017年中共新丰县委统战部正副部长名单

部　长：廖功文

副部长：陈业能（任至8月）

　　　　胡伟民

　　　　俞光明（8月起任）

县直属机关工委工作

【概况】 2017年，中共新丰县直属机关工作委员会在编人数5人。截至2017年底，县直属机关工委下属党组织共有100个，其中党总支9个，党支部91个，党员1559人。

【迅速掀起学习中共十九大精神热潮】 严格落实县委贯彻学习会议要求，亲自参与制订工作方案，明确学习的时间和要求。及时下发学习资料。迅速将《十九大文件汇编》、《中共十九大报告学习辅导百问》、《十九大党章修正案学习问答》等学习资料发放到系统内各基层党组织和党员。发放党章学习问答和十九大辅导百问101份到基层党组织，发放文件汇编、十九大专用学习笔记本1550份到党员。积极开展十九大精神送党课下基层的“主题”党日活动。11月10日，由工委书记带领全体班子成员到挂扶村丰城街道岳城村，以“学真学深学透中共十九大精神，积极配合县委做好六项重点工作”为主题上了一堂党课，课后还对困难党员进行了慰问。同时系统内各机关党组织分别开展了形式多样的活动，为群众送上实惠。如县政协联合县委党校、县人民医院一起到遥田镇维新村开展了送党课、送医药下基层活动，为100多名村民进行免费义诊和赠送药品，得到了村民的好评。抓好“学报告学党章”考学活动，共组织了1550名党员参加，参考比例达到100%、平均分99.71、满分1505人，满分率97.1%。加大宣传力度。通过工委的QQ群、微信群定期推送学习宣传贯彻十九大精神内容，共在QQ群、微信群共推送有关宣传报道及做法60多篇，检察院、法院等党总支部还组织了党员干部进行了中共十九大精神知识竞赛、演讲比赛等活动。举办一期由系统内各（总）支部书记、工委全体干部参加的十九大精神宣讲会。

【切实履行基层党建工作责任】 始终把抓基层党建作为自己工作的首要任务。把党建工作列为重中之重，定期和班子成员一起专题研究基层党建工作，对暴露出的问题和矛盾，及时分析解决。抓好培训学习，累计参加学习培训人员1300多名。通过举办各种宣讲会，学习廖俊波、黄大年先进事迹主题活动，增强党员党性观念及党务工作者理论水平。严格按规定程序发展党员。坚持把政治标准放在首位，严把发展党员工作5个阶段，25个程序，切实提高党员发展质量。同时加强对入党积极分子及发展对象的培训教育，专门举办了一期入党积极分子及发展对象培训班。切实加强基层党（总）支部班子建设，及时调整配备完善好班子。2017年根据单位变更撤销2个党支部（分别是依法治县办、接待办党支部，党员分别按工作关系分别纳入到县委政法委、县机关事务局党支部），共做好31个党（总）支部的支委班子成员补改选等工作。

2017年7月25日，县委常委、组织部部长刘国洪到县直属机关工委指导党建工作（江春利　摄）

【推进“两学一做”学习教育常态化制度化】　做好部署，加强领导。把“两学一做”教育常态化制度化列为今年党建工作重点。及时组织召开动员大会，作出工作安排部署。注重抓好日常教育学习。先后组织系统内80多名党支部书记集体学习省第十二次党代会精神、举办了一期习近平总书记对广东工作重要批示精神宣讲会。开展主题实践活动，抓实党员作用发挥。坚持学做结合，组织工委系统单位学习贯彻省第十二次党代会精神“七一”主题党日活动。如县法院党总支开展“维护公平正义，我为党旗添光彩”主题党日活动，为迎接中共十九大胜利召开营造了良好氛围。同时其总支部还被列为县“两学一做”参观学习现场观摩点。加强对各基层党组织落实“三会一课”制度检查工作。采取检查支部会议记录本、查看档案资料、询问党员等方式进行检查，对落实不到位的党组织及时提出整改意见。通过检查倒逼工作，使各基层党组织对落实“三会一课”制度意识进一步增强。

【强力推进党组织和党员信息采集工作】　做好动员部署。明确各单位必须由专人负责，在规定时间内完成信息采集；加强业务培训，进行了专门培训；抓好信息核对工作。目前已完成100个党（总）支部和1550名党员信息的核查、录入。

【服务大局，完成其他工作】　坚持深入开展以服务为主题的党建带工建、带团建、带妇建活动，促进机关党员之家建设与机关职工之家、团青之家和妇女之家的建设统筹发展。共建档帮扶困难职工21名。认真做好精准扶贫工作。组织工委全体党员干部到挂扶村岳城村开展“干部进基层·共建美好家园”活动，召开“民情恳谈会”和走访慰问困难群众，帮助解决实际困难。积极做好党员志愿服务工作。2017年3月、6月共组织150多名党员干部开展义务植树、无偿献血工作。

认真做好政风行风民主评议和“民声热线”等工作，2017年共办理“民声热线”栏目组中群众反映问题12个，均已全部做好答复工作，没有出现超时答复、二次答复的情况。及时完成县委下达的城市提升任务，班子成员多次到所负责的拆迁户家中做好解释工作，于10月份完成拆迁任务。（江春利）

附：2017年中共新丰县直属机关工作委员会正副书记名单

书　记：陈继威

副书记：潘启斌（任至8月）

　　　　李考明

　　　　谭慧静

　　　　吴思恒（8月起任）

机构编制

【概况】 2017年，新丰县机构编制委员会办公室内设3个股室：综合股、行政机构编制股、事业机构编制股；设直属行政机构1个：县事业单位登记管理局；行政编制10名，行政执法专项编制3名，后勤服务人员数1名。2017年末，在职干部11人，政府购买服务人员1人。

【加强机构编制管理工作】 机构编制管理工作在严格执行中央、省、市有关法规政策的前提下，在认真总结过去经验做法的基础上，积极总结探索管理工作方法路子，编办与组织、人社、财政等部门密切配合，各司其职，各负其责，做好机构编制监督检查工作，共同保证机构编制管理各项工作落到实处。加大对违反机构编制纪律问题的查处力度，坚决查处超规格设置的机构、人员混编、混岗、非政策性超编、“吃空饷”等违规违纪行为，维护编制工作的严肃性，继续完善机构编制实名制管理系统。

2017年8月4日，县直属机关工委举办2017年新党员入党宣誓仪式（江春利　摄）

【深化行政审批制度改革】 根据《广东省行政许可事项通用目录（2017年版）》，结合新丰县实际，制定梳理《新丰县县级行政许可事项目录（2017版）》，行政许可事项目录公布后，各有关部门严格按照目录规范行使行政许可职权，并按照行政审批标准化的工作要求调整编写办事指南和业务手册。

【清理规范的行政审批中介服务事项】 贯彻落实省市关于清理行政审批中介服务的有关文件精神，进一步推进新丰县政府职能转变和深化行政审批制度改革，第一批清理规范28项县政府部门行政审批中介服务事项以县人民政府文件印发，不再作为行政审批的受理条件。

【开展机关事业群团统一社会信用代码赋码工作】 统一社会信用代码制度改革是推动社会信用体建设的一项重要措施，事业登记管理局对全县事业单位法人已实行“三证合一”，不再办理组织机构代码证、税务登记证，截至2017年12月，对全县事业单位已核发统一社会信用代码的法人证书。目前，新丰县直机关、群团统一社会信用代码赋码发证工作已全面完成。共103件（其中来信8件、来电2件、网信1件；市转信访件92件158人次），同比增长119%。

【深化行政体制和事业单位分类改革】 按照省市深化行政体制和事业单位分类改革的精神，结合新丰县实际，实现纪检派驻机构全覆盖；完善食盐监管体制改革，进一步强化和落实政府监管职责，建立健全监管体系，维护市场秩序，优化发展环境；完善人大组织建设；积极推进市场监督管理局组建工作；继续完善事业单位分类改革，推动事业单位回归提供基本公益服务的本质属性。

【中文域名管理工作】 机关事业单位网上名称管理工作作为机构编制部门的新增业务，已列为每年的常规工作。通过印发文件、宣传手册和编办网站等多种形式宣传中文域名注册工作，增进机关事业单位对中文域名注册工作的了解，掌握网上使用中文域名注册的技巧，进而提高中文域名注册的积极性，进一步做好全县党政机关网站开办审核、资格复核、网站标识管理以及事业单位网上名称规范、加挂网站标识工作。根据省市要求，全县的中文域名列入年度财政预算，达到中央、省市全覆盖的要求。

【精准脱贫工作】 深入贯彻落实省、市和县委、县政府关于新时期扶贫开发的决策部署，切实核准新时期精准扶贫对象，找准精准扶贫对策，做到真扶贫、扶真贫。按照“县为单位、分级负责、精准识别、长期公示、动态管理”的原则，编办认真细致地做好挂扶村丰城街道文长村的精准识别、精心动员、精准施策工作。为精准扶贫户适龄儿童发放教育生活补助，保护他们不因生活困顿而辍学，为有劳力贫困户发放扶贫款项用于发展生产，用于投资入股盈利企业和奖励有劳力人员外出务工，保障了文长村精准扶贫工作顺利开展，保证精准扶贫贫困户弱势群体生活水平的日渐增长。

【档案整理工作】 2016年3月份，县编办对1985年至2015年30年的文书档案进行整理归档。邀请档案管理专业人员指导工作，对各类档案进行重新统一分类，全面系统的进行整理、分类，建立了相关档案。在经费十分紧张的情况下，压缩开支，购买档案专用电脑、档案软件等归档设备。编办全体干部职工和档案局专业人员共同参与档案整理工作，档案整理归档到2015年。2017年5月，档案归档工作基本完成。

（县编办）

附：2017年新丰县机构编制委员会办公室领导班子成员名单

主　任：刘文丽

副主任：谭惠云

　　　　罗裔胜

事业单位登记管理局局长：

潘文鲜

史志工作

【概况】 新丰县史志办公室是由原中共新丰县党史研究室和新丰县地方志办公室于2002年1月机构改革合并而成，是承担全县党史研究和地方志编纂工作的机构，是参照公务员法管理的正科级事业单位，编制3名，2017年在编3人，人员经费按财政补助一类拨付。2017年，新丰县史志办公室紧紧围绕县委、县政府中心工作，服务大局，真抓实干，充分发挥史志资政、存史、育人等功能，完成《中国共产党新丰县历史大事记（1979年1月至2009年12月）》《红星耀丰江》（第二卷）《新丰年鉴（2017）》等史志文献的编纂出版工作；开展自然村落历史人文普查工作；制定《新丰县地方志事业发展规划（2017—2020）》；按时编写《新丰县大事记》，及时在新丰史志网专栏发布；推进史志工作信息化建设；完成《广东年鉴》《韶关年鉴》“新丰部分”条目的撰写及报送等工作。

【党史资料编纂】 根据编纂工作方案，2017年全面开展三卷党史资料的收集、整理工作，

2017 年 8 月 8 日，韶关市史志办主任丁伟志到我县指导史志工作

完成《中国共产党新丰县历史大事记（1979 年 1 月至 2009 年 12 月）》的印刷出版工作。完成制定三卷党史基本编目，安排撰写任务，完成第一章初稿撰写工作。完成《红星耀丰江（第二卷）》的设计、编辑和排版工作，已由广东人民出版社公开出版发行。

【李任予研究】 加强工作联络，与福建古田会议博物馆的领导和研究人员取得工作联系，交流李任予事迹的有关情况。通过跟踪研究了解发现并确认了李任予参加南昌起义的确切证据和一些新的活动情况。

【年鉴年报工作】 《新丰年鉴 2017》编纂方案于 3 月 15 日由两办发文，将年鉴编纂和地方志资料年报工作整合，实行同步报送收集。全县 147 个供稿单位以地方志资料年报形式报送年鉴和年报资料。按照省市“一年一鉴，公开发行，当年出版”的要求，完成《新丰年鉴 2017》的公开出版发行工作。2017 年 8 月，《新丰年鉴（2016）》在第四届全国地方志优秀成果（年鉴类）质量评审中，被中国地方志指导小组、中国地方志学会评为提名年鉴。

【自然村落历史人文普查】 截至 2017 年 4 月，全县完成自然村落历史人文普查的实地登记工作，注重突出特色和突出人文重点，完成全部调查表的填写、普查结果撰写、普查结果初审、修改和普查表及普查结果的上传工作，对已复审的普查文章在新丰史志网公示，接受社会公众的评议，提高普查质量。

【制定发展规划】 依据《韶关市地方志事业发展规划（2017—2020 年）》，结合新丰县实际，制订《新丰县地方志事业发展规划 2017—2020》。规划包含 4 大项内容 12 项主要任务和新丰方志馆建设项目。规划经第十五届九次县政府常务会议讨论并原则通过，并已印发实施。

【新丰方志馆建设】 启动新丰方志馆建设工作。根据《韶关市地方志事业发展规划（2017—2020 年）》（韶府办〔2017〕7 号）“2020 年实现市县区方志馆全覆盖”的文件要求，县史志办公室积极响应，及早谋划，制订《新丰县地方志事业发展规划（2017—2020 年）》，将新丰方志馆建设纳入规划。县政府两次常务会议分别讨论决定了建设新丰方志馆和建设选址。为推进方志馆建设工作，县史志办积极与市史志办、广州地方志馆、广东方志馆联络交流，了解方志馆规划建设相关要求，以便结合实际推进新丰方志馆建设。2017 年 12 月，方志馆建设已进入编制工程可行性报告和图纸设计工作，已被确定列入 2018 年新丰县重点工程和 2018 年新丰县民生实事之一，前期工作进展顺利。

【信息网络宣传】 进一步优化新丰史志网栏目设置，使栏目设置更科学，更能突出新丰特色。不断丰富、更新网站内容，大力宣传新丰地情文化，充分发挥网站记载历史、宣传新丰、服务社会的作用，网站点击率有所增加。

【大事记编写】 按时完成2017年《新丰县大事记》的编写工作并在新丰史志网专栏发布。迄今为止共编写大事记122期。

【加强政治思想学习】 以“两学一做”学习教育为契机，切实加强党风廉政建设和作风建设，凡办公室重大事项均召开会议集体讨论决定，做到透明、公开。积极参加县委组织部举办的全县科级干部学习贯彻中共十九大精神专题培训班的培训学习，参加公务员学习贯彻落实中共十九大精神及新时期公务员职业道德建设专题全员培训学习，用习近平新时代中国特色社会主义思想武装头脑，指导实践，推动工作发展。

【精准扶贫工作】 完成22户贫困户2016年度户帮扶计划、村帮扶计划录入工作及5户新增贫困户的核查、公示、上报、资料录入工作。全程参与换届工作，及时了解工作动态，掌握工作进程，驻村干部到村到组，全程参与了解换届选举过程，协助村依法依规做好换届选举的各项工作，确保村“两委”换届工作顺利开展。积极资助挂扶村建设光伏扶贫电站，帮助村壮大集体经济。扎实做好挂扶村人居环境综合整治、贫困户危房改造、教育扶贫、电网改造等工作，落实县、镇扶贫办各项扶贫计划，切实完成扶贫任务。

【做好其他工作】 协助做好《老区县发展史》的编纂工作，积极协助县老促会做好重大史料的搜集、整理工作并安排专人参与史书的起草、编纂工作；协助做好县政协委员调研、视察革命文化遗址的相关工作；积极参与城市提升工作，落实路长制工作任务，按照县的工作要求，制订工作制度，开展日常巡查和整治工作。

（黄文武）

2017年6月21日，新丰县史志办主任张京泉（右二）县委办副主任陈志华（左二），拜访福建古田会议纪念馆馆长洪武子（中）、副馆长胡志豪（左一），交流红军早期领导人李任予事迹的最新研究成果

附：2017年新丰县史志办公室正副主任名单

主　任：张京泉

副主任：黄文武

信访工作

【概况】 2017年，新丰县信访局积极履行工作职责，认真接待处理群众来信来访事项，及时收集反映社情民意，妥善协调化解信访问题，为新丰“融珠先行”创造和谐稳定的社会环境发挥了积极作用，全县社会大局和谐稳定。

【接访办信】 2017年，新丰县信访局共受理群众来信来访298批（件）949人次（件），其中来访195批780人次，同比批人次分别增长124%和68.5%；来信、来电、网信及市转信访件

【领导带头推动责任落实】 县委重视，部署有序2017年，每月县四套班子碰头会的议程必有信访维稳工作；每月的县委常委会专题研究信访维稳工作；县每月的信访工作联席会议由

县委、县政府分管领导亲自召集研究布置。

实行县领导轮值接访工作机制县党政主官坚持以上率下带头到信访接待场所接访群众，其他县四套班子成员每个工作日轮值接访，在县级领导的示范带动下，全县上下切实行动起来，高度重视群众信访维稳工作，各镇（街）各单位一把手亲自抓排查抓化解抓稳控，负起“看好门、管好人”的责任。

实行领导包案调处信访维稳问题年初，部署对全县信访突出问题开展全面排查，经逐一分析研判，筛选出63宗涉及面广、化解难度大的信访事项，列入各级领导包案调处。按化解“事权”原则，“事权”在县的31宗分别由县四套班子领导包案，“事权”在镇（街）和部门的32宗由镇（街）和部门领导包案。县委政法委、县信访局按照信访积案化解的要求，实行“月报送、季督导、年考核”制度，定期进行督查督办。

【开展“6+3”突出信访问题专项化解行动】 2017年，扎实推进“6+3”突出信访问题专项化解行动和“千案化解”百日行动。结合两个行动的方案，印发《开展信访突出问题治理专项行动工作方案》《“千案化解”百日行动方案》，部署开展信访突出问题治理专项行动。要求各镇（街）各部门对六大领域（涉农、涉土地、涉劳资纠纷、涉环保、涉金融和涉房地产领域）和三类特定利益群体信访突出问题开展全面排查，对排查出来的63宗信访矛盾突出问题，逐一登记造册，建立动态管理台账，落实包案领导和责任人，明确调处措施和化解时限，推动一批调处。

【重复信访专项治理】 2017年1—7月，新丰县群众重复到省信访事项共7宗（均为来信或网信），涉及环境污染、林业管理、历史遗留问题、户籍证件、扶贫开发、土地资源管理，根据市信访局《关于做好重复信访专项治理工作的通知》要求，县信访局迅速召集相关乡镇和县直部门分管领导，对群众重复到省信访事项进行集中交办，要求认真对每一宗重复信访事项进行全面核查，按相关要求和程序及时办结，形成核查报告，完善佐证资料。10月上旬前全部办结，并录入网上信访信息系统。

【依法分类处理信访诉求】 2017年3月，县信访局印发《新丰县分类处理信访投诉请求的主要法定途径及法律依据汇编》，30个职能部门按照清单范围受理办理属于自己职能范围的投诉请求，信访部门与各职能部门加强沟通对接，努力形成互相衔接、协调联动的分类处理工作机制。4月，县公检法司部门联合印制《关于处置非正常上访行为的通告》，引导群众依法逐级走访，规范群众信访行为和秩序。

【信访工作责任落实】 2017年9月，重新修订《新丰县信访工作考核办法（试行）》，考核结果与镇（街）、县直单位年度绩效考核相衔接。信访维稳的督查指导逐步形成常态化，县委分管信访维稳工作领导每周率队到各地各部门开展督导，推动矛盾纠纷化解和稳控责任的落实；县信访局对全县信访突出问题进行逐宗督查督办，督促各相关单位落实解决群众合理诉求，推动积案、难案、重点案的化解，并利用联系镇（街）信访维稳工作机制，将岗位前移、力量下沉，参与维稳形势分析研判、指导矛盾纠纷排查化解、协调县直单位参与重大疑难个案调处、督促领导包案落实。严肃信访工作责任追究，县委县政府督办工作领导小组办公室、县信访工作联席会议对特殊防护期内不落实“零报告”、重点人员脱管漏控，以及发生群众进京非正常上访等事件，在全县予以通报批评，层层传导压力，级级压实责任。

【信访工作信息化建设】 2017年，新丰县相关职能部门和各镇（街）均已接入国家信访信息系统，实现了全面覆盖，所有受理的信访事项在网上流转，办理过程和结果在网上公开，做到阳光公开，提升了信访事项办理科学化、规范化水平；1

月，新丰信访网建成开通，宣传信访法律法规，及时发布有关信息；逐步推进建设微信信访、手机APP信访管理系统，拓宽信访渠道，节约群众信访的交通成本和时间成本，方便人们参与社会建设和监督，提高信访工作效率。

【信访基础业务规范化建设】2017年6月，组织各镇（街）信访信息系统业务员参加全省信访基础业务规范化视频培训班学习；9月，组织参加全市网上信访信息系统操作培训班学习。通过培训学习，进一步提高来信办理、来访办理、网上信访办理、复查复核办理等业务能力，进一步规范网上、网下的信访业务操作。日常通过督查指导，推动全县信访基础业务逐步实现规范化。

（俞志高）

附：2017年新丰县信访局领导班子成员名单全县信访工作负责人：潘伟强（中共新丰县委办公室副主任、主任科员）

保密工作

【保密管理】　2017年，在新丰县委常委会议上及时传达市委保密委暨全市保密工作会议精神，新丰县委副书记、县委保密委主任曾军同志在会上强调领导干部和保密工作人员要提高保密意识，并对2017年保密相关工作安排作了通报。召开新丰县委保密委全体会议暨全县保密工作会议，新丰县委保密委全体成员、各镇（街）副书记、县直（含市属）副科以上单位保密组织负责人共120多人参加会议。新丰县委副书记、县委保密委主任曾军同志在会上作了讲话。结合新丰县实际，出台《关于加强和改进保密工作的实施意见》《“十三五”时期新丰县保密事业发展规划》《新丰县保护国家秘密应急处置预案》等重要文件，确保新丰县保密各项工作扎实推进、取得实效。

【保密宣传】　举办定密责任人培训班，县委保密委部分成员、各镇（街）、县直（含市属）有关单位保密组织负责人和保密员约140多人参加培训。积极组织全县各单位征订保密宣传教育图文视频资料，为在“纪律教育学习月”活动中开展保密法纪宣传教育营造良好氛围。认真做好《保密工作》杂志的组织发行工作，积极发动各镇（街）、县直各单位保密组织征订《保密工作》杂志，充分发挥《保密工作》杂志宣传主阵地作用，通过学习《保密工作》，开阔了领导干部、保密工作人员的眼界视野，增强了保密观念。新丰县保密局认真组织开展纪律教育学习月暨保密法纪宣传教育月活动，对全体干部开展党性党风教育、党规党纪教育、反腐倡廉教育、保密法纪教育，进一步增强保密干部的党性观念，筑牢拒腐防变的坚固防线，绷紧保密这根弦。

【保密监督检查】　组织新丰县各镇（街）、县直各单位开展互联网门户网站保密检查工作。各单位高度重视，积极参与自查工作尤其是互联网门户网站、政务微博、微信公众号、互联网办公系统、互联网政务邮箱的检查，防止失泄密隐患的发生。组织各镇（街）、县直各单位开展2017年度机关、单位保密自查自评暨督查工作，对县直（含市属）有关单位开展了绩效考核。做好高考的安全保密工作，确保考试顺利进行。新丰县保密局会同市保密局认真做好高考试卷保密室的安全保密检查验收工作，对新丰县的全部试卷保密室进行严格细致的检查，并派员参与试卷的押运，在考试期间进行巡查巡视，每天都详细掌握当天的安全保密情况，及时上报。

【保密工作责任制】　根据市印发的《韶关市领导干部保密工作责任制》，县委保密委会同县纪委、县委组织部大力推进领导干部保密工作责任制告知、责任书签订工作，进一步落实领导干部保密工作责任，将领导干部保密工作责任制纳入干部考察、任前谈话和任前考试等内容。

【保密队伍建设】　2017年，县保密行政部门非常重视干部队伍建设，将之摆上重要议事日程。注重政治理论学习，认真学习贯彻中共十八届五中、六中全会和中共十九大精神，认真学习贯彻习近平新时代中国特色社会主义思想，认真开展“两学一做”学习教育活动，提高思想政治认识，增强政治敏锐性与鉴别力，在政治上思想上行动上同党中央保持高度一致。注重保密业务学习，认真学习贯彻中央、省、市、县领导关于保密工作的指示批示精神，学习贯彻保密法律法规，不断提高保密意识和保密工作能力水平。（潘永概）

附：2017 年新丰县保密局正副局长名单

局　长：陆俊源（任至 2 月）
　　　　曾志平（2 月起任）
副局长：丘永忠

老干部工作

【概况】 中共新丰县委老干部局是新丰县委为落实老干部各项待遇，为老干部服务的工作部门，财政经费为全额核拨。局机关配行政编制 4 名，在编 4 人，政府购买服务 1 人，临聘人员 1 名，实有人员 6 人。局内设办公室、离退休干部股、关心下一代工作股 3 个职能股（室）。局下属事业单位 1 个，事业编制 5 名，参公人员 1 名，在编在职 6 人，政府购买服务 2 人，临时工 1 人。全局共有工作人员 15 人。

2017 年，中共新丰县委老干部局全面贯彻落实老干部的各项方针政策，认真做好老干部政治生活待遇的落实；组织老干部开展各项有益身心健康的活动，继续创新企业离休干部的管理模式，引导支持老干部参加关心下一代工作，组织老干部开展为党和人民的事业增添正能量活动，办好老干部（老年）大学，抓好新大学建设工作，引导老干部积极投身构建和谐幸福新丰。

【落实老干部政治待遇】 理论学习 2017 年，中共新丰县委老干部局组织老干部开展政治理论学习，将思想政治建设贯穿于老干局各项工作的始终。加强政治理论学习，围绕中共十九大精神十八大以来系列会议精神及省十二次党代会精神和习近平总书记系列重要讲话精神，组织离退休老干部认真学习党的最新重大理论成果，保持思想上与时俱进。丰富离退休老干部的精神生活，坚持免费为离休干部订阅“二刊一报”（《秋光》《当代老年》《老人报》）。发挥县老干部活动中心阅览室文化阵地的作用，增订《中国老年报》《人民日报》《南方日报》《韶关日报》《参考消息》《中国老年人保健》等报刊。一年来，累计订阅报刊 763 份，不断丰富老干部精神文化需求。加强老干部党支部建设，丰富党组织活动形式和内容，增强党组织活动的政治性、原则性和吸引力、感染力。支持水务局老干党支部活动经费 10000 元，对党员活动室进行修缮，进一步发挥该党支部在离退休人员中实现自我教育、自

10 月 13 日，市委副书记、县委书记陈波（右二）到新丰县老干活动中心调研

我管理、自我监督的作用。

政情通报组织老干部参加重要会议和视察活动。1月18日上午，县委县政府召开全县副科以上离退休干部政情通报会，向参加会议的200多名离退休干部通报新丰县2016年经济社会建设发展情况和2017年工作任务。通过政情通报会，构筑政府与老干部之间的良性互动，进一步凝聚共识，发挥老干部的独特优势，围绕中心，服务大局，为党委政府加油鼓劲。1月18日下午，新丰县委、县政府在县会议中心一楼云髻厅召开原县四套班子离退休干部春节慰问座谈会，共有21名在县城居住的老领导参加，县委书记陈景辉、县委副书记、县长马志明，县委常委、组织部部长刘国洪参加会议。会议通报了新丰县一年来经济、社会发展情况。

参观考察为了让老干部进一步了解本县经济和社会发展，继续发挥余热，为社会发展献计献策，11月8日上午，县委老干部局组织30多名离退休老干部参观了解城市提升、韶能生物质发电等重点项目建设和黄磜镇新农村建设等情况。

集体祝寿10月27日上午，县老干局在老干部活动中心一楼为离休干部、老战士举行祝寿会。共计60多名离休干部、老战士及其家属参加祝寿会。县委、县政府十分重视，县委常委、组织部部长刘国洪，县委老干局领导班子参加了祝寿会。刘国洪代表县委、县政府发表讲话并与离休干部、老战士代表一起切蛋糕、送上节日慰问金并祝愿他们节日愉快，健康长寿。

走访慰问春节前夕，中共新丰县委老干部局上门慰问全县45名离休干部。为全县副科级以上离退休干部发放了春节慰问金，其中副科级200元、正科级500元、副处级1500元、原县四套班子3000元。中秋节慰问原县四套班子领导及企业离休干部共39人。2017年探望慰问住院老干部40人次，慰问金12000元。

【保障老干部生活待遇】　落实好离休费待遇中共新丰县委老干部局认真落实离休干部的离休费政策，有效地保证全县离休干部的离休费按时足额发放。2017年3月，根据《关于印发〈新丰县调整机关事业单位工作人员基本工资标准和增加机关事业单位离休人员离休费实施方案〉的通知》（新人社联〔2016〕15号）文件精神，全县离休干部从2016年7月1日起按省市有关规定增加了离休费。对企业离休干部，按照与行政持平的财政保障机制，争取落实了企业离休干部的住房维修和物业管理补贴资金，并于2017年4月发放。

落实好医疗费待遇离休干部的医药费按规定得到了全面落实，财政支持机制得到良好运转。全县离休干部的医药费全部纳入社保统筹，为老干部的医疗费提供了保障，从未出现拖欠老干部医药费现象。实行离休干部医疗统筹节余奖励制度，鼓励老干部精打细算，节约开支；2017年有10名离休干部受到奖励，奖励金共24189.4元，均发放到离休干部个人手中。

10月27日，新丰县老干部活动中心举办重阳节文艺演出活动

【加强老干部活动阵地建设】 指导老干部大学坚持正确的办学和发展方向积极践行“老有所教、老有所学、老有所乐、老有所为”的办学宗旨和“崇德、博学、康乐、尚为、益寿”的校训，选齐配强专业老师，引导学员深入社区、学校义演，扩大对外影响力。2017 年老干部大学共开设 9 个专业班，招收学员 300 多名。新丰老干部大学顺应时代变化，与时俱进，积极筹备，于秋季新开设了英语口语班，共招收老年学员 30 名。老干部活动中心累计接待活动人员 2 万多人次。

抓好老干部活动中心大楼建设老干局班子积极与省市老干局、县委、县政府沟通，得到市老干局鼎力支持，争取到省老干局新建老干部活动中心专项资金 350 万元；县财政支持658.6 万元。现新老干部活动中心和老干部（老年）大学正在建设中，用地面积 6692.3 平方米，建筑占地面积 1120 平方米，总建筑面积 6320 平方米，公共道路用地面积 215.8 平方米。新大楼主体建设已完成，各项工程进入收尾阶段，预计2018 年投入使用。

【积极开展传播正能量活动】 开展“建言”“畅谈”活动 2017 年新丰县有关单位共组织座谈会 21 次，参加人数 400 人次，收集意见建议 20 多条。

开展征集“三个 100 句”“正能量微语活动”印发优良家风创意书，征集正能量微语。

开展庆祝中国共产党建党 96 周年活动举办歌咏、征文、演讲等系列比赛，进一步激发广大离休干部爱党爱国之情，增强老党员的荣誉感和自豪感。

举行专场文艺晚会 10 月 26 日晚，新丰县老干局举办的“金秋十月，老干风采”专场文艺晚会在县南门塘广场精彩上演。

举办系列体育比赛重阳节期间，在县老干部活动中心举办老干部庆重阳系列体育比赛，有 200 余名离退休党员干部参加活动。

举办书画摄影展为庆祝中共十九大胜利召开，弘扬主旋律，展示新风貌，11 月 7 日上午，由市、县多个单位举办的“庆祝十九大共建善美城”书画摄影展在新丰县老干部大学开幕。

【发挥“老字号”作用】 积极搭建县关工委、老促会、老联会、诗社等“老字号”组织的平台作用，鼓励老干部们继续关注和支持县委、县政府中心工作，带头学习宣传党的方针政策，积极建言献策。发挥“五老”优势作用，宣传和引导广大青少年学习和践行社会主义核心价值观、中华民族传统美德，助力良好社会风气的养成，积极开展红色教育。2017 年 12 月，县关工委、县教育局关工委宣讲团到新丰二中、三中、回中和县城一小、二小、三小、实验小学、回龙中心小学等 8 所中小学宣讲中共十九大精神，举办中共十九大图片展览。受教育师生共 17492 人。全县各级关工委共组织文艺演出 51 场、累计 41655 人次，校外教育辅导学生 715 人，编印书籍 90 册，关爱留守儿童 3318 人，帮教失足青少年 132 人，为 6287 名贫困生提供资助 818515 元，帮助 208 位农村青年创业。

（李小华）

附：2017 年中共新丰县委老干部局领导班子名单

局　长：俞远珍（任至 5 月）
　　　　王春家（6 月起任）
副局长：余新华（任至 9 月）
　　　　潘向军（2 月起任）
　　　　陈罗女（9 月起任）

党校工作

【概况】 2017 年，中共新丰县委党校（新丰开放大学）认真贯彻落实全国及省、市委党校工作会议和十八大、十九大精神，团结协作，奋力进取，克服各种困难问题，积极推进各项工作，较好地完成了各项目标任务。

【主课主业教育】 2017 年，按照县委工作部署要求，学校结合实际，优化教学内容和教学形式，在 4—12 月份先后举办了公务员初任培训班、总书记重要批示精神学习培训班、党外干部培训班、“两新”组织支书（骨干党员）培训班、专技人员

《工匠精神与广东制造》培训班、科级领导干部培训班、学习贯彻中共十九大精神及职业道德建设教育培训班等专题教育培训，邀请省、市委党校的专家教授及县领导、资深人士前来授课，并选派本校四位骨干教师在校内或深入到全县各镇村、县直机关 18 个党委等地，围绕“两学一做”、新时期治国理政新理念新思想新战略、十八届六中全会精神、省十二次党代会、习近平总书记对广东的重要批示精神、中共十九大精神、新党章等内容进行宣讲，强化公务员、专技人员、村“两委”干部的政治思想、意识形态、职业道德、党性修养等方面的教育引导。2017 年，学校共举办培训班 69 期，累计培训 7719 人次。开展下基层、进村居、进学校和县直机关 18 个党委宣讲 30 场，听课人数 2000 人次，有效发挥出党校培训教育的主渠道主阵地作用。

【开放大学教育】　9 月 28 日，新丰开放大学举行更名揭牌仪式，新丰县广播电视大学正式更名为新丰开放大学。学校坚持把“规范教学管理，提高教学质量，扩大办学规模，提高办学效益”作为工作重点，不断创新工作方式，积极办好学历教育。加强招生工作力度。2017 年本科开设 4 个专业（法学、汉语言文学、行政管理、会计学）、专科开设 4 个专业（法学、行政管理、会计学、学前教育），全年招生 282 人，其中本科 102 人、专科 180 人，在校生人数和招生规模保持在较高水平。认真做好各专业、各学历层次的授课计划，不断优化课程方案，严格选配任课老师，加强教学过程中各个环节的督促与检查。重视做好毕业生论文指导及答辩工作。学校本着对学生负责、对工作负责的原则，严格按照省开放大学论文指导要求，成立论文指导答辩工作小组，挑选 10 多位责任心强、业务水平高的骨干教师组成指导小组，分别对各专业的毕业论文进行悉心指导。2017 年共安排 200 名学生进行论文写作（春季本科 42 人、专科 67 人，秋季本科 29 人、专科 62 人），本、专科论文完成率及通过率均在 90% 以上，其中法学专业的罗碧珊同学顺利通过论文答辩和论文终审，并取得学士学位。精心组织考试，严肃考风考纪，顺利完成春、秋两季期末考试，没有出现考试事故。

【党的建设工作】　扎实开展“两学一做”学习教育，从政治思想、意识形态、职业道德、党性修养等方面强化全体教职员工的思想理论武装，提升业务能力水平。学校在职教职员工和离退休教职员工党支部积极发挥作用，安排学校资深理论教师按计划、分阶段为全校党员干部授课，学习省十二次党代会、习近平总书记对广东的重要批示精神、中共十九大精神、新党章、纪律处分条例、廉洁自律准则及习近平系列讲话内容；分批次组织学校教师前往重庆党校、浙江大学学习，汲取先进经验做法。在集中学习的基础上，要求每位党员自觉进行自学，做好读书笔记，撰写学习心得体会。设置校园“两学一做”学习教育宣传栏，定期更新内容，并在校园悬挂横幅标语，营造浓厚的学习氛围。同时，要求全体党员干部将学习内容与工作实践结合起来，做到学以致用，自觉按照党员标准规范自身言行，激励工作热情，坚定理想信念，树立人生目标，履行岗位职责，创造辉煌业绩。

【新校区建设】　新丰县委党校新校区作为续建的 2016 年新丰县重点项目及六大民生工程之一，总占地面积 4128 平方米，包括教学楼、报告厅、生活楼三大部分。为使项目早日建成使用，学校成立了新校区建设工作小组，积极主动参与新校区的规划、报建、招标等工作。2017 年，新校区主体工程在 8 月通过了验收，主体工程的外围装修改造基本完成，教学楼、生活楼室内装修完成过半，报告厅完成批灰；学校对教学楼、报告厅、生活楼二次装修的隐蔽工程预装完毕。另外，为配合做好县妇幼迁建党校老校区工作，学校成立了党校拆迁工作领导小组并配强组员，从补偿方式、回迁位置等方面对拟拆迁户开展摸底调查，收集住户房产证及身份证复印件等信息资料，同时积极与县卫计局沟通协调，配合县卫计局成立拆迁工作领导小组，协商拆迁时间及相关事宜。

【基础设施建设】 为进一步优化学校办学环境，提升办学质量，学校结合实际需要，按办学标准要求建设了学校简便食堂，由政府统一采购了17台电脑、4台打印机、1台复印机等办公器材，有效改善了学校的教育教学办公条件。

【启动校志编写工作】 为了更好地给后人留存宝贵的资料，总结历史、资政育人及挖掘和弘扬历代党校（电大、教师进修学校、职校、农校）人艰苦奋斗、争创一流、无私奉献的优良传统，进一步树立学校的社会形象，增强广大师生员工的凝聚力和自豪感，学校决定编纂党校校志。成立编纂工作领导小组，由县委副书记、党校校长曾军为名誉顾问，曾经在党校（电大、教师进修学校、职校、农校）任过校领导的十位老干部为顾问。由现任党校常务副校长张文聪任编写领导小组组长，其他四位副校长任领导小组副组长。聘请原党校校长、电大校长叶观添同志任主编，设编纂办公室负责日常编写的具体工作。

【精准扶贫工作】 按照县委、县政府统一部署安排，学校挂扶遥田镇维新村。该村距县城62公里，有17个村民小组，共894户3469人，其中有精准扶贫户46户89人。抓好产业帮扶，促进就业增收按照县扶贫办统一部署，扎实做好贫困户小额贷款、入股丰江公司和合作社的前期工作；与维新村合和猪场签订协议，发动贫困户入股或到该猪场务工；组织贫困户参加实用技术培训，推荐外出务工；扶持贫困户发展种果、养猪养鸡等项目。

抓好基础数据录入按照县扶贫办要求，积极建设好扶贫大数据平台，做好扶贫系统录入、维护工作，并对省市调查发现的精准识别问题和基础数据“错漏缺”问题及时整改。积极推进新农村建设做好“三清理、三拆除、三整治”等人居环境整治工作。2017年，学校共投入扶贫资金13.5万元，帮扶贫困村户发展生产、完善基础设施，顺利完成了小额贷款前期工作和助学资金、危房改造资金发放工作。另外，积极协调组织学校教师和县医院医疗志愿者到村开展送党课和义诊活动，宣传中共十九大精神，服务有需要的群众。

（潘俊才）

附：2017年中共新丰县委党校领导班子成员名单

校　长：曾　军

常务副校长：廖简修（任至8月）
张文聪（8月起任）

副校长：邓标志
罗昌文
李文敬
丘丽红

新丰县人民代表大会及其常务委员会

【概况】 2017年，新丰县人大常委会机关行政编制17人（不含常委会正、副主任）、事业编1人。分设“五委一室”：人大办公室、财政经济工作委员会、法制工作委员会、教育科学文化卫生工作委员会、选举联络人事任免工作委员会、城乡建设环境与资源保护工作委员会。县人大常委会依照宪法、地方组织法以及其他有关法律法规的规定行使职权。

重要会议与决议、决定

【县十五届人大二次会议】 2017年2月27—28日，新丰县第十五届人民代表大会第二次会议在县政府会议中心召开。此次会议应到代表170人，实际到会163人。会议听取和审议县发改局局长陈光辉代县政府所作的《新丰县2016年国民经济和社会发展计划执行情况及2017年计划草案的报告》和县财政局局长林继开代县政府所作的《新丰县2016年预算执行情况和2017年预算草案的报告》，会议以举手表决方式通过工作报告决议。本次会议在本次会议通过的代表议案截止时间内，收到代表提出的建议、批评和意见27件。会议期间，根据《新丰县人民代表大会代表关于开展“一府两院”及相关单位年度工作测评与评议办法》的有关要求，大会秘书处组织到会的县人大代表对县政府职能部门和“法检两院”2016年度工作进行满意度测评。

【县人大常委会会议】 2017年，新丰县人大常委会共召开10次常委会会议。会议审议和决定的主要事项：1. 审议人事任免事项；听取和初审县政府关于2016年国民经济和社会发展计划执行情况与2017年计划草案的报告；2. 听取和初审县政府关于2016年预算执行情况和2017年预算（草案）的报告；3. 听取县政府关于2015年审计发现问题整改落实情况报告；4. 通过县人大常委会2017年工作要点；5. 审议通过新丰县人大常委会关于开展第七个五年法治宣传教育的决议（草案）；6. 听取县政府关于城乡规划实施情况报告；7. 听取县政府关于环境状况和环境保护目标完成情况报告；8. 审议县政府关于提请将政府购买服务建设项目资金列入县本级财政预算的报告；9. 听取和审议《中华人民共和国森林法》执法检查报告；10. 听取县政府关于创建教育现代化先进县工作情况报告；11. 听取和审议新丰县2017年上半年国民经济和社会发展计划执行情况报告及初审意见；12. 听取和审议新丰县2016年财政决算情况报告及审查结果报告；13. 听取和审议2016年度预算执行和其他财政收支审计工作报告及初审意见；14. 听取和审议新丰县2017年上半年预算执行情况报告及初审意见；15. 听取县政府关于政府购买服务项目融资情况说明；听取和审议县政府大旅游产业发展情况报告；16. 听取和审议新丰县精准扶贫工作情况报告；17. 听取和审议县法院关于执行工作情况报告；18. 审议《关于开展“一年三问”实行问效监督的实施试行办法》《新丰县人大代表工作制度》《新丰县人大代表、人大常委会对“一府两院”及其工作部门年度工作测评与评议办法》；19. 听取和审议县政府关于十五届人大一、二次会议代表建议办理情况的报告；20. 听取和审议县政府“两个议案”实施情况的报告；21. 听取和审议县政府关于2016年预算资金绩效评价情况报告；22. 听取县政府关于2016年审计发现问题整改落实情况报告；23. 审议关于在有关选区补选县十五届人大代表的决定（草案）24. 听取和审议新丰县人民政府关于2017年预算调整方案的报告；25. 审议关于召开新丰县第十五届人民代表大会第三次会议的决定（草案）；26. 听取和审议新丰县2017年国民经济和社会发展计划执行情况及2018年计划初步方案及初审意见；27. 听取和审议新丰县2017年预算执行情况和2018年预算初步方案及初审意见；28. 审议《关于设立新丰县第十五届人民代表大会法制委员会的议案（草案）》；29. 讨论县十五届人大三次会议有关事项；30. 审议《新丰县人民代表大会常务委员会工作报告》；31. 听取和审议《关于新丰县第十五届人民代表大会代表变动情况和个别代表的代表资格审查报告（草案）》。

【重大决议决定】 2017年，县人大常委会会议共作出决议、决定16项：1. 关于召开新丰县第十五届人民代表大会第二次会议的决定；2. 关于开展第七个五年法治宣传教育的决议；3. 关于新丰县2016年国民经济和社会发展计划执行情况与2017年计划的决议；4. 关于新丰县2016年预算执行情况和2017年预算的决议；5. 关于新丰县人民法院工作报告的决议；6. 关于新丰县人民检察院工作报告的决议；7. 新丰县人大常委会关于批准2017年度财政预算的决议；8. 新丰县人民代表大会常务委员会工作报告的决议；9. 关于新丰县人民政府工作报告的决议；10. 关于新丰县人民法院工作报告的决议；11. 关于新丰县人民检察院工作报告的决议；12. 关于接受李翠琼辞职决定；13. 关于接受陈景辉等七位同志辞去县十五届人大代表辞职的决定；14. 关于在有关选区补选县十五届人大代表的决定；15. 关于召开新丰县第十五届人民代表大会第三次会议的决定；16. 关于批准新丰县人民政府2017年预算调整方案的决议；17. 关于接受陈向群同志辞职的决定；18. 关于开展第七个五年法治宣传教育的决议。

2017年12月21日，召开县人大常委会与“一府两院”联席会议。图为会议现场

主要工作和活动

【人大监督】 2017年，在市人大常委会的指导和县委的正确领导下，县人大常委会深入学习贯彻中共十八大、十九大和习近平总书记系列重要讲话精神，认真落实县委十三届二次、三次全会和县委人大工作会议的部署要求，紧紧围绕“融珠先行”的目标任务，大力加强县镇人大工作和建设，依法行使法定职权，实行正确监督和有效监督，努力发挥人大在全县改革发展稳定中的积极作用，各方面工作取得新进展、新成效。

坚持围绕中心，依法监督，推动新丰跨越发展　常委会围绕城市提升工作，听取审议了县政府城乡规划情况报告和县城市容环境整治议案实施情况的报告，多次组织常委会组成人员及部分代表开展县城规划建设管理及城市提升调研视察，开展屠宰场搬迁及活禽交易市场两个重点建议办理落实情况的视察，主任会议适时增加听取了县城市场规划建设情况的报告，推动了县城市容市貌明显改善及公共配套设施的完善。围绕产业规划发展，听取审议了大旅游产业发展情况报告，组织开展重点企业增资扩产走访调研和珠江东岸（新丰）创新产业示范园建设情况专题视察，提出完善旅游产业发展体制机制及政策措施，更加重视、更大力度推进旅游产业发展建议，推动制约影响重点企业和项目的问题解决。围绕作风建设，针对有些部门怕麻烦怕担责，争取上级项目及资金支持积极性不高，致使上级项目资金逐年明显减少和库款比例高、资金使用率低的情况，及时组织调研听取情况汇报，督促政府及有关部门强化担当意识、完善工作机制、明确责任主体、加强跟踪考核，积极申报项目资金，加快资金审批拨付，提高资金使用效益。针对电毒炸鱼反弹、破坏生态的问题，督促相关部门重点加强公职人员参与电毒炸鱼的监督，开展专项整治，取得较好效果。加强对经济运行情况的监督。常委会密切关注全县经济的运行情况，听取和审议县政府计划、预算执行情况报告，促进计划、预算有效执行。结合听取审议审计工作报告，批准了2016年县级决算，完善审计发现问题整改跟踪监督机制，年底听取了审计整改情况报告，督促整改工作落实到位。重视财政预算资金绩效评价管理，多次调研听取情况报告，以进一步发挥预算资金绩效评价的作用，提升财政资金管理水平。建立人大联网预算监督平台，加强实时在线监督。推进法治新丰建设。组织开展《中华人民共和国森林法》执法检查并听取审议了执法检查报告，督促政府及林业部门加强封山育林、开展清理整顿，关停11家木材加工厂，完善了相关管理制度机制。听取审议了县法院关于执行难工作情况报告，推动法院“执行年”工作落实，“执行难”问题得到突破，取得了较好效果。听取县检察院公益诉讼工作情况报告，推动改革向纵深发展，切实维护公共利益。审议批准了《关于开展第七个五年法治宣传教育的决议》，推动全体公民自觉尊法学法守法用法，发挥法治宣传教育在服务我县经济社会发展、维护社会和谐稳定中的重要作用。丰富监督方式。为了更好落实陈波书记调研人大工作时提出“发挥人大优势，着力有效监督”等要求，及时研究成立了“作风建设、城市提升、丰江河水质保护”三个工作监督专责小组，分别对三项工作制定监督计划，实现常态化监督。组织部分代表联合县政协委员对县城医疗机构布局和“四馆”规划建设进行视察调研，形成共识提出建议。采取县镇联动，上下同步方式，开展《中华人民共和国森林法》执法检查，效果明显提高，保证了法律法规的有效实施，保护了全县林业生态。

聚焦民生短板，精准发力，提升社会保障水平　聚焦全面建成小康社会短板，安排听取精准扶贫工作的报告，深入了解精准扶贫工作措施及成效，积极推动支持农村人居环境整治和新农村建设。有计划地开展教育、卫生、文化事业发展等民生工程的视察调研，密切跟踪县城区域医疗卫生机构布局调整，主任会议增加听取县城医疗机构规划及征地拆迁工作报告，提出县人民医院要力争在2018年“五一”国际劳动节前动工、2020年完成建设的建议要求。多次调研并听取县政府关于创建教育现代化先进县工作情况报告，提出重点解决县城小学学位紧缺、“创先”工作要实在、确保通过考核等建议，促使政府加快全县学校布局规划编制，推进解决县城学位紧缺的工作进程。首次依法听取审议县政府环境状况和环境保护目标完成情况报告，听取丰江河水质保护议案实施情况报告，多次组织开展河道采（洗）砂、项目施工造成水土流失的调研视察，对丰江河水质保护工作持续跟踪监督，使丰江河（县城段）水质明显改善。针对县城供水的民生大事，持续跟进鲁古河供水前期工作，主任会议增加议题专门听取情况报告，提出2018年春节前动工建设的建议要求。采取县镇联动方式，组织全体代表开展政府承诺民生实事实施情况视察和城乡垃圾处理及保洁工作落实情况专题视察，推进农村生活垃圾和污水处理基础设施建设。

积极主动作为，狠抓落实，推动县镇人大规范化建设　为了补齐县镇人大工作和建设短板，中央、省、市先后出台了加强县乡人大工作和建设的文件，召开了相关工作会议，县人大常委会以此为契机，抓住机遇，认真贯彻落实，及时向县委请示报告，提出意见建议。县委专题研究出台《关于进一步加强镇人大工作和建设的实施意见》，并召开县委人大工作会议进行全面部署。在县委的高度重视和组织部、编办、人社、财政等部门的支持配合下，县镇人大工作和建设切实得到了加强。抓好梅坑镇人大示范点创建。成立了示范点创建领导小组，制定了建设方案，落实创建经费，率先在梅坑镇落实“六有”（有牌子、有房子、有人员、有设备、有经费、有制度）建设和人大副主席副科实职，实施“一年三问”问效监督办法，组织代表开展“凝聚代表合力，推进新农村建设”特色主题实践活动。强化县镇人大规范化建设。不折不扣落实县乡人大工作十条要求，县人大按“1＋5”设置调整办事和工作机构，解决落实机关人员编制和常委会专职组成人员比例不达标的问题，增设常委会城乡建设环境与资源保护工委，将经济工作委员会更名为财政经济工作委员会，内务司法工作委员会更名为法制工作委员会，并拟设立县人民代表大会法制委员会，各工委聘任工委委员；各镇参照示范点创建模式，单独设立人大办，完成规范化建设，并结合实际组织代表开展相应主题实践活动。加强县镇人大制度化建设。认真研究县镇两级人大有关制度机制，出台了《新丰县人大代表工作制度》《关于开展“一年三问”实行问效监督的实施办法（试行）》《新丰县人大关于开展“一府两院”及相关单位年度工作测评与评议办法》，不断健全县人大工作规范和工作制度。起草了《镇人民代表大会议事规则》等9项镇级人大的制度草案，供各镇人大参考，促进人大和各级代表履职工作规范化、常态化。在县委的重视和大力支持下，县镇两级人大组织建设和梅坑镇省人大示范点建设效果显著，今年8月，省人大常委会李玉妹主任对新丰县乡镇人大组织建设情况作出批示，高度评价新丰乡镇人大组织建设；11月，省人大常委会黄业斌副主任也对示范点创建工作给予了肯定，省人大办公厅主办的《广东人大信息》《县乡人大工作动态》多期登载新丰县乡人大工作和建设的经验。

2017年9月1日，在县政府会议中心101室召开县委人大工作会议。图为会议现场

转变工作作风，增强本领，不断加强自身建设 常委会深入贯彻落实中央18号文和省委4号文精神，全面贯彻落实新时代人大工作的新要求，努力建设“有为、活力、和谐”人大。加强政治思想建设和组织建设。持之以恒加强学习，坚持把学习中共十八大、十九大精神与“两学一做”常态化学习教育、“学报告、学党章”考学活动结合起来，作为人大党组、机关党支部和党员组织生活的重要内容，制订年度学习计划，组织《中华人民共和国森林法》《城乡生活垃圾处理条例》等法律法规学习，通过在党组中心组学习会、辅导报告会、专题组织生活会、干部培训网络学院、学法考试等平台持之以恒的学习，不断加强思想建设，增强本领，提升常委会组成人员和人大干部的综合素质及履职能力。充分发挥党组领导核

心作用，制定了《中共新丰县人大常委会党组工作规则》，明确党组主要职责，规范党组议事规则，健全了党组请示报告、党组会议、民主生活会、中心组学习会等制度，发挥党组把方向、管大局、保落实的重要作用。加强作风建设和党风廉政建设。落实县委加强作风建设的要求，针对“二线”思想突出，责任担当意识不强、监督效果不实等问题，常委会领导班子带头转变领导作风，“做给大家看，带着大家干”，以上率下，深入基层联系代表和群众，掌握社情民意，增强工作针对性和审议意见的实操性，不断强化人大干部的责任担当意识，使之成为“勤于学习、善于思考、工于调研、敢于建言”的新型人大干部。注重加强廉政教育，筑牢党员干部廉政思想防线，落实“一岗双责”要求，抓好党风廉政建设，自觉接受派驻纪检组的监督，实现人大机关风清气正。

【人大信访监督】 2017年，常委会坚持以人民为中心的发展思想，持续关注民生、重视民生、保障民生、改善民生，推动解决群众关心的热点难点问题。积极主动做好群众来信来访工作，换届以来，共接受群众来访203人次，转办、交办群众信访件40件，已办结34件，6件在办理中。

【人大人事任免】 正确处理好党委推荐干部和人大依法任免干部的关系，坚持“三前一后”制度，依法做好人事任免工作，落实“一府两院”由人大产生、对人大负责、受人大监督的要求。一年来，依法任免国家机关工作人员60人次、补选县人大代表14人。

【人大代表工作】 2017年，常委会把提高代表的思想素质和履职能力摆在重要位置，精心组织县人大常委会组成人员、各镇人大正副主席参加全国人大培训，邀请省市人大专家（领导）对新一届人大代表作专题辅导培训，安排代表列席人大常委会会议、主任会议及与“一府两院”的联席会议，还通过召开党组扩大会结合十九大精神和县乡人大工作的新要求作履职辅导等方式，不断加强思想建设，提升人大代表以及人大干部的综合素质，利用好《人民之声》和《新丰人大通讯》刊物，提高代表的人大意识、法律意识和履职能力。加强代表履职保障。将县镇人大代表联络室经费、代表活动经费、履职补助费列入县级预算，确保代表有效开展履职活动。建立一人一册的履职登记档案，全面记录人大代表包括参加人代会情况、代表小组活动及调研视察在内的各种履职足迹，增强代表履职的责任感、使命感和自觉性。充分发挥代表作用。认真落实县人大常委会组成人员和镇人大主席团成员分工联系代表、代表联系选民群众的“双联系”工作机制，定期走访代表和群众，了解基层最真实的呼声。组织人大代表旁听法院庭审，强化司法公开，规范司法行为，提高司法公信力；组织人大代表对“一府两院”开展年度工作满意度测评；积极为代表提供平台，根据代表的反映和请求，就群众较为关注的交通和农业问题，首次正式组织县人大代表约见新丰县国家机关负责人。

【人大机关建设】 深入学习贯彻中共十九大精神，把握新时代人大工作新要求，全面加强自身建设。按照建设学习型机关的要求，组织制订党组及机关年度学习计划，常委会党组及班子认真抓好中心组学习和“两学一做”学习教育，通过会议、专题讲座等形式组织常委会班子成员及机关干部认真学习了中共十九大精神和中央、省、市有关人大工作精神，结合纪律教育学习月活动，进一步加强党风廉政建设，提高班子和干部队伍的整体素质。2017年对多项制度机制进行了修订完善，扎实提高人大机关规范化水平。通过狠抓班子和机关各项建设，干部职工的使命感和责任感进一步增强，履职本领进一步提高。（赖云辉）

附：2017年新丰县人大常委会主任、副主任名单

主　任：江大凡

副主任：郭世初

　　　　廖少明

　　　　李国彬

欧阳历
周　明

附：2017 年新丰县人大机关办公室、各工委正副主任名单

办公室主任：陈志武
副主任：李燕红
赖云辉（3 月起任）
财政经济工作委员会主任：吕松媚（12 月起任）
财政经济工作委员会副主任：潘文忠（12 月起任）
法制工作委员会主任：陈汉辉（12 月起任）
法制工作委员会副主任：李梅菊（12 月起任）
教育科学文化卫生工作委员会主任：温春和（12 月起任）
教育科学文化卫生工作委员会副主任：潘小玲（12 月起任）
选举联络人事任免工作委员会主任：潘光万
选举联络人事任免工作委员会副主任：余小虾（3 月起任）
城乡建设环境与资源保护工作委员会主任：罗巍岩（12 月起任）
城乡建设环境与资源保护工作委员会副主任：谭志红（12 月起任）
县人大机关主任科员：江碧佳
潘小雄
李成权
刘光志

新丰县人民政府

综　述

2017年，面对经济下行巨大压力和练溪托养中心事件的严峻影响，在市委市政府和县委的坚强领导下，在县人大、县政协的有力监督支持下，县政府紧紧依靠全县人民，紧扣“融珠先行”核心任务，全力推动产业规划发展、城市提升及干部作风建设，一手抓经济“稳增长”、一手抓“融珠先行”，全县经济社会持续健康发展。2017年完成地区生产总值89.01亿元，增速7.8%，全市排名第3；一般公共预算地方本级收入3.3亿元，增速8.7%，全市第5；规上工业增加值24.37亿元，增速7.5%，全市第4；固定资产投资完成42.73亿元，增速13.1%，全市第2；社会消费品零售总额26.48亿元，增速9%，全市第1。财税金融平稳较快发展。内联招商合同达69个，引进资金49.6亿元，其中超亿元项目8个，加快发展后劲更强。

【产业发展提质增效】　特色工业加速壮大。韶能生物质发电厂建成投产，兆盈装饰、亿美化工等即将建成投产；总投资20亿元的韶能绿洲生态植物纤维及广兴牧业增资扩产项目动工建设，中华制漆物流园、总部搬迁等即将动工；稀土分离厂加紧建设；广汽集团（南方）汽车测试场项目约定落户新丰。长期以来，以铁矿、水泥等资源型产业为支撑的工业格局开始“突围”，呈现出“新能源、新材料、装备制造”等多点支撑的新局面。全年完成工业增加值36亿元，增长7%。

【休闲旅游产业活力迸发】　完成《新丰县旅游发展总体规划》修编提升。云髻山旅游开发、雪山国际旅游度假区、岭南红叶世界等重点项目加快建设。乡村旅游发展势头强劲，秀田、横坑、大陂等一批“美丽乡村”广受游客喜爱。第16届全国学生定向越野锦标赛圆满成功；枫叶文化交流、百香果开园等旅游推介活动接连上演、精彩纷呈；“越野新丰、休闲天堂”旅游品牌越来越响亮。全年接待游客274万人次，旅游总收入达21.9亿元，分别增长18%和21%。

【现代农业亮点纷呈】　新增农民专业合作社40家、家庭农场5家，培育市级以上农业龙头企业7家，华瑞生态农业、广鸿联民等“公司＋基地＋农户”生产经营模式得到越来越多的农民朋友欢迎、参与。农村土地承包经营权确权登记颁证工作加快推进；“全国休闲农业与乡村旅游示范县”创建工作深入开展。全年实现农业增加值13.43亿元，增长4.5%。

【产业共建迈出坚实步伐】　明晰园区发展定位，推动园区转型整合。珠江东岸（新丰）创新产业示范园以广州、东莞东城共建为依托，完成园区首期项目主体工程建设，“食品园中园”引入东莞味盟、香港艺成落户。紫城工业园以广兴牧业、杰力电工等制造业、云髻山旅游为依托，融合碧桂园、滨江国际等商住服务业，规划建设“云髻特色小镇”。马头园区积极推动转型升级，规划建设循环经济产业园区，全力打造新丰县首个百亿产业集群。回龙园区申报省级产业转移开发区待国务院批复。积极做旺生态休闲旅游发展平台，以“两山一源”为核心的休闲旅游项目纷至沓来。

【城乡建设大步迈进】　城乡规划体系更为完善。县城总规、控规修编工作稳步推进，启动“多规合一”系统建设。完成马头镇、回龙镇控规，及全县环境卫生、县城消防专项规划编制。城市提升成效初显。制定城市提升三年行动计划。群众期盼已久的“一江两岸”美化亮化、丰城大道改造提升、老一中改造动工，新龙公路改造提升加紧完工。开通城市公交，规范整治三轮车，一大批“五小”工程建成使用。推行城市管理“路长制”、商铺“门前五包”等系列长效机制，县城管理逐步由“治标”向“治本”迈进。社会主义新农村建设掀起热潮。19个省定贫困村完成规划编制；科学选取56个行政村列为先行试点村；梅坑村、大岭村、大陂村、天中村等重点示范村“两年任务，半年完成”，成效显著。大陂村、东瓜坑社区的建设、治理获得省、市充分肯定。全面启动全县141个行政村“三清三拆三整治一美化”工作，19条省定贫困村169个自然村全部成立村民理事会、建立卫生保洁和垃圾收运体系。

【发展基础更加扎实】 基础设施建设再上新台阶。积极争取从化至新丰轨道快线、赣广高铁项目纳入省、国家线网规划；武深高速加紧建设，韶新高速动工建设；国道105线县城段迁建项目建成通车，遥田半陂至大埔公路改造动工，完成Y965线徐坑至清水、秋峒至石燕岩公路改造工程，建成硬底化自然村公路40公里。完成山区中小河流治理57.2公里，16宗村村通自来水工程动工，鲁古河水库供水工程及县城第三水厂春节前即将动工。县城生活垃圾填埋场二期动工，农村电网改造升级加快推进。

【生态优势获得新提升】 深入推进新一轮绿化大行动，完成造林面积3.45万亩，启动了2个镇级森林公园建设，完成10个乡村绿化美化工程示范点建设，森林覆盖率高达80.8%，位居全省县级第4。强化林业生态红线管理。积极落实中央环保督查整改，大力治理环境污染，推进丰江河综合整治；科学划分全县畜禽养殖禁养区，整县推进村镇污水处理设施建设。落实最严格水资源管理制度，加强土地卫片执法和矿产资源管理，山水田林湖等自然生态资源得到最严格保护。

【营商环境持续优化】 组建县招商（企业）服务中心，再造、优化项目审批流程，行政审批效率进一步提升。开展营商成本调研，强化产业发展激励扶持，打出降低企业成本“组合拳”。建立县领导、县直部门挂点联系企业制度，强化“一企一策”精准服务，领导干部走访企业、排忧解难、推动发展成为常态，企业发展获得更多给力支持，一批优质企业增资扩产、一批优质项目先后落户，加快发展的动力更加强大。

【民生社会事业取得新进展】 精准扶贫工作稳步推进，制定贫困村三年帮扶规划、年度脱贫计划及系列机制政策；累计投入省、市拨付资金4807万元，用于贫困户发展生产和就业奖补，实施扶贫项目23096个，顺利完成市下达脱贫人口数3633人。社会事业全面进步。“教育创先”、县职中创建省重点职中工作稳步推进；启动县城第五小学升级改造，完成第四幼儿园主体改造；成立奖教奖学基金，高考、中考成绩稳中有升。卫生计生服务更加惠民，县城医疗机构布局调整加快推进。文化活动异彩纷呈，完成文化中心及档案馆、方志馆选址。群众体育活动蓬勃发展。民生保障更为有力。民生支出占一般公共预算本级支出的78%；8件民生实事加快推进。开展“大众创业、万众创新”活动，城镇登记失业率为2.39%，控制在市下达目标3.5%以内；机关事业单位养老保险改革稳步推进，被征地农民社保资金分配工作取得新进展，社会保险扩面征缴工作完成年度任务，覆盖城乡的社会保险体系初步建成。顺利通过2016年危房改造550户验收工作。

【社会治理创新发展】 深入开展“七五”普法，群众法治意识明显提升。强化食品药品、安全生产监管，人民群众生命财产安全得到有力保障。完善气象灾害应急预案体系，应对突发事件处置能力有效提升。加强基层治理，顺利完成村（社区）“两委”换届工作。人民武装工作稳步推进，双拥优抚工作深入开展。（张远峰）

重要会议

【常务会议】 2017 年，共召开县政府常务会议 19 次：

（1）2017 年 1 月 18 日上午，县委副书记、县长马志明在会议中心 201 会议室主持召开县政府常务会议。会议审议《关于在全县公民中开展法治宣传教育的第七个五年规划（2016—2020 年）》1 个文件，研究《关于 S347 线在建设期提前拨付工程款有关事项》《关于 X262 线在建设期提前拨付工程款有关事项的请示》《关于我县 2017 年森林碳汇重点生态工程相关事项的请示》等 3 项请示，专题研究了中央环境保护督察组交办信访案件查处后续工作、大额资金使用情况通报、春节前相关工作等 3 项工作。

（2）2017 年 1 月 20 日上午，县委副书记、县长马志明在会议中心 201 会议室主持召开县政府常务会议。专题研究部署黄磜镇陶瓷土矿区非法侵占林地、马头工业园环保督察整治及媒体报道应对工作等 2 项事项。

（3）2017 年 3 月 2 日下午，受马志明县长委托，胡亮亮常务副县长在会议中心 201 会议室主持召开县政府常务会议。会议审议《新丰县丰江新城建设三年行动计划（2017—2019 年）》《新丰县公共消防设施三年补短板行动计划建设项目实施方案》（讨论稿）《新丰县关于妥善解决乡镇（公社）老放映员历史遗留问题的实施意见》等 3 个文件，研究《关于要求划定我县森林防火区的请示》《关于给予邝祥波行政撤职处分的请示》等 2 项请示，专题研究华夏生态建陶示范基地建设、2017 年精准扶贫、脱贫工作（会上发）、丰江新城城南片区安置房项目建设用地情况等 3 项工作，传达全省农业农村工作暨扶贫开发工作电视电话会议等 1 项会议精神。

（4）2017 年 3 月 31 日下午，马志明县长在会议中心 201 会议室主持召开县政府常务会议。会议审议《新丰县法治政府建设实施纲要（2016—2020 年）（征求意见稿）》《新丰宋美汽车露营旅游基地项目合同（征求意见稿）》等 2 个文件，研究《关于在梅坑镇利坑村利坑角脉坑地段设置热水采矿权》《关于将政府购买服务建设项目资金列入县本级财政预算的请示》等 2 项请示，专题研究《韶关市新丰县土地利用总体规划（2010—2020 年）调整完善方案》1 项工作，听取新丰县村镇生活污水和垃圾处理工作进展、练溪托养中心事件后续工作、中央环保督察回头看与东江水质保护相关工作等 3 项汇报，传达韶关市农村工作暨扶贫开发工作、广东省卫生与健康大会会议等 2 项会议精神。

（5）2017 年 4 月 14 日上午，马志明县长在会议中心 201 会议室主持召开县政府常务会议。会议审议《新丰县农业技术推广中心原整合单位非财政核拨人员的安置方案》《新丰宋美汽车露营旅游基地项目开发合同》等 2 个文件，研究《关于将教育局机关办公楼改建为县城第四幼儿园的请示》《关于建设丰城街道紫城小学教学楼项目的请示》《关于对我县中小学闲置校舍转交给当地政府管理的请示》等 3 项请示，专题研究云髻山酒厂项目建设等 3 项工作，听取创建广东省教育现代化先进县及基础教育综合改革推进情况、农业农村、精准扶贫会议筹备、村（社区）“两委”换届选举工作情况等 3 项汇报，传达新一轮绿化广东大行动工作电视电话会议等 1 项会议精神。

（6）2017 年 5 月 5 日上午，县委副书记、县长马志明在会议中心 201 会议室主持召开县政府党组会议、县政府常务会议。县政府党组会议学习贯彻了习近平总书记对广东工作重要批示精神。县政府常务会议审议《新丰县医疗机构布局调整实施方案》《新丰县党政机关事业单位差旅费和公务接待费管理实施意见（修订）》《关于全域推进农村人居生态环境综合整治建设社会主义新农村示范村的总体方案》《先行试点村实施方案》等 4 个文件，研究《关于对县机动检测站设备及经营权进行公开拍卖 1 项请示》，专题研究了农村土地确权、城市提升等 2 项工作。

（7）2017 年 5 月 16 日下午，受马志明县长委托，胡亮亮常务副县长在会议中心201会议室主持召开县政府常务会议。会议审议《新丰地方志事业发展规划（2017—2020年）》《关于创建卫生强县的实施方案（讨论稿）》《关于进一步加强新丰县医疗卫生服务能力建设的实施方案（讨论稿）》《新丰县人民防空方案》《关于进一步规范行政审批行为的实施意见》《关于筹建新丰县行政服务中心一门式一网式综合服务窗口的工作方案》等6个文件，研究《关于开设新丰县县城公交的请示》《关于给予李志强、潘耀初、潘科旭开除公职处分的请示》等2项请示，专题研究了产业发展、特色小镇申报规划、政府购买服务项目（第一批）等3项工作。

（8）2017年5月25日上午，县委副书记、县长马志明在会议中心201会议室主持召开县政府党组会议、县政府常务会议。县政府党组会议研究部署了“两学一做”学习教育常态化制度化工作，通报2017年人事任免等2项情况。县政府常务会议审议了《新丰县“十三五”环境保护与生态建设规划》《关于建立政府欠薪应急周转金制度的实施方案》《新丰县城市整体提升三年行动计划（2017—2019年）项目责任分工表》《新丰县新时期精准扶贫精准脱贫资金安排方案》《新丰县精准扶贫开发资金筹集和使用监管办法》《新丰县新时期精准扶贫有劳动力贫困户产业扶贫补助方案》《新丰县新时期精准扶贫有劳动力贫困户就业扶贫“以奖代补”实施方案》《新丰县新时期脱贫攻坚督查工作办法》《新丰县镇（街）党委和政府扶贫开发工作成效考核办法》《新丰县2017年度扶贫开发工作成效考核实施方案》等10个文件，研究关于落实新旧警衔津贴增资补发1项事项，听取公安工作、校外托管机构情况调查报告等2项工作汇报。

（9）2017年6月15日下午，县委副书记、县长马志明在会议中心201会议室主持召开县政府党组会议、县政府常务会议。县政府党组会议通报县政府领导同志分工调整情况。县政府常务会议审议《新丰县第一批清理规范县政府部门行政审批中介服务事项目录》《新丰县桐木山温泉项目合作框架协议》《新丰县云髻山旅游健康养生项目合作框架协议》等3个文件，研究《关于X262线在建设期提前拨付工程款的请示》《关于注资控股新丰县建设安装工程有限公司的请示》《关于解决镇（街）畜牧站、原良种猪场等单位退休人员医保及畜牧站财政核补事业编制人员社保经费的请示》等3项事项，听取2017年全国学生定向越野赛筹备组织、县国土资源管理局工作情况、回龙镇工作情况等3项工作汇报。

（10）2017年7月5日上午，县委副书记、县长马志明在会议中心201会议室主持召开县政府党组会议、县政府常务会议。县政府党组学习贯彻了省第十二次党代会、韶关市委十二届四次全会精神、韶关市农村人居环境综合整治工作现场会会议精神等3个会议精神。县政府常务会议审议《新丰县政府投资非经营性项目代建管理办法》《2017年新丰县庆祝“八一”建军节活动工作实施方案》等2个文件，研究了《关于给予韶关林和林产科技有限公司建厂补贴事宜的请示》《关于修改〈关于进一步优化新丰县投资营商环境的具体措施（试行）〉事宜的请示》《关于调整绿色建筑建设范围的请示》《关于调整住房改革补贴标准的请示》《关于新丰县坳头村至龙江村人居环境连片整治（一期）工程项目勘察、设计、施工总承包（EPC）建设招标方案的请示》《关于出让原丰城医院位于丰城街道双龙路万隆街土地的请示》《关于出让沙江桥油站旁土地的请示》《关于提请批准我县租赁小汽车驾驶人社会化考场的请示》《关于启动组建新丰农村商业银行工作的请示》《关于换届后提高农村基层组织工作保障经费和村干部相关补助标准的意见》等10个事项，听取县经信局工作、垃圾填埋场二期项目工作、沙田镇工作等3项工作汇报。

（11）2017年7月21日上午，县委副书记、县长马志明在会议中心201会议室主持召开县政府党组会议、县政府常务会议。县政府党组会议学习贯彻了殷焕明市长新丰调研精神及韶关市产业园区建设推进工作现场会精神、韶关市维护稳定工作会议精神、国家、省、市安全生产电视电话会议精神等4个会议精神。县政府常务会议审议了《新丰县深化小型水利工程管理体制改革实施方案》《关于解决我县“两参”“空七军”主要涉军信访问题的工作方案》《新丰县全面推行河长制工作方案》等3个文件，研究了《关于出让马头工业园16号地块的请示》《关于调整第二水厂取水水源改造工程项目请示》《关于新丰县2016年财政决算、预算情况及2017年上半年财政预算执行与调整情况》《关于2017年地方政府新增债券资金安排使用的请示》等4个事项，听取了鲁古河水库供水和第三水厂建设项目情况等2项工作汇报。

（12）2017年7月27日上午，县委常委、常务副县长胡亮亮受县委副书记、县长马志明委托，在会议中心201会议室主持召开县政府常务会议。会议审议了《新丰县住宅用地供应中期（2017—2021年）规划和三年（2017—2019）滚动计划》《新丰县2017年村庄规划编制工作实施方案》《华瑞生态农业项目投资协议》《关于新丰生物质发电厂扩建的投资协议》《关于在新丰县投资建设生态植物纤维项目的投资协议》《梅坑等四镇总体规划》《县城农贸市场专项规划》等7个文件，听取马头镇工作、新丰县耕地占补平衡（耕地提质改造、垦造水田）情况汇报、关于华润新丰金竹风电场项目情况汇报等3项汇报。

（13）2017年8月8日上午，县委副书记、县长马志明在会议中心201会议室主持召开县政府党组会议、县政府常务会议。县政府党组会议传达市委副书记、县委书记陈波在县委十三届第24次常委会关于以“钉钉子”精神抓好下半年经济工作、韶关市贫困村创建社会主义新农村示范村工作会议精神等2项会议精神。县政府常务会议研究了《关于出让原火力发电厂部分地块的请示》《关于新丰园区合并为产业聚集地管理的请示》等2项工作，专题研究了东城新丰产业帮扶工作、审计工作等2项工作，听取了县交通局工作汇报、遥田镇工作汇报、新丰县X852线遥田半陂至大埔（佛冈交界）段改建工程进展情况汇报等3项工作汇报。

（14）2017年8月24日上午，县委副书记、县长马志明在会议中心201会议室主持召开县政府党组会议、县政府常务会议。县政府党组会议传达全市重点项目建设工作推进会、全市土地管理工作和拆违控违暨市容市貌提升工作动员会等2项会议精神。县政府常务会议审议了《新丰县盐业体制改革实施方案》1个文件，研究了《关于公开拍卖县“三大”电厂（向阳、司茅坪、金马电厂）第二轮承包经营权的请示》《关于划拨大广高速公路新丰段工程建设国有土地使用权的请示》《关于出让回龙工业园1号和2号地块的请示》《关于出让马头工业园17号、18号和19号地块的请示》《关于出让丰城街道横江村中华制漆旁地块的请示》《关于出让丰城街道黄陂村塘尾段新龙公路旁地块的请示》《关于出让梅坑镇禾溪村地块的请示》《关于出让梅坑镇张田村地块的请示》《关于出让丰城街道紫城村原淀粉厂地块的请示》《关于新丰县城市电动公交试行票价标准的请示》等10项工作。

（15）2017年9月22日上午，县委常委、常务副县长胡亮亮受县委副书记、县长马志明委托，在会议中心201会议室主持召开县政府党组会议、县政府常务会议。县政府党组会议传达了韶关市旅游发展委员会第一次全体会议全市系统推进商事制度改革工作会议等2项会议精神。县政府常务会议审议了《新丰县中小学生校外托管机构管理办法（试行）》《新丰县复退军人服务体系实施方案》《新丰县畜禽养殖禁养区、限养区和适养区划定方案》《新丰县畜禽养殖污染清理整治工作方案》《新丰县关于在城区主次道路“路长制”管理实施方案（征求意见稿）》《韶能集团新丰旭日生物质发电有限公司申请县级产业发展基金的请示》《新丰县2017年创建社会主义新农村示范村“三清三拆”、示范点创建资金筹措安排方案》《新丰县云髻特色小镇规划建设实施方案（征求意见稿）》《新丰县关于加快特色小镇规划建设工作的指导意见（征求意见稿）》《新丰县2017年依法行政工作要点（征求意见稿）》等10个文件，研究了《关于调整2017年新丰县重点建设项目计划的请示》《韶能集团新丰旭日生物质发电有限公司申请县级产业发展基金的请示》《关于对我县一江两岸、丰城大道、南区路网建设项目涉及建房的农村宅基地、国有土地征收补偿价格有关问题的请示》等3个事项。

（16）2017年10月19日上午，县委副书记、县长马志明在会议中心201会议室主持召开县政府党组会议、县政府常务会议。县政府党组会议传达了中国共产党第十九次全国代表大会、全市招商引资工作联席会议、全市新农村建设和农村人居生态环境综合整治领导小组暨扶贫开发领导小组全体成员（扩大）会议等3项会议精神。县政府常务会议审议了《新丰县精准扶贫信贷工作实施细则（送审稿）》《新丰县精准扶贫贷款贴息管理办法（送审稿）》《新丰县精准扶贫贷款担保基金管理办法（送审稿）》《新丰县精神卫生工作规划（2016—2020年）（讨论稿）》《新丰县人民政府关于划定新丰县城区高污染燃料禁燃区的通告》《新丰县全面贯彻环境保护税法实施准备工作方案》《新丰县2018年部门预算编制工作方案》等7个文件，研究了《关于拟出让丰城街道黄陂村原教育局对面地块的请示》《关于出让丰城街道双龙路万隆街原丰城派出所用地的请示》《关于追加2017年市政基础设施建设资金预算的请示》《关于解决新丰江（梅坑段）综合治理工程配套资金问题的请示》《关于2017年调整机关事业单位退休人员基本养老金的请示》《关于规范月均奖等津补贴发放的请示》《关于丰城街道实行乡镇工作补贴的请示》等7个事项，审议了新丰县2017年本级财政资金安排使用情况。

（17）2017年11月2日上午，县委副书记、县长马志明在会议中心201会议室主持召开了县政府党组会议、县政府常务会议。县政府党组会议开展了十九大精神学习宣传贯彻、县政府系统领导干部依法行政专题学习培训等2个专题。县政府常务会议审议了《新丰县深化医药卫生体制改革总体方案（2016—2018）》《新丰县矿山地质环境治理恢复与土地复垦问题整改工作方案（送审稿）》《新丰县奖教奖学基金会方案》《新丰县医疗卫生服务体系规划（2016—2020）（讨论稿）》《关于新丰县医疗卫生强基创优行动计划实施方案（2016—2018）（讨论稿）》《关于新丰县促进社会办医加快发展实施办法（讨论稿）》等6个文件，研究了《关于实施居民阶梯水价、调整污水处理费和水资源费标准的请示》《关于转让原司茅坪电站上司水库区部分建设用地的请示》《关于出让丰城街道东门外117号地块的请示》《关于新丰县文化中心（四馆）建设用地选址及公共文化服务设施用房的请示》《关于新丰县新档案馆、方志馆选址的请示》《关于2017年县级储备粮入库价格的请示》等6个请示，听取了关于原“云髻小镇”规划创建相关情况、新丰县域旅游发展规划提升相关情况、关于韶新高速公路新丰段建设工作情况等3项汇报。

（18）2017年11月17日上午，县委常委、常务副县长胡亮亮受县委副书记、县长马志明委托，在会议中心201会议室主持召开县政府党组会议、县政府常务会议。县政府党组会议学习讨论了中共新丰县人民政府党组有关工作制度。县政府常务会议审议了《新丰县优质农产品营销平台项目合作补充协议书》《新丰县殡葬事业发展“十三五”规划》《新丰县县级行政许可事项目录（2017年版）》等3个文件，研究了《关于回购韶关市和信资产管理有限公司债券包的请示》《关于请求兴建丰城派出所的请示》《关于相关企业土地出让滞纳金的处理意见》《关于给予何远周、李国雄行政撤职处分的请示》等4项请示，专题研究了珠江东岸（新丰）创新产业示范园首期工程施工存在有关问题、新丰华夏生态建陶示范基地相关问题等2项工作。

（19）2017年12月6日上午，县委副书记、县长马志明在会议中心201会议室主持召开了县政府常务会议。县政府常务会议审议了《新丰县气象灾害应急预案》等4个文件，研究了《关于万丰花园（安置房）及龙围片区（安置房）项目主体变更的请示》《关于收回丰城街道工商局侧旁地块的请示》《关于收回新丰县丰城街道万丰游泳池国有土地使用权的请示》《关于云髻山省级自然保护区范围和功能区调整的请示》等4个请示，听取了新丰县禁毒工作情况、2017年精准扶贫工作情况、丰城街道工作等3项汇报，专题研究了盘活财政存量资金有关事项、2017年地方政府新增债券资金安排使用调整方案、2017年财政预算调整方案等3项工作。

【政府工作会议】 2017年共召开县政府工作会议22次：

（1）2017年1月9日下午，在南区路网建设项目现场主持召开县政府工作会议，研究讨论解决南区路网项目取土场和弃土场的相关事宜。

（2）2017年2月16日上午，在县政府会议中心201会议室主持召开县政府工作会议，研究讨论老瓷厂改造项目相关事宜。

（3）2017年1月20日下午，在县国土资源局四楼会议室主持召开县政府工作会议，研究讨论新丰县云髻山西坑二期地块挂牌出让相关事宜。

（4）2017年2月28日下午，在党政会议室主持召开县政府工作会议，研究部署新丰县练溪托养中心托养对象死亡事件调查处置工作相关事宜。

（5）2017年3月1日上午，在党政会议室主持召开县政府工作会议，研究讨论中央环境保护督察整改工作相关事宜。

（6）2017年3月20日上午，在党政会议室主持召开县政府工作会议，研究部署新丰县练溪事件托养中心托养对象死亡事件调查处置相关事宜。

（7）2017年4月1日上午，在党政会议室主持召开县政府工作会议，研究讨论县产业聚集地马头片区基础设施建设相关事宜。

（8）2017年4月19日上午，在新丰县铁帽顶伟帆矿业有限公司会议室主持召开县政府工作会议，检查督导伟帆矿业整治工作相关事宜。

（9）2017年4月19日，在党政会议室主持召开县政府工作会议，研究岳城生活垃圾卫生填埋场废水处理整改工作相关事宜。

（10）2017年5月5日上午，在副县长办公室主持召开县政府工作会议，研究讨论关于武深高速九连山隧道石渣堆放场安全生产隐患整治相关事宜。

（11）2017年5月17日上午，在县公安局5楼会议室主持召开县政府工作会议，研究讨论县法院、县检察院司法体制改革津贴补贴及劳动合同制司法辅助人员经费发放相关事宜。

（12）2017年5月27日下午，在党政会议室主持召开县政府工作会议，研究深圳市新艺城鲜花有限公司投资的大风门旅游度假村项目用地相关事宜。

（13）2017年5月27日下午，在党政会议室主持召开县政府工作会议，研究解决新丰云天海温泉原始森林度假村有限公司土地出让金及不动产权证办理相关工作事宜。

（14）2017年6月5日上午，在县城实验小学主持召开县政府工作会议，研究讨论校外托管机构整治工作相关事宜。

（15）2017年6月16日上午，在沙田镇政府主持召开政府工作会议，研究部署关于沙田镇天中村群众聚集投诉易地倾倒垃圾事件的下一步工作措施事宜。

（16）2017年8月1日下午，在县国土资源局会议室主持召开县政府工作会议，研究关于新丰县新宝光实业投资发展有限公司宝丰隆城项目闲置土地处置相关事宜。

（17）2017年10月16日，在党政会议室主持召开县政府工作会议，研究讨论新丰县城市交通实业有限公司运营管理相关事宜。

（18）2017年10月20日下午，在县政府会议中心丰城厅主持召开县政府工作会议，研究讨论当前新丰县精准扶贫工作相关事宜。

（19）2017年11月2日下午，在县政府会议中心201会议室主持召开县政府工作会议，研究讨论珠江东岸（新丰）创新产业示范园及周边项目经济留用地、安置地规划调整等相关事宜。

（20）2017年11月3日上午，在党政会议室主持召开县政府工作会议，研究讨论县砖厂整治工作相关事宜。

（21）2017年11月7日上午，在县长办公室主持召开县政府工作会议，研究讨论中小河流治理新丰江治理工程建设项目相关事宜。

（22）2017年11月10日上午，在县政府会议中心马头厅主持召开县政府工作会议，研究有关超面积建设房屋办理不动产登记相关工作事宜。

【县政府全体会议】 2017年3月30日，在县政府会议中心202室，召开2017年县政府全体会议暨重点项目建设动员会。会议总结2016年工作情况，分析当前工作形势，研究部署2017年工作。

【经济运行分析会】 2017年4月28日、8月3日、11月2日，县政府分别召开第一季度经济形势分析会、上半年经济形势分析会和第三季度经济运行分析会，总结分析经济工作形势和重点项目进展情况，研究部署全县经济工作。

（何晓波 黄 秘）

重大决策

1. 出台实施《关于进一步优化新丰县投资营商环境的具体措施（试行）》，进一步优化新丰县投资营商环境，主动融入珠三角，全面提升新丰县的招商引资规模和质量，发挥外来投资在推动全县的经济发展和产业升级等方面的积极作用。

2. 出台实施《新丰县政府投资非经营性项目代建管理办法（试行）》，进一步深化投资体制改革，提高政府投资非经营性项目的建设管理水平和投资效益，加强廉政建设。

3. 出台实施《关于解决新丰县不动产统一登记历史遗留问题的处理意见》，切实解决房屋和土地分离管理造成的不动产权权籍资料不匹配、划拨土地上房屋转让涉及的土地出让金等历史遗留问题，维护群众合法权益。

4. 印发《新丰县畜禽养殖禁养区、限养区和适养区划定方案》，进一步保护和改善新丰县生态环境，促进生态文明建设和畜牧业健康可持续发展，有效防治畜禽养殖污染，促进全县畜禽养殖业持续健康发展。

5. 出台实施《新丰县固定资产投资项目全流程审批实施办法（试行）》，切实提高投资项目审批效率，进一步优化新丰县经济发展环境。

6. 出台实施《关于进一步规范行政审批行为的实施意见》，优化新丰县经济发展环境，深化行政审批制度改革，进一步规范行政审批行为，提高审批效率和服务水平。

7. 出台实施《新丰县中小学生校外托管机构管理办法（试行）》，加强对新丰县中小学生（含幼儿）校（园）外托管机构的规范管理，保障学生安全，维护中小学生托管机构正常经营秩序，以实现托管机构规范化为目的，逐步建立托管机构管理长效机制，预防和遏制安全事故的发生，坚决杜绝发生人员伤亡事故。（余计森）

2017年民生实事办理情况

基层公共服务综合平台建设已完成投资1500万元，完成六镇一街、157个村（社区）公共服务中心（站）建设；已建立县、镇（街）、村（社区）三级电子监察系统，基本达到“设施设备标准化、人员队伍专业化、管理服务规范化、工作手段网络化”要求，并分别于4月、12月通过市考核组验收、省考核组验收。

阿里巴巴淘宝项目已完成投资300万元（拨付160万），已建成县级服务中心、村级服务站32间，有淘帮手30位；县级服务中心一楼仓储已交付阿里巴巴菜鸟物流使用，二楼打造成电商创业园，已完成采购办公设备，部分电商企业已进驻。

农村安全饮水、村村通自来水工程已完成投资1685万元，已完成11宗工程的初设审批（同时继续完成2016年度项目收尾），16宗工程开工建设。

部分县乡道改造工程县道355线紫城至高桥段：已完成投资350万元，完成工程量62%，预计2018年6月完成改造；县道192线马头至路下段：已完成投资1090万元，完成工程量60%，预计2018年6月完成改造；乡道963线长江至长坪路面改造（大修）工程：完成投资700万元，完成工程量37%，预计2018年年底完成改造。

县教育局办公场所改造为南区幼儿园办公场所已完成搬迁；基本完成主体改造，其他配套建设项目正在施工中，2018年6月前可全面完成。

新龙公路县城段市政道路改造已完成投资600万元，完成800米管网及人行道铺设，正在进行800~1200米标段管网及人行道铺设，预计2018年4月底完成建设。

南区路网建设已完成投资约1100万元，已完成文体东路、府前大道北段、雨污水管铺设，正筹备开展金园路、文体中路、丰南大桥施工工作；完成20户征拆工作。

马头圩镇新市场至派出所排水设施改建工程已完成投资150万元，完成全部铺设任务390米。（黄　秘）

应急管理

【综述】 2017年应急管理工作在县委、县政府的正确领导和市应急办的悉心指导下，紧紧围绕“主动融入珠三角加快实现绿色崛起”目标任务，切实加强组织领导，不断完善工作机制，全面履行应急管理职能，妥善处置突发公共事件，全县应急管理工作水平得到进一步提升。

【应急体系进一步完善】 完善应急预案。今年全县新修订应急预案50多个，全县的应急预案体系更为完整健全。充分发挥应急平台作用。2017年预警信息发布系统发布了气象预警、森林防火、地质灾害、城乡内涝、交通管制、班车停运、精准扶贫等信息357次，其中决策信息197次，气象预警信号142次，其他突发事件和便民信息18次。开设“新丰应急指挥”微信公众号，实现突发事件现场直报功能。

【强化应急演练，加大宣传教育】 开展应急演练。应急委各职能部门积极组织开展危化企业化学品泄漏、防火防灾应急疏散演练、突发交通事故应急演练、燃气泄漏事故应急演练、学校火灾事故应急演练、防空袭演练等各类演练活动。如水务局和各镇（街）利用综合应急指挥平台，开展了汛期抗洪抢险演练；公安系统开展了处突防暴、反恐处突、防火消防、交通排险、紧急救生等专项应急演练10多次；交通局、消防大队等部门组织汽车运输公司开展车辆火灾事故现场处理应急演练。通过演练，应急队伍的快速反应处置能力得到了锻炼和提高，群众参与应急工作的意识进一步增强。加大宣传教育。县应急办、公安、消防、安监等部门充分利用“全国消防日”“防灾减灾日”，结合各部门业务工作，采取现场宣传，设立宣传点等方式，组织开展应急知识科普宣教活动，向广大群众宣传应急法律法规和预防、避险、自救、互救、减灾等知识，形成了齐心协力，共同应对突发事件的良好局面。一年来，悬挂宣传横幅65条，张贴宣传挂图100多张，派发消防安全知识宣传挂图、消防标识3000余套，印发各类宣传资料5万余份，发放消防宣传短信累计8万余条。

【夯实应急基础，加强物资储备】 完善基础设施。将应急避难场所的建设纳入城市建设总体规划统筹考虑。结合人口密度和分布等实际，在广场、公园、绿地、体育场馆等公共设施规划建设应急避难场所，制作应急避险宣传牌12块。加强物资储备。重点加强应急防汛、道路交通、危化品、电力通信、重大疫情等突发事件必需的防护用品、救援装备、救援器材等应急救灾物资储备和应急队伍装备，增强了应急保障能力。

【加强值班值守，及时报送信息】 加强值班力量。建立完善值班工作机制，日常值班采取干部职工轮流值班，县政府领导带班；重大节日值班统一安排值班（带班）领导和值班人员，严格值班制度，认真做好值班记录和交接班工作。坚持实行值班工作定期抽查、通报制度、责任追究制度等，确保24小时电话畅通。畅通信息报告渠道。按照市应急办和县委、县政府的要求，为进一步规范和加强新丰县突发事件紧急信息报送工作，推动紧急重要信息报送和应急处突工作规范化、制度化，抓好突发事件信息报送工作，制定印发《关于进一步规范和加强紧急信息报送工作的通知》，确保在突发事件发生后能将信息及时上报，形成级级报送的信息体系。

（刘越明）

县政府办公室工作

【概况】 新丰县人民政府办公室为正科级单位，下设秘书股、综合股、调研股、法制股、外事侨务股、人防股及应急管理办公室、公共资源管理办公室。挂牌单位3个：县外事侨务局、法制局、人民防空办公室。2017年末有编制25个，实有人员16名。2017年，县政府办公室紧紧围绕县委、县政府中心工作，坚持求真务实、不断提升服务水平，认真履行“参与政务、管理事务、搞好服务、协调联系”的职能，圆满地完成各项工作任务，有效保障县政府及办公室工作的有序正常运转，促进全县经济社会发展。

【办文办会】 按照“严谨、高效、规范”的要求，强化服务意识，提升办文、办会质量。在办文上，严格按照机关公文处理条例和办法的要求，把好公文的起草、校核、签发关，规范公文核发、登记、印制、分发等程序，确保公文格式规范、用词准确、运转及时安全。全年收文2000多份，制发公文211份，均无积压、误办、漏办和失密、泄密等现象，公文处理质量和运转效率不断提高；办会上，认真贯彻落实中央“八项规定”，坚持精简节约、务实高效的办会原则，做好会前、会中、会后各个环节的衔接，高质量、高标准完成了上级领导视察调研组织协调和县政府全体会议、县政府常务会议、经济运行分析会等重要会议协调。

【调研信息】 围绕经济社会发展重点难点及关键点，主动观大势、谋大局，精细谋划、精准调研、精心谋篇，为县政府决策部署提供参考，牵头组织开展产业规划发展5大课题调研，形成初步规划意见，为县政府培育产业、加快推进全县转换发展新动能、与珠三角产业共建决策提供有力依据；认真做好文稿撰写，准确把握中央、省、市政策、文件要求，结合全县产业共建、城市提升、乡村振兴等重要工作，认真开展文稿起草，严把文稿起草、审核关，起草经济工作会议等综合性材料113篇，汇报材料67篇，审核县政府新闻报道材料78篇，向韶关市政府报送各类信息35篇。

【督查督办】 健全督查督办机制，确保督查督办成效。主动协调，理顺县委县政府大督查机制，完善县政府办督查机制，实施督查通报制度，表扬先进，鞭策后进，督查频率不断提高，督查力度不断加大，督查实效不断显现，县政府办全年开展各类督查督办72次，顺利推进人大议定的事项（如丰江河整治）和县政府的重大决策部署落实到位，保障重点项目、重要工作、民生社会事业项目有序推进。2017年，组织、协调、督促办理人大代表建议65件，政协委员提案66件和提案转来信5件，办结率、满意率100%。

【综合协调】 充分发挥县政府办公室承上启下、联系左右、协调各方的重要作用，保障县政府规范、高效、有序运转。抓好县政府领导服务协调工作，积极推进县领导调研、考察、调度会等活动协调，确保服务周到、组织有序、协调到位；主动与县委办、人大办、政协办等办公室沟通、交流，做好与各镇（街）、部门之间的协调，及时呈批各镇（街）、部门请示政府的事项，积极协调部门之间需要沟通的事项，形成工作合力。积极协调，成功协助韶能生态植物纤维项目、广兴牧业增资扩产项目等完成开工仪式，做好上级领导新丰调研、督查等相关事项。

【电子政务】　完成全县政府门户网集约化建设，并在2017年全市政府网站考评中，县政府门户网站取得89.31分，排名位于全市第二。新OA办公系统及手机办公系统建设完成建设，2017年5月正式投入使用。同时，在政务公开方面，2017年度主动公开各类信息4292条。其中，政务动态信息2708条，占63%；财政预决算类信息367条，占8.5%；其他信息270条，占28.5%。2017年《新丰县人民政府公众信息网》采集发布信息累计7593多条，网站页面浏览量（PV）达703939次。

【队伍建设】　结合办公室工作特点，加强干部队伍建设，为办公室各项事业科学、健康、可持续发展提供保障。强化学习教育。深入推进“两学一做”学习教育和中共十九大精神学习宣传贯彻活动，建立每周集中学习制度，每周、每月定期举办公文写作、办文办会等学习培训，不断提升队伍综合素质。邀请国土资源局特聘专才等开展专题讲座，组织本办人员开展8场专题讲座，派出人员12批次分别赴北京、浙江、湖南、广州、东莞等地学习调研，并在本单位开展专题讲座，健全“传帮带”机制，促进全办人员综合素质提升。强化作风建设，大力践行“两讲两办两干”（讲服务、讲效率，我来办、马上办，扎实干事、干净干事）活动，打造一支忠诚干净、敢于担当、乐于奉献的干部队伍。强化党风廉政建设。将党风廉政建设工作任务与日常工作同部署、同推进、同落实。加强干部教育管理，深入开展纪律教育月活动，采取谈心谈话、观看廉政教育片、讲党课、主题党日活动、专题讲座等形式，筑牢队伍廉政意识。

（张远峰）

附：2017年新丰县人民政府办公室正副主任名单

主　任：赖祯昕
副主任：黄鸿海
　　　　黄茱萸
　　　　潘小星
　　　　廖圣财（3月起任）

法制工作

【概况】　根据新编委字〔1990〕15号文件，经新丰县编制委员会同意，1990年成立“新丰县人民政府法制局”，同时撤销“新丰县人民政府办公室法制组”；2008年根据新编委〔2008〕14号文件，同意将县法制局机构名称统一为新丰县人民政府法制局，正科级建制，挂靠县政府办公室。根据新机编〔2017〕8号文件，2017年行政编制在原来2名的基础上增加3名，现在职人数为4人。

【规范性文件审查和备案】　2017年，新丰县人民政府法制局认真抓好规范性文件制定管理，严把规范性文件审核关，规范全县各级行政机关的行政执法行为。全年共审查以县政府或县政府办公室名义发布的规范性文件4件，全县规范性文件前置审查和发布制度得到有效贯彻落实。

10月17日召开新丰县依法行政暨行政机关负责人出庭应诉工作会议

【议案（建议）提案督办】 2017年，县政府及各职能部门共办理人大代表建议65件，政协委员提案66件（提案转来信5件）。新丰县法制局组织有关人员进行分类、登记，按照部门职责确定承办单位，采取电话监督跟踪等方法，定期或不定期监督承办单位的办理工作，抓好提案督办，全部建议、提案按时限要求办理完毕，答复率100%。

【行政裁决、行政复议与行政诉讼】 2017年，新丰县人民政府法制局共审核有关山林土地行政裁决等各类文书1宗。共计受理行政复议案件16宗，收到当事人向韶关市政府申请行政复议1宗。代表县政府参加行政诉讼案件4宗，胜诉2宗，胜诉率50%。严把审核关，每一份以政府名义发布的法律文书都做到认定事实清楚、符合法律程序、证据充分、适用法律准确。 （法制局）

附：2017年新丰县法制局领导班子成员名单

局　长：赖祯昕（3月起任）

副局长：黄莱萸（6月起任）

接待工作

【概况】 2017年，新丰县以中共十八大、十九大精神为统领，深化公务接待改革，撤销县接待办机构，职能并入县机关事务管理局，实现对外接待与内部保障的工作统一，促进全年重要检查调研、重大招商引资和系列大型宣传交流活动等接待工作顺利完成，其中接待省部级以上来宾及上市公司洽谈投资68批次。

【规范接待服务】 严格贯彻执行中央“八项规定”，以及县委、县政府对公务接待的新要求、新标准，坚持“有利公务、简化礼仪、务实节俭、杜绝浪费”的原则，严格按来函或审批情况把握接待对象、接待规模、接待标准。认真做好迎送、膳食、住宿、安全等工作，如实填写反映接待对象的单位、姓名、职务和公务活动项目、时间、场所、费用等内容的接待清单，并由相关负责人审签，做到账面清单与接待内容规范。

【强化协作交流】 加强与上级业务单位之间的沟通协作，及时有效获取重要来宾有关信息，确保重大接待活动到位、合理、规范。2017年，与省、市接待部门协作完成了国家部级领导及省级领导的接待任务。加强与兄弟职能部门之间协作配合，特别是与公安、交通和卫生等部门协作，保障来宾饮食、住宿卫生和交通安全，提升接待服务能力。2017年，接待的省市调研、大型招商引资活动、全国大学生定向越野锦标赛等任务，未出现安全卫生事故。加强与酒店宾馆、景点等之间协作，适时就接待问题进行相关业务指导，提升新丰县对外接待整体水平。

【加强队伍建设】 加强干部职工的学习交流，提高团队协作能力，保障接待工作高效开展。注重引导干部职工边干边学，每次重大接待任务结束后及时召开会议，交流体会，总结经验，提高干部职工的接待工作能力。深入学习贯彻中共十九大精神，认真贯彻落实党风廉政建设有关规定，积极开展“两学一做”、“学法普法”等活动，把“四个意识”落实在岗位上，体现在行动上。

外事侨务工作

【概况】 新丰县人民政府侨务办公室始立于1980年11月13日。1988年8月15日经新丰县编制委员会同意，将“新丰县人民政府侨务办公室”改设为“新丰县人民政府外事侨务办公室”；2001年12月，县行政事业机构改革时，县外事侨务办公室职能并入政府办公室，在办公室挂外事侨务办公室（侨联）的牌子。2010年根据韶机编〔2010〕15号文更名为新丰县外事侨务局。属县政府的职能部门，属行政机关，正科级建制。行政编制3人，在职人数为3人。主要负责因公临时出访的相关管理工作，办理因公出国护照、通行证；了解和掌握国际重大经济信息；组织接待来县访问的外宾，做好华侨、华人联络接待工作；依法保护华侨、归侨、侨眷合法权益；参与引进华侨、华人的资金、人才、技术工作；做好归侨、难侨的扶贫、救济工作；协同新闻媒体做好对外宣传工作；负责“韶关市荣誉市民”的申报及联络工作。2017 年，全面完成年度工作计划和上级业务部门、县委、县政府赋予的工作任务，做好为侨服务，为地方经济建设服务的各项工作。

【服务归侨侨眷】　保持经常性地与归侨、侨眷，尤其是重点侨户和特困侨户的联络沟通。通过电话或登门访问等形式，经常关心过问他们的生产生活情况，发现困难，想方设法帮助解决。利用重阳节到困难退休归侨谢群昌等家里慰问。临近春节期间，县外事侨务局组织由各有关涉侨部门组成的春节慰问组，将上级业务部门及县政府批拨的专款分别发送到本县特困归侨侨眷手中；韶关市侨联主席廖凤英、副主席曾圆等一行人在 1 月 22 日也对新丰县重点特困归侨进行了慰问，带去上一级侨务部门的关心，使他们深深感受到党和政府及社会各界对他们的关切之情。在平时的工作中，县外事侨务局乐于把为侨服务的每一件小事做好，以更好地争取侨心，努力促进和谐侨界的发展。印制《中华人民共和国归侨侨眷权益保护法》和《广东省华侨权益保护条例》宣传小册子，发到归侨侨眷手上，让他们了解自己的权益和义务。

【联络交流】　围绕新丰县建设“韶关主动融入珠三角加快发展先行区”这一核心任务和以创建“岭南生态养生度假旅游名县”为目标的旅游发展战略，前来新丰参观考察及联络联谊的海外华侨、华人的人数不断增多，对此，县外事侨务局都能热情地做好接待工作，主动地向他们宣传新丰县的投资环境和各项资源优势，使来访客人能更好地了解新丰、宣传新丰，进一步扩大新丰的对外影响力。2017 年县外事侨务局接待侨胞及港澳同胞 2 批，5 人次；接待省侨办班子成员及工作组等有关人员来新丰挂扶点开展调研共 5 批，28 人次。

何惠良局长走访侨属

【扶贫工作】　按照县委、县政府新一轮的精准扶贫工作安排，县外事侨务局挂扶丰城横坑村，通过与村委班子成员座谈和进村访户，了解社情民意，为逐步掌握村情打下了坚实基础，精准确定了 19 户 29 人为扶贫对象。局班子成员多次到村指导扶贫工作，驻村干部基本上驻村工作。支持该村精准扶贫经费 1.24 万元。同时大力协助省侨办与长江村结对帮扶工作。

（县外事侨务局）

附：2017 年新丰县外事侨务局正副局长名单

局　长：何惠良

副局长：谢卫华

机关事务工作

【概况】　新丰县机关事务管理局是新丰县政府管理县委、县政府机关大院事务的机构，为县政府直属事业单位（参照公务员管理），行政类，正科级。局内设办公室、物业管理股、财务股、车辆管理股、接待股、信息中心6个职能股室。事业编制34名，其中局长1名、副局长3名，内设机构领导职数6名，经费按比照行政机关标准拨付。县机关事务管理局认真贯彻执行党和国家有关行政机关后勤管理的方针、政策和规定，制定机关后勤管理的工作计划和规章制度，并组织实施；承担县委、县政府的会务工作和全县性的大型、综合性会务（活动）工作；承担县政府有关固定资产及有关资金使用的管理工作（包括通信、网络设备）；承担县委、县政府机关大院的安全保卫工作，协助处理大院内的突发事件等工作，做好机关大院内水电、会议中心、基建及建筑物设施的保养维修管理工作，负责大院内环境美化、绿化、保洁工作；负责本级公共机构节能的推进、指导、协调和监督工作；负责县委、县政府、县人大、县政协领导用车及其他公务用车的调配、管理工作；负责县四套班子及相关部门的公务接待工作；负责县领导外出政务活动的联络、后勤服务等工作；承办县委、县政府交办的其他事项。

2017年，县机关事务管理局紧紧围绕县委、县政府中心工作，以务实的工作作风认真履行管理、保障、服务职责，扎实推动机关后勤工作向科学化、规范化、制度化发展，全力推进新常态下机关事务管理事业的新发展，顺利完成各项工作任务。

【继续实施“走出去”行动计划】 为不断提高机关事务管理局工作人员的管理水平和业务能力，根据《中共新丰县委办公室新丰县人民政府办公室关于印发〈全面实施“走出去”行动计划〉的通知》（新委办发电〔2016〕31号）和《关于加强业务对接和招商引资工作的通知》（新委办发电〔2016〕22号）文件精神，县机关事务管理局认真组织相关人员进行培训学习，8月组织前往翁源县机关事务管理局进行学习交流，9月初局主要领导前往北京大学进行学习进修、副职领导到中山大学培训学习，通过不断的培训以及向兄弟单位交流学习，提高工作人员的业务水平，进一步开阔视野，拓宽工作思路。

【财务管理】 2017年，新丰县机关事务管理局健全财务制度，规范各项会计工作。规范财务会计人员基础性工作，按月报账，做到流动资金日清月结。2017年顺利完成政府大院各单位的分设记账以及独立出具会计报表工作，使各单位的财务账目更加清晰明了。严守相关财务制度，规范财务会签制工作和规范推行了公务卡制度，进一步提高财务管理水平。

【物业管理】 2017年，新丰县机关事务管理局立足管理职能，提升物业管理水平。在政府大楼修缮及设施设备管理上，认真做好相关维修建设，定期对县政府机关大院进行消防设备检查保养、供排水管道维护检修以及下水道维修等工作，有效预防和排除了各类安全隐患，保障了政府机关大院设备设施正常运转。在绿化升级改造及清洁卫生外包服务上开创新型管理模式，大大提升大院内保洁效率和精细化管理水平，为每位政府工作人员营造一个更干净、整洁的工作环境。

【会务工作】 2017年，新丰县机关事务管理局立足服务职能，提高会场服务水平。对会议中心的会议室及党政会议室的设备进行更新换代，新安装隔音棉以及手机屏蔽柜等设备，为会务服务提供坚实的设备保障，同时高质量地完成全委会、人代会、十九大精神宣讲会等重大会场服务，充分保障县委、县政府的各项会务工作，圆满完成各类会议的后勤保障服务工作。

【安保及车辆管理】 2017年，新丰县机关事务管理局立足保障职能，强化安全保卫能力，缓解停车难题。为加强机关大院安全管理，严格执行保卫人员24小时值班制度、夜间巡逻制度和来访人员登记制度，坚持岗哨防守与人工巡查相结合。于4月起对监控系统进行全面升级改造，新增设安装27个高清摄像头，保安室新添置一批头盔、防护盾、催泪器等物防用品，为物防技防提供了坚实保障；同时为维护工作秩序，确保车辆进出畅通、停放有序，对大院内停车进行分流停放，在家属楼区规划标准车位，设立消防通道标识以及停车警示柱、停车减速带等措施，有效缓解政府大院及家属楼区停车的紧张形势。　　（温栎杨）

附：2017 年新丰县机关事务管理局领导班子成员名单

局　长：梁永忠

副局长：陈春花

　　　　黄权伟（8 月起任）

　　　　余新华（10 月起任）

档案工作

【概况】　根据县编委关于印发《新丰县档案局机构编制方案》的通知（［2014］55 号），新丰县档案局与县档案馆实行局、馆合一体制，是新丰县人民政府负责全县档案事业行政管理和档案保管利用工作的正科级参照公务员法管理事业单位，财政经费为全额核拨。局（馆）配事业编制 7 名，在编 6 人，其中局（馆）长 1 人，副局长 2 人，正股长（主任）3 人。档案局（馆）内设办公室、监督指导股、档案管理股三个股室。新丰县档案馆于 2001 年被省档案局评为省一级档案馆工作达标单位。

2017 年，新丰县档案局紧扣县委、县政府中心工作，服务大局，大力推进档案馆舍建设、加快档案信息化建设，积极开展国家重点档案抢救和开发工作及各项基础业务，抓好全县档案工作人员业务学习培训，不断提高全县档案队伍的整体素质，全面提升档案管理与利用服务水平，努力推进全县档案事业科学发展。

【档案行政管理】　2017 年，继续贯彻落实中央和省关于加强和改进新形势下档案工作意见、国家档案局 9 号令《各级各类档案馆收集档案范围的规定》要求及省市档案工作会议精神，严格执行《新丰县档案馆收集范围实施细则》，加强档案工作各项基础业务建设。实现档案工作的规范化、标准化管理，提高档案的服务和利用功能。

【丰富馆藏】　2017 年，新丰县档案馆进馆全宗单位 116 个，全年共依法接收全宗单位的文书档案 53 卷、6178 件，接收专门档案 4054 卷，全面完成了年初工作计划制定的接收进馆工作任务。使馆藏档案总数达 39257 卷、30038 件（其中专门档案 22131 卷），资料 4729 册，实物档案 250 件。通过丰富民生档案馆藏资源，使馆藏民生档案成为服务民生的优质资源，馆藏结构发生明显改变，民生档案占总馆藏数量 52.3%。

【开发利用】　2017 年，新丰县档案局接待查阅政府信息公开 39 人次（其中电话咨询 21 人次，现场咨询 18 人次），为档案利用者查阅档案撰写编研材料、办理退伍兵补助、职工退休、离任村干部补助、婚姻证明等提供档案 2390 卷、98 件、资料 38 册，共 517 人次。

【信息化建设】　2017 年，新丰县档案局致力于档案目录数据库建设，做好档案目录录入工作，全年录入文件级档案目录数 11766 条，使馆藏录入文件级档案目录总数达 343202 条，形成了可方便利用的档案数据库，实现电子检索功能；加强纸质档案全文数字化工作，新增纸质档案全文数字化 10 万页，共完成纸质档案全文数字化 258246 页，占计划完成比例 100%，共完成 9 个全宗单位纸质档案全文数字化工作。

【队伍建设】　为贯彻落实国家有关档案工作人员持证上岗和接受继续教育培训制度，提高全县档案干部队伍素质，2017 年，县档案局组织 10 名县直单位及镇（街）档案员分别赴广州、东莞参加档案工作人员岗位培训或业务学习。　（卢运青）

附：2017 年新丰县档案局领导班子成员名单

局（馆）长：潘志明（任至 9 月）

　　　　　　谭志雄（9 月起任）

副局长：周永桂

　　　　马永红

行政服务中心

【概况】 新丰县行政服务中心于2010年5月10日由原县外商投资服务中心更名组建而成，为县政府直属管理的公益一类事业单位（参公事业单位，正科级），内设办公室、协调股、督查股，编制8名。县行政服务中心负责对窗口、窗口工作人员日常管理和考核，组织、协调、监督窗口行政服务实施；负责推进“一门式一网式”政务服务模式改革；负责“12345”政府服务热线平台管理等工作。

2017年，新丰县行政服务中心全面完成年度工作计划和县委、县政府交办的工作任务，取得一定的工作成效。

【行政服务中心标准化建设】 2017年，按照韶关市行政服务中心标准化建设要求，围绕项目“一站式服务”，强化中心标准化建设，提升政务服务水平。规范窗口管理，严格执行《中心管理办法》和《中心窗口单位和窗口工作人员考评办法》等规章制度，加强监督巡查，认真抓好各项工作制度的落实，加强窗口管理，严肃工作纪律，规范审批行为，优化审批流程，推进部门权责清单制度改革，简化和规范审批程序，创新服务方式，提高办事效率，努力构建“规范、便民、高效、廉洁”的政务服务环境。2017年，各窗口共受理各类办件约8520件，办结率100%，业务咨询1624多人次。“一门式一网式”政务服务系统自6月12日运行以来，共受理事项598件，办结573件。

【基层公共服务综合平台建设】 新丰县行政服务中心作为基层公共服务平台建设工作的牵头单位，在县委、县政府的统一领导下，以高度认真负责的态度，积极做好组织、协调、指导、督办等工作，制定印发了《新丰县推进基层公共服务综合平台建设工作方案》，严格按照省“机构人员统一、场所标识统一、流程内容统一、信息系统统一、经费保障统一”等“五个统一”的建设要求，从2016年下半年全面启动以来，投入资金1600多万元，全面完成了1个县公共服务中心、7个镇（街）公共服务中心、157个村（社区）公共服务站建设任务，基本实现了互联互通和网上办事功能，为群众提供政务服务类、村级组织运作类、生产生活类等服务事项的办理及咨询，达到了“设施设备标准化、人员队伍专业化、管理服务规范化、工作手段网络化”的要求，以优异的成绩通过了省、市的考核验收，其中在市的考核验收中获得第四名的好成绩。

【“一门式一网式”政府服务模式改革】 为贯彻落实广东省“一门式一网式”政府服务模式改革工作要求，始终坚持把政务服务模式改革作为优化营商环境、加快融珠先行的一项重要举措，大力整合全县政务资

2017年9月19日，新丰县委常委、宣传部部长李芳足到行政服务中心开展精神文明建设工作调研。

源、不断创新服务模式，切实提升标准化、信息化、集约化水平，着力打破区域、层级、部门的行政界限和信息孤岛，努力打造环珠三角最优、与珠三角一体化的政务服务环境，初步实现改革成果由广大群众和企业共享，为加快融珠先行提供了强有力的支撑。全面推进行政审批标准化和网上政务服务事项信息标准化。梳理出县级行政许可事项（2017 年版）共计大项 253 项，小项 478 项；第一批县级公共服务事项共计 242 项，镇级公共服务事项有 38 项，村级公共服务事项 22 项，并统一纳入省事项目录管理系统。设置综合服务窗口，制定《新丰县一门式一网式综合服务窗口实施细则》，进一步优化我县政务服务环境和管理机制。推进信息系统试点建设，加强和完善平台的硬件和软件建设，强化业务培训，使信息系统试点工作取得实效，纳入 29 个部门，432 个事项，于 2017 年 6 月正式上线运行。抓好“一中心多大厅”建设。根据本县实际情况，县级中心突出以行政审批服务为主，其他便民业务比较集中的单位分设分厅，自 2017 年 7 月起分设国税、地税、公安（交警）、社会保险、不动产登记等 5 个公共服务办事大厅，为广大办事群众和企业打造便民利民的“服务小超市”。

【“12345”投诉举报平台建设】

安排专人负责，认真做好工单接办、交办、督办和回复等工作，建立相应台账，确保“12345”投诉举报平台的正常开展，为群众反映问题广开通道，有效地为群众解决了一些实际问题，进一步密切了干群党群关系。2017 年，共受理“12345”投诉举报工单 346 件。

【政府信息公开】 加强对责任单位信息公开情况的指导和督查，对存在的问题及时做好整改落实。加强业务培训，不断提高政务公开工作水平，确保全县政务公开更加及时、准确。为进一步理顺县政务公开工作管理体制，落实省《关于我省全面推进政务公开工作实施意见》的要求，根据《关于调整政务公开职责的通知》（新机编〔2017〕36 号）精神，县行政服务中心已于 8 月底与县政府办做好相关工作衔接，由县政府办承办政府信息、政务公开工作领导小组办公室日常事务工作；指导各部门政府信息、政务公开工作。2017 年，中心公开信息数 32 条，其中主动公开 32 条。　（行政服务中心）

附：2017 年新丰县行政服务中心正副主任名单

主　任：陈俊尧

副主任：罗裔胜（任至 2 月）

刘池原（任至 2 月）

丘　翁（3 月起任）

陈美玲（3 月起任）

2017 年 11 月 7 日，市信息中心领导谢金保同志带队，到新丰县指导网上政务服务信息系统工作。

政协新丰县委员会

【概况】　政协新丰县委员会是主持日常会务的领导机构。常务委员会由主席1人、副主席6人、秘书长1人和常务委员22人组成。专门工作机构7个：提案委员会、经济委员会、人口资源环境委员会、文化和文史资料委员会、港澳台侨联络委员会、教科卫体委员会、社会和法制委员会。机关内设机构4个：办公室、组织联络科、宣传科、提案工作科（挂靠宣传科），行政编制6名。2017年，在中共新丰县委的正确领导下，县政协团结带领全体委员紧紧围绕“融珠先行建设美丽新丰”这一核心任务，通过会议、提案、调研、视察等方式建言献策，认真履行政治协商、民主监督、参政议政职能，为“融珠先行”，与全国同步全面建成小康社会做出积极贡献。

重要会议

【县政协十届二次会议】　县政协十届二次会议于2017年2月27日至28日在县城召开。会议应到委员162人，实到145人。县委、县人大、县政府领导，县纪委、县武装部、县法院、县检察院领导，原县政协领导，在新丰的韶关市政协委员，各镇（街）、县直各党（工）委书记，县直各局局长，县消防大队、县武警中队负责人应邀出席会议。会议审议通过潘允标主席代表政协第十届新丰县委员会常务委员会所作的工作报告；审议通过江武佳副主席代表政协第十届新丰县委员会常务委员会所作的关于十届一次会议以来提案工作情况报告；举行委员大会发言，马月、梁从文和罗提高等3位委员分别在会上作了题为《保护利用新丰古道历史人文资源，丰富乡村旅游内涵》《加强重性精神病患者管理，促进社会幸福和谐》《大力发展休闲农业和乡村旅游，促进新农村建设》的主题发言；列席县十五届人大二次会议，听取和讨论县政府工作报告及其他报告；表彰《关于打造丰江河“一江两岸”美丽景观的建议》等5件优秀提案。

2017年9月26日，在县政协会议室召开新丰县政协十届三次常委会议

会议一致通过县政协十届二次会议决议，号召政协各参加单位、全体政协委员和政协各专门委员会，要更加紧密地团结在以习近平同志为核心的中共中央周围，在中共新丰县委的正确领导下，只争朝夕，拼搏进取，同心同德，团结奋进，为融珠先行建设美丽新丰做出新的更大贡献，以更加优异的成绩迎接中共十九大的胜利召开。

【县政协常委会议】　2017年，县政协共召开常委会议4次。2月20日，召开十届二次常委会议，审议通过县政协十届二次会议有关事项，决定二次会议于2017年2月27—28日召开。9月26日，召开十届三次常委会议，审议通过《关于加强社区建设与管理提升城市服务能力的调研报告》《关于打造红色旅游品牌推进新丰红色旅游发展的调研报告》《县城医疗机构布局调整建设情况专题调研报告》3个调研报告；讨论通过《县政协委员履职工作规则（试行）》。11月29日，召开十届四次常委会议，听取县法院关于司法便民工作情况通报；审议通过《关于促进新丰县农村电子商务发展的调研报告》《关于推进我县林业生态建设工作的调研报告》2个调研报告。12月25日，召开十届五次常委会议，审议《城乡规划执行落实》调研报告；审议通过政协十届三次会议日程和议程及相关事项，决定十届三次会议于2018年1月9—10日在县城召开，成立县政协十届三次会议筹备小组。

重要活动

5月5日，市政协副主席林嘉一行到马头镇第一幼儿园举行亲子视频系统挂牌仪式。县政协主席潘允标、秘书长谭建业参加此次活动。

5月22—26日，县政协副主席陈小同率县政协常委会部分常委赴浙江桐庐等地开展“城乡人居环境提升工作”专题考察活动。

6月14日，县政协主席潘允标率县政协常委会成员到韶关市城市提升汇展中心参观学习。

6月5—9日，县政协主席潘允标率县政协常委会部分常委赴贵州镇宁、广西恭城等地开展“城乡人居环境提升工作”专题考察活动。

6月24—25日，庆祝香港回归20周年座谈会和香港韶关同乡会总会庆祝香港回归20周年晚会在香港召开，县政协主席潘允标，县委常委、统战部部长廖功文，县政协副主席郑斌，秘书长谭建业，组织联络科科长温继兵参加此次活动。

6月29日至7月5日，市政协组织全市政协系统在北京大学举办提升政协工作能力培训班，县政协主席潘允标、秘书长谭建业参加。

7月24—26日，县政协组织全县政协委员分三批到广州图书馆参加《红旗飘飘——中国共产党党旗诞生历程珍贵档案展》广州巡展活动。

9月4日、6日，县政协主席潘允标率政协常委、委员走访了广兴牧业公司、杰力电工材料公司、永强五金公司、新保光公司、韶能生物质发电、中华制漆公司等企业，县政协副主席嵇春明、郑斌，秘书长谭建业参加了此次活动。

9月5日，县政协副主席嵇春明率县政协民主监督小组成员到韶能生物质发电、中华制漆公司和县招商局开展履职活动。

9月6—7日，市政协副主席张文铭率市科技局一行到新丰县联系挂点的杰力电工材料公司、中华制漆公司、苏粤铝材料公司等企业。

9月22日，县政协组织政协委员对县政协十届一次会议

2017年9月28日，在县政府会议中心召开县政协社区建设与管理工作专题协商会议1

以来的重点提案进行督办活动。该项活动由县政协副主席江武佳同志带队，县政协常委、政协委员、第一提案人提案承办单位参加了此次活动。

10月25日，县政协机关联合县医院到帮扶村遥田石教村开展送医送药下乡活动。县政协副主席罗志方、政协机关全体成员参加了此次活动。

【民主监督活动】 8月18日，民主监督小组对当前新丰县经济运行情况开展民主监督活动。9月18—22日，县政协民主监督小组对新丰县民生实事项目紫城农村淘宝店、马头镇村级公共服务平台、马头派出所排水管道建设项目进展情况开展督办活动。10月31日，县政协副主席率县政协提案工作科和县人大人员对政协提案和人大议案进行督办活动。11月14日，县政协副主席率县政协民主监督小组参加县“路长制”工作进行督查活动。

主要工作

【提案工作】 2017年，政协委员、政协各参加单位和各专门委员会，牢牢把握团结和民主两大主题，紧紧围绕县委、县政府的中心工作以及广大人民群众关注的热点问题，提出提案44件，审查立案39件。经县政府、县政协以及各承办单位的共同努力，截至2017年10月30日，提案已全部办复，办复率100%，委员满意和基本满意率100%。提案中的许多意见和建议被采纳并落实或体现到县的有关政策、发展规划和部门工作中，促进了决策的科学化和民主化，为推动全县绿色崛起跨越发展做出积极贡献。

【调研工作】 6月19—22日，县政协副主席廖保青率文化和文史资料委员会部分委员赴梅州、福建龙岩等地开展“打造红色文化品牌”的专题调研活动，并提交了《关于打造红色旅游文化品牌，推进新丰红色旅游发展的调研报告》。7月26—28日，县政协副主席江武佳率县政协提案委员会部分委员赴江门开平市开展“社区建设与管理”的专题调研活动，并提交了《关于加强社区建设与管理，提升城市服务能力的调研报告》；9月13—15日县政协副主席率县政协人口资源环境委员会委员到乐昌九峰镇开展农村电子商务发展情况的专题调研活动，提交了《关于促进新丰县农村电子商务发展的调研报告》；9月15日，县政协副主席嵇春明率教科卫体委员会委员在县城开展医疗机构规划布局情况专题调研活动，并提交了《县城医疗机构规划布局的调研报告》；10月23—24日，县政协副主席罗志方率社会和法制委员会开展林业生态建设专题调研活动，并提交了《关于推进我县林业生态建设工作的调研报告》；10月30日至11月3日，县政协副主席陈小同率县政协经济委员会委员到江西开展岭南红叶世界建设专题调研活动，提交了《关于打

2017年8月29日，潘允标主席到永强五金制品厂走访委员和企业

造我县“岭南红叶之乡”调研情况的报告》；11 月 16 日，县政协主席潘允标率县政协部分常委到县农业局调研“三农”工作；12 月 18 日，潘允标主席率县政协常委会部分成员到县住建局开展城乡规划执行落实情况调研活动，并提交了《新丰县城乡规划执行落实情况调研报告》。

【视察工作】 5 月 19 日，县政协副主席罗志方率社会和法制委员会全体委员对新丰县校园安全工作进行专题考察活动，提交了《县政协委员视察我县校园安全工作》专题考察报告；8 月 4 日，县政协副主席嵇春明率县政协教科卫体委员会全体委员对新丰县公立医院综合能力建设工作开展专题视察活动，并提交了《县政协委员视察我县公立医院综合能力建设工作》专题视察报告；9 月 29 日，县政协副主席廖保青率文化和文史资料委员会委员开展新丰古建筑（古驿道）挖掘和传统文化保护利用视察活动，并提交了《关于新丰县古建筑和传统文化保护开发情况的视察报告》；10 月 16 日，县政协副主席郑斌率县政协人口资源环境委员会委员开展县内农村公路建设情况视察活动，并提交了《县政协人口资源环境委员会视察我县农村公路建设工作》专题视察报告；11 月 15 日县政协副主席江武佳率提案委员会委员开展鲁古河湿地公园建设工作视察活动，并提交了《县政协委员视察鲁古河国家湿地公园建设工作》专题考察报告。

【听取有关部门工作情况通报】 8 月 8 日，组织社会和法制委员会的委员听取新丰县禁毒工作的情况通报并开展协商讨论，就进一步搞好全县禁毒工作提出意见和建议。11 月 10 日，主席会议成员听取县法院关于司法便民工作的情况通报，部分委员应邀参加通报会。在听取情况通报后，与会人员开展了协商讨论，就进一步加强司法便民工作提出意见和建议。

【社情民意】 8 月 3 日，县政协组织界别委员代表召开社情民意信息座谈会，收集和反映社情民意信息 31 条，并编印了《县政协社情民意信息专报》（2017 年第一期，总第五期）；11 月 30 日，组织县政协各专门委员会主任及界别委员代表召开社情民意座谈会，并编印了《县政协社情民意信息专报》（2017 年第二期，总第六期）。

【大团结大联合】 贯彻民主协商、平等议事的工作原则，积极邀请无党派代表人士参加专题协商、专题调研等活动，提供合作共事平台；加强与委员的沟通，开展走访委员、联系界别等活动，做好聚集人气、凝聚人心工作；加强与港区委员和香港新丰同乡会的联系，为促进香港繁荣稳定和新丰县改革开放发挥特殊作用；团结驻新丰的企业家，大力宣传推介新丰的投资优势和经济社会发展前景，大力为营造企业良好的发展环境献计出力；贯彻党的民族宗教政策，充分发挥委员中宗教界人士的积极作用。（政协办）

附：2017 年政协新丰县委员会领导班子成员名单

主　席：潘允标
副主席：陈小同
　　　　罗志方
　　　　廖保青
　　　　郑　斌
　　　　嵇春明
　　　　江武佳
秘书长：谭建业

纪检·监察

【概况】 中共新丰县纪律检查委员会、新丰县监察局合署办公（以下简称新丰县纪委监察局），履行党的纪律检查和行政监察两种职能。内设8个室，分别是办公室、调研宣教室、党风政风监督室（县政府纠正部门和行业不正之风办公室）、信访室（举报中心）、第一纪检监察室、第二纪检监察室、第三纪检监察室、案件审理室。行政编制25名，其中委（局）领导职数8名：县纪委常委7名（书记1名，副书记2名，其他常委4名），县监察局局长1名（由县纪委副书记兼任）、副局长3名（2名由县纪委常委兼任、1名为党外副局长）；室主任8名、副主任8名，后勤服务人员4名。

新丰县纪委监察局管理新丰县纪委监察局第一派驻纪检监察组、第二派驻纪检监察组、第三派驻纪检监察组、第四派驻纪检监察组、第五派驻纪检监察组、公安派驻纪检监察组。各派驻纪检监察组在县纪委监察局的授权范围内履行纪检、监察两项职能。机构规格为正科级，各派驻纪检组设组长（正科长级）1名，副组长（副科长级）1名，综合派驻纪检组增设科员1名（正股长级）。

重要会议

【十三届县纪委三次全会】 2017年3月8日，中共新丰县第十三届纪律检查委员会第二次全体会议召开。县四套班子成员，县法检“两长”；县纪委常委、委员，县监察局副局长，各派驻纪检监察组正、副组长，县纪委各室主任；各镇（街）党（工）委书记、镇长（主任），纪（工）委书记；县直副科以上单位主要负责人，县直单位机关党（工）委书记、纪（工）委书记，县直局（含市属）单位纪检组组长、监察室主任参加会议。会议传达近平总书记系列重要讲话精神和中央纪委七次全会、省纪委六次全会以及市纪委二次全会精神，审议并通过县委常委、县纪委书记王展渊同志代表县纪委常委会所作的《坚持标本兼治深入反腐倡廉推动全面从严治党向纵深发展》的工作报告和《十三届县纪委二次全会决议（草案）》。会议听取马头镇、沙田镇、县教育局党（工）委，县发改局、县文广新局党组，县烟草专卖局党支部主要负责同志述责述廉述德情况，并进行评议。全会强调要统一思想，认清形势，切实增强全面从严治党的行动自觉；增强政治定力，强化监督执纪问责，坚定不移把党风廉政建设和反腐败斗争引向深入；强化责任担当，坚持标本兼治，坚定不移推动

9月21日，新丰县在县政府101会议室召开党员领导干部党纪政纪法纪专题辅导课。辅导课特邀市纪委政研室主任王长征授课，县委常委、县纪委书记王展渊主持会议

全面从严治党向纵深发展。讲话充分体现了县委推进全面从严治党的坚定决心和政治担当，对深化全县党风廉政建设和反腐败工作具有重要指导意义。

主要工作

【强化责任担当，夯实“两个责任”】 坚持把党风廉政建设责任制作为推进反腐倡廉工作的“总抓手”，坚持党要管党、全面从严治党，把党风廉政建设纳入全局进行统筹部署、检查督导、考核考评，推动党风廉政建设主体责任和监督责任落实到位。根据县委县政府班子成员工作分工情况，印发《新丰县2017年党政班子成员党风廉政建设岗位职责》和《县直有关单位落实2017年党风廉政建设和反腐败任务分工》，把反腐倡廉7个大类36项工作任务分解到县直40多个责任单位，层层明责任、细分工，将责任落实到岗到人。

强化监督检查，管党治党政治责任进一步压实。坚持下级党组织主要负责人向上级纪委述责述廉述德制度，年初，组织马头镇、沙田镇、县教育局、县发改局、县文广新局、县烟草专卖局等单位开展了党风廉政建设第一责任人向县纪委全会述责述廉述德并接受评议活动，通过以“述”促“干”，推动“两个责任”更好落实。

【严肃查处违纪违法行为】 坚持把纪律和规矩挺在前面，突出主业，集中精力推进纪律审查工作。配合省、市调查组严肃查处“练溪托养中心事件”、“利坑石场事件”、“黄磜瓷土矿非法开采案”等，相关人员受到严肃追责。严肃查处贪污挪用涉农资金案件，如黄磜镇茶峒村村干部贪污、挪用扶贫资金，3人受处理；沙田镇长引村村干部虚报骗取种粮直补款，1人被移送司法机关处理。严肃查处滥用职权、受贿腐败案件，如查处了县人社局就业中心原副主任潘耀初滥用职权收受贿赂案等。2017年，全县纪检监察机关接受信访举报165件，立案审查100宗，处分党员干部89人，挽回经济损失77万元。

按照抓常、抓细、抓长的要求，严格落实中央八项规定精神，常态开展明察暗访活动，不断加大对“四风”问题查处力度，防止反弹回潮。通过系列作风建设活动的开展，全县干部作风明显好转、服务质量明显提高。2017年经核实共有318名公职人员存在投资入股、经商办企业、从事营利性活动的情况。县纪委要求对排查出的公职人员经商办企业行为进行严肃整改。2017年共开展明察暗访17次，派出人员95人，发现问题26个，处理党员干部22人。通报曝光9起违反中央八项规定精神典型案例，作风通报单位5个，发出监察建议书、函询通知书17份。

【实现巡察派驻全覆盖】 认真落实省委、市委关于推进县级巡察和纪委派驻机构调整工作部署，县纪委主动探索、真抓实干，着力推动巡察和派驻监

12月7日，韶关市新丰县委第二轮巡察工作动员部署会议在县纪委会议室召开，对县第二轮巡察工作作出安排部署

督工作落地生根。顺利完成上级要求新丰县2017年上半年完成巡察机构组建，下半年开展巡察的工作任务。县委巡察办、2个县委巡察组成立后，迅速启动巡察工作，已完成对县人社局、县住建局、县体育局、县文广局等单位的常规巡察和对马头镇、沙田镇的扶贫领域专项巡察。目前，发现的所有问题已全部反馈被巡察单位进行认真整改落实。

完成纪委派驻机构调整改革任务。按照统一名称、统一管理的原则，整合纪检监察工作资源，规范科学设立县纪委派驻纪检组，派驻纪检组由原来的4个调整到6个，每个纪检组配备2至3名干部。

【推进源头治腐工作】 坚持开展纪律作风教育，认真组织党员干部深入学习新修订的党章、党内监督条例等党内法规，进一步增强了党性观念和纪律规矩意识。坚持拟提拔科级领导干部任前廉政法规考试和任前廉政谈话教育制度，共组织92名干部参加廉政法规考试和廉政谈话教育。

创新开展纪律教育学习月活动。特邀市纪委政研室主任王长征同志为全县副科以上党员领导干部上了一堂以“坚守廉洁从政底线，勤政务实担当作为”为主题的党纪政纪法纪专题辅导课；先后组织县直局行政事业单位分管行政审批、行政执法相关股室负责人、重点领域和关键岗位负责人到广东省反腐倡廉教育基地、新丰县反腐倡廉警示教育基地和利坑石场案件发生所在地实地参观，接受警示教育。召开新任村（居）“两委”干部集体廉政谈话教育活动；开展清理党员领导干部经商办企业逐级谈心提醒活动等。

5月18日，新丰县组织行政审批和行政执法相关职能部门干部到广东省反腐倡廉教育基地参观学习

积极开展廉洁读书月活动。以县图书馆为主阵地，开辟了廉洁图书专柜，为党员干部和广大读者提供廉洁书籍。2017年新丰县承办广东省修身齐家演讲比赛新丰赛点比赛活动，新丰县2名选手在全省总决赛中取得铜牌的好成绩。此外，县纪委还利用县电视台、公众信息网、微信、短信等平台，以廉政宣传标语、廉政公益广告、廉政信息等形式开展宣传活动，在全县营造了崇尚廉洁、鄙弃贪腐的社会氛围。

【纪检监察队伍建设】 2017年，在全县纪检监察干部中深入开展“两学一做”和“能力建设年”活动，举办新丰县首届纪检监察系统办公技能竞赛活动，不断加强纪检监察干部能力建设，提高履职能力。

畅通纪检监察干部交流使用渠道。加大纪检监察干部的交流、提拔力度，采取“优进、严管、宽出”的方式加强干部队伍建设。解决机关缺编问题，调入年轻干部8人。在国家监察体制改革过程中接收检察机关转隶干部9名，其中年轻干部7名，进一步补充了新鲜血液，激发纪检监察干部队伍的活力。

编印《新丰县纪检监察机关内部规章制度汇编》，成立新丰县纪检监察机关内务监督委员会和干部管理监督室，进一步加强对纪检监察干部的内部监督管理工作，严防“灯下黑”。 （新　纪）

附：1. 2017 年新丰县纪委监察局领导班子成员名单

纪委书记：王展渊

纪委副书记、监察局局长：罗哲行

纪委副书记：陈向群

纪委常委、监察局副局长：夏霜剑

潘慧峰（任至9月）

纪委常委：曾小丽

黄绍福

监察局副局长：陈志辉

2. 县纪委监察局派驻纪检监察组班子成员名单

第一派驻纪检监察组：组长：罗淑华；副组长：陈建洪

第二派驻纪检监察组：组长：龙劲松；副组长：刘明峰

第三派驻纪检监察组：组长：吕松苗；副组长：陈元道

第四派驻纪检监察组：组长：廖简修；副组长：黄宗盛

第五派驻纪检监察组：组长：曾庆飘；副组长：陈参林

公安派驻纪检监察组：组长：许成选；副组长：邹志炜

社会团体

新丰县总工会

【概况】　新丰县总工会内设办公室、生产生活女工部、组织宣教部和财务部，属下事业单位1个——工人文化宫，现有在岗人员13人。2017年，在县委和市总工会的正确领导下，全县各级工会紧紧围绕县委、县政府工作大局，找准工会工作着力点和切入点，推动工会工作再上新台阶，受到职工群众和上级工会的充分肯定。

【基层工会组织建设】　以“扩大覆盖面，增强凝聚力”为目标，全面加强工会组织建设。基层工会组建工作任务顺利完成。今年完成新组建工会4家（市总下达任务4家），发展新会员1787人，其中，开展“农民工入会集中行动”新增的农民工会员1787人（市总下达任务1600人），非公企业工会组织换届10家，100%完成了2017年市总下达我县工会组织建设和农民工入会工作任务。全面落实了省总对基层工会的补助扶持政策。落实了6名200人以上非公企业工会主席津补贴政策；落实了镇（街）及工业园工会补助经费各1万元。实施民主建会示范工程。认真开展基层工会职代会试范点工作1家，积极稳妥推进职代会建制工作，10家开展民主换届。抓好基层工会规范化建设。既抓建会数量，又抓建会质量，各级工会以“双亮”活动为载体，认真落实规范化建设的要求，使基层工会成为代表职工意愿、维护职工权益的职工之家。抓好工业园工会联合会“三个一批”规范化建设示范点。

【帮扶工作】　2017年，县总工会紧紧围绕“为党委政府分忧、为职工解困”的指导思想，加大困难职工帮扶工作，制定帮扶工作方案，明确工作职责和分工；加强档案管理，建立健全全县困难职工档案，对困难职工的动态管理，保证帮扶救助全过程公正、公平、公开；加强帮扶资金管理，县总工会对困难职工帮扶专项资金使用严格按照资金的使用程序范围、标准实行专款专用，做到专账专户，积极积极争取各方重视支持，大力筹措帮扶资金，尽可能帮助职工群众解决一些实际问题。及时发放帮扶资金，受到社会各界人士好评。扎实开展春送岗位、夏送清凉、秋送助学、冬送温暖等富有工会特色和社会影响的帮扶工作。2017年县总工会筹集帮扶资金56.59万元，帮扶职工群众1714人次，其中：开展春节送温暖活动17.54万元334人次，开展送清凉活动8万元1300多人次，开展金秋助学活动5.5万元19人次，落实医疗救助61人次18.5万元，生活救助47人次7.05万元。各镇（街）、各基层工会也多渠道筹集资金开展慰问困难职工等活动。此外，市总工会对我县108户困难职工每户发放2000元。继续做好职工医疗互助保障和女职工安康保障工作，使患重大疾病职工得到有效救助。2017年，全县参加职工甲互助保障4350人，有效份数为8980份，参加女职工安康保险1120人，有效份数为1850份。为156人次患病职工理赔32.52万元。今年全县有1820名职工购买了住院医疗综合保险，1430人购买了住院津贴。主动为困难单位和职工

1500多人赠送购买在职职工二次医疗保险约14万元。

【建功立业】 紧紧围绕“新丰县创建韶关主动融入珠三角加快发展先行区”核心任务，积极开展“当好主力军，建功十三五”主题活动，进一步激发职工群众的劳动热情和创造活力。广泛开展劳动竞赛活动。各级工会结合自身实际，认真组织实施主题鲜明、形式多样的劳动竞赛或比赛。据统计，全县各级工会积极举办劳动竞赛活动，参与竞赛活动的单位220多个，参与职工4287人次。大力弘扬劳模精神，加强劳模管理服务工作，重视加强劳模的管理服务工作，加大对困难劳模的帮扶力度，帮助他们解决一些实际困难，并对患大病劳模作出特殊帮扶。县总工会对劳模进行调查摸底工作，对劳模的档案实行动态跟踪，准确了解劳模的情况。配合上级工会安排部分劳模参加疗休养活动，并组织了6名省市劳模去劳模休养基地进行休养。组织参加“韶关工匠”评选、新丰杰力电工有限公司研发部工程师何俊获得首届“韶关工匠”提名奖。

【文艺进基层活动】 10月12日，韶关市总工会、新丰县总工会开展“中国梦?劳动美”韶关工人艺术团送文艺进企业活动，深入新丰县民营企业广兴牧业公司慰问演出，受到一线基层职工和社会各界人士好评。演出以开场歌舞《自豪的建设者》拉开序幕，男生独唱《咱们工人有力量》和舞蹈《快乐的工人》逐步将演出引入高潮。舞蹈、男女独唱、诗朗诵、小品等节目精彩纷呈。演出晚会在歌舞《美丽中国走起来》《歌唱祖国》中结束。文艺演出唱出了伟大劳动者的欢歌，让广大职工鼓足了干劲，信心满怀。县总工会还积极参加省市工会组织的各项文体活动。11月19日，新丰县总工会选送的排舞节目《丰江之韵》在韶关市首届职工“风行体育杯”排舞展示大赛中荣获三等奖。此外，县总工会引导支持各级工会扎实开展各种寓教于乐、职工热情参与的文体活动，增强工会组织的凝聚力、向心力。

2017年4月26日县总工会联合相关部门在县政府广场开展法治宣传活动

【首个“三个一批”示范点举行揭牌仪式】 10月20日，新丰县工会首个“三个一批”建设示范点—新丰县“会、站、家”一体化建设揭牌仪式在丰城街道县产业转移工业园管理委员会举行。韶关市总工会副主席钟山红带领有关部门负责人、县总工会、县产业转移工业园管理委员会有关负责同志参加了此次揭牌仪式。新丰县工会“三个一批”示范点揭牌启用，标志着该县建设工会组织建设、开展职工维权、关爱帮扶、教育培训、心理疏导、文化活动于一体的服务职工的综合性平台工作迈出了实质性一步。

【“庆元旦”干部职工篮球赛】 12月28日，新丰县2018年“庆元旦”干部职工篮球比赛在县体育馆圆满落幕，县领导刘国洪、谭雪梅、稽春明分别为获奖单位颁奖。此次比赛由县委组织部、县总工会、县体育局联合举办，共有12支球队参赛，采用分组循环赛的方式进行，一共进行了36场比赛。通过比赛，进一步推动了新丰县全民健身计划，增强了干部职工的凝聚力、向心力、战斗力，

培养了大家的集体荣誉感，展示了各球队团结、和谐、勇于拼搏的精神风貌。（县总工会）

附：2017 年新丰县总工会正副主席名单

主　席：李翠琼（任至5月）

副主席：温仙灵

　　　　廖艳梅

共青团新丰县委员会

【概况】 中国共产主义青年团新丰县委员会（简称团县委）是县委领导下负责青年工作的群众团体，2017 年团县委内设 2 个机构：办公室和团务部，机关行政编制 3 名，在职 2 名，镇街团委书记 7 名，副书记 7 名；全县共有基层团委 21 个［其中镇（街）团委 7 个，直属机关团（工）委 4 个，中学团委 10 个］；团支部 228 个［其中直属团支部 71 个（包括非公、两新组织团支部 42 个）、村（社区）级团支部 157 个］；直属社会组织 6 个（青年志愿者协会、个私协会、暖心协会、大学生协会、青年联合会、青农会）；志愿者服务队 94 个，注册志愿者数 11897 人，日常在新丰县城的青年志愿者 800 多人。

【“青春情暖”系列活动】 1 月 8 日，团县委联合县个私志愿者协会开展“青春情暖”活动，到 56 户重病、孤寡老人、留守儿童等家庭开展慰问活动，送出慰问金 5.6 万元。1 月 21 日至 23 日，团县委联合县大学生协会开展第五届“青春情暖？志愿服务一条街”活动及探访慰问活动，包括义务挥春、义诊、义剪、旧书回收等。1 月 18—25 日，团县委联合县总工会等单位，开展“情系农民工温暖回家路”——新丰县 2017 年春运志愿服务“暖冬行动”，为骑摩托车返乡途经新丰县的务工人员免费提供休息处、交通指引、车辆安检、免费维修、手机充电、爱心药箱、姜茶、八宝粥、方便面等温馨服务。团县委开展此项活动已连续 5 年，共计服务逾 5000 人次。8 月，团县委联合县大学生协会开展“青春情暖？阳光助成长”第八届爱心夏令营活动，50 多名大学生志愿者教师与 200 多名留守儿童和贫困学子共度快乐的 7 天夏令营生活。

【青年志愿服务系列活动】 3 月雷锋月，团县委下发文件，组织全县各级团组织开展学雷锋系列活动。3 月 8 日，在县政府广场开展“i 志愿 · 爱生活——2017 年新丰县学雷锋全民志愿服务行动”集中服务日活动，当天近 20 个机关事业、社会组织参加，服务内容包括义诊，义拍，义剪，义修，法律、工商、税务、安全用电、家政等知识的宣传及咨询，引导全县广大团员青年广泛参与新丰县精神文明建设，弘扬“奉献、友爱、互助、进步”的志愿服务精神，营造助人为乐、团结友爱、无私奉献的良好社会氛围。4 月 26 日，团县委联合县总工会等单位在县政府广场开展“劳动光荣，与法同行”为主题的“五一”国际劳动节大型法治宣传活动，活动现场摆放法律法规宣传展板、发放宣传资料、提供知识咨询等，共计发放宣传资料 1000 余份，接受群众咨询 300 余人次。7 月 2 日，团县委组织开展“广东扶贫济困日”暨“一份捐赠？一份爱心”志愿募捐活动，来自各单位、组织和社会的 100 多名志愿者共同参与，共募捐善款 15768 元。7 月，2017 年全国学生定向锦标赛在新丰县举行，团县委每天组织 200 多名志愿者服务赛事，包括车辆引导、景区指引、场地辅助、现场咨询等服务，赛事前后共计十多天超过 2000 人次志愿者参与服务。9 月 27 日，团县委组织志愿者服务“‘静美新丰，爱心传承’我为环卫工人送敬意”公益活动，为环卫工人送月饼，以善心促城市提升，呼吁社会关注和关爱环卫工人，尊重和支持环卫工人工作，爱护环境、保护环境。10 月，中秋国庆节期间，团县委组织近 100 名志愿者在云髻山景区、云天海温泉原始森林度假村、新丰江源温泉度假山庄等景点，为游客提供咨询、引导、茶水等服务，并在县城主要街道路口开展马路引导活动。11 月 14 日，团县委组织 50 名志愿者服务“警营开放日”活动。12 月 16 日，团县委组织近 100 名志愿者参加新丰枫叶节启动仪式、文艺晚会以及第三届新丰美食文化节志愿服务活动。

【新丰青年论坛活动】 6月18日，“旧貌换新颜——我心中的丰城”第二期新丰青年论坛活动在县文化馆三楼举行。特聘专才和各界青年代表45人纷纷为新丰城市提升工作提出意见和建议。青年们认为，城市提升工作不会一蹴而就，而是一个持续更新的过程。在更新的过程中，要细致考虑居民的需求、也要考虑得更长远、更全面，老城新城如何更好结合、配套无疑是个重要课题，需要全县人民共同参与。

【纪念五四运动】 5月22日，新丰共青团纪念五四运动98周年、中国共产党主义青年团建团95周年暨“桥头堡计划”工作部署会议在县政府会议中心举行，各镇街团组织负责人、县直（含市属）各有关单位团组织负责人及中小学团组织负责人参加会议。与会人员观看五四运动宣传片、建团宣传片，回顾历史，重温革命先驱们为国家为民族英勇奋战的豪情与魄力，激励广大团员青年奋发向上，继承和发扬五四精神。

【禁毒知识、法律知识宣传活动】 6月23日，新丰县“无毒青春，健康生活”大型禁毒宣传活动在县政府广场举办，团县委组织30名志愿者派发宣传资料，现场解答疑难等，活动共发放宣传资料2000多份，展板挂图40幅，让市民直观地对毒品有更深的认识，拒绝毒品，远离毒品。此外，团县委主动与县公安局、教育局、法院、检察院、禁毒办等部门加强沟通，开展“法院开放日、师生零距离学法”“模拟法庭进校园”“爱和平、反欺凌”法律知识进校园、禁毒宣教图片千校巡展等活动共24场。

【演讲比赛】 8月23日，由县委组织部、团县委联合主办的“学习贯彻省第十二次党代会精神，争做融珠先行排头兵”演讲比赛在县政府会议中心举办，掀起新丰主动融入珠三角的热潮。各单位有关领导、干部、工作人员以及参赛者亲友团共100多人观看比赛。

【青年交友联谊活动】 9月7日，团县委在交通大酒店举办“七夕有约？不忘初心”新丰县首届企业青年交友联谊活动，近10家企业80名青年才俊参与活动。切实服务广大青年的婚恋需求，拓宽青年沟通渠道，更好地服务新丰县广大单身青年，引导青年树立健康积极的交友观、婚恋观。

【新丰县城市提升系列志愿活动】 2017年，团县委积极开展新丰县城市提升系列志愿活动，包括清扫县城及周边卫生死角、派发宣传单、引导行人文明过马路、劝导县城商铺落实“门前三包”等内容，全年共开展活动78场次，志愿者参与共1856人次。

【学习贯彻中共十九大精神】 11月10日，团县委在党政会议室召开全县各界青年代表学习贯彻中共十九大精神会议，来自各镇街、县企事业单位、社会团体近60名青年代表参会。12月11日，广东省青年联合会代表团到新丰县回龙镇开展学习十九大报告交流会，团县委组织各镇街团（工）委负责人及县青联委员近40人参加交流。12月26日，中共十九大精神广东青年宣讲团走进新丰县，开展主题为“不负韶华逐梦前行——学习贯彻十九大精神”的专题讲座，来自各镇（街）、村（社区）、中小学、县直机关事业单位的团干部以及社会组织青年、农村创业青年代表、志愿者等120多人参会。

【坚持党建带团建，夯实基层团组织基础】 4月到6月，团县委深入开展“桥头堡计划”，141个村16个社区完成团支部换届工作。同时，把团组织整顿工作纳入各级团组织重要工作内容，2017年整顿团组织21个。规范开展“三会两制一课”，鼓励村团支部多渠道主动吸纳农村青年，组建志愿者服务队为村服务，遥田志愿者突击队、梅坑尖刀连等发挥先锋模范作用，冬瓜坑社区“团支部+社工”模式取得良好效果，下埔村、阳福村、大岭村、大陂村等团支部组织广大青年志愿者积极参与“三清三拆三整治”，村庄绿化等工作。12 月 12 日，团市委书记刘海旺一行到新丰县开展基层团组织调研工作，刘海旺书记就基层工作中普遍存在的问题和基层团组织今后的发展提出宝贵意见和建议。

【助力青年创业就业】 团县委广泛开展团组织直接联系青年行动，了解青年所需，有针对性开展服务。8 月 13 日，创新举办“真人图书馆”，特约嘉宾为广大青年提供良好的学习、创业思路。7 月至 8 月，开展“展翅计划”，面向全县各机关事业、企业，开发实习、见习岗位 91 个，一批大学生得以实践锻炼。12 月 11—15 日，团县委组织举办农村致富领头雁、电商培训课程，300 名青年得到良好的学习机会。通过培训，使培训对象掌握电子商务基本操作技能以及电商企业工作流程等基础知识。掌握农村电商企业管理方式，运营淘宝商城店铺，淘宝培训之产品优化，了解新型电子商务模式及应用。

（周美珍）

附：2017 年共青团新丰县委员会正副书记名单

书　记：张明辉（12 月起任）

副书记：张明辉（任至 12 月）

新丰县妇女联合会

【概况】 新丰县妇女联合会是负责妇女儿童工作的群众团体，是党和政府联系妇女群众的桥梁和纽带。新丰县妇女联合会现设主席 1 名，副主席 1 名；内设办公室、儿童部、权益部，妇女儿童工作委员会办公室设在县妇女联合会。现在职干部 3 名，政府雇员 1 名。

2017 年，新丰县妇联按照“党政所急、妇女所需、妇联所能”的工作要求，围绕县委、县政府中心工作，参与社会管理和创新，推进妇联枢纽型组织建设，以联系妇女、服务妇女、教育妇女、维护妇女儿童合法权益为根本任务，扎实做好各项工作。

【“巾帼建功”活动】 2017 年，新丰县妇联动员组织广大妇女积极参与经济发展，在各个建设和发展领域施展才华，贡献才智，展示风采，更好地促进妇女专业合作社的规模化发展，经营范围逐步向生产、加工、销售等环节扩展，延伸农业产业链。新丰电视台银视营业厅获得市“三八红旗集体”荣誉称号；县公安局 110 接处警中心获得市巾帼文明岗荣誉称号；孙玉梅等 3 人获得市“三八红旗手”荣誉称号；新丰县汽车运输有限公司营运业务部等 3 个部门荣获县“三八红旗集体”荣誉称号；县江春莉等 19 人获得县“三八红旗手”荣誉称号。积极推进巾帼示范基地创建，培育巾帼经济组织，新丰县大丰观光休闲农场被命名为市“巾帼种养示范基地”，广鸿联民种植农民专业合作社为市“十百帮扶贫困妇女精准脱贫项目”基地。

2017 年 3 月 7 日，县妇联联合县委宣传部文明办在南门塘任予广场举行庆“三八”暨表彰最美家庭文艺晚会，表彰了 10 户最美家庭和 6 户最美家庭入围奖。图为表彰晚会现场。

【妇女小额贷款工作】 2017年，新丰县妇联大力实施扶持妇女创业小额担保财政贴息贷款项目惠民工程，鼓励妇女创业增收致富，推动农村产业结构调整，促进城乡统筹发展和共同富裕。全年共发放省项目贷款18笔，金额115万元，帮助18名妇女创业发展。

【普法主题宣传活动】 2017年，新丰县妇联利用“三八”维权周、“六一”国际儿童节、“6·26”国际禁毒日、“11·25”国际反家庭暴力日、“12·1”世界艾滋病日等重要纪念日和节日开展多种形式的有关妇女法律、平安知识的宣传教育活动，让法律知识和平安理念渗透进群众生活，传播健康文明的家庭生活理念，营造平安和谐的良好社会氛围。据统计，全年举办主题宣传活动13场，共悬挂有关平安知识展板挂图50多幅，向群众派发有关妇女维权、创建平安家庭、关爱女性健康等系列宣传资料共计3万多份，发放围裙、手巾、果皮刀、帽子、环保袋等宣传品2500多份，受益人数近1万人次。

【维护妇女儿童合法权益】 2017年，新丰县妇联做好群众来信、来访、来电工作，努力为她们解疑释惑，使各类矛盾能得到及时、有效的解决。全年县妇联接待来信来访来电32件，其中婚姻家庭类23宗，劳动权益类1宗，人身权益类2宗，财产权益类2宗，综合类4宗，处理率达100%。切实维护了妇女儿童的合法权益。同时，为贫困妇女提供法律援助2宗，结案2宗，弱势群体妇女寻求到了法律的公平与正义。

【举办各类知识讲座】 2017年，新丰县妇联举办健康知识、家庭教育、《中华人民共和国反家庭暴力》等知识讲座11场，参加讲座的有900多名妇女，提升保健知识，增强维权意识，学会运用法律武器维护自己的合法权益，促进婚姻家庭和谐稳定。

2018年12月9日，东莞瓦蓝栈公益基金会到新丰县资助贫困学子。图为合影

【家庭教育工作】 2017年，新丰县妇联积极开展“注重家庭、注重家教、注重家风”为主题的家庭教育活动，在县城一小、各镇（街）共举办家庭教育知识讲座5场，1500多名家长参加，向家长宣传家庭教育的理念、新知识、新方法，提高广大家长科学教子的能力和水平；开展了形式多样的亲子活动，红枫家庭服务中心全年共开展亲子活动13场，受益人数达600多人次。

【关注民生送关爱】 2017年，新丰县妇联利用春节、“三八”国际妇女节、母亲节、“六一”国际儿童节开展关爱妇女儿童送温暖活动，筹集慰问款2.24万元，惠及特困妇女和儿童36人，给他们送去“娘家”的温暖；做好妇女“两癌”普查工作，实施农村妇女“两癌”免费筛查项目，全年免费为6170名农村贫困妇女进行“两癌筛查”，提升农村妇女卫生保健水平；开展关爱留守儿童、妇女互助小组等公益项目活动，红枫家庭服务中心全年共开展了13场关爱留守儿童活动和11场妇女小组活动，共服务了4000多人次妇女和儿童。

【“四援助”工作】 2017年，新丰县妇联积极牵线搭桥，寻找爱心人士帮扶困境儿童，开展“爱心父母牵手困境儿童大联盟行动”，大力发动各界人士参与帮扶行动，资助18名贫困儿童，资助款6.02万元；开展援助贫困母亲家庭子女心脏病救治公益活动，有5名先天性心脏病患儿接受省第一人民医院救治；做好广东省贫困母亲“两癌”救助实施项目工作，全县有14名贫困妇女获得救助，救助款共计13.3万元，解决她们治病燃眉之急；援建特困单亲母亲家庭“安居房”4户，援助资金8万元。

【特色家庭建设】 2017年，新丰县妇联强化家庭美德、职业道德、社会公德教育，提高群众思想道德水平，促进形成良好、文明的社风家风民风。大张旗鼓地宣传先进人物事迹，对先进集体、先进人物进行通报表彰，推荐评选2017年度市“平安家庭”示范户10户、市“文明家庭”10户、市“优秀书香之家”1户；评选2017年度“新丰县平安家庭”示范户40户、“新丰县文明家庭”33户，激励全县家庭向先进学习。

【“妇女之家”阵地建设工作】 2017年，新丰县妇联充分利用各种有利条件，抓好“妇女之家”阵地建设，创建4个省级、1个市级“妇女之家”示范点，为妇女提供活动、交流阵地。对创建的“妇女之家”示范点着重抓好农村妇女文化知识学习及科学实用技术的培训工作，一年来，“妇女之家”共举办有关法律知识、健康知识、农技知识培训10次，参加人数500多人次；积极推广妇女广场健身操、开展巾帼志愿者服务活动，引导她们倡导健康文明生活方式，积极参与乡村振兴工作。“妇女之家”真正成为广大妇女的“温暖之家”。

【“两个规划”工作】 2017年，新丰县妇联严格按照韶关市妇儿工委的工作要求，在各成员单位的共同努力和支持配合下，如期完成2017年新丰县妇女儿童发展规划统计监测评估工作，主要目标均达到预期发展水平。

【妇联组织建设】 2017年，新丰县妇联开展“两学一做”学习教育活动，保持和增强妇联组织的政治性先进性群众性，确保党的路线方针政策在妇联系统不折不扣地贯彻落实，团结凝聚广大妇女听党话、跟党走，进一步夯实党执政的妇女群众基础；抓好镇（街）妇联区域化改革、村（社区）妇联改建工作，2017年9月底已全面完成了镇（街）妇联区域化改革和村（社区）的妇代会改建妇联工作，选举产生了第一届村（社区）妇联领导班子。

（刘翠红）

附：2017年新丰县妇女联合会领导班子名单

主　席：徐双梅

副主席：刘翠红

新丰县科学技术协会

【概况】 新丰县科学技术协会属于县委领导的群团组织，以县委管理为主。主要职能是在上级业务部门的指导下，开展普及科学知识、弘扬科学精神，推广先进科学技术和开展青少年科技教育活动；指导科普阵地的规划、建设和管理及科普队伍的建设工作。县科学技术协会机关事业参公编制3名，现有在职人员5人。直属公益一类事业单位县科技馆机关事业编制3名，现有在职人员1人。

2017年，新丰县科协认真贯彻落实创新驱动发展战略，紧紧围绕县委中心工作，准确把握“四服务一加强”的工作定位，立足“创新、服务、和谐、发展”的主题，切实履行职能作用，为科技工作者服务、为创新驱动发展服务、为提高全民科学素质服务、为党和政府科学决策服务。在开展科普活动、科技服务，助力精准扶贫等方面做出了积极贡献。

【业务工作】 认真抓好在校青少年科技教育工作2017年9月21日，与县教育局联合在县实验小学举办以创新驱动发展，科学破除愚昧为主题的“科技进校园”系列活动。向实验小学赠送《青少年科技创新知识》《食品安全健康知识》等科普丛书以及一批羽毛球拍，对“有奖科普知识竞赛”获奖学生进行奖励。活动中近2000名学生参与，提高了青少年的科技实践能力。

认真做好科学技术工作者服务工作。根据市委组织部、市科学技术协会《2017年“广东青年科学家韶关行”工作方案》（韶市科协联〔2017〕22号）文件精神，根据市科协统一安排，12月18—19日，认真做好广东青年科学家叶国东、何剑飞到新丰县开展科技咨询服务和人才对接活动，安排专门工作人员与科学家一起深入杰力电工公司开展科技服务。积极为新丰县企业与高校和科研院所搭建合作桥梁，推动科技成果加快转化为现实生产力。为助推本县实现创新驱动发展提供人才支撑和智力支持。认真做好精准扶贫工作，积极协助开展村级换届选举工作。科协在人员少的情况下，严格按县委、县政府要求，设立驻黄礤镇秋峒村扶贫工作组，实施建档立卡动态管理机制，将贫困户基本情况、致贫原因、扶贫项目、扶贫政策、帮扶措施、脱贫目标、帮扶责任人、联系方式等汇集成册，区分类别，建立台账，不断强化扶贫实施效果。5月10日，黄礤镇秋峒村委换届选举日，科协全体同志协助做好换届选举工作，并圆满完成工作任务。（县科协）

附：2017年新丰县科学技术协会领导班子成员名单

主　席：廖保青
副主席：潘英外

新丰县社会科学学会联合会

【概况】 新丰县社会科学学会联合会成立于1991年8月6日，是群众性学术团体，行政编制2名，与县委宣传部合署办公。下属学会有：老区建设促进会、党史学会、粮食经济学会、党建学会、农业经管学会、集邮学会、财务学会、工业经济学会、德育教育研究会、厂长经理协会、职工政治思想工作研究会、税务学会、班主任工作研究学会、地方志学会。

【理论宣讲】 2017年6、7月份由县委宣传部牵头，从有关部门抽调精干力量组成学习贯彻省第十二次党代会精神宣讲团，赴全县各党（工）委开展宣讲；9月在全县各镇（街）组织开展“习近平总书记重要批示精神进基层”主题宣讲活动；11月启动学习宣传贯彻中共十九大精神宣讲活动。通过联系县委宣讲团成员、利用新丰县干部培训学院网络平台和其他形式，组织做好农村、社会团体、学校、社区农村、企业、“两新”组织的宣讲活动，实现宣讲活动对党组织和党员的全覆盖。

【理论学习】 印发《2017年全县党委（党组）理论学习中心组专题学习重点内容安排》到各党（工）委，县直（含市属）各单位党组并要求各部门结合实际，按照年度安排的十五项专题认真组织理论学习，领会好学习要义。（江　邮）

附：2017年新丰县社会科学学会联合会正副主席名单

主　席：温春和
副主席：黄刚毅

新丰县文学艺术界联合会

【概况】 新丰县文学艺术界联合会属群众性学术团体，编制2名，与县委宣传部合署办公。下属协会有：书法协会、美术协会、摄影协会、诗社协会、奇石根艺盆景协会、画眉协会、客家联谊会。

【主要工作】 积极开展节庆文娱活动，弘扬传承中华优秀传统文化。为丰富群众节日文化生活，县文联积极开展各项节庆文化活动。春节前开展了义务挥春文化惠民活动，组织县书法协会会员分别到县政府广场、沙田镇下埔村、马头镇乌石岗村开展义务挥春活动，共送出春联600幅；协助县文明办、县妇联在“三八”国际妇女节期间举办“庆三八”文艺演出暨“最美家庭”表彰晚会；“六一”国际儿童节期间联合县教育局举行县城小学生诗歌创作比赛；建党节到帮扶村马头镇雅盖村开展文艺进农村活动；国庆节期间在县图书馆举办新丰县“庆国庆迎中秋喜迎十九大”摄影、美术、书法作品展览活动，进一步丰富全县广大群众的节日文化生活，培养青少年的审美情趣。

【加强协调联络】 发挥组织、联络、协调、指导和服务职能，继续加强与文艺界联络活动，协助对各协会加强内部管理，协助各协会开展各项工作以及志愿活动等。2月，组织县摄影协会举办“樱花摄影比赛”和“花中贵族摄影比赛”，收集作品近百幅；3月，联合东莞市书法协会举办“东莞新丰书法联展”活动；4月，组织县书法协会举办“翰墨丹霞”四人书法作品巡回展；7月，组织县摄影协会协助县旅游局做好2017全国学生定向锦标赛暨“中国四维杯”全国测绘地理信息职工定向越野赛拍摄工作。加强了与省、市文艺界的交流联络。积极与省、市文联有关领导和协会交流联络，配合做好“文艺家艺术教育下基层”活动，2017年，成功邀请到了中国摄影家协会会员、广东省新闻摄影学会顾问、韶关市摄协终身荣誉主席黄日有老师到新丰开展专题讲座4场次，进一步加强了新丰县摄影爱好者与省、市摄影爱好者之间的沟通交流；组织县诗社、县书法协会到马头中心小学开展“结对子，种文化”帮扶活动，截至12月，到帮扶点开展“诗歌进校园”、“书法进校园”活动10次，进一步推进新丰县艺术教育和艺术普及工作，提高广大人民群众的文化艺术素养。

【志愿服务】 继续深化文化志愿服务活动。根据中央、省、市关于在文艺界广泛开展“深入生活、扎根人民”主题实践活动的部署要求和《新丰县推进志愿服务制度化实施方案》文件精神，县文联进一步深化了文艺“四进”（进农村、进社区、进校园、进企业）系列文化惠民志愿活动。由县文联牵头通过志愿服务队先后举办了文化艺术沙龙、书法艺术进校园、诗词创作进校园等文化志愿培训活动，进一步促进全县文艺爱好者之间的沟通交流，培养一批群众文艺爱好者，提高青少年的文学艺术水平。协助县文明办、共青团新丰县委员会开展县城提升志愿服务活动，动员和引导广大市民群众积极投身我县城市提升工作，共同打造美丽丰城。

【开展全民阅读活动】 积极联系县图书馆、县新华书店开展全民阅读活动，协助开展了“爱上阅读，爱上图书馆4.23世界读书日暨正版阅读绿色生活从小做起亲子阅读”、新华书店“小读者故事会”活动，倡导广大青少年好读书、读好书。

【其他工作】 分别协助县纪委、县委组织部举办“我的梦”——第四届广东省演讲比赛暨2017年广东省修身齐家演讲比赛（新丰赛区）、“学习贯彻省第十二次党代会精神争做融珠先行排头兵”主题演讲比赛”，助力省党代会精神宣传。协助县文化馆组织做好全县业余文艺创作培训班暨文化下乡活动，以提升全县艺术创作队伍的整体水平。（江　邮）

附：2017年新丰县文学艺术界联合会主席名单

主席：李春娣

兰花协会

【普及推广兰花知识】 会长温标十分注重普及兰花知识和种植技术。2017年县关工委举办农村青年创业培训班，新开设兰花基础知识辅导课，温标会长亲自撰写讲稿，在培训班上向学员讲课，介绍本县兰花事业发展情况，讲解中国兰花种类、种植方法等基础知识。

【观摩兰花种植场】 2017年，县兰花协会3次组织会长、理事、全体会员到绿艺兰花种植场等地观看，座谈。绿艺兰场累计新投资120万元，搭起高标准化的兰花大棚近4亩。从新丰县、顺德等地购进国兰8000盆、蝴蝶兰2.8万盆。聘请熟悉兰花种植专业技术人员，进行全天候管理。2017年10月，县第十五期农村青年创业培训班60多位学员到绿艺兰花种植场参观学习。县兰协介绍了绿艺兰花种植场情况，推荐为韶关市创业青年示范基地。会员苏喜顺新种新丰县下山兰花1000多盆，全部进行了换盆，分株。他的花棚成为马头镇休闲旅游点，吸引游客、花卉爱好者前来购买。12月9日，县兰协组织理事到黄礤镇西草村兰花种植场观摩，该场生产的国兰品质优美，供不应求，年产值每亩达30万~40万元，是中国高质量高产值的兰花种植场之一。

【应邀出席兰花展】 2017年元旦，县兰花协会应邀出席翁源县（广州）兰花招商博览会，派出7位理事代表前去广州会展中心观摩取经。2月10日，应邀参加中山市小榄镇兰花协会成立20周年暨元宵节兰花展。2月16日，应邀参加顺德市（北滘）海峡两岸暨香港、澳门暨13届兰花展览会。

【加强交流联系，宣传新丰兰花】 新丰县兰花知名度远扬。2017年，每月都有外地兰友前来联系交流、购买。5月6日，惠州市兰花协会会长蔡广文等4位兰友，到县兰花协会新丰兰苑进行座谈，温标会长向惠州市兰友介绍新丰县下山兰种植发展情况，参观兰友兰棚，了解新丰珍贵的下山兰品种，购买新丰福荷、大荷、大梅、紫妃、新品红花等兰花。

【弘扬兰花文化】 《中国兰花》杂志2017年第一期刊载“云髻山上国兰香”一文，宣传新丰县兰花协会保护国兰资源。并刊登温标会长作的咏兰诗一首：

赞新丰县兰协赴唐山参加国际兰展

新丰名兰四海扬，
唐山兰展绩辉煌。
一金二银四铜奖，
兰协兰友皆荣光。

迎接十九大，温标会长与潘允儒理事欣赏兰花

【建立党支部】 2017年1月，县委组织部拨来建党经费3000元，派出党务干部前来指导，完善兰花协会党支部建设。建立《党员登记名册》，党员活动结合兰花协会活动一并进行。新建党支部公开宣传栏，将党员权利义务，党员誓词，《党员“两学一做”活动要求》等内容上墙。

【完善年审制度】 认真做好协会年审整改工作，按照程序规范要求，收集年审材料，交由县、市、省互联网年审平台进行申报工作。对民政等部门提出的整改意见，理事会多次专门研究，完善管理制度。

（钟幸儿）

附：2017年新丰兰花协会会长名单

会　长：温　标

新丰县工商业联合会（商会）

【概况】 新丰县工商业联合会（商会）简称新丰县工商联，在职人员4人。由县委统战部副部长兼任县工商业联合会党组书记。2017年，新丰县工商联做好发展会员工作，为会员服务，搞好自身建设，为新丰县非公经济发展服务。

【抓好民企党支部建设】 抓好非公经济组织党的建设，是工商联的一项重要工作。长期以来，工商联高度重视这项工作，引导非公经济人士紧紧依靠党的领导、坚持党的领导、拥护党的领导，坚决贯彻执行党的路线、方针、政策，督促民企党支部认真开展党员活动、过好党支部生活，尤其要注重开展由“富二代”转变为“创二代”的思想教育活动，引导非公经济人士健康成长。2017 年党支部党员共有 24 人，吸收 2 名入党积极分子。

【扶贫帮困】 2017 年，新丰县工商联积极引导和鼓励会员为社会和谐奉献爱心，引导非公有制企业参与到光彩事业和社会公益事业，引导他们增强社会责任心，弘扬中华民族优良传统，致富思源，富而思进，为政府排忧解难。春节期间，组织开展了送温暖献爱心活动，为丰城街道七大社区困难群众带去了节日的祝福，此次活动共慰问了44户困难群众。

在捐资助学方面，工商联会员也慷慨解囊，据不完全统计，中心洲陈峰、臻丰混凝土陈智文、华丰源宾馆谭会能、云髻山酿酒有限公司江锡强、广兴牧业张小颂、福源楼大酒店潘云辉、甜美心胡元斌等等，一直在资助品学兼优但家庭困难的 19 名学生完成学业。另外，工商联会员在 2017 年上半年的其他社会公益捐款也达到了11 万元，其中中心洲度假村有限公司捐赠新丰一中 2017 届高三奖教奖学金 8 万元。

9 月，马头镇商会的会员们用实际行动支持马头中学的教育，在会长李建旺的带领下，大家慷慨解囊，一共捐出了 3 万元，用于奖教奖学，资助贫困生。这一举动，充分体现了马头镇的民营企业“义利兼顾，德行并重，发展企业，回馈社会”的光彩精神。

按照省、市工商联的部署，从政治、责任、全局的高度，开展了“百企帮百村”精准扶贫行动，制定了《新丰县“百企帮百村”精准扶贫行动方案》，分配了企业与贫困村的结对任务，并会同企业与贫困村签订了《百企帮百村精准扶贫行动村企结对帮扶协议书》，因企因地制宜，在帮扶上突出优势，加强部门沟通，形成工作合力，抓好工商联作用的发挥，确保服务支持精准到位。

【服务会员】 工商联始终把为会员服务放在日常工作的首位，不断探索为会员服务的新方式、新途径。联系会员企业，强化服务功能，开拓服务领域，努力为企业排忧解难，帮助企业解决实际问题。为维护会员的合法权益，县工商联积极协调与有关部门的关系，积极帮助会员企业做大做强，优化了经济发展环境，赢得了会员的信赖。

3 月，在获知会员企业在蔬菜销售方面遇到问题后，新丰县工商联光彩扶贫部立即召开会议，想方设法对接各种渠道和平台，为农户解决燃眉之急。工商联充分发挥联系广泛、资源丰富、信息灵通的优势，帮助农户解决难题，为农户牵线卖出了白菜、莴笋共2500 多斤，让农户渡过了难关。4 月份，在县人社局举办的民营企业专场招聘会上，工商联组织了 5 家企业参与现场招聘，为企业解决用人方面的困难与问题。6 月份，在得知宝丰实业有限公司工地受到社会闲杂人员的敲诈勒索，导致一年来开不了工的情况后，在县委统战部、工商联的反映下，县委、县政府高度重视，专门成立了工作组进行积极处置，最终使得宝丰实业有限公司顺利复工。这一举动，充分体现了县委、县政府对民营企业的关怀，大大增强了民营企业发展的信心。

【增强工商联凝聚力】 工商联结合自身重点工作，按照上级的工作要求，结合企业的实际需求，开展了联谊、外出交流等多项活动。3 月份，组织了“三八”国际妇女节联谊活动。4 月份，为推动企业实施“走出去”战略，组织全体执常委到翁源县商会开展学习交流活动，8 月份，开展了“夏日送清凉、慰问环卫工人”活动，通过活动，大大增强了工商联的凝聚力。（郑晓雁）

附：2017 年新丰县工商联领导班子成员名单

工商联（总商会）主席（会长）：陈光荣统战部（副部长）兼工商联党组书记：俞光明

专职副主席（副会长）：郑晓雁

党组成员：黄维一

秘书长：潘杵汝

法　治

政法委及综治

【概况】　中共新丰县委政法委员会是县委领导全县政法工作的职能部门，下设办公室、综治工作室、维稳工作室、依法治县室、防范工作室、社会工作室及新丰县法学会。截至2017年12月31日，县委政法委机关行政编制13个，事业编制1个，后勤服务人员2名，其中书记1名（由县委常委兼任），副书记3名。实有人员17人。

【维护社会安全稳定】　全力开展防范打击，有效加强国家政治安全。及时排查消除暴恐安全隐患。深化“断流2017”专项行动，快速成功处置了“1·4”银山酒店附近持刀追砍6名过路群众的突发事件，及时消除群众恐慌，有效避免更大伤害事件发生。继续开展无邪教示范点创建。在全县开展“三个一”示范工程活动，把马头镇列为镇级无邪教示范点，还增加了秀田、梅中、秋峒、竹岭、回龙、白楼和鲁古等村为村级无邪教示范点，通过开展无邪教创建示范点活动树立示范典型，做到以点带面，进一步强化反邪教基层基础建设。扎实做好网络安全监督管理。组织开展“网安2017”专项行动，成功阻止4起记者插手炒作“2·15”练溪托养中心事件。深入推进网络安全隐患“清零行动”，及时查处涉网案件5宗，拘留5人。

【社会综合治理】　加快推进“中心+网格化+信息化”工作　全县各镇（街）综治中心基本完成了中心升级建设，综治、信访、维稳和司法实现了集中办公，镇（街）综治中心配备了5个以上专职人员，每个司法所配备了2名工作人员；157个村（居）工作站“中心+网格化+信息化”建设已全面铺开，全县共划分网格602个，实现了100%网格化覆盖；相关综治中心及职能部门运用综治信息系统初步实现网格事件网上流转五步闭环操作，综治视联网建设已实现县镇两级的连接；初步对“雪亮工程”进行了探索，按照省“两个分平台”建设要求，实现了6个乡镇综治中心与镇监控视频的连接。

立体化防控体系更加严密　按照“1、3、5”分钟应急处突要求，开展屯警街头路面，动中备勤，加强对治安复杂、案件多发部位及校园周边进行巡逻防控，提高见警率和管事率。中秋、国庆双节至十九大闭幕以及广州全球财富论坛期间，接到刑事治安警情1298起，同比下降8.75%。

平安细胞创建全面铺开　全面加强各行业领域安全管理和专项整治，检查企业867家，排查隐患654项，当场整改41项，限期整改7项。全县交通事故数同比下降12.5%、交通事故死亡人数同比持平。法治化营商环境得到优化以“飓风2017”专项行动为契机，重拳打击涉电信诈骗、金融领域犯罪等突出犯罪，其中涉电信诈骗项立案7宗，破案7宗，完成率100%；涉金融领域犯罪项共破获非法集资诈骗案1宗，逮捕1人，查处洗钱案件1宗，刑拘1人；2017年11月3日，查破赖成福网络“六合彩”赌博案件，抓获涉案嫌疑人13名，涉案金额700多万元。

全民“禁毒工程”有效推

进　坚持高压态势打击涉毒违法犯罪，由陈波书记亲自挂帅开展禁毒专项行动，将禁毒工作的部署和推进列入各镇（街）、各单位党政一把手责任工作范畴。全县共查处吸毒人员151人，强戒43人，刑拘17人，逮捕17人；侦破涉毒千克案及目标案件各1宗，完成率100%，缴获毒品2162.64克。特别是成功逮捕了梅坑镇一名长期吸毒贩毒的艾滋病患者，切实提升了墟镇群众的安全感。同时，积极推进镇街社区戒毒康复中心建设，目前已有33名吸毒人员得到康复。

重点人员管控到位　对涉农涉土、涉劳资纠纷进行排查，督促各级党委政府有关部门落实稳控措施。全县共劝返稳控11批次32人次，其中进京8批次26人次、到省3批次6人次。

【社会矛盾纠纷化解】　规范矛盾纠纷排查制度　按照上级部署，结合本县“三?三”矛盾排查机制和“六?五”矛盾化解机制，通过对六大领域（涉农、涉土、涉劳资纠纷、涉环保、涉金融、涉房地产领域）和三类特定利益群体信访突出问题开展排查化解，实现信访积案控增减存。各牵头单位，各镇（街）、各部门按要求对当前存在的信访突出问题和重点人员情况进行排查梳理，逐一登记造册，建立了动态管理台账，共排查出社会矛盾纠纷及不稳定因素问题291宗，其中涉农领域72宗、涉土领域40宗、涉劳资领域89宗、涉环境问题13宗、涉房地产领域1宗、涉交通运输领域6宗，其他纠纷70宗，已成功化解269宗，化解率92.4%。

进一步落实领导包案制度　将排查梳理出的31宗县领导包案和32宗县直单位、镇（街）领导包案一并纳入全县领导包案调处信访维稳问题工作安排。按“五清楚”和“九个一”要求，由责任单位和包案领导协同，进一步完善调处化解方案，要求限期办结。31宗县领导包案中已化解18宗、正在调处9宗、正在稳控1宗、涉法涉诉1宗、事权不在当地2宗。32宗县直单位和镇（街）领导包案中已化解19宗、正在调处9宗、正在稳控1宗、涉法涉诉3宗。通过层层传导压力，级级压实责任，各级领导包案制度初见成效。

2月14日，县政法委书记曾伟到县检察院调研

强化人民调解队伍建设　全县已建立各类人民调解委员会172个，其中镇（街）人民调解委员会7个，村（社区）人民调解委员会157个，企业事业单位人民调解委员会3个，行业性人民调解委员会5个，调解员772人。全县各类调解组织受理各类矛盾纠纷517起，调解成功508起，调解成功率98.2%，排查矛盾纠纷104起，预防纠纷80起，涉及当事人1495人，协议涉及金额178.73万元，充分发挥了维护社会稳定第一道防线的作用，为维护基层社会稳定做出了积极贡献。

【推进公正执法司法】　规范公安机关严格执法　加强执法办案场所和案管中心的精细化管理，落实对刑事案件讯问全程录音录像，把现场执法资料管理使用纳入执法巡查和执法质量考评内容。

进一步深化县法院司法公开　构建审判流程公开、裁判文书公开、执行信息公开和庭审直播公开“四位一体”的阳光审判体系，提升为民服务水平。县法院依托新丰法院网、微信平台、微信群等网络自媒体，以及纸质媒体和平面媒体，全面公开展示法院工作，发布信息280多条；邀请人大代表、政协委员、新闻媒体、律师代表观摩庭审、见证执行、座谈评议，将法院的审判执行工作全方位、多角度的置于全社会的监督之下，提升人民法院司法公信力。

进一步深化检察院检务公开　保障人民群众对检察工作的知情权、参与权和监督权，增强检察机关执法办案的透明度，规范司法办案行为。县检察院通过“人民检察院案件信息公开网”公开了案件程序性信息197条、公开法律文书118份、重要案件信息4条；通过门户网站和官方微博、官方微信、新闻客户端等新媒体平台，共发布微博、微信、客户端信息189条。

有效提升特殊人群服务管理水平　县司法局统筹推进县级社区矫正中心建设，目前已可开展一般的办公业务。社区服刑人员管理工作有效推进，全县在册管理社区服刑人员131人，其中未成年人7人，未出现因工作不力导致社区服刑人员重新违法犯罪的情况。严重精神障碍患者的管理工作得到加强，制定了《新丰县精神卫生工作规划（2016—2020年）》，为严重精神障碍患者建档共1263人，在册患者1134人，在管患者975人，管理率85.98%、服药率63.49%。

【开展依法治县实践】　深化基层法治建设。县委、县政府按照上级工作部署，认真抓好回龙镇、黄磜镇及所辖村（居）法治建设工作，镇、村（居）均成立了由党委书记任组长的法治创建工作领导小组，制定了法治创建工作方案，并将创建工作经费纳入财政预算，基层法治创建工作得以有序开展。落实“回头看”工作。对2016年开展法治创建活动的马头镇、梅坑镇及所辖村（居）进行了法治创建工作“回头看”，对照创建活动标准和工作指引，对发现的问题进行了整改，夯实了法治创建活动的基础。积极开展法治宣传。将法治宣传与平安宣传相融合，组织了7场次主题为“建设平安法治新丰·共创和谐美丽家园”的宣传活动，深入到镇（街）、企业、学校举行平安法治主题文艺演出10场次。12月4日，在县南门塘广场举办了“12·4国家宪法日暨创建平安新丰”文艺晚会，进一步增强人民群众的平安法治意识。扎实开展一村（社区）一法律顾问工作。2017年，新丰县一村（社区）一法律顾问队伍由东莞市15个律师事务所共33名律师和新丰县广丰律师事务所4名律师组成。全县驻村（社区）律师为村（社区）提供法律服务1304件，服务对象3200余人次，举办法律培训班、开展法制宣传活动276场次，为群众提供免费法律咨询673次，参与人民调解12宗，开具专业法律意见书2宗，提供法律援助5宗，开展其他法律服务工作336次。

【深化体制改革】　社会体制改革步伐加快。社会诚信体系建设得到加强，社会保障体系不断规范，安全生产标准化建设稳步实施，食品药品安全社会共治机制不断健全。司法体制改革取得阶段性成效。县委政法委完成了机关整合重组，新挂牌成立了法学会机构。法检两院严格按照资产清查上划工作的方法、要求和步骤，完成了资产清查、委托中介机构审计、预算编报等工作。同时，有序推进人员分类管理工作，县法院首批入额法官15人，公开招录了15名合同制司法辅助人员，按照“法官+助理+书记员”模式组建了新的审判团队；县检察院两次共入额检察官14人，公开招录了11名合同制司法辅助人员。落实干部职工保障政策。县公安局积极推进从优待警，加大对困难民警的帮扶力度，坚决打击侵犯民警执法权益的行为；县法院、检察院积极贯彻落实入额法官、检察官工资套改标准。政法干警的尊荣感进一步增强。

【加强队伍建设】　加强思想政治教育。始终把思想政治建设摆在首要位置，深入学习宣传贯彻中共十九大精神，切实用习近平新时代中国特色社会主义思想武装广大政法干警头脑。加强专业技能培训。深入推进队伍正规化、专业化、职业化建设，增强基层一线干警执法办案、应急处突、化解矛盾和群众工作等方面的能力。2017年组织县委政法委机关干部11人到中国政法大学学习培训，进一步提升了干部队伍素质。持续开展纪律作风建设。加强保密教育，落实保密责任，全年没有发生泄密事件。持续开展纪律教育学习月活动，成立领导工作小组，制定实施方案，扎实推进党员干部的作风建设工作。（赖国珠）

附：2017年中共新丰县委政法委员会正副书记名单

书　记：曾　伟

常务副书记：叶永雄

专职副书记：罗发辉（8月起任）

林美容

公　安

【概况】　新丰县公安局为正科级建制，是县人民政府主管全县公安工作的职能部门，是全县人民警察的领导、指挥机关，隶属于中共新丰县委、县政府领导，同时接受上级公安机关领导。2017年，县公安局内设26个职能部门，在职在编民警234人，辅警155人。2017年，全县公安机关深入开展迎接中共十九大胜利召开安保维稳“八大专项行动和重点工作”，紧扣“迎接十九大忠诚保平安”主题活动暨推进“四个不发生”创建工作，实现了公安部提出的“三个不发生”和省委提出的“四个不发生”目标，为新丰城市整体提升和融珠先行、加快发展营造平安稳定的社会治安环境。

【社会稳定维护】　*严密防范各类渗透破坏活动*　组织开展专项行动，全面清理整治境外非政府组织；加强对邪教组织的打击挤离，有效阻断多起境外媒体的负面炒作倒灌，严密防范发生各类渗透破坏活动。*做好矛盾纠纷化解管控*　围绕“四个不发生”目标，深入排查社会不稳定因素，对涉农涉土、劳资纠纷，滚动排查，风险评估，等级稳控，配合党委政府及有关部门落实化解稳控措施，全年没有发生进京或到省市非访事件。

【反恐应急处突】　2017年，新丰县公安局按照“1、3、5”分钟应急处突要求，动态布警，提高街面见警率、管事率，有效防控发生暴恐和个人极端案事件，快速处置1月4日县城西门一男子持刀砍伤6名过路群众的“1·4”突发事件。节假日及重要时期组织局机关民警参与县城主要路段街面巡逻。国庆节至十九大闭幕，以及12月1—8日广州全球财富论坛防护期间，全局启动一级勤务响应，各级领导24小时带班值班，特（巡）警全天候屯警街头、动中备勤。105国道马头镇“市际治安检查站”，沙田镇天中村“市际治安卡点”实行24

2017年11月30日翁源新丰片区公安特警应急处突力量跨区域拉练装备展示

小时查控勤务，筑牢路面安全防控网，实现公安部提出的“五个严防、三个不发生、两个确保”和省委“四个不发生”目标。

【“飓风2017”专项行动】　围绕涉电信诈骗、涉金融领域、涉盗抢、涉黑恶、涉毒、涉电、涉黄赌等突出违法犯罪，重拳出击，奋力攻坚，专项行动取得可喜战果，总任务完成率83.6%，成效评价为良好等次。11月3日，成功查处赖某福网络“六合彩”赌博案件，抓获涉案人13名，涉案金额700多万元。

【全民“禁毒工程”行动】　强力推进飓风涉毒专项行动，严厉打击和查处各类涉毒违法犯罪，推进镇街社区戒毒康复中心建设，33名吸毒人员得到康复治疗。成功举办“6·26”禁毒大型主题晚会，深入开展禁毒宣传进镇街、进社区、进农村活动，共发放宣传标语300多条、宣传单张1.5万份。

【突出治安问题整治】　深入开展综合治理、综合整治，共立案查处欠薪案件2宗，及时化解欠薪苗头5起。强化与国土、安监、水务等单位联合执法，集中打击整治非法采矿、盗采河砂等违法犯罪活动，共查处非法采矿点15个、违法人员5人。2016年度治安重点整治地区遥田镇通过市综治委达标考评。马头镇消防重点地区整治顺利通过省、市达标验收。

【治安防控体系建设】　继续推进“门禁+视频”系统建设，完成门禁+视频系统安装400套。开展寄递物流等重点行业整治，督促推进全县28家寄递物流点落实全程监控、实名登记和验视三个100%制度落实。推进智能交通系统建设，完成105国道县城改造路段5个路口智能交通系统（红绿灯）项目建设规划。

【公共安全管理】　以县委县政府城市整体提升三年规划为主线，开展交通秩序专项整治行动，实现交通管理“三个不发生”创建活动目标，交通安全“四项指数”得到落实，没有发生较大以上交通安全事故。开展消防“五大专项整治”、“九小场所”消防隐患排查整治，实现全年火灾伤亡事故“零发生”。加强大型活动安保工作，圆满完成了“韶关好警察”巡演、村居换届选举、端午节、摩托车越野赛、国庆中秋节、警营开放日及枫叶节、百香果节等活动的安全保卫任务。

【“平安细胞”创建】　根据《新丰县推进“平安细胞”建设工作的实施办法》的规划要求，全县平安市场创建活动由县公安局牵头，工商、安监、质监、农业、卫计、物价、食药、住建局等八个单位协同创建。从2014年起至2017年，各成员单位经过三年来的平安市场创建活动，在全县创建和巩固了30多个平安市场，实现不发生有重大影响的犯罪案件，不发生有重大人员伤亡和经济损失的安全生产事故的创建工作目标。

11月7日下午，韶关市副市长、公安局长刘清生在市局党委委员、副局长黄海林，局党委委员、派驻纪检组长林卫东和市局相关部门负责人的陪同下，到新丰县公安局调研督导公安工作。

【“放管服”改革】 减轻群众负担，精减公安行政审批事项，清理、取消不合理的证明和收费项目30多项。完成“一门式”综合服务大厅建设，将多项公安业务放入“一门式”办理。增设户政、出入境、交警业务终端自助设备，为群众提供24小时便利服务。推进机动车社会驾驶证考场建设步伐，完成科目一、二考试建设并顺利通过省市有关部门验收，方便群众就近驾考领证。完善网上办事大厅建设，推进服务事项网上审批，提升办事效率。

【警务机制改革】 做实做强情报搜集、共享、研判、实战于一体的信访维稳专班，健全和完善合成作战、分类侦查、追逃、集中移诉、治安重点地区打击整治等工作机制，推动刑侦、网侦、图侦综合信息应用，提升信息引领反恐维稳、防范打击、侦查破案、服务管理和跨警种、跨区域合成作战能力。优化和整合马头、梅坑派出所警力配置。推进“一长四必”现场勘查新机制、DNA数据库建设，完善技术措施手段体系，统筹做好技术系统项目建设，完成“信息技侦”达标验收工作。

【执法规范化建设】 2017年，新丰县公安局推进以审判为中心的诉讼制度改革，完善证据收集机制。加强执法办案场所和派出所案管中心的管理，落实讯问全程录音录像及在侦案卷和执法视频统一保管制度，进一步规范执法办案行为，提升执法办案质量，无出现冤假错案和行政复议案件，年度执法质量等次为合格，考评得分66.6分。推进刑事案件统一审核、统一出口的“两统一”工作，解决刑事执法办案标准不统一、多头对口等突出问题。推进法治公安建设，开展学法、守法、用法活动，网络学法考试通过率93.5%。

【党风廉政建设】 加强党建工作 认真贯彻落实十八届五、六中全会和习近平总书记系列重要讲话精神，努力践行“两学一做”，增强民警大局意识、政治意识、核心意识、看齐意识，筑牢队伍对党绝对忠诚可靠的思想根基。落实“三会一课”，强化党内政治生活、领导干部双重组织生活、民主评议党员、谈心谈话制度，提高民主生活会、组织生活会质量。加强党廉建设 深入学习贯彻《中国共产党廉洁自律准则》《中国共产党纪律处分条例》等党纪法律法规，狠抓党委主体责任和纪委监督责任的“两个责任”落实。加强对贯彻执行中央“八项规定”、“四风”，公安部“三项纪律”和省厅8号令及市局“四令”等规定及警纪警规的督查检查，开展执法突出问题专项整治，执行“一案双查”制度，以“零容忍”的态度严处处理各类违纪违法问题。

【从优待警工作】 深化“解警困暖警心”活动，为全局每名民警添置御寒背心1件。全年，共帮扶民警职工61人次8.4万

1月28日大年初一，副县长、公安局长刘洪在副局长陈参夫等人的陪同下，带领机关民警上街武装巡逻。

元、困难党员民警 38 人次 2.2 万元，慰问患病民警职工家属 120 人次 7.3 万元，解决因病致困民警 18 人次 9000 元。争取县委县政府支持，增加辅警编制 60 名，并提高辅警待遇，落实解决辅警人员年人均经费从 3.5 万元提升到 4.5 万元。

【表彰奖励情况】　选树马月华同志为“全国优秀人民警察”、“韶关好警察”，谭飞武同志为“韶关最美警察”等先进典型，进一步激发队伍的正能量，展示新丰公安良好形象。启动十九大安保维稳工作战时表彰奖励机制，对刑侦大队五中队集体嘉奖 1 次，14 名民警受到县局嘉奖。在香港回归 20 周年庆祝活动安保维稳工作中，确保实现中央提出“三个不能”和省厅提出“五个坚决防止发生”的工作目标，受到省公安厅、市公安局的褒扬，省厅给公安局记集体三等功 1 次。全年，公安局各单位荣立集体三等功 2 个，个人二等功 1 个，个人三等功 11 个，集体嘉奖 5 个，个人嘉奖 52 人次。（丘学算）

附：2017 年新丰县公安局领导班子成员名单

局长、党委书记：刘　洪
政委、党委副书记：罗　翔
纪委书记、党委副书记：
谭天生（任至 8 月）
副局长、党委委员：陈参夫
温志向
许成选（任至 8 月）
罗发辉（任至 8 月）
吴雪映
陈赞泽（8 月起任）
县纪委驻公安局纪检组长：
许成选（8 月起任）
党委委员、政工办主任：
罗明水

消　防

【概况】　1979 年，新丰县公安消防大队正式成立，成立之初隶属广州市消防支队，1988 年改为由韶关市消防支队管辖，原址坐落于新丰县丰城镇练溪路，2002 年迁至丰城镇大洞村大雁塔下，距离县城城区 1 公里左右。大队为正营职单位，下设一个消防中队，共有官兵 44 人（现役干部 7 人、现役战士 16 人、政府专职消防员 17 人、合同消防文员 4 人），配有行政车两台、消防执勤车辆九台，主要担负着辖区六镇一街道办（总面积 2015 平方公里，常住人口约 26 万）的消防安全保卫、防火、灭火和抢险救援等任务。近年来，新丰县公安消防大队充分发挥消防监督职能作用，严格遵守消防法律法规、广泛开展社会消防宣传教育，切实消除火灾隐患，最大限度地遏制重特大火灾事故的发生，部队建设实现了跨越式发展，一次又一次圆满完成各项消防安全保卫任务，实现辖区火灾零死亡，得到县委、县政府和广大人民群众的高度肯定，为新丰经济建设和人民安居乐业创造了良好的消防安全环境。

【党委班子建设】　2017 年，大队党委高度重视，建立健全党组织建设，狠抓党委以及党支部思想、组织、作风和制度建设，充分发挥核心领导作用，党委议大事、做大事能力明显提高。贯彻执行民主集中制，加强党委建设，充分发挥领导班子的战斗堡垒作用，坚持落实党的组织生活制度、民主集中制度，坚决执行上级命令，为各项工作落实提供了强有力的保证，使队伍始终保持昂扬的工作热情和旺盛的工作干劲；强化思想政治建设，提高队伍的正规化建设水平，扎实开展条令条例学习月活动、纪律教育学习以及“维护核心，听从指挥”主题教育活动；结合绩效考核奖惩办法，切实解决干与不干一个样，多干少干一个样的问题，从制度上激励干部干好工作的积极性和主动性。

【思想政治工作】　2017 年，大队党委按照全省消防部队政治工作的总体要求，抓住“强化‘四个意识’、举旗铸魂”主线，依托“创建人民满意消防队伍”载体，树牢“按纲建队、建强基层”导向，充分发挥政治工作生命线地位作用，持续激发部队强大正能量。抓好喜迎中共十九大主题教育，把习近平总书记系列重要讲话和中共十八届六中全会精神作为党委中心组学习和全体官兵学习的重要内容，确保部队忠诚纯洁；严格按照全军和部局、总队、支队的统一部署，扎实开展“坚定维护核心、坚决听党指挥”主题教育，引导全体官兵切实增强“四个意识”特别是核心意识、看齐意识；落实《公安消防部队思想政治教育大纲》，强化按纲组教、施教意识，定期开展基础教育、经常性思想教育，重点抓好了改革期间官兵思想工作，引导全体官兵拥护改革、支持改革、投身改革；做好重大任务中政治工作，紧紧围绕中共十九大、香港回归20周年、财富全球论坛等重大活动消防安保任务，加强和改进遂行作战政治工作机制，突出战时党建引领，突出战时典型引路，突出战时教育引导，突出战时心理干预，突出战时队伍管控，真正把战时政治工作做到“田间地头”、做到“前沿哨所”。

【部队管理工作】 2017年，大队贯彻总队、支队统一部署，突出战斗力标准，以“五个突出、五个着力”为主线，强基础、抓规范、增亮点、求突破，全面提升部队灭火救援实战能力，着力锤炼能“打大仗、打恶仗”的过硬队伍。结合辖区灭火救援特点，详细制定了《新丰县公安消防大队2017年执勤岗位练兵活动实施方案》，严格按照“仗怎么打、兵怎么练”的指导思想，坚持立足岗位、立足装备、打牢基础、突出实战，坚持全员参与、全面兼顾、共同提高。把队伍的安全稳定做为一项持久重要的工作来抓，严格落实制度管人的理念，强化安全防事故责任制和各项措施，确保队伍的高度稳定；坚持“火怎么灭，兵就怎么练”的原则，进一步加大执勤岗位练兵活动，按照总队、支队下发的训练方案，重点开展了车辆器材装备熟悉操作、体能训练、业务技能训练以及辖区实地灭火演练等，并在全市第三季度体能比武会操中取得第二名的好成绩；扎实做好重大节日期间执勤备战工作，大队要求全体官兵以饱满的精神、昂扬的斗志，从思想、组织、装备、训练全力做好各项安保工作以及灭火抢险救援工作，为维护全县安全稳定做出了巨大贡献；深化部队安全管理，全面深化“五无”创建活动，紧盯“人车酒、黄赌毒、网电密”等重点环节，持续开展专项排查整治，从严查究有令不行、有禁不止等不良现象。截至2017年12月底，大队共接警258起，出动车辆548车次，出动警力4936人次，抢救被困群众69人，疏散遇险群众611人，实现了全年火灾“零伤亡”，成功处置了“1·27”28吨石油槽罐车侧翻事故、“10·3”云髻山营救6名被困学生、“10·4”云髻山营救马来西亚摔伤游客以及“10·7”云髻山营救外国情侣等险急事故抢险救援任务，受到了部队上级首长和各级领导充分肯定和高度赞扬。

【后勤建设工作】 2017年，是全面贯彻落实中共十八届六中全会精神的开局之年，是深入推进“十三五”消防规划的关键之年，也是全面做好中共十九大、财富全球论坛、香港回归20周年等消防安保的大考之年，在总队、支队党委以及县委县政府的正确领导下，大队紧紧围绕防火、灭火、抢险救援和改革强警中心任务，大力加强后勤工作科学化、体系化和规范化建设，积极争取消防经费投入，不断加强基层基础建设，持续优化装备结构，切实提升规范管理水平，全面推动队伍建设再上新台阶。积极与县国土局协商训练场规划用地红线范围事宜，全力做好大队训练场后期建设，完成了训练场圈围工作和返还地动工建设；加大消防器材装备建设，投入70多万元购置了器材装备；加强营区基础设施建设，积极投入专项经费30多万元对食堂、荣誉室、服务大厅进行升级改造，及时更换一些损坏的桌椅，为官兵们营造拴心留人环境；加大执勤车辆安全隐患排查，邀请了县技术专业人员定期到队给执勤车辆“体检”，保证车辆时刻处于安全状态；加强后勤保障，定期开展菜单对照以及伙食费账单清查，确保数据准确、账目清晰，从而改善和提高伙食标准，全力保障官兵生活水平。

【执法监督工作】 2017年，大队防火执法监督工作紧紧围绕

"坚决预防和遏制重特大火灾、减少较大火灾和亡人数量，重大活动安保期间不发生较大和有影响火灾"的目标，坚持问题导向、底线思维、法治理念、改革精神和创新驱动，以推动落实"十三五"消防事业发展规划为载体，着力构建多元消防安全责任格局，建立立体化、现代化火灾防范体系，坚决打赢重大活动消防安保攻坚战，努力创建党和人民满意的消防监督队伍，为中共十九大胜利召开创造更加良好的消防安全环境。强化制度设计，消防安全责任有效落实。大队建立完善部门信息沟通、联合执法、重大火灾隐患曝光等制度，大力开展了行业部门火灾隐患大排查大整治，全面推动部门监管职责落实，制定出台《新丰县九类场所、十三项必查专项整治实施方案》、《十九大消防安保实施方案》、《新丰县"十三五"消防事业发展规划》以及《新丰县公共消防设施三年补短板行动计划建设项目实施方案》，等等，重拳整治全县各类场所消防安全隐患，着力解决部队历史遗留的难题；加大马头镇隐患整治工作，确保取得成效并顺利摘牌。2017 年，马头镇作为全省第九批重点火灾隐患整治地区，大队高度重视，加强请示汇报，制定有力整改措施，县政府组织召开动员部署，大队派专人跟踪督促整改，市消防支队帮扶组到现场帮扶指导，市政府李安平副市长、市消防局葛长荣政委、李代友副局长以及县政府马志明县长、刘洪副县长等领导多次深入督导检查，就做好推进工作作出重要批示，并于 12 月 26—27 日顺利通过省政府评估验收；广泛开展消防宣传教育培训，狠抓全民消防安全素质提高。大队以"119"消防宣传为契机，大力开展消防宣传"五进"工作，先后投入消防宣传经费 15 万元，免费向社区群众发放宣传资料 40000 份、发放围裙 3000 条，公安派出所培训班 5 期，受训民警达到 80 人。

（县消防大队）

附：2017 年新丰县公安消防大队大队长和教导员名单

大队长：陈玉航（任至 10 月）
　　　　王德祥（10 月起任）
教导员：罗良梁（任至 10 月）
　　　　邓高华（10 月起任）

检　察

【概况】　新丰县人民检察院是国家法律监督机关，2017 年设有 12 个内设机构、1 个直属行政机构以及 1 个派出机构，有政法专项编制 46 个，现有干警 45 人，其中入额检察官 14 人，现有人员中，本科以上学历占 84%。

2017 年，新丰县人民检察院充分履行检察职能，为新丰"融珠先行"提供有力司法保障，各项检察工作取得新的进展。被评为"韶关市检察机关先进基层院"，民事行政检察科被授予"韶关市检察机关集体三等功"。民事行政检察科江国勋科长被评为"广东省检察机关个人嘉奖"；党组书记、检察长罗欣被评为"优秀基层检察院检察长"；办公室主任潘恩松被评为"韶关市检察机关个人三等功"；党组成员、副检察长江丽娜被评为"韶关市检察机关 2017 年度个人三等功"；公诉科科长余友芳被评为"2016—2017 年度韶关市文明家庭"。

【刑事检察】　积极参与创建"平安新丰"。严厉打击刑事犯罪活动，共受理批准逮捕案件 146 件 216 人（其中涉及未成年人的犯罪案件 26 件 34 人），做出批准逮捕决定 98 件 152 人（其中涉及未成年人的犯罪案件 22 件 27 人）；受理公诉案件 140 件 197 人（其中涉及未成年人的犯罪案件 24 件 31 人），提起公诉 123 件 158 人（其中涉及未成年人的犯罪案件 21 件 25 人）。配合公安机关开展"飓风 2017"专项行动，针对黑恶势力犯罪、"两抢一盗"和毒品犯罪突出的特点，抓重点、出重拳、惩首恶、保平安，依法提起公诉毒品犯罪案件 32 件 37 人、聚众斗殴案件 20 件 36 人、"两抢一盗"案件 16 件 19 人。积极参与县委政法委组织的"创建平安新丰"宣传活动，深入田间地头开展普法。注重未成年人犯罪预防。针对未成年人犯罪问题，贯彻落实"教育、感化、挽救”的方针，健全“捕诉监防一体化”工作模式，坚持慎捕慎诉原则，不批准逮捕6人，不起诉5人，附条件不起诉1人，并做好回访帮教。推动未成年人犯罪预防教育工作常态化，深入县中小学校开展“法治进校园”活动；与县各社区合作开展以“进社区，反欺凌”为主题的“法治进社区”活动；开展“守护青少年，检察人在行动”街头法治宣传活动；开展以“防治校园欺凌、护航未成年人成长”为主题的检察开放日活动等。

【职务犯罪查办和预防】 职务犯罪查办　2017年，新丰县人民检察院开展了依法惩治“村霸”和宗族恶势力犯罪专项行动，重点查处侵占支农惠农资金、人民群众反应强烈、社会影响恶劣、党委政府关注的案件。共受理贪污贿赂犯罪案件线索15条、渎职侵权案件线索4条。初查后，立案侦查贪污贿赂案件7件7人，目前已全部侦查终结。

按照上级机关的部署，县检察院全力以赴、全程参与“2·15专案”的侦查取证和审查批捕起诉工作，依法提前介入公安机关立案侦查的虐待被看护人员案件，全力配合查办市检察院立案侦查的渎职案件，始终保持高强度的工作节奏，确保了办案进度和案件质量，得到了最高人民检察院和省市检察院领导的高度赞扬。在办理“2·15专案”过程中，县检察院全体干警经受了考验，战胜了挑战，捍卫了法律尊严，充分体现了检察干警对党忠诚、为党分忧、为党尽职的政治本色。

职务犯罪预防　2017年，新丰县人民检察院以“预防职务犯罪，转变干部作风”为主题，深入行政机关和企事业单位，开展职务犯罪预防警示教育活动33次，发放预防宣传手册3000多份。开展村（社区）“两委”换届纪律教育警示课和换届后职务犯罪预防警示教育课8次，收到良好成效。结合办案，向发案单位发出检察建议3份，剖析原因，督促整改，堵塞漏洞，完善制度，确保预防实效。

【法律监督】 继续推进“两法衔接”，规范行政执法　利用“行政执法与刑事司法衔接信息共享平台”，监督行政执法机关规范执法，加强打击违法犯罪力度。参与单位更广，“两法衔接”联席会议成员单位由21个增至35个。工作举措更实，发挥联席会议、提前介入和联合执法等机制作用，与公安、环保、国土、食药监等部门形成良性互动；依法督促行政机关将符合条件的行政执法案件准确及时录入共享平台，实现网上共享。监督案件更多，认真筛选、督促移送犯罪线索与案件，重点监督行政执法案件56件、移送公安机关立案案件6件。

刑事诉讼活动监督　积极开展“破坏环境资源犯罪专项立案监督活动”和“维护食品药品安全犯罪专项立案监督活动”，针对个别地方偷采稀土活动有所抬头的形势，深入排查，建议相关部门向公安机关移送非法采矿案件线索3件，公安机关审查后刑事立案2件。加大追捕诉力度，共追捕犯罪嫌疑人到案16人，纠正漏罪漏犯31人。向侦查机关发出《逮捕案件继续侦查取证意见书》47份、《侦查活动监督通知书》26份、《纠正违法通知书》8份、《检察建议书》7份。在丰城、

3月8日，县检察院团支部开展“雷锋服务日”活动

马头派出所设立检察官工作室，将监督活动延伸到执法办案一线。

刑罚执行和监管活动监督

开展财产刑执行专项检察“回头看”活动，全面核查2013年以来的财产刑执行案件。开展刑事执行场所检察，对监区安全隐患、刑事执行违法违规问题提出检察建议6份；办理监外执行违法违规案件4件，就执行不规范情形提出书面建议4份；保障被监管人权益，开展羁押必要性初审评估108人，评估后立案审查7人，提出变更强制措施检察建议7份。上述检察建议全部得到采纳。

民事和行政诉讼活动监督

开展“深入基层民行检察工作推进年”活动，共办理各类民事行政申诉案件17件，做好息诉服判工作3件6人。发出执行监督检察建议7件。经审查后依法提请上级院抗诉的洪某与李某民间借贷一案，经法院再审后依法作出改判。办理行政公益诉讼线索4件，其中3件进入诉前程序，最终成功提起行政公益诉讼案件1件（利坑石场非法开采破坏环境案）。

【涉检信访】　2017年，新丰县人民检察院妥善化解信访问题，切实减少到省进京非正常上访隐患，共受理控告申诉案件63件、举报线索19件。坚持检察长和内设机构主要负责人接访制度，共接访40多次，接待90多人次。在办理3件刑事申诉案件过程中，邀请人大代表、政协委员、人民监督员等参与案件公开答复会，增强释法说理的公信力。开展“国家司法救助工作推进年”活动，救助刑事被害人4件4人。

【检察改革】　以突出检察官办案主体地位为核心，改革完善办案责任体系，制定了司法体制改革工作方案及配套改革举措14项，重点推进4项改革工作任务：检察人员分类管理，让员额检察官、检察辅助人员、司法行政人员各归其位、各尽其责。共选任员额检察官14名，以单独或办案组形式组建了司法办案组织；落实司法责任制。“谁办案谁负责、谁决定谁负责”，办案检察官对所办案件终身负责；健全检察人员职业保障制度，强化责权利相统一的检察人员保障机制；落实人财物省统一管理规定，建立全新的财务监管和资产管理机制。中共十九大提出，在全国推开国家监察体制改革试点工作。县检察院深刻认识监察体制改革的重大意义，切实把思想和行动统一到中央精神上来，全面贯彻执行县委的部署要求，全力配合县纪委做好职能划转和机构人员转隶等工作，把握好思想动态、时间步骤、人员转隶、案件处理、关键环节等五个方面重点，把最优秀的侦防骨干转隶去监察委员会，让反贪、反渎、预防部门的精兵强将在新的岗位上继续惩贪肃腐，再立新功。

3月15日，县人民检察院联合县司法局到新丰县第三小学开展新丰县“法治进校园”巡讲活动

【检察队伍建设】　全面学习贯彻十九大精神。通过班子自学、中心组集中学、组织干警一起学和深入基层宣讲等方式，强调深学笃用、入心入脑，注重学思践悟、身体力行。推进“两学一做”学习教育常态化制度化工作，以“三会一课”为

11月3日，县人民检察院召开学习贯彻中共十九大精神会议

基本形式，坚持在“学”上深化拓展，注重在“做”上干出实绩。打铁还靠自身硬，推动检察队伍建设。大力弘扬爱岗敬业精神，切实转变工作作风。狠抓党风廉政建设和自身反腐败建设，经常性开展遵纪守法、廉洁自律教育，重点针对涉及各地政法干警的网络事件、办案纪律和办案安全等突出问题开展反面典型教育，确保防微杜渐，警钟长鸣。

【执法规范化建设】 自觉接受人大和社会各界监督 认真执行县人大及其常委会的决议，及时报告检察工作的重要部署、重大事项，向县人大主任会议专题汇报了《开展公益诉讼工作情况报告》。加强与人大代表、政协委员的经常性联系，高度重视代表和委员的意见建议，如部分人大代表提到新丰县生猪养殖污染水源以及以电、毒、炸等非法方式捕捞鱼类，破坏生态环境、损害自然资源的问题，县检察院积极响应，向相关职能部门发出检察建议督促整改，取得实效。深化检务公开进一步深化检务公开，保障人民群众对检察工作的知情权、参与权和监督权，县检察院通过“人民检察院案件信息公开网”公开了案件程序性信息166条、公开法律文书166份、重要案件信息4条，进一步强化了外部监督，督促提高案件办理质量。通过门户网站和官方微博、官方微信、新闻客户端（“两微一端”）等新媒体平台，共发布微博、微信、客户端信息175条。

（潘恩松 潘苑珊）

附：2017年新丰县人民检察院领导班子成员名单

党组书记、检察长：罗 欣

党组副书记、副检察长：罗春吹

党组成员、副检察长：丘福林
江丽娜

党组成员：朱帮文

法 院

【概述】 新丰县人民法院为国家审判机关，有公务员编制65个，工勤编制3个，实有在编公务员59人，工勤人员3人，政府购买服务人员6人，劳动合同制书记员14人。其中员额法官16人。2017年县法院以“努力让人民群众在每一个司法案件中都感受到公平正义”为目标，坚持司法为民公正司法，认真履行审判职责，全年共受理各类案件1713件（含旧存143件），审（执）结1574件，同比分别上升27%和30%，结案率为91.9%，审限内结案率为99.6%，诉讼标的额约为1.5亿元。

【刑事审判】 2017年共受理各类刑事案件128件168人，审结120件149人，结案率93.8%。依法保障平安新丰建设，严厉打击各类违法犯罪，配合“飓风2017”行动，审结盗、抢、骗犯罪19件24人，审结涉毒犯罪31件32人。严惩各类腐败犯罪，审结贪污、贿赂、渎职等职务犯罪6件8人。严惩破坏经济秩序犯罪，审结生产销售假药、假冒注册商标、非法经营等犯罪5件7人。严格落实对未成年被告人的教育、感化、挽救方针，审结未成年人犯罪10件14人。

【民商事审判】 2017年共受理

各类民商事案件912件，审结842件，同比分别上升19%和29%。结案率92.3%。所审结的民商事案件中，以判决方式结案453件，占53%，以调撤方式结案381件，占45%。审结婚姻家庭案件225件，买卖合同、民间借贷等案件200件，劳动争议案件19件，涉金融案件42件，妥善化解社会矛盾，促进社会和谐。审结涉承包经营权流转、宅基地纠纷等涉农案件11件，扎实加强“三农”服务。妥善处理涉交通建设、涉房地产发展过程中引发的各类纠纷40余件。妥善处理企业破产、强制清算案件，协调政府处置涉金融不良资产，为经济发展中心工作提供有力的司法服务。

【执行工作】　2017年共受理各类申请执行案件670件，办结600件，同比分别上升95%和89%。结案率为90%，结案标的额9426万元，执行到位额6451万元。新丰县人民法院深入贯彻落实全国法院执行工作视频会议和全省基本解决执行难工作会议精神，扎实开展“攻坚2017”执行专项活动，结合工作实际，制定“基本解决执行难”工作方案，采取严厉打击反规避执行和拒执行为，加大失信惩戒力度和涉金融案件执行力度。通过移送一批企业法人作为被执行人的案件至韶关中院进行破产立案审查，推进“执转破”工作的开展。全面推行网络司法拍卖，发布拍卖物14件，成交金额近六千万元，网拍最高溢价率达107%，节省佣金近300万元。对被执行人实施拘留措施6人次，罚款措施1人次。发布失信被执行人名单209人，对被执行人限制高消费305人次，开展国庆、中秋“双节”集中执行行动等，兑现胜诉人权益。

2017年6月20日，马头法庭丘建阳法官到马头中心小学开展共建平安校园活动，开启县法院“法官进校园”首站。

【巡回法庭】　出台巡回审判工作方案，充分运用省法院配备的巡回法庭专用车进行巡回办案20次，其中，院长、副院长带头下乡入企巡回审理案件7次，旁听群众达400多人次，通过巡回审判方式进行以案说法，服务基层法治。

【普法教育】　与县教育局联合出台共建法治校园实施方案，为全县20所中小学指定“校园法官”开展共建法治校园工作。县法院校园法官到县第一小学、县实验小学、马头中心小学、县中等职业技术学校、遥田、沙田和马头中学，采取法律知识讲座、典型案例教育、旁听庭审、模拟法庭等方式开展普法教育。同时，通过开展法庭开放日、法院开放日活动，与梅坑镇政府、梅坑中学共建法治墙等多种形式，深入开展校园法制教育工作。全年，校园法官向全县7所中小学共计3000多名学生开展法制教育，普及法律知识。继续深化“法官工作室”工作，驻点法官在15个乡村及县城4个社区深入开展法律宣传活动，化解各类矛盾纠纷。结合国际妇女节、国际消费者权益保护日、国际禁毒日等节点和创建平安新丰工作，有针对性地开展法治宣传和法律咨询活动。

【诉讼服务】　开展跨域立案诉讼服务试点工作，当事人对韶关市两级法院具有管辖权的案件，可就近选择在县法院本部或马头、遥田法庭进行登记立案。筹备建设诉讼服务中心，为群众提供一站式、多层次、低成本的诉讼服务。依法为确有困难的当事人缓、减、免诉讼费4.8万元，为9名符合法律援助条件的被告人指定辩护律师，为6件案件的困难申请执行人发放救助金11万元。扎实排查化解涉诉信访案件，接待来访当事人17人次，处理网络问政3件、来信40件。

【审判监督】 2017年，新丰县人民法院强化案件质效监控、评估和考核，全年上诉案件95件，上级法院审结62件，其中维持原判44件，改判18件。县法院对案件发改情况进行深入分析研究，认真总结审判经验，着力提高审判工作水平。全年评查案件61件，评查庭审14次，评查裁判文书35件，优秀率分别达95%、98%和95%。此外，与乳源法院互查上网裁判文书20件，与福建省秀屿区法院交叉评查上网裁判文书20件。

【司法公开】 推进智慧法院建设，建设审判流程、执行信息、裁判文书和庭审互联网直播四大公开平台。在“中国裁判文书网”公开刑事、民商事、行政及其他案件文书共461篇，庭审公开直播案件20件。完善门户网站、官方微博、微信建设，共发布网站信息74条，微信信息25条。通过人民法院报、南方日报、韶关日报等各类媒体宣传法院工作51篇次。

【司法改革】 制定印发司法责任制改革工作规范、审判管理和监督职责规定、案件质量评查工作方案，明确权责主体和权力清单，健全和规范审判权力运行机制。坚持放权与监督相结合，完善审判管理机制，实现法官对案件质量终身负责。改变行政化审批案件做法，院庭长不再签发未参与审理案件的裁判文书。落实干预案件记录问责的“两个规定”，建立法官职业权益保护机制。保障法官依法履行法定职责，坚持问责与免责相结合，建立健全责任追究和依法免责制度。落实法官单独职务序列管理，建立配套保障制度，探索法官绩效考核激励机制。组建“法官+法官助理+书记员”新型审判团队，提高法官办案效能。建立和完善法官助理、书记员和司法警察管理制度，规范审判辅助人员配备机制，不断提升队伍专业素质。

（余燕菱　黄琼贤）

附：2017年新丰县人民法院正副院长名单

党组书记、院长：刘俊波

党组副书记、副院长：罗燕生

党组成员、副院长：李学盛

陈小华

司法行政

【概况】 新丰县司法局是县人民政府主管司法行政工作的职能部门，于1980年11月8日正式挂牌办公，内设政工科、办公室、宣教股（县普法办）、基层工作管理股、社区矫正股、公证律师工作管理股等6个科室及新丰县公证处，全县6镇1

3月10日，新丰县司法局组织召开了全县基层司法所长会议，交流总结当前司法行政系统工作情况，安排部署下一阶段工作任务

街派出7个司法所，政法专项编制32名，在岗26人；新丰县法律援助处有参公事业编制10名，在岗4人。

【社区矫正】　2017年，新丰县司法局在册管理社区矫正人员131人。新丰县司法局切实做好社区矫正工作：编写《新丰县社区矫正工作手册》；组织矫正人员安装GPS监控定位手机；开展判前送法，落实“四个必访”、掌握真实情况，做好“五个明白”，开展有针对性的监管和教育工作，实施“六项制度”、使社区矫正工作的各个环节有章可循、容易操作，开展“七方面结对”、形成关爱帮教合力。2017年共组织司法所工作人员集中学习8次，学习社区矫正工作的政策法规和执法器材的使用，联合法院检察院举办了16次集中的罪犯身份意识法治教育和公益劳动，各镇司法所邀请律师给辖区内矫正对象上法制教育课13次。

【安置帮教】　2017年，新丰县司法局安置帮教工作按照“出来有人接、接回有人管、困难有人帮”的安置帮教工作目标，加强与各职能部门的配合，落实有关政策法规，把帮教与帮扶相结合起来，推进刑满释放、解除劳教人员的帮教安置工作。

【人民调解】　2017年，新丰县司法局紧紧围绕构建平安新丰的战略任务，充分发挥基层司法行政职能，切实加强人民调解工作、基层司法所建设和安置帮教等各项基层工作，积极预防和化解矛盾纠纷，有效的预防和减少“两劳”回归人员的重现犯罪，据统计，全县已建各类调委会175个，其中镇（街道）人民调委会7个，企事业人民调委会7个，村民人民调委会157个，还针对伤害事故、医疗事故、交通事故等专业性较强的矛盾纠纷组成了行业性（区域性）人民调委会4个，接受各类矛盾纠纷517起，调解成功508起，调解成功率为98.2%；排查纠纷104件，切实把问题解决在基层，化解在当地。

9月29日，新丰县司法局积极配合县政法委在遥田镇开展了“建设平安法治新丰共创和谐美丽家园”法治宣传活动

【法律援助】　2017年，法律援助处共办理案件290宗，其中刑事案件55宗，民事案件232宗，行政诉讼3宗。在保障援助案件质量的前提下，降低法律援助的门槛，扩大法律援助面，加大对农民工法律援助力度，建立法律援助绿色通道。拓宽法律援助渠道，与县信访局、县人力资源与社会保障局、县检察院建立法律援助联动机制。

【法治宣传】　2017年，全县普法工作根据“七五全国”普法工作要点，突出重点对象，不断创新形式，在全县范围内全面推进法律“六进”活动，通过深入机关、乡村、社区、学校、企业、单位等开展法治讲座、法律咨询等活动，切实加强领导干部、公务员、青少年、企业经营管理人员和农民学法用法工作，推进重点对象法治宣传教育深入开展，广大干部群众的法治观念进一步增强，法律素质明显提高。2017年，法治进校园工作为全县师生上法制科45场次，受教育师生5万人次；各镇街开展送法进村入户活动，有针对性开展农村法制宣传教育420次，受教育群众达4.2万人次。

【律师工作】 2017年，新丰县司法局重点加强律师提供法律服务的规范化建设和律师队伍建设，积极发挥律师的专业优势，为县里重点建设项目提供法律支撑。

【公证工作】 2017年，公证处办理公证案件338件。通过年底的公证质量自查，没有发现错证、假证，合格率达到100%。公证工作严格按照上级的要求，以规范公证服务人员的执业行为、提高服务质量为重点，不断提高公证的社会公信力，积极拓展公证业务领域，服务地方经济。

【一村（社区）一法律顾问工作】 2017年，新丰县司法局为落实省委关于一村（社区）一法律顾问工作部署，根据县委县政府的指示，积极组织36名律师（东莞33名）深入全县157个村居开展法制宣传，法律咨询，矛盾调解等工作。据统计，全县驻村律师为村社区提供法律服务1304件，服务对象3200余人次，举办法律培训班、开展法制宣传活动276次，为群众提供免费法律咨询673次，参与人民调解12宗，开具专业法律意见书2宗，提供法律援助5宗，开展其他法律服务工作336次。

【队伍建设】 2017年，新丰县司法局组织全局司法干部开展党的群众路线教育实践活动；开展“两学一做”的主题学习活动；学习中央“八项规定”的文件精神；加强党风廉政建设教育工作；提高司法行政队伍的思想素质。全年每月定期举办干部学习学习会，局党组成员以身作则，为党员干部做出表率，队伍中未发生违法违纪。

【精准扶贫工作】 2017年，新丰县司法局精准扶贫单位为马头镇福水村，精准扶贫工作小组深入基层，找准贫困的根源，制定完善扶贫实施方案：建立精准扶贫家庭帮扶干部的结对工作；每户贫困家庭做好入户调查，深入了解导致贫困的真实原因，制定具体的脱贫计划。精准扶贫工作取得较好开局，为今后帮助贫困家庭脱贫打下了良好的基础。

（周仁锋　叶远航　刘智利）

附：2017年新丰县司法局领导班子成员名单

党组书记、局长：彭富山
党组成员、副局长：周仁锋
李梅菊（任至12月）
刘辉素（12月起任）
党组成员、政工科科长：
李伟理（任至2月）
叶远航（2月起任）
党组成员、办公室主任：
叶远航（任至2月）

军　事

中国人民解放军广东省新丰县人民武装部

【概况】　2017年，中国人民解放军广东省新丰县人民武装部在军分区党委和新丰县委、县政府的坚强领导下，认真学习贯彻习主席系列重要讲话和全军政治工作会议精神，准确理解把握上级党委首长决策指示，始终坚持思想政治工作生命线地位不动摇，突出抓好以大规模作战准备为核心的战备训练工作落实，着力在铸军魂、强能力、严管理、促安全上下功夫，圆满完成年度各项工作任务，人武部全面建设和民兵预备役建设大幅提升。

【郭伟建到县人武部检查指导】　1月5日，军分区政委郭伟建大校带工作组对县人武部安全工作进行了检查；3月30日到县人武部调研干部转业情况；7月18日到县人武部宣读第一书记任职命令。

【吴楚峰到县人武部调研】　6月19日，军分区政治部主任吴楚峰到县人武部调查军改前干部思想工作；8月18日，军分区副司令员吴楚峰大校带工作组到县人武部检查指导；9月4日，吴楚峰到县人武部指导审批定兵工作。

【刘迪安到县人武部调研】　2月9日，军分区参谋长刘迪安大校带工作组到县人武部检查指导。

【党委班子和干部队伍建设】　班子“四个意识”强，始终把理论武装放在首位，认真学习习主席系列重要讲话精神，严格落实各项学习制度，及时传达上级指示精神，在高举旗帜、听党指挥上态度鲜明、毫不含糊。对干部职工的思想政治领导坚强有力，围绕强军目标扎实开展核心教育和改革强军教育，扎实推进“两学一做”教育常态化制度化，确保人武部高度集中统一和纯洁巩固。

【政治理论学习】　2017年，人武部主要集中学习了习主席在网络安全和信息化工作座谈会上的讲话、在十二届全国人大四次会议解放军代表团全体会议上的重要讲话，《军委关于开展改革强军主题教育和“学党章党规、学系列讲话，做合格党员”学习教育的意见》《中共中央、国务院、中央军委关于经济建设和国防建设融合发展的意见》《军委国防动员部党委关于认真学习贯彻习近平总书记在庆祝中国共产党成立95周年大会上重要讲话的通知》《省军区党委常委民主生活会情况的通报》等重要文件。2017年3月、7月、10月，人武部党组织全体党员参加了军分区组织的四个专题党委中心组织理论学习。

【思想教育】　人武党委、机关党支部定期召开会议，分析教育形势、部署教育工作；重点抓好了小课辅导和课后讨论等关键环节，4月26—29日共安排了6次大课宣讲，组织全体干部职工学习《习近平国防和军队建设重要论述选编（三）》《习近平关于深化国防和军队改革重要论述摘编》《习近平总书记系列重要讲话读本》（2016年版）。

【召开全县武装工作会议】　4月27日，新丰县人武部党委召开全县武装部工作会议，传达学习了省军区、军分区党委（扩大）会议精神，研究部署了新丰县人武部新年度工作。

【战备训练工作】 进一步修改完善战备方案，参照军分区标准，战备库室设置了标示牌、制度牌，按战备要求进行了“三分四定”，更利于战备。

【干部职工军事训练】 以省军区参谋比武竞赛为抓手，持续深化干部职工军事训练，按分区统一部署，分批参加全区干部集中轮训和考核。

【组织轻舟分队训练】 5月10—17日，县人武部和县水利局组织7名民兵轻舟队员赴韶关参加民兵轻舟分队骨干集训，为抢险救灾打下了良好基础。

【专武干部和民兵营长集训】 7月上旬，县人武部结合征兵工作组织了一期专武干部和民兵营长集训，提高业务素质和能力水平。

【民兵应急分队集训】 11月中旬，县人武部利用一周的时间，组织全县民兵应急分队人员进行了队列、警棍盾牌操、战备拉动等内容的训练，提高了民兵应急分队的应急处突能力。

【征兵宣传】 大力开展征兵宣传发动，采取多种形式大力营造浓厚氛围。县电信、移动、联通分公司先后给全县20多万手机用户发了60多万条征兵宣传短息；在主要街道，人口密集地、各镇（街道）、村（居）委悬挂征兵宣传标语和电子横幅200多条，分发征兵宣传单3000多份；电视台和“村村通”广播每天积极宣传；租用县体育馆电子屏，从7月15日至8月15日每天上午和晚上滚动播放征兵宣传片；专武干部和民兵营长组织宣传车按照分区“乐昌精准征兵宣传”会议精神进行流动宣传，到适龄青年家中面对面进行动员，确保宣传覆盖到每个村落，使征兵工作家喻户晓，人人皆知。利用青年到县办理兵役证时机，发放征兵宣传册，讲清征兵政策，动员高考学生报名参军。

【兵员征集】 2017年，新丰县征集任务为60名，大学生征集指导比例为50%。新丰县已实际完成征集任务。

【民兵整组】 加强新形势下国防动员问题研究，探索战时国防动员组织实施的工作内容、程序和方法，着力解决动员法规难落实、力量建设难统筹、潜力调查难更新等问题。上半年，按平战一体要求完成了应急队伍、支援队伍、储备队伍的整组任务。

【兵役登记】 1月10日国防部下达兵役登记工作任务后，县人武部于1月20日下发了《关于做好2017年兵役登记工作的通知》。自3月份开始，采取多种形式开展兵役登记的宣传工作，对辖区所属高中和职校发放兵役登记通知书，现兵役登记率达到99.5%，未登记人员为在异地已登记但无法联系其家庭及本人，兵役登记任务圆满完成。

【预备役登记】 9月开始，结合老兵退伍，采取逐人登记的方案，对退伍军人进行了预备役登记。

【全面停止对外有偿服务活动】

接到上级《关于全面停止有偿服务活动的通知》后，不等不靠，及时召开了党委会，下定决心，反复做工作，解决了历史遗留问题，6月30号前全面停止有偿服务活动。

【双拥共建工作】 坚持定期走访制度。每年“八一”、元旦、春节前，新丰县驻军各部队领导都要到驻地党政机关、友邻单位走访，主动征求意见，了解和解决军政军民关系中存在的问题，邀请地方党政机关、企事业单位和军民共建单位到部队召开座谈会，开展“军事日”活动和军民联欢、联谊活动，较好地密切了军政军民关系。坚持驻军联席会议制度。每年定期召开驻军部队联席会，分析拥政爱民工作形势，交流工作经验和做法，制订拥政爱民工作计划，部署拥政爱民工作任务。严守群众纪律，坚持把遵守群众纪律，保持和发展融洽的军政军民关系，维护军队军人形象，作为搞好拥政爱民工作的首要前提。狠抓部队管理。部队在认真执行军队条令条例和各项规章制度的同时，还结合本单位实际情况，修订、完善了《拥政爱民规定》，从严规范军人言行。坚持军人、军车纠查，开展联合打击“三假”行动，较好地维护了军队、军人、军车的形象，赢得了驻地群众的好评。2017 年，全县没发生重大军民纠纷。

【扶贫帮困】 2017 年，人武部在县委、县政府的正确领导下，在县、镇扶贫办指导下，根据年初工作安排及开展“精准扶贫”活动的通知要求，深入基层摸实情，结合实际定措施，真情帮扶促和谐，全心全意抓民生，切实开展扶贫帮困、帮医、帮学等活动，取得良好效果。（县人武部）

附：2017 年新丰县人武部领导班子成员名单

部　长：胡树军
政　委：杨子远（任至 6 月）
　　　　彭　达（12 月起任）
副部长：李荣文（任至 6 月）
　　　　王　斌（6 月起任）
政工科科长：滕　辉
后勤科科长：温　德（任至 6 月）
保障科科长：熊万里（6 月起任）

中国人民武装警察部队韶关市支队新丰县中队

【概况】 中国人民武装警察部队韶关市支队新丰县中队（简称“武警中队”）于 1983 年重新组建。其前身 1950 年编制为公安连队，1955 年改编为新丰县人民警察中队，1963 年改编为新丰县公安中队，1966 年改编为中国人民解放军新丰县中队，1983 年正式重新组建成为中国人民武装警察部队韶关市支队新丰县中队。部队主要担负新丰县看守所的武装看守勤务，新丰地区的“处突”、“反恐”、城市武装巡逻、重大临时勤务等维稳任务。

2017 年，武警中队狠抓思想政治教育，扎实开展“维护核心，听从指挥”主题教育，官兵思想统一、信念坚定；以提高“三个能力”为重点，加强党支部能力建设，“一线战斗堡垒”作用发挥明显；按照“扎实打基础、科学谋发展、精心保稳定、努力创先进”的工作思路，狠抓经常性基础性工作的落实，在强化中队管理和统一人员思想上力求新的突破，确保部队各项中心任务的圆满完成。目前，中队全体官兵在党支部的带领下，集体荣誉感强，创先进的信心足，工作干劲大。

2017 年 8 月 8 日上午，韶关市委副书记、新丰县委书记陈波到县医院考察征兵体检工作（潘小青　摄）

【支部班子建设】 中队依据《支部工作条例》，从解决支部三个能力不强，两个群众组织作用发挥不明显等突出问题入手，主要从四个方面加强组织建设：抓制度，重落实。始终在落实党日制度、党课制度、请示报告制度、支部成员和中队官兵谈心制度上做到高标准、高质量，针对热点、重要问题，支部成员能及时交心通气，本着对部队建设高度负责的态度，能够按原则办事，自觉维护班子的团结。为了提高组织制度落实质量，根据中队实际情况，注重克服困难，坚持每周五下午党日制度，确保各项组织活动的落实。坚持支部议事规则，保证支部议事质量；带班子，强队伍。按照好干部“五条标准”和新“四有军人”的标准，建设过硬的干部队伍、士官队伍和党员队伍。干部队伍重点抓好在职学习和岗位锻炼。士官队伍做到专业对口、定岗使用，把想干、肯干、能干的骨干任命上去，不断弘扬正能量，形成正风气；坚持每月开展职业技能和素质考核，提高胜任本职能力。党员队伍注重发挥先锋模范作用，全年围绕一个主题、每季突出一个专题、每月讲好一个课题抓好党课教育和党员学习；充分发挥团支部作用。在开展青年团员思想教育的同时，开展丰富的业余文化生活。在党支部的帮助指导下，每月进行一次团课教育，使大家树立正确的人生观、世界观、价值观，端正服役态度，打牢为武警部队奉献青春的思想基础。积极引导青年加入团组织，引导团员加入党组织。团支部积极组织广大团员青年开展文化活动，提高团员、青年的思想觉悟，丰富中队的文化生活。做到文化生活丰富多彩，集会有歌声，周末有活动，每月有比赛，节日有晚会。充分利用中队板报、灯箱，配合中心工作进行宣传教育。充分发挥军人委员会作用。中队党支部注重加强对军人委员会的领导，从健全组织入手狠抓制度落实，充分发挥军人委员会在中队建设和完成任务中的参谋作用，在维护纪律和军人正当利益上的监督作用，在密切官兵关系、警民关系中发挥桥梁作用。发动官兵出主意想办法，提出合理化建议，对加强中队伙食管理、经费开支监督，为制定按纲建队计划，提供了重要依据，使中队的伙食经费开支的透明度高，没有因为伙食问题影响中队工作。

【思想政治工作】 中队注重从日常工作生活中掌握官兵性格特征，从处理敏感问题的反映中体察官兵思想情绪变化，从推心置腹的谈心中洞悉官兵内心世界、了解官兵家庭变化和实际困难，从思想骨干的汇报中摸准官兵思想脉搏，认真做好了一人一事的思想工作，确保了官兵思想稳定。始终坚持热点重要问题透明化，凡是涉及官兵切身利益的重要问题都通过民主渠道来解决。在战士入党、选取士官、专业培训选送等事务处理上，都做到公开、公平、公正。开展好思想政治教育。以三级党委扩大会议精神为统揽，以“维护核心、听从指挥”主题教育为主线，根据上级文件指示精神和部队阶段性特点，针对官兵思想状况，科学制定教育计划，灵活调整教育内容，增强教育的针对性和时效性，一年来开展包括密切内部关系、安全、保密等在内的教育 90 余次，党课教育 12 次。针对进一步肃清郭徐流毒影响要求，中队党支部高度重视，及时召开会议，进行层层传达，结合中队实际，开展学习教育、组织清理整治，根治了不良风气和“微腐败”问题，进一步纯正了中队风气，营造了风清气正的内部环境。大力营造浓厚政治氛围。随着十九大胜利召开，根据支队下发的《关于做好中共十九大安保政治工作指示》的通知要求，按照指示要求抓好工作落实，把学习贯彻十九大精神作为当前的头等大事，组织全中队官兵聆听习主席十九大报告，通过收看直播、观看新闻、阅读报纸，第一时间学习会议精神，采取网络推送、微信点读等形式，第一时间推送主席讲话，深入领会习主席新时代中国特色社会主义思想。

【执勤战备工作】 2017 年，中队以春节两会、“3·14”、“六四”“7·5”、中秋、国庆、G20 峰会战备期为重点，深刻吸取“11·01”严重执勤事故教训，严格落实战备制度，正规执勤秩序，确保了固定目标的绝对安全。在执勤战备工作中，具体突出抓好以下几个方面的工作：严密组织固定勤务。中队针对季节性天气给执勤工作带来的影响，加强执勤管理，落实执勤制度，不断加大执勤检查和执勤“常见病、多发病”整治力度，深化执勤安全教育整顿成果。并结合兵力实际，及时调整补充执勤兵力，修订完善执勤方案，扎实开展专勤专训，严格落实执勤制度，加强一线检查指导，确保执勤目标绝对安全，全年中队无一起通报批评。出色完成临时勤务。

中队针对任务特点，加强与目标单位的协同配合，挑选素质过硬的官兵担负勤务，做到精心组织，确保了任务的圆满完成。全年共完成14起临时押解勤务，共押解短途犯92人，任务完成出色，受到上级表扬。加强敏感时期战备工作。中队落实上级指示精神，紧紧围绕重点时期和小长假，做实各项战备工作，加强战备值班，做好处突维稳准备；密切关注新丰地区维稳动态，及时收集前瞻性、预警性情报信息，及时修订完善本级预案。我们以防砍杀、防冲撞、防爆炸、防劫持和“独狼式”袭击为重点，突出武装设卡和联勤武装巡逻勤务研究，落实“编携配装”，实化行动预案，搞好与公安联合反恐工作衔接，打好反恐斗争主动仗。通过进一步完善防袭手段，落实防袭击、防爆炸、防冲闯措施，确保目标、营区和官兵自身安全，确保遇有情况能高效稳妥处置。搞好执勤保障。中队高度关心执勤哨兵，坚决落实执勤保暖降温措施。对各哨位设施进行全面检修，及时补充和配备药品。雨雾天气时，在严密组织勤务的基础上，及时掌握雨情风情汛情，对照明设施和雨具进行检查补充，充分做好人员、训练、物资、器材等准备，确保了勤人员全身心投入到执勤工作中去。

【军事训练工作】　中队依据《军事训练考核大纲》和支队下发的军事训练计划，科学组训、狠抓落实。较好地完成了训练任务。坚持好支部议训制度。中队党支队坚持每月分析军事训练形势，对于训练中存在的组训不严、质量不高等问题及时指出，明确分工，抓好整改；对于各阶段的训练科目，合理安排，确保训练八落实真正落到实处。发挥好干部骨干的龙头作用。中队注重发挥干部士官骨干的模范作用，抓好每个科目训练，训练中坚持练兵先练干部骨干，提高干部训练和班长的讲授能力，有效带动了中队训练质量的提高。以管促训效果好。在军事训练中，注重把训练与管理紧密结合起来，以管促训，通过解决思想认识问题，变“要我练”为“我要练”。训练中牢固树立练为战的思想，干部在与战士同训练中，严于律己、以身作则。积极做好深入细致的思想工作，处处率先垂范身先士卒，教育官兵认清“严格管理”与“简单粗暴”，“敢抓敢管”与“打骂体罚”的界限。同时，中队把战士的训练成绩与战士的奖励和个人的成长进步挂钩，在评功评奖、入党考学、学技术、转改士官时把军事训练成绩作一项重要的标准，激发了官兵的训练热情。

【行政管理工作】　深化对条令法规的学习。突出法规制度和条令条例、《正规化管理规定》的学习，解决官兵学用规定不全面、对标准制度不掌握、对“五个重点问题”认识不清的问题。加强作风纪律整顿，强化官兵遵规守纪意识。扎实搞好“士官队伍作风纪律整顿”，从解决士官队伍中存在的作风纪律不严、工作劲头不足等方面入手，采取调查摸底、学习教育、自查自纠、检查整改、奖惩并举、总结讲评等方法，强化官兵的条令意识，解决个别士官工作责任心不强、模范作用发挥不明显、个人形象不好等问题。同时，严格落实请销假制度，解决了“八小时以外”管理秩序不正规的问题。大力开展“百日安全活动”，促进部队内部安全稳定。深入扎实地开展“百日安全竞赛”活动，成立领导小组，签订责任书，形成群策群力、齐抓共管的良好氛围。党支部统筹谋划，合理安排，加强领导，妥善解决好开展活动与工作头绪多、任务重的矛盾，确保“百日安全活动”的顺利开展。积极开展密切内部关系教育，教育干部、骨干切实端正对士兵的态度，工作上多帮助，生活上多关心，确保了部队的内部融洽和谐和安全稳定。坚持重法治、严管理，狠抓细节养成。狠抓部队生活秩序和日常养成，从“讲一句文明用语”“排查一个卫生死角”“不随意吐一口痰”“不随意乱扔一个烟头”等细节做起，加强官兵的作风养成，纠正日常生活、训练和工作中存在的礼节礼貌差、精神不振作和着装不规范等问题，重点从内务建设入手，规范内务设置，极大地提升了中队精细化管理水平。

【后勤保障工作】　严格落实后

勤管理规定。支部坚持每月分析后勤工作形势，严格伙食、物资和经费管理制度，后勤各类组织健全，后勤人员能力进一步提高，方案齐全完善，后勤变前勤效益进一步凸显。科学调剂伙食。在伙食调剂上，及时收集官兵对伙食的反馈意见，合理制定食谱，做到荤素搭配、营养科学，确保官兵吃营养、吃满意。小作坊加工效益明显，能自己制作面食、小菜和点心，丰富了官兵餐桌。正规财务管理。坚持重大经费必经党支部先研究再使用，每月公开财务收支情况，接受全体官兵监督，确保经费开支透明。特别是在支队“财务大清查”专项整顿活动中，坚持不漏一笔经费、不漏一本凭证、不漏一张票据的要求，严格把关，逐项清理。整改了中队前期财务管理中的问题、漏洞，进一步抓好了中队财务管理，完善了制度机制，为后勤正规化管理奠定了扎实的基础。加强营产营具管理。在后勤管理中，进一步强化官兵“以队为家”的意识，引导官兵自觉爱护营房设施，加强对各类库室的建设与管理。对各类营产营具进行计价挂账，责任到人，保障营产营具有效管理。

（白　洋）

附：2017 年新丰县武警中队领导班子成员名单

指导员：黄炜烽

中队长：黄　为（6 月起任）

副中队长：范文杰（6 月起任）

人民防空

【概况】 新丰县人民防空办公室成立于 2005 年，是县国防动员会常设办事机构和人民政府防空工作主管部门，定为副科级建制单位。根据县政府办公室《印发新丰县人民政府办公室主要职责内设机构和人员编制规定的通知》（新府办〔2010〕95 号）精神，县人防办在县政府办公室挂牌，由县政府办公室分工人员兼职人防工作。县人防办主要职能是：起草人防规范性文件，拟订人防发展规划和年度计划并组织实施；拟定城市防空袭预案，负责人民防空工程建设和管理；负责人防工程维护管理和开发利用，组织指导人民防空通信、警报网点的建设和管理；组织开展人民防空宣传教育工作；战时组织城市人民开展防空袭斗争等重要工作。

【人民防空宣传教育】 2017 年，新丰县人民防空办公室加大人防知识宣传力度，继续开展“进机关、进学校、进企业、进社区、进网络”活动，通过广泛宣传，广大人民群众对人防工作了解、熟悉的程度大为提高。大力宣传人防知识。8 月，县人防办根据人防工作的新要求，对设在马头镇、回龙镇 2 个中心镇人防工作宣传专栏进行更新，并开展了一次人防知识宣传活动，取得明显效果。9 月在县第三中学开展人防教育专题班会，通过在师生中宣讲人防知识，进一步提高师生对人防工作的认识。完善人防教育基地建设。在县第三中学挂牌建立县人防教育基地。教育基地通过以实物、图片、文字的形式着力打造一个集知识性、教育性、娱乐性于一体的人防知识宣传教育平台，不断增强广大中学生的国防观念和人防意识。

【人民防空基础设施建设】 2017 年，新丰县人民防空办公室根据上级政策和相关文件精神，积极开展人防基础设施建设工作，加强人防信息系统建设。抓好人防警报器升级改造和维护管理和人防机动指挥所建设，积极参加韶关市内、跨市、跨省拉练活动。

【人防工程规范化建设】 2017 年，为进一步规范全县人防工程的建设、管理，新丰县人民防空办公室严格按照《新丰县规范人防工程建设管理实施办法》对人防结建工程严格审批。同时，对民用建筑修建防空地下室送审表进行了修改和细化，进一步完善了审批程序，依法依规收取人防易地建设费，确保人防结建审批工作规范化、科学化水平。（黄　秘）

附：2017 年新丰县人民防空办公室负责人名单

负责人：黄鸿海

经济监督管理

发展和改革

【概况】 新丰县发展和改革局原为新丰县计划委员会，1997年更名为新丰县计划局，2002年更名为新丰县发展计划局（挂物价局、粮食局牌子），2004年更名为新丰县发展和改革局，2014年，新丰县物价局撤销后合并到新丰县发展和改革（挂粮食局牌子）。新丰县发展和改革局内设股（室）9个，分别是办公室、综合规划股、投资审批股、招投标和重点项目稽查股、体改经动股、价格和收费管理股、物价检查所、粮食管理股、人事监察股。下属事业单位有2个，分别是新丰县重点建设项目办公室（副科级）和新丰县价格认证中心。2016年，发改局行政人员编制13人，后勤人员编制3人，事业人员编制16人（其中重点办13人，价格认证中心3人），在职人员共22人。2001年，县党政群机构改革，发改局与粮食局合署，挂县粮食局牌子。

新丰县发展和改革局是负责研究提出国民经济发展战略、规划、总量平衡、结构调整和物价管理的县政府职能部门。2017年，发改局履职尽职，认真当好政府参谋助手，协助制定各种规划方案，牵头组织落实经济体改工作，积极对接项目、政策、资金，管理好全县重点建设项目和固定资产投资，加强全县价格监管，公平公正做好价格认证工作，为新丰县经济社会发展保驾护航。

【国民经济和社会发展计划及监测】 编制2017年国民经济和社会发展计划且经县十五届人大三次会议审核通过。2017年，地区生产总值突破89.01亿元，增长7.8%，增速在全市排名第三，其中第一产业增加值增长4.5%，第二产业增加值增长6.8%，规上工业增加值突破24.37亿元，增长7.5%，第三产业增加值增长10.2%。人均GDP增长7.4%，固定资产投资突破42.73亿元，增长13.1%，社会消费品零售总额突破26.48亿元，增长9%，一般公共预算地方本级收入3.3亿元，增长8.7%，外贸进出口总额突破3068.3万美元，增长18.1%，实际利用外资突破545万美元，增长3.4%，居民消费价格指数涨幅控制在3%左右，经济发展的质量和效益明显提高。

【固定资产投资和重点建设项目管理】 编制新丰县2017年固定资产投资目标任务分解表，根据市的安排，2017年新丰县固定资产投资计划为43.5亿元，增速为15%；2017年固定资产投资累计完成42.73亿元，增长13.1%。安排县重点建设项目35项（子项目57个），年度计划投资40.47亿元；2017年，县重点建设项目累计完成投资35.74亿元（部分项目未入库），占年度计划的89.7%，同比增长1.2个百分点；其中，已开工项目41个，占75.9%；统计入库37个，占68.5%；市重点项目完成投资11.3亿元，占年度计划的88.97%。项目管理制度实行“四个一”，即安排一名县领导挂点联系、组建一个项目工作组、制定一个工作方案、指定一个联络员跟踪。项目督查督办按照“五个一”，即每月一期简报、每季度一次督查、一次通报、一次协调会、一次“创优争星”展示。

【项目申报和审批】 申报创建的《韶关新丰云髻小镇》纳入韶关市第一批市级特色小镇示范行列。对接赣州市铁办、河源市交通局（铁办）和沿线赣州市全南县、龙南县、河源市连平县、广州市从化区及中铁工程设计咨询集团有限公司，推动“赣广高铁”尽快纳入国家高铁中长期规划“笼子”。对接省发改委、广州市、从化区、韶关市发改局争取将广从轨道快线延伸至新丰项目纳入广州市新一轮城市轨道交通线网规划篮子。2017年政府投资立项审批11个，总投资14233.8万元；企业投资备案32个，总投资721324.7万元。

【县（市、区）经济社会科学发展考核】 制定并实施《2016年新丰县工作绩效考核奖励金发放办法》。根据《2017年韶关市县（市、区）工作绩效评价实施方案》（韶办发〔2017〕8号文）的通知要求，为更好地发挥考核评价的导向作用，有效激发党员干部争先创优的热情，确保各项工作任务落实，进一步完善工作绩效评价方案，结合新丰县实际，制定并实施《新丰县2017年工作绩效评价实施方案》，新丰县总得分为87.91分，得分率为83.72%，位列全市三等奖第五名。

【公车改革】 制定《新丰县全面推进公务用车制度改革总体方案》《新丰县县直机关公务用车制度改革实施方案》及五个配套方案，报政府常务会审议通过并正式发文实施。

县直机关单位和镇（街）公车改革完成情况 全县共有76个参改单位，其中69个县直机关单位，六镇一街道；参改人数1432人，其中县直机关单位1178人，六镇一街道254人；参改司勤人数141人，车改后103人，需要安置41人，已经安置41人；改革前涉改车辆总数386辆［其中县直机关单位332台，镇（街）54辆］，其中：一般公务用车191辆，12部门的执法执勤用车65辆，12部门外的执法执勤用车25辆，特种专业用车105辆；改革后保留涉改车辆305辆，其中定向化保障岗位用车16辆，机要通讯应急用车103辆，调研接待等其他用车22辆，12部门的执法执勤用车44辆，12部门外的执法执勤用车17辆，特种专业用车103辆。对保留车辆按照市的要求完成了公车标识喷涂工作任务。

事业单位和国有企业公车改革完成情况 目前收集到26个参改企事业单位的车改实施方案备案，包含23个事业单位，以及3个国有企业（新丰县物资总公司、新丰县汽车运输有限公司和新丰县公路发展总公司）。参改车辆61辆。保留车辆共50辆，均由参改的企事业单位各自定点停放管理。有11辆取消车辆已经封存，待统一拍卖处置。改革前车辆费用支出455.66万元，改革后车辆费用支出439.11万元，节支率约3.6%。新丰县没有企事业单位发放公务交通补贴的情况，有公务用车的参改企事业单位均严格按照相关规定在相应范围内使用；未配备公务用车的参改企事业单位公务出行按相关规定实报实销。

【社会信用体系建设】 根据国家、省、市总体工作部署和《2017年韶关市社会信用体系建设工作要点》要求，结合新丰县社会信用体系建设规划任务和工作开展实际，制定《2017年新丰县社会信用体系建设工作要点》印发实施。

【扶贫开发】 2017年，新丰县发展和改革局做好精准扶贫工作，安排一名领导分管并指派驻村干部，协助指导丰城街道鲁古村建档立卡开展精准扶贫工作，全村精准扶贫户21户69人（有劳动力的17户62人，无劳动能力的4户7人），其中：一般贫困户14户57人，低保户7户12人。2017年有劳动力脱贫3户11人，无劳动脱贫2户3人，并从人力，物力、财力方面给予支持，支持鲁古村扶贫、计生工作经费10000元。

（黄新创）

附：2017年新丰县发展和改革局领导班子成员名单

局　长：陈光辉
副局长：曾　敏
　　　　温则方
　　　　叶伟忠
　　　　俞光明（粮食局局长）

党组成员：曾　敏
　　　　　温则方
　　　　　叶伟忠

物价管理

价格收费管理方面。收费管理监管到位，2017 年印发了《关于制定我县城市电动公交试行票价的通知》等文件 14 个；《关于公布新丰县直部门行政审批中介服务收费目录清单的通知》等函 5 件，与各部门联合发文 9 件，物业价格收费备案 4 个；印发新丰县行政事业、经营服务、中介服务收费目录 3 张清单，并向社会公布，进一步清理和规范价格收费管理工作。物价检查方面。2017 年开展节假日期间和教育、殡葬、旅游、涉企、电力价格收费的专项执法检查工作，2017 年受理价格举报投诉咨询 4 件，办结 4 件；回复网络问政 16 宗，“12345” 平台交办 3 宗；信访件 1 宗，办结率 100%。涉案物价格认定方面。2017 年价格认定工作，共受理公安、司法和行政案件价格协助认定 210 宗，涉案金额共 240.5 万元，为提出机关办理案件提供价格依据。

审　计

【概况】　新丰县审计局成立于 1984 年 2 月 20 日，实行县人民政府和市审计局双重领导体制，经费列入财政预算管理的正科级行政单位。内设办公室、法规审理股、经济责任审计股、财政税务审计股、农业与资源环保审计股、固定资产投资审计股共 6 个职能股室。共有 13 个编制，其中行政编制 11 人，2 个后勤编制。班子成员由局长、2 名副局长、1 名总审计师组成，2017 年底，局实际在编人员 12 人（含后勤编制 2 人）。

【预算执行审计】　2017 年，县审计局组织开展了对县本级预算执行和其他财政收支情况的审计，同时，对县保密局、县档案局、团县委、县公安局、县爱卫办、县科协、县委宣传部、县委政法委、县总工会等 8 个部门进行了预算执行审计。重点关注了预决算编制执行情况、专项资金使用情况、“三公经费”、“会议费” “培训费” 等支出情况，会计核算合规性情况、财务票据真实合法情况等。审计共查出管理不规范资金 837.49 万元，非金额计量问题 12 个，提出审计建议 9 条。有效促进规范了预算执行的合规性、有效性、效益性，推动财政资金合理配置、高效使用。

【经济责任审计】　2017 年，县审计局受县委组织部委托，对 10 个单位的 10 名主要领导干部开展经济责任审计（其中离任审计 9 名，任中审计 1 名）。重点检查了领导干部守法、守纪、守规、尽责情况。审计发现领导干部负主管责任问题金额 1788.57 万元，非金额计量问题 16 个，提出审计建议和意见 22 条。加强了对领导干部行使权力的制约和监督，推进了党风廉政建设和反腐败工作。

【政策落实跟踪审计】　2017 年，县审计局充分发挥推动国家和省、市、县重大政策措施落实

新丰 2017 年 7 月 31 日，县审计局江继生局长向县人大常委会作 2017 年本级财政预算执行和其他财政收支情况的审计报告（黄璇　摄）

保障功能作用，切实履行政策落实的“督查员”职责。一年来，县审计局重点对供给侧结构性改革、简政放权、创新驱动、医疗卫生服务能力建设、精准扶贫精准脱贫等重大政策措施落实情况开展了跟踪审计。主要抽查了部分单位在去产能、去库存、去杠杆、降成本、补短板工作落实情况，关注了县重点建设项目和“放管服”改革方面推进情况以及东莞东城对口帮扶相关工作落实情况。审计查出部分政策实施进度较慢，资金使用率不高等问题，县审计局及时将问题反馈给相关责任单位，提出相应的审计建议，推动了国家和省、市、县政策措施在新丰落地。

【审计整改】 截至2017年底，审计整改单位提交整改结果报告共34个，达100%；整改问题数量130个，达100%，其中：已整改79个，部分整改2个，整改中7个，无法整改42个；追回县财政或归回原渠道资金1998.4万元，制订完善相关制度32项，采纳审计建议47项，达100%。重点关注了县级专项资金管理使用、预算资金管理、公务卡使用、会计核算、政府采购、非税收入管理、残疾人保障金补缴、村级“三资”管理等问题整改，将审计整改纳入年度绩效考核和班子民主生活会内容。加大督查整改力度，整改效果比上年大大提升。

【党风廉政建设】 2017年，县审计局切实履行“一岗双责”，始终将党风廉政建设工作作为首要任务来抓，坚决守住廉洁从审底线。认真贯彻中共十九大关于全面从严治党的战略部署，做到严格落实党风廉政建设责任制，全面压实领导班子党风廉政建设责任，制定班子成员党风廉政建设岗位职责和分工方案，层层签订党风廉政建设责任书。落实党内监督各项制度，认真落实主要领导“四个不直接分管”和“末位表态”制度，开展好述职述廉活动。将“领导抓、抓领导”和“经常抓、抓经常”常态化制度化，切实履行党风廉政建设职责。

2017年5月11日，新丰县审计局召开2017年领导干部经济责任审计集中进点会（黄璇 摄）

【审计改革】 2017年，县审计局认真学习中共十九大精神和习近平新时代中国特色社会主义思想，增强“四个意识”。严格落实省、市关于完善审计制度若干重大问题的实施意见和审计机关人财物管理改革试点实施方案精神。牢固树立审计“一盘棋”观念，有序推进审计改革的各项有关工作，特别是在审计计划安排和审计质量控制方面取得了积极进展。

（范明珠）

附件：2017年新丰县审计局领导班子成员名单

党组书记、局长：江继生
党组成员、副局长：赵玉春（9月起任）
黄志英（3月起任）
陈元道（任至8月）
卢杨俊（任至3月）
党组成员、总审计师：黄绍可（9月起任）
赵玉春(任至8月)

新丰县政府投资建设项目代建管理

【概况】 2017年6月8日，经新丰县编委会议研究后同意设立新丰县政府投资建设项目代建管理局（简称“县代建局”），为县政府管理的正科级公益一类事业单位，受县政府委托行使业主职能，负责政府投资建设非经营性工程项目的组织实施和管理工作，核定事业编制7名，其中局长1名，副局长2名，正股级领导职数4名。现有局长1名，副局长2名，正股级领导职数1名。内设办公室、计划财务股、规划技术股、工程管理股。

【“一江两岸”环境整治及丰城大道改造项目】 2017年，县代建局为“一江两岸”环境整治及丰城大道改造项目的责任单位。该项目是新丰县城市整体提升的重大举措，项目的建成将极大改善城市环境，促进城市功能完善，提升城市整体形象。项目总投资约3.69亿元，其中丰城大道改造工程投资约2.38亿元，“一江两岸”美化亮化工程投资约1.31亿元。项目可研的编制工作7月份已经完成并已通过了专家论证工作，7月底完成了项目的立项工作。8月9日进行了项目的勘察、设计、施工总承包（EPC）工程招投标挂网工作，8月31号通过招投标程序选定韶关市第一建筑工程公司联合体作为施工总承包单位，9月25日通过招投标程序选定广州市财贸建设开发监理有限公司作为项目监理单位，9月28日进场动工。根据既定工作方案及施工进度工作计划表，协调各部门按照时间节点，推进项目的建设：一江两岸工程分段进行施工，施工图设计工作按要求进行，龙围桥至黄陂桥北岸已完成清表工作，正在清理路面、路灯，电信、电力、供水管线迁移。正在进行黄陂桥至丰江桥的施工，此段为550米的样本路。黄陂桥至龙围桥路段（北岸）建设工程预计在元旦前完成，12月10日对金园桥至御景豪庭道路（北岸）建设工程进行勘探等工作。丰城大道改造工程2017年已完成用地红线范围内的地形测量，地下管线物探，地质勘查，原有道路检测等工作，勘察资料及道路检测报告已提交设计单位。待图纸优化完成后，沙江桥到新龙路段进行围挡施工，目前正在进行花池和树木拆除、移植及清表工作。

【武装部民兵训练营改造工程及武警中队营区环境改造工程】

根据市委副书记、县委书记陈波，常务副县长胡亮亮签批的相关报告申请，县代建局于2017年8月上旬接到武装部民兵训练营改造及武警中队营区环境改造工程工作任务，迅速组织技术人员与县武装部和县武警中队的相关人员对接，并依照两单位的具体使用要求，多次到现场实地勘察调研，制定工作计划。其中武警中队营区环境改造工程于9月27日通过邀请招标程序选定施工单位新丰县建筑安装工程有限公司，监理单位按相关规定选定深圳市方圆建设工程监理有限公司，国庆后进场施工，2017年12月改造工程已完工，预计元旦前可以竣工验收。武装部民兵训练营改造工程于11月7日通过小额工程交易系统中随机抽取的方式选定施工单位韶关市浈江建筑安装工程公司，监理单位按相关规定选定浙江同洲项目管理有限公司，11月中旬进场施工，预计该工程春节前可以完工。

【黄陂大道一期改造工程】

2017年，根据县提升办工作任务要求，县代建局为新丰县黄陂大道一期改造项目的责任单位。该项目建设是新丰县城市整体提升的重点项目，项目的建成不仅解决黄陂大道破旧影响人民生活和出行的问题，对促进新城区经济发展，缓解交通压力有积极的促进作用。10月份该工程项目已经完成项目立项，图纸审查等工作，完成了工程招投标施工图预算财审工作。11月3号通过招投标程序选定广东省第五建筑工程有限公司作为施工总承包单位，监理单位按相关规定选定浙江同洲项目管理有限公司，目前正在签订施工合同，清表等工作。

【文体西路改造工程】 2017年，根据县提升办工作任务要求，县代建局于8月上旬接到文体西路改造工程任务，中旬已经完成规划设计方案。8月24日会同发改、财政、国土、住建、环保及交通公路部门完成方案论证会。项目根据方案论证会要求进行施工图设计、项目可行性研究报告编制及项目立项工作，目前正在进行图纸审查，施工图预算财审等工作。

【黄陂村公共服务中心工程】2017年，根据县提升办工作任务要求，县代建局于10月下旬接到黄陂村公共服务中心工程任务，12月已完成项目可行性研究报告编制，地质勘查，制定工作计划，联系设计单位和预算编制单位，进行施工图设计等工作。预计元旦前完成招投标挂网工作。（钟美连）

附：2017年新丰县政府投资建设项目代建管理局正副局长名单

局　长：谭志坚

副局长：钟美连

李展杰

国土资源管理

【概况】2017年，新丰县国土资源局紧扣“项目攻坚、城市提升、县域发展”三大主题，顺应经济发展新常态，主动服务于县委、县政府中心工作和目标任务，严格规范管理，狠抓措施落实，不断提高执行力，全面推进国土资源管理工作。

【土地规划】《韶关市新丰县土地利用总体规划（2010—2020年）》调整完善成果上报省国土资源厅，2017年9月24日已收到经省人民政府同意后的省国土资源厅的批复，并已备案。现正在执行《县土地利用总体规划（2010—2020年）》调整完善成果。

【耕地保护】落实耕地保护责任。继续开展国土资源管理考核工作，逐级分解落实保护责任，明确耕地保护考核目标，全面落实各镇（街）政府耕地保护情况。全面推进高标准基本农田建设工作，2014年度高标准基本农田建设项目工程已全面完工，2017年4月19—20日市级竣工验收组对该项目进行了市级竣工验收，6月20日已收到市局下发的竣工验收意见函，目前正在上报申请竣工确认函的资料，力争按时完成本项目的竣工确认。2015年度高标准基本农田建设项目于2017年3月底全部建设完工，现已完成县级初验及工程复核，准备申报市级验收。2016年度高标准基本农田建设项目的规划设计方案已取得市级评审批复，通过了招投标，5月份已进场开工建设，完成工程建设的65%，2017年度高标准基本农田建设项目已完成选址及测绘工作。

【建设用地管理】加快用地报批速度，已完成2017年第一批次城镇建设用地组卷工作，并已上报市局审核；第二批次缺林地审核及社保材料，其余资料已上报市局；第三批次正在组卷。

2017年1月9日，省国土资源厅执法监察局到县国土资源局调研在线巡查系统试点工作（张梦希　摄）

【国土资源市场】加强土地市场调控。通过科学确定住房用地供应计划，跟踪研判市场态势，合理引导市场预期，强化建设用地批后监管等手段，保障房地产市场平稳发展。2017年共转让国有建设用地41宗，办理协议出让国有建设用地使用权28宗。挂牌出让国有建设用地使用权3宗，出让总面积201737.7平方米，土地出让合同金额4203万元。

【执法监察】 集中力量整改2016年度国家土地卫片违法用地图斑。经实地核查，新丰县违法用地合计13宗，违法面积41.81亩（含耕地11.5亩）。整改情况：应立案6宗，已立案6宗，已全部下发处罚决定书，下一步将落实罚款。坚决打击农村“三乱”行为。结合县实际情况，成立治理农村基层“三乱”工作领导小组，狠抓落实，并制定具体实施方案，执法监察大队与镇国土资源管理所密切配合，强化动态巡查，提高违法用地发现率。通过努力，2017年1月1日开始，新丰县首先完成摸底任务，县全境“三乱”摸排总数共27宗，现已拆除19宗。加强动态巡查力度，坚决打击非法开采矿产资源违法行为及全面整治持证矿山涉嫌超深越界开采现象。2017年，新丰县打击非法开采矿产资源行为共5宗，扣押钩机3台，缴交罚款共计5.5万元（其中2宗稀土、3宗陶瓷土）；全县持证矿山涉及超深越界行为的共5宗，分别是路迭石场、朱洞石场、黄门塘石场、旗石岗石场和铁帽顶矿场。已对这5个持证矿山进行立案查处。

【地籍管理】 不断完善便民服务设施，创新便民举措，形成制度成果，在优化材料审批流程、节约群众办事时间等方面取得新成效。2017年，不动产登记中心共颁发不动产权证书1990本、不动产登记证明4300张。颁发不动产登记证明和不动产权证数量较2016年大幅提升。

【矿产资源管理】 全力推进黄礤镇陶瓷土矿整合工作。已完成四大整合矿区的出让工作，下一步将进行采矿权登记工作。推进大席铁帽顶铁矿废弃矿山治理工作。7月4日，市委副书记、县委书记陈波率领县安监、国土、环保等有关单位到铁帽顶铁矿开展安全生产检查并召开座谈会，协调企业反映的问题，并督促加快相关工作。加强地热水资源管理。利用《韶关市矿产资源规划（2016—2020）》最后一次县级修编的契机，将梅坑镇利坑村地热水、大岭村地热水、徐坑村温矿泉、马头镇桐木山村地热水上报市国土资源局，争取纳入规划。

【地质灾害防治】 积极开展地质灾害汛期准备工作。及时调整新丰县国土资源局汛期地质灾害防治工作领导小组，成立以局班子成员为组长的4个工作小组，分片负责各镇（街）地质灾害防治工作；提请县政府召开全县地质灾害防治会议，部署开展地质灾害防治工作，县政府与各镇（街）签订《地质灾害防治责任书》，将地质灾害防治工作责任落实到人。全

2017年11月11日，县国土资源局召开学习贯彻中共十九大精神会议（张梦希　摄）

2017年7月3日，新丰丰县国土资源局全体干部参加县检察院职务预防犯罪宣讲会（张梦希 摄）

年地质灾害防御工作措施落实到位，全县未发生因地质灾害造成人员伤亡事故。推进地质灾害隐患点治理工作。2017年市下达给新丰县的省级地质灾害防治专项资金合计120万元，已选定梅坑镇徐坑村地质灾害隐患点进行治理，正在开展勘察、设计等前期工作。

【测绘管理】 积极配合做好新丰县城市整体提升工作，提供丰城大道和一江两岸测绘图；配合用地股做好建设用地批准书测绘及绘图工作，提供黄陂、松园历史遗留工作数据和工作用图；协助土地房屋征收服务中心完成优质农产品平台项目、105国道拆除测绘工作；协助规保股土地规划调整图纸及部分土地规划调整红线测绘和其他工作用图；完成不动产登记测绘和抵押测绘约400宗。

（国土局）

附：2017年新丰县国土资源局领导班子成员名单

局　长：陈志苗

副局长：廖松赞

余海斌（任至5月）

曾继藩（3月起任）

赖宏基（9月起任）

执法监察大队大队长：李移山

工商行政管理

【概况】 新丰县工商行政管理局是县政府主管市场监管和行政执法的职能机构。2017年，共有在职干部职工72人，离退休干部职工59人，内设7股1室：办公室（加挂信息中心牌子）、人事监察股、法规股、登记注册股、企业监督管理股、经济检查股、商标广告股、市场合同股；1个直属行政单位：经检大队；下设基层工商所5个：丰城、马头、梅坑、沙田、回龙；事业单位2个：机关服务中心、县消费者委员会（“12315”投诉举报中心）；负责指导县个体劳动者协会、县私营企业协会、县建筑装饰材料协会、县广告协会的工作。2017年，全县共有市场经济主体10239户，同比增长9%。其中，内资非私营企业380户（其中国有企业57户、集体企业84户、公司216户、其他企业23户）同比下降3%，注册资本（金）214499.82万元，同比增长5%；私营企业1057户，同比增长16%，注册资本343278.63万元，同比增长32%；个体工商户8484户，同比增长9%，资金数额89048.88万元，同比增长23%；农民专业合作社318户，同比增长10%，出资总额20047.04万元，同比增长18%。

【市场主体登记管理】 2017年，新丰县工商行政管理局进一步深化商事制度改革，推进简政放权、放管结合、优化服务，推进“多证合一、一照一码”登记制度改革和企业简易注销登记工作，认真贯彻落实个体工商户“两证整合”登记制度改革，积极推进全程电子化登记服务和推行电子营业执照，并做好异地办理乳源营业执照及外商投资企业工商登记注册窗口“一局多点”服务模式的工作。2017年，全县新增市场主体1522户。其中内资企业19户，同比增长5%，注册资本（金）29100万元，同比增长81%；私营企业193户，同比增长10%，注册资本（出资金额）50702.20万元，同比下降37%；个体工商户1280户，同比增长20%，资金数额19439.50万元，同比增长28%；农民专业合作社30户，同比增长76%，出资总额2521.00万元，同比增长23%。截至2017年底，共办理企业和农民专业合作社“多证合一”执照共480份；办理个体户“两证整合”执照共1991份。发出“异地办理”乳源瑶族自治县企业营业执照共两份，受理“一局多点”外商投资企业业务共六份。

【服务农民专业合作社】 2017年，新丰县工商行政管理局把培育和扶持农民专业合作社作为服务新农村建设和打造服务型工商的平台，优化服务，强化措施，有效促进全县农民专业合作社的蓬勃发展。1—12月全县新增农民专业合作社30户，出资总额2521.00万元，截至12月底全县共有农民专业合作社318户，出资总额20047.04万元。

【动产抵押登记】 2017年，新丰县工商行政管理局充分发挥动产抵押登记职能，帮助企业盘活资产，积极为企业排忧解难，进一步服务地方经济发展。全年共办理了动产抵押登记40宗，其中登记17宗，变更登记5宗，注销登记18宗；为企业融资10354万元，促进企业加快发展。

【市场主体监督管理】 2017年，新丰县工商行政管理局加大市场监管力度，优化市场环境。开展打击侵犯知识产权和制售假冒伪劣商品行动，共检查各类市场经营主体235户次，检查批发零售集贸市场等各类市场23个次，查处商标侵权案件10宗；严厉打击走私贩私、假冒伪劣行为等各类专项行动，共检查店面2381户次，查处假冒伪劣案件4宗，未发现有走私违法行为；强化网络交易市场监管，截至2017年底，全县共有10户网络经营者成功申领红盾电子标识，未发现有网络违法行为；配合做好防控人感染H7N9禽流感疫情工作，落实开展活禽经营市场落实“1110”工作制度、每月25日全县禽类经营户统一休市消毒制度，目前全县未发现有人感染H7N9禽流感案例。

2017年5月31日，新丰县工商局登记注册股获企业赠送“为人民服务”锦旗

【“双告知”工作】 2017年，新丰县工商行政管理局积极履行“双告知”职责，通过现场向申请人发放告知书、在“新丰县人民政府公共信息网”及时发布登记信息及在政府OA向涉及后置审批部门推送登记信息的方式，进一步提升登记服务效能，实现部门协同监管。截至12月底，共发放告知书1300多份，在县政府公众信息网发布《新丰县工商局市场主体登记信息公示》3084条，涉及后置审批部门30多个。

【年度报告公示工作】 2017年，新丰县工商行政管理局利用电视台、微信公众号、张贴年度报告公示公告、发送手机短信、发放宣传手册、上门服务等方式进行广泛宣传，凝聚社会共识，同时加强督导，推动2017年年报公示工作顺利开展。截至2017年6月30日，共接听电话咨询5000多次，截至6月30日止，全县应年报市场主体数8988户，已年报数7497户，年报率为83.41%。其中内资企业应年报数1260户，已年报数1162户，年报率92.22%；农民专业合作社应年报数294户，已年报数270户，年报率91.84%；个体工商户应年报数7434户，已年报数6065户，年报率81.58%。对于未按规定的期限公示年度报告的市场主体，新丰县工商行政管理局已按规定列入经营异常名录和标注异常状态。

【抽查监管工作】 2017年，新丰县工商行政管理局转变监管理念，创新监管方式，按照“谁管辖，谁负责”的原则，采取“双随机”抽查工作机制，通过网络监测、书面检查和实地核查相结合的方式，对本辖区登记的企业（已被注销或吊销营业执照企业、被列入经营异常名录的企业除外）进行抽查。2017年，对全县14户企业的即时信息公示情况进行抽查，检查情况均属正常；对全县按照不少于辖区内3%的比例抽取了232户市场主体作为检查对象的年报公示信息情况进行抽查。

【查处无照经营】 2017年，按照“全覆盖、零容忍、严执法、重实效”的要求，积极配合做好节日期间、马头镇铁帽顶矿山尾矿库周边非法选矿点、出租屋、“三小”场所专项检查行动及周边无照经营等整治工作，经统计，共出去执法人员689人次，出动执法车辆139台次，检查涉及安全生产经营户2630户，立案查处无照经营案件2宗。

2017年9月7日，新丰工商组织召开全县系统推进商事制度改革工作座谈会，新丰县县长马志明、县编办、工商、县直有关单位等主要负责人参加会议

【商标管理】 2017年，新丰县工商行政管理局认真履行职责，积极开展商标行政指导服务和宣传工作。全年共发放《中华人民共和国商标法》《商标注册建议书》《注册商标须知》等商标知识宣传资料510份，受理商标咨询99人次，截至目前，全县新增注册商标342件，有效注册商标923件。

【广告管理】 2017年，新丰县工商行政管理局继续以虚假医疗、药品、保健食品、美容服务、化妆品广告以及虚假房地产等广告为重点，做好整治虚假广告工作。开展2017年防范和处置非法集资宣传活动和房地产领域违法广告专项整治工作，制定工作方案，清查房地产企业和房地产中介机构底数。全年共出动65人次、21车次，检查户外、印刷品等各类广告125条次，立案查处虚假广告案件1件，罚款0.4407万元。开展2016年度广告行业统计工作，25家广告企业完成了填报工作，填报率100%。

【违法违章查处】 2017年，新丰县工商行政管理局全面推进“一支队伍办案”工作，紧紧围绕工商登记制度改革和韶关法治工商建设的总体要求和具体任务，以“依法行政、执法为民”为出发点和落脚点，维护良好的市场经济秩序，积极履

2017年7月18日，新丰工商发出第一份电子营业执照

行职能，进一步规范执法行为，有力促进法治工商建设，2017年，全系统共查处办结案件33宗。同时积极推进行政处罚信息公示，按照“谁处罚谁录入”的原则，2015年6月1日至2018年4月10日，应当公示的行政处罚信息为91宗（3宗没审批），已公示88宗，公示率、及时率、准确率100%。

【打击传销】 2017年，新丰县工商行政管理局保持防范传销高压态势，做好“无传销县”创建工作，加大打击传销规范直销工作力度，进一步巩固打传成果，营造了全社会打击传销规范直销的良好氛围，我县经市政府认定为“无传销县”，截至目前未发现有传销行为。

【保护消费者权益】 2017年，新丰县消委会坚持“群众利益无小事”和“有诉必接、接诉必办、办必有果”的原则，认真履行消委会职能，在受理消费者投诉或咨询工作中，热情接待消费者，及时了解、取证，耐心做好说服调解工作。2017年，县消委会共受理投诉19宗（县工商系统，不含消委会各成员单位），案件的受理率、调解率、办结率、调解成功率均为100%，为消费者挽回直接经济损失13.88万元，同时，接待消费者来访、来电、来信咨询110多人次，所有投诉和咨询均做到事事有回音、件件有着落。

【党风廉政建设】 2017年，新丰县工商行政管理局组织该局副科、正股级干部签订廉政责任书，落实党风廉政责任制；做好届末考察工作，配合县委组织部考察组筹备好考察会议各项准备工作，保障考察工作风清气正。

【“两建”工作】 2017年，新丰县工商行政管理局切实履行县“两建”办和市场监管体系建设统筹协调小组牵头单位的双重职责，认真执行《新丰县市场监管体系建设方案》，强化建筑装饰材料、广告行业自律，促进市场进一步规范。

（张泽培）

附：2017年新丰县工商行政管理局正副局长名单

局　长：陈赞东

副局长：李伟彰（兼任纪检组长）

质量技术监督

【概况】 新丰县质量技术监督局为新丰县人民政府主管质量技术监督的工作部门，正科级。2017年，局机关行政编制12名，行政执法专项编制1名，后勤服务编1名，其中局长1名、副局长2名（含纪检组长），实有人员12人。局设6个内设机构，即办公室（与纪检组、监察室合署）、政策法规股、质量股、计量股、标准化股、特种设备安全监察股。局直属行政单位1个，即新丰县质量技术监督局稽查队，正股级，行政执法专项编制5名，实有人员2名。局下属事业单位1个，即广东省新丰县质量技术监督检测所，正股级，事业编制5名，实有人员4名。

【质量管理】 在县政府的指导下召开质量强县相关工作会议。

新丰县质监局牵头组织做好韶关市2015—2016年度县（市、区）人民政府质量工作考核迎检工作，并按程序上报本县质量工作的文审材料，考核结果评为C级，针对考核反馈内容，县质监局牵头相关单位认真进行总结。

2017年开展县级产品质量监督抽查，市县二级共抽查25批次产品，有4批次产品不合格，不合格发现率16%。针对不合格产品企业全部按相关规定整改完成。

【特种设备安全监督】 新丰县2017年在用登记的特种设备使用单位326家，其中电梯336台，锅炉68台，压力容器223台，起重机械112台，压力管道20台（套），叉车34台。2017年，共出动监察人员267人次，检查特种设备使用单位89家，检查设备388台套，发出监察指令书36份，责令特种设备使用不合格的单位限期完成整改。

全年开展多项专项整治行动保障特种设备安全。包括“五一”国际劳动节、安全生产月等特种设备安全大检查专项行动；开展清理2017年前超期未检特种设备、自动扶梯和自动人行道安全整治、特别防护期特种设备安全大排查及建筑工程特种设备大整治等专项行动；开展锅炉水质处理人员、作业人员持证上岗排查治理专项行动；开展气体充装单位大检查。开展安全生产月和安全生产万里行活动；清理超期未检设备专项整治和开展危险化学品安全专项综合治理等专项整治工作。

【计量监督】 扎实开展民生计量工作。强化计量监管工作，加强对县内石油液化气充装站、加油站计量、水泥定量包装的监督抽查，确保计量准确可靠。按上级有关文件要求，做好生产食品“双随机”抽查工作，按照县政府下达的节能降耗指标，配合有关企业做好节能降耗考核工作，确保完成新丰县节能目标。按照上级有关文件要求，组织企业签订诚信计量承诺书，现已有5家企业签订了计量承诺书。认真做好机动车检测线检查工作，对设备、人员资质情况进行调查，保证合法对外经营。

【标准化工作】 继续做好标准化基础工作。在现有的组织机构代码数据的基础上，做好相关咨询工作。积极协助企业办理商品条码工作，2017年共协助12家企业办理条码。帮扶企业做好农业标准化示范区申报工作（辣木农业标准示范区）。

【行政执法】 2017年，新丰县质监局稽查队共出动执法人员166人次，开展多项专项检查行动：开展2017年春节期间打假专项联合行动。由县打假办牵头，联合各职能部门对县城的加油站、超市和大药房等进行了联合执法，切实维护新丰县市场秩序，确保消费者节日购物安全，营造祥和的节日氛围。配合打私办开展打私联合行动，对新丰县数家加油站、进口食品专营店、汽配店和超市进口商品区等进行执法检查。从行动的结果看，新丰县市场秩序较为良好，未发现违法问题。积极参加由县农业局牵头组织的全县农资市场联合执法检查

联合县打假办，检查节日食品安全

行动，保障新丰县农资市场的经营秩序，确保春耕备耕的生产安全，切实维护广大农民的利益。多次配合省、市质监局开展执法联动监督抽查，对新丰誉桦中纤板、苏粤铝型材、鸿丰水泥、交通升庆水泥等多家企业进行产品质量执法联动监督抽样。根据上级有关文件，县质监局对5家金属制品、铸钢铸造企业进行全面摸查，并将检查情况上报相关部门，坚决打击炼造“地条钢”等违法行为。配合开展“扫黄打非”专项行动，进一步规范市场文化秩序，促进文化繁荣发展，营造良好的社会氛围。联合开展食盐专项检查行动，保障食盐市场安全。（罗容　李树娣）

附：2017年新丰县质量技术监督局正副局长名单

局　长：暂缺

单位负责人、党组成员、副局长：罗恒山

党组成员、副局长：罗　容

食品药品监督管理

【概况】　根据县人民政府办公室《关于印发新丰县食品药品监督管理局主要职责内设机构和人员编制规定的通知》(新府办〔2013〕150号)，设立新丰县食品药品监督管理局，为新丰县人民政府工作部门，将县卫生局承担的食品安全综合协调职责、县工商局承担的流通环节食品安全监督管理职责、县质监局承担的食品安全生产加工环节的质量安全监督管理职责，以及县经信局承担的酒类流通监督管理职责，划入县食品药品监督管理局。县食品药品监督管理局内设办公室、政策法规股（行政审批股）、综合协调股（应急管理办公室）、食品生产流通安全监管股、食品餐饮安全监管股、药品医疗器械安全监管股、保健食品化妆品监管股、稽查局等8个内设机构，以及新丰县回龙食品药品监督管理所、新丰县马头食品药品监督管理所等2个正股级派出机构。县局机关（不含派出机构）行政编制12名，行政执法专项编制13名，后勤服务人员2名。派出机构行政执法专项编制8名（回龙监管所、马头监管所各4名)。2017年，县局实际在编人员19人（含1名后勤服务人员)，派出机构在编人员4人。

【食品药品日常监管与专项整治】　坚持日常监管与专项整治相结合的科学监管方法。深入开展食品药品安全专项整治工作，先后开展春季学校食堂专项检查、食品添加剂专项整治、桶装饮用水专项检查、网络订餐食品安全专项检查、餐饮环节食用油专项检查、建筑工地食堂专项检查、农村食品安全专项整治、秋季学校食堂专项检查、药品专项检查、药房药库规范化专项检查、化妆品安全治理等。在各项检查中，累计出动执法人员3000余人次，检查食品生产经营单位（含小作坊）500余家次，检查餐饮服务单位（含食堂）1000余家次，检查药品经营单位200余家次、医疗器械经营单位30余家次，检查保健食品经营单位90余家次，检查化妆品经营单位100余家次，分发各类通知1000余份，

在县实验小学开展质量安全宣传活动

发放食品药品安全宣传手册、挂图、折页等资料20000余份，发出《监督意见书》400余份，查封过期、“五无”食品药品一批。处理食品药品投诉举报33宗，立案26宗，结案26宗。开展食品生产加工环节监督抽检工作，共抽取样品35批次，未收到不合格检验报告；开展餐饮环节食品安全抽检30批次，不合格4批次，均已立案调查；开展食用农产品监督抽检工作，共抽取样品240批次，均合格；开展保健食品快筛快检工作，共抽取样品20批次，均合格；开展保健食品节日专项抽检，共抽取样品1批次；开展化妆品监督抽检，共抽取样品6批次；开展化妆品国家监督抽检，共抽取样品1批次，暂未收到不合格检验报告；开展药品监督性抽样，共抽取样品42批次，收到不合格检验报告7批次，立案6宗，均已结案；开展中成药、关爱妇女生殖健康专项抽检工作，共抽取样品4批次，其中中成药3批次、妇女生殖健康品种药品1批次，收到不合格检验报告书1份，现已立案查处；开展注射剂、滴眼液专项抽检，共抽取样品4批次，暂未收到不合格检验报告；开展药品重点企业品种、国抽跟踪品种专项抽检，抽取样品2批次，暂未收到不合格检验报告。

【行政许可】 2017年核发、换发食品经营许可证385家，核发食品生产加工小作坊登记证24家，核发、换发药品经营许可证6家。

【药械不良反应及事件监测】 认真开展药械不良反应及事件监测工作，全年上报药品不良反应47例，上报医疗器械不良反应14例。

【食品药品安全保障】 采取突出重点、加大监管力度，加强值守、做好应急处置等有力措施，先后组织开展元旦、春节、清明、“五一”国际劳动节、端午、中秋、国庆等重要节假日，以及中考、高考、美食节、樱花节等重要活动期间食品药品安全专项检查，确保节假日及重要活动期间社会公众饮食用药安全。

【食品诚信体系建设】 2017年，积极开展餐饮服务食品安全量化分级管理，推动餐饮服务市场监管体系建设，共对全县585家持证三个月以上的餐饮服务单位实行量化分级管理，量化率达97.8%。其中，A级餐饮单位32家，B级餐饮单位218家，C级餐饮单位335家。

【食品药品安全宣传教育】 积极通过现场宣传咨询活动、广场宣传栏、电视媒体、网络宣传、食品药品安全培训班等多种渠道加强食品药品安全宣传教育，切实强化从业人员安全意识，提高群众饮食用药安全知识。全年开展广场宣传活动4次，接受群众咨询800余人次，举办食品安全培训班7期，医药从业人员培训班5期，培训食品药品从业人员1000余人次，有力营造全民参与、关注食品药品安全的社会氛围。

【挂钩帮扶工作】 2017年，新丰县食品药品监督管理局共投入资金10000元支持回龙镇政府和古塘村村委会开展人口与计划生育工作。在人员、车辆、经费等方面都给予大力支持，有力地推动挂钩扶贫点计划生育工作的顺利进行，切实履行好挂扶单位工作职责。

（蒋雄军）

附：2017年新丰县食品药品监督管理局领导班子成员名单

局长、党组书记：胡可居

副局长、党组成员：李才健

陈小浪

安全生产监督管理

【概况】 新丰县安全生产监督管理局为县人民政府组成局，是县人民政府主管全县安全生产综合监督管理的直属机构。局内设办公室、安全生产应急救援指挥中心办公室、执法监察大队、工矿商贸监管股、危化监管股、职业安全健康监管股六个职能股（室）。共有在职人员11人，其中后勤服务人员1名。全县六镇一街道已全部建立安监站，共有安监站工作人员29人。

2017年，县安监局认真贯彻落实国家和省、市、县关于安全生产工作系列决策部署，始终坚持“安全第一、预防为主、综合治理”的方针，紧紧围绕“科学发展，安全发展”这条主线，夯实安全基础，切实履责，督促企业落实安全生产主体责任。认真贯彻落实省、市安全生产工作会议精神，以开展安全生产领域专项行动为抓手，切实加强对安全生产工作的领导，全面落实安全生产责任制，按照“全覆盖、零容忍、严执法、重实效”的要求，进一步强化责任落实，深入开展隐患排查治理和安全生产大检查活动，实现了安全生产状况持续稳定好转。

【安全生产基本情况】 截至2017年12月30日，全县共发生各类生产安全事故60起，死亡12人，受伤7人，直接经济损失288.6万元。其中生产经营性道路交通事故9起，死亡9人，受伤7人，直接经济损失122.6万元；各类消防火灾事故48起，无人员伤亡，直接经济损失98万元；工矿商贸事故3起，死亡3人，直接经济损失68万元。

【安全生产执法监察】 2017年，新丰县安全生产监督管理局重点加强对岁末年初、国庆节前、“五一”国际劳动节前、春节前、极端天气等特殊时段和非煤矿山、危险化学品、烟花爆竹等重点行业领域的安全生产大检查，确保安全生产形势稳定。不定时对存在的重大事故隐患、责令停产停业企业、取缔关闭企业等进行复查，切实防止违法违规行为死灰复燃。2017年，县安监局实际监督监察生产经营单位451次，查处一般事故隐患281项，已完成整改281项，整改率为100%，行政处罚3次，处罚罚款8.5万元。

2017年5月4日，安监局联同工商、供销社、公安部门到横江销毁假冒伪劣烟花爆竹及过期产品

【危险化学品和烟花爆竹监管】 新丰县现有危险化学品企业和烟花爆竹经营单位123家，其中持证危险化学品生产企业10家，在建危险化学品建设项目4家，加油站22家，加气站4家，烟花爆竹储存批发企业1家，烟花爆竹经营销售点约70家，危险化学品经营储存使用企业12家。2017年县安监局规范了危险化学品生产经营单位安全管理规章制度的制定和执行，严格危险化学品建设项目安全设施“三同时”落实。采取积极有效措施，全面治理烟花爆竹安全隐患，加强安全生产许可证管理工作，严厉打击非法生产经营活动。

【非煤矿山监管】 新丰县现有持证非煤矿山企业6家，其中铁矿1家，采石场5家，鸿丰水泥有限公司旗石岗石场、铁帽顶伟帆矿业有限公司铁帽顶铁矿、路氹石场正常生产，新丰顺发石场、新丰朱洞石场、新丰县回龙镇黄门塘采石场处于暂时停产停业状态。新丰县于8月开始进入非煤矿山集中整治阶段，通过企业自查自改、执法人员现场检查、集中整治等方式，加大查处力度，排查事故隐患，打击违法违规开采行为。8—10 月专项整治检查中共发现安全隐患 26 项，限期整改 2 项。主要存在开采台阶不规范、边坡过高、职业健康预防现状评价未完成等问题。通过整改，提高了非煤矿山安全保障能力，有效防范和遏制了各类非煤矿山生产安全事故。

【工贸行业监管】 新丰县冶金等工贸行业规模以上企业 19 家，其中使用危险化学品企业 4 家，2017 年县安监局大力开展工贸行业企业粉尘防爆危害专项治理、工贸行业有限空间作业安全监管等专项治理工作，严格“五落实”要求，督促工贸企业落实安全生产主体责任，建立健全隐患治理台账，坚决防范重特大事故发生。

【职业卫生监管】 根据市安委办要求，2017 年县安监局联合住建、交通、卫计等多个部门，对全县陶瓷生产、房屋建筑等尘毒危害重点行业领域企业开展了联合执法监察行动，重点对企业的工作场所、劳动合同和工伤保险、职业病等方面开展职业卫生检查，有效预防、控制和消除职业病危害，此次联合执法检查活动中，检查生产经营单位 8 家，发现隐患 33 项，其中当场责令整改 19 项，限期整改 14 项。通过联合执法检查，严厉查处了企业职业病防治等方面违法违规行为，并取得实质性成效。

【“安全生产月”活动】 新丰县安全生产监督管理局紧紧围绕“全面落实企业安全生产主体责任”的主题，将“安全生产月”活动与开展“安全生产万里行”活动结合起来，精心策划，认真组织，充分利用墙报、挂图、标语、知识竞赛、文体比赛、文艺演出等形式开展广泛宣传。6 月 20 日，联合交警大队、交通局、住建局、教育局、质监局、国土局、供电局、司法局 9 个单位在新丰县政府广场举办安全生产咨询日活动，向群众派发宣传小册子 1000 余份，书籍 200 多本，宣传纪念品 2000 余份，制作安全知识宣传展板 20 个，悬挂横幅 1 条，现场接受群众咨询约 200 人次，营造“关爱生命，关注安全”的良好社会氛围，起到良好的宣传效果。

2017 年 7 月 4 日，市委副书记、新丰县委书记陈波到大席铁帽顶伟帆矿业有限公司开展安全生产检查，实地查看尾矿渣土堆放场和采矿作业区

【应急管理】 为提高安全生产应急保障水平和救援能力，有效应急各类安全生产事故，减少事故造成的人员伤亡和财产损失，促进全县安全生产形势稳定好转，县安监局按照省、市安全监管部门的有关精神，充分发挥安全生产综合监督管理职能，狠抓安全生产应急管理各项工作的落实。认真做好安全生产隐患排查治理工作，认真编制应急救援预案和组织实施演练，加强危险化学品重大危险源的监控管理，认真开展应急值班值守工作。

【社会治安综合治理】 2017 年，新丰县安全生产监督管理局受理群众举报 0，未发生一起关于安全生产群体性越级上访

事件。（古谍芳　潘菲菲）

附：2017 年新丰县安全生产监督管理局领导班子成员名单

局　长：胡海峰

副局长：潘伟雄

执法大队长：李成志

统　计

【概况】 新丰县统计局为县政府主管统计和国民经济核算的部门，2017 年，局行政编制 8 名，在职实有人数 8 人；聘用人员 5 人。内设机构有办公室、工业交通能源统计股、社会和投资统计股、农村和贸易统计股。局下属 1 个事业单位：新丰县普查中心，配事业编制 2 名，现在编 2 人。全局工作人员共 15 人。

【统计监测服务】 加强统计监测，提升统计服务水平。加强经济运行监测，围绕全县经济增长目标，每月及时向县领导汇报经济增长目标完成进展情况；加强统计分析研判，主动加强和经济部门的沟通联系，积极解决统计存在的问题，为实现全年经济预期增长目标发挥统计职能作用；按时完成每月的统计信息和分析，撰写统计公报，出台统计月报，做好 2017 年计划指标细化分解。2017 年 3 月，县统计局发布《2016 年国民经济和社会发展统计公报》，从综合经济、财政、农业、工业、消费、教育和社会事业、人口就业、人民生活等方面公布新丰县经济社会发展情况。

【统计法制建设】 加强统计执法力度，夯实统计基础建设。开展统计执法检查。按照《韶关市统计执法大检查实施方案》精神，对辖区内的部分“四上”企业进行了执法检查，进一步加强企业基础建设和统计数据质量；加强镇（街）统计基础建设。要求各镇（街）按“五有六化”要求，进一步完善镇（街）统计基础建设；规范“四上”企业统计基础建设。联网直报企业按省、市要求，加强统计台账等基础建设，进一步提高企业数据质量。

【第三次全国农业普查】 第三次全国农业普查是在全面建成小康社会决胜阶段进行的一次重大国情国力调查，根据省、市政府《关于认真做好 2016 年全国第三次农业普查工作的通知》要求，县政府成立了新丰县 2016 年全国第三次农业普查工作领导小组及其办公室，办公室设在县统计局，负责统筹组织和协调全县农业普查工作。自 2015 年下半年以来，新丰县第三次全国农业普查的各项工作有序推进，2017 年克服村（居）换届等各种困难，普查各项工作按上级时间节点要求有序推进，完成 43246 户农户表、462 户规模户表、491 家经营单位、行政村普查表以及乡镇普查表的录入、审查和上报，正在进行后期普查数据审核验收工作。

【城乡一体化住户调查工作】 强化城乡一体化住户抽样调查日常工作和开展样本大轮换工作。坚持做到每一季度都深入调查户，检查记账员的账本，现场发现和解决存在的问题，从源头上确保调查数据质量，提高记账质量；督促辅调员和记账员树立高度的责任心，做到认真细心记账，杜绝代笔记账和回忆记账，确保了记账的完整性、及时性和准确性；完成样本轮换工作。8 月召开全县住户调查样本轮换工作动员暨业务培训会议，9 月对抽中的 13 个村（居）共 36 名指导员、辅助调查员进行入户摸底业务培训，完成中选村的确认、小区图绘制、建筑住宅编码和对抽中的 13 个调查点入户摸底工作，并确定 130 户为今后新记账户，目前新记账户正在进行日常记账。

【人口】 年末全县常住人口为 21.74 万人，比 2016 年增加 0.18 万人。城镇人口比重 51.63%，比上年提高 0.56 个百分点。年末全县户籍人口为 26.76 万人，比 2016 年增加 0.06 万人，其中：城镇人口 9.8 万人，比 2016 年增加 1.14 万人；乡村人口 16.97 万人，比 2016 年减少 1.07 万人。年末户籍人口的主要构成：男性 13.92 万人，占 52%；女性 12.85 万人，占48%。2017年全县出生3663人，其中男孩1906人，占比52%；女孩1757人，占比48%。

【经济发展概述】 国民经济较快发展初步核算，2017年全县地区生产总值89.01亿元，增长7.8%，比去年同期回升0.7个百分点，增速全市排名第3位。其中：第一产业增加值13.12亿元，增长4.5%，对GDP增长的贡献率为8.7%；第二产业增加值40.1亿元，增长6.8%，对GDP增长的贡献率为39.5%；第三产业增加值35.79亿元，增长10.2%，对GDP增长的贡献率为51.8%。三次产业结构为14.7：45.1：40.2，三次产业分别拉动GDP增长0.7个百分点、3.1个百分点和4.0个百分点。按常住人口计算，人均地区生产总值41113元；民营经济增加值60.81亿元，同比增长6.8%。

农业发展平稳全年农林牧渔业增加值13.12亿元，比上年增长4.5%。其中农业增长4.4%、林业增长7.9%、畜牧业增长4%、渔业减少1.7%，农林牧渔服务业增长6.1%。工业生产回暖2017年全部工业完成增加值36.72亿元，比上年增长6.6%，工业增加值对全年经济增长的直接贡献率为35.7%，拉动经济增长2.8个百分点。年末规模以上工业企业67家，本年新增1家，规模以上工业完成增加值24.37亿元，同比增长7.5%，增速全市排名第4位。规上工业总产值94.55亿元，增长11.2%，民营工业增加值20.16亿元，同比增长3.3%。

建筑业稳中向前全县年末资质内建筑企业8个，全年实现建筑业增加值3.38亿元，同比增长8.1%。房屋施工面积100.19万平方米，增长36.4%，其中新开工面积34.03万平方米，增长366.2%。房屋竣工面积13.52万平方米，增长104.2%。

投资逐渐回暖全年社会完成固定资产投资42.73亿元，增长13.1%，增速全市排名第2位。分类型看：固定资产投资项目完成额32.97亿元，下降2.4%，其中武深高速完成额3.69亿元，下降40.3%，韶新高速完成额2.83亿元；房地产开发投资完成额9.76亿元，增长143.7%。

消费市场稳定全县年末限额以上商贸企业42家，全年实现社会消费品零售总额26.48亿元，同比增长9%，增速全市排名第1位，增速比上月回升0.3个百分点，比去年同期回落4个百分点。全年实际利用外资545万美元，同比增长3.4%；完成外贸进出口总额3068.3万美元，同比增长18.1%。

财税增速回升，金融稳定增长全年一般公共预算地方本级收入3.30亿元，增长8.7%，增速比去年同期回升22个百分点，其中税收收入2.19亿元，增长8.1%。一般公共预算地方本级支出18.35亿元，增长8.7%，增速比去年同期回升16.5个百分点，其中财政八项支出14.2亿元，增长15.1%。年末金融机构各项存款余额84.66亿元，增长10.1%；其中城乡居民储蓄存款56.77亿元，增长9.9%；年末金融机构各项贷款余额44.08亿元，增长7.0%；其中短期流动资金贷款7.43亿元，增长30.3%。

（钟剑锋）

附：2017年新丰县统计局领导班子成员名单局 长：龙怀清
副局长：丘文杰
黄志英（任至3月）
张忠贤（3月起任）

公共资产管理

【概况】 新丰县公共资产管理中心成立于2005年6月，是县属副科级参公事业单位，隶属县财政局管理。内设综合财务股、项目投资股、资产经营管理股3个股室，事业编制6名，在职4人。2017年，县财政公共资产收入为13742万元。其中：土地转让收入为13039万元，资产出租出借收入为697万元，资产处置收入为6万元。

【公共资产管理制度】 2017年，新丰县公共资产管理中心以“规范国有资产的管理、防止国有资产的流失，确保国有资产保值增值”为工作原则，不断完善新丰县公共资产管理的各项制度，全县公共资产管理工作逐步规范化、科学化、精细化和信息化。

【公共资产经营管理】 2017年，新丰县公共资产管理中心以规范管理为核心，以提高资金效益为重点，运用市场竞争机制，建立科学规范的经营性资产运营模式。根据经营性资产经营的特点，建立并完善经营性资产公开招租制度，出租收入由单位税后统一缴入县财政局，实行“收支二条线”管理制度，规范统一的合同管理制度以及公开招租监察制度。

【公共资产处置】 2017年，新丰县公共资产管理中心要求新购置及盘盈资产必须及时入账，以免造成国有资产流失；对于合法转让的国有资产，坚持申请、审批、评估、拍卖的程序，保证国有资产变价收入足额并及时上缴到财政专户；对于申请报废的固定资产，坚持实地查看，核对实物与账面是否一致，是否达到报废标准，将资产回收后按估算价值委托中介机构进行处置，最大限度实现资产的剩余价值。规范国有资产处置工作，建立“由产权使用单位提出申请，县公共资产管理中心审核，报县政府审批，专业评估，公开拍卖”的完整的资产处置程序。

【公共资产清查和统计】 2017年，为加强新丰县国有资产的统一管理，维护国有资产的完整和确保国有资产的安全，提高资产的使用效益，根据上级财政部门文件要求，指导各行政事业单位进行资产清查核实工作。此次行政事业单位资产清查工作，统一以2016年12月31日为资产统计基准日。各行政事业单位成立专门的资产清查小组，按时上报资产清查统计报表。新丰县公共资产管理中心负责监督检查、审核和汇总各单位资产清查结果、审批各单位资产盘盈，资产损失资金挂账等事项，真实反映行政事业单位国有资产占用使用状况。

【公共资产管理与预算管理】 2017年，新丰县公共资产管理中心推进资产管理与预算管理相结合、资产管理与财务管理相结合，将资产的配置、购置、使用、变动和处置等方面的管理纳入预算管理轨道，构建资产管理与预算管理相结合的工作机制。 （卢怀宇　黄红敏）

附：2017年新丰县公共资产管理中心主任名单

主　任：赵葵花

土地储备

【概况】 新丰县土地储备中心成立于2012年12月，是县属副科级事业单位，隶属县国土资源局。内设股室2个：办公室和综合股，有事业编制6名，在职4人。2017年，新丰县土地储备中心按照县委、县政府工作部署，推进全县城镇化建设，加大供地力度，继续对县城的土地进行收回、收购、储备和组织土地有序出让，至年底，共依法收储土地约6.23公顷，依法供地约41.59公顷。

【土地储备】 2017年，土储中心立足部门工作实际，以紧抓“进口”和“出口”两个口子为工作重心，增强服务意识，积极发挥土储职能作用，“节约集约用地”思路，收储有条件建设区地块和收回国有建设土地，开展土地储备工作，共依法收储土地约8.23公顷。按土地出让程序进行网上挂牌出让土地约41.59公顷，其中工业用地6宗，面积20.77公顷；住宅用地3宗，面积6.96公顷；4公共设施用地宗，面积13.86公顷。

【土地资源整合】 2017年，紧紧围绕县委县政府中心工作，树立全县土地经营“一盘棋”思想，强化规划引领作用，进一步深入开展土地储备工作，节约集约用地，收回、收购闲置土地，进一步提升土地利用效益。加强与县国土局、住建局、县公共资源交易中心等部门配合，加强对储备土地的调研，合理制定土地收储计划和出让计划，提升土地利用效益。

【土地储备管理】 2017年，新丰县土地储备中心着重加强储备土地的管护、巡查和管理，对尚未列入土地储备库的土地进行摸查，对已经收储的土地进行土地管护和巡查；进一步完善全县土地储备监测监管系统，加强与相关单位合作，对储备土地进行动态监管。

（潘新怀　吴机战）

附：2017年新丰县土地储备中心主任名单

主　任：潘新怀（8月起任）

市场物业管理

【概况】　为贯彻国务院关于工商行政管理部门与所办市场彻底脱钩的要求，2002年1月，成立新丰县市场物业管理服务站（简称“物业站”）。物业站主要负责全县大部分农贸市场的物业租赁、经营管理与服务等工作，系属县住建局主管的公益三类、企业管理、经费自理的正股级事业单位，下辖市场共有15个，其中县城6个，即中心市场、城南农贸市场、花厂农贸综合市场、沙塘小区农贸综合市场，以及承租的新一村市场、城东综合市场；乡镇市场9个，部分处于闲置状态，其中花厂农贸综合市场和沙塘小区农贸综合于2017年建成并投入使用，而城东综合市场亦于同年由物业站从私营业主承租。截至2017年底，物业站在编人员40人。

【市场经营】　2017年，以守法经营、公平公正为准则，物业站总收入近324万元，对市场个体经营户实行划行归市、亮证经营，执行国家、省、市、县关于肉菜食品安全的各项法律法规；对市场档铺位实行定期招投标，签订租赁手续，按规摆卖。市场商品交易遵循自愿、平等、诚实、信用原则，恪守商业道德规范，接受社会监督，承担社会责任。

【市场管理】　2017年，切实加强市场管理。疏堵结合，大力加强五小场所建设。根据县城提升工作要求，新建老花厂市场、沙塘小区两个肉菜市场、引导占道经营的摊档进入新建市场经营共200多档，对街道乱摆、拥堵现象起到了较大的缓解作用。加强肉菜入市管理。依据《新丰县人民政府关于进一步规范县城集贸市场管理的通告》的要求，对县城规划区的肉菜经营实行划行规市管理，凡肉类（猪、牛、鸡、鹅、鸭、鱼）、蔬菜类一律按通告进入市场经营，杜绝门市类或占用街道经营，共取缔经营肉菜门市360多档。清理早市占道经营行为。清理府前路、新南路（中医院门口）、早市蔬菜批发档130多档、猪肉档25档、青菜挡860多档、车载早餐档13档。

附：2017年新丰县物业站站长名单

站　长：陈建新

农业·林业·水务·气象

农业农村工作

【概况】 新丰县农业局为县政府工作部门，设立办公室、政策法规股、综合行政执法股、农村经济体制与经营管理股、市场与经济信息股、科技教育股、种植业管理股、农产品质量安全监管股、财务与审计股（发展计划股）、人事股（监察室）等10个内设机构。下辖2个事业单位：新丰县畜牧兽医水产局，副科级行政事业单位。核定参公编制22名，现在编18人；新丰县农业技术推广中心，副科级公益性事业单位，核定事业编制21名，现在编20人。2017年，新丰县农业局认真贯彻落实中央、省、市农业农村工作会议精神，围绕强科技保发展、强生产保供给、强民生保稳定，扎实有序开展各项工作，全县农业农村经济平稳发展。

【现代农业基地】 2017年，新丰县农业部门围绕区域优势产业和特色农产品，继续巩固发展优质稻、优质蔬菜、优质水果、生猪、茶叶、油茶、中药材和花卉等8大特色农业基地，重点推进“一镇一业、一村一品”规划实施，进一步发展休闲农业和乡村旅游，促进一、二、三产业融合。根据各镇发展优势，不断壮大其生产规模，形成“一镇一业、一村一品”联动发展的生产格局，从而达到农业增效、农民持续增收。2017年优质水稻种植面积12.2万亩（包括早造和晚造），优质蔬菜种植面积16.9万亩（含复种），优质水果种植面积10.15万亩，生猪饲养量36.1万头，优质茶叶6800亩，油茶7695亩，中药材6100亩，花卉4200亩。

工作组与国土局测绘队测量国防光缆位置

【农业产业化】 2017年，新丰县农业部门积极引导农业龙头企业、农民专业合作社和家庭农场加强品牌建设，培育壮大规模，加快产业化进程。2017年全县登记备案的农业企业98家，其中县级以上农业龙头企业13家，市级农业龙头企业7家；全县共有农民专业合作社311家，其中县级以上示范社29家，市级以上示范社12家，省级以上示范社8家，国家级示范社2家；全县共有家庭农场36家，其中市级示范家庭农场1家，县级示范家庭农场4家。

【农业行政执法】 2017年，新丰县农业局与省、市农业部门开展联合执法8次，与新丰县工商局、新丰县公安局、新丰县质监局联合开展联合执法2次，全年共出动执法人员3604人次，检查农资门市、龙头企业、合作社、家庭农场、种（养）大户819间次（包括种子、化肥、农药、兽药、饲料、农机及零配件），行政处罚2宗，罚款并没收违法所得28079元，结案2宗，结案率100%，各类行政诉讼和复议以及办案投诉为零。进一步加强农产品抽检工作，持续做好农产品质量安全监管工作，确保平均每月抽检蔬菜样品180份以上，合格率均达98.5%以上。同时，做好宣传引导工作，通过电视、广播、网络、宣传单等形式，发放宣传资料2600余份。

【农业基础设施建设】 2017年，新丰县农业部门坚持“因地制宜、分类指导、统一规划、突出重点、连片治理、讲求实效”的原则，提高农田建设设施化水平，逐步把基本农田建成旱涝保收的高产稳产农田，提高农业综合生产能力。2014年度高标项目（建设规模6438.06亩）已收到了市级竣工验收意见函，初步通过了市级竣工验收，目前正在进行市级竣工验收；2015年度项目（建设规模6430.21亩）已全面完工，2017年12月份已完成了县级验收工作，正在加紧完善上报市级竣工验收资料；2016年度项目（建设规模7203.67亩）已完成工程建设任务的55%，预计2018年3月底前全面完工；2017年度高标项目（建设任务7200亩）目前正在进行选址工作，初步选址在马头镇的军三村、层坑村、上湾村、湾田村、福水村、罗陂村6个行政村。

【“一事一议”公益工程】 2017年，新丰县农业部门继续做好农村综合改革各项工作任务，按照上级要求做好资料收集和整理，及时上报各项数据，定期跟踪检查指导各镇开展便民服务工作。2017年度经上级审批通过的“一事一议”财政奖补项目共10个，其中村内饮用水建设项目1个、村容美化亮化建设项目5个、村内公共活动场所及其配套设施建设项目4个。项目共涉及10个行政村，总投资781.67万元。截至2017年12月底，全县2017年度的10个村级公益事业建设“一事一议”财政奖补项目已全面开工建设。

工作组丈量农户土地面积

【党风廉政建设】 2017年，新丰县农业局按照县委、县纪委的部署，把落实党风廉政建设责任制作为进一步加强农业系统党风廉政建设和反腐败工作的重要措施来抓，结合学习中共十九大精神活动，召开党风廉政建设工作会议，把责任的条款落实到各个部门及班子成员，具体分工，专人负责，形成了一级抓一级，层层抓落实的格局。同时，全面深入学习贯彻习近平新时代中国特色社会主义思想，进一步提高三农服务水平。 （张 波）

附：2017年新丰县农业局领导班子成员名单

党组书记、局长：莫北海

党组副书记、机关党委书记：潘月朗

党组成员、副局长：罗提高

赵继山

罗育贤（兼县畜牧兽医水产局局长）

纪委书记：周建生

农业技术推广

【概况】 新丰县农业技术推广中心成立于2010年12月，为副科级公益性事业单位，隶属县农业局管理。内设机构7个：办公室、农作物股、种子管理股（种子管理站）、农产品质检股（农产品质检站）、土壤肥料与环保能源股（土壤肥料与环保能源站）、农业科学研究股、植保植检管理站。核定事业编制21名，现有专业技术人员20名，其中高级农艺师5名，农艺师7名，初级职称4名。推广中心主要负责农业法律法规及国家农业发展方针政策的实施、农业品种及技术的引进推广、土壤资源调查和可持续发展保护、农田环境保护、农作物灾害监测预警和防治、种子管理、农产品质量安全监测、土壤监测、植物检疫等工作。

【农作物病虫害防治】 科学设置病虫害监测点，加强监测基础设施建设，定期深入田间进行病虫害定点调查和大田普查，及时进行分析、判断和预测，对全县病虫害的分布和发展动态做出预测预报，并提出防治措施及建议，指导全县水稻、玉米、甘蔗、花生、蔬菜等作物的病虫害防治工作，减少农作物损失，保障粮食增产，农民增收。全年编写发布“病虫情报”10期1700余份，预报准确率85%以上；开展农作物病虫草鼠发生面积约200.3万亩次，防治面积约246.14万亩次，其中水稻防治面积约60.7万亩次，蔬菜防治面积约105.56万亩次，花生防治面积约19.55万亩次，果树防治面积约60.33万亩次。

【农作物疫病防控】 以“科学防控促发展、规范行为树形象”为目标，突出抓好重大植物灾害监控，以红火蚁、南方水稻黑条矮缩病、柑橘黄龙病等重大植物疫情防控为重点，确保重大疫情不蔓延危害，重大虫害病不暴发成灾，严防新植物疫情的传入，切实保障农业生产的安全。全年“红火蚁”普查总面积约2250亩次，防治面积约800亩次，共投放防治药物400多公斤，防治效果达80%以上。

【农产品质量安全监管】 认真贯彻执行省、市、县农产品质量安全工作会议精神，联合市、县农业局等部门加强对生产基地产品抽检和施肥、施药抽检，全面做好农产品质量检测工作，杜绝农残超标蔬菜瓜果进入市场。全年抽取蔬菜品种45个，抽取样品2334个，合格率达99.2%，县域内未出现农产品质量安全事故。同时，积极开展质检站实验室农残计量认证工作和检测人员的培训，为全县人民群众农产品消费安全提供了有力的保障。

【种子质量安全监管】 加强种子管理工作，确保种子质量安全。2017年3月上旬和6月下旬对全县42间经营种子的门店进行了两次检查，共出动执法车辆25台次、出动执法人员130多人次，主要检查和生产经营假劣种子、套牌侵权、无证照生产经营、未审先推、跨区域经营等违法行为，检查中未发现有违规种子出售。全年印发《购种指南》1500份，《种子法》2500份，其他资料3000多份。

【新品种和新技术推广】 加强水稻、蔬菜等新品种新技术的示范展示，为全县推广优质高产品种提供科学依据，2017年展示的新品种有13个，其中水稻10个、蔬菜3个。开展水果、蔬菜、茶叶等新型肥料应用试验23个，肥料利用率试验5个，校正试验8个，进一步完善全县土壤养分数据库以及土壤养分丰缺指标体系，优化全县施肥指标体系，更好指导生产。

【专业人才及技术培训】 一方面加强技术人员的培训，增强技术服务能力，组织技术人员到华南农业大学等高校等开展专业培训，共计达120人次。另一方面加强农民生产技术的培训，全年来共开展各项技术培训班36班次，其中开展基层农技推广建设项目培训班7班次，培训科技示范户500多人次；开展以农作物栽培技术为内容的培训班28班次，培训农民1500

多人次。（潘建华）

附：2017 年新丰县农业技术推广中心正副主任名单

主　任：余志忠

副主任：罗武中

　　　　陈永仙

农业机械化

【概述】　新丰县农业机械管理局是参照公务员法管理的事业单位，为正科级，行使农机行政管理职能，核定事业编制 8 人，内设办公室、农机推广股、农机安全监理股等 3 个股室。2017 年，全县农业机械总动力为 5.01 万千瓦，比上年增长 0.6%，其中柴油机动力 4.3 万千瓦、电动机动力 0.71 万千瓦。农业机械原值 7539 万元，农业机械净值 6031 万元。中央、省共投入农机购置补贴资金 7.484 万元，新增各种机具 46 台套，农民投入 18.501 万元。粮食生产机械水平不断优化升级，全县新增拖拉机 3 台、微耕机配套农机具新增 41 台，水稻联合收割机新增 1 台，碾米机新增 1 台。2017 年，全县高效设施农业温室面积 453 平方米。年末，全县果蔬保鲜设备、增氧机、投饵机保有量分别为 6 座、10 台和 3 台，茶园修剪机保有量 6 台，采摘机 2 台。继续开展高效农业农机化示范园区建设，取得了良好的效果。

【农机化作业】　2017 年，新丰县主要农作物耕、种、收、植保 4 项环节综合机械化水平达 78%。水稻机械化种植面积 7290 公顷，机种率达 88%，水稻机械化收获面积 6550 公顷，机收率达 79%。水稻机械化育插秧正在大力的推广当中。机械耕作、机电排灌、机械植保等达到 73% 以上。

【农机购置补贴】　全县农机户、农机服务组织和从事农业生产作业的农业人员购置农业机械可享受农机购置政策性补贴，由各级财政提供补贴。从 2008—2017 年，全县获得农机购置政策性补贴资金总额 964.959 万元，其中中央资金 885.959 万元，省财政补贴资金 79 万元。惠及 2614 个农户或组织。购置农机具 13 类 25 种 2748 台（套）。

【农机技术推广】　县农机局通过项目在农科所址建设了广东省区域性农机推广（新丰）站，装备了机耕、机收、机插、挖掘等各类农机设备，已具备教学、演示、服务和应急功能。逐步完善农机推广体系。2017 年，县农机局会同省、市农机经销商和生产厂家在全县的各个乡镇等地组织开展“新丰县农机购置补贴政策咨询暨农机安全生产宣传活动”，出动大中小等不同类型的水稻联合收割机、微耕机等现场为农户收割、耕整演示，同时也进行了插秧机、打禾机、抽水机、水泵、太阳能灭虫灯等近 10 种各类别农业机械的展示，让农民兄弟亲身体验农机化的高效和敏捷的魅力。

【农机安全管理】　2017 年，新丰县深入开展农机安全生产执法、治理和宣传教育行动，加强源头管理，强化执法监管，不断深化“平安农机”创建活动。全年检验拖拉机 98 台、联合收割机 130 台，年审联合收割机驾驶人 130 名，拖拉机驾驶员年审换证 45 名，参检拖拉机交强险率 100%，签订农机安全生产责任状（书）125 份。全年未发生重特大农机安全事故，创建“平安农机”示范镇、村工作有序的在开展。

【农机职业技能培训】　2017 年，全县组织开展了农机技术推广人员培训 10 期，102 人参训；依托插秧机、拖拉机、植保机等的生产厂家举办技术培训班 2 期，重点提高机手的操作、维修技能 90 名机手参训。开展农机鉴定培训 8 期，鉴定插秧机操作工、植保机操作工、拖拉机驾驶员和联合收割机驾驶员 172 名，其中联合收割机驾驶员 130 名、拖拉机驾驶员 42 名。

【农机服务及农机专业合作社】　2017 年，全县经工商部门注册登记的农机服务组织 3 个，其中农机专业合作社 2 个；农机服务组织中介 1 个。农机服务组织全年吸纳农机从业人员

70多人，完成耕翻、机插、植保、收割等农田作业面积200多公顷，年经济总收入400万元，农机服务组织和农机大户承担了全县20%以上的农田作业任务。（李珊珊）

附：2017年新丰县农业机械管理局领导班子成员名单

局长：陈丽波（任至9月）

副局长：潘伟涛

陈新华（3月起任）

王云聪（9月起任）

畜牧兽医水产

【概况】 新丰县畜牧兽医水产局为新丰县农业局直属副科级参公事业单位，行使畜牧兽医水产行政管理职能，核定参公编制22名，2017年末在职人员18人。下辖七镇（街）畜牧兽医水产站，核定事业编制27人，2017年末在职人员20人。

2017年，新丰县生猪饲养量37.369万头，存栏量12.889万头，出栏24.48万头，家禽饲养量275.07万只，牛饲养量1.5万头，羊饲养量1.48万头。全县饲养蜜蜂35370群。水产品总产量4338吨（其中淡水捕捞产量13吨）。水产养殖面积为729.06公顷（其中池塘养殖面积562.6公顷，水库养殖面积166.46公顷），比去年减少99.94公顷，丰城街道双良、紫城、横江、龙文、黄陂、城西、城东村因城乡发展建设征用减少池塘19.94公顷，马头镇鲁古河水库（80公顷）因列入新丰县饮用水源，不再发展养殖。主要以四大家鱼为主，采用混养方式，投放部分罗非鱼、鲫鱼等品种。

【畜牧兽医水产行政服务】 2017年，新丰县畜牧兽医水产局做好行政审批服务工作，核发水生野生动物驯养繁殖许可证（养龟）2个、水生野生动物（养龟）经营利用许可证6个，办理水生野生动物（养龟）驯养繁殖许可证年审17个。对符合要求的新建养殖场核发动物防疫条件合格证3个、办结发证2个；新核发兽药经营许可证1个，换发证4个。换发和办理养蜂证12个。

【新丰江水产种质资源保护区规划管理】 继续加强新丰县新丰江国家级水产种质资源保护区的维护管理工作。联合新丰县渔政大队，加强新丰江以及各支流的巡护，在主要河段、路口设置宣传牌以及警示牌10个。

【动物防疫】 做好春秋两季强制免疫注射和常年补针工作。2017年，新丰县畜牧兽医水产局派人驻乡镇站，站人员实施分片、分工、包干责任制，严格按照免疫规程把好质量关，做好免疫档案的记录、免疫证的填发以及耳标佩戴等工作。全年家禽饲养275.07万只，禽流感免疫275.07万只，占应免疫率100%，鸡免疫注射鸡新城疫186.93万只，占应免疫率100%；猪口蹄疫免疫34.966万头、免疫率达100%；牛口蹄疫免疫1.5万头，免疫率100%；羊口蹄疫免疫1.48万头，免疫率100%。

【动物疫病监测】 2017年，新丰县畜牧兽医水产局做好日常血清学监测。家禽禽流感抗体监测290份，合格280份，合格率96.5%；鸡新城疫监测290份，合格270份，合格率93.1%；猪口蹄疫监测319份，合格298份，合格率93.4%；猪瘟监测319份，合格300份，合格率94.04%；猪蓝耳病监测319份，合格295份，合格率92.5%。其次是做好样品送检工作，送韶关市检测禽血清150份、禽拭子168份、环境拭子10份；猪血清120份；羊血清150份；羊拭子60份；羊OP液60份；犬血清8份。畜禽免疫抗体水平合格率达到国家标准70%以上的要求。

【生猪屠宰】 2017年，生猪屠宰严格做好屠宰检疫工作，在生猪定点屠宰厂派驻检疫人员，实行凭“无瘦肉精等违禁药物承诺书”、动物检疫合格证明和生猪耳标申报检疫，全年定点屠宰检疫共42074头，做到定点屠宰检疫率达100%。做好检疫票据管理。做好各种检疫合格证明的入库、发放、归档工作。完善了票据管理工作，没有出现倒卖、遗失票据等现象。

2017年，肉联厂无害化处理不合格肉品折合成127头。

【疫苗采购和保存】 2017年，新丰县畜牧兽医水产局制定突发重大动物疫情应急工作预案，认真做好防控物资的储备以及疫苗的采购、供应、保管、发放工作，确保疫苗的供应和使用质量。坚持领导带班和24小时疫情报告制度，开展经常性随机抽查监测，掌握全县重大动物疫病免疫效果情况并及时通报、督促、补免，从而最大限度地控制疫情的发生。

【疫病防控】 2017年，新丰县畜牧兽医水产局共出动1548人次对饲养场、农贸市场、肉联厂等重要场所以及河流进行巡查，杜绝乱弃畜禽尸体现象，推进无害化处理制度落实，做好消毒灭源工作。2017年监督肉联厂无害化处理不合格肉品折合为127头；养殖环节无害化处理11995.6公斤，从而减少疫病的传播和扩散，确保不发生重大疫情。

【动物及其产品检疫】 2017年，新丰县畜牧兽医水产局抓好产地、屠宰检疫和市场运输环节检疫监督检查，严厉打击逃避检疫贩卖病死畜禽及其产品行为，保证上市畜禽及其产品的安全。严格实施屠宰检疫，屠场实行值班制度，规范屠宰场管理，严把来源关、入场关、检疫关、质量关。定点屠宰检疫率100%。

2017年，新丰县全面施行动物检疫电子出证，对8个动物检疫申报点配备了专用的打印设备，安装了广东省动物溯源管理系统，有效实现动物产品的追溯。全面启用电子出证，从根本上解决检疫合格证出证不规范、手写效率低、数据统计不准确等问题，加强了动物防疫检疫的信息化管理。2017年全县网上电子出证生猪117547头、牛61头、羊6头、禽104580羽。

【水生动物疫病监测】 开展鱼病测报和防治工作，按时上报病害数据和相关信息，指导养鱼户做好防病治病工作，协助养鱼户诊断鱼病12宗。加强冬春低温天气水生动物疫病监测和规范用药的指导。

【兽药、饲料、饲料添加剂管理】 2017年，新丰县畜牧兽医水产局共组织专项整治行动12次，出动监督执法人员293人次。共检查经营兽药及饲料店65间、畜禽水产养殖户35户，印发宣传资料300份，按照兽药GSP的经营要求，加强对兽药经营企业工作人员的监督以及对进货、销售各个环节的监管。严禁销售使用违禁药物，规范和净化全县兽药市场，建立较好的经营秩序，保证农产品质量安全。组织局和各站人员监督检查相关养殖场243家次，教育他们要做好日常生产管理，做好防疫，完善相关养殖档案，建好防疫和排污的相关设施。没有办理相关证照的，先到相关部门办理相关证照再开始生产，已生产的要先停止生产，证照齐全再继续生产。做好废弃物的综合利用。

【食品安全监测】 2017年，新丰县畜牧兽医水产局做好食品安全监测工作，加强对养殖和屠宰等环节的监管，共出动127人次对辖区内规模养殖场、肉联厂、农贸市场开展“瘦肉精”等违禁药物残留的检测，共4959份。其中检测盐酸克伦特罗4959份、莱克多巴胺4959份、沙丁胺醇4959份，检测结果均呈阴性，未发现使用违禁药物。送省市检测猪尿49份、鸡肉8份、鱼肉6份，未发现使用违禁药物，确保无“瘦肉精”中毒事件发生。水产方面加强水产品质量安全监管工作，建立水产品监管对象名录（10亩以上），发放张贴水产品质量安全告知书、签订承诺书等90多份。对规模养殖场、苗种繁育场，开展水产养殖禁用药物、添加剂的监督检查，抽样监测9个水产养殖场15个样品，6个市场鱼档样品，2个苗种繁育场4个样品，经检测硝基呋喃类代谢物、孔雀石绿和氯霉素均为阴性，未发现违法违规行为以及不合格产品。

【无马属动物疫区建设维护】 2017年，新丰县畜牧兽医水产局继续做好无马属动物疫区建设维护工作，积极宣传疫病普查，预防监测，检疫监管等工作。完善各项规章制度，做好样品送检，各项控制计划，流行病学调查以及风险评估工作。2017年共抽检送样猪血清480份，羊血清240份，猪脑组织60份，蚊子60份，确保全县无疫区维护工作符合上级要求。

【畜禽养殖污染清理整治方面】 禁养区、限养区和适养区划定及“三区”的清理工作开展情况，县政府于9月22日的第十五届十七次常务会议通过《新丰县畜禽养殖禁养区、限养区和适养区划定方案》及《新丰县畜禽养殖污染清理整治工作方案》（含补偿方案）的审议，并于9月25日发文。完成清理畜禽养殖场共9家，禁养区7户畜禽养殖场的清理任务。

【渔业管理】 推动发展稻田养鱼产业，组织实施《新丰县国内渔业捕捞和养殖业油价补贴政策调整实施项目（2015—2016年）》。2017年5月，在新丰县黄礤镇、马头镇设立了二个稻田养鱼示范点，共24亩，2017年上半年放养17900多尾禾花鲤鱼，早稻收割后，鱼的产量386公斤（亩产约16公斤），鱼的产值3.08万元，稻谷产量6892.5公斤（亩产干谷约287公斤）；下半年放养17100多尾禾花鲤鱼，晚稻收割后，鱼的产量355公斤（亩产约14.8公斤），鱼的产值2.84万元，稻谷产量4580公斤（亩产干谷约191公斤），全年亩增收入约2000多元。县畜牧兽医水产局制定《稻田养鱼技术规程》，发给养殖示范户参考应用，指导示范户做好稻田工程建设、水稻栽培、鱼种放养、水质调控以及日常管理等工作。

【禁渔专项行动】 2017年新丰县畜牧兽医水产局、广东省渔政总队新丰大队加强禁渔宣传、开展巡查执法工作。加强江河巡护，采取多项措施开展禁止电、炸、毒鱼专项整治行动：在县电视台播放《新丰县人民政府关于禁止电、炸、毒鱼的通告》《水产种质资源保护区管理暂行办法》等渔业相关法律法规；在各镇（街）、行政村张贴《县政府关于禁止电、炸、毒鱼的通告》300份，在主要交通路口、街市悬挂宣传横幅标语16条，在各镇（街）主要道路、河道设立禁止电、炸、毒鱼宣传牌40多个；制作《县政府关于禁止电、炸、毒鱼的通告》音频，派宣传车到各镇（街）及相关村庄巡回宣传50多次，印发《广东省重点保护水生野生动物》及《国家重点保护水生野生动物》名录挂图等共200多份；印制《禁止电、炸、毒鱼宣传手册》4000份、宣传环保袋3000个、纸巾盒2000个，派发给各镇（街）政府部门及利用墟日开展街头宣传；利用该单位到各镇（街）举办培训班的机会大力宣传渔业法律法规；依法查处，严格惩治。根据新丰县水系分布情况，积极开展巡查执法，突出以新丰江为重点，兼顾沙田河、遥田河、回龙河等流域，严查非法捕捞行为。共开展行动30多次，收缴电鱼工具（背式电鱼机）8套，保护渔业资源可持续发展。

【渔业防灾减灾工作】 2017年6月底、7月初，新丰县渔业受连续降雨的影响，受灾面积461亩，直接渔业经济损失78.54万元。灾后，县畜牧兽医水产局组织灾区渔（农）民进行抗灾救灾，协助渔（农）民购买救灾复产物资以及鱼苗鱼种，指导渔（农）民做好受灾鱼塘的清整、修复、消毒工作。加强对养殖过程防灾工作的指导，对全县渔业养殖大户进行安全生产检查、监督，包括用电、沼气、安全警示牌等方面，要求做好安全生产各项制度和措施的落实，加强对养殖过程防灾工作的指导，动员各水产养殖场（户）克服麻痹大意思想和侥幸心理，提高防范能力，防止安全事故的发生。

【新丰江国家级水产种质资源保护区】 继续加强新丰县新丰江国家级水产种质资源保护区的维护管理工作。联合县渔政大队，加强新丰江以及各支流的巡护，在县电视台播放《水产种质资源保护区管理暂行办法》，在主要河段、路口设置宣传牌以及警示牌6个。对新丰江保护区内进行拉网式的排查，排查保护区沿江的养殖、捕捞、工矿用地、能源设施、排污口等活动类型和数量，通过排查，掌握保护区的基本情况，以便更有效地实施管理。

【良种良法科技推广】 新丰县畜牧兽医水产局坚持科技兴牧、科技兴渔战略，推广良种良法。到7个镇（街）巡回举办养殖业培训班，培训畜牧站、村级防治员、养殖大户等有关人员，共计约400人次，传授养殖技术，宣传《中华人民共和国畜牧法》《渔业法》《水产种质资源保护区管理暂行办法》等法律法规。水产养殖方面，与县农业局在丰城街道、梅坑镇联合举办2期种养（水产养殖）技术培训班，培训渔（农）民150人次，印发资料200多份。到7个镇（街）巡回举办畜禽规模场废弃物综合利用及畜牧水产法律法规培训。

新丰县畜牧兽医水产局坚持科技兴牧、科技兴渔战略，推广良种良法。推广“农、林、牧、渔、沼”生态养殖模式，保持全县畜牧水产业生产无公害、绿色、有机化发展方向，引导全县畜牧水产业建设走向综合、生态化养殖发展的格局。坚持走“科技先行，培训办班”相结合的道路，推进基层农技推广体系改革项目建设，联系农村养殖科技示范户50户，通过养殖示范、科技培训、建立养殖档案、完善用药制度等措施，提高广大养殖户的技术水平，引导农民养殖致富，促进生产稳定发展。

（陈春丽　周志可　何仙娣）

附：2017年新丰县畜牧兽医水产局正副局长名单

局　长：罗育贤

副局长：陈木金

潘啟勋

林　业

【概况】 新丰县林业局为政府机构，内设股室9个，包括办公室、人事股、计财股、林政股、营林科教股、法制股、森林防火办公室、调处山林纠纷办公室、绿化办，编制14名、后勤服务2名。下属行政单位1个：公安森林分局。下属事业单位2个，包括8个林业工作站、3个保护区（云髻山省级自然保护区、鲁古河市级自然保护区、鲁古河国家湿地公园）、3个木材检查站（华溪、朱洞、路下）、4个国有林场（司茅坪林场、岳城林场、雪山林场、亚婆髻林场）及林业技术推广站、管护大队、产权登记中心、评估中心、生态公益林管理中心、林场总站、森防站。下属国有林业企业1个：新丰县竹木制品有限公司。全系统在职人员176人。林业局设立机关党委，下属12个党支部，党员165人。

2017年底，新丰县林业用地面积16.82万公顷，森林覆盖率80.8%，林木绿化率82.18%，其中马头镇林业用地面积3.64万公顷，丰城街道1.48万公顷，黄磜镇2.21万公顷，梅坑镇2.65万公顷，沙田镇2.15万公顷，遥田镇1.54万公顷，回龙镇1.35万公顷，国有林场0.52万公顷，自然保护区1.29万公顷。新丰县植物种类繁多，共有野生植物204科682属1372种，列为国家一、二级重点保护植物的有8科8属9种；野生脊椎动物195种，列入国家重点保护动物25种，一级重点保护动物2种，二级重点保护动物23种。生态公益林面积6.3万公顷；竹子基地面积1.87万公顷；水果基地面积1万公顷；非公有制造林1.6万公顷。

【生态公益林建设】 2017年，全县生态公益林面积112.37万亩，占林业用地44.45%。2017年全县生态公益林损失性补偿资金按照《广东省生态公益林补偿管理办法》规定，生态公益林损失性补偿资金通过银信系统落实到林木所有者和经营者手中。

【专项行动】 开展“护林2017”“红线行动”“2017利剑行动”等一系列整治林区秩序的专项行动，建立常态化巡查机制、立体执法体系和案情互通体系，落实管护责任制，加大林业执法力度。据统计，截至2017年底，共受理各类森林案件174宗、侦破查处132宗，其中：刑事立案60宗、侦破18宗、刑拘13人、逮捕3人、判刑7人；查处林业行政处罚案件114起，处罚114人，依法收缴无证木材 220.58 立方米，收缴国家保护动物和“三有”动物一批。

【义务植树】 2017 年是开展义务植树运动第 36 年。3 月 12 日，县委、县政府以“开展义务植树，绿化美化新丰，推进绿色发展”为主题，组织县直各单位300余人在新105国道龙文路段开展义务植树活动，种下乐昌含笑、深山含笑、山杜英等苗木近4000株，以实际行动建设美丽新丰。据统计，参加全民义务植树运动的适龄公民达 10.9 万人，尽责率为 94.2%，完成总植树株数 45.6 万株，人均 4.2 株，建立义务植树基地 7 个，面积 2150 亩。

【乡村绿化美化工程】 2017 年乡村绿化美化示范点共建成 10 个，其中省级 3 个、县级 7 个，完成率 100%，规划和建设入村景观路、村中小公园、村边水源林和房前屋后林绿化，绿化里程 16.335 公里。

【古树名木保护】 2017 年开展古树名木调查，全县共有古树名木 286 株，已挂牌 19 株。古树名木的保护工作，主要由当地村民或居民加强日常的维护，各林业站等林业部门进行常态化巡视，发现情况及时向县林业主管部门报告。

【鲁古河国家湿地公园】 广东新丰鲁古河国家湿地公园地处新丰县的东南部，面积 469.54 公顷，其中湿地总面积 153.46 公顷，湿地率为 32.68%，是以人工水库、自然河流、环湖次生林组成的湿地—森林复合湿地生态系统，在中国亚热带地区具有典型性和代表性，2015 年 1 月经国家林业局批准试点建设。公园分为保护保育区、宣教展示区、合理利用区和管理服务区 4 个功能区，在建设期内计划投入资金 2905.05 万元，分近、中、远 7 年建设期，主要建设内容包括生态保护工程、科普宣教工程、科研监测工程、合理利用工程、基础设施工程和社区共建共管工程等。2016 年 4 月，设立了“新丰县鲁古河国家湿地公园管理处”，为正科级公益一类事业单位，隶属县林业局管理，核定事业编制 8 名，领导职数一正一副，内设办公室、科研监测股、社区共管股、湿地保护管理站。(新机编〔2016〕6 号)

【森林公园建设】 2014—2017 年全县计划建设县镇级森林公园 10 个。到 2017 年底建成 8 个森林公园，包括新丰县丰城街道雪山森林公园、岭南红叶世界森林公园、黄磜镇樱花公园、沙田森林公园、塔山森林公园、大席森林公园、回龙森林公园。

【森林资源管理】 林地管理 严格执行征占用林地审核报批程序，2017 年全县共审核占用林地手续 17 宗，面积 52.6949 公顷。

林木采伐管理 严格执行木材消耗量低于生产量的要求，2017 年全县林木采伐指标为 16.3 万立方米，后经县政府批复，采伐指标为 15 万立方米。截至目前，共发放林木采伐指标 110009 立方米（蓄积量），未突破县计划指标。

野生动植物管理 县林业局成立野生动物管理站，各林业站成立管理分站，配备专职人员 10 人，开展第 34 届“鸟节”、“爱鸟周”和第二十三届野生动物宣传月活动。

自然保护区管理 新丰县有省级云髻山自然保护区 1 个，面积 4.09 万亩；市级鲁古河自然保护区 1 个，面积 15.9 万亩；自然保护小区 4 个，面积 27.41 万亩，全县自然保护区和自然保护小区合计面积 47.4 万亩，占国土面积 16.2%，生态公益林占保护区总面积 98.8%。

（黄永康）

附：2017 年新丰县林业局领导班子成员名单

局长、党组书记：吴庆东

党组副书记、机关党委书记：罗中毅

副局长、党组成员：黄胜祥

李国锋（3 月起任）

党组成员、鲁古河国家湿地公园管理处主任：钟平

党组成员、公安森林分局局长：

黄伟强（任至 10 月）

余诗源（10 月起任）

党组成员：陈建明（10 月起任）

广东新丰云髻山省级自然保护区

【概况】 广东新丰云髻山省级自然保护区地处广东省中部偏北，新丰县城西北部，新丰江的上游，距新丰县城8公里，总面积2727公顷，保护区内林地面积2713.3公顷，森林覆盖率99.6%。

1990年1月11日，广东省人民政府批准建立云髻山省级自然保护区。2002年8月21日，广东省机构编制委员会批准成立广东新丰云髻山省级自然保护区管理处，为副处级事业单位，编制10名，2017年在册干部职工（含临时工）18人。

【动植物保护】 广东新丰云髻山省级自然保护区内野生动植物资源丰富。经调查鉴定共有野生维管植物204科682属1372种（含种下等级，下同），分别占广东省维管植物280科、1645属、7055种的72.86%、41.46%和19.45%。野生维管植物中，蕨类植物有36科73属128种，裸子植物7科7属9种，被子植物161科602属1235种。其中共有野生国家II级保护植物8科8属9种，占广东省国家重点保护野生植物64种的14.06%。此外，有5种栽培植物也列入《国家重点保护野生植物》名录中。其中苏铁、银杏野生植株为国家一级保护，野生的广东松、莲为国家二级保护植物；被《中国珍稀濒危植物名录》和《中国植物红皮书——稀有濒危植物》收录的珍稀野生保护植物有7科7种，其中属渐危的有观光木和粘木2种，属稀有的有穗花杉等5种；列入国际贸易公约附录物种的植物有5科31种。在动物方面，有珍稀濒危动物共计有25种，占广东省珍稀濒危动物总数（117种）约21%，其中国家一级重点保护动物有2种，国家二级重点保护动物有23种，省级重点保护野生动物12种，三有名录动物108种。

【保护区科研宣教】 2009年，云髻山省级自然保护区被授予“广东省森林生态旅游示范基地”称号，被中国自然科学博物馆协会吸收为团体会员单位。从2010年开始，云髻山省级自然保护区管理处与中国科学院华南植物园合作，在云髻山省级自然保护区开展空气、土壤、水质等监测研究。2015年，保护区管理处与县气象局合作建设气象、PM2.5等监测设施，更好的监测了云髻山保护区的气温、湿度、风力、PM2.5等数据。

【生态旅游开发】 2017年，广东新丰云髻山省级自然保护区管理处在保护好自然环境和自然资源的前提下，主动配合县政府在实验区开发生态旅游，打造云髻山旅游品牌，协助投资方进行前期工作，协助开发商尽快办理相关的行政许可审批手续，配合县政府与外商合作共同开发生态旅游资源的各项工作目前有序推进。

（刘嘉琳）

附：2017年广东新丰云髻山省级自然保护区管理处正副主任名单

主　任：吴伟群

副主任：胡思明

新丰鲁古河国家湿地公园

【概况】 新丰鲁古河国家湿地公园于2014年12月通过国家林业局批准为国家湿地公园试点建设单位；新丰鲁古河国家湿地公园管理处于2016年4月成立，为正科级公益一类事业单位，核定事业编制8名，隶属县林业局管理。设主任1名，副主任1名。内设机构有办公室、科研监测股、社区共管股、湿地保护管理站。

新丰鲁古河国家级湿地公园充分彰显湿地的自然生态特征和地域景观特色，在保护和保持巩固现有景观资源特色的基础上，规划设计突出利用湿地公园潜在的景观、环境及地方历史、民俗文化等资源，进行功能布局，充分利用和体现项目区的人文文化、湿地文化、生态文化，突出个性，彰显新意。

【地理位置】 新丰鲁古河国家湿地公园地处广东省中部偏北、韶关市南端、东江和流溪河三河分流之处，是东江重要支流新丰江的源头。东南与河源市接壤，东北和河源市连平县毗邻，北临翁源，南临广州市从化区、惠州市龙门县，西靠清远市英德，西南与清远市佛冈县相邻。

【范围面积】 主要包括鲁古河上游山背墩至鲁古河与新丰江交汇处、河上水库、周边入河溪流及周边50—300米的水源涵养林，水面全长约10公里。鲁古河国家湿地公园总面积469.54公顷，湿地总面积153.46公顷，占土地总面积的32.68%。其中，永久性河流面积为39.68公顷，占湿地总面积的25.86%，洪泛平原湿地为37.04公顷，占湿地总面积的24.13%；库塘湿地面积为76.74公顷，占湿地总面积的50.01%。

【动植物种类】 野生脊椎动物29目83科234种，国家Ⅰ.Ⅱ级重点保护物种22种；省级13种；植物维管植物166科567属106种（一级5种、二级30种），中国特有植物9种。

【发展理念定位】 主题定位 湿地生态保护保育；湿地功能与文化展示；湿地观光、休闲和娱乐。

功能定位 作为重要战略水源地，将有效保证新丰县乃至粤港地区的水资源的安全供给；新丰县备用水源地；南岭山地地区湿地—森林复合生态系统保护示范；广东湿地—森林生态系统科普、宣传和教育的综合基地；新丰县生态环境优势的展示名片；新丰县湿地生态旅游与避暑休闲地之一。

区域生态定位 湿地公园是广东省“生态功能保护圈”的重要基质；湿地公园是新丰江生态安全的保障基础；湿地公园是广东省湿地保护体系重要组成和“绿色生态省”建设的载体。

秀美鲁古河（李科 摄影）

【功能分布】 保育区 包括鲁古河主要水域以及沿岸生境较好的林地。规划总面积为452.16公顷，占总面积的96.3%。

宣教展示区 主要指湿地公园内蒲竹洞的鱼塘及周边建筑。规划面积为6.68公顷，占总面积的1.42%。

合理利用区 主要指蒲竹洞的开阔区域以及周围部分林地、蒲竹洞以垂钓为主的休闲游憩小区、从蒲竹洞到鲁古河水库大坝的生态游憩宣教长廊，通过设置一定的游憩项目，为大众提供一个良好的生态观光和休闲游憩场所，并结合生态休闲开展科普宣教活动，提高大众湿地保护意识。规划面积为8.84公顷，占总面积的1.88%。

管理服务区 主要位于禾塘岗管理站周边的一块空地，包括2个湿地公园保护管理站，面积为1.86公顷，占湿地公园总面积的0.4%。2017年，正在筹建湿地科研监测站、气象观测站、水文水质监测站及野生动物疫源疫情监测站等四个监测站建设。 （黄国辉）

附：2017年新丰鲁古河国家湿地公园管理处主任名单

主 任：钟 平

副主任：黄国辉（3 月起任）

新丰鲁古河市级自然保护区

【概况】 新丰鲁古河市级自然保护区地处广东省韶关市新丰县东南部，西距新丰县城约 13 公里，地理坐标为北纬 23°56′—24°07′，东经 114°13′—114°19′。四至范围：东至石角“亚婆山顶”（海拔 824.5 米），南至横岭“帽子山顶”（海拔 1002.6 米），西至朱洞“贵人峰”（老塔，海拔 605 米），北至马头大陂电站机房（海拔 156 米）。保护区地跨马头镇和丰城街道，总面积 10653.53 公顷。横岭帽子山的山体较高，整个地形呈南高北低趋势，东西面和南面围合成略似马蹄形的地形。鲁古河自然保护区范围涉及新丰县马头镇的文义、横岭、大陂，丰城街道办事处的涧下、横坑、松园、黄陂、鲁古等八个村委，保护区的南面与龙门县接壤。

【业务学习】 学习贯彻《中华人民共和国森林法》《中华人民共和国自然保护区条例》《森林防火条例》以及党和国家有关路线、方针、政策和法律法规，提高了思想认识及业务水平。

【加强管护】 2017 年，组织干部职工、护林员对辖区内的山林进行管护巡查，有效防止破坏林地、林木、野生动物等违法行为，保护了森林资源和野生动物资源。

【加强宣传】 制作宣传牌、宣传标语等，大力宣传森林法、保护区管理条例，加强森林防火工作，打击偷盗林木、占用林地等违法行为。

水　务

【概况】 新丰县水务局是新丰县人民政府的水行政主管部门，负责职责区域内开发、利用、节约、保护、管理水资源和防治水害等的管理。核定公务员编制数 14 名；机关后勤服务人员 2 名。局内设职能股室 9 个：办公室、计划财务股、水政水资源股、水保农水股、农电管理股、建设与管理股、防汛防旱防风指挥部办公室、水库移民办公室、河湖管理股（2017 年 12 月 18 日，根据新机编〔2017〕59 号文件，在水务局增设河湖管理股增加正股级领导职数 1 名）；局直属参照公务员法管理单位 1 个：新丰县水政监察大队，为正股级单位，编制 5 名；局直属事业单位 1 个：新丰县水利工程建设管理中心，为股级单位（2012 年 4 月 27 日，根据新编委〔2012〕4 号文件成立，当时编制内部调剂使用；2017 年 7 月 20 日根据新机编〔2017〕34 号文件编制 11 人），现正式编制人员 1 人。2017 年，新丰县水利建设完成投资 1.05145 亿元。

【水政水资源管理】 在 2017 年“世界水日”“中国水周”期间，与市水务局联合行动，利用宣传车、挂横幅，等形式对我国《中华人民共和国水法》《中华人民共和国防洪法》《中华人民共和国水土保持法》《取水许可和水资源费征收管理条例》等相关法律法规进行宣传，在各镇（街）挂横幅宣传标语，共发放宣传资料 500 余份，扩大了水法规宣传覆盖面，逐步达到全社会关心支持水务执法和保护水资源的良好局面。对非法采砂行为进行严厉打击，开展多种方式的执法行动，加大日常巡查执法力度，出动巡查 600 多人次，现场制止、警告、发出责令停止违法行为通知书 52 份，其中 6 月 12 日立案 1 宗，案件发生地为丰城街道高桥村，案件属河道非法采砂案，罚款 3 万元，目前已结案。加强水土保持巡查执法，加强大广、仁深高速公路、105 国道改道施工的水土保持工作监督检查，要求其及时做好施工迹地、场地的平整和清理工作。

【农田水利基本建设】 全面完成小型农田水利重点县 2014—2016 年项目主体建设并开展项目的验收工作，已经完成了 3 个年度项目的单位工程验收和县级自验；督促梅坑镇梅坑村农田水利改造工程项目及下林陂等维修项目实施。累计完成农田水利投资350万元，进一步改善了全县农业生产条件，确保了农村社会稳定，促进农村经济的全面发展。

【小水电建设】 至2017年末，新丰县有小水电站293宗，总装机容量13.5万千瓦，全年发电量3.36亿千瓦时。

【防汛抗旱】 2017年，完成了各级山洪灾害应急预案的修编、印制、发放，组织开展宣传演练工作。落实三防行政首长负责制。做好病险山塘除险加固前期工作。扎实做好防汛安全隐患排查和风险防控工作，加强业务培训。有序开展三防标准化建设，完成了三防标准化建设梅坑镇试点的建设。同时认真完成各项防汛、防冰冻工作：开展汛前检查，为三防工作做好充分准备；扎实做好强降雨、台风的防御工作；认真组织做好低温冰冻天气的防御工作；加强防汛抢险队伍建设和防汛物资储备，县三防物资仓库贮备必需的防汛物资，并将部分防汛物资下沉至各镇（街）保管使用；扎实做好汛后检查工作。

【水库移民工作】 按时足额拨付移民后期扶持资金。移民后扶资金拨付工作由县水务局会同县财政局及相关部门相互协调负责实施，后扶直补人员经移民办认真核实后，由县财政局根据核实人员数直接发放到农村信用社一折通移民手中。完成2017年度中央大中型水库后期扶持资金、后期扶持结余资金、大中型水库库区基金、省属水电厂水库移民补助资金、小型水库移民扶助基金的编制计划上报并已批复，共42个工程项目，全部资金共2118.34万元。完成2017年度后扶直补资金430.542万元，完成了20个工程项目投资730万元。完成2016年度项目投资1146.5万元。

【中小河流治理】 完成2016年度项目（新丰江治理工程、遥田水治理工程、沙田河治理工程）的建设；完成2017年度项目［新丰江治理工程、遥田水（腊溪水）治理工程］的主体工程建设，完成河道整治长度57.21公里，完成工程投资7687万元。完成2018年度项目（新丰江治理工程、回龙河治理工程、周陂水治理工程）的招标、报批等前期工作。

【饮用水规划和建设】 积极推进鲁古河水库供水工程及县城第三水厂前期工作。截至2017年底，完成环评、水土保持、水资源论证等县级审批工作，县发改局项目立项。9月取得省政府水库水功能区划调整批复，完成勘测设计招标，设计单位进场，进入初步设计阶段。项目PPP“两评一案”成果11月15日完成物有所值评价和政府财政承受能力论证的专家评审工作，县财政局完成批复；实施方案县政府完成审批，完成PPP项目库入库申请。水库供用水合同方面，对方公司已经董事会会议讨论，县水务局已征求了县法制局的意见，上报县政府常务会审议。

【农村饮水安全工程】 《新丰县村村通自来水工程（2016—2018年）》实施范围为6镇1街，共23宗工程，规划总供水人口10.35万人，其中农村人口为9.82万人，规划投资估算4300万元。2016年3月完成实施方案规划编制，5月通过县政府批复，6月完成了项目勘测设计招标，7月份开始初步设计工作，8月开始施工。目前，累计完成初设审批21宗，开工20宗，其中5宗完工。已完成3个年度的管材政府采购。完成投资3200万元，投资完成率74.42%。同时开展农村供水工程统计调查及水质专项排查工作，督促黄礤镇、来石村完成了供水水质安全隐患整改。完成全县农村供水20户以上自然村供水基本情况调查，完成了新时期精准扶贫村（19条）供水情况调查。编报了《2019—2020年供水工程提质增效规划》。 （县水务局）

附：2017新丰县水务局领导班子成员名单

党组书记、局长：余国宇
机关党委书记、党组副书记、副局长：赖宏健
党组成员、纪委书记：张帮万
副局长：潘丽冰
党组成员、副局长：潘锦成

气 象

【概况】 新丰县气象局隶属韶关市气象局管辖，主要负责本行政区域内气象探测资料的收集、处理，天气监测和预报预警、气候资源、气象服务、人工影响天气和雷电灾害防御管理等工作。内设正股级机构5个：气象灾害防御管理办公室（重大气象灾害应急指挥部办公室，简称“防灾办”）、办公室（人力资源股）、站网管理股、预报股、发展改革与财务股；直属事业单位6个：新丰县气象公共服务中心、新丰县气象局机关服务中心、新丰县气象公共安全技术支持中心、新丰县防雷减灾管理办公室、新丰县人工影响天气办公室、新丰县突发事件预警信息发布中心。

【气象服务】 2017年，新丰县气象局每日分析天气形势，利用气象显示屏、大喇叭、政府网、微博、微信等渠道发布日常天气预报。每月月初向县委县政府提供每月天气趋势预报及每月气候概况。每周一向农户提供未来一周天气及农事建议。提前做好“6·3”大席地区特大暴雨、“6·6”县城暴雨等重大气象灾害防御工作，同时做好转折性天气、全国学生定向锦标赛、春运、高考、回南天、冷空气、台风等重大突发天气和节假日的气象服务和保障工作，并主动向县委、县政府、应急办、三防办等决策部门提供滚动预测预警及最新天气实况。2017年完成黄礤樱花峪旅游气象服务站、黄礤秋洞三农气象服务站及回南天观测站建设。

大广高速公路管理处到县气象局调研参观（余俊蔚 摄）

【完善突发事件预警信息发布系统】 积极拓展预警发布渠道，完善突发事件监测体系，增加“新丰应急指挥”微信公众号，建立与“秀美新丰”等其他政府和企业公众号的合作。推动各级应急委成员单位使用预警信息发布系统，2017年利用预警信息发布系统发布了寒潮预警、森林防火、地质灾害、城乡内涝、道路中断、交通管制、班车停运、精准扶贫等信息，做到预警信号统一发布、权威声音。

推动各部门共享数据接入应急指挥中心，接入政法委视联网和综治网格化信息系统，实现与维稳中心的视频会商和综治网格化工作的融合。动态更新决策辅助系统应急基础数据，包括工地隐患、旅游景点、避难场所等信息。推动“大应急”体系建设，实现突发事件的预警发布、综合研判、决策指挥和应急处置一体化。

【气象合作和科学研究】 初步与大广、仁博和韶新高速就探索共建高速公路气象探测设备和信息共享达成共识，通过双方联动合作，将更好的服务公众安全出行和交通运行指挥。与中国气象科学研究院、中国气象局广州热带海洋气象研究所、成都信息工程大学开展华南季风强降水协同观测试验。通过布设C波段双偏振天气雷达、二维雨滴谱仪等设备开展云降水物理过程观测，为华南前汛期不同降水类型云降水微物理过程研究和数值模式云微物理参数优化研究提供数据支撑，将为进一步提高全县灾害性天气预报预警服务能力提供有力保障。

【防灾减灾】 气象、安监、住建、旅游、公安等多部门对全县重点行业领域进行气象灾害及防雷安全专项执法检查，确保重点行业领域气象相关安全生产形势持续稳定。服务窗口共受理行政许可16宗，其中设计审核4宗，竣工验收12宗，办结率100%。开展全县易燃易爆场所、危化场所、人员密集场所和新建建设项目工地防雷安全监督检查工作127次，发放整改通知6份。到学校、企业开展“安全生产月”“3·23”气象日气象防雷减灾知识的宣传活动。8—10月组织完成全县84所中小学377栋建（构）筑物的防雷装置检测和防雷安全隐患排查，为进一步完善中小学校防雷安全工作打下良好的基础。

【新时期精准扶贫工作】 挂扶的遥田镇半陂村贫困户共22户51人，截至11月，已脱贫41人。2016、2017年主要鼓励贫困户以外出就业、发展生产等方式增加收入，累计扶贫奖补金额97710元，已按县扶贫办要求完成2017年奖补资金的申请。

【气象部门党建和党廉工作】 结合“两学一做”学习教育常态化制度化要求，开展党建和党廉教育学习活动。组织学习习近平总书记系列讲话和对广东工作重要批示精神，学习省第十二次党代会和中共十九大精神等；开展党风廉政专题会议，参加党风廉政建设展览，“廉洁火炬杯”党规党纪知识竞赛，党支部趣味活动和纪律教育月等活动；派人参加县举办的“学习贯彻省第十二次党代会精神争做融珠先行排头兵”和“修身齐家”为主题的演讲比赛。

4月27日，韶关市委副书记、新丰县委书记陈波到新丰县突发事件预警信息发布中心调研汛期安全工作（余俊蔚 摄）

【2017年新丰县气候概况】 2017年，新丰县呈现“气温偏高，高温突出，开汛偏晚，局地强降水明显”的气候特征。新丰县年降水量1704.9毫米，较常年（1889.3毫米）偏少9.8%，降水时空分布不均匀。全县年平均气温20.9℃，较常年偏高0.6℃；年内月平均气温起伏较大，大部分月份平均气温偏高。全年高温日数25天，较常年偏多12.3天，高温日数为有气象记录以来历史最高，最高气温38.1℃出现在8月22日，为历年排名第二；年低温日数11天，较常年偏少14.7天。4月12日开汛，较常年偏晚6天。台风、暴雨、强对流等灾害性天气对全县经济社会发展影响较大，气候年景属一般。

【2017年主要气候事件及其影响】 2017年整体降水正常略偏少，暴雨、强降水、热带气旋影响较大，高温日数多，森林火险程度总体较高，冬季有轻度干旱，低温寒害较弱，雾天气较多，霾天气少，秋、冬季阴雨寡照天气多。

1. 局部强降水明显

全县局地强降水明显，小时雨量超过50毫米的有9站次，小时雨量超过30毫米的有45站次，主要分布在5月、6月、7月。

6月3日夜间到4日白天，

受西南季风影响，全县出现大雨，局部特大暴雨。马头镇大席出现历史罕见特大暴雨，一小时雨量达103毫米（21时到22时），三小时雨量达194毫米（20时到23时），并伴有7级阵风。据县三防办统计，此次强降雨造成新丰县马头镇5个村受灾，倒塌房屋3间，转移人口39人，农作物受灾面积315亩，过水鱼塘195亩，受灾人口560人，直接经济损失51万元，未造成人员伤亡。

6月6日17—23时，全县出现暴雨、局部大暴雨，全县共有5个站点小时雨量超过50毫米，县城两小时雨量达105.6毫米。

6月13—22日，全县出现持续性降水，全县各地累积雨量在160—270毫米之间。据县三防办统计：全县倒塌房屋4间，安置转移人员24人，直接经济损失22万元。

7月2日8时至3日8时，受较强西南风场的影响，全县出现暴雨，局部大暴雨降水过程，平均雨量77毫米，有5个测站录得大暴雨，7个测站录得暴雨，3个测站录得大雨，最大过程雨量、最大一小时雨量均出现在云髻山，分别为157.6和46.4毫米（23—24时）。

2. 高温炎热天气多

全年全县高温日数25天，较常年偏多12.3天，高温日数平历史最高纪录，出现在7—10月。最高气温为38.1℃，出现在8月22日，为历年排名第二。

3. 森林火险程度总体较高

2017年气温明显偏高，降水略偏少，日照略偏高，森林火险程度总体较高。高火险天气主要出现在1月1—12日、1月22日到2月24日、3月2—6日、10月9—15日，10月21日到11月7日、12月1—31日。

4. 冬季有轻度干旱

冬季有轻度干旱，2月和12月全县达到气象干旱轻旱等级。全年农业干旱天气51天，比常年同期（72.9天）偏少21.9天，其中2月有18天、8月有2天、11月有5天、12月有26天。

5. 低温寒害弱

2017年低温（日最低气温低于5℃）天数为11天，比常年偏少14.7天。年极端最低气温—0.1℃，出现在12月29日。全年出现3天霜冻，较历史同期偏少。

（1）低温阴雨过程

年内低温阴雨天数9天，属偏少年景，比常年（12.4天）偏少3.4天。2月9—13日、2月23—26日共出现了9天日平均气温低于12℃的低温阴雨天气。

（2）低温霜（冰）冻天气

2月中上旬冷空气强度强，11—13日全县受一次强冷空气天气过程影响，早晨高寒山区最低气温降至0℃以下，出现霜（冰）冻，13日，全县共有5个区域自动站录得了0℃以下的气温。

12月下旬强冷空气频发，大部分时间以晴冷干燥天气为主。12月18日到21日，受强冷空气影响，全县出现了霜（冰）冻。此次过程的最低气温—0.1（21日），全县10个区域自动站气温都在0℃以下，最低气温介于0℃到—2℃。其中黄礤录得全县最低温度—2.2℃。

（3）寒露风天气偏轻

10月14到21日，受冷空气影响，全县出现七天日平均气温≤22℃寒露风天气过程，较常年同期（10.8天）偏少3.8天。

6. 热带气旋影响较小

8月23日受风今年13号台风“天鸽”影响，22日16时至24日2时全县出现中雨到大雨，局部暴雨，最大雨量出现在小正自动站，62.5毫米。全县出现局部6—7级的阵风，遥田自动站于22日18时录得本次过程最大阵风为18.9米/秒（阵风8级）。

8月27日受风今年14号台风“帕卡”影响，26日15时至27日4时全县出现中雨到大雨，局部暴雨，最大雨量出现在大席自动站，55.2毫米。出现局部5到6级的阵风，回龙自动站于26日21时录得本次过程最大阵风为10.2米/秒（阵风5级）。

受2017年16号台风“玛娃”影响，9月3日白天时至5日白天全县出现大雨到暴雨，局部大暴雨，最大雨量出现在云髻山自动站，150.7毫米。全县出现局部6级的阵风，梅坑自动站于3日14时50分录得本次过程最大阵风为13.1米/秒（阵风6级）。

三次台风过程，均具有降水时间长，雨强小，累计量大的特点，且过程中全县皆未出现人员伤亡及未出现明显的灾情。

7. 雾天气多，灰霾天气少

2017 年大雾日数为 25 天，偏多 8.3 天；无灰霾，是近几年中最少的年份。 （余俊蔚）

附：2017 年新丰县气象局正副局长名单

局　长：欧万华

副局长：温丽华
　　　　欧冠华

工　业

经济和信息化

【“三上”企业培育】　2017年培育新增规上企业1家：韶能集团旭能生物质发电公司；新增限上企业6家：新丰鸿旺农业有限公司、新丰源度再生资源有限公司、新丰县新骏达汽车贸易有限公司、新丰乐邦新材料有限公司、新丰县丰驰汽车销售有限公司、新丰荣城建材料有限公司。

【工业、商贸指标】　2017年，全部工业完成增加值36.72亿元，比上年增长6.6%，工业增加值对全年经济增长的直接贡献率为35.7%，拉动经济增长2.8个百分点。年末规模以上工业企业67家，规模以上工业完成增加值24.37亿元，同比增长7.5%，增速全市排名第4位。2017年社会消费品零售总额26.48亿元，增长9%，增速全市排名第1位。其中限额以上批发业销售额10.83亿元，增长9.6%；限额以上零售业销售额2.72亿元，增长19.9%；限额以上住宿业营业收入1.29亿元，增长17.5%；限额以上餐饮业营业收入0.39亿元，增长20.6%。截至2017年底全县有限上住宿餐饮商贸企业46家。实现民营企业增加值60.81亿元，同比增长6.8%。

【对外招商引资水平】　2017年全县外贸进出口总值3068.3万美元，同比增长18.1%；完成实际利用外资545万美元，提前超额完成市下达的470万美元年度目标任务，合同引进内联资金49.6亿元，超额完成年度任务的177.14%。全年共引进项目总投资49多亿元，提前超额完成28亿元的任务，其中超亿元项目7个。

【创新驱动】　全县共组织申请专利221件，新增2家高新技术企业，另有5家企业积极申请高企入库培育，其中也乐化工已成功申请入库。新增鸿丰水泥、汇丰、也乐3间市级工程中心，完成高新技术产品认定15件。新丰县农业技术推广中心完成的《青心乌龙夏茶品质改进技术的研究与应用》项目获韶关市科技进步三等奖。

【单位GDP能耗】　2017年全社会用电量7.61亿千瓦时，同比增长4.1%；其中工业用电5.76亿千瓦时，同比增长2.0%。6月的节能宣传月活动，通过悬挂横幅、张贴宣传栏、发放宣传资料、步行、骑行等多种宣传形式，广泛动员全社会参与节能减排降碳。响应习近平总书记提出的“绿水青山就是金山银山”的绿色发展理念，成立由局长为组长的生态环境保护和建设工作小组，根据环保局有关环境保护的相关工作方案，明确各股室、下属单位在生态环境保护和建设工作中所负责任，形成各负其责、全局配合、统筹协调的工作机制。配合环保部门加强对高污染企业的监管和整治。根据韶府办明电〔2015〕191号要求，对于工艺落后排放不达标的重金属污染企业，积极配合环保部门做好企业关停整治工作。

【供油】　全县共有油站19个。

【信息化】　电信光端口已覆盖全县141个行政村。新丰县抢抓“互联网+”发展机遇，高位推进农村电子商务产业发展，

2017年引进全国知名电商平台阿里巴巴农村淘宝，与阿里巴巴公司共建县级服务中心和村级服务站，推动“农产品进城、网货下乡”，已建成县级服务中心1个，32个村级服务站，共有村小二32名，淘帮手45名，全年交易量1300多万，村小二全年平均收入约2800元，并荣获“2017年广东省电子商务优秀县域”称号。

【国企改革】 按上级部门关于加快推进出清重组国有“僵尸企业”工作要求，做好全县国有“僵尸企业”处置手续工作；妥善处理好国有企业改革遗留问题，积极疏导下岗职工思想，将矛盾化解在基层，实现零越级上访，有效维护社会和谐稳定；协调处理乡镇企业总公司企业人员的社保退休相关工作，妥善处置军转干部的待遇问题，化解社会矛盾。

【企业情况综合数据采集】 按照省委、省政府关于加强企业情况综合数据采集的统一部署，9月—12月，县经信局积极开展企业情况综合数据采集工作，圆满超额完成全县300家企业的数据采集任务。

【安全生产工作】 贯彻落实2016—2017安全生产责任制，建立谁主管谁负责的责任体系，明确各部门工作职责；建立健全应急管理机制，研究制定《新丰县经信局总体应急预案》、《新丰县经信局防汛救灾应急预案》等预案；深入企业开展安全生产督导检查和隐患排查工作，全年累计开展6次联合综合治理检查，排查3处安全隐患和不稳定因素；积极配合县有关部门做好电力线路隐患治理等工作，为创建平安新丰保驾护航。

【中色南方稀土分离项目】 广东省经济和信息化委发函省发改等7部门，同意新丰县稀土依托东莞（韶关）产业转移工业园带动产业集聚发展，并按照《广东省经济和信息化委等8部门关于推动各地依托产业园区带动产业集聚发展的函》（粤经信园区函〔2014〕1995号）的有关规定享受省产业转移政策，省财政将安排专项资金支持推进“双转移”，支持产业集聚发展基础设施和产业建设、吸引骨干投资主体和劳动力培训转移。获得省产业园扩能增效专项资金5000万元，2017年度，由于受市场不景气及多方面因素影响，公司7000吨/年稀土分离项目实施了分期建设，即由一次性建设规模7000吨/年调整为首期建设3500吨/年。中色（南方）稀土有限公司已于2017年12月28日将项目变更及项目环评修编等工作申请材料报送上级主管部门，目前正在审批程序中。

【珠江东岸（新丰）创新产业示范园项目】 珠江东岸（新丰）创新产业示范园首期工程建设，重点招引高新技术、电子信息、生命健康、“互联网”等生态科技型产业，打造珠江东岸电子信息产业转移承接地；加强对接、洽谈，引进东新食品饮料产业园。首期工程。首期工程1—3号楼主体工程已顺利封顶，已完成砖体砌筑工程，进行内外墙抹灰工程，同时4号楼编制及工程立项等相关工作近期启动，争取尽快启动4号楼主体结构的施工。东新食品产业园项目。东新食品产业园是由县委、县政府与东城新丰对口帮扶指挥部切合“对口帮扶、产业共建”的契机，打造以“绿色健康食品”产业为主导，重点引进符合生态功能发展区产业准入政策及符合环保政策要求的食品产业项目。园区规划建设面积500亩，首期面积约250亩，主要用于引进新盟食品项目（150亩）及迪殷食品项目（100亩），目前两个项目已顺利签约，其中新盟已在新丰注册公司，正在办理138.8亩林地报批手续。广汽集团南方测试中心、汽车零部件产业园及汽车生态小镇项目。项目规划面积约10111亩，其中试验中心规划约8834亩，主要建筑物为长4公里、宽1.5公里环形跑道。零部件产业园规划约904亩，汽车生态小镇规划约373亩。鸿发集团新丰康养创意城项目。项目总体规划用地规模约为700亩，即原新丰创新产业示范园规划红线内除广汽项目及食品园项目用地外的所有土地。项目分期开发，以打造国民健康温泉康养度假示范区为目标，功能包括温泉康养区、企业总部庄园区、休闲度假酒店区、人才公寓区、人才生活区等相结合的大型综合体项目。该项目已签订框架合作协议。

【精准扶贫】 县经济和信息化局扎实开展“精准扶贫”工作，协调申请县政府10万元行业资金，用于回龙镇来石村的美丽乡村建设，其中包括来石村委会大门的修缮和增加、扩大垃圾池的建设；协调县政府行业资金和水务局的中央资金共4.8万元，用于自来水工程建成后续的管理维护；单位自筹资金6.41万元，发放给家中劳动力相对短缺的贫困户购买鸡苗、鹅苗及饲料等，以增加收入；单位自筹资金9万元及协调新丰县“6·30”捐款2.6万元，成立“村集体+农户”养殖基地联合社，建设牧牛场，集中养黄牛25头，形成具有造血功能的扶贫项目，后续又申请了产业扶贫发展专项资金10.8万元（有劳力的贫困户家庭2000元/户），用于牧牛场的管理和经营。（韩高洋）

附：2017年新丰县经济和信息化局领导班子成员名单

局长、党组书记：李会清

党委书记：潘裕光

副局长：潘伟程

游静茹

余燕青（3月起任）

丘翁（任至3月）

党组成员：温则堂

中小企业局局长：黄继尧（9月起任）

产业转移工业园

【概况】 新丰县产业转移工业园管理委员会是隶属新丰县人民政府管理的公益一类正科级事业单位，核定事业编制10名，领导职数一正两副，内设综合股、规划建设股、园区企管股和对外协调股。单位主要职责：负责新丰县产业转移工业园区的规划、建设和管理；负责拟定和组织实施产业发展规划，承接招商引资的协调服务，积极组织项目投资洽谈及对外区域经济技术合作活动；负责对入园企业的资格审定，协助办理相关手续；负责园区资产管理、财务管理、内部审计和投融资工作；负责组织协调园区路、水、电、气、通信等基础设施项目的建设、经营和管理；负责园区环境保护和市政市容环境的综合治理工作；负责协调相关部门对园区建设项目进行安全生产、综合治理工作；承办县委、县政府交办的其他事项。

【园区基本情况】 新丰县产业转移工业园区总规划面积约20000亩，园区共分为回龙工业园、珠江东岸（新丰）创新产业示范园、马头工业园、紫城工业园四大片区。

回龙工业园地位于新丰县回龙镇西北部，毗邻清远英德市青塘镇，与省道347线相连接，距106国道约5公里，距京珠高速约25公里。园区总规划面积约一万亩，以“稀土材料+建筑材料”作为发展重点，着力打造稀土和建材产业集聚地。以中色南方稀土分离厂为依托，以稀土高附加值为发展方向，突出稀土下游应用产业招引，把新丰稀土特色产业打造成为新丰乃至全省具有战略发展的朝阳产业集群。目前，园区主要引进有中色南方稀土（新丰）有限公司、广东鸿丰水泥有限公司、金丰达陶瓷有限公司、特伦特新型材料有限公司、广东唯美陶瓷、人造石英石等企业项目。

马头工业园地位于新丰县马头中心镇，毗邻连平县龙街镇，位于国道105线旁，距广大、盐汝高速马头出口处约1.5公里。园区规划用地面积约2800亩，目前已开发面积约1400亩。园区主要促现有涂料产业进行转型升级，由宝能公司主导培育环保餐具制造、新能源等产业，推动马头片区转型升级，打造循环经济产业园区。目前，园区共有落户企业18家，已有13家企业建成投试产。

珠江东岸示范园位于新丰县城郊，紧邻大广高速出口（约1.5公里）、武深高速和韶新高速出口（约5公里），105国道、347省道贯通，交通便利，距离广州、深圳、东莞、惠州1.5小时车程，是韶关地区最靠近广州的产业园区。园区近期规划面积近6000亩，中远期超1万亩，其中建设用地约3000亩。园区以“现代科技＋生命健康产业”为方向，承接和发展高新技术、电子信息、健康养生、生态休闲、环保能源、旅游装备等生态科技型新业态、新产业。园区拟在北侧选址500亩打造“东新食品”园中园，已签约“味盟”和“艺成”两大项目。园区西侧，初步规划10111亩，打造广汽集团中国南方智能网联新能源汽车测试中心、汽车零部件产业园及汽车生态小镇，项目定位为具前瞻性的世界领先水平的开放型、综合性的新能源智能网联及无人驾驶测试汽车试验中心，国内领先的智联新能源汽车零部件先进制造平台及产业融合发展、智慧交通示范、智慧生活体验的智联新能源汽车生态小镇。

紫城工业园区规划面积约2000亩，园区主要以“现代制造业＋现代服务业”作为发展重点，促进园区企业增资扩产、提质增效，通过旅游文化元素，将该园区与云髻山、碧桂园等项目有机联接，实现产城融合发展，打造特色小镇，建成“宜居、宜业、宜游”的高端商务区。进驻投产的企业主要有永强五金制品公司、杰力电工材料有限公司、广兴牧业设备（新丰）有限公司、中华制漆（新丰）有限公司、见微化工有限公司、日之泉综合实业公司等10家企业。

【园区发展思路】　园区将始终以科学发展观为指导，深入贯彻“工业强县”的发展战略，严格按照工业化，城市化和“布局集中、用地集约、产业集聚”的要求，围绕“一园四区”的产业布局，坚持新理念新思想新战略，以传统产业转型升级，全面提升园区产业发展水平，围绕加快绿色崛起，把握珠三角产业转移带来的政策机遇和历史机遇，充分发挥新丰县区域优势、生态优势、资源优势，牵住园区经济发展这个“牛鼻子”，推进县域经济可持续健康发展，为全面建成小康社会做出最大的努力。

（李常划）

附：2017年新丰县产业转移工业园管理委员会领导班子成员名单

主　任：潘高峰（任至6月）
　　　　胡铭锐（6月起任）
副主任：谭志坚（任至5月）
　　　　黄国辉（任至5月）
　　　　龙　伟
　　　　潘小舟

电力生产与供应

【概况】　广东电网有限责任公司韶关新丰供电局为中二型县级供电企业，全局设办公室、人力资源部、党群工作部、监察审计部、财务部、生产设备管理部、计划建设部、安全监管部、市场营销部、电力调度控制中心、输变电管理所、物流服务中心等12个部门单位。其中办公室设信息维护班、汽车班2个班组；市场营销部设计量班、客户服务中心2个班组；电力调度控制中心设调度班、通信自动化班2个班组；

为进一步加快推进“十三五”期间电网建设工作，协调解决电网项目建设过程中的难点、重点问题。8月16日下午，新丰县召开2017年度电网建设工作推进会。图为会议现场（许东明　摄）

输变电管理所设继保班、检修试验班、输电线路班、110千伏新丰变电站、110千伏回龙变电站、110千伏紫城变电站、110千伏马头变电站、35千伏梅坑变电站、35千伏小正变电站、35千伏大席变电站、35千伏沙田变电站、35千伏遥田变电站、35千伏黄礤变电站、35千伏河洞变电站共14个班组；新丰供电局共设7个供电所，其中丰城供电所、马头供电所为中型供电所，梅坑供电所、黄礤供电所、沙田供电所、遥田供电所、回龙供电所为小型供电所。

新丰供电局担负着新丰县的供电任务，供电面积覆盖全县，供电经营管辖6镇1街，141个行政村，供电人口26.22万人，7.93万个用电户。新丰县境内水资源丰富，目前有小水电站279座，总装机容量14.23万千瓦。供电网络与韶关市220千伏电网连接，新丰的主网架经过近年发展得到了改善。新丰境内现有220千伏变电站1座、110千伏变电站5座、35千伏变电站9座；35千伏及以上输电线路30回，总长度365.87千米；10千伏配电线路总长度1359.41千米；配电变压器1339台，配电变压器容量38.35万千伏安。

2017年，新丰供电局全体干部员工凝心聚力、攻坚克难，抓实基础管理，务实深化创先，提升关键指标，持续改进作风，努力开创企业科学发展新局面，完成了年度各项目标任务。

【主要指标完成情况】 全面完成安全生产考核目标，新丰电网连续安全运行2192天。完成供电量6.05亿千瓦时，同比增长7.03%；售电量5.83亿千瓦时，同比增长8.2%。主营业务净收入2.6亿元，同比增长2.99%。完成固定资产投资0.79亿元，资金完成率100%。综合线损率3.63%，同比降低1.05个百分点。首次实现当年和陈欠电费回收率100%。客户年平均停电时间（低压）24.49小时，同比减少8.7小时。第三方客户满意度76分，首次获地方政府公共服务公众满意度第一。

【安全生产管理】 逐级落实安全生产责任制，深入推进安风体系和安全文化建设，落实作业现场1234风险管控，安全管理基础稳步提升，实现了全年人身事故为零的目标。认真落实电网风险管控措施，编制并演练“一风险一预案”。细致做好设备差异化运维，发现并消除设备紧急、重大缺陷76项，消缺及时率100%。大力实施树障清理、防用户故障出门、配网线路防雷改造三大措施取得明显成效，故障率大幅下降49%，其中，用户故障出门同比减少22%，雷击故障同比减少35%。有序推进通信平台建设，完成13条光缆敷设，实现供电所光纤全覆盖。滚动修编应急预案22份，完成应急演练37次，发布应急响应11次，有效防御了山火、强降雨、台风、冰冻等对电网的影响。累计出动人员2463人次、车辆573台次，完成中共十九大、财富全球论坛和“中国四维杯”定向越野赛等15项保供电任务，支援珠海抗风复电工作获省公司表彰。

【供电服务】 落实有序用电方案，统筹安排运行方式，实现华润风电等10个清洁能源100%消纳，全年未发生强制错峰用电和大面积停电事件。运用带电作业、线路转供等多种手段，有效减少用户平均停电时间。狠抓电压质量管理，累计调整311个三相负荷不平衡台区，更换重过载配变41台，消除变压器缺陷18处，电力供应更加稳定可靠。推行投诉提级管理、网格化服务、专业联动分类限时解决客户问题等措施，“12398”“95598”投诉量得到初步控制。举办“消费者现场见证”等客户体验活动，积极消除客户在智能电表推广中的疑虑，实现智能电表和低压集抄全覆盖。落实业扩项目主人制，中压业扩报装平均用时缩减65天，减幅64%；业扩配套建设平均用时缩减123天，减幅44%。大力推广微信、网银等多种便民缴费方式，实现非现金缴费率99.99%，同比提高8.27个百分点；银行代扣电费成功率69.89%，同比提高13.11个百分点。

【电网发展】 构建政企共建长效机制，提请县政府成立以常务副县长任组长的电网建设协调领导机构，将电网建设工作纳入地方政府绩效考核内容，县领导连续多年出席全县电网建设推进会并作部署；中低压配网工程纳入县重点项目，由县委常委作为调度领导，多次协调解决电网建设难题。构建“以我为主”的电网规划体系，提级由局长、所长负责，认真编制“一镇一册”，着力解决农村电网供电可靠性低、电压质量稳定性差和农村经济发展较快区域用电瓶颈问题，大大提升了电网规划质量。完成配网工程投资7700万元，建成投产项目54个，新增10千伏线路91.61千米，新增配变容量1.7万千伏安，史上最多。完成小型基建项目投资730万元，其中，丰城、梅坑供电所生产技术用房项目已开工建设，沙田、遥田和回龙供电所生产技术用房建设已基本完成前期工作。

【企业管理】 落实瘦身健体提质“1+8”工作方案，深化目标管控，“两金”余额同比下降51.4%。在供电成本投资上，重点满足农网改造升级、低电压治理、智能电表改造、低压集抄等方面的资金需求。认真落实中央“八项规定”精神，履行节俭办公，差旅费同比减少16.93万元，业务接待费同比减少0.49万元。抓好增供扩销，新增客户4370户。积极做大有效资产，完成转固8602万元，完成率105%，同比增长90.28%。多措并举抓电费回收，首次实现当年电费和旧欠电费同时清零。狠抓异常台区整治，开展现场检查46次，高损台区降损率100%。大力推进班站所标杆星级评价，沙田所营业班被评为三星级班组。推进精益管理取得成效，完成精益项目3个，收集现场改善成果644项、合理化建议653项，获市局7S管理劳动竞赛奖项共4个。扎实开展区域联动，与中山局东升分局开展对标学习和经验分享。狠抓信息安全和保密工作，实现信息安全“三个零”目标，全年未发生泄密事件。

8月8日晚，为应对高温天气，保障居民安全稳定用电。新丰供电局组织人员对供电设备进行夜间特巡。图为马头供电所运维人员进行测负荷（许东明 摄）

【从严治党】 深入学习宣贯中共十九大精神，组织全体党员参与微信“十九大小学堂”，党员干部参加率100%。组织全体党员参加省公司宣讲团十九大精神学习班。按党章要求，如期完成两委换届改选工作。抓好“三个基本” “三个计划”“三个平台”，以“三会一课”为载体，深入推进“两学一做”学习教育制度化、常态化。抓实党建提升，采取党员领导干部挂点，组建党员突击队、服务队等方式，推进党建与生产业务工作融合。以“党员走在前”为抓手，持续开展“争先创优”，增强党支部的战斗堡垒作用和党员的先锋模范作用。深入践行监督执纪“四种形态”，开展分类谈话412人次，党员干部和关键岗位全覆盖。从严动真开展5个专项治理，提醒谈话55人。常态化开展在线监察和明察暗访，处置问题线索4条，回访受处分1人。信访举报数量同比下降50%。抓实精准扶贫工作，发挥企业优势，累计投入105万元，推进金青贫困村农网改造升级；累计落实22万元帮扶梅西村发展种养业、捐资助学等10个项目，年内实现8户32人脱贫。

【队伍建设与企业文化】 抓实抓好“一班组一特色”创建和“幸福南网—职工之家”建设，马头、黄礤供电所职工小家和党员活动室进一步完善。深入开展“转作风、强能力、树形象”教育，局机关全体人员到一线班组同吃同住同劳动，收集问题建议28条。投入62.5万元推进“暖心工程”，改善职工食堂10处，改造办公场所3处，职工宿舍15处，获得广大职工和家属的好评。2017年，局机关二党支部荣获“韶关供电局先进基层党组织”称号、局团委荣获“韶关市五四青年团委标兵”称号、局工会获得新丰县工会工作考核二等奖、刘自伟当选首届“韶关供电局十大杰出青年”、罗继福当选新丰县“新丰好人”。（许东明）

附：2017年广东电网韶关新丰供电局领导班子成员名单

党委副书记、局长：李永坚
党委书记、副局长、工会主席：敖　伟（8月起任）
党委委员、纪委书记：杨俊强（任至8月）
　　张卫敏（8月起任）
党委委员、副局长：刘金旺（任至11月）
　　邱文跃
　　刘洋海

交通·邮政·通信

交　通

【概况】　新丰县交通运输局组建于2010年5月，是主管公路、水路和城市公共交通运输等交通全行业的县政府工作部门。内设机构6个：办公室、业务股、安全股、财务审计股、人事股、综合行政执法局（副科级）；行政编制11名，其中局长1名、副局长3名、正股级领导职数5名、后勤服务人员2名。综合行政执法局专项编制36名。下辖单位6个：新丰县地方公路管理局、新丰县交通管理总站、新丰县汽车运输有限公司、新丰县公路发展总公司、新丰县粤新路桥管理中心、新丰县交通招待所。

【交通基础设施建设】　2017年，共完成交通项目建设年度投资64817.01万元。共有公路通车总里程1566.517公里，其中高速公路38公里（1条），国道57.129公里（1条），省道106.506公里（2条），县道260.266公里（15条），乡道754.707公里（213条），村道349.909公里（340条），公路密度每百平方公里77.735公里，全县141个行政村全部开通公路。

武深高速　项目全长28.1公里（其中与大广共线18公里，实际建设进程10.1公里），总投资约14.2亿元，工程于2014年11月启动征拆，2015年2月先行性工程动工。目前，累计完成桥梁桩基650根，占总量的99.69%；墩柱420根，占总量的91.11%；隧道双向贯通，土石方挖方累计完成162.6万方，占总量的100%；填方累计完成150.9万方，占总量的96.11%。2017年完成年度投资50800万元，约占年度计划投资的100%，累计总投资125154万元。

韶新高速　项目全长约27.5公里，总投资约55亿元，于2015年启动项目申报等前期工作。10月31日召开建设动员大会，制定《实施方案》，与市政府签订了《土地征收和房屋拆迁协议》；线路穿越梅坑河、小正河备用饮用水源保护区，所作的水源保护区调整工作于12月7日获省政府审批通过。目前施工已进场，正在开展项目驻地、搅拌站、施工便道等

广东省交通安全文明示范运输单位

临时设施建设和沙田互通约400亩土地与房屋征收工作。2017年共完成投资额约2500万元，完成年度计划投资125%。

G105线县城段改建工程 通过积极攻坚克难，冲刺攻关，征拆难点问题得到有效解决，施工顺利实施，于2017年7月18日全线贯通试行通车。

S347线新丰县横江至梅坑段路面改造工程 于2016年底完成主体工程，2017年9月28日顺利完成交工验收。

X852线遥田半陂至大埔段改建工程 项目全长14.926公里，总投资13108.33万元，于2014年12月启动征拆工作。2017年3月3日举行动工仪式，目前已完成清除表土13公里、完成土石方约250000方，小桥6座、中桥1座、涵洞45道在建或完成，完成防护排水工程约8000方。完成年度投资约6030万元。

G105线至马头中学公路改建工程 项目全长1.474公里，目前已全面完成项目建设，完成年度投资407.2万元，累计完成建安费总投资607.2万元。

Y913线梁坝至三坑公路改建工程 项目全长2.94公里，总投资283.7万元。目前完成建设里程2.0公里，完成投资230万元。

秋洞至石燕岩公路改建工程 项目全长1.97公里，总投资66.42万元。目前已全面完成项目建设，完成年度投资56.42万元，累计完成总投资66.42万元。

Y965线徐坑至清水路面维修工程 项目全长3.2公里，总投资194.69万元。目前已全面完成项目建设，完成投资194.69万元。

自然村公路 硬底化全年计划实施30公里，到2017年底，完成自然村公路硬底化改造30公里，完成建设总投资1080万元。

危桥改造 全面完成电站桥、徐坑桥、乌石桥、长福桥危桥重建工程，建设总长132.74米，完成投资353.2万元；正在实施黄泥凹桥、叶屋桥重建工程，工程造价分别为121.9万元和425.6万元，目前分别完成总工程量的60%和10%，完成投资75万元和50万元。

武深高速新丰段九连山隧道（右三为陈波书记）

安全生命防护工程 规划实施县、乡道公路生命安全防护工程线路13条，建设里程54.067公里，估算建设总投资1351.7万元。已将X853线、X192线、X355线、Y963线列入正在实施的公路改造或大修工程中实施，整治里程16.607公里。其余8条线路，目前正在筹备施工前期各项准备工作，预计年度完成建设投资200万元。

水毁修复工程 完成X351线、X352线水毁修复工程7处，完成投资40.5万元。

X853线云髻山旅游公路 由于涉高标农田行政审批手续难度大，重新调整建设方案，县重点办于2017年7月26日召开了项目调度会议研究讨论，同意对该项目进行方案调整，施工图设计调整方案已于2017年12月8日顺利通过专家评审上报市公路管理总站核准后，力争在年底复工。

【道路运输】 新丰县境内共有公路通车总里程1566.517公里，公路密度为每百平方公里77.735公里。全县现有在册登记的营运车辆共573辆（台），其中客车106辆3695座（大客车41台1945座，中客车36台

1071座，小客车25台475座，旅游包车4台204座）；出租车25辆；公交车20辆；货运车车辆335辆；驾驶员培训教练车87辆。维修业户139家，其中一类维修业户0，二类维修业户5家，三类维修业户和摩托车维修业户134家，维修从业人员384人。2017年道路旅客运输共发班63437个班次，完成客运量145.066万人次，与去年同比下降15%；客运周转量12089.78万人/公里，与去年同比下降24%；货运量144.568万吨，与去年同比下降6.6%；货运周转量16108.218万吨公里，与去年同比下降12%。

【交通行政执法】 积极开展公路及公路两侧有关违法行为专项整治行动和“打非治违”、“超限超载”、无牌无证载客三轮摩托车联合执法行动，全年共出动执法人员3390人次，执法车辆862辆次，检查车辆1796辆次。全年共发出《责令改正通知书》72份，拆除违章构建的围墙1处（长79米），门楼一处，钢架结构工棚一处。及时制止、拆除和清理路障路政违章98宗。查处各类交通运输违章案件91宗，其中非法营运1宗、擅自改装车辆79宗、超限超载运输5宗卸货219.85吨、货物扬撒案件6宗；查处查扣无牌无证、假牌假证载客三轮摩托车案件184宗。通过加大交通行政执法工作力度，新丰县道路交通运输秩序明显好转，为城市提升夯实了交通基础保障。

【交通运输行政窗口服务】 全年共受理车辆审验及各类许可业务871件，其中行政许可11宗（新增个体户及车辆9户、维修1户、公交客运1户）；车辆年审357件；车辆过户20件；注销476宗；车辆配证7件。

【春运工作】 2017年春运期间共投入车辆103台，客位4320座，共运行11820个班次（其中加班152个班次、包车1个班次），运送旅客230008人次，安全行驶11.44万公里，整个春运期间实现旅客走得了、走得好、走得安全、走得满意，安全生产实现“零”事故，旅客运输实现“零”滞留。

（罗观湖　陈婷婷）

附：2017年新丰县交通运输局领导班子成员名单

党组书记、局长：朱卫斌

党组副书记、党委书记、副局长：罗石桂（任至9月）

党组副书记、党委书记、主任科员、副局长：潘慧峰（9月起任）

党组成员、副局长：潘希景
黄凤玲

党组成员、纪委书记、副主任科员：张建丰（任至8月）

党组成员、地方公路管理局局长：潘朝阳

党组成员、公路发展总公司总经理：潘时锋

交通行政管理

【概况】 新丰县交通管理总站成立于1982年6月，1989年经县编制委员会同意批准为副科级单位，2014年10月根据事业单位分类改革精神和（韶办法〔2017〕28号文）文件，经县机构编制委员会同意，新丰县交通管理总站为县交通运输局管理的公益二类事业单位，副科级，定编18人。内设办公室、业务室、财务股、驻站、货运中心站场交管站。承担新丰县境内交通运输行业的管理与监督工作。

【运政管理】 采取企业自查自纠和行业监管部门检查整改相结合的方法，督促客运企业落实安全主体责任，增强安全监管的有效性，对在安全管理过程中存在隐患且整治达不到要求的，一律要求整改；打击全县道路运输行业违法经营行为，规范道路运输行业经营秩序，加强道路运输行业安全监管，提升道路运输行业安全生产水平，狠抓交通行政执法，充分发挥行政监督职能，着力规范道路运输市场秩序。狠抓货运源头的监管。严格加强货物源头配载管理工作，切实履行货物运输企业主体责任。切实规范旅游客运市场秩序。通过各部门齐抓共管、通力协作，全县旅游客运市场秩序明显好转。强化对市场监督和对道路客运市场进行调查研究，不断提高决策和管理水平，努力增强驾驭市场的能力，加快完善道路运输市场体系的建立，促进全县道路运输经济快速发展。认真贯彻交通部《道路旅客运输及客运站管理规定》，派驻客运企业驻站的人员，加强客运站源头管理，规范站内经营行为；交管总站驻客运站管理人员每天做好车辆出站（安全检查）管理工作。

【行政许可】 狠抓许可服务。按照审批提速、服务提质、形象提升、让企业和群众满意度提高的目标，进一步提高全县交通行业服务窗口的服务质量、工作效率，畅通为民、便民服务渠道。全年共受理车辆审验及各类许可业务871件，其中行政许可11宗（新增个体户及车辆9户、公交客运1户、维修1户）；车辆年审357件，注销营运车辆476辆，车辆过户20件，车辆配证7件，办结回头率100%。

【交通安全生产管理】 通过开展运输行业的执法检查，狠抓道路客货运输、建筑工地、站场、汽车维修等领域的安全生产工作。及时发现隐患，督促企业整改，避免事故发生。督查安全生产工作会议贯彻落实情况，安全生产隐患排查治理情况，专项整治情况等。2017年6月20日由交通运输局副局长带队到县二类以上维修企业进行信誉考核工作，对照企业的硬件和维修质量服务质量等进行评分。扎实开展安全生产月活动。围绕“安全责任，重在落实”宣传主题，精心组织，加强领导，有序推进各项宣传活动。认真贯彻“安全第一、预防为主、综合治理”的方针，加大交通安全生产监管力度，完善交通安全生产监管机制，强化行业安全生产监管责任。采取有力措施，做了大量卓有成效的工作，全县交通运输安全生产形势呈现趋稳向好的良好态势。

【道路客、货运输】 全县道路客货运输各项指标系数逐年增长，运输保障力得到有效巩固和提升。全县现有营运车辆574台（辆），其中客车106台3699座（大客45台2131座，中客38台1131座，小客23台437座），出租车25台125座，货车335台5685.7070吨，公交车20辆。维修业户139家，其中一类0家，二类5家，三类和摩托车维修业户134家，有维修从业人员约384人，约88%以上的人员经培训持证上岗。

各运输企业积极优化管理和经营模式上，取得了经验，取得了效益。全年共完成客运量145.66万人次，同比下降15%，客运周转量12089.78万人公里，同比下降24%。货运量144.568万吨，同比下降0.9%，货运周转量16108.218万吨公里，同比下降0.8%。

【驾驶员培训】 新丰县金道汽车培训有限公司共有驾驶员培训教练车辆88台，教练员105人，驾驶员培训3251人。

【出租汽车管理】 强化出租车安全监督责任管理，认真贯彻“安全第一，预防为主”的方针。加强驾驶员的安全学习教育，并签订客运安全保证书，促进安全责任的落实。从加强内部管理为切入口，规范全县小汽车出租业的运营秩序。全县有运营出租车辆25台125座。

（刘永忠）

附：2017年新丰县交通管理总站站长名单

站　长：丘李敏

交通道路旅客运输

【概况】 新丰县汽车运输有限公司，是由新丰县汽车客运公司和新丰县交通局汽车运输服务公司任股东，于2001年12月成立。2016年5月23日根据县“新交〔2016〕36号”文件的要求精神，县对交通运输企业进行整合重组改革工作，将新丰县汽车运输有限公司、原新丰县汽车客运公司、新丰汽车客运站、新丰县交通局汽运服务公司、新丰县农村客运运输有限公司、新丰县宝通实业有限公司、新丰县交通旅游汽车租赁有限公司进行整合重组，上述公司整合为新丰县汽车运输有限公司，并于2016年5月

23日正式实质性运行。

整合重组后的新丰县汽车运输有限公司，内设综合部、财务部、技检安全部、营运业务部等四大部门；下属分支机构有：四家分公司（农村客运分公司、城市公交分公司、货运物流分公司、客运站分公司）；两家子公司（新丰县交通汽车修理厂有限公司、新丰县交通旅游汽车租赁有限公司）；控股一家公司（新丰县合丰小汽车出租有限公司）；一家旅行社（新丰县交通旅行社有限公司）；两家港澳合作货物运输公司（广东港宁运输有限公司、顺丰运输公司）。

新丰县汽车运输有限公司，是新丰县目前集道路旅客运输、道路旅游包车、出租小汽车、汽车租赁等业务于一体的国有道路交通旅客运输企业。公司在岗人员98人，下属客运站为二级汽车客运站，站场占地面积12830平方米。现有营运客车102台，旅游班线车辆5台，市际线路牌45块，县际线路牌8块，县内线路牌35块，临时加班线路牌3块，旅游包车线路牌5块。现已开通新丰至广州、深圳、珠海、东莞、佛山、惠州、河源班线。在县客运站经营的车辆共103台（含外单位进站车辆17台），共计座位3516座，县客运站日发班次173班，日均发送旅客3972人次。2017年公司安全行车1008.4万公里，完成客运量145.66万人次，客运周转量12089.78万人公里。控股的新丰县合丰小汽车出租有限公司目前有24台（指标25台）营运出租小汽车。公司荣获“2017年度广东省交通安全文明示范运输单位”荣誉称号。

【狠抓安全工作】 强化“源头化”管理，是公司生存发展的根本。公司坚决贯彻“安全第一，预防为主、综合治理”的方针，加强安全排查，消除安全隐患，确保安全生产。严把车辆技术状况关和驾驶员从业资格关，注重安全培训教育，通过定期召开安全例会，组织驾驶员、乘务员和职工进行培训，通过应急演练、视频多媒体、安全生产专业人员讲课等多种方式开展安全警示教育学习培训，以及多次派出相关管理人员参加交通运输部门举办的各种行业培训班，不断提高公司从业人员的安全意识和业务素质；充分利用GPS对营运车辆适时监控，做到早发现、早提醒，以铁腕整治“三超一疲劳”，达到安全管理更加有效；实行班子成员全员参与公司安全生产管理，上下通力合作，形成齐抓共管的安全管理新格局。2017年，公司参运客车102台，出租车23台，租赁小轿车7台，车辆保险参保率100%。全年共开展15次安全生产大检查，召开安全例会50次，签订安全管理责任书230份，上路检查300多人次，纠正违章103起，制作安全生产宣传板报12期，悬挂标语横幅16条，使公司的各项规章制度得到了全面落实，基础管理工作扎实有效开展。

【创建爱心妈妈小屋】 在县相关部门大力支持下，在客运站候车大厅建设了全县首个公共场所母婴室（爱心妈妈小屋），为有需要乘客提供较好的私密空间。

【积极拓展新业务】 针对非法营运车辆扰乱客运市场，市际班线客源和实载率直线下降的实际情况，为稳定和增加收益，公司积极挖掘潜能，与相关部门协调合作，拓展了珠三角地区客运站至新丰县各大景点旅游服务班线新业务。（李英桃）

附：2017年新丰县汽车运输有限公司领导班子成员名单

董事长：邓耀忠
总经理：丘文汉
党总支书记：黄碧学
副总经理：肖志华
　　　　　唐志锋
　　　　　唐若飞
　　　　　谭中力
　　　　　陈敏锐（任至8月）
工会主席：赵伟章
交通旅游汽车租赁有限公司经理：胡耀宗（任至9月）
交通汽车修理厂有限公司经理：肖志华（兼任）

国道省道建设与管理

【概况】 韶关市新丰公路局是

隶属韶关市公路局管理的事业单位（参照公务员法管理），正科级。编制总额为33名，其中参公人员编制31人，工勤人员2人，现有在编参公人员24人，参公人员空编7人；参公人员经费为比照行政机关标准拨付。局内设办公室、生产技术股、人事监察股、路政管理所、收费所、财务股、安全生产股7个股室。新丰公路局主要负责新丰县境内国、省道公路建设、养护管理、路政管理、年票费征收等工作。

根据韶机编办发〔2016〕15号韶关市机构编制委员会办公室关于调整市公路养护管理体制的批复，成立韶关市新丰公路养护中心，养护中心为县级公路局管理的公益二类事业单位，正股级，事业编人员编制为59人，事业编人员经费来源为财政补助二类。中心内设机构为生产部、综合部，丰城、河洞、黄礤3个养护所和1个公路突发事件应急抢险队。养护中心负责辖区内公路的日常养护和中、小修保养工作；负责公路、桥梁、隧道日常巡查工作；负责执行公路的抢险、修复工作；负责养护机械管理和养护材料储备工作。

1月18日，新丰县公路养护中心工作人员更新标线

2017年，新丰公路局管养有国道105京珠线47.278公里，其中一级公路24.277公里，二级公路23.001公里；国道220东深线（原省道244线）47.259公里，其中二级公路12.096公里，三级公路34.48公里，四级公路0.683公里；省道347新阳线53.184公里全线是二级公路；合计147.721公里，国省道公路桥梁49座（含左右两幅）2640米，隧道一条长623米，养护中心有养护机械：装载机、挖掘机、压路机、划线机、洒水车、养护机车等一批。

【公路养护】　2017年，新丰公路局坚持“以路面质量为中心，以桥梁养护为重点”，局绩效考核领导小组每季度对各养护中心进行一次评查考核，加强公路小修保养工作，维护路容路貌，更新标志标线，对路面病害、水沟、路缘石，公路防撞墙、轮廓标、示警桩等进行全面维修，同时加强公路巡查和桥梁正常养护检查工作，努力打造“畅、洁、美、绿、安”的公路环境。

【公路绿化】　2017年，全面做

好管养路段公路路树种植、管护，并结合县委、县政府美丽乡村规划，完成S347线补种树苗1600棵，金额4800元；完成G220线（原S244线）K163—K177段补种树苗1280棵，金额为3840元；完成G105线补种树苗1300棵，金额为58188元。共计完成公路绿化投资为6.7万元。

【抢险救灾】 2017年7月7日凌晨2点，S244线新龙公路K203+650贵峰山庄路段发生路基塌方约3500立方米，致使交通严重中断。灾情发生后，新丰公路局迅速启动公路抢险应急预案，于当日早上6时组织人力（30人）、机械（铲车1台、挖掘机1台，东风自卸车5台）全力抢修，至当日早上8时30分可放行单边通车。为确保过往车辆安全通行和全面修复道路，抢修措施采取间隔放行车辆办法进行，过往车辆按现场施工人员指挥安全通行。7月9日全面修复并恢复正常通车。2017年10月26日凌时，新丰公路局迅速处置一起因交通事故引发的道路安全隐患。当日凌晨2点52分局值班室接到“110”来电，称G105线K2414公里处复线区间测速路段发生一起交通事故，事故车辆将装载的机油洒漏公路，污染路面积长30米宽7米，受油污染的路面对过往车辆将造成严重的安全隐患，极易引发交通事故。局立即启动公路抢险应急预案，迅速组织职工火速赶至事发现场，紧急采取措施对污染公路进行清理和用河沙材料覆盖路面防止打滑，至凌晨5点10分，经抢险人员紧张有序的处理，及时恢复了公路的安全与畅通。

【水毁公路抢修复】 2017年，清理水毁塌方4180立方，投入资金17万元；完成S244线K212+500、K212+640涵洞水毁修复2处，投入修复路面240平方，S244K203+650路侧塌方新建挡墙252立方，S244K177+925路肩挡墙485立方，G105线新建挡墙252立方米。

【路政管理】 2017年，新丰公路局路政人员上路巡查923人次，清除路障1060立方米，摊档106处，拆除广告标牌268块，制止违章建筑32宗，告知交通综合行政执法局违法通知书22宗，立案查处78宗，结案78宗，处理路产索赔案件78宗，收取赔（补）偿款19.9万元，路政案件的查处率和结案率均达到100%。

【年票征收】 2017年，新丰公路局征收车辆路桥通行年票费约50万元。

【帮扶工作】 2017年，认真贯彻县委、县政府关于精准扶贫的工作部署，落实“一户一策”的帮扶措施，积极为帮扶村办实事、解难事，筹集资金8.8万元解决了帮扶村医保、群众生活用水等问题。

（何小鹏 李素叶）

12月26日市委副书记、县委书记陈波到新丰公路局调研G220县城段北环线项目工程推进工作

附：2017年韶关市新丰公路局正副局长名单

局　长：朱能择

副局长：夏英雄

　　　　刘日发（任至5月）

李功云
梁美聪（5月起任）

地方公路建设与管理

【基本概况】 新丰县地方公路管理局是县交通运输局属下副科级公益三类事业单位，内设5个股室，下设三家农村公路养护公司，人员编制36人，在职干部职工100人，管养农村公路总里程1239.102公里。县政府将地方公路转制改革列入2017年重要工作之一，继续进行地方公路体制改革准备工作，完成转制改革后认定为行政类事业单位。

【公路养护与管理】 管养农村公路总里程1239.102公里，其中县道260.266公里、乡道730.56公里、村道248.276公里。县地方公路管理局继续抓好地方公路转制改革准备工作，按照县政府的工作部署并结合本局实际，制订了地方公路转制改革初步方案。将马头镇农村公路日常养护管理以合同形式向社会发包实施养护，按市场化的模式进行养护管理，其余镇（街）农村公路由本局属下路通农村公路养护公司组织11个道班进行养护。根据制定的养护工作计划，按养护里程配备养护工人，实行定人员、定路段、定资金、定养护指标进行养护，切实加强日常养护管理工作，局按月、季度、半年对养护质量进行路况考评，根据养护质量支付养护资金，充分调动养护工人工作积极性，努力提高公路养护质量。投入资金40.5万元，修复县道X351线、X352线水毁病害7处，确保公路安全畅通。

2017年底，通过路况查评，县道年平均好路率达到81.5%、乡村道年平均良好路面率达到79.4%，保持了较好的养护质量。

【公路建设】 县民生实事项目县政府将县道X192线马头至路下、X355线紫城至高桥公路路面大修工程和乡道Y963线长江至长坪公路路面改造工程列入县民生实事项目，实施路面大修改造建设，其中：X192线马头至路下公路大修里程34.1公里、预算建安费投资1667.4万元。至2017年底，完成路基工程21公里、修复路面14.3公里，完成投资800万元；X355线紫城至高桥公路大修里程10.4公里、预算建安费投资562.3万元。至2017年底，完成路基工程4.0公里、修复路面3.0公里，完成投资350万元；Y963线长江至长坪改造里程8.91公里，建安费预算投资1895万元。至2017年底，完成路基工程1公里，完成征地、建安费等投资700万元。

旅游公路项目市政府加大推进旅游公路建设，新丰县将黄磜雪洞龟咀坝至沙塘、省道S244线至茶园新村、Y978线坳头至岳城等3条线路列为旅游公路改建工程，其中龟咀坝至沙塘建设里程1.8公里、预算建安费投资420.8万元。至年底，完成征地、路基等投资150万元；省道S244线至茶园新村建设里程1.9公里、预算建安费投资404.1万元。至2017年底，完成路基工程投资150万元；完成坳头至岳城公路改建工程立项、施工图设计工作，建设里

县政协委员到地方公路建设项目现场考察

程 3.8 公里，预算工程投资 1674.4 万元，2018 年完成施工招标后动工实施。

其他公路大修改造工程续建 G105 至马头中学公路改建工程，改建里程 1.47 公里。在 2016 年已完成投资 200 万元基础上，至 2017 年底，累计完成投资 607.2 万元，全面完成该项目建设；Y913 线梁坝至三坑公路改建工程，改建里程 2.94 公里，预算建安费投资 283.7 万元。至 2017 年底，完成建设里程 2 公里，完成投资 230 万元；完成 Y965 线徐坑至清水公路路面维修工程，维修里程 3.2 公里，完成投资 194.69 万元；完成秋洞至石燕岩公路改造工程 1.97 公里，完成投资 66.42 万元。

自然村公路硬底化改造工程 2017 年度完成全县自然村公路硬底化改造里程 40 公里，完成投资 1440 万元。

危桥改造及安防工程完成电站桥、徐坑桥、乌石桥、长福桥危桥重建工程，建设总长 132.74 米，完成投资 353.2 万元；实施黄泥凹桥重建工程，预算建设投资 121.9 万元，至 2017 年底，分别完成总工程量的 60% 和 10%，完成投资 75 万元和 50 万元。计划完善县、乡道公路生命安全防护工程线路 13 条，建设里程 54.067 公里，估算建设总投资 1351.7 万元。将 X853 线、X192 线、X355 线、Y963 线列入正在实施的公路改造或大修工程中实施，整治里程 16.607 公里。筹备其余 8 条线路的施工准备工作。

【路政管理】 切实加强全县农村公路路政管理工作，路政执法人员及养护人员积极开展公路路况巡查，依法保护路产路权，全年累计上路巡查 3932 人次，累计巡查里程 38752 公里。制止处置违法案件 49 宗，拆除违法构造物 12 宗，清理路障 67 处、380 立方米，保障了公路的安全畅通。 （李小初）

乡道 Y963 线长江至长坪公路路面改造工程施工现场

附：2017 年新丰县地方公路管理局领导班子成员名单

局　长：潘朝阳

支部书记：张旗帜

副局长：周君敬

　　　　郑雪宁

中国邮政集团公司广东省新丰县分公司

【概况】 2017 年，中国邮政集团公司广东省新丰县分公司（简称“新丰邮政”）各项业务实现稳步发展。业务收入完成 101.01%，同比增长 12.34%。2017 年末，全县邮政在岗职工 68 人，劳务工 12 人，劳务承揽 18 人，业务外包 23 人。

【服务项目】 2017 年，为适应宏观经济转型发展需要，中国邮政与时俱进，创新发展传统邮务业务、邮政金融业务和寄递类业务，近年来，推出中邮保险、代理保险、中邮证券、理财、国内小包、电子商务、文化创意等新型业务。

【基础能力建设】 2017 年，新丰邮政生产通信网络遍布全县，拥有营业网、投递网、邮运网、金融网、综合网等五大网络。全局现有邮运汽车 9 辆、投递三轮摩托车 12 辆，摩托车 25 辆。

【民生服务平台建设】　“金融 + 快递 + 农村电商”发展模式初见成效。为做普惠城乡金融服务的领先者，成为品质最优、范围最广的服务民生渠道，邮政金融网点遍布城乡，全县建成助农取款点 60 多个，电子化金融服务功能齐全。全年累计建立农村站点 151 户。全面提升站点运营质量，建立 6 个省级农村电商服务示范点，全年优质站点达到 70 户，优质站点占比达到 41%。新丰县电子商务创业园正式成立，为引入高端电商客户进入创业园打下良好的基础。充分发挥“邮乐购 - 新丰馆”的渠道网络优势，先后上线 5 个邮乐新丰馆商家，对接东莞进行农产品返城项目，助力当地高山鹰嘴桃、佛手瓜、高山茶、蜜柚、蜜糖、番薯、生鲜鸡肉类等 20 多种新丰农产品进城。同时加大投入，在县城建立了两间邮政电商旗舰店，为广大群众提供了农产品进城的线下体验服务。新增二频次邮路，解决了党报党刊无法当日到达县城的问题。县城投递班优化投递作业流程，保证党报党刊当日投递，提升邮政普遍服务质量。启用冷链车运输，组织开通新丰至广州直达快速邮路。出口邮件延迟发车，解决因运输时限导致无法当日出口的困难，保证新鲜水果寄递邮件当天出口。建成马头新市场移动支付一条街示范点。

【为员工办实事】　2017 年，新丰邮政不断完善各项薪酬福利配置措施，生产一线人员人均收入水平同比增幅达 15.47%。持续开展星级职工小家创建活动，在建家工作中注入“家”的文化和内涵。完成梅坑支局职工小家升级整治，新增职工宿舍棉被，更新一批小家热水器、冰箱、洗衣机、厨具等用品。新增加梅坑、遥田、黄磜支局为一星级职工小家。2017 年，所有小家均达到星级小家标准，其中马头、沙田为二星级小家，为基层一线员工提供了舒适的工作生活环境。

【社会责任】　2017 年，新丰邮政为全县广大人民群众提供通信通邮、党报党刊、机要通信、金融理财等邮政普遍服务；落实全部行政村的村村通邮；落实民生服务和邮政服务“三农”工作；完成精准扶贫点新正村的扶贫工作；落实安全生产责任制度，全年未发生安全生产责任事故。

【党建建设】　2017 年，新增预备党员 3 人，入党积极分子 4 人，培养对象均经过支委会严格筛选，党组织的战斗堡垒作用不断增强；严格落实“三会一课”制度；组织三期全体党员线上考学活动，参与率为 100%；坚持每季度开展一期党员政治生日活动；对全体党员信息进行采集和审核，建立党员电子身份信息，录入全国党员管理信息系统，逐步推动组织工作信息化和规范化；把中共十九大精神和省、市公司的部署传达到每位党员干部，把党风廉政建设工作摆上重要议事日程；认真开展谈心提醒教育活动；根据省分公司党组巡察组反馈的问题，新丰邮政开展了专题自查活动，做到了立行立改。　（赵师何）

附：2017 年新丰邮政领导班子成员名单

总经理、支部书记：杨汉明（任至 7 月）
　　　　　　　　　卢志斌（7 月起任）
副总经理：刘斌强（6 月起任）
业务主管：张厚荣（5 月起任）

中国电信股份有限公司新丰分公司

【概况】　中国电信股份有限公司新丰分公司是新丰县全业务经营的综合信息服务企业，下设综合部、销售部、客响维护部、7 个营销服务中心、1 个客户中心，现有企业正式员工 85 人，业务外包人员 32 人；现有营业网点 7 个，专营店 20 个，服务网点布局合理。公司硬件设施完备，全县光宽端口总数达 54296 个，移动信号基站 132 个，光纤网络覆盖所有行政村。

2017 年，新丰分公司认真贯彻省市公司工作会议精神，紧紧围绕“转型、创新、共享”三大发展方向，狠抓转型战略，勇于开拓市场，基础业务得到有效发展，牢牢把握“变革创新、开放合作、提质增效”三个关键，重点围绕“抓收入、保存量、拓增量、夯基础”四个方面，找准定位，精耕细作，深入推进光宽大会战，持续加快4G升级；广大员工努力进取，攻坚克难，取得了明显业绩。全年完成业务收入3902.47万元，完成年计划97.56%，收入可比口径同比增长3.86%。

【市场规模】 以收入为中心，严格按照市公司各项工作部署，深入推进光宽大会战，持续加快4G升级，精心组织，加快业务规模发展，全年移动业务放号14516户，宽带放号5930户，宽带互联网视听放号7227户。至2017年12月移动总用户达到32039户，宽带总用户达到21604户，宽带互联网视听到23584户。

【经营活动】 业务收入结构持续优化。2017年完成经营收入3902万元，同比提升3.86%，收入完成率在各县中排名第一。其中，基本面收入占比达90.48%，同比提升1.96%；基本面增长率6.05%；一次性收入下降13.93%，降至9.52%，企业抗风险能力进一步增强，为今后长期稳定发展奠定了坚实基础。移动过网到达份额18.91%，较去年底提升1.03个百分点，突破生死线，全市排名第二。移动净增2939户，同比提升17.94%，移动用户到达3.2万户，其中4G净增6036户，用户到达1.65万户。宽带净增同比提升显著，光宽渗透率持续提升。宽带净增3054户，同比提升171%，宽带用户到达2.16万户，其中光宽用户占比96.6%；宽带平均速率达81M。天翼高清继续高位运行。净增4974户，用户数到达2.36万，4K用户占比75.4%，全市第三；用户活跃率83%，全市第一。坚持云网融合拓展信息化业务，差异化进攻取得成效，ICT和新兴业务发展驶入快车道。2017年新丰分公司集中精力围绕政府、校园市场展开攻坚行动。对政府电子政务网60个正科行政单位、公共服务平台全县157个行政村、教育系统基教网53个学校的光纤项目持续跟进，最终成功抢占全部项目电路业务，合计项目增收约320万元。通过互联网+行业应用拉动政企单位移动团购放号1171户，其中行业应用业务发展930户，超额完成市公司年度指标。在泛酒店业务方面，通过以保存量、提质量、拉增量的思路，大胆跨界借力社会资源、资源整合及配合团队作战，联合公安局开展泛酒店无线信息安全宣贯会，酒店市场通过借力拓展itv和安全Wi－Fi业务，成立专项小组，三合一业务完成进度全市排名第一。翼支付拉动新增红包套餐用户1416户，总数到达2315户，月均翼支付活跃用户5360户，商户到达195户。

【渠道建设】 重视渠道规划与建设，全面对渠道门店门头、店内店外进行统一化、规范化的装修和宣传布置，重点打造出本地富有影响力的连锁店。不断总结销售经验，制定不同场景的销售模板，对广大渠道销售人员进行培训演练，提升了整个社会渠道的销售技能，有效拉动了店面产能。加大对合作商的支撑、帮扶与保障，促进合作商的发展壮大，提升合作商对电信的信心，提高合作商投入电信业务发展的积极性与激情，促使合作商不断发展壮大，渠道产能比2016年提升30%。

【客户服务】 深入开展“五优五心”服务提升活动，以服务领先带动双百兆发展，从网络、业务、渠道、终端、关怀五方面提升服务质量，为客户提供优质的服务，助力光纤大会战及百兆4G规模提升。每季度开展“总经理接待日”活动，总经理现场倾听客户的声音，让服务更贴心，收集并解决了涉及网络服务、装维服务、资源覆盖、营销口径、营业受理、终端质量等方面的客户抱怨，现场或跟进处理100%解决问题，用户满意度大大提高。

【网络建设】 重点支撑政企客户业务 大规模100%光网覆盖建设，云网融合业务大面铺开，全部完成政企单位的务光改，全面升级网络速率，完成了政府电子政务网机房、财政局机房、农业局等项目升级改造，联合公安网警对全县酒店开展泛酒店完美联盟项目业务的开通，完成教育系统基教网中小学网络延伸，完成新丰公共信息服务平台工程乡镇行政村基层网络建设。

开展移动精品网络规模建设　移动网络优维建一体化工单运营，网络健壮性提升，落实设备双物理路由100%整治，持续推进IPRAN承载网加固，压降零业务网元和小区退服时长，按五高一地两美两场精准站点规划，优先共享，快速建设。

优化网络，确保通信畅通　开展10GEPON升级，全面支持1000兆，落实OLT双上联，城域网全面实现城域网扁平化，打造优质宽带网络，更新修订各专业设备的日常维护、抢修、应急预案、隐患排查整治和应急演练等工作；优化网络资源，确保了通信网络安全平稳运行。

加强网络运营维护管理　积极推进老旧设备及软交换设备退网工作，拆除传输2兆老旧设备端口，合理调配网络资源，整治老、旧、残线路，全面积极推进光进铜退，200兆规模到户，持续光衰整治，提升客户感知。

强化资源管理工作　积极开展带宽型业务资源清理和整治工作，完成了光网资源OBD的整治、光交设施、乡镇中继光缆的清查工作，提高光网资源占用准确率，完成市公司网格单元标准地址清理工作，跟进资源网格单元两达图落图工作，部署管线乱搭乱占清理工作。

提升装维服务，智慧家庭服务产品化　开展“当日装、当日修、慢必赔”服务措施，优化政企业务故障处理流程，减少政企客户的抱怨及业务流失；加强管线及后端人员对故障处理时限的管控，减少故障工单的挂起，全面提升客户服务水平，提升客户感知。

【党建工作】　企业党建取得新成效。迅速掀起中共十九大精神大学习、大宣传、大落实热潮。快速响应，第一时间组织收看十九大开幕会，第一时间组织学习研讨；组织全体党员参加上级公司学习贯彻十九大精神专家专题辅导讲座和党员考学活动；学习宣讲一贯到底，形式多样，全员参与，不留死角。加强企业党的领导。党建工作与生产经营“四同步”“四对接”。制定党总支研究决策“三重一大”事项清单，厘清党总支委员会和总办会权责边界，完善新丰分公司党总支部议事规则和决策程序。全面落实巡视整改。全力配合迎接集团内部巡视，按要求做好各项工作落实及所需资料上报；以巡视整改为契机，落实多项巡视整改任务；规范基层党组织设置，基层党组织由原来党支部升格为党总支部，党总支部下设7个党支部，加强基层党组织建设，壮大党在基层的力量。两学一做常态化。领导班子率先垂范，带头学习、讲党课以上率下；落实党总支中心组学习、班子民主生活会、双重组织生活等制度；加强党员学习教育，严抓“三会一课”、组织生活会、民主评议党员等党内组织

韶关市消费者委员会授予中国移动通信集团广东有限公司新丰分公司“2017年度诚信单位”称号

生活制度；开展“争做合格党员，立足岗位做贡献”等党建主题活动。持续深化党风廉政建设。党总支书记与二级单位负责人签订党风廉政建设责任书，层层压实责任；严格落实“一岗双责”，对苗头性倾向性问题，及时进行提醒谈话，警示诫勉。开展廉洁谈话12次、诫勉谈话3人次；持续深化“四个专项”治理，针对自查发现的问题落实整改销项，制定专项管理制度，用制度管人、用制度管事，取得良好效果。

【企业管理】 加强队伍建设和员工专业技能和业务素质培训，员工队伍的整体素质得到整体提高；加强员工人文关怀，落实好与员工切身利益相关的各项福利政策，组织开展各类文体活动，丰富员工的文化生活，积极为员工舒缓压力，在分公司内积极营造一种团结和谐、务实高效的工作氛围；高度重视安全生产，杜绝各类安全事故发生；积极履行企业社会责任，树立企业良好形象。

（张宜中）

附：2017年中国电信股份有限公司新丰分公司领导班子成员名单

总经理：苏经华

副总经理：钟嘉茂

应　杰

中国移动通信集团广东有限公司新丰分公司

【概况】 中国移动通信集团广东有限公司新丰分公司（简称“中国移动新丰分公司”）成立于1999年。2017年，在职员工41人，移动通信用户约达12万户。中国移动新丰分公司深入贯彻市公司“一个目标、两个关键、三个着重力点、六项重点工作”的工作思路，结合实际情况，认真落实省、市公司各项工作部署，大力拓展市场，较好地完成了市场经营各项工作。同时，围绕着省公司“一体两翼”战略，开展网络建设及维护工作提升，全力推动家庭宽带和IPTV用户发展，实现全业务发展。

中国移动通信集团广东有限公司新丰分公司“守合同重信用”称号（连续12年）

【市场业务发展】 2017年，中国移动新丰分公司的移动通信业务稳定发展，为了实现企业的社会责任和客户在业务上的需求，提升优质的通信服务承诺，响应国家号召取消了长途、漫游费，推广不限量套餐升级，让广大人民每月随意使用手机流量上网。加大对4G的转换和流量优惠套餐推出力度，优化家庭宽带覆盖范围，加大优惠力度和进一步落实实名制工作。针对新老客户推出充话费送家庭宽带业务，针对学生用户推出4G流量王，真正从客户利益角度出发，做到务实惠民。为集团单位、外来企业提供个性化服务，业务种类覆盖集团光纤、集团彩铃，企信通等等，使得信息化的服务深入到市民的生活。

为给广大人民群众提供高效、便捷受理业务服务，中国移动新丰分公司建立2间沟通100营业厅和50个合作代办点，遍布全县各乡镇、工业园区以及人口密集地区，方便群众就近前往中国移动新丰分公司合作代办点办理移动业务。目前中国移动新丰分公司营业厅前台月均接待受理业务客户约4200人次。

中国移动新丰分公司不断改善各个服务环节，通过组织服务技能营销竞赛、服务礼仪规范及知识培训和业务知识考试等方式，以不断提高全体员工整体素质来追求更为卓越的服务。

【网络建设】 2017年，中国移动新丰分公司投入约2000万元致力于4G基站、传输机房建设与维护，目前共建各类基站约531个，实现网络覆盖全县141个行政村和自然村，解决道路信号连续覆盖、城乡低层楼宇深度覆盖不足及部分偏远自然村信号弱覆盖等问题。

为进一步提升新丰当地经济信息化水平，中国移动新丰分公司在外来企业进驻或确认进驻意向时同步做好通信网络建设规划。2017年完成对韶能生物质发电厂、泰祥、华洁等工业园企业的通信服务，并为岭南红叶世界、大丰农场等企业进行有线网络建设、4G信号覆盖和提供专线服务。

2017年，新丰县举办了大学生定向越野运动会、樱花节开幕式、春节晚会等多个大型活动。为确保活动正常开展，中国移动新丰分公司共出动应急通信车19辆次，调度和扩容通信载波645个，为大型活动提供了有力的通信网络支撑。

【企业文化建设】 2017年，中国移动新丰分公司严格落实一岗双责，把党风廉政建设和日常工作相结合，开展网上在线学习、专题会议学习以及“移路清风”月刊学习、“廉洁微课堂”彩信学习等。通过传播学习反腐倡廉教育内容，进一步强化学习，强化了员工法纪观念和拒腐防变能力，确保全体员工廉洁从业。做到廉政工作“零容忍”，安全生产管理“零”事故。

中国移动新丰分公司坚持“发展凝聚人心、关爱激发活力”的工作思路，开展团队野外拓展活动，成立篮球队和足球队，以活动竞赛形式激发员工的凝聚力；开展老员工座谈会，慰问困难、生病员工，营造家的氛围；着力推进团队建设和员工关爱工作，将团队活动与业务发展相结合，开展“凝心聚力共创辉煌”系列工会小组活动，点燃员工激情，让业绩起飞。

在做好县委、县政府和上级公司部署的各项工作的同时，中国移动新丰分公司积极践行企业文化核心价值观，树立责任型、贡献型的企业形象。积极参与社会各项公益活动，勇于承担企业社会责任，落实政府的各项精准扶贫和巩卫创文工作并积极开展争创各项荣誉活动。2017年中国移动新丰分公司荣获“连续十二年广东省守合同重信用企业（2005—2016）”“2017年度诚信单位”等荣誉称号。（戴支农）

附：2017年中国移动新丰分公司正副总经理名单

总经理：潘致君

总经理助理：李　震（任至3月）

　　　　　　吕　阳（3月起任）

中国联合网络通信有限公司新丰县分公司

【概况】 2017年，中国联合网络通信有限公司新丰县分公司（简称“新丰联通公司”）大胆进行结构性调整，坚决打破一切束缚发展的思维定式，合理整合内部资源优势，承上启下、创新发展，把业务发展和收入稳步提升作为工作中第一要务来抓，强化企业基础工作管理，狠抓执行力，业务收入、通信能力、服务水平、企业基础管理、安全生产、文明单位建设等各项工作取得一定成绩。新丰联通公司坚定履行政治责任、经济责任和社会责任，致力提升通信服务能力和信息化服务能力，为公众提供安全、便捷的通信服务，为政府、企业信息化建设提供以创新网络为核心的全方位、高品质的综合信息化服务。

【业务发展】 产业互联网以聚焦创新转型为指导思路，在物联网、政务云上取得进一步突破，同时建立了智慧课堂的试点班级。

公众互联网聚焦业务转型，网点布局进一步完善，实体店面从“坐商”转变为“外拓”型渠道，核心网点从“单一”移网业务转向“全业务融合”经营；同时由逐步转型到存量用户价值提升及中高端用户经营。

家庭互联网聚焦能力锻造，逐步强化重点业务区域的“招三化、扩端口”用户获取的基础性能力构建，建立三化商队伍，同时成立战队营销提升宽带经营能力。

【公众服务】 规范执行电信行业价格行为，维护电信市场价格秩序，保护消费者的合法权益，促进电信市场公平、公开和合法竞争、提升服务水平。积极开展通信行业的“诚信服务、满意消费”“3·15”大型广场咨询投诉专项宣传活动，做到政策透明、明白消费、规范服务，获得服务对象的好评并荣获新丰县消委会“消费者满意单位”“诚信单位”荣誉称号。

加强通信行业服务教育，提高员工自觉性。深入开展行风评议，完善行风监督机制。实行规范销售、提升资费透明。建立信息公示制度，拓宽社会监督渠道。为进一步营造通信行业诚信、规范、安全的良好行业风气，更好地维护人民群众的合法权益，新丰联通公司通过第三方深入一线暗访、发放调查问卷和开展座谈会等方式，广泛征求社会监督员、公司员工、合作伙伴以及服务对象的意见和建议，严格查找机关作风和客户服务方面存在的问题，认真研究、分析、解决在行风建设上存在的不足，落实责任，降低客户投诉率，进一步完善投诉处理流程、相关机制和制度，强化监督、检查，考核，跟踪落实，不断提高网络通信质量和服务质量，追求客户满意，树立企业在社会上的良好形象，推进新丰联通公司政风行风建设迈上新台阶。

【党风廉政建设】 支部党员签订党风廉政建设承诺书，践行承诺责任，严格考核，认真履行主体责任，严格落实、狠抓党风廉政建设。落实“第一责任人”的责任，以上率下，定期召开生产经营风险管控座谈会，清理内部风险管控隐患，强化人员的廉洁、担当意识，打造一支“风清气正”的队伍。

【文明创建】 积极开展文明单位创建活动。在抓好各项业务发展的同时，继续做好文明单位创建工作，将文明单位创建活动与企业经营发展相结合、与企业基础工作管理相结合、与优质服务相结合，从而有效增强了全体员工的凝聚力和向心力。 （谭春丽）

附：2017年中国联通新丰县分公司总经理名单

总经理：王少锋

城建 · 环保

城建 · 环保

【概况】 2017年，新丰县住建局紧紧围绕县委、县政府的工作部署和要求，以习总书记系列讲话精神为指导，深入贯彻落实中共十八大和十八届历次全会精神，紧紧围绕新丰县“建设成为韶关主动融入珠三角加快发展先行区”的奋斗目标，积极开展城乡规划和建设工作，各项任务完成较好，有力地促进了新丰县城乡建设与社会经济健康协调发展。

【住房和城乡规划建设】 2017年，进一步完善各项专项规划，县城总规、县城控规修编工作稳步推进；马头镇、回龙镇控规编制成果已修正、完善并通过专家评审，正按专家及公众意见修改中；珠江东岸（新丰）创新产业示范园控规编制成果已通过专家评审，待修改完善后将按程序报县规委会审议；新丰县环境卫生专项规划、县城消防专项规划已县规委会审议；丰城大道、一江两岸、旧一中改造规划设计方案已完成初步成果汇报，并委托浙江西城工程设计有限公司编制工可报告。严格“一证两书”制度，规范审批程序，共办理建设工程规划许可证102个，发放核实合格证69个，建设用地规划许可证12个，选址意见书97份。

【建筑业管理】 加大建筑市场规范整顿工作。加大建设项目监察执法力度，同时通过宣传教育，进一步增强工程建设各方主体法制意识，推动文明施工。目前，全县工程监督率达100%，施工图纸审查率100%。强化建筑业安全生产的监管工作。认真贯彻执行《建设工程安全生产管理条例》和《中华人民共和国安全生产法》，与各施工单位签订安全生产责任书，落实安全生产责任人。加强建筑质量监管工作。认真落实工程质量责任制，加强对工程质量监管。同时，加大对施工现场的巡查管理，加强建筑材料的检测鉴定工作，进一步完善工程竣工验收备案管理制度，工程竣工合格率达到100%。1—12月，监管工程项目32个，总建筑面积105.6万平方米，施工总投资11.03亿元（含2017年前部分项目转入）。竣工验收工程25个（含私建），竣工面积26.93万平方米，竣工投资共2.42亿元，监督备案率100%，查处安全隐患50宗，下发整改通知50份，整改落实50宗。

【住房保障与房地产开发】 围绕“住有所居”，继续完善多层次住房保障体系。房地产市场健康发展。1—12月，持续推进碧桂园、壹号公馆、东盛新城、滨江国际花园、奥林匹克花园、名汇花园等房地产开发项目，办理预售许可的房地产开发项目共18个，办销售商品房1694套，面积20.72万平方米，同比分别增长61.6%和56%；商品房（一手房）成交额12.41亿元；商品房平均单价为4200元/平方米。保障性住房的建设实行动态管理，所有项目资料及廉租住房的房源情况、申请情况均按月更新。完成2016年省市下达的550户危房改造验收工作，并将建房补助发放到农户一卡通上。2017年度危房改造任务500户，已全面动工。

【城建监察】 2017年，进一步

加大规划执行监管力度。对规划区内的建设强化实行动态管理，严把“抢建、偷建”关，对所有新建、改建、扩建工作进行现场监察和跟踪管理，加强规划检查，完善举报投诉机制，对违章建设行为做到早发现，早介入，早解决。1—12月份发出停建通知书141份，拆除临时搭建（铁皮天面）99户1725平方米，拆除违章建筑22户，有效保证城市市容的整洁美观和城市规划的有效实施。扎实开展网格化管理和实施新丰县“路长制”精细化管理。按照县城建成区的现状，将县城划分为五个网格，定人定岗定责实施执法管理。开展夜市宵夜档整治工作。加强组织执法人员巡逻监管，确保县城夜市禁设区无宵夜档占道经营和沿江两岸的宵夜档经营户在晚上9时前休闲人员高峰时间不得占用休闲步道摆放餐桌和经营的行为，以及体育馆美食广场规范有序经营。大力实施专项整治行动。围绕创建广东文明县城、巩固广东省卫生城镇、提升县城人居环境等工作，集中开展对早、夜市和车载式经营、出店经营、建筑工地车辆、淤泥渣土运输、乱倒垃圾等现象进行专项整治行动46多次。

【街灯管理】 2017年，对县城的陈旧、毁损的街灯设施进行日常巡护更换、维修，出巡检修800多人次；因地缆线陈旧老化易损坏对车田路口至城东路口、丰江河沿岸、105国道紫城路段、体育馆广场等多地进行路灯完善修复，确保城区灯亮率达98%以上，设备完好率达95%以上。同时，本着方便行人照明，落实惠民政策的需要，在县城部分黑暗街巷加装50多盏节能灯，使县城路灯总量增加至3920盏。

【市容环卫管理】 在常态化管理的基础上坚持以铁腕整治为手段，对县城“六乱”现象进行联合集中整治。采取集中行动与分组突击相结合，联合执法与专项行动交叉进行的方式对“六乱”现象进行全覆盖严管。一年来，对乱摆水果档、青菜担、地摊、车载式经营档等16多万档次进行劝退、劝离，纠正门市出店经营16120档次，暂扣屡教不改者2630多档，对不服从管理，暴力抗法的7名人员采取行政强制措施；拆除470个违规户外广告和15个铁皮天面（约450平方米），拆除伸缩雨篷360个共4137平方米，拆除残旧破损、失去使用功能的公共电话亭49座，拆除破烂、残旧路牌3个，暂扣违规使用的太阳伞26把，督促牛皮癣清理承包单位按已定标准清理乱写乱贴小广告3300多宗；派出一个专责小组负责对建筑工地占道，违章建筑进行整治，清理乱堆放的建筑材料30多处，纠正乱占道施工行为18宗，协助拆除银山大厦、新龙公路等违章建筑3宗约600平方米；参加交警大队联合执法，对不按规定停放车辆和违规营运的三轮车实行强制暂扣，暂扣违规营运，违规停放车辆596辆。其中，汽车41辆、三轮摩托车185辆、两轮摩托车360辆、人力三轮车10辆；劝导引导占道经营的档主进入县政府出资修建的花厂农贸市场、沙塘小区农贸综合市场经营共164档，其中猪肉档53档、水果档25档、蔬菜44档、活鱼14档，豆腐14档、光鸡9档、冰鲜2档、海鲜2档、烧腊1档，有效解决街道拥堵现象。

通过市场化有偿服务的方式，将街道清扫、清洗、公厕清洗、垃圾清运、丰江河江面打捞、县城“牛皮癣”广告清理等工作承包给专业公司作业之后，加强监督管理，对街道公共场所实行“二扫二洗二清运”制度，每天坚持二次清扫街道和公共场地、二次清扫街道果皮箱和公厕、二次清运垃圾，安排专人对丰江河（县城段）江面实行全天候式打捞。2017年清理建筑垃圾约600立方米；洒水降尘1825车次，用水21900立方；丰江河打捞垃圾吨数912吨；更换垃圾桶（660升）213个，垃圾桶（240升）96个；新购置防渗膜10000平方米对岳城填埋场进行铺膜覆盖并对填埋场实施24小时值班制度。同时，为进一步完善环境卫生事业发展，垃圾填埋场二期工程已正式动工建设，预计2018年年底可以完工。

【园林绿化管理】 全面排查县城街道各绿化景点的绿化详情，

及时做好绿地除杂、清理花池垃圾废土、绿地保洁、绿化带修剪和病虫害防治等工作。加强对县城街道绿化的巡查力度，对乱砍滥伐县城街道树木、擅自占用城市绿地、在绿地中违规树立广告牌、破坏和损害花草树木、绿化设施的行为进行整治。对县城主要街道的树木进行修剪整形和树干涂白防虫处理，确保县城街道树木生长更加茂盛，更加整洁、美观、安全。结合“城市提升我参与”活动，对新增加的碧水公园、三角公园以及县城主要街道两旁800多个花箱进行养护管理，确保新种植花草树木得以生长。加强城区园林绿地管理，通过一系列整治措施，有效保护了城市绿化成果，使县城公共绿地环境有了较大的改观，不断满足市民休闲娱乐和享受园林绿化成果的需求，为第十五届全国学生定向锦标赛成功举行提供了良好的环境，向来自全国的运动员、裁判员、嘉宾和游客展现了新丰绿化美化的新形象。

【房地产管理】 2017年，在房地产市场全面疲软的情况下，不断强化服务意识，寓监管于服务，全年办理预售许可的房地产开发项目16个，共29.93万平方米。办理商品房现售备案项目5个，销售商品房2640套，面积33.07万平方米，与2016年同期对比分别增长了81%和79%，商品房成交额为14.12亿元，商品房平均单价为每平方米4268元，同比下降4%。

【城市生活污水处理】 新丰县生活污水处理厂建于2000年3月，项目建设总规模为日处理污水3万吨，分两期建设，计划总投资6010万元，建设资金通过地方自筹、银行贷款等途径解决。第一期工程（1.5万吨/日）于2005年10月份初步建成并进入试产，采用微孔曝气氧化沟工艺。出水水质标准执行《广东省水污染物排放限值》（DB44/26—2001）中城镇二级污水处理厂第Ⅱ时段一级排放标准。目前，集污面积6.5平方公里，服务人员约6万人。首期工程于2010年10月通过了广东省环境保护厅专家组的竣工环保验收。县生活污水处理厂的化学需氧量（COD）污染物及氨氮（NH3—N）污染物均列入国控污染物，2017年污水处理厂COD的全年排放约为561吨，NH3—N的全年排放约为60.6吨，均没有超出总量控制指标。县生活污水处理厂起初隶属县环保和建设局管理，2007年3月划归县环保局管理，负责县城生活污水处理工作，属事业性质、企业管理单位；厂内设办公室、生产技术办、中控室（含化验室），于2017年划归住建局管理；现有在册干部职工21人，其中4名在编人员、17名编外人员。污水处理厂的生产运营费用在财政局返拨的污水处理费中解决。

2017年，县生活污水处理厂各项污染治理设施运转正常，全年运行天数为342天，有23天未运行的原因是仪器设备需进行必要的检修。2017年县城生活污水处理率达93%。全年用电量为90万度，全年削减化学需氧量排放量为561吨，全年削减氨氮排放量为60.6吨。全年污水处理量为479.06万吨，其中生活污水处理总量为479.06万吨，污泥产生量为10.02吨，COD削减量为561吨，氨氮削减量为60.6吨，全年用电量约90万度。从县生活污水处理厂的在线监控仪器数据及县环保局每月的监督性监测数据来看，2017年度县生活污水处理厂各项指标均达标排放，排放情况如下表：

表3 2017年新丰县生活污水处理厂主要污染物排放情况表

污染物名称（单位）	COD（吨）	生化需氧量（吨）	氨氮（吨）	悬浮物（吨）	总磷（吨）
排放量（千克）	561	100	60.6	81.44	11.98

（潘红英）

附：2017 年新丰县住建局领导班子成员名单

党组书记、局长：廖　剑（任至5月）
黄思源（5月起任）
党组副书记、机关党委书记：李达欧
党组成员、副局长：李　育
陈辉祥
党组成员、机关纪委书记：罗惠春
党组成员：余伦可
李锦锋

丰江新城建设

【概况】 新丰县丰江新城开发建设管理委员会（以下简称"丰江新城管委会"）是县政府直属正科级事业单位，内设综合股、项目建设管理股、招商股和社会工作股 4 个股室，核定事业编制 15 名，2017 年在编在册工作人员 12 名，特聘专才 2 名。

2017 年，丰江新城管委会加快规划编制工作，协助相关部门进一步优化完善丰江新城控制性详细规划、龙围片区和城南片区城市设计编制；积极引入社会资金参与基础配套和公共服务设施建设，采用 EPC 模式（勘察、设计、施工）总承包进行丰江新城基础设施项目建设；加强对接设计单位，不断深化丰江新城沿江路景观暨文化广场项目、龙围片区安置房建设项目、龙围片区龙文山公园项目、龙围片区路网及滨江景观带项目、万丰花园（安置房）建设项目的规划设计方案；加大力度筹集项目资金，解决万丰花园和龙围片区安置房项目、龙围片区路网及滨江景观带项目的建设启动资金；强化项目安全与质量管理，推进万丰花园（安置房）项目桩基础施工，加快龙围片区路网项目桥梁设计、勘探工作及动工建设，完成奥林匹克第一阶段 8 栋住宅楼主体建设；起草完善《新丰县丰江新城城南片区房屋征收补偿安置方案（讨论稿）》，组织召开听证会，并呈报县政府审议出台方案；协调推进征地拆迁工作，启动龙围片区项目所在地的土地及房屋征收工作，抽调人员集中开展"一江两岸"项目的房屋丈量、估价、资料收归档、房屋拆除及安置房选房等工作；积极开展土地巡查管控工作，加强政策宣传，组织协调县综合应急大队在新城范围内加强动态巡查，配合国土部门查处"两违"、抢建抢种行为。

2017 年 8 月 23 日，建安公司合作签约仪式

【丰江新城万丰花园（安置房）项目建设】 强化安全及质量管理，完成项目的施工围挡、土地平整、临水临电的安装、项目的施工图设计等工作，推进项目基础桩的施工，完成止水桩和支护桩的施工以及超前钻施工。项目计划总投资约 2.94 亿元，全年投资约 3000 万元。

【丰江新城龙围片区路网及滨江景观带项目建设】 完成新一中桥、龙围桥、龙围大道一号桥、中心洲桥的勘探工作，并已出具勘探报告；积极对接设计单位和图审单位，完成新一中桥的施工图设计及图审工作；进行双子西桥（中心洲桥）及新一中桥梁的超前钻勘察工作。项目计划总投资约 3.82 亿元，全年投资约 500 万元。

【丰江新城沿江路景观暨文化广场项目、龙围片区安置房项目、龙文山公园项目建设】 完成项目的可研、专家评审、立项、环评等项目建设前期工作；完成了项目勘察、设计、施工总承包（EPC）的招标工作及项目全过程监理招标工作；完成了项目的初步方案设计。其中，沿江路景观暨文化广场项目计划投资约1.4亿元，龙围片区安置房建设项目计划总投资约4.1亿元，龙文山公园项目计划投资约3199万元，三个项目的可研、环评、龙围安置房初步方案费用等前期工作已投资约100万元。

【“奥林匹克花园”项目建设】 项目第一阶段8栋住宅楼主体建设已经完成，加快推进主体的配套设施安装及项目的第二阶段基础开挖及基础地下室的施工。项目计划总投资约6亿元，全年投资约2亿元。

（陈珊珊）

附：2017年丰江新城管委会领导班子成员名单

主　任：谭衍康

副主任：陈　国

梁史延

谭志坚（3—5月）

潘建明（8月起任）

城市供水

【概况】 新丰县自来水公司为国有企业，隶属县水务局管理，主营自来水生产和供应，兼营管道工程安装。公司成立于1984年，拥有水厂2间，供水生产能力3万吨/日（其中第一水厂供水生产能力2万吨/日，第二水厂供水生产能力1万吨/日），固定资产2800万元。2017年共有员工117人。公司内设办公室、财务室、安装队、抢修队、管理办公室、供应办公室、加压站、制水一厂、制水二厂、收费中心及抄表室等。第一制水厂位于县城东北部乌泥坳，1985年建成投产，水源引自白水礤水库，水源水质为Ⅱ类水源，无污染；第二制水厂位于县城西南部龙围村，1995年建成投产，水源抽自梅坑河水，水源水质为Ⅲ类水源，目前为应急水厂，供水水质符合国家生活饮用水卫生标准。新丰县自来水Φ100毫米以上供水管网长度90多公里，供水服务范围为县城内，丰城街道大洞村、城东村、城西村、紫城村、龙围村、罗峒村、黄陂村、松园村、会前村、东瓜坑等。

【供水区域】 2017年，新丰县自来水公司投入了35万元完成交通桥至群英桥沿江路口径200毫米主供水管改造800米；投入30万元完成新龙公路口径160毫米主供水管改造800米；投入18万元完成客运站对面丰盛街口径110毫米主供水管改造700米；完成龙围路口至碧桂园小区口径400毫米及300毫米自来水管道1600米；完成中华制漆厂至创意园200毫米自来水管道900米。

【供水管理与服务】 2017年，新丰县自来水公司做好保障供水工作，严格按照制水操作规程进行制、供水，做到投放制水药物科学合理，药物储备充足，要求制水人员勤巡视池面，发现异常及时处理，定期清洗前池、反应池、沉淀池、过滤池和清水池及供水管网等制水设施，确保水质优良；自筹资金购买实验室办公用具一批约5万元，购买实验室仪器一批约29万元，公司化验室能独立完成水质检测项目达到39项；严格按水质检验标准做好水质检测，做好常规项目的日常检测（每三个小时检测一次）和每月二次对原水、出厂水和末梢水水质进行全面检测和分析，并把原水和出厂水每季度送韶关水质检测中心进行检测，公司水质检测与卫生监督部门检查项目均符合生活饮用水卫生标准的各项要求；抢修及时、保障供水，做好供水设施的巡查和维护，每月2次管网巡查，2次大、小水制检查及对庵水圳进行巡查，做到发现一处，维修一处，消除安全隐患。2017年，主水管的维修抢修590处，其中口径100毫米以上管网抢修98宗、口径60毫米以下管网维修492宗。

（罗伟强）

附：2017年新丰县自来水公司经理名单

经　理：李美姜

商业·贸易·投资

粮食储备管理

【概况】 新丰县粮食局是县政府设置的粮食行政主管部门，根据县机构改革和职能配置方案，在县发展和改革局挂牌，编制由县发展和改革局统管，2017年末实有在职人员4人，内设办公室、业务股、财会股和监督检查股等4个业务股室。局下辖3家国有独资企业：县粮油储备有限公司、县粮食购销有限公司和县粮油总公司。县粮油储备有限公司承担全县粮食收购、储备、军粮供应和救灾救济特殊供应等政策性业务，年末共有职工18人；另外两家公司主要经营粮食贸易。

【主要统计数据】 2017年，全县粮食总购销2.38万吨，其中总购入1.19万吨，总销售1.19万吨；国有粮食企业粮食购销总量0.62万吨，其中购入0.31万吨，销售粮食0.31万吨，继续保持粮食供需总量平衡、价格稳定；全面完成县级地方粮油储备工作任务，落实县级地方粮油储备规模全面达标，其中原粮（稻谷）9200吨，食用植物油40吨，与2016年度数量规模持平，原粮（稻谷）比2014年的3300吨增加5900吨，增长179%。

【粮食流通监督检查工作】 开展粮油库存检查工作 4月份，根据市四部门《关于开展全市2017年粮食库存检查工作的通知》（韶粮〔2017〕42号）要求，制订《新丰县粮食库存检查工作方案》，成立了粮食库存检查工作小组。按照《粮食库存实物检查办法》《粮食库存检查办法》《粮食质量、原粮卫生和储粮安全检查办法》具体操作要求，对粮食库存、质量安全、储备粮管理及轮换、安全储粮和安全生产、企业履行政策性粮食库存消化等情况进行全面检查。检查结果，新丰县国有粮食企业粮食库存数量真实、质量完好、储存安全、账账相符、账实相符、管理规范。

做好两《条例》宣传工作 7月份，围绕“加强粮食法治建设，确保广东粮食安全”宣传主题，通过发放宣传资料、悬挂宣传横幅等形式，开展两《条例》宣传工作，扩大了社会影响力，提高社会认知度，营造了粮食经营者守法经营、诚信经营和粮食行政管理部门依法行政的良好氛围。10月，按照2017世界粮食日和全国爱粮节粮宣传周活动部署，开展粮食增收进农户、优质粮油进家庭、爱粮节粮进学校、进军营等“四进”活动，向全社会倡导“改变移民未来——投资粮食安全，促进农村发展”和“爱粮节粮保安全，优粮优价促增收”主题理念，取得了良好宣传效果。

开展粮油质量监管工作 督促粮食收购企业在收购环节应当执行国家粮食质量标准，按质论价，做好入库粮食质量检测，把好粮食入库质量关，并按照“五分开”的要求，堆放好粮食。督促国有粮食企业在粮食出库前，做好出库粮食质量检验，确保出库粮食质量符合国家标准，坚决杜绝不符合质量要求粮食流入口粮市场，并按照国家运输技术规范，不得使用被污染的运输工具包装物，防止粮食受污染。加强储存环节粮食质量监管。督促国有粮食企业按照《粮油储藏技术规范》要求，保证所使用仓储配套设施符合安全储粮要求，要积极做好安全储粮基础性工作，通过采取环流熏蒸、机械通风、“双低”科学保粮措施，延缓粮食质量变化速度，经检验，现所有库存粮食质量、品质合格率达100%，宜存率达100%。加强军粮质量管理。落实执行军粮质量检验实行“一批一检一报告”制度，确保军粮质量符合标准，军粮品质得到官兵认可。

开展全社会粮食流通监督检查工作　开展粮食收购市场监督检查。夏粮收购期间，组织7人次对粮食收购企业收购点进行监督检查，通过询问和查阅相关资料，着重检查粮食收购企业是否执行国家粮食收购政策，是否公示了粮食收购品种、价格、质量标准，使用称量器具是否经质监部门校对，是否及时向售粮者支付售粮款，有无损害农民和其他粮食生产者的利益行为。检查情况为，新丰县粮食收购严格执行国家粮食收购政策，执行了粮食收购公示制度，没有出现有损害售粮户利益的行为。加强对粮食经营者粮食库存量和收购、储存环节粮食质量以及原粮卫生，使用粮食仓储设施设备是符合国家技术规范，粮食经营者有关资料凭证等方面检查。督促粮食经营者必须保持一定数量粮食库存，要安全、卫生使用符合有关要求的仓储设施设备，做好粮食经营台账记录和保管工作，守法、诚信开展经营活动，自觉履行社会责任，共同维护好新丰县粮食市场秩序。

4月13日，市粮食安全责任考核组曾玉峰一行5人到新丰县听取副县长潘小定关于新丰县2016年度粮食安责任考核工作汇报，并查阅考核资料，实地检查粮食安全保障设施建设情况，县考核单位责任人参加

加强粮食行业安全生产监督检查　成立夏季消防安全专项工作小组，由局领导带队对辖区内国有粮食企业开展了粮食行业生产领域查隐患、除隐患、防事故专项检查行动，着重检查国有粮食企业安全生产责任落实情况，各项安全生产制度建立和执行情况。检查表明，新丰县国有粮食企业能按照相关安全生产的法律法规，落实安全生产责任制，明确相关职责，建立和执行安全储粮管理制度，安全保卫制度，药品管理制度，危险作业管理制度“三防”制度等生产安全管理制度，做好粮食输送设备，粮食仓房设施，除杂设备、消防设备、粮情检测设备、安全监控设备、环流熏蒸设备、机械通风设备、防雷设备的日常管理和维护工作，有效防范和遏止了生产事故的发生，确保了储粮安全和生产作业操作安全。

开展国家粮食流通统计制度执行情况专项检查　9月，组织对纳入粮食统计范围的粮食经营者开展了粮统计质量检查工作，促进粮食行政管理部门依法行政，落实粮食统计职责主体责任，促使纳入粮食统计范围的经营者履行及时准确上报粮食统计信息义务。

开展政策性粮食出库监督检查工作　3月份，组织人员以不打招呼的形式，突击检查粮食出库情况，检查结果表明，无违反政策性粮食出库行为。

【粮食安全体系建设】 继续完善全县粮食安全应急机制和应急体系。健全粮食应急供应指挥机构，成立由县政府主管副县长任总指挥，相关职能部门责任人任成员的县粮食应急供应指挥部，并根据人事调整和工作需要，及时调整指挥部成员。按照《新丰县粮食应急预案》《新丰县粮食安全应急操作手册》，县各相关职能部门强化工作职责，落实监管责任。按照“有设施、有协议、有牌子”要求，建立完善粮食应急加工、运输、供应保障网络。配置大米应急加工厂2家日加工能力共360吨，应急供应网点7家，应急运输车辆6辆、运输能力43吨。完善粮油储备体系，落实完成县级地方粮油储备规模，确保县级储备粮油能随时调用。建立粮食市场预测预警机制。为了及时掌握粮食市场行情，新丰县选择了县粮油储备公司、新龙米店、康皇米铺等3家粮食经营者为新丰县粮食信息监测点。收集信息包括粮食收购、批发、零售价格、库存量等经营信息；并认真开展了社会粮油供需平衡的调查工作，较全面掌握新丰县粮油供需存情况；还通过互联网和粮食市场报等媒体渠道去掌握辖区外粮食行情，并对收集到信息进行整理和综合分析，对粮食供需、价格发展趋势有了较准确的预测，为做好粮食预测预警工作奠定了基础。加强粮油市场的监管，维护正常粮食流通秩序。粮食部门、质监部门、工商部门、物价部门能根据各自的监管职能，积极采取有效措施开展了粮食市场的监管工作，加强对粮油加工，批发零售等环节的监督检查力度，促进新丰县粮食市场良好发展。

【粮食产业化发展】 发展粮油仓储业，完成承储地方储备粮油工作任务，为政府粮食宏观调控提供重要物资保障；发展粮食深加工业，打造地方特色产品，逐渐营造了本地粮食（大米、面制品）特色品牌。

10月22日县相关部门与东江秀田学校联合开展粮食宣传主题活动

【军粮供应管理服务】 军粮供应工作在市粮食局、市军粮供应中心指导下，秉承“军供无小事”的理念和讲政治的高度，牢固树立“以兵为本、服务优先”的宗旨，严格执行国家军粮供应政策，完成军粮供应各项任务。一年来，加强了军粮质量管理，严格执行“一批一检一报告”制度，确保军粮质量安全；开展优质服务活动，热情周到随时满足驻军购粮，开展为武警中队义务送粮，定期走访、慰问伙食单位，密切了军政军地关系。

【扶贫开发工作】 继续做好挂钩村精准扶贫工作，跟踪落实新塘村相对贫困户精准帮扶措施，年度实现精准扶贫户2户脱贫目标，累计完成总任务的89%。 （谢振辉）

附：2017年新丰县粮食局局长名单

局长：俞光明（任至8月）

陈光辉（8月起任）

烟草专卖

【概况】 广东省新丰县烟草专卖局成立于1990年10月，受广东省韶关市烟草专卖局和新丰县人民政府双重领导，主要职能是在广东省韶关市烟草专卖局和新丰县人民政府的领导下，在新丰县辖区行使烟草专卖行政管理权力和贯彻执行《中华人民共和国烟草专卖法》及上级主管部门制定的有关烟草政策、规章制度。广东烟草新丰县有限公司成立于2001年11月，由广东烟草韶关市有限公司和新丰县金叶发展公司共同出资组建，是广东烟草韶关市有限公司控股的子公司，经营范围为批发卷烟、雪茄烟、进口卷烟、处理没收走私烟等，于2008年10月28日核准注销。广东烟草韶关市有限公司新丰县分公司成立于2007年12月。广东省新丰县烟草专卖局与广东烟草韶关市有限公司新丰县分公司合署办公，实行两块牌子一套人马的管理体制。2017年底，有在岗员工53人。

【卷烟经营】 加大市场培育力度，完善品牌培育机制和措施，引导市场消费向名优品牌、重点品牌转变，使全县的卷烟货源结构与社会经济发展带动的卷烟消费结构提升速度保持一致。2017年，卷烟销售总量43518万支，同比增加345万支，增幅0.8%。卷烟销售金额（含税）2.76亿元，同比增加1424万元，增幅5.42%；卷烟销售毛利7012万元，同比增加429万元，增幅6.52%。

【现代卷烟零售终端建设】 2017年，广东省新丰县烟草专卖局（分公司）结合新丰辖区实际情况，从服务、管理、延伸和形象终端四个方面入手，以县城客户的零售终端建设为基础，积极发展较繁华乡镇的客户建设形象店，引导零售客户参与零售终端建设，进一步完善现代终端发展布局，提高现代卷烟零售终端客户经营管理水平，推动卷烟价值链向零售终端延伸。实现重点区域、主要街道、所有乡镇的全面覆盖并形成一定规模的终端梯队，保证“粤烟”品牌含金量。重视现代终端运行质量管理，强化经营指导，增强终端卷烟经营能力，努力提升现代终端软实力，提高终端客户的忠诚度。截至2017年12月，卷烟现代终端客户137户，占客户总户数的20.88%。全部已使用零售终端营销管理系统。现代终端客户发展烟草会员1405名。卷烟扫码上传率95.61%，上传准确率97.04%，均超过上级下达的目标。

【烟草专卖管理】 2017年，新丰县烟草专卖局始终保持卷烟打假高压态势，充分发挥政府组织领导卷烟打假的核心作用。强化与打假办、公、检、法、工商、质监等相关职能部门的沟通协调，突出打假、打私、打非的工作重点，利用元旦、春节、“3·15”国际消费者权益日等节日开展打假专项行动，强化打假合力，巩固和发展联合打假工作机制。积极推进卷烟市场监管网格化管理，按照行业APCD工作方法管理要求，根据不同类别零售户的经营特点，开展“四不定”检查模式，实时调整监管措施，进一步提高稽查员对市场监管的工作效率，提高市场监管实效，净化辖区卷烟市场，维护好国家利益和消费者利益。2017年，共出动专卖执法人员2560人次，出动执法车辆364台次，检查卷烟经营企业13589户次，查处涉烟案件102宗，查获涉案卷烟257万支，涉案卷烟总值69万元。开展“3·15”国际消费者权益日、“5·15”打击和防范经济犯罪宣传日活动和“12·4”全国法制宣传日法制宣传活动，接待咨询群众130余人次，派发宣传单张、宣传卡片等宣传资料共1250多张。至2017年底，全县有效正常经营零售户656户，卷烟市场平均净化率97.2%。

【精益管理】 2017年，将“精益管理”作为提质增效的内驱动力，积极鼓励全体员工学精益、做精益，不断改进现有的管理模式和体系，努力提高新丰县烟草专卖局（分公司）的整体科学管理水平，为企业发展实实在在创效益。新丰县烟草专卖局（分公司）卓越QC小组在韶关市烟草专卖局（公司）举办QC小组成果发布会连续三届获得了奖项。改变以往粗放式管理，坚持“精益管理降本增效是内功”的基本定位，以降低成本和提高效率为目标，制定切实有效的措施对各环节进行梳理、优化，为新丰烟草的效益增长做出积极贡献。

【新丰烟草党建工作】 2017年，新丰县烟草专卖局（分公司）坚持贯彻落实中共十八大精神，以学习宣传贯彻中共十九大精神作为首要政治任务，坚持“一岗双责”，严格落实党风廉政建设责任制，推进党内民主决策，推进各项专项治理，遵守廉洁从政各项规定，筑牢拒腐防变的思想道德防线，保持党员队伍的纯洁性。推进惩防体系建设，开展效能监察和廉政监督，执行“三重一大”制度，加强对重点领域和关键环节的廉政风险防控，加强反腐倡廉教育，提高领导干部廉洁从政意识，打造阳光新丰烟草；完善信访维稳工作制度，定期组织信访排查，将不稳定因素解决在萌芽状态，为新丰烟草发展创造稳定局面。

（周德祥）

附：2017年广东省新丰县烟草专卖局（分公司）正副局长（经理）名单

局　长（经　理）：陈建秉

副局长（副经理）：曾卫东

副经理：陈新亚

盐业专卖

【概况】 广东省盐业集团韶关有限公司新丰分公司（广东省韶关市盐务局新丰分局）于2004年6月成立，隶属于广东省盐业集团韶关有限公司（广东省韶关市盐务局），既是新丰县食盐专营的经营主体，又是依法行使盐业行政管理职能的部门。2017年在职员工4人，销售网络覆盖全县，负责26多万人口的食用盐、生产用盐、农牧盐供应任务。加碘食盐实行统一价格、统一配送，根据广东省盐业集团韶关有限公司下达的计划组织调拨、销售、保证供应。2017年，实现销售680吨（其中小包装碘盐630吨，食品加工用盐43吨，小工业用盐7吨）。多年来，公司认真履行企业职责，在供应合格的加碘食盐、防治碘缺乏病、应对突发事件、维护市场秩序等方面做了大量工作。

【食盐专营】 国务院《盐业体制改革方案》于2017年1月1日起正式实施，继续承担过渡期盐业行政管理和执法职能，贯彻执行国家有关盐业法规、规章、政策及盐业九项行政管理职能，抓好食盐安全管理工作。会同县有关职能部门开展协同执法，共同管好食盐市场。加强盐政队伍建设，严厉打击各类涉盐违法活动，确保了食盐的安全供应。全年共组织了四次盐政联合大执法行动，全年盐政检查共出动执法人员423人次，检查批发部、超市、零售商店、饭店、食堂等共1657间。

【食盐宣传工作】 联合县卫生、疾控中心、食品药品监督局等部门，积极开展2017年“3·15”国际消费者权益日、“5·15”防治碘缺乏病日宣传活动，通过悬挂横幅、展示图片、发放资料、现场咨询等形式，营造全社会共同关注碘缺乏病防治工作的良好氛围。盐业体制改革后，发放、张贴《关于加强全省食盐市场经营管理的通告》《致食盐渠道商、消费者一封信》，加强对盐业体制改革政策的宣传引导。共发放各类宣传资料余份，宣传效果显著。

【自有渠道建设工作】 积极应对食盐市场竞争态势，加快食盐自有渠道建设，确保食盐安全供应和食盐质量安全。落实“招牌上门、货架进店”，食盐直配直送，逐步以优质的服务对接零售终端渠道。（陈元元）

附：2017年广东省盐业集团韶关有限公司新丰分公司负责人名单

局长（经理）：马雄辉

供销合作

【概况】 新丰县供销合作联社属参照公务员管理事业单位，为县政府直管单位，县财政全额拨款。在编人员16名。内设办公室、人事股、监审（财务）股、业务股4个职能股（室）。2017年末，下属公司8个，由新供销宏达资产经营有限公司统一管理，基层供销合作社6个，领办农民专业合作社44个（其中农资类6个，农产品类38个），综合服务社4个，农资配送中心1个。全社系统在岗经营人员150人，经营管理人员19人，离退休人员277人。企业改革用人制度，由县联社聘用企业经理或主任一人，企业下属由经理、主任自行聘用，企业在经营活动中自负盈亏。

【主要经济指标完成情况】2017年，全社系统实现商品销售总额1.61亿元，其中农资销售5401万元，日用消费品销售9735万元，农产品加工与销售360万元，社会贡献105.3万元。

【债务情况】 至2017年末，全社系统资产总额约8500万元，负债总额为3048万元，大部分是关停企业历史债务，暂无法偿还。

【社有企业资产】 2017年末，全社系统造册土地使用权面积为2.21万平方米，其中县社本部土地面积为0.358万平方米，直属企业土地面积为0.58万平方米，基层社土地面积为1.28平方米。房产面积0.75万平方米，其中直属企业房产面积0.3万平方米，基层社房产面积0.45万平方米。

【“新网工程”建设】 *农资网* 全县建有农资配送网点50个（其中农资专业合作社6个），农资销售点100个，年销售各类化肥3000多吨，农资销售额达4600万元。

农副产品生产、经营流通网点 2017年领办农民专业合作社6家。目前，全县供销系统创办、农民专业合作社44家，农副土特产品销售达4500多吨。

日用消费品经营网点 2017年成立1个综合社区服务社；新增马头中心社农产品批发市场、沙田社日用品超市。目前，全县六镇一街建立有34个日用消费品经营网点以及3个综合服务社。

烟花爆竹经营网点 供销合作联社下属庆丰烟花爆竹有限公司，有烟花爆竹经营网点110个，认真执行安全生产规定，在经营中没有发生重大事故。

【“万村千乡”市场工程建设】 2017年，县供销合作联社农业生产资料配送中心，下设63个连锁配送点，覆盖全县6镇1街，积极组织农资产品送货下乡，派出技术人员跟踪服务，指导农业生产的安全用肥、用药，保证全县农业生产的农资供应。2017年销售各种化肥3000多吨。（谭志凡　朱友谊）

附：2017年新丰县供销合作联社领导班子成员名单

主　任：李继后

副主任：陈祥新

李春玲（10月起任）

新丰县丰江投资开发有限责任公司

【概况】 新丰县丰江投资开发有限责任公司（简称“丰江投资公司”）作为县人民政府批准成立的国有企业，是新丰县基础设施建设投资、国有资产管理和市政公用项目投资运营的主要主体。丰江投资公司成立于2016年6月，注册资本人民币8500万元，公司内设综合部（办公室）、财务部、业务部、工程部、资产管理部等部室，人员8人。2017年，在县委、县政府的正确领导下，围绕“建设韶关主动融入珠三角加快发展先行区”核心任务，以强烈的历史使命感和紧迫感，主动适应和引领经济发展新常态，深入推进“特色工业扩容转型、宜居城乡开发建设、生态产业集聚兴旺”，丰江投资公司的综合实力稳步增强，城市基础设施建设及城市提升工作取得新进展，现代企业制度建设进一步完善。

【融资情况】 受国家金融“去杠杆”政策影响，2017年，金融企业的信贷政策呈现出较大规模的紧缩。丰江投资公司紧紧围绕县委、县政府决策部署以及各级部门的大力支持，主动保持与各金融机构、社会资本的对接，扎实推进项目建设，积极提升投融资能力，累计向金融机构和社会资本融资建设约24亿元，在一定程度上缓解财政投入城市基础设施建设资金不足的难题。

【项目运作情况】 推进农村公路路网建设项目，助力农村基础设施建设项目获得韶关农发行4.58亿元的授信贷款额度，截至2017年底累计放款6000万元，建设涵盖了新丰县五镇一街9条农村道路。

聚力建设新城，强力推进丰江新城龙围起步区建设项目　项目共计向社会资本融资12.59亿元，由太平洋建设集团中标建设。2017年项目已启动万丰花园安置房项目建设。

围绕“融珠”战略部署，推进广韶（新丰）创新产业示范园一期双创综合服务区建设项目　新丰县“十三五”规划明确提出发展六大产业，创新创意是其中之一。项目一期占地27亩的“双创”综合服务区建设项目于2017年2月底通过公开招投标方式确定由丰江投资公司组成的联合体以1.38亿中标。项目目前1—3号楼已封顶，外墙装修进度超过50%，已完成生产产值约6000万元。

推进民生实事项目，启动镇村生活污水和垃圾处理工程　项目总投资约4.7亿元，分A包、B包。A包涵盖六镇及县污水处理项目，B包为街道生活垃圾处理，采用PPP模式进行建设，目前A包、B包已分别注册成立项目公司，丰江投资公司代表政府出资方已募集1800万资本金。

重点推进县城医疗机构布局调整、鲁古河水库引水及第三水厂等民生实事工作　严格按照县委、县政府“成本低、期限长、建设快”等条件择优选择社会资本对项目进行投资建设，力求在新的融资环境下探讨可行的融资出路，目前项目均已和意向投资人对接洽谈具体投融资方案。

垦造水田项目鲁古村委调研协调

【亮点工作】　砥砺奋进，商贸经营创佳绩　经过一年的经营运作，丰江投资公司全资子公司荣城建材公司2017年实现主营业务收入1.17亿元，营业利润403万元，累计为地方纳税271万元，顺利升为新丰县规上企业，为新丰县的商贸类企业注入了新的活力。

强强联合，注资控股建筑企业　为深化国有企业改革，推进国有企业发展混合所有制经济，增强国有经济活力，主动适应和引领经济发展新常态，以及整体提升新丰县建筑企业的实力，带动和延伸配套产业发展。8月23日，丰江投资公司成功签订注资控股新丰县建筑安装工程有限公司，将通过取长补短、共同经营发挥各自优势，促进新丰县建筑业的发展，为新丰县建筑业的保税创税贡献力量以及确保国有资产的保值增值。

积极应对，保障新丰县经济社会发展的用地需求　为破解耕地占补平衡难题，保障新丰县经济社会发展的用地需求，按照国家及省的政策，明确要求了城市分批次建设用地项目设计占用耕地的，必须落实先补后占和直接补充优质耕地或水田，不得再以承诺的方式进行报批。为破解耕地占补平衡难题，保障新丰县2018年建设用地的报批，经县政府同意，确定由丰江投资公司筹措资金实施本次利用未利用地垦造水田（耕地）项目，约合垦造水田（耕地）面积一千亩，项目投资估算约八千万元，第一批五个项目已启动施工招投标工作，项目的启动及建设完成验收后的指标使用将为全县经济社会跨越发展做出新的贡献。

精心组织，全力推动调整

第二水厂取水水源工程项目　为落实省环保厅关于第二水厂取水水源改造意见，确保县城供水需求以及供水安全，同时有利于韶新高速新丰标段按计划顺利推进，根据县政府工作安排，丰江投资公司承接实施了该建设工程项目，并为项目筹集500万元资金，经公开招投标确定管材供应及施工主体后，丰江投资公司倒排工期，细化分工，全员参与，放弃节假日休息，仅用21天完成了项目工程沿线占地补偿及5.5公里的工程施工及安装工程工作，以高标准完成项目施工并通过竣工验收，履行了县政府对省环保厅承诺的改造工期，确保了韶新高速新丰标段的顺利动工。**助力发展，推动城市公共交通建设**　县委、县政府把开通城市公交作为2017年的民生实事之一。丰江投资公司作为新丰县城市基础设施投融资主体，通过快速组建并启动运营新丰县城市交通实业有限公司，采取融资贷款的方式，购置20辆低碳环保纯电动公交车，建成充电桩10个，首期开通2条公交线路，截至2017年底，累计安全行驶里程9.2万公里，乘客吞吐量19.7万人次。

（罗海雯）

附：2017年新丰县丰江投资公司领导班子成员名单

董事长：余文增

副总经理：廖学勇　黄晓鹏

2017年10月31日，公交车试行揭幕

旅　游

概　况

2017年，新丰县旅游局加强和规范旅游行业管理、加快旅游项目的建设，做好旅游景区景点的规划、建设、宣传推介等工作。全县拥有旅行社8家，星级酒店6家。全县旅业接待床位数4900个。拥有主要旅游景区（点）5个，国家AAAA级旅游景区1个，国家AAA级旅游景区1个。拥有星级农家乐8家。

旅游接待与收入

2017年全县接待游客总人数273.960万人次，同比增长18.35%，旅游总收入约21.9亿元，同比增长21.07%。

旅游宣传与节庆活动

【旅游宣传】　2017年2月15日，新丰县旅游协会、新丰县云髻山旭日旅游开发有限公司在云髻山景区开展“保护云髻山文明旅游行”志愿环保活动。2月23日，新丰县旅游局组织旅游企业参加2017年广州国际旅游展览会。展会期间通过《新闻直播间》现场访谈、多媒体展示、现场咨询、现场活动等多样化手法，让各地游客深入了解新丰县特色旅游产品，宣传新丰旅游新名片。5月18日，新丰县旅游局组织旅游企业参加由东莞市旅游局、韶关市旅游局联合举办的“2017韶关（东莞）旅游推介会”。5月28—30日，首届佛山·禅城旅游文化周暨高铁经济带旅游博览会在佛山市岭南明珠体育馆举行，新丰县旅游局组织旅游企业携手参展，积极推介新丰特色旅游产品，宣传新丰旅游新名片。5月，东莞电视台特别策划的大型文化旅游栏目《从东莞出发》栏目组对新丰县云髻山、秀田古村等经典景点进行了深入拍摄和探访，全面推介新丰县旅游资源。该节目在东莞广播电视台以及集团旗下全媒体平台播出。6月15日，新丰县旅游局组织云髻山景区、云天海温泉原始森林度假村等旅游企业参加第31届香港国际旅游展。9—10月，新丰县旅游局举办“我为新丰代言”暨“新丰十大旅游手信”评选活动，评选出新丰十大旅游手信。10月1—7日，新丰县旅游局在

2017年1月7日，新丰樱花节&砂糖橘采摘节启动仪式

县政府广场和新丰江畔举办主题为“团圆映明月，情浓汇新丰”的“迎国庆贺中秋”灯笼会。10月4日，新丰县旅游局在新丰江边举办“迎国庆？贺中秋”旅游手信展。12月3日，著名影星潘粤明到新丰拍摄由腾讯视频与华谊浩瀚联合出品，视盐文化制作的贺岁美食文化真人秀《年味有FUN》节目，节目在新丰县云髻山、云天海、新丰县第一中学、恒胜客家大院、文长村潘家院子等地取景，通过拍摄新丰的风土人情、景色风光及特色菜肴，从美景、美食以及教育的角度来展现新丰县的风貌。12月30日，新丰县旅游局组织旅游企业参加在韶关市浈江区鑫金汇举办的第二届“韶关人游韶关”旅游文化节。2017年，为了塑造越野赛事形象，宣传“越野新丰”新品牌，提升“越野新丰”知名度和美誉度，新丰旅游面向社会各界人士公开征集了“越野新丰”主题歌词活动。2017年6月，新丰县旅游局特邀杨湘粤、陈洁明、苏虎组成评审小组，并根据标题首字母先后顺序对备评选资格的200件作品进行评选，从中评选出前三名获奖歌词作品。

【旅游节庆】 新丰樱花节＆砂糖橘采摘节 2017年1月7—8日，2017新丰樱花节＆砂糖橘采摘节启动。2017新丰樱花节＆砂糖橘采摘节由新丰县旅游局、新丰县体育局、沙田镇人民政府、黄礤镇人民政府、深圳市自行车行业协会主办，以“樱樱祝福、带桔回家”为主题，是2017年新丰旅游节庆的开年亮点，活动内容包括启动仪式、“徒步广东香格里拉”广州新丰亲子游活动、“山仁行”之品新怀旧·助学骑行和新丰县城至沙田新丰“闺蜜徒步”等主要活动。此次活动覆盖面广，活动形式丰富多样，吸引了众多游客参与其中。通过开展旅游＋健身活动，串联起新丰旅游资源，推广以“樱花”“砂糖橘”为代表的新丰旅游、农特产品，突出新丰特色。活动开辟新的旅游线路，为县内外户外运动爱好者提供活动平台，打响“越野新丰”这一品牌口号，助力新丰旅游事业发展，有效推广了新丰特色旅游资源，取得了一定成效，提升了全县知名度。

7月19日，全国学生定向锦标赛开幕式盛况（新丰县）

2017年全国学生定向锦标赛 2017年7月18—25日，全国学生定向锦标赛暨中国“四维杯”全国测绘地理信息职工定向越野赛在新丰举办。此次赛事由中国大学生体育协会、中国中学生体育协会、中国测绘地理信息学会联合主办，新丰县人民政府承办，新丰县旅游局、教育局、体育局、旅游协会、东莞市东城街道办事处、广东雪山森林养生旅游发展有限公司等单位协办。此次定向赛事有来自包括北京大学、清华大学、中国地质大学（北京）、中山大学等全国20多个省、市159所学校、202支学生代表队及测绘职工，共计2600余名运动员、教练员、裁判员、测绘员参与，参赛学校以及参赛人数创全国学生定向锦标赛历史之最，是此项赛事首次选在县级城市举办，也是新丰县历年来举办过的规模最大、项目最多、时间最长的户外体育盛事，推动新丰旅游、教育、体育、文化事业携手并进。

在“2017年全国定向锦标

赛”活动中，经过层层筛选推荐，以及主办方中国大学生体育协会、中国中学生体育协会、中国测绘地理信息学会的多次测绘勘察，将比赛场地设置在黄磜的樱花峪、梅坑镇、丰城街道，通过与定向赛事完美融合，推广了新丰县景区优美景观的知名度，宣传了新丰县旅游资源丰富的乡镇，丰富了赛事的多元化。此次赛事得到了主办方的高度评价和一致认同，赛后授予新丰县旅游局为“中国学生定向最佳合作单位”，梅坑镇为“全国学生定向锦标赛美丽赛场”称号，黄磜镇和樱花峪景区为“全国学生定向锦标赛最佳野外赛场”称号，丰城街道为“全国学生定向锦标赛最佳街区赛场”称号。

赛事经过为期两个多月的筹备、宣传，得到了省内外各界的广泛关注，带动了新丰旅游的发展，促进新丰全民健身体育事业的发展、充分展现新丰秀美形象，充分发挥了新丰优势资源，进一步提升新丰旅游的知名度和影响力，打造“旅游＋教育＋体育”国际赛事品牌。

百香果节　新丰县首届百香果节于2017年10月2日在新丰县沙田镇百香果种植基地启动。新丰县旅游局利用国庆、中秋8天黄金周假期，结合新兴亮点，与沙田镇政府、新丰华瑞生态农业有限公司共同举办新丰县首届百香果节，以特色农产品“百香果”为主题，打造本土农业旅游特色品牌，结合“美丽乡村＋乡村旅游建设”，探索“旅游＋农业”的发展模式，助推西部乡镇经济发展。

2017年枫叶文化系列活动　新丰县2017年枫叶文化系列活动于2017年12月16日启动。活动由新丰县委、县政府主办，新丰县旅游局、新丰县文广新局、新丰县体育局承办，活动内容包含枫叶文化系列活动启动仪式、“不忘初心融珠先行”文化交流活动、“山仁行·助学骑行”活动、第三届新丰美食文化节、“山水源头·秀美新丰”摄影比赛和新丰旅游手信展等。启动仪式现场热闹非凡，除了新丰县首届“十大旅游手信”颁奖、“山水田园、秀美新丰”摄影比赛开机仪式、骑行授旗仪式、“新丰味道”厨师亮相和骑行环城游等活动，还在体育馆分会场举办了第三届新丰美食文化节和新丰旅游手信展。启动仪式当晚举办了“不忘初心·融珠先行”枫叶文化交流活动，活动分为枫之美、枫之韵、枫之颂三个篇章。通过恢宏大气的舞台、绚丽多彩的灯光、高大上的表演阵容，通过观众喜闻乐见的文化表演交流形式，展现了新丰县“融珠先行”的风采。

2017年枫叶文化系列活动通过借助枫叶为媒介，突出新丰县把坚守生态底线，把生态文明建设放在显要位置，以生态休闲为主创品牌，推动旅游发展的战略思维。此次活动既是新丰县“融珠先行”的体现，又是学习十九大精神活动的创新，赋予了枫叶文化系列活动新的内涵，助力于继续打响“越野新丰”旅游品牌。活动吸引了广州日报、南方网、韶关日报、韶关新闻网的关注和报道，得到了秀美新丰、新丰旅游、新丰TV、新丰家园网等平台的大力宣传，提高了新丰旅游的知名度，增强了活动的影响力。

10月2日，首届百香果节（新丰县沙田镇天中村）

旅游行业管理

【管理机构】 新丰县旅游局新丰县旅游局为县政府直属管理的正科级公益一类事业单位（参公事业管理）。赋予行政管理职能，负责管理旅游行业，事业编制9名。单位设3个内设机构：办公室、行业管理股、资源开发股。主要职责有贯彻执行国家和省、市有关旅游工作的方针政策和法律法规，起草有关旅游业管理的地方性政策和规范性文件并监督实施；研究和推进旅游综合改革，协调旅游安全、旅游应急救援、节假日旅游、红色旅游工作，引导生态旅游观光休闲度假，协调和推动国民旅游休闲计划实施；制定旅游市场开发战略并组织实施，组织新丰旅游整体形象的对外宣传和重大推广活动，负责省内、外旅游合作与交流事务；组织县内旅游资源的普查、规划、开发和相关保护工作，引导旅游业社会投资，引导旅游产品开发和旅游制造业发展，监测旅游经济运行，负责全县旅游统计工作及行业信息发布；监督、管理旅游服务质量和市场秩序，组织实施旅游区、旅游设施、旅游服务、旅游产品等方面的标准工作，指导旅游行业精神文明建设和诚信体系建设，指导行业组织的业务工作；会同有关部门做好出国旅游、赴中国港澳台地区旅游的规范管理及协调工作，开展对国外及中国港澳台地区的旅游市场推广工作；协调并组织实施旅游人才计划，指导旅游教育培训工作，会同有关部门指导实施旅游从业人员的职业资格标准和等级标准工作；承办省市旅游局和县人民政府交办的其他事项。

旅游质量监督管理所新丰旅游质量监督管理所为新丰县旅游局下属正股级事业单位，负责新丰县旅游业质量监督管理工作，事业编制2名。主要职责：宣传和贯彻执行国家有关旅游质量监督工作的法规；受县旅游行政主管部门的委托，受理各类旅游质量投诉，并反馈处理结果、统计和分析相关信息；受理旅行社的旅游质量赔偿案件；协助县旅游局开展全县旅游市场检查整顿；受县旅游行政主管部门的委托，监督检查本县旅游企业贯彻旅游服务质量国家标准和行业标准执行情况；承办县旅游局交办的其他事项。

【行业协会】 新丰县旅游协会新丰县旅游协会是由新丰旅游管理部门与旅游企业按照自愿原则组成的非营利性的社会组织，具有独立的社团法人资格。协会接受新丰县旅游局的指导、新丰县民政局的监督管理。2017年共有45家旅游企业作为协会会员单位。

新丰县烹饪协会新丰县烹饪协会是新丰县旅游协会分会。协会接受新丰县旅游局的指导、新丰县民政局的监督管理。2017年共有17家旅游企业作为烹饪协会会员单位。

【行业管理】 2017年1月17日，新丰县德润教育旅游有限公司成立。3月9日，新丰县旅游局、新丰县旅游协会办公地址由丰城大道东6号金叶大厦搬迁至新丰县人力资源市场大楼9楼。3月30日，新丰旅游公司停业。4月6日，广东青之旅国际旅行社有限公司新丰门市部成立。6月27日，广东省旅游安全顾问石磊到新丰县指导旅游安全工作，实地走访了万亩果园、樱花峪、大丰农场等企业。在万亩果园进行了旅游安全座谈会，部分景区、农家乐等代表参加了会议。7月11日，新丰县交通大酒店、新丰县百乐宫大酒店通过国家三星级饭店复核。7月18日，敏通旅行（广州）旅游有限公司新丰营业部成立。9月30日，新丰县交通旅行社有限公司停业。9月，新丰县旅游局开展全县A级旅游景区整顿治理工作。10月27日，广东青之旅国际旅行社有限公司新丰门市部注销。12月11日，广东志纯国际旅行社有限公司新丰西门门市部成立。12月27日，惠州市志纯国际旅行社有限公司新丰分社更名为广东志纯国际旅行社有限公司韶关分公司。

旅游资源开发和景区（点）建设

2017年1月1日，广东新丰雪山国际旅游度假区项目首期怡情庄园对外试业。6 月 13 日，韶关市委副书记、新丰县委书记陈波在新丰县旅游局会议室召开旅游调研座谈会。6 月 19 日，新丰县政府与韶关市金财投资集团有限公司、韶关市旅游发展投资集团有限公司签订合作开发经营桐木山温泉度假村及高山体育运动公园与云髻山健康养生特色小镇框架协议。8 月，韶关市委副书记、新丰县委书记陈波带领新丰县党政有关领导、规划团队、专家学者及旅游开发重点企业负责人组成考察团前往浙江省杭州市、江苏省无锡市实地考察，学习新农村建设、乡村旅游、特色小镇建设等方面的先进经验。2017 年，新丰县旅游局委托广东粤商旅游规划管理咨询有限公司编制《丹桂山旅游区概念规划》，对丹桂山项目旅游发展定位、功能区布局、重点项目策划、旅游公共服务设施空间布置及竹林古寺周边配套设施等进行规划，并提出旅游区项目运营、市场拓展方面的建议策略，规划于 2017 年 8 月完成。10 月 16 日，广东省旅游局国际交流合作处处长张国辉、广东省社科院旅游研究所所长庄伟光、广东新空间旅游规划有限公司执行院长刘海涛、广东省旅游发展研究中心副研究员梁江川一行 6 人就全域旅游暨旅游扶贫工作开展调研活动。调研组实地考察了省旅游扶贫重点村大岭村、挂扶单位省国资委出资兴建的大岭桥、客家围屋儒林第，并围绕新丰县全域旅游和大岭村旅游扶贫工作召开座谈会。11 月 17 日，新丰县召开全域旅游工作座谈会，分析新丰县产业发展现状，统筹推进“全域旅游”工作开展。2017 年，新丰县旅游局完委托对《新丰县旅游总体发展规划》进行修编，规划于 2017 年 11 月完成规划修编。2017 年，广东雪山氧吧谷项目项目累计投资 5539 万元，完成项目总体建设规划，开展完善客家山庄、景观树种种植、垂钓池打造、雪山湖、游客步道、高山茶园、绿竹长廊、木屋别墅等基础设施建设工程，首期怡情庄园板块已于 2017 年元旦正式试业。已成功申报市级森林公园，正在筹备项目申请建设民用三类直升机场的申报工作。2017 年，新丰县大风门旅游度假酒店项目累计投资 3358 万元，完成项目详细建设规划，开展景观花木种植、观赏林道、污水截留、挡土墙、建筑土方等相关基础设施建设，并已完成项目连接桥梁工程，推进 4 栋客家围屋主体建设工程。2017 年，福盈酒店进行室内装修工程和配套设施建设，完成路面路基等配套设施、厨房主体工程，外墙装饰、别墅区绿化等项目建设。2017 年，云髻山旭日旅游总体开发项目古建筑一条街区完成 52 栋古建筑，占地 1200 多平方米的将军楼古建筑已经完成木料主体建设。2017 年，云髻山景区、秀田村和万亩果园旅游厕所新、扩建项目列入 2017 年省级旅游发展专项资金（旅游厕所建设专项）项目，共获得 40 万元的专项资金的支持；惠民农场旅游厕所建设项目被列入 2017 年市级旅游发展专项资金（旅游厕所建设专项）项目，获得 10 万元的专项资金的支持。

旅游服务

【旅行社】 新丰县有新丰县旅游公司、新丰县交通旅行社有限公司、新丰县阿婆髻旅行社有限公司、新丰县青年旅行社有限公司、新丰县德润教育旅游有限公司五家国内社及敏通旅行（广州）旅游有限公司新丰营业部，经营国内旅游业务；有广东志纯国际旅行社有限公司韶关分公司及广东志纯国际旅行社有限公司新丰西门门市部两家分社及营业部，经营国内和国际旅游业务。

【宾馆酒店】 *新丰县交通大酒店*　位于县城境内 105 国道旁，西临新龙（新丰至龙门）公路，北靠 105 国道，南倚新丰江。交通便利，环境优美，空气清新。是一家三星级多功能酒店，酒店内拥有豪华套房及标准双人房、三人房。设有供 500 人用餐的中餐厅和贵宾包房、娱乐 OK、沐足、品茗茶艺、康乐棋牌、商务会议、商场、大型停车场等服务设施。

新丰县百乐宫大酒店　位于新丰县丰城大道东 10 号，周

围环境优美，空气清新，交通便利，是一家三星级饭店。酒店总面积8800平方米，楼高13层，拥有豪华套房、豪华单人房、双人房、标准双人房共65间，配备中西餐厅、多功能的舞厅、KTV包房、棋牌茶艺馆、地下停车场等服务设施。

新丰皇天星悦酒店 位于新丰县丰城街道新龙大道113号，北倚105国道，西邻温泉度假区，风光旖旎，环境优雅，位置优越，交通便利。是一家三星级综合性多功能时尚酒店。酒店设施齐全，格调高雅，拥有各种类型客房70间，设有KTV包房、休闲中心、茶艺、中餐厅、地下停车场等完善便利的配套设施。

新丰云天海温泉原始森林度假村 位于新丰县梅坑镇利坑村，酒店按照国际五星级标准装修，拥有各式客房565间，房间宽敞明亮，可饱览绝美园景和山景。温泉区蝴蝶谷别墅18幢，温泉水直入客房。客房配备中央空调，有无线上网、卫星电视、国际电话、迷你吧、安全系统等。拥有7间不同规格的会议室和1间多功能国际宴会厅，最大的国际宴会厅可容纳800人。拥有国际宴会厅、西餐厅各1间，中餐包房19间，可同时容纳1000人就餐，提供本地特色餐饮，以客家菜、农家风味、绿色餐饮著称，兼有西餐、川菜、湘菜。

新丰江源温泉旅游度假山庄位于新丰县梅坑镇梅东村，是一家多功能的三星级温泉旅游饭店。温泉山庄内的桂花山庄拥有20栋雅致的别墅，竹林宾馆拥有各式客房87间，客房设施齐全，室内的装潢设计都是仿照中国汉唐时代的奢华风格精心设计，别墅区内均有独立温泉池、自动麻将、茶具等。拥有3间不同规格的会议室和1间多功能会议厅，最大的国际宴会厅可容纳250人。拥有宴会厅1间，中餐包房6间，可同时容纳270人就餐，主要经营客家菜、粤菜及川菜。

云髻山温泉度假山庄 位于云髻山脚，山庄温泉水质清澈，常年水温45℃左右，富含氡等多种对人体有益的微量元素。山庄内设别墅、客房、餐厅、会议室、温泉沐浴、健身栈道等设施，拥有各式客房58间，客房设施齐全。餐厅及包房可同时容纳200人就餐。温泉区大小温泉池相间，红花绿树相映，古朴典雅的南国民风，浓浓的客属风情，饶有情趣。

新丰恒胜客家大院 位于新丰县新龙大道17号，位置优越，交通便利，是一家三星级综合性多功能酒店。酒店装修以客家文化为主题，客家元素无处不在，让游客感受到浓郁的客家文化氛围，拥有设施齐全的各种类型客房41间。酒店主要经营客家菜，拥有具客家特色的餐厅包房20间，宴会厅2个，多功能会议厅1个，可同时容纳1100人就餐。

此外，还有各种家庭旅馆82家，其中包括一些档次较高、规模较大的未评星的酒店，如银山大酒店、澳城花园酒店、金樽商务酒店、龙洲大酒店、月亮湾假日酒店、流星花园酒店、恒泰商务酒店、新金星假日酒店、山水假日酒店、双辉商务酒店、恒昌商务酒店、聚龙苑假日酒店、大浪潮假日酒店等。

【民宿和农家乐】 *森涞大丰茶叶庄园* 位于广东省韶关市新丰县黄礤镇茶洞村，创建于2003年，占地面积37.33公顷，主要从事种植、经营有机高山茶、蝉红红茶。茶叶采用人工采摘，出产的蝉红红茶香味独特、带有果香与天然蜂蜜的芳香。以特色花园为基础，在这得天独厚的生态环境下建造了外观精美、别具风情的特色精品民宿。茶园集休闲养生、旅游观光、餐饮住宿于一体，游客在这可体验采茶、制茶、品茶、品尝客家风味美食，感受有氧有机生活。

怡情庄园 位于新丰县县城东北约5公里处岳城村，占地面积约12.81公顷，于2017年元旦开业。庄园内空气清新，建有主题餐厅、12栋木屋别墅、大型垂钓池、儿童游乐设施，并配套景观花海、瓜果采摘区，后续将推进越野车体验营地建设。有大型停车场，是一家集住宿、吃饭、垂钓、农业观光、休闲娱乐于一体的综合性庄园。

雪山林苑 位于省道244线新丰至龙门段旁，雪山林场内，是丰江生态农家乐园内的三星级农家乐。山庄总面积200

亩，主要经营休闲农家乐，内含天然氧吧、儿童游乐设施、休闲垂钓、果蔬采摘、绿色购物、野外烧烤、菜园禽畜认养等；游客承载量为1000人，可同时容纳350人就餐。农庄提供可口农家乐特色菜肴，采用农家特有的石磨豆腐、本地鸡、水鸭、鹅、香鱼、溪螺、溪鱼以及各种时令鲜蔬为原料，采用传统的土灶精心烹制，使各式佳肴保持着原汁原味，让游人在山庄赏纯朴民风，品纯正农家饭。

丰衣足食农庄　位于丰城街道横江村的丰江河畔岸边上，是新丰县二星级农家乐。农庄占地面积35亩，使用面积4000平方米，其中绿化面积1500平方米，鱼塘面积20亩，包间共12间、饮食长廊等共设餐位300个，大型停车场可停放50辆小车。农庄翠竹林立，环境优雅，主要经营餐饮全，配套休闲垂钓、参与豆腐制作、双人自行车游乐等项目。农庄所用食材均来源于自办的100多亩的生态养殖场，各式特色农家菜令回味无穷。

小河湾酒店　位于新丰县梅坑镇347线省道旁，相距县城约12公里，占地2000平方米，可同时容纳500人用餐，是一间地道的乡村酒店，2013年被评为二星级农家乐。酒店依山傍水、一派田园风光，集饮食、住宿、休闲于一体，是接待来宾、宴请亲朋、喜庆筵席的好去处。餐厅主要经营客家酿豆腐，本地白切鸡，全猪汤，紫苏炒山坑螺，农家蒸腊肉等新丰特色农家菜，并将新丰八大特色菜之一的“紫苏鸭”做得美味可口，众多珠三角游客都慕名前来品尝。

新宝塔山庄　位于新丰县丰城街道坳头村（105国道旁），新丰历史建筑雁塔之下，是新丰县二星级农家乐。农庄总面积1.8万平方米，四面环山邻水，生态优良，拥有鱼塘、酒窖、22间中餐包房、3间棋牌室及占地800平方户外长廊，可同时容纳350人同时就餐。后山有5000平方用于花木种植，养鸡养鸭。停车场可容纳小车40辆。主要经营农家特色饮食，自养自销土猪、鸡、鸭、鱼等。配套有休闲垂钓、生态休闲观光（果蔬采摘）、棋牌等项目。

九里香农家庄　位于省道S244线沿线新丰县黄陂村茨菇坑，交通较为便利，是丰江生态农家乐园内的二星级农家乐。农庄占地面积100多亩，依山傍水、环境清幽，配有山泉水泳池，游客享受美食外，可进行游泳消暑、果蔬采摘、野外烧烤、垂钓等活动。山庄主要经营农家特色美食，自养自销土猪、鸡、鸭、鱼等，特色菜石锅鱼深受游客欢迎。

此外，还有各种农家乐60多家，如丰珠山庄、天泉山庄、李宁山庄、丰景山庄、顺鑫隆农庄等。

【旅游商品】　土特产品新丰县是素有“九山半水半分田”之称的典型山区县，土特产品都是以纯天然的野生植物为原材料的精心制作的。主要有张田饼印、大丰蝉红红茶、大丰有机高山茶、茶洞仙堂山有机高山茶、五指香鸡、食得先香脆泡鸭掌、粤客醇米酒、果逅百香果饮料、“雁鸣传情”特色面、菩善堂辣木茶、康绿霸王花、汤料、蜜制番薯干、梅菜、灵芝、冬菇、木耳、笋干、蜂蜜、木屐、山楂茶、花生油、山茶油、云髻山米、美少女西瓜、火龙果等，还有云髻山酒及高浓度醇香的回龙松山米酒。

特色菜本县主要人口以客家人为主，因此，各种美食佳肴均具新丰客家特色。主要的特色菜有紫苏鸭、客家酿豆腐、全猪煲、甜酸鹅、客家焖大肉、河鱼、本地走地鸡、山坑螺等。

风味小吃主要有粽角、千层皮、山坑螺、老鼠仔、番薯饼、艾糍、钵仔糍、油果、牛耳酥、番薯丝等。

【旅游交通】　高速公路大广高速公路韶关新丰段主线长38公里，加上匝道共44公里，是新丰县第一条高速公路，于2015年12月31日建成通车。

国道105横贯本县东西，境内全长约40公里，按山区一级路标准建设，现已完成通车。距广州150公里。

省道S244线纵贯本县南北，境内全长60多公里；S347线是连接106国道、京珠高速的主要交通干线，按山区二级公路标准改造完成并通车，境内全长约60公里，距韶关市区165公里。

景区道路全县通往景区的道路，均按山区二级公路或三级公路标准建成并通车。

主要旅游景点简介

【云髻山旅游区】 云髻山位于新丰县城西北8公里处，属省级自然保护区，主峰海拔1438.8米，是珠三角地区的最高峰，因此山容姿远望酷似老太婆头上的螺髻，且主峰常年云雾缭绕，因而得名云髻山。她既有南方山水的钟灵毓秀又有北国山岳的雄伟峻拔，是广东最美乡村示范区、广东最佳自驾游目的地和广东森林生态旅游示范区。

云髻山旅游区是新丰江的源头。著名的新丰江水库的库容43%的水源来自这里。新丰江的水通过东深供水工程将新丰人民的一片深情源源不断地献给了下游的惠州、东莞、深圳、香港等地四千多万的人民。旅游区内的新丰江源三叠瀑布，落差达128米。瀑布旁石壁上是由中国书法家协会主席沈鹏先生题写的“新丰江之源”五个大字。

云髻山自然生态环境优美，原生态环境保护极好，山中空气清新宜人，是天然的大氧吧。区内险峻的山势，茂密的丛林，壮美的瀑布，奇特的石景及幽静的山地温泉，形成一道独特的自然景观。云髻山拥有数以万计的岭南最大片原生的三角枫。三角枫是一种著名的观赏树种，高达二十多米，树冠宽广，体形精巧，色泽红艳。云髻山枫叶的颜色随海拔的高度而变化为红、黄、绿，层次分明，形成一道道独特风景线。

云髻山旅游区是以山地体育为特色，集登高、探险、观光旅游、休闲度假于一体的广东省第一个山地体育旅游区。其中，云髻山温泉区的温泉水色清楚、无污染、无异味、无杂菌，含氟、钾、钠等多种微量元素，对治疗各种皮肤病、关节炎、肠胃病、肥胖症等有明显的疗效。在海拔八百米处的鸳鸯湖，宛如镶嵌在山中夺人心魄的璀璨明珠。水面山峰倒映，云影，人影、树影徘徊其中；山风徐来，拂动着静谧的水面婆娑起舞，雨后蒸腾的紫雾在水面的山谷间撒下一层纤柔的薄纱，恰似少女羞涩的蒙面，平添云髻山几许神秘的色彩。

云髻山古镇商业街建设是云髻山项目首期建设的重点工程，项目计划在保护云髻山的原生态和自然资源的前提下，依山而建，迁建200多栋的明清时期徽派、福建、广府、客家等建筑风格的古建筑，形成独一无二的“山麓古镇奇观”，成为全国古建筑群保护和利用之典范。

【樱花峪】 位于广东省韶关市新丰县黄礤镇偏北5公里处，总面积800亩，是以樱花为特色，集旅游观光、休闲度假、农家乐、购物于一体的广东省第一个以樱花为主题的旅游区。景区地形如七星伴月，3万多株20多个品种的樱花，分布于各个小山头。以台湾寒绯樱和日本八重樱为主，另植五叶松、桃花、茶花、月季、金针花、菊花、孤顶花、莲花等。寒绯樱花色鲜红，春节前盛开，花期达25天以上，一串串的花簇犹如铃铛悬于枝头。八重樱花色由白色至深粉红色，春节后盛开花梗细长而下垂，像一盏盏红灯。区内樱花造型奇特，有合欢树、夫妻树、心心相印树等，一株有一景，山间白鸽掠过天空，非常迷人。整个景区的樱花让游客仿佛置身于花的海洋，芬芳宁静，姹紫嫣红，美不胜收，处处散发着乡村大自然的气息。景区2015年新增了露营区，共有露营帐篷8顶，2016年引进了房车、小木屋，新建了野营地，具有80个野营位。露营区内水电、厕所、Wi－Fi等基础设施齐全。

【云天海温泉原始森林度假村】

新丰云天海温泉原始森林度假村是国家AAAA级旅游景区，度假村坐落于紧邻广州从化20公里的4000亩原始森林之中，景区地形狭长，山势奇特，层峦叠嶂，林木茂盛，清澈溪水贯穿其中。度假村以高山密林为主，交通便利，是首家以高山密林为主的原生态峡谷温泉，负离子浓度高达10万个单位/

立方厘米，冬暖夏凉。四季温度均在15—28℃之间，是专家指定为最理想的浸泡温泉之地。它是广东温泉度假村又一典范力作。度假村酒店设计以江南建筑为主体格调，白墙灰瓦，与原始森林自然景观天然的融为一体，集豪华客房、特色餐饮、养生温泉、休闲娱乐为一体，配套设施齐全，环境优美，是珠三角最好的原生态避暑养生胜地。大型温泉区占地100多亩，温泉池60多个，采用高档的天然大理石为主要装修材料，布局合理，设计独特，休息亭采用乡村茅草屋模型，东南亚风格。温泉日出水量2000立方米，含有丰富的多种矿物质、微量元素，还有可达瘦身效果的“氡”元素。按着规划设计有：大泳池、全进口设备娱乐池、儿童池、按摩岛、地热石板、各种功能花浴、药浴等。可同时容纳2000多人浸泡温泉。

【新丰江源温泉旅游度假山庄】

新丰江源温泉度假山庄是国家AAA级旅游景区，山庄内山峦起伏，树木葱茏，山水相拥，景色秀丽，拥有集山、湖、泉于一体的自然风光资源和丰富的温泉资源，实为珠三角地区一个难得集名山、名树、自然森林氧吧与天然温泉为一体的综合旅游度假区。温泉用心设计每一个沐池，精雕细琢每一个细节。大小温泉池共有采集天然的鹅卵石，细琢成片，布局成各种造型贴于池壁。与文化结合，呈现出一个又一个的温泉精品．新丰江源温泉度假山庄水清澈透明，水质达到医疗热矿水水质的标准。富含氡、钙、镁等48种矿物元素，经专家鉴定，对神经骨痛、风湿病、腰肌劳损、肌肉萎缩、肠胃病等多种疾病有明显疗效；对美容、减肥更有特效。同时，还能起到可以促进新陈代谢，缓解肌肉痉挛，改善血液循环，增强肌体免疫力。舒筋活络、强身健体、安神定神、抗衰老、保健、美容等功能等作用。

【天地人和有机葡萄园】　位于广东省韶关市新丰县丰城街道岳城村，占地120多亩，是目前新丰县最大的葡萄园基地。以农业种植、养殖和产品深加工及销售；生态旅游、生态农庄。合作社现种植有红提子、紫提子、青提子等十个品种，如温克，夏黑，圣诞玫瑰等，利用得天独厚的丰江水和自然生态环境的有利条件，采用标准化生产种植技术，施用有机肥，使得这里的葡萄能够在无污染的良好环境下生长，结出无农药残留，无施用化肥的优质、安全、绿色的葡萄果品。待果园逐步完善后，一年四季都是游玩观光及品尝的好去处。合作社有自酿葡萄酒，无添加任何辅料及添加剂，天然健康，放心食用，是美容养生佳品。

【秀田古树公园】　位于新丰县马头镇秀田村，距县城18公里。秀田古树公园是中共广东省委办公厅在2013—2015年开展的新一轮扶贫开发“规划到户、责任到人”工作中帮扶秀田村的扶贫开发项目之一。公园规划面积29000平方米，集旅游观光、绿色生态、文化乡村、公共服务等功能于一体，展现美丽乡村文化生态休闲活动特色。该公园以两棵有四百多年历史的古秋枫树为中心，古树造型秀丽，其中一棵树干已空，需八人伸手方能合围，另一棵则分枝四处，繁茂婆娑，当地村民视之为神树。古树周围环境优美，客属风情浓郁。已开发的秀田古树公园划分为四个功能区。公共服务区包括便民服务站、卫生综合楼、文化站、公厕等公共服务设施；古树保护区包括古秋枫树、绿地、园林、秋水湖等生态景观；文体活动区包括篮球场、休闲广场、健身广场等休闲活动场所；客家文化区包括两座古老的客家围屋、炮楼、华公书院以及客家文化和秀田村史等历史人文展示。

【万亩果园】　位于丰城街道长陂村，距县城4公里，总占地面积近万亩。果园种植了十几个品种的名优水果，一年四季都能饱尝水果大餐。场内种有马来西亚阳桃，澳洲红肉李，台湾甜脆桃，东魁杨梅等十多个品种300多公顷。花季，满园飘香，处处繁花似锦；果季，红的，黄的果实挂满枝头，随手可摘。万亩果园里，种植了两百多亩银叶金合欢花，每年春节到三月，每天吸引了上千人来观赏，热闹非凡，游客络绎不绝游客。游客可以在园内赏果、品果。庄园集农业观光、科普教育，休闲度假、农家乐，购物于一体，是广东省生态示范园。

【中心广场】 中心广场面积近万平方米，是该县群众休闲、娱乐、健身的主要场所之一。广场前面是整体呈拱形排列的柱子，中间高，两边低，对称分布，显得稳重、厚实；广场后面是该县的政府办公大楼，左右两侧是精致的花园，有步道通入。站在广场上可见巍巍云髻山顶和新丰县旧八景之一“嶂开君子”。早上，这里是人们晨运、健身的地方，晚上，这里灯光辉煌，人们又在此休闲健身、载歌载舞、玩耍游戏，共乐太平。 （李婷婷 钟芳）

附：2017 年新丰县旅游局领导班子成员名单

局　长：李玮莹

副局长：温阳光

　　　　李春玲（任至10月）

　　　　李金方（10月起任）

财政税务

财　政

【概况】　新丰县财政局内设办公室、人事股、国库股、预算股等16个机构，下属12个事业单位（含5个中心、7个财政所），机关行政在职31人，工勤在职7人，参公在职41人，事业在职7人，政府购买服务在职2人，全系统在职干部职工共88人。

【财政收支】　2017年，新丰县一般公共预算总收入完成193572万元，占年度计划的100.56%，比上年增收4249万元，增长2.24%。一般公共预算地方本级收入完成33030万元，占年度计划的100.56%，比上年增收2045万元，增长6.6%（按可比口径，增长8.7%）。其中：税收收入完成21864万元，比上年增收1037万元，增长4.98%，占一般公共预算地方本级收入的66.19%；非税收入完成11166万元，比上年增收1008万元，增长9.92%，占一般公共预算地方本级收入的33.81%。

2017年，全县一般公共预算总支出181950万元，占年度计划的112.22%，比上年增支9466万元，增长5.49%，滚存结余11622万元，实现了全县财政预算收支平衡的目标。

【职能发挥】　2017年，县财政局发挥职能作用，培植财源，科学调控，促进县域经济发展。加大财源培植力度，促进经济社会发展；全力组织财税收入，扎实抓好税费征管；保障和改善民生，推进基本公共服务均等化；认真落实民生保障政策，不断增进民生福祉；加强财政管理，依法理财，促进法治财政建设；深化财税体制改革，加快建立现代财政制度。

【民生保障】　2017年，民生支出143031万元，占一般公共预算地方本级支出的比重77.96%。其中教育支出29747万元；社会保障和就业支出30738万元；医疗卫生和计划生育支出22356万元；节能环保支出7469万元；农林水支出25071万元。大力支持精准扶贫、精准脱贫；加强财政扶贫资金监管。大力支持医疗改革，落实医改资金2246万元。加大各类弱势群体扶持力度，不断完善社会保障机制。

【制度改革】　2017年，推进全县财政改革步伐。继续深化部门预算改革，提高财政保障能力，增强预算分配和执行的透明度。这些改革有全面落实国家减税清费政策，大力支持实体经济发展；完善全口径预算编制体系；深化国库集中支付改革；有序推进基本公共服务均等化；编制2017年政府综合财务报告；推进财政投融资制度改革，采用PPP融资模式和新增债券相结合，并扶持丰江公司发展壮大；深化政府采购制度改革；深化公务卡改革；协调税务部门全面有序开展“营改增”工作；完善农村集体“三资”管理平台建设及基层公共服务综合平台建设。

【监督机制】　2017年，树立财政“大监督”理念，健全完善政府性资金和财政运行全过程的监督机制，建立和进一步完善“预算编制、预算执行、财政监督、绩效评价”四位一体的监督管理机制。按照“收支并举、监管并重、内外并行”

的工作思路，内强素质，外树形象，强化职能，依法监督，以高度的政治感和责任感，切实履行了各项监督管理职责，在创新财政监督机制、加大检查和处罚力度、加强制度和队伍建设等方面取得了可喜的成绩，为做大经济和财政“蛋糕”，规范财政管理，推进财政改革，对现有的财政管理制度进行清理、分类，规范运行流程，明确岗位职责和关键环节，优化财政业务流程和标准，全面规范财政管理活动，防范财政风险。接受人大、政协、审计和社会舆论的监督，严肃财经纪律，依法治税理财。

【廉政建设】 2017年，加强机关廉政建设，抓好队伍培养。通过开展“作风建设”“纪律教育学习月”等活动，深入贯彻十八大精神和中央“八项规定”，加强干部教育培训，提高财政干部的综合素质，增强依法理财、科学理财的能力，以构建惩治和预防腐败体系为重点，着重加强廉政建设。

（朱海英　何昌茂　李建宜）

附：2017年新丰县财政局领导班子成员名单

党组书记、局长：林继开

党组成员、副局长：陈旭日
李铁蛮
刘池原

党组成员、公共资产管理中心主任：赵葵花

党组成员、办公室主任：朱海英

国家税务

【概况】 2017年，新丰县国税局紧紧围绕税收现代化的主题，按照“收好税、带好队”的总体要求，立足全县国税工作要点，全面加强依法治税，积极优化纳税服务，狠抓队伍建设，规范行政管理，在全面构建税收征管、纳税服务、人力资源管理、廉政惩防、行政管理和国税文化建设“六大体系”方面取得较好成效，为当地经济发展和社会稳定做出了突出的贡献。

【组织收入】 2017年，共组织税收收入34501万元，首次突破3亿元大关，同比增长40.25%、增收9901万元，完成年度税收预期目标27850万元的123.88%。其中增值税收入26608万元，消费税收入540万元，企业所得税5003万元，车辆购置税2350万元。整体实现了全县税收收入总量及各级次同步增长的良好态势，为新丰加快“融珠先行”提供了财力保障。

【税收法治】 2017年，国税局着力于规范税收执法行为，着力于整顿和规范税收秩序，不断提升税收法治水平。强化税收征管，不断推进税制改革落地。推广2342户纳税人进行电子税务实名认证、1127户次纳税人办理“五证合一、一照一码”登记，落实商事制度改革，推进征管体制改革和国地税合作工作。强化税源管理，不断筑牢税收征管基础。成立经济税源调查工作小组，对36户重点税源企业和房地产、建筑安装行业开展税源调查，依托协税护税等方式充分掌握企业税源情况。强化风险管理，不断完善税收堵漏机制。2017年全面推进税收风险管理工作，着力提高风险应对能力和水平，堵塞征管漏洞。查补入库税款及滞纳金1492万元；开展纳税评估27户，纳税评估入库税款810万元。

【纳税服务】 2017年，新丰县国税局进一步提高税收征管效率，降低征纳成本，优化窗口办税、网上办税和自助办税“三位一体”的现代化服务格局。落实税收优惠政策，2017年度小微企业税收优惠政策减免税额达到1381.55万元，占增值税税收收入总量的5.47%；在企业所得税汇算清缴享受研发费用加计扣除优惠政策企业共3户，享受研发费用加计扣除优惠政策扣除额407.65万元。推广“银税互动”，推动国地税与工商银行等5家商业银行签订“银税互动”合作协议，推出“税融通”“云税贷”等融资方式，助力中小企业发展。开展税收政策辅导，举办税收政策专业培训，确保税收政策宣传到位、落实到位。优化办税厅配置，建立网上办税服务厅，实现“一人一窗一机”，升级纳税人自助办税体验，提高纳税满意度。在满意度调查中，取得全省第一名的成绩。

【队伍建设】 大力加强干部队伍建设，通过多种途径来提高干部队伍的素质。学习贯彻落实中共十九大精神，把十九大精神贯穿在新丰县国税局的各项工作中去，促进税收工作发展。压实全面从严治党主体责任，通过“两学一做”学习教育、履行“一岗双责”把思想政治建设抓在日常、严在经常。强化党员干部队伍建设。全面加强党支部建设，通过发挥好党建管理、绩效管理和数字人事“三大抓手”的作用和“四个之家”建设，激发党群队伍活力。积极参与创优活动，2017年度新丰县国税局被韶关市精神文明建设委员会授予“韶关市文明单位”荣誉称号。

【党风廉政建设】 2017年，在继续抓好税收执法管理信息系统、信访案件管理等系统基础上，上线税收执法风险防御（RED）系统，建立起事前预警、事中实时提示、事后监督问责的税收执法风险动态监管体系。强化监督执纪。纪检监察干部牢固树立“四个意识”，聚焦党员干部执行“六大纪律”方面的存在问题，通过加强“两权”监督和严格规范执纪，切实把税收管理监督贯穿日常工作生活之中。

【国税文化建设】 加强文化引领，打造以“灵秀丰江，水墨税源”为品牌的新丰国税文化。以“走廊文化”为载体，融入“四个之家”建设，发扬新丰国税“厚德法道，思源报国”的核心价值观，在“建设”上下功夫，在“管理”上做文章，全面构建具有鲜明时代特征和行业特点的国税文化体系，发挥国税文化教育人、约束人、引导人的作用。（孙情）

附：2017年新丰县国税局领导班子成员名单

党组书记、局长：王朝军

党组成员、副局长：邓晨旭
陈建英
潘保华

党组成员、纪检组长：李国镜

地方税务

【概况】 新丰县地方税务局组建于1994年9月，为正科级行政单位，主要负责贯彻执行国家各项税收法律、行政法规和规章，组织实施各地方税种及其他规费的征收管理工作。为落实转变税收征管方式，推进纳税人分类分级管理改革，新丰县地税局于2017年11月进行组织体系优化调整，调整后，局内单位缩减至7个，分别是：行政综合办公室、业务综合办公室、监察室、稽查局、纳税服务分局、税源管理分局和数据管控分局。截至2017年12月底，全局共有干部职工92人（含2017年新进公务员6人），其中男性63人，女性29人，大学本科以上学历45人，有党员58人。另有劳务派遣人员8人（含协税员5人）。全局管辖纳税户5451户，其中企业1621户，个体3830户，2017年年纳税额50万元以上的重点税源企业有97户。

【组织收入】 2017年，受“营改增”等政策性减收因素影响，新丰地税共组织税费总收入4.08亿元，同比减收0.14亿元，下降3.4%。组织税收收入2.02亿元，同比减收0.18亿元，下降8.3%（剔除营改增因素影响，可比增收0.16亿元，可比增长8.9%），其中，组织县级收入1.42亿元，同比减收0.12亿元，下降7.5%（剔除营改增因素影响，可比增收0.04亿元，可比增长2.7%）。组织各项费金收入2.06亿元，同比增收0.04亿元，增长1.9%，其中组织社保基金收入1.89亿元，同比增收0.09亿元，增长4.7%。

【服务大局】 2017年，新丰县地方税务局积极组织开展税收经济调研，立足税收角度分析县域经济发展形势，服务地方党政领导决策，其中，向县政府报送的县域税收分析报告等三份材料获得县委副书记、县长马志明的批示肯定。落实各项减税降费政策，支持、服务企业发展壮大，2017年在促进小微企业发展方面减免税费91万元，在支持“三农”、环保、文体金融市场等其他方面减免税费411万元，主动上门为马头工业园、鸿丰水泥、金竹风电等16家重点税源企业解决涉税（费）问题70余个，与全县所有商业银行签订《“银税互动”合作协议》，将纳税信用转化为融资信用，帮助中小企业破解融资难题。

【税费征管】 2017年，新丰县地方税务局落实转变税收征管方式，推进纳税人分类分级管理改革，实施组织体系优化，整合机关内设机构，设立专业化职能分局，加强涉税风险管理与数据管理，提高税收征管效能。强化税收分析预测，每月召开税收分析会，牢牢抓住组织收入工作主动权。组织开展4次专项数据清理工作，核查国地税共管户4081户，清理问题数据3403条，完善征管基础数据。加强协税护税工作，建立涉税数据收集管理机制，依托涉税信息共享提升税收管理水平。发挥税务稽查作用，顺利完成6宗稽查积案的清理工作，实现积案全部依法结案，共入库税费、滞纳金、罚款共计441.3万元。

【纳税服务】 2017年，新丰县地方税务局践行“全员服务纳税人”理念，狠抓纳税人满意度整改。组织开展纳税人大走访、大调研活动，广泛征求意见建议，共落实诉求和意见100余条。通过邮寄《致全县纳税人的一封信》、召开纳税人座谈会、推行“全员导税制”等举措，加强征纳沟通，提升纳税人满意度。引导纳税人使用电子税务局、微信办税和自助办税终端，大力推广电子办税并取得明显成效，电子申报率从2017年1月份的43.5%上升至12月份的96.7%。与县人社局、县社保分局建立联席会议制度，及时传达、监督指导基层落实各项减费降负政策。完成2016年度纳税信用评价工作，评定A级纳税人9户，B级纳税人179户，C级纳税人77户，C级纳税人48户，A、B级纳税人较上年度大幅增加、C、D级纳税人略有减少。针对不同行业企业、不同纳税人实施“精准税宣”，多渠道做好政策宣传解读，2017年共举办各类纳税人培训21期，累计培训860余人次。

【队伍建设】 2017年，新丰县地方税务局落实“善待大龄人、用好中年人、加速培养青年人”理念，坚持人岗匹配和老中青相结合的梯次配备原则，根据组织机构优化情况，顺利完成4名副科级干部和11名正股级干部的岗位调整。按照干部推荐选拔程序，完成1名副主任科员的推荐选拔工作。重视青年干部培养，定期召开青年干部座谈会，组织青年干部参加市地税局青年干部培训，选拔优秀青年干部到重要岗位担纲。深化绩效管理结果运用，将评先评优与绩效管理相结合。开展纳服岗位练兵比武活动，提升队伍专业素质。完成县局党总支换届改选工作，举办首届干部职工趣味运动会，在职工饭堂新开设晚餐，完善干部职工生日、疾病慰问制度，提升队伍凝聚力。

【党风廉政建设】 2017年，新丰县地方税务局落实全面从严治党要求，将税收工作与党风廉政建设工作同部署、同落实。通过“党组书记上党课”、撰写心得体会等形式，深入开展中共十九大精神学习宣传教育活动。开展税企党支部、机关与分局党支部结对共建活动，推进融合式党建。制定《新丰县地方税务局2017年党风廉政建设和反腐败工作任务分解表》，组织各部门负责人签订“廉政责任书”，明确责任落实。强化纪检监察监督执纪问责职能，落实谈话提醒工作，完成审计发现的21个问题的整改工作。抓好廉政教育，全年共组织1期纪检监察业务培训，1期纪律教育专题辅导，党组中心组专题学习党廉工作2次，开展纪律教育学习月活动，组织全局干部职工到县廉政教育基地进行警示教育。 （夏力）

附：2017年新丰县地方税务局领导班子成员名单

局长、党组书记：
黄　文（任至3月）
陈永强（3月起任）
副局长、党组成员：吴壬生
徐文达
党组成员、纪检组长：罗青松
党组成员：潘亮明（任至7月）
杨健（8月起任）

金融保险

中国人民银行新丰县支行

【概况】 中国人民银行新丰县支行（简称“人行新丰县支行”）内设办公室、会计国库股、综合业务股三个职能部门，2017 年末，在职员工 22 人。2017 年，人行新丰县支行紧密结合县经济发展实际，认真贯彻执行稳健的货币政策，切实维护金融稳定，不断提升金融服务水平，努力促进地方经济、金融平稳较快发展。年末金融机构各项存款余额 84.66 亿元，同比增长 10.1%，其中城乡居民储蓄存款余额 56.77 亿元，同比增长 9.9%；各项贷款余额 44.08 亿元，同比增长 7.0%，其中短期流动资金贷款 7.43 亿元，同比增长 30.3%。存贷比为 52.07%，同比基本持平。

【内部管理】 加大内部监督，提升制度执行力；厉行勤俭节约，提升服务保障水平；加强综合治理，确保安全稳定运行。加强党建和队伍建设，认真落实巡视整改工作；加强党风廉政建设，推进完善惩防体系；强化党建带团建，成立支行团支部，推进青年工作。

【信贷投放】 人民银行新丰支行积极引导辖区金融机构合理安排信贷投放，满足辖区经济发展重点项目需求，主动作为助力县域经济发展，2017 年全县信贷投放保持良好增长态势。年末全县金融机构人民币各项贷款余额 44.08 亿元，同比增长 7.0%，促进了县域经济持续健康发展。

【金融精准扶贫】 完善金融扶贫信贷工作机制。联合县委农办、财政局出台《新丰县金融扶贫信贷工作实施细则》；促成县农信社与县委农办、财政局签订“三方”《金融扶贫信贷合作协议》，设立 2000 万元担保基金和贴息金；促成县扶贫办与三家涉农银行机构签订合作协议，构建“贫困户 + 产业”机制；积极向上级行争取“央扶贷”投放给地方法人机构 4000 万元，重点支持精准扶贫。其中运用扶贫再贷款资金发放扶贫农业贷款 10 笔，金额 1043 万元，带动贫困人口脱贫。

【货币政策实施】 加强政策宣传和窗口指导，促进货币政策有效落实。积极向县委、县政府领导及相关部门和金融机构宣传货币政策意图和人民银行会议精神，把握好信贷投放总量和节奏，科学制定规划，合理安排信贷投放，满足辖区经济发展重点项目需求。积极组织辖内金融机构进企业，入村镇，创新机制，开发适合地方的信贷模式，至 2017 年末，发放“农民安家贷”贷款 299 笔，余额 9118 万元。主动加强与县人社局、财政局和有关金融机构的联系与沟通，落实创业担保贷款政策，至 2017 年末，发放妇女创业贷款 265 笔，累计发放贷款余额 1165 万元，发放农户小额担保基金贷款 28 笔，贷款余额 140 万元。积极推广企业应收账款融资，至 2017 年末，在中征应收账款融资服务平台登记注册成功 4 家企业，融资交易 1 亿元。运用货币政策工具，向地方法人金融机构投放“央扶贷”4000 万元，重点支持精准扶贫。

【金融稳定工作】 加强对地方

法人金融机构管理 认真做好专项中央银行票据兑付后的监测及考核工作，加强对农信社流动性的监测和分析，提高法人金融机构支持地方经济发展的能力；对法人金融机构贷款投放情况进行监测调控，确保贷款投放平稳有序；对法人金融机构开展合格审慎评估。

推进存款保险制度的实施 认真开展法人金融机构存款保险制度的投保手续的办理和缴费基数的测算工作，完成法人机构2017年上半年的保费收缴工作。

加强“两管理、两综合”工作 规范金融机构重大事项和重要信息报告制度，完善对金融机构的综合评价工作，对辖区各金融机构2016年执行人民银行有关规定情况进行综合评价。组织开展农信社经营与改革情况调研，对农信社扶贫再贷款使用情况、农信社代理国库集中收付业务开展现场检查，加大了金融监管力度。

强化金融管理，确保金融平安 加强重大事项的应急管理，加强辖区金融机构治安综合治理管理工作。组织金融机构深入社区、乡镇，开展金融消费权益保护、反假币反洗钱及“防范非法集资、电信诈骗”等打击和防范经济犯罪系列宣传活动6次，增强基层群众金融安全意识，确保一方金融平安。

【会计国库服务】 完成2017年TCBS系统升级验证工作和国库会计辅助分析系统升级工作，并对TCBS系统生产环境和灾备环境新客户端进行验证，保证系统上线后正常运行；加强国库会计核算管理，把好核算质量关，预防核算工作差错；加强国库监管，认真把好国库业务更正关，做好库款的支拨、退付日常监督；组织召开“银税互动”联席会议，签订《“税融通”项目战略合作协议》，强化税务部门、银行业金融机构的协商合作。

【普惠金融工作】 推进农村普惠金融村村通工作。至2017年末，全县已建成177个助农取款点，信用村和乡村金融（保险）综合服务站示范点每个镇（街）各2个共14个，助农取款服务点行政村覆盖率达到125.53%，多次会同金融办、金融机构等部门，加强宣传培训，拓展惠农服务室功能，扎实推进信用村建设。助农取款服务点共办理取款业务2.97万笔，金额1216.90万元，转账业务2.01万笔，金额992.6万元，查询业务1.07万笔，有效缓解了农村地区金融服务空白的状况。

【社会信用体系建设】 深化农村信用环境建设。2017年，为构建新丰县良好的金融生态环境，扎实开展“两建”工作，人行新丰支行积极引导和组织涉农金融机构做好农户信用信息采录工作。截至2017年末，全县共采集农户信用信息3.2万余户、录入2.6万户。其中已获评级授信4760人（户），累计发放涉农贷款1000多户、贷款金额9226万元；优化扶贫金融服务环境。积极推动县政府出台《新丰县扶贫小额信贷管理工作实施细则》等，从制度上保障扶贫信贷担保基金顺利运作，有效发挥了对涉农银行机构的政策支持、普惠金融服务和对强化县域“三农”供血造血作用；加强征信窗口管理，提升征信查询服务质量。继续做好个人信用信息互联网查询及个人信用报告查询的宣传和舆情监测工作，安装启用新丰县首台个人信用报告自助查询机，为公众提供优质服务，受到社会各界的好评。

【反洗钱工作】 加强对辖内金融机构反洗钱工作的指导，强化与公安等职能部门的沟通，做好电信诈骗防范工作；协助配合新丰县公安机关，成功侦破一起涉嫌网络赌博案件；结合“反洗钱宣传月”，联合县公安、国税局开展“反洗钱反恐怖融资反逃税”宣传活动，增强反洗钱意识，进一步提升辖内反洗钱水平。

【反假货币工作】 做好人民币收付及现金管理工作，规范假币收缴、鉴定和残缺污损人民币兑换行为，督促提高流通中人民币整洁度，维护人民币信誉；加强反假货币的宣传，组织辖区金融机构开展反假货币宣传6次，不断提升反假货币工作效果。

【金融消费权益保护】 2017年，积极组织各金融机构开展保护金融消费权益宣传活动，妥善化解、处理恶意诋毁金融机构（农信社）声誉突发事件1例，通过指导和协调有效提升辖区金融机构舆情应对意识、处理能力和避免纠纷升级或恶化，有效提升社会金融消费维权意识，保障了一方金融稳定。

【学习宣传贯彻中共十九大精神】 通过组织收看十九大报告，召开党组、党支部及干部职工专题学习会，开展“重温党史，不忘初心”主题党日活动，不断加强党员干部理论学习和实践，把思想统一到中共十九大精神上来，做到融会贯通，提升履职水平；通过宣传栏、内网和微信群等各种宣传阵地，广泛宣传十九大精神、“两学一做”学习教育常态化制度化的目的、要求、内容和措施等，再次掀起“两学一做”学习教育热潮；通过党组书记、班子成员上专题党课、开展“迎七一 精准帮扶”主题党日活动、分别与全南支行、乳源支行和南雄支行联合开展“不忘初心，坚定跟党走”主题党建交流活动等形式，共学共建，进一步推进学习贯彻十九大精神、“两学一做”学习教育常态化制度化在支行落地生根、落实落细。

【金融知识宣传】 2017年，人行新丰县支行重点围绕“《信用名片》微电影投放”、“3·15”国际消费者权益日、“5·15”打击和防范经济犯罪宣传日、“6·14”信用记录关爱日、“金融知识普及月”、“反洗钱宣传月”等，积极组织辖内各金融机构广泛开展形式多样的金融知识宣传活动，向社会公众普及金融知识，提升了百姓金融素养。 （邓汇锋）

附：2017年中国人民银行新丰县支行领导班子成员名单

行　长：雷　平

副行长：刘如宝

　　　　俞传胜

中国农业银行股份有限公司新丰县支行

【概况】 中国农业银行股份有限公司新丰县支行是一家股份制国有商业银行的分支机构，全行在岗员工47人，下辖中国农业银行股份有限公司新丰县支行营业部、中国农业银行股份有限公司新丰丰城支行两个营业网点，4个自助银行，2个金融服务站，内设客户部、风险部和综合部。在各乡镇、农村设有惠农通服务点99个。2017年，中国农业银行股份有限公司新丰县支行各项业务取得稳健发展，积极为全县社会经济发展提供信贷资金支持和全方位金融服务，积极支持中小企业、个人生产经营、个人消费、个人助业、个人住房和“三农”业务等各个领域，推动全县工业、中小企业和“三农”经济的发展。

【业务范围】 吸收公众存款，发放短期、中期、长期贷款，办理国内外结算，办理票据承兑与贴现，从事银行卡业务，代理收付款项，提供保管箱服务，代理资金清算，企业、个人财务顾问服务，证券公司客户交易结算资金存管业务，证券投资基金托管业务，企业年金托管业务，代理开放式基金业务，电话银行、手机银行、网上银行业务，经国务院银行监督管理机构等监管部门批准的其他业务，保险兼业代理业务等。

【文明服务】 中国农业银行股份有限公司新丰县支行加强精神文明建设，认真开展文明优质服务竞赛活动，不断完善服务平台和提升服务水平，利用先进的电子网络化服务平台，通过各项服务资源、ATM、POS、电子银行、网上银行、手机银行、电话银行和手机信使等，以及金融服务站、离行式24小时自助银行服务点，为广大客户提供安全、快捷、优质和便利的金融服务。

【履行社会责任】 中国农业银行股份有限公司新丰县支行秉承“大行德广伴您成长”的品牌理念，设立三农事业部，做好“三农”金融服务，成立中国农业银行股份有限公司新丰县支行金融扶贫工作推进领导小组，落实中央和新丰县委、新丰县政府有关精准扶贫工作部署，加强作风建设，做好定点扶贫和驻村帮扶工作，支持新丰县“三农”经济发展和农民脱贫致富。（李剑辉）

附：2017年中国农业银行股份有限公司新丰县支行领导班子成员名单

行　长：曾　旭（任至10月）
　　　　卢秋杏（10月起任）

副行长：廖智华

纪检委员：陈　斌（任至12月）
　　　　　谢伟健（12月起任）

中国工商银行股份有限公司新丰支行

【概况】 2017年，工商银行新丰支行在岗员工23人，支行辖属1个营业部、1个二级支行。

【业务发展】 2017年，围绕新丰县委、县政府“融珠先行”发展战略，积极筹集资金，加大信贷支持力度，各项业务发展取得显著成效。年末各项存款余额89300万元，增长10.6%；各项贷款余额53594万元，增长27%。

【经营工作】 大力支持县域经济建设，全面推动普惠金融政策落实，维护地方金融稳定，规范经营行为，努力做好金融服务工作。资产规模快速发展。2017年，加大信贷资金投放力度，实现信贷规模快速发展。公司贷款新增7697万元，增长35%，个人贷款新增3801万元，增长19%。全年发放普惠小企业贷款9404万元，共18户。

【风险管理】 落实党风廉政建设、案件防范工作责任制，提高员工队伍素质，2017年实现安全操作无事故。

【社会责任】 2017年，开展了以“反洗钱、反恐怖融资、反逃税”为主题的宣传教育活动，围绕反洗钱、银行卡使用、电信诈骗等重点，深入开展群众金融知识宣讲活动，提高消费者使用金融产品的风险防范意识；组织员工参加义务捐血及扶贫捐款等公益活动。

（曾志杰）

附：2017年中国工商银行股份有限公司新丰支行领导班子成员名单

行　长：邹建华

副行长：张启锋（任至12月）
　　　　叶先果
　　　　邓志才（任至7月）

中国建设银行股份有限公司新丰县支行

【概况】 2017年，中国建设银行股份有限公司新丰县支行在岗员工13人，营业网点1个，离行式自助服务网点2个。

【业务发展】 2017年，建行新丰支行主动服务地方经济建设，对接县重点项目，为企事业单位和个人客户提供良好的金融服务。主要指标完成情况（截至12月13日）：全口径存款余额4.98亿元，本年新增3480万元，三大行（工行、农行、建行，下同）排名第二；各项贷款余额10.36亿元，三大行排名第一，较年初新增5400万元。认真贯彻实施县人大及其常委会各项决议、决定以及县人大常委会审议、视察和执法检查意见等情况，不断强化金融服务，优化金融生态环境，加大信贷投放力度，有效发挥金融业对经济的支撑和带动作用，促进金融产业的健康发展，实现经济与金融良性互动。

通过开展“满意在建行”系列活动，提升建行社区金融服务能力，提高客户满意度。开展“蹲千点、访千户、走千家”活动、“造梦建行”系列创新活动、“客户最强音”服务反馈活动，深入推进社区金融服务，打造最具竞争力银行网点。

通过创新研发“裕农通”金融服务平台，解决偏远农村客户的助农取款、转账汇款、消费结算、理财等普惠金融服务的业务。

通过大力拓展网络特约商户、慧兜圈、龙商户等移动便民支付工程，进一步推动普惠金融业务发展，优化支付环境，支持县委县政府智慧城市建设，提升便民支付服务水平，满足公众对安全、便捷、高效的支付服务需求。

为更好帮助小微企业解决融资问题，助推大众创业、万众创新，实现税务、银行、企业的三方共赢，建行新丰支行与新丰县国家税务局、新丰县地方税务局搭建“银税互动”工作平台，签订《“税融通”项目战略合作协议》，推动税务部门与建行的联系和沟通，形成长效合作工作机制，创新和丰富银税合作的内容和形式，累计发放税融通项目纯信用、随借随还的小微快贷贷款超1000万元。

认真履行社会职责。深入贯彻落实党中央关于新时期精准扶贫、精准脱贫攻坚战的要求，向上级行申请成立专项扶贫工作组，坚持围绕目标、聚焦问题、突出重点的原则，有针对性地制订精准扶贫方案，于2017年11月获批建行总行的扶贫捐赠款3万元用于“沙田镇咸水村断桥修复项目”。

【经营效益】 2017年，建行新丰支行围绕“以客户为中心”的经营主题，以银行价值最大化为经营目标，推进存款、贷款、中间业务发展，调整优化业务产品结构，推进智慧金融服务设备布放，促进全行效益的稳步增长。加强财务精细化成本管理，严格控制各项费用支出，做到增收节支，提高财务效益。 （黄继真）

附：2017年中国建设银行股份有限公司新丰县支行正副行长名单

行　长：邝细桥

副行长：李银焜

　　　　王海刚

中国邮政储蓄银行股份有限公司新丰县支行

【概况】 中国邮政储蓄银行股份有限公司新丰县支行是在改革邮政储蓄管理体制的基础上组建的商业银行，拥有覆盖新丰县城乡的金融网络。2017年，中国邮政储蓄银行新丰县支行在岗员工35人，设两个内设部门：综合管理部和综合业务部，下辖一个营业部，一个二级支行，6个全国联网服务网点。

【经营范围】 多年来，中国邮政储蓄银行新丰县支行逐步形成了以本外币储蓄存款为主体的负债业务；以汇兑、转账业务、银行卡业务、代理保险、代收代付、代销债券、代销开放式基金等多种形式的中间业务；以及以小企业贷款、小额贷款、消费贷款、商务贷款等为主渠道的资产业务。在完善产品结构等方面取得巨大进步，城乡居民越来越多地享受到中国邮政储蓄银行更加方便快捷优质的金融服务。

【业务发展】 2017年，新丰县支行围绕工作重点，突出理性发展，持续抓好客户营销，全面夯实基础管理，下大力气防范信贷风险，努力扩大转型业务客户资源，有力支持当地经济建设。支行年末存款余额为5.04亿元，较年初增长0.45亿元；各项贷款余额3.42亿元，净增0.46亿元。

【风险控制】 截至2017年12月31日，全行信贷不良贷款仅1笔，不良率为0.009%。一年来支行未发生重大资金损失事件，未发生负面舆情和敏感性投诉事件，各风险指标均在监

管要求的风险管理领域和我行的风险政策之内。在年度内控案防考评中荣获“优秀支行”称号。

【服务民生】 做好边远农村地区的助农取款服务工作。支行在全县各乡镇安装了 POS 机 417 台，转账电话共 105 台，自助服务终端 24 台，其他方式服务覆盖 5 个，为新丰县城乡特别是一些交通、通信、银行服务不便的农村地区提供方便的金融服务。继续做好全县“新农保”服务工作。“新农保”作为政府最重要的民生工程，在县人力资源保障局和社保中心的大力支持下，截至 2017 年底共为全县 78294 人办理“新农保”参保业务，金额 5284.65 万元。

（胡文算）

附：2017 年中国邮政储蓄银行新丰县支行行长、副行长名单

行　长：卢桂沐（任至 11 月）
　　　　吴伯明（11 月起任）
副行长：陈桂芬
　　　　龙飞（1 月起任）

新丰县农村信用合作联社

【概况】 新丰县农村信用合作联社（简称“县农村信用联社”）是由自然人、企业法人和其他经济组织入股组成的股份合作制金融机构，注册资本 1 亿元人民币，实行一级法人、统一核算、分级管理、授权经营的管理体制，是新丰县规模最大、发展最快、服务覆盖面最广与支持“三农”、中小微企业和县域经济发展最给力的金融机构。联社内设八部一室一中心，分别是运营部、安全保卫部、授信管理部、内审监察部、合规与风险管理部、金融业务部、电子银行部、资产保全部、办公室、三农贷款专营中心。辖内有 13 个营业网点，遍布新丰县所有乡镇，分别是营业部、丰城镇信用社、马头信用社、沙田信用社、回龙信用社、城区中心分社、城西分社、城东分社、城南分社、城镇分社、梅坑分社、黄礤分社、遥田分社。2017 年全社在岗员工 164 人，其中机关编制 76 人，网点编制 88 人。司机后勤等临工 9 人。

【业务发展】 截至 2017 年末，县农村信用联社各项存款余额 369694 万元，比年初增加 21800 万元，增长 6.27%，市场占有率 43.67%；各项贷款余额 163822 万元，比年初下降 21202 万元，下降 11.46%，市场占有率 37.16%；存贷款总额及市场占有率均位居全县银行业首位。实现财务收入 19932 万元，同比增加 2973 万元，增长 17.53%；经营利润首次突破亿元大关，达 10314 万元，同比增加 3137 万元，增长 43.71%。

【支农支小】 县农村信用联社始终坚持“支农支小”的市场定位，结合当地经济发展实际，不断调整优化信贷结构，创新丰富贷款业务产品，大力提升“支农支小”服务水平，服务乡村振兴战略和“美丽乡村”建设，积极助力县域经济的健康发展。2017 年，县农村信用联社全年共投放各项贷款近 7 亿元，其中涉农贷款余额158139万元；小微企业贷款余额122616万元。

【金融扶贫】 县农村信用联社严格按照县委、县政府的统一安排部署，认真开展驻村挂点扶贫工作，助力挂扶村脱贫致富，并取得阶段性成果。同时，进一步规范发展扶贫小额信贷，加大金融精准扶贫力度，通过发放扶贫产业、项目贷款，引导贫困农户自主发展特色种养业、农产品加工业、乡村旅游业等项目，支持、鼓励各类涉农企业和新型农业经营主体发挥脱贫攻坚带动作用。

【改制农商】 根据省委、省政府《关于全面推进农村商业银行组建工作的实施方案》部署，县农村信用联社积极开展农商行组建工作，推动体制改革和机制转型，提升发展后劲。2017年，县农村信用联社改制各项工作稳步有序推进，计划2018年改制成为农村商业银行并挂牌营业，届时，将有力增强新丰县金融实力、助推“融珠先行”的发展。

【智慧校园】 县农村信用联社积极利用“互联网+”探索银校合作之路，2017年，作为全省首家开展智慧校园业务的农合机构，县农村信用联社与新丰一中共建首家对接广东农信一卡通云平台的“智慧校园”，成功发行了首张校园一卡通“丰江学子卡”，真正实现“校园消费一卡通、身份识别一卡通、银行业务一卡通”的目标，极大方便了在校师生的学习生活。

【普惠金融】 县农村信用联社以完善现代化金融服务为抓手，扎实践行普惠金融的企业社会责任。不断加大营业网点装修改造力度，为客户提供舒适的金融环境；加强电子渠道建设，助推支付结算方式转型；加大电子银行业务推广力度，提高金融服务的便利性，截至2017年末，共投放ATM自助设备24台，其中离行式4台；认真做好“村村通”工作，改善农村地区支付服务环境；做好金融知识宣传活动，提高民众金融知识水平。2017年，共开展户外金融知识宣传20次，发放宣传资料30000余份，接受咨询10000余人次；堵截各种电信诈骗12次，避免客户资金损失近15万元。

【社会公益】 县农村信用联社开展社会公益慈善活动，履行企业社会责任。组织全体职工开展“广东扶贫济困日”暨“慈善一日捐”活动，共筹得善款1万元。组织全体职工为帮扶的新丰县黄礤镇西草村患病村民黄菊香进行捐款，共筹得爱心款6150元。开展扶贫慰问活动，为困难群众送去爱心。全年共慰问贫困户24户，捐送财物合计6万元。联合新丰县个体私营企业志愿者协会开展“鲜特汇·六一”儿童节公益活动，共筹得爱心善款26345.91元。 （陈海峰）

附：2017年新丰县农村信用合作联社领导班子成员名单

党委书记（理事长）：唐晓飞（3月起任）
党委副书记（主任）：许友华
纪委书记（监事长）：陈小坚
党委委员、副主任：陈丽华
　　华文涛（任至12月）
党委委员：郭　涛（10月起任）

中国人寿保险股份有限公司新丰县支公司

【概况】 中国人寿保险股份有限公司新丰县支公司内设总经理室、办公室、客户服务部、个险销售部、中介代理部、团险销售部，下辖4个营业及服务网点，分别为马头镇营销服务部、梅坑镇营销服务部、第一营销服务部、遥田镇营销服务部。2017年末拥有从业人员450人，其中在职干部、职工20人（总经理1人）。

【业务发展】 截至2017年12月31日公司业务发展情况：中国人寿保险股份有限公司新丰县支公司自营保费1.139亿元，同比增长15%，新单保费4064.36万元，同比增长17%；赔付金额625万元，同比增长16%，赔付笔数882笔，从业人员共543人，其中政策性惠民保险老人险201笔理赔，金额18

万元。妇女“两癌”保险理赔两笔，金额16万元。

【增强执行能力】 2017年，认真贯彻落实上级公司的工作部署，进一步深入“转型”，夯实公司各方面基础。紧紧围绕“服务新丰，做大做强，固本强基，科学发展”这一工作主题，解放思想，创新发展，团结一致，艰苦奋斗，以饱满的斗志、振奋的精神，全力以赴开创工作新局面。全面完成上级公司下达的目标任务，销售业绩和效益均创历史新高。规范管理得到加强，宣传力度加大，公司的社会影响力增强。在业务市场和销售队伍两个方面实现突破性发展，增强公司可持续发展能力。

【履行社会责任】 2017年公司与县民政局、县老龄工作办公室联合为广大老年朋友定制推广保费低廉、保障适度的老年人意外伤害综合保险产品。填补了历史以来老年人保险保障的空白，为新丰县9530多名老年人保驾护航提供全面的保障。继续与县计生局合作，推出国寿计划生育家庭意外伤害保险。为1208个家庭4820多人提供了高额人身保障。积极响应政府号召做好广东扶贫济日活动、积极配合新丰县委、县政府开展精准扶贫工作。

【加强品牌宣传】 中国人寿保险股份有限公司在全市各县均有客户服务柜面，以及专业高效的“95519”客户服务专线，形成了覆盖全市的服务网络。使中国人寿成为客户身边最近的寿险服务商，是粤北地区寿险企业中规模最大、技术力量最雄厚、服务网络最健全的机构。公司全体柜员团结一致，着力打造一支具有思考力的团队，提升整体风险把控能力，在服务方面以内、外部客户体验为导向，倡导“用心服务”，积极开展各种新颖的客户服务活动，提升客户对公司的认同度和满意度。同时，向广大市民宣导保险的风险管理、基本常识、公司品牌文化、公司产品与服务等内容，积极引导广大市民正确认识保险、增强保险意识和树立科学的保险消费观念。向客户发放“国寿鹤卡”，开展“特约商家活动月”活动，为客户提供更多的附加值服务，极大地丰富了广大客户的物质文化生活，也让更多的客户对公司品牌文化有了更深刻的认识。通过“95519”客户服务专线、移动“95519”短信服务平台、国寿“1+N”品牌宣传，做好投诉处理工作，提升客户满意度。组织“微笑服务进社区”大型保险服务咨询活动，向广大市民宣导新保险法实施、风险管理、保险基本常识、公司品牌文化、公司产品与服务内容，引导广大市民正确认识保险、增强保险意识和树立科学的保险消费观念。

【加强队伍建设】 公司在着力发展业务的同时，不断加强销售队伍建设和诚信经营理念的教育培训。以“诚信我为先”活动和《销售人员行为规范》等系列条款的学习为契机，对销售人员进行营销员行为规范教育，加强从业人员职业道德教育，提高从业人员遵纪守法意识，切实抓好内控合规工作。为提升公司员工的岗位技能，提供培训学习的机会，持续增强公司持续发展能力。

（李斯明）

附：2017年中国人寿保险股份有限公司新丰县支公司总经理名单

总经理：潘安清

中国人民财产保险股份有限公司新丰支公司

【概况】 中国人民财产保险股份有限公司新丰支公司（简称“人保财险新丰支公司”），内设综合部、直销业务一部、营销业务一部、营销服务部，主要经营财产保险、农业保险、责任险、意外伤害保险、短期健康保险以及车辆保险等业务。2017年底合同员工17人。

【经营情况】 2017年支公司累计保费收入3057万元，同比增长4%，未能完成上级公司下达的全年任务指标。其中车险保费收入2131万元，同比（1655万元）增长28.76%；非车险保费收入926万元，同比（909万元）增长 1.87%。处理已决赔案 1862 宗，支付赔款总额 1139 万元，简单综合赔付率为 45%，全年实现利润 508 万元。

【社会责任】 人保财险新丰支公司本着“人民保险为人民”的经营理念，以服务新丰经济为己任，通过有效的保险保障、全面的风险管理和及时的保险理赔，为新丰经济建设、社会发展、人民福祉保驾护航。所开办的险种包括机动车辆保险、企业财产保险、政策性农险以及补充医疗保险等附加险种，为全县 65% 的车辆、一大批骨干企业和广大农户提供了保险保障。

2017 年，人保财险新丰支公司开办的政策性水稻保险、政策性农房保险、政策性家禽、生猪保险业务，为广大农民兄弟基本食粮、住房及禽畜养殖业提供经济保障，并取得了良好的社会效果。（朱峰辉）

附：2017 年人保财险新丰支公司领导班子成员名单

总经理：罗华君

副经理：黄　云

教育·科技

教　育

【概况】　2017年，新丰县有学校90所（其中普通高中1所，职业中学1所，初级中学8所，九年一贯制学校1所，完全小学15所，教学点24个，幼儿园40所）。在校（园）学生37396人（其中小学生16695人，初中生6952人，普通高中4015人，职业中学1218人，幼儿园8516人）。在岗教职工2994人（其中编制内2264人，民办教育730人）：普通高中教职工344人；职业中学教职工69人；初级中学教职工677人；民办九年一贯制学校教职工25人；小学教职工1056人；幼儿园教职工1053人（其中民办705人）。全县具有高级职称的215人，中级职称的1744人，初级职称的344人。高中教师本科率98.5%，职业高中教师本科率90.5%，初中教师大专率99.4%，小学教师大专率99.6%，幼儿园（含学前班）幼师中专率100%。全县中小学教师具有研究生学历8人，本科学历951人，大专学历1183人，中专学历346人。全县教师平均年龄42岁，其中高中教师平均年龄38岁，初中教师平均年龄44岁，小学教师平均年龄45岁。

【学前教育】　加快学前教育发展。2017年底，按县政府要求，在教育局办公楼原址新建一所南片公办幼儿园，计划2018年秋季招生360人，以缓解县城幼儿园学位不足的问题。在大力发展公办园的同时，大力扶持民办园发展。2017年，县城新建4所民办幼儿园：澳维加幼儿园、洋洋幼儿园、东方士幼儿园和童心幼儿园，分别可提供幼儿学位360个、200个，200个、200个，有效解决了县城幼儿园学位紧缺问题。

【基础教育】　防流控辍全县小学适龄儿童入学率达100%，小学辍学率保持为0；初中毛入学率达113.65%以上，初中阶段的辍学率为0.27%，有效控制在省标准的范围内，初中保留率提高到96.1%；适龄残疾儿童少年入学率达到99.2%；初中毕业生升学率达99.78%；普通高中毛入学率达96.1%。

德体卫艺2017年全面落实校长主抓德育机制，加强学校德育队伍建设，构建和完善“四线四级”德育管理网络机制；开展文明校园创建，狠抓学生良好行为习惯养成教育；加强班主任培训，充分发挥名班主任工作室作用；抓实法治教育和心理健康教育；积极推进教育“三结合”工作，形成教育合力；切实抓好体育、艺术教育工作，全面推进素质教育实施工程；强化学校饮食安全和卫生管理，重点加强落实制度，履行职责，确保学校卫生安全。

持续开展“垃圾不落地，新丰更美丽”主题教育实践活动。持续开展了法治教育、校园反欺凌教育、心理健康教育、禁毒教育等系列主题教育活动。县教育局与县法院一起多次开展了法官进校园活动。全县中小学、幼儿园均已挂牌成立了家长学校和家长委员会并开展了各项活动。举办演讲比赛、征文比赛、绘画比赛、志愿服务等主题实践活动。9月份与县关工委联合举办了“中华魂（辉煌与梦想）”演讲比赛。积极开展“朝阳读书”活动，全面开放学校图书馆、阅览室，并举办形式多样的读书活动。

2017年，成功举办了全县中小学的书画比赛、毽球比赛、排球比赛、足球比赛、教师乒乓球比赛等活动。其中在承办的韶关市第二十二届中小学（幼儿园）“英东杯”民族集体舞、书画比赛中，新丰一中、职业中学、新丰二中、新丰三中、第一小学、第二小学、第三小学、实验小学在参加的舞蹈比赛、书画比赛中均获得了全市一等奖和全市二等奖的优异成绩；县城一小、县实验小学参加行进管乐、行进打击乐、民族乐器比赛均获得了全市一等奖。2017年7月，新丰县成功承办了“全国学生定向锦标赛暨‘中国四维杯’全国测绘地理信息职工定向越野赛”，参赛人数共约2600多人，历时8天，赛事组织工作受到国家组委会的表扬与肯定。

【教学工作】 2017年，新丰县教育局组织成立了9个中小学学科工作室；全县中小学7个学科有效推行使用“导学案”；下发《“生本课堂”教学改革实施方案》和《新丰县中小学“生本课堂”创新模式教学竞赛评价表》指导性文件，在全县推行以“生本课堂”教学改革为核心的教学模式；改革评价考核机制，发挥考核激励作用；开展全县学科带头人工作职责考核工作；立项了《生本教育理念下县域“导学案教学模式的实践与探索”》的市级规划课题，指导和鼓励学校承接立项子课题；成功申报12项省级教育科研立项课题；组织开展部编教材“三科”全面培训工作；组织开展“广东省中小学青年教师教学能力大赛”新丰选拔赛；组织县级学科带头人和骨干教师送教下乡共28节，涉及所有乡镇；教研室共听课420节，查阅作业1120本，检查教师听课本545本、教师备课本545本、科组计划及总结180份。

8月29日，新丰县教育局机关举办政治理论学习会

【高中教育】 2017年，学校有教学班86个，在校生4272人，其中高一级1319人、高二级1412人、高三级1541。考生1638人，实考1573人，上重点线115人（含惠农专项16人），上本科线568人，上专科线1521人，上线率分别是7.3%、36.1%、96.7%。体育竞赛方面，在2017年韶关市中小学虚拟机器人竞赛中，学校学生代表队分别获得了3个二等奖；在韶关市第十五届青少年运动会和英东杯比赛中，学校男女排球队双双夺得了冠军，男子篮球队取得了第七名，足球队取得第四名；荣获韶关市第二届中小学体育大课间活动评比（高中组）一等奖；在新丰县教职工乒乓球比赛中荣获（团体）第一名。

【职业教育】 2017年是新丰县中等职业技术学校创建省重点中职三年规划的第二年，学校围绕“创建省重点中职、改革创新、质量强校”的战略方针，拓宽思路，创新工作方法，加快改革步伐，各项工作均取得了可喜成绩。学校被评为2016学年韶关市中职学校教学管理先进学校、韶关市安全管理先进单位、广东省优秀成人教育学校；高职类高考再创辉煌，再获全市上线率第一；官白雪同学参加省技能大赛获三等奖；

英东杯健美操、篮球、乒乓球、群舞、声乐等项目均获奖。

【队伍建设】 2017年，围绕“加强教师队伍建设与管理，服务于提高教育教学质量”核心，以加强队伍建设为目标，不断提升教师管理水平；以党建党廉建设为保障，改进作风提升服务水平；以落实福利政策为导向，积极协调处理好劳资工作。重点开展作风建设抓师德活动，重点整治教师八小时外生活纪律、教师有偿补课等师德行为；开展师资培训抓业务活动，完成2017年度国省市县四级培训任务，圆满举办新丰县教育大论坛，培训各级各类教师达2600多人次；开展城乡教师交流抓均衡活动，新招聘65名新教师，共有141名教师参与交流支教。深入学懂弄通中共十九大精神，在教育谋划工作上做实做好；推进“两学一做”学习教育常态化制度化，开展“双争双促”、“四比四表率”系列活动；压实党风廉政建设两个责任，全面推进从严治党。积极完成全县教职工社保并轨改革工作；及时准确做好教师工资、山区津贴、职级晋升、班主任管理费等计发工作。

【学校安全】 以“三防建设”（强化人防职责落实、强化校园技防建设、强化校园物防设施设备配置）为重点，切实做好校园安全防范工作。开展了防溺水、防交通事故、防火灾、防食物中毒、防传染病、心理健康、反邪教、禁毒、防不良网络信息、不良书刊侵扰、校园反欺凌等方面的教育和组织开展了应急演练活动，进一步提高了广大师生的安全意识和自救自护能力。全年未出现学校责任事故。

【教育创强】 2017年较好地完成了教育督导工作任务，促进全县教育的改革和发展。认真扎实地开展规范化幼儿园评估工作，目前，金宝贝、金博士、丰城艺术幼儿园已经通过县规范化幼儿园的验收，马头、梅坑镇中心幼儿园已经进行了市一级幼儿园复评的督前检查工作。

做好创建广东省推进教育现代化先进县工作，针对排查出的短板，积极进行整改，目前各项工作正在稳步推进。积极做好沙田镇、黄礤镇教育强镇复评工作，两镇将于2018年1月接受广东省教育强镇复评督导验收。

5月25日，完成了2017年国家义务教育质量监测任务，被教育部义务教育质量监测中心评为全国义务教育质量监测实施县级优秀组织单位。在1月份和10月份分别对全县学校进行了督导检查，有效地促进学校教育教学工作。

【教育信息化建设】 积极推进教育信息化建设及应用工作，完成教育局视频会议系统的升级改造工作。完成中考考点视频监控系统的招投标及建设工作，于2017年6月18日实现了与市招考中心对接。积极开展教育信息化应用培训，积极开展2016—2017学年“一师一优课，一课一名师”活动，完满完成了推优评课工作任务。完成新丰三中班级多媒体教学平台的更新配备工作和村级小学网络到班的建设工作。完成中小学教师办公用计算机人手一机的配备工作，全县中小学教师接收终端已达到人手一机。

9月12日，市教育局领导检查开学工作

9月25日，新丰县教育系统开展纪律教育学习月动员暨"三纪"教育活动

完成图书室管理系统的建设工作，在12月底所有中小学校的图书室均能实现计算机系统管理。12月初完成对全县中小学校实验操作抽查考核工作。

（陈职阳 罗敬强）

附：2017年新丰县教育局领导班子成员名单

工委书记、局长：卢其祥

工委副书记：陈小青（3月起任）

副局长：陈小青

陈雪群（任至2月）

陈春娴

嵇伟文（3月起任）

纪工委书记：嵇伟文

招生考试中心主任：谭志权（9月起任）

新丰县第一中学

【概况】 新丰县第一中学创办于1928年秋，原名为"新丰县立初级中学"。1937年，为避日机轰炸，先后迁至丰城镇良田、城头等地上课。1940年迁回县城。1944年创办高中，改名为"新丰县立第一中学"。1949年8月，人民政府接管新丰一中，为纪念解放新丰而光荣牺牲的烈士郑选民，遂改名为"选民中学"。1953年定为韶关地区重点中学，并更名为"新丰县第一中学"。2009年9月，迁入新校区（丰城镇龙围村）。90年的风雨历程，学校现已发展成为"广东省国家级示范性普通高中""广东省教学水平优秀学校""广东省中小学心理健康教育示范学校""广东省现代技术教育实验学校"。

学校占地面积19.343公顷，建筑面积96380平方米，校园绿化率达98%。现有教学楼3栋、综合楼1栋、行政办公楼1栋、图书馆1栋、实验楼1栋、电教楼1栋、师生饭堂楼1栋、学生宿舍楼4栋、教师公寓3栋、在建体育馆1栋。图书馆面积约900平方米，藏书8万多册、3万多种，电子图书15000万册，阅览室2间，近300个座位；田径运动场总面积4000多平方米。

2017年，学校在职在编教工343人，专任教师319人。学校独立承担的国家、省、市级多项课题实验，其中国家级立项1个、市级立项4个，县级立项19个；另有3个市级课题和4个县级课题顺利结题；教师在各级各类刊物发表或获奖的论文有52篇，其中国家级2篇，省级10篇，市级32篇，县级8篇；有16位教师在省市级课堂教学竞赛中获奖，学生共有48人次在省级竞赛中获奖，有19人次在市级竞赛中获奖。特别是英语、数学、信息、音乐学科尤为突出，在省市级竞赛中均多次获得一、二等奖。

2017年，学校有教学班86个，在校生4272人，其中高一级1319人、高二级1412人、高三级1541。在生源整体素质差、优生流失严重、教师队伍极不稳定等困难下，学校2017年高考成绩仍保持了稳定，而且有新的突破。2017年学校有考生1638人，实考1573人，上重点线115人（含惠农专项16人），上本科线568人，上专科线1521人，上线率分别是7.3%、36.1%、96.7%。其中潘俏菲以578分夺得理科最高分，比一本分数线（485分）多93分，潘小芬以571分夺得文科最高分，比一本分数线（520 分）多 51 分。同时，学校艺术教学彰显特色，体育竞技尽显风流。在 2017 年韶关市中小学虚拟机器人竞赛中，学校学生代表队分别获得了 3 个二等奖；在韶关市第十五届青少年运动会和英东杯比赛中，学校男女排球队双双夺得冠军，男子篮球队取得第七名，足球队取得第四名的好成绩。此外，学校还成功举办 2017 年校园文化体育艺术节。在学科竞赛中，获省级一等奖 7 人次、二等奖 5 人次、三等奖 7 人次；获市级一等奖 2 人次，二等奖 8 人次，三等奖 19 人次。在体育竞赛中，先后获得韶关市第二届中小学体育大课间活动评比（高中组）一等奖、新丰县教职工乒乓球比赛（团体）第一名。

2017 年，学校坚持稳中求进工作总基调，聚焦教育教学创新管理，全面落实立德树人根本任务，持续推进内涵发展。创新德育机制，德育工作亮点纷呈。注重学生心理健康，重视安全教育和各种专题教育，实行“校园一卡通”门禁机制，强化学生宿舍管理，严抓学生校内使用手机，推行“德育导师制”和信心教育，完善德育管理网络，实施学生自主管理和“构建特色班级”课题研究。校园秩序井然，平安和谐。加强后勤服务保障，设施设备更趋完善。在县委、县政府和县教育局的大力支持下，继续完善教师公寓和学生宿舍各种设施，加强体育馆、博雅园建设进度；继续推进学校信息化建设，及时做好各种设施维护，加强饭堂食品安全管理，严格执行各项财会制度，确保学校正常运转。党、团、工会积极组织开展各项活动，各方面工作均取得较突出成绩。学校党总支重点抓好党员教师思想教育，从严从实推进教师队伍建设，深入开展群众性精神文明创建活动，营造文明和谐的校园环境。学校团委积极举办专题活动，深化学生思想教育，开展各种志愿服务，为学生加强自我管理开创新局面。学校工会履职尽责，维护教工权益，关心教工生活，开展各种慰问活动，积极协助学校开展各项工作。一年来，学校先后荣获韶关市教育信息化建设与应用评比二等奖、新丰县文明校园、新丰县先进党总支部、新丰县先进团委、新丰县五四红旗团（总）支部、新丰县信息工作先进单位等荣誉。（李建城）

2017 年 6 月 5 日，调研高考准备工作情况

附：2017 年新丰县第一中学正副校长名单

校长：郑秀强

副校长：温艾玲

潘卫英

温淑娟

易考珑

新丰县第二中学

【概况】 新丰县第二中学创办于 1982 年，学校依山而建，绿树成荫，鸟语花香。校园占地面积 52680 平方米，现有教学班 44 个，在校学生 2101 人，其中内宿生 217 人，教职工 167 人，有高级教师 47 人。

学校全面贯彻执行党和国家的教育方针、政策，坚持依法治校，规范办学，科学管理，积极创建平安和谐校园。近年来，学校硬件设施不断完善，设立了韶关市名班主任工作室、县语文学科工作室、县物理学科工作室、县政治学科工作室、进一步完善了理化生教学实验室、电脑室、舞蹈室、美术室、阅览室、运动场、多媒体教室等功能室的建设。2012 年学校被确定为“韶关市德育特色创新与发展实验学校”，为此，学校下大力气加强校园文化建设，坚定“让每一个学生快乐地得到充分发展”的育人理念，积极践行“有礼乃和，行孝至乐”的“和乐”教育。

三十余年的风雨历程，学校在校园管理、校园文化建设、教育教学等方面均成绩显著，学校竞争力和社会声誉不断提高。2006 年，被评为“韶关市绿色学校”；2008 年 9 月，荣获“广东省‘朝阳读书’活动先进集体”称号；2009 年，被授予“广东省中小学校本培训示范学校（《师资建设》教师发展学校）”称号，2010 年，被评为“韶关市安全文明校园”“韶关市语言文字规范化学校”。2011 年，被确定为“教育部规划课题《新形势下中小学生命教育的理论与实践》实验学校”，2012 年，被评为“韶关市德育示范学校”和“韶关市中小学毒品预防教育示范学校”。

学校坚持以“唤起兴趣，鼓舞精神”为办学宗旨，致力打造“师德高尚，知书达礼，善教乐教”的“和进”团队，“一问好、二弯腰、三课前诵读热情高”的“和乐”德育，“乐探、乐学、乐思”的“和乐”课堂，“全员参与、分级管理、目标一致”的“和乐”管理。为使学校的育人理念得以落实，学校在全体师生中积极倡导“一家人（全体二中人），三兄妹（省重点高中、县一中、职中），交两个朋友（运动场、图书馆），吃两样东西（吃苦、吃亏）”，旨在为学生的发展奠定坚实的基础。

现在，全体二中人正秉承“礼让谦和尽孝乐为”的校风，发扬“求实创新乐教善导”的教风与“求真勤思乐学善行”的学风，牢固树立“走进二中我是学校的主人，走出二中我是学校的形象”的思想观念，以“践行和乐教育，成就和谐快乐人生”为办学理念，朝着创建“环境一流，校风一流，管理一流，质量一流”的品牌学校的目标大步迈进。

附：2017 年新丰县第二中学校长名单

校　长：罗丰平

新丰县马头中学

【概况】 新丰县马头中学筹建于 1956 年，1957 年秋开始招收初中一年级 1 个班，学生 64 人，校址设在军屯。1959 年先后迁至福水农场、老马头。1960 年秋迁至湖塘村现址，当年的课室及师生住房只有砖瓦结构 2 栋平房校舍，厨房十分简陋，没有食堂。1962 年秋，营盘初级中学合并到马头中学，黄礤的学生到马头中学就读，至 1968 年复办黄礤初级中学止。1968 年，学校成立革命委员会，校名改为“东方红中学”，学制改为“二二”分段制。同年秋，开始招收高中一年级 2 个班，学生 120 人。1976 年恢复“马头中学”校名。1978 年 7 月，中小学校恢复升学考试制度，马中恢复初中招生，成为全日制完全中学。同年 11 月，建立地震测报室，曾连续三年被省、市评为“地震测报先进单位”。1979 年，大席中学高中部和石角中学高中部合并到马头中学。1981 年秋，马头中心小学附设初中班，命名为“马头初级中学”。1983 年，全县中学恢复“三三”学制，撤销小学附设初中班，马头中学高中部改制为“农业职业中学”。1992 年，学校高中部停止招生，1994 年，学校高中部被撤销。1996 年，马头初级中学合并到马头中学。学校遂成为马头镇唯一的一所县立初级中学。

1986 年上半年，学校首栋混合结构教学楼竣工。2008 年 1 月，学校最后一栋两层砖瓦结构校舍被拆除。期间经多方筹集资金，兴建了教学楼 4 栋（含 1995 年建起的“霍英东教学楼”1 栋）、学生宿舍 2 栋、学生饭堂 1 栋、学生冲凉房 1 栋、教职工住宅楼 4 栋（含 1995 年建起的马中教师家属楼 2 栋）、综合办公楼 1 栋，并建起了新校门。至今，学校占地面积 52002 平方米，生均占地面积为69.3平方米；建筑面积15735平方米，生均占有量为21平方米，学校拥有4800平方米的文化广场、3000平方米的荷花塘、一个200米标准的塑胶跑道的运动场、3个篮球场、一个排球场、两个羽毛球场、十多张乒乓球台；拥有13间设备先进的辅助教学功能室；拥有图书量为2.5万册，生均占有量为32.5册。学校现有学生768人，分11个教学班，专任教师72人，具有本科学历的教师55人，教师学历达标率为100%。有中学高级教师6人，中学一级教师52人。学校设有校长室、办公室、政教处、教导处、总务处、党支部、团委、工会等处室和党群组织，现有行政领导14人。2003年，学校被评为“新丰县一级学校”，2009年12月，学校被评为“广东省义务教育阶段规范化学校”。2011年5月22日，在县委县政府的大力支持下，学校成功举办了“新丰县马头中学建校55周年暨规范化学校建设竣工庆典”。2012年3月通过了创建广东省教育强镇验收大关。创强后，学校的教育教学环境、条件、设备设施得到了很大的改善，2017年被评为新丰县文明学校，学校教育教学水平也得到了很大提升。

“十年树木，百年树人”。办学以来，学校围绕“办成让社会满意、让家长放心、让学生成才的粤北山区教育名校”的发展目标，始终坚持“教学相长、和谐发展”的办学理念，秉承“崇真、明德、知行、尚善”的校训，致力打造“立德、笃学、求实、创新”的校风。在2017年升中考试中，学校有7人考取省重点高中（北江中学1人，韶关市第一中学6人）；有两人总分进入全县前15名；有87人考取市重点高中，上线率为82.9%；总成绩居乡镇第一。

“马跃神州几许风雨培育桃李皆英才，头顶蓝天数度春秋谱写诗篇尽华章”。在新的征程里，马中人将继续发扬“马中精神”，开拓创新，与时俱进，不断地提升学校管理水平，提高教育教学质量，为将学校“办成让社会满意、让家长放心、让学生成才的粤北山区教育名校”而努力奋斗。

遥田中学

【概况】 遥田中学创办于1958年秋，校址设在遥田鸭麻窝坝。1961年春，合并到沙田中学。1968年秋，复办中学，校址设在遥田街，校名“遥田农业中学”。1970—1980年，“遥田农业中学”易名为“遥田中学”，为两年制高中部。1980年秋，高中部合并到沙田中学，遂成为遥田镇初级中学。

学校现有教学班15个，学生人数751人，教职工68人。学校占地总面积32663平方米，校舍建筑面积21412平方米，建有环形塑胶跑道的运动场一个，标准篮球场2个、排球场1个、羽毛球场2个，各种功能室齐全，图书室总藏书册数31620册，学校的办学条件日趋完善。2008年通过“广东省义务教育阶段规范化学校”的评估验收，2014年通过“广东省义务教育阶段标准化学校”复核验收。

学校坚持以“管理科学、治学严谨、设备先进、环境优美、师资优秀、质量一流”的办学理念，努力创建“团结、奋进、求实、创新”的校风，“学陶、师表、敬业、爱生”的教风，“勤奋、诚实、好学、善思”的学风。坚持以“德育为首、行为为先、安全为要、法制为重”的原则，立志办人民满意的教育。

近几年来，教育教学工作成绩显著，连续多年获“新丰县中学教学质量综合评价年度优胜奖”和“升中考试团体总分三等奖”；在2016年新丰县青少年校园足球联赛中获女子组第二名，学校被评为“新丰县中学教学质量综合评价管理考核优秀单位”，在2017年新丰县中小学生毽球比赛中男女组均获第二名，新丰县中学生篮球比赛中获女子组第一名，男子组第三名。多年来学校师生参加各学科比赛硕果累累。学校先后被评为“新丰县文明单位”“新丰县教育系统先进职工之家”“韶关市文明单位”“韶关市义务教育阶段学校教学质量优胜单位”等荣誉称号。

附：2017年遥田中学校长名单

校　长：潘光贵

新丰县沙田中学

【概况】 沙田中学创办于1942年秋，始名为“新丰县立初级中学”，校舍借用开明学校校址。1944年秋，迁到海螺坪，即现在沙田中学校址。

沙田中学具有光荣的革命传统，抗战时期，进步人士梅日新（化名梅凯）、吴焰夫妇和中共地下党员许南明、卢莹（女）先后于1943年和1944年转移到该校任教，为沙田传播革命的火种。1953年秋，沙田中学改名为“新丰县第二初级中学”，1955年秋改为“新丰县沙田中学”。

学校占地面积59429平方米，校舍建筑面积14442平方米，现有教学班7个，学生309人，教职工39人，学校建有标准的各种功能场室，配备了现代化的教育教学设施，办学条件得到了进一步改善。

建校七十多年来，学校始终坚持“以人为本，一切为学生终身发展奠定基础”的教育理念，认真贯彻“面向全体，因材施教，分类指导，共同进步”的办学要求。学校初步实现了有理念、管理严、环境优、质量好的办学目标，为社会输送了大批合格人才。近年来，在各级各类比赛中，取得了丰硕的成果，有300多名学生获得县级以上的奖励，有20多位教师获得县级以上的教育教学竞赛奖，有10多位老师获得市、省、国家级“优秀教师”的光荣称号。学校荣获“新丰县教学质量综合评价优胜奖”、县“先进团委”、县“先进文明单位”、县“德育工作先进单位”、县“体卫艺先进单位”等荣誉称号。

新丰县回龙中学

【概况】 回龙中学始建于1958年秋，是回龙镇唯一的一所全日制初级中学。学校占地总面积35868平方米，现有教学楼2栋，综合楼1栋，办公楼1栋，教师宿舍楼3栋，学生宿舍楼2栋，学生食堂1栋。有200米环形塑胶跑道的运动场，有标准篮球场、排球场、乒乓球台。全部教室均安装了崭新的现代化电子教学平台，办学条件趋于完善。2017年，回龙中学有教学班12个，学生人数623人，教职员工51人，专任教师48人。

为了适应现代化教育的时代要求，近年来，回龙中学在“教育均衡发展”趋势下，大刀阔斧地进行了教育教学改革。

在教学上，首先引领教师专业化发展，坚持“走出去，引进来”，多次组织大批教师外出取经，抓住机遇邀请名校名师进行培训讲座；其次，大胆探索，注重学生的伙伴教育，进行分小组学习管理。

在德育方面，学校始终把育人作为学校教育之本，以“礼”“净”“静”“法”“序”为抓手，抓好学生的行为习惯养成教育，重视学生心理健康教育，紧扣安全工作不放松，多渠道开展丰富多彩的德育教育活动，充分发挥学生自主管理作用，动员社会各界关心、支持、参与学校德育工作，做到“学校、家庭、社会”三结合，努力创建平安、文明、和谐的校园。

新丰县梅坑中学

【概况】 新丰县梅坑中学始建于1958年秋。学校占地面积21400平方米，校舍建筑面积10250平方米，绿化面积3000平方米。近年来，学校按照广东省现代化学校建设要求，兴建和装修了教学楼、办公楼、功能楼、学生饭堂、宿舍楼，新建了200米塑胶环形跑道、生物园和地理园。配备了多媒体电教室、艺术室、实验室、电脑室、图书室、语音室、劳技室等功能室，教学设施设备均达到省标准化学校要求，办学条件得到进一步改善。在上级部门的大力支持下，互联网进入校园，全部课室实现网络多媒体平台教学。在安全管理方面，校园安装了视频监控和安全消防设施，有效地排除了学校的安全隐患。

学校现有教学班9个，学生266人，教职工50人，专任教师

46人，其中本科学历22人，大专学历24人（其中18人正在参加学历提升，在读本科）。中学高级教师9人，中学一级教师31人，中学二级教师6人。

学校秉承“崇德、笃学、进取、创新”的校训，坚持“一切为了学生的成长，一切为了教师的进步，一切为了学校的发展”的办学宗旨，落实“以人为本，全面发展”的教育理念和“思想统一线，工作一条心，生活一家人”的工作理念；努力创建“平安、和谐、文明、创新”的校园；培育了浓厚的“尊师、守纪、勤学、善思”的学风和“敬业、爱生、严谨、务实”的教风，形成了“爱国爱校、文明守法、团结友爱、勤奋活泼”的校风。

近年来，学校与广东省外语商学院签约建立大学生“三下乡”活动基地，通过近几年的“一对一”对接活动，让学生提前了解大学生涯，开阔视野，增长才干，圆梦大学，得到了很好的励志教育，大大提升了学生的综合素养。学校曾多次获得县“文明单位”“校园管理工作先进单位”“校园绿化工作先进单位”“德育管理工作先进单位”“教学综合管理优胜单位”“体卫艺工作先进单位”等荣誉称号。

丰城街道中心小学

丰城街道中心小学地处新丰县城西北面，学校创办于1934年，原称紫城小学。由于经济较落后，创校至20个世纪80年代末，师生均在砖瓦房上课。20世纪90年代初，在各级政府部门及村委会、村民的大力支持下，采取政府拨款和村民自筹资金等途径，先后建起了三栋教学楼，全面实现楼房化。自创校以来，学校积极配合上级教育部门，努力改善办学条件，为学生营造良好的学习环境。图书室，队部室，体育室器材、教学仪器按标准配齐。

学校占地面积1.474公顷，建筑面积1517平方米。学校现有教学班7个（一年级2个班，二至六年级各1个班），学生总人数88人，有专任教师18人（其中校长1人，副校长2人，主任2人）。教师中具有本科学历1人，大专学历17人，专任教师学历达标率100%。

随着教育改革形势的发展，学校全面实施素质教育，积极组织教师学习新课程，研究新课程的教育教学模式，探讨适应新课程的教学方法，教师教学水平得到了较大的提高，教学成绩和办学水平稳步提高，得到了当地干群和上级领导的高度评价。

新丰县黄磜镇中心小学

【概况】 黄磜镇中心小学坐落在黄磜镇政府驻地雪梅村，是一所镇属完全小学，创建于1960年。现下辖良坝、营盘、茶洞3个教学点和一间公立幼儿园。其中校本部和良坝小学是完全小学，其他两个教学点只开设至三年级，全部为“规范化”学校；幼儿园为“市一级幼儿园”。全镇共有教职工72人，义务教育阶段在册学生308人，在园幼儿156人。学校校本部占地总面积14530平方米，校舍建筑面积5034平方米；共有7个教学班，学生195人，教职工29人；学校功能设施齐全，每间教室均配电子白板机，班班通互联网网络，并配有图书室、美术室、多媒体教室、电脑室、科学实验室、仪器室、体育室、心理咨询室、音乐室、舞蹈室、书法室等功能室和标准的200米环形塑胶跑道。教学区、运动区、生活区各自独立，学校布局科学、合理、美观。

学校于2013年5月通过“广东省教育强镇”的督导验收，办学条件得到进一步改善。

多年来，学校致力于建设一支“格高、业精、务实、求新”的教师队伍。教师学历达标率达100%，小学高级职称的教师占98.2%，其中郑考明老师获得国家级优秀教师称号，30%以上教师获得市、县、镇教坛新秀、学科骨干、名教师等称号。历年在县级、镇级教师各项专业技能大赛中学校教师总是名列前茅。

近十年，学校全方位开展德育探索，积极投身教材教法改革实验，大力推进素质教育。

在改善办学条件，加强教师队伍建设，教育教学工作方面均取得了优异的成绩。学校素以“教风正，学风盛，教学质量好”而在全县赢得好口碑。学生文化素养好，多次在市、县、镇举办的文艺表演、书法比赛、体育竞赛、演讲比赛中取得优异成绩。

目前，学校正以高标准的要求开展“阳光体育艺术2+1大课间”活动，并以毽球运动作为学校的体育特色项目、以传统的国学经典文化《弟子规》为校本教材，全面提高学生的身体素质、艺术素养和文化素养。黄礤镇中心小学校园文化生活丰富多彩，教学活动有声有色，师资力量雄厚、教育教学资源充沛、教学环境优雅、人文环境和谐，是一所“文明、博学、求实、和谐”的品牌学校！

新丰县城第一小学

新丰县城第一小学创办于1937年，是新丰县第一间正规化办学的小学，当时称为“新丰县丰宁小学”；1946年改称“新丰县立中正小学”；1950年为纪念革命烈士李子端，改称“新丰县子端小学”；1952年改称“新丰县第一小学”；1958年改称“新丰县附城小学”；1968年改称“新丰县红卫小学”；1979年恢复“新丰县附城小学”；1993年改称“新丰县城第一小学”。新丰县城第一小学是韶关市“义务教育规范化学校”，广东省安全文明校园，广东省书香校园，广东省书法教育名校，广东省巾帼文明岗，韶关市德育特色创新实验学校，韶关市艺术创新实验学校，韶关市校本培训示范学校。目前正在进行创建“源文化”品牌特色名校。学校占地面积16500平方米，建筑面积12800平方米，现有教学班48个，学生2661人，教职工112人，行政16人，教辅人员4人，工勤2人。

附：2017年新丰县城第一小学校长名单

校　长：吴基鹏

新丰县城第二小学

【概况】 新丰县城第二小学位于县城东片，于1985年9月正式成立，是一所全日制公立小学。学校占地面积21000平方米，配备教学和办公用房50余间，37个教学班。校园内环境整洁优雅，处处洋溢着浓郁的育人氛围。

学校拥有一支德高、乐教、业精的师资队伍，教师学历水平全部达标。真诚、正气、进取、奉献，是学校最突出的特点，整个队伍拥有强烈的责任心，洋溢着工作热情，使学校充满了正能量。

学校成立以来，全校教师在县教育部门的指导下，坚持育人为本，德育为先，以实施素质教育，培养德、智、体、美全面发展的社会主义建设者和接班人为指导思想，为实现把学校打造成“和谐的校园，学习的乐园，生活的花园”的办学目标而努力工作。学校在教育教学中屡创佳绩，凝练成自己的特色。“心理健康教育”“阳光大课间活动”成就了二小新的里程碑。

附：2017年新丰县城第二小学校长名单

校　长：潘小剑

马头镇中心小学

新丰县马头镇中心小学始名“新丰县第二区区立高级小学校”，创办于民国16年(1927)。当时是借用层坑连塘厦民房为临时校址，后为解决办学地点，各姓父老推选十乡团团长黄严斋为校董会主席，由校董会发动，以建百姓祠为名（实作校舍），向全区各姓(包括祖尝和个人）筹粮捐款，于1934—1935年在老马头建成一座校舍，当年迁入新校上课。民国32年（1943）易名为“黄席乡中心学校”。中华人民共和国成立后，1950年1月，为纪念革命烈士郑树当易名为“树当小学”，1952年又易名为“新丰县第二小学”，1964年因建新丰江水库，学校为水淹区，随马头公社迁入马头街。1981年该校初中部与小学分办，将原校拨归初中部使用，又在该校座向左侧另建新校舍，占地面积4316平方米，其中建筑面积为1109.5平方米，“普九”期间，为解决校舍不足之实际，初中部合并于马头中学，原初中部校舍又归属马头中心小学。

马头镇中心小学是一所具有革命传统的学校，1940—1943年，中共新丰县地下党组织的领导机关就设在马头中心小学下属的军屯学校里。赵准生、龙景山、郑选民等是党组织的领导成员，他们除领导全县的党组织开展革命活动外，还在学校建立地下党支部，培养了一批革命骨干，吸收了一批师生入党。黄文敬、黄业诚、陈志中等在这间学校加入了中国共产党。1941年秋，在该校成立“新东儿童队”，此队由中共地下党员张国强领导；1949年秋又在该校成立“新民主主义青年团团支部”，有团员16人，责任人是赵桂全、黄友伍，他俩并负责整个马头区的青年团工作。

随着教育形势的发展，结合学校布局调整，于2003年10月又在马头镇秀坑村八队动工兴建现校舍，2006年2月迁入现址办学。马头镇中心小学现有2个完全小学（中心小学和大席小学），附属3个教学点，教师141人，教师学历达标率100%。其中中心小学本部校园面积33350平方米，校舍建筑面积11530平方米，22个教学班，学生843人，教师77人。校园规划合理，按照标准化学校标准建设了教学区、运动区、生活区。2014年被认定为“广东省义务教育标准化学校”，是“韶关市德育示范学校”、“韶关市安全文明校园”、“新丰县中小学校园绿化美化先进单位”、“新丰文明单位”。

近年来，学校推行“先学后教、当堂达标”的教学模式，教师们积极参与、研究，教学科研成果颇丰，有20多位教师在县级以上教学竞赛中获奖，有200多篇论文发表或获奖，有县级以上教研课题6个；马小学子在各类学科竞赛中，有263人次获得县级以上奖项。学校教学质量一年一个新台阶，多次荣获“新丰县义务教育阶段学校教学质量综合评价优胜学校”。

学校着眼于学生的发展。在实现学生的全面发展的基础上，让学生的爱好、特长、个性得以充分的张扬和发展。“乡村学校少年宫”活动让每一位学生均有一项特长，“阳光体育”让每一位学生拥有健壮的体魄。近几年在新丰县小学生各类文体竞赛中，该校学生均获得不俗的成绩；2014年，该校“大课间”活动在“韶关市中小学大课间活动评比”中获得三等奖。

目前，学校围绕“环境优美，校园和谐；队伍优秀，管理高效；特色鲜明，内涵丰富；三风优良，质量优秀”办学目标，不忘初心，牢记使命，砥砺前行。

新丰县第一幼儿园

【概况】 新丰县第一幼儿园是一所全日制公办幼儿园，创办于1956年6月，园名先后为：托儿所、幼儿园、丰城镇幼儿园，新丰县幼儿园，1986年9月更名为新丰县第一幼儿园。

新丰县第一幼儿园总占地面积5533平方米，其中绿化用地面积1088平方米，运动场地面积2852平方米，校舍建筑面积为5141平方米。幼儿园现有16个教学班，幼儿总人数669人，教职工74人，其中专任教师50人，幼儿园高级教师职称1人，一级教师职称41人，本科学历12人，大专学历24人，2005年幼儿园被评为市一级幼儿园、2009年被评为市绿色幼儿园。

新丰县第一幼儿园坚持“让孩子长得健康，玩得开心，学得快乐”的办园宗旨，一切工作都以“为孩子终身发展打好基础”为出发点和归宿。以“小公民道德实践基地”为阵地，以“民间游戏”为实验课题，以艺术教育为校本课程，开展多种教学模式和课程相结合的全方位的教育活动。被省总工会授予“南粤女职工文明岗”称号。幼儿园被韶关市妇联、教育局、关工委评为“韶关市优秀家长学校”；被市卫生局、教育局评为“韶关市托儿所幼儿园卫生保健工作先进单位”，幼儿园的教研课题（市立项）：“本土资源（张田饼印）在幼儿园课程开发和利用的研究”得到了家长和小朋友的积极参与，活动得到了社会和领导的好评。小朋友在老师们的关爱下身心得到和谐的发展，园幼儿舞蹈、绘画在省、市、县屡获奖项。幼儿园注重教师的学习与培训，全面提高教职工队伍素质，努力造就一支“敬业、创新、高素质”具有现代化教育理念的师资队伍。全园教师都获得了外出学习培训的机会，教师在“走出去，带进来”中学习了各类先进的教育理念和教学方法，使幼儿园的面貌焕然一新。幼儿园共有40多位教师获得局以上的各项奖励。教师撰写的论文、设计的课例、制作的多媒体课件在全国、省、市、县的评比中均能获奖。

文化·体育·传媒

文化广电新闻出版

【概况】 新丰县文化广电新闻出版局是新丰县人民政府主管文化、广播电影电视、新闻出版和版权等工作的职能部门，属正科级行政机关，内设机构4个：办公室、群众文化艺术股、文化市场及新闻出版管理办公室、广播电视管理股。直属单位1个：文化市场综合执法队。局机关行政编制5名，行政执法编制5名，行政后勤编制2名，在编共12名，政府购买服务编1名，在职人员共13名。下属单位有文化馆、图书馆、博物馆，属股级事业单位，配事业编制27名，在编19名，政府购买服务编4名，在编4名。管理的国有企业：新丰县鸿艺文化传媒有限公司，内设电影事业部，庆典礼仪部、文化策划部、传媒广告部、综合管理办公室，电影事业部聘用合同工8名。

2017年，县文广新局推进创文工作，深化文化惠民工程，开展文化市场整治行动，强化监管力度，协调广播电视台加强广电管理，做好非遗调查和文物保护，创新组织群众文化活动，加强新丰东城文化对口帮扶，推进县政府重点项目，各项工作取得较好成绩，确保文化事业建设得到长足发展。

2017年，参加韶关市第五届戏剧曲艺花会汇演，小戏《圆梦》《同是一家人》分别获得金奖、银奖；参加广东省第七届群众音乐舞蹈花会，《饮茶歌》获铜奖；参加广佛肇清云韶六市原创音乐作品展演，《请到新丰来作客》获银奖；参加广东省第七届廉洁读书月活动之2017年广东省修身齐家演讲比赛获得优秀组织奖。

2017年新丰县文艺创作作品获奖情况：李伟才创作的小戏《青山恋》荣获2017年度广东省群众文艺作品评选小戏类银奖；黄耀雄创作的小戏《好人不难做》获2017年度韶关市群众文艺作品评选铜奖；赵继省创作的小品《留守女人留守男》获2017年度韶关市群众文艺作品评选银奖；赖小寒创作的小品《良方》和群口快板《习总书记指方向》分别获得2017年度韶关市群众文艺作品评选银奖、铜奖；丘绍淳创作的女声表演唱《赞婆婆》和歌曲《把关爱洒向人间》分别获得2017年度韶关市群众文艺作品评选银奖、铜奖。

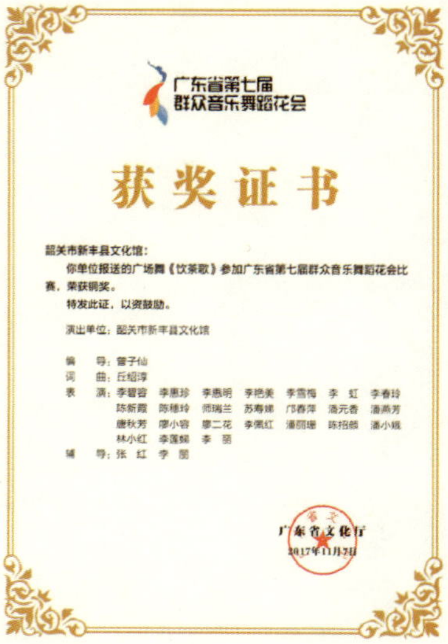
广东省第七届群众音乐舞蹈花会

获奖证书

韶关市新丰县文化馆：

你单位报送的广场舞《饮茶歌》参加广东省第七届群众音乐舞蹈花会比赛，荣获铜奖。

特发此证，以资鼓励。

演出单位：韶关市新丰县文化馆

编　导：曾子仙
词　曲：丘绍淳
表　演：李碧容　李惠珍　李惠明　李艳美　李雪梅　李　红　李春玲　陈新霞　陈穗玲　师瑞兰　苏寿娣　邝春萍　潘元香　潘燕芳　唐秋芳　廖小容　廖二花　李佩红　潘丽珊　陈招娣　潘小娥　林小红　李莲娣　李　丽
辅　导：张　红　李　丽

广东省文化厅
2017年11月7日

文广新局集体荣誉

【文化三下乡】 文化馆、图书馆、电影事业部各司其职，年初制订“三下乡”实施方案，做好组织实施，各部门相继铺开文化“三下乡”活动。开展送书下乡14次、送“迎十大九”专题公益电影下乡692次，以“两学一做”“社会主义核心价值观”“建设新农村”等专题送戏下乡37场。

【净化社会文化环境】 加强巡查，不留死角。坚持做好每天中午和晚上的例行检查，主要是加强对歌舞厅、网吧的巡查。相互配合，加强专项整治。做好岁末年初文化娱乐安全检查、文物安全检查、特别防护期消防、小片网专项检查，铺开五一、国庆节前文化市场安全生产综合督查工作和全面推开扫黄打非系列专项整治行动，开展扫黄打非五进专题检查等。加强宣传、强化业主依法经营意识。召集全县娱乐场所业主召开综合会议，强化业主法律法规意识，特别强调KTV拒绝黄赌毒、网吧严禁未成年人进入，高度重视消防安全工作，共同净化和营造一个安全和谐的社会文化环境。

【“非遗”及文物保护】 继续收集新丰舞春牛和鲤鱼舞项目及传承人资料；开展“文化遗产日”专题宣传活动，在全县举办“非遗”专题下乡巡回展览。推进2017年古建筑保护工作，确定九栋十八井和文武帝阁塔为维护点，制定保护方案；完成第一次全国可移动文物普查藏品精品名录的编写和革命历史展厅扩展布展工程提升工作；与梅州市、河源市、翁源县博物馆进行业务交流，共同研究文物保护与发展规划，在展厅布展与讲解等方面进行探讨与磋商，参加省博物馆协会组织的各类培训班；做好汛期不可移动文物安全巡查工作，组织各镇（街）开展汛期文物安全巡查工作。

【广电管理工作】 做好2017年春节、“两会”、十九大广播电视安全播出工作；落实9名乡镇老放映员补贴；完成原县电影公司2017年退休人员工资差补拨付。

【文化中心（文化馆、博物馆、图书馆）建设前期工作】 调整文化中心（三馆）筹建前期工作组，规划选址于11月经县政府常务会议通过，现进入设计阶段。

【协助上川食品饮料有限公司建设】 局分管领导、工作人员多次主动与承建商加强沟通，按照县政府要求协助做好上川水厂各类证件办理、土地调规及上报审批等工作。

【群众文化活动】 开展常规性群众文化活动：春节期间开展客家联谊、迎春晚会、春节游园活动，书法协会组织会员及书法爱好者到沙田镇、马头镇和县政府广场开展义务挥春活动；组织广场文化活动：开展欢庆春节、“最美家庭”颁奖晚会、唱响“中国梦”、非遗日文艺演出、老干大学激情广场、“庆国庆贺中秋喜迎十九大”等8场专题广场文化活动，参与单位涉及19个，参与演出人员7000人次；举办2017年新丰县文艺创作、采茶行当表演基本功“媒婆照镜”专题、民族舞、文艺骨干采茶基本功训练、舞蹈、书法、文体协管员专题培训班和各类公益讲座11期；举办“书香岭南”全民阅读专题系列读书活动、“情商与少儿的成长”的母亲节大型亲子教育公益讲座、摄影公益讲座、想知道你有多“粽”要少儿读书活动、“翰墨丹霞”四人书法作品巡回展、以“家”文化为主题摄影大赛、“梦想舞者”青少年才艺大赛、“世界文化遗产—中国篇”图片展等各类专题文化活动。举办品牌群众文化活动：成功举办第三季梦想舞者大赛，全县职业、中小学生近200多名人员参赛，其中李明智的《追梦》获青年组冠军，王思雨的《坚强的小兵》获少年组冠军。充实创作队伍抓创作出精品：召开专门会议，聘请13名热爱文艺创作人士加入县创作室，2017年创作各类文艺作品17件，选送《留守女人留守男》等8件作品参加2017年韶关市群众文艺作品评选活动。积极参加各类文化交流活动：参加韶关市第五届戏剧曲艺花会汇演、广东省第七届群众音乐舞蹈花会、广佛肇清云韶六市原创音乐作品展演、广东省第七届廉洁读书月活动之2017年广东省修身齐家演讲比赛、与东城举办“翰墨传情——东城新丰书画作品联展”。

【文化惠民工程建设】 文化信息资源共享工程县级支中心每周开馆，接纳来者2544人次。投入36.1万元完成全县农家书屋图书增配、更新与轮换工作，新增书籍近 2 万册。完成 2016 年综合性文化服务中心示范点建设，遥田综合性文体广场、马头上湾、黄礤营盘、丰城洞下、沙田下埔、遥田江下的文化服务中心示范点投入使用。拟定 2017 年综合文化服务中心示范点 10 个，确定建设方案，全面铺开建设工作。（谭小怀 罗耀辉 张惠青 陈论锋）

附：2017 年新丰县文化广电新闻出版局领导班子成员名单

党组书记、局长：
易必恒（任至 3 月）
陈丽波（8 月起任）
党组成员、副局长：黄继红（任至 9 月）
副局长：刘朝阳
党组成员、执法队队长：
罗 贝（任至 2 月）
陈光汉（3 月起任）

图书馆

【概况】 新丰县图书馆以“读者至上，服务第一”为宗旨，服务广大读者。坚持对外实行全免费开放，并实行办证免押金政策，2017 年，对外开放 6 个服务窗口：外借室、报刊阅览室、少儿阅览室、广东流动图书馆新丰分馆、全国文化信息资源共享工程县级分中心、读书吧。全年共接待读者 37865 人次。办理借书证 624 个，外借图书 8031 册次。阅览 65921 册次。同时新丰县图书馆利用岭南流动书香车开展送书下乡活动 12 场。

【拓展阵地】 为给读者一个良好的读书和自习环境，新丰县图书馆在四楼新开设了 180 平方米的读书吧，并于 4 月 23 日世界读书日当天正式对外开放。

【活动开展】 新丰县图书馆在特殊的节假日大力开展多样的读书活动，2017 年举办“4·23”世界读书日读书活动、“六·一”国际儿童节读书活动、暑假与大学生协会举办一系列读书活动、每月举办 2 场少儿读书活动等。承办庆国庆，喜迎十九大书画摄影展、“翰墨传情”东莞东城—新丰书画作品联展、“翰墨丹霞”四人书法展、钟沛果小朋友绘画作品展和公益书法培训班教学成果展等 5 次展览。共接待前来观展的人员 6500 多人次。并举办了 5 次公益讲座和暑期书法免费培训班。共有 600 多人参加活动。

（罗耀辉）

附：2017 年新丰县图书馆馆长名单

馆 长：罗耀辉

博物馆

【概况】 新丰县博物馆成立于 1991 年 6 月，是以文物保护、收藏、研究、陈列展览和宣传教育为主的公益性文化事业单位。编制 3 名。新丰县博物馆被列入国家第一批免费开放名单，设有新丰县革命历史展览厅、新丰民俗展厅和临时展厅三个展厅，其中新丰县革命历史展览厅已完成提升工程，面积增大，内容增加。2017 年参观博物馆展览人数约 55000 人次，全部实行免费开放。

【文物馆藏与管理】 新丰县博物馆现存藏品数量为 1379 件（套），实际数量为 1455 件；其中珍贵文物 104 件（套），实际数量为 108 件。藏品有标本、青铜器、陶瓷、玉器、石器、铁器、钱币、拓本、古籍图书、文件宣传品、织绣、皮革等 10 多类。对文物藏品进行科学管理，建立文物藏品总账、藏品分类账。文物库房实行双人双锁，所有库房、展厅、走廊都安装视频监控。

【文物普查】 2017 年新丰县第一次全国可移动文物普查工作已进入尾声，已完成普查工作报告的编写和《新丰县第一次全国可移动文物精品图录》的编印工作。

【文物保护】 大洞雁塔 2002 年被列为省级文物保护单位。濂溪祠、文武帝阁塔、白楼水口塔、梅东白塔、古成之夫妇墓、李子端烈士墓、六十三军抗日阵亡将士公墓、新丰革命烈士纪念碑、沙田革命烈士纪念碑、赵有兴等烈士纪念碑、张田坑革命烈士墓、郭祥烈士墓、黄卫民赖苍天烈士墓、梁坝革命烈士纪念亭、营盘革命烈士纪念亭等15处文物在1984年被列为县级文物保护单位。2008年新丰县政府对15处县级文物保护单位重新发文认定。

（朱春慧）

附：新丰县博物馆馆长名单

馆　长：周英阳

新丰县文物古迹选介

【大洞雁塔】　大洞雁塔又名文峰塔，位于广东省韶关市新丰县丰城街道大洞村老围山上，建于清乾隆四年（1739），1986年重修。该塔坐东北向西南，为六角楼阁穿壁绕平座式砖塔，外观七层，内分13层，通高33.2米，底层直径7.6米，壁厚1.57米。塔基座为须弥座，是以砖线向下逐级放大的力士，塔身向上逐级略有收分，葫芦状塔刹。塔心室为六角直井式，设楼梯盘旋而上登顶层；塔底层六面辟门，三门有走道进入底层塔心室，门内有砖砌梯级通上二层（暗层）；在西向门的两侧原有灰批门联，现已剥落不见，剩横批“文光射斗”。二至七层每层都有两个真门，其余四角隐砌假门。塔身以灰浆砌筑清水墙，外墙砌法以七顺一横、八顺一横、九顺一横，内部则有七顺二横，各级檐部砌法别具一格，均无瓦件，以两行薄砖并排；六角均设置有倚柱，用9层菱角牙砖叠涩出檐，各层腰檐之上以5层菱角牙砖叠涩挑出平座，均用黄灰批荡；檐下设多级海棠线图案角梁；塔底层和第二层的额枋上以及底层檐部与第二级平座间的束腰上均绘有云龙，龙体勾墨线仍隐约见黄、白、红、蓝诸色泽，瓦脊绘卷草纹样。此塔构造精巧玲珑，明显地继承了明塔遗风，有一定研究价值。2002年被列为省级文物保护单位。

【文武帝阁塔】　文武帝阁塔，原名阳福塔，位于新丰县沙田镇阳福村水口茶子坳河边。建于清道光二十九年（1849）。坐西向东。为五层六角形楼阁式风水塔，葫芦塔刹，青砖砌筑，通高20.1米。平台直径6.27米，周围砌有矮栏，首层直径4.27米，逐层向上略收。塔门门额灰塑匾额“璧合珠联”四个字，两旁原有对联现已剥落，第二层正面开小门，门楣灰塑匾额“文武帝阁”，第三层开圆窗，上方灰塑匾额“紫极垣”。第一、四、五层均以五层菱角牙砖叠涩挑出小平座，第二、三层则改为三层菱角牙砖叠涩挑出小平座。塔身各层除正面外其余五面均灰塑有人物、花卉图案，其中第二层是浮塑人物肖像。1984年被新丰县人民政府公布为县级文物保护单位，该塔对研究明代风水塔有一定的参考价值。

【濂溪祠】　濂溪祠位于新丰县丰城街道北区社区解放街36号，是本县周姓祖祠，为纪念宋代理学家周敦颐（号濂溪）而建。始建于清乾隆四年（1739），清道光七年（1827）、1996年、2009年重修。坐西北向东南。该祠原为三进院落式平面布局，青砖砌墙，面积273.8平方米。头进在20世纪60年代被拆除，现只存中、后两进，现存总面阔13.1米，总进深20.9米。中进大厅，硬山顶，抬梁式结构，梁枋、瓜柱、驼墩上雕有精致的花纹图案。厅两侧各有住房一间，后部两木柱间设屏风，上置花格雕窗；后堂为硬山顶，是安放周氏牌位处，建筑面积比中堂略小，顶梁上刻有“龙飞乾隆肆年岁次巳未孟冬谷旦周”“道光七年岁次丁亥仲冬谷旦阖族重修”等字样。该祠具有新丰地区古建筑独特的艺术风格，有较高的历史、艺术价值。1984年被新丰县人民政府公布为县级文物保护单位。

【大岭儒林第】　大岭儒林第位于新丰县梅坑镇大岭村。据村民介绍，此建筑始建于清道光年间，坐东北向西南，平面回字形，五栋四串六点金围屋形式，总面阔45.9米、总进深54.9米，面积2519.9平方米，共有角楼6座、厢房4间，房间73间。门楼做成牌坊式，扭向成正南方向，门楣石匾刻有“儒林第”三个楷书大字。整个建筑群由门楼、倒座、四角角楼、两侧串楼及行修楼、后座围合成外围；围内以厅堂（祠堂）为中心，由倒座、两侧串楼、角楼、后座围合成内围。外围四角角楼3层，锅耳山墙；行修楼位于外围左侧中央，5层，锅耳山墙，底层有石门，门楣上石匾刻“行修楼”三字，各层有方形石框门，楼内有木楼梯通顶。内围中轴为厅堂（祠堂），二进，抬梁式木构架，挡中屏风上方悬有一木匾，上题“怀德堂”三字。该建筑侧重防御功能，外观宏伟，工艺讲究。

【垠子屋】 垠子屋又名翠善楼，位于广东省韶关市新丰县丰城街道松园村11队，据俞氏族人介绍，此建筑建于清乾隆三十年（1765），坐东向西，为三栋两串四点金后面加围屋平面布局，占地面积2914.38平方米，总面阔46.26米，总进深63米，门前有禾坪和水塘。中间祠堂，三进，抬梁式木构架，两侧串屋和后面围屋为泥砖砌筑。垠子屋共有房屋200多间，街巷交错，祠堂檐、柱等全部刻有花、鸟、虫、鱼、花厅装饰等，装饰古朴典雅，对研究清代岭南建筑艺术和历史有一定的参考价值。此民居曾出过举人俞绍湘、千总（总藩参军）俞家衔、拔贡俞奎奄以及名人俞丰伦。

【兴昌围】 兴昌围，当地称“九栋十八井”，位于新丰县马头镇潭石村。坐西向东，据村民介绍，始建于清康熙年间，占地面积2.5万平方米，主体建筑平面长方形，总面阔106.4米、进深36.5米。建筑群由门楼、前院排屋、围墙、主体建筑连接围合而成，并内设有书屋（已被毁）、水磨房、碾米房、织布房等。硬山顶门楼北向，门上石匾额阳刻“棣萼楼”；主体建筑群由三组建筑并列组成，中心组群为祖祠，左右两组为支祠。三组建筑平面规制基本相同，是以厅堂为轴心，左右各配置天街、串屋，天街均向正面开门；祖祠正面两角各设一角楼，二层，锅耳山墙；左右支祠外角各设一角楼，二层，山字山墙。祖祠、支祠厅堂均三进，两支祠进深略短。其上中下三厅均为抬梁式木构架，木构件多有精美雕饰。该围屋规模庞大，布局严谨，外观雅致，工艺精细，雕饰精美。

【八角楼】 八角楼位于新丰县回龙镇楼下村欧屋。建于清代，坐东朝西，占地面积4392平方米。平面椭圆形，长轴90米、短轴64米。总体布局是以一条椭圆形围墙围合成外围，围内以沿长轴竖排7栋房屋为中轴，左右又沿围墙椭圆配置两圈房屋，房屋均泥砖砌筑。围墙以灰沙版筑，高5.5米，正门墙厚1米，其余厚0.6米。墙四向各有两个角楼，北边靠东角楼开有小门，正门开在围墙西面。角楼为青砖砌筑，高6.5米，外宽4.5米，内宽3.6米，长4.2米，楼角上开有方形和圆形小孔。现里面的房屋多已破坏，已无人居住，但围墙及其楼角仍保存。八角楼建筑形制独特，规模较大，对研究新丰地区清代客家民居建筑形式和建筑艺术有较大参考价值。

【清风楼】 清风楼位于新丰县丰城街道城东村车田围，据罗氏族人介绍，此建筑始建于清道光年间，咸丰年间再加建两层，坐东向西，面宽9米，进深6.5米，面积58.5平方米，呈四方形，八层，全部由青砖、石料以石灰浆砌筑而成，底层设一石门出入，从底层至顶层原有木楼梯相通，楼内各层四面开有长方形的小窗，该楼是防御性设计，外观雄伟、美观，对研究清代岭南建筑艺术有一定的参考价值。

【古成之夫妇墓】 古成之夫妇墓位于新丰县丰城街道东瓜坑社区，始建于北宋，清光绪三十年（1904）重修，1984年新丰县人民政府公布为县级文物保护单位并拨款重修。两墓均坐北向南，灰沙砖砌，呈土红色，占地面积213平方米。古成之墓祭台边长4.8米，由祭台中央边沿至护岭顶点径长7.5米，墓表面阔1.6米，做成仿瓦垄顶三楼牌楼式，明间嵌石质墓碑，上书“八世祖宋进士校书郎成之古公墓”，有护岭垄环；墓表前为祭台，祭台前为拜坪。古成之夫人周氏墓在古成之墓左侧10米处，祭台边长3米，由祭台中央边沿至护岭顶点径长

5.8米，其形制除墓表无装饰外，其余与古成之墓基本相同。两墓是新丰县保存较完整的宋墓，具有一定研究价值。古成之为北宋岭南第一位进士，宋淳化三年（992）授秘书郎，继任四川锦州魏城县，汉州绵竹县知县，卒于官，遗著《册易注疏》及诗集书法流传于世。

【营盘革命烈士纪念亭】 营盘革命烈士纪念亭位于新丰县黄礤镇营盘村村委会侧旁的山墩上。建于1949年，1982年重修。坐东向西。平面六角形，钢筋混凝土砌筑，攒尖顶，琉璃瓦面。面积8平方米。正面两旁有门联，"为革命献生浩气长存后世，继英雄业绩齐心大建中华"，亭内正中墙上立大理石碑，碑上刻"浩气长存"，下刻烈士和死难同胞芳名，碑两旁对联"物尽求生生当有用，人谁不死死得其所"。1984年新丰县人民政府公布为县级文物保护单位，是爱国主义教育基地。

【竹林古寺】 竹林古寺位于广东省韶关市新丰县遥田镇大埔村苦茶山。坐南向北，据寺碑记载，该寺始建于明万历八年（1580），清道光三年（1823）重修。总面积155.4平方米。寺为院落式平面布局，总面阔10.5米，总进深14.8平方米。寺门上石匾"丹桂山"三个大字，寺有正殿二栋，青砖结构，东西两侧有侧屋数间。正殿两侧立有碑刻四块，分别记载着清乾隆四年（1739）、清乾隆二十年（1755）先后两次捐资重修时间和捐款者姓名。寺前池塘小亭还放有一口铁钟，高1.1米，直径80公分，钟上有"永乐八年铸"等铭文，因据以断代。

【梅东龙皇庙】 梅东龙皇庙位于新丰县梅坑镇梅东村暗径。据庙祝散发资料介绍，庙始建于清乾隆年间，咸丰年间扩建，又曾在1939年和1966两度被毁，后经村民和各方善男信女捐资于1946年和1992年两度按原样修复，2007年再次重修。庙坐东向西，面宽18米，进深9米，面积170平方米。为二进二廊，正门上石刻"龙皇庙"三个有色繁体字，并雕有双龙抢珠和云水纹彩色图饰，两侧有"施雨行云思孚庶物，参天赞地德庇生民"石刻对联。对研究当代建筑艺术和宗教活动有一定参考价值。

【梅坑叶剑英革命活动旧址】 梅坑叶剑英革命活动旧址位于新丰县梅坑镇梅坑社区。建于民国，坐南向北，平面狭长，面积约100平方米，二层砖木混合结构，为民国时期岭南城镇典型的"竹筒式"骑楼建筑。1949年10月，中共中央华南分局第一书记叶剑英与第三书记方方带领的南下大军从韶关到广州途经新丰梅坑，在此住宿一晚，接见了新丰县长龙景山，并于当晚在离此址500米的河边召开动员大会。

【白马三郎桥】 白马三郎桥位于广东省韶关市新丰县黄礤镇雪梅村村尾。建于明代，东西走向，两端接悬崖。是用打制的麻石条筑成的单拱桥，长14.4米，宽2.6米，1976年在两侧用钢筋混凝土各加宽1米和加建护栏。该桥曾是雪梅、雪洞村群众通往马头、龙街的唯一人行道，1976年修建金马电站时，曾承受二十多台车辆通过，至今没有任何损坏，可见当时造桥技术先进程度。对研究新丰地区明代石拱桥建筑工艺有一定的价值。

【秀田古井】 秀田古井位于广东省韶关市新丰县马头镇秀田村禾坪边。始建于清代，砖砌井壁，井深6.3米，井口直径1.2米，有井盖，直径1.5米，为两块水磨石拼合，盖中央成三角挖有三个直径为0.42米的圆形小口，如此设计，既安全卫生又方便使用。此井造型比较特别，在新丰地区比较少见。

【岭围坪遗址】 岭围坪遗址位于新丰县梅坑镇禾溪村杨岭围，是我县迄今发现的遗址中较大的一处，面积约10000平方米。该遗址东近禾溪河，西接梯田一片，南、北两面有两条小溪环绕。采集的陶片以方格纹较多，曲尺纹、云雷纹的亦有发现；采集的石器中有石锛9件，器长4.5—11.2厘米，宽3.5—5.5厘米，厚1—3厘米不等，多已磨光，刃平；石镞4件、石矛1件、石铲1件。根据采集

的遗物文化特征判断，这是一处新石器时期的遗址，对研究新丰地区新石器时代文化有一定的参考价值。（朱春慧）

体　育

【概况】　1996年，新丰县体育委员会改为新丰县体育发展中心；2006年，新丰县体育发展中心更名为新丰县体育局，为县政府直属参公事业单位，负责全县的体育工作。2017年，体育局下设办公室、群体竞技股和新丰县业余体校，编制14名。体育场地齐备，有占地面积近50000平方米的体育馆（馆内设有篮球场、羽毛球、乒乓球场、举重房）、田径场、游泳场、综合训练楼、县全民健身广场，全县各行政村基本配备了标准篮球场和室外乒乓球台等体育设施。全县6个镇都建成了乡镇农民健身工程。

【群众体育】　深入贯彻落实科学发展观，以推动经济社会跨越式发展，建设幸福美丽新丰为主线，制定实施《新丰县全民健身计划（2016—2020年）》，大力抓好场地、组织、活动和服务四大网络建设，逐步完善符合县情、覆盖城乡、可持续发展的全民健身公共服务体系。县体育局积极推动群众体育工作持续发展，为掀起全民健身热潮，开展了多种多样的群众体育活动。2017年，共举办和参加各种群体活动和比赛10次，参加人数达2000多人，掀起了全民健身的热潮。一年来积极开展国民体质检测活动，先后到企业、村居、各个学校开展了国民体质检测活动，共测试1000多人，跟踪回访了300人。充分发挥各体育协会的组织指导作用。截至2017年末，全县共成立了篮球、乒乓球、门球、广场健身操（舞）、羽毛球、太极拳、足球、汽摩、自行车、马拉松等10个单项体育协会（俱乐部），各类体育协会充分发挥各自的优势和领军作用，服务社会，为群众参加体育活动提供平台，组织开展一系列体育活动，发挥积极的社会影响。举办“新丰县2017年三级社会体育指导员广场舞培训班”，全县有三级以上社会指导员940个，人均体育面积达到1.43平方米，每千人拥有社会指导员3人以上。

“体彩杯”雪山氧吧谷徒步健康行

【竞技体育】　新丰县体育局直属训练单位是业余体校，开展的竞技体育训练项目有：射击、举重、田径、武术等四个项目（其中射击、举重属于市重点项目），在训人数80多人。教练员6人，外聘学校教练5人。县体育局认真抓好业余体校建设，坚持“体教结合”，制订竞技体育激励机制，对输送到省、市的运动员苗子和在省、市运动会取得成绩的教练员、运动员给予一定的奖励。2017年新丰县向市体校输送了6名拔尖运动苗子，为提高全县的竞技体育水平创造了条件。参加韶关市第十五届运动会取得优异成绩。

【体育产业】　加强体彩工作，细化组织领导，加大宣传力度，实行奖励政策，截至12月初已经超额完成了市下达的任务（3000万元），力争销量实现更大的突破。认真执行《广东省体育彩票公益金管理使用暂行办法》，进一步加强和规范体育彩票公益金的使用管理，提高体育彩票公益金使用效率。

（陈苏明　丘家瑶）

附：2017 年新丰县体育局领导班子成员名单

局　长：廖自敬

副局长：李美霞（任至 3 月）

俞志高

潘丽珍（8 月起任）

广播电视

【概况】 2017 年，新丰县广播电视台紧紧围绕县委、县政府中心工作，全力做好新闻宣传工作。全力以赴做好学习宣传贯彻中共十九大精神、新党章和习近平总书记系列重要讲话精神、《习近平谈治国理政》第二卷、学习贯彻习近平总书记对广东工作的重要批示精神和习近平总书记在十三届全国人大一次会议广东代表团审议时的重要讲话精神报道，做好广东省第十二次党代会、市委十二届四次全会、县委十二届三次全会宣传报道，做好干部作风建设、城市提升工作、新农村建设和人居环境整治、村级“两委”换届、重点项目建设、重点工作、安全生产、精准扶贫等新闻报道。为扎实做好宣传报道工作，在《新丰新闻》新闻栏目开设专栏，通过新闻消息、新闻专题、新闻专访、新闻特写等形式进行全方位、多角度报道，并在新丰 TV 微信公众号同步发布。

2017 年，配合县的中心工作，加强与中央及省市电视台的沟通，想方设法提升市台采用稿件数量。切实做好《县市区连线》的稿件上传工作，及时上送反映新丰经济社会发展亮点的新闻消息，紧紧抓住市台主持人到新丰广播电视台指导的时机，组织采编播人员进行讨论学习，努力提升上送新闻稿件质量。

截至 2017 年 12 月 31 日，《新丰新闻》栏目共播出稿件 1715 篇。韶关电台采用稿件 858 篇（含县市区连线 542 篇）。中央电视台采用稿件 2 篇（合作），广东卫视《新闻联播》采用 5 篇（合作）。新丰 TV 公众号共发布微信消息 1932 篇。

【专题报道】 以做好干部作风建设为主题，推出《融珠先行担当有为》专栏，对各镇（街）党（工）书记和部分单位主要负责人进行专访；为贯彻落实县委十二届三次全会精神，推出专栏《真抓实干融珠先行》，对县领导及部分单位主要负责人进行专访，为全县推进干部作风建设，贯彻落实县委全会精神充分发挥主流媒体应有的作用，为全县掀起干事创业热潮营造良好的舆论氛围，受到广大干部群众的好评。

【重点工作报道】 围绕城市提升重要工作，全力做好相关宣传报道，开设专栏对县城脏乱差现象进行全面曝光，及时报道各部门在城市提升中的动态性工作，通过采拍播出新闻专题、新闻消息，制作播出公益广告、标语等形式进行全方位宣传，进一步营造同心协力、人人参与城市提升的氛围，受到广大观众的好评。积极做好第二届新丰好人评选活动，在《记者发现》推出专栏，抽调骨干记者对好人候选人进行专题报道，全面深入挖掘好人先进事迹，树立一大批崇德向善的先进典型，全面推进社会公德、职业道德、家庭美德等建设，传递社会正能量。

【节庆报道】 做好劳动节、儿童节、建党节、建军节、教师节、国庆节等节日宣传，积极做好县委、县政府春节慰问等报道，做好“干部进基层？共建美好家园”主题活动报道，全面报道全县春节期间文娱活动，创新报道形式，春节记者走上街头采访群众，《春节到来，你想对谁说谢谢》《春节愿望：希望日子越过越红火》等作品深受观众好评，营造浓郁的春节气氛。在“三八”国际妇女节期间，推出巾帼系列报道，展现巾帼风采，传递社会“正能量”，受到广泛好评。

【开办新媒体平台】 2017 年开办新媒体平台三个（分别为新丰 TV 微信平台、无线韶关新丰版块、腾讯企鹅号），开设专栏及时发布学习宣传贯彻中共十九大精神、省党代会精神及市委、县委全会精神相关内容，以正确导向引领社会舆论的报道理念，充分利用和发挥微信的优势和作用，把党的声音传播到千家万户。微信平台发布的微文《您好，欢迎乘坐新丰公交》受到广泛关注，极大地激发了微友们的讨论热情，阅读量高达6万多次，留言、评论非常火热；“寻找新丰最美乡村”活动评选受到广泛参与；“新丰V评”是新推出的针砭时弊的评论，引发广泛共鸣深受好评。《曝光台》栏目对县城“脏乱差”现象进行全面曝光，为推进城市提升工作营造良好舆论氛围。“新丰TV”微信公众号每天平均发布6篇微信消息，点击率不断提升，粉丝量日益增加，正在发挥着越来越大的作用和影响力。

【落实岗位责任制】 严格落实安全播出岗位责任制，按照“谁主管、谁负责”的原则，认真部署、落实安全播出的各项防范工作。加强广播电视安全播出组织领导，在中共十九大召开期间，成立了专门领导工作小组，由台长、副台长担任全台安全播出总值班，技术人员、播出人员24小时值守机房，全力确保十九大安全播出万无一失。进一步完善了安全播出操作规范和其他各项管理制度，制定了安全播出应急处置预案，并加强和完善了技术防范措施，做到组织领导到位、思想认识到位、设备技术到位。

【获奖情况】 新丰县广播电视台报送的形象宣传片《发现新丰之美》脱颖而出，获韶关市2017年度广播电视节目奖（电视广告）一等奖，新闻《酒后殴打执行公务民警必将受到法律严惩》、长消息《九连山隧道背后的故事：再深的隧道施工空气也“清新”》、系列《巾帼不让须眉女支书也能撑起一片天》《致富女能手潘秋论带领村民“兴花”致富》《潘美容：一人致富不是富，带动农民奔康才是富》、新媒体《您好，欢迎乘坐新丰公交》分别获韶关市2017年度广播电视节目奖（新闻）三等奖。《融媒体发展多元化传播》在庆祝第十八个记者节暨广电工匠、工作创新评选活动中，被评为韶关市广电系统优秀工作创新奖。

【事业建设】 新丰县广播电视台投入资金，完成数字电视信号备份工程。备份数字电视信号将由卫星接收、韶关市传输至新丰县，当河源市传输信号中断时，备份工程可传输与河源市传输一样的69套数字电视节目，以满足全县群众收看数字电视的需求。省广电局在新丰县大顶山建有无线发射塔一座，委托县广电台管理，2017年7月已经正常发射信号，除可发射广播电视节目，满足新丰县边远山区群众收听、收看广播电视节目的需求外，在突遇重大自然灾害、地质灾害的情况下，可发挥应急通信、应急气象情况发布等应急作用。县广电台想方设法争取省银视公司支持，投资马头镇网络建设推进数字电视整转工作，完成丰城、沙田、遥田、回龙、马头、黄磜、梅坑7个镇（街）互动电视、互联网机房升级改造工作。县城网络在原有基础上改造7个楼盘，增加15个光节点。新增专线12条，新建设县医院无线Wi-Fi工程，新建三条管道。台播控机房模拟播出升级高标清同步播出第一、二期工程，有线机房亦搬迁合并升级改造完成，全力确保中共十九大、全国“两会”安全播出。（叶海涛　潘伟锋）

附：2017年新丰县广播电视台正副台长名单

台　长：黄小广

副台长：赖智谋

　　　　温可良

医疗·卫生·计划生育服务

卫生和计划生育

【概况】 2017年，新丰县有各类医疗卫生机构192个，其中二级医院2个、疾病预防控制中心1个、妇幼保健院1个、卫生监督所1个、计划生育服务站1个、中心卫生院2个、乡镇卫生院7个、社区服务中心1个、个体私人诊所10间、口腔诊所10间，农村卫生站156间。全县共有卫生工作人员1506人（包括乡村医生和卫生员），其中卫生技术人员1191人，含执业（助理）医师409人，注册护士498人，全县每千常住人口拥有执业（助理）医师、注册护士分别为1.94人、2.36人。全县卫技人员中，副高职称64人，中级职称211人。中级以上职称占卫技人员总数的23%。全县共有床位1042张，每千人口拥有床位4.95张。全县医疗机构年门诊量198.9万人次，出院量3.7万人次。全县常住人口21.06万人，出生人数3461，其中一孩出生1217人、二孩出生1985人，常住人口的出生率为16.36‰、自然增长率为8.58‰。出生人口性别比103.59。全县人口和计划生育工作完成市下达的人口计划指标，接受省2017年度人口与计划生育目标管理责任制考核达标，接受市2017年度人口与计划生育目标管理责任制考核达标。

2017年4月10日，广东省卫生计生委党组成员、省中医药局局长徐庆锋到县中医院调研加快推进中医药工作

【基层卫生】 2017年，为常住居民建立城乡居民健康档案，累计建立电子档案17.28万份，65岁及以上老年人建档13701人，高血压患者管理6076人，Ⅱ型糖尿病患者管理1572人，举办展健康咨询活动80次，接受健康咨询8914人次，举办健康教育讲座695次，参加讲座15036人，发放宣传教育资料16.16万份。整合由全科医生、公共卫生人员、全科护士及乡村医生等组成的服务团队30个，签约家庭21386户，签约居民85279人。选派全科医生、公卫医生、护士共26人参加学习交流。全县共投入资金444万元，新建村卫生站37间，投入使用3间。投入80万元，新建8家中医馆，其中丰城、遥田、梅坑已投入使用。推进医养结合、养老照护试点工作，在2016年回龙镇为试点镇、梅坑镇张田村为试点村的基础上，

2017年再增加黄磜镇、马头镇、沙田镇、丰城街道横坑村、遥田镇南坑村五个试点镇（村），按规范建立养老照护中心以促进养老照护工作，开展老年人健康知识培训（服务）6616人次，为成年人子女培训5224人次，为65岁以上老年人建立健康档案6923份，接受免费健康检查6923人。

【妇幼健康服务】 2017年，全县无孕产妇死亡，新生儿死亡率2.69‰，孕产妇系统管理率、3岁以下儿童系统管理率分别为95.24%、93.8%。对2561名农村妇女免费提供宫颈癌、乳腺癌筛查。成立韶关市妇幼保健院生殖医学中心新丰分中心，为1372名孕妇提供免费孕前优生健康检查，为274例乙肝感染孕产妇和婴儿均提供免费检测、治疗和定期随访，实行干预阻断。2462对夫妇进行了地贫筛查，地贫基因检测80人，重型地中海贫血胎儿终止妊娠2例。为孕妇进行唐氏筛查1346人，结构畸形超声筛查1524人，新生儿代谢疾病筛查2036人，新生儿听力初筛2061人，确诊为唐氏等染色体异常终止妊娠1例。为2237名农村妇女增补叶酸预防神经管缺陷。

【卫生强县】 2017年，制定《关于创建卫生强县的实施方案》，成立县级建设卫生强县工作领导小组，启动卫生强县建设工作。出台《新丰县医疗卫生服务体系规划（2016—2020）》和《新丰县医疗机构布局调整实施方案》，对县级医疗机构进行布局调整。完成县疾控中心与县慢病站合并工作。新成立“120”急救指挥中心，办公设在县医院。县人民医院易地搬迁新建，位于105国道北侧，占地面积约8.44公顷，建筑面积约10万平方米，床位数800张，总投资约6.6亿元。县妇幼保健院升级建设，位于东门路北侧，占地面积约1.34公顷，按二级标准进行建设，床位数150张，建筑面积约2.5万平方米，总投资约1.6亿元。县中医院易地搬迁升级建设，搬迁到县人民医院，占地面积约2.48公顷，床位数250张，新建门急诊大楼，科教大楼，总投资约1.04亿元。目前三间县级医院完成可行性研究报告、专家评审、项目立项等前期工作。

【医药卫生体制改革】 2017年，出台《新丰县深化医药卫生体制改革总体方案（2016—2018）》《关于调整新丰县深化医药卫生体制改革工作领导小组成员的通知》，继续推进医药卫生体制改革工作。全县政府办的13间医疗单位取消药品加成，县级公立医院取消挂号费，门诊诊查费纳入医保统筹报销，调整部分医疗服务价格。制定《新丰县加快推进分级诊疗制度建设实施方案》，推进分级诊疗服务，完善服务网络、运行机制，促进医疗人才和城市医疗资源下沉。

【医政管理】 2017年，开展“平安医院”活动和改善医疗服务行动，制定《关于进一步加强新丰县医疗卫生服务能力建设的实施方案》、《新丰县进一步改善医疗服务行动计划实施方案》，推动优质护理服务，举办“学礼仪、讲素质”活动月，加强医疗质量督查及医疗安全隐患排查整治工作。严格依法实施医疗机构及技术准入，完成医疗机构校验工作18间，办理新设置医疗机构1间，办理医疗机构变更许可事项9间，办理医疗机构注销1间。医师执业首次注册48人，变更注册40人。护士首次注册37人，延续注册42人，变更50人。改善医疗服务能力，县医院新增心血管内科、ICU，投入1589万元，购置新丰县第一台过千万的大型医疗设备：1.5T医用磁共振成像。开通微信支付、微信挂号、微信查阅个人就诊和体检情况，中医院新设治未病科、康复科综合治疗区。发挥医疗纠纷第三方调解组织的作用，依法、及时、妥善处置医疗纠纷5起。加强医疗废物和消毒供应管理，成立新丰消毒供应中心，实现消毒供应统一处理，防止医源性感染事件发生。全县无偿献血988人次，献血量23.03万毫升，荣获2017年度韶关市无偿献血工作目标管理考核先进单位。顺利完成2017年全国学生定向锦标赛暨“中国四维杯”全国测绘地理信息职工定向越野赛医疗保障任务。

【队伍建设和医学教育】 2017年，招聘特设岗位人员5人，全县共招聘101名卫生专业技术人员。组织高职称的医、护、药人员为继续教育学习申请科目，完成2017年继续教育申请备案课件18个，41学分，举办22期培训，参加学习人数达1950余人。举办各类专题培训班，共445人参加。外出参加短期学习班87人次，业务进修19人。协助做好医师定期考核培训考试工作，参加韶关市医师定期考核人数共有365人，达标率100%。完成护士执业资格考试报名审核71人，专业技术资格职称考试报名审核195人，完成高级专业技术资格实践能力考试报名审核29人，完成高级专业技术资格职称申报审核6人。2人通过高级职称评审。

【公共卫生】 疾病预防控制 2017年新丰县累计报告法定传染病13种1693例，报告发病率782.71/10万，死亡3例，死亡率1.39/10万。无甲类传染病报告。网络直报肺结核疑似病人数267人，无新发现结核病人。16例诺如病毒感染性腹泻和8例重症手足口病病例得到及时救治，无登革热病例报告和人感染H7N9禽流感病例报告。卡介苗、脊髓灰质炎、百白破、麻疹、乙肝、流行性乙型脑炎、流行性脑脊髓膜炎等“七苗”接种率均在98%以上。全县在册严重精神障碍患者1162人，在管严重精神障碍患者999人，管理率88.25%。新丰县代表队参加市级健康教育技能竞赛，荣获团体三等奖，参加市级卫生应急技能竞赛暨全国卫生应急技能竞赛韶关市选拔赛，荣获团体优秀奖。

卫生监测 做好监测，是预防疾病的第一步。2017年开通10间学校“广东省儿童青少年健康监测网络系统”，对学生因病缺勤实时监测。继续开展城乡生活饮用水卫生、食源性疾病和常见病等监测，完成地方病碘盐、尿碘及水碘监测。开展伊蚊密度监测，监测结果伊蚊布雷图指数（BI）、诱蚊诱卵器法（MOI）均低于10，全县今年无登革热病疫情发生。

综合监督 2017年出动卫生执法人员659人次，车辆296辆次，检查公共场所469户次，监督生活用水16户次，检查各类医疗机构336家次。公共场所行政处罚案件1宗，罚款金额1000元。查处无证牙科门诊和黑诊所各1间，医疗卫生行政处罚案件7宗，罚款金额3.02万元，行政警告案件5宗。扣牙科器械一批，药品3箱、注射器1箱，没收终止妊娠药品6盒。

【卫生计生宣传】 2017年，持续宣传报道卫生计生政策法规以及预防禽流感、登革热、艾滋病、职业病防治，疫苗接种和优生优育等科普知识。开展“5·29”计生协会会员日、“全面两孩”政策实施、禽流感防控等为主题宣传活动6次，共为5000多位群众义诊，发放各类宣传品达1.5万多份，发放服务手册1400多份、小礼品800多份、《全面两孩政策知识手册》6000本。开展“创建卫生强县，县城医疗机构布局调整”“医养结合，养老照护”“打击两非，关爱女孩”三方面工作

2017年7月19日，2017年卫生应急技能竞赛在县人民医院举行，图片为医务人员进行止血包扎操作

系列宣传活动。全县卫计系统在各类新闻媒体登载775篇稿件，其中国家级的1篇，省级24篇，市级81篇，县政府公众信息网192篇，县电视台新闻与记者发现70篇，局微信公众号407篇。新丰县卫生计生系统荣获“韶关市卫生计生系统宣传工作先进单位”称号。

（县卫计局）

附：2017年新丰县卫生和计划生育局领导班子成员名单

局　长：周美秀
党工委书记：周　辉
党工委委员：赵革胜
　　　　余　勉
　　　　刘石源
　　　　江建光（2月起任）
　　　　叶宗果
　　　　刘继笏（任至3月）
　　　　陈仕学（3月起任）
党组书记：周　辉（9月起任）
党组成员：赵革胜（9月起任）
　　　　余勉（9月起任）
　　　　刘石源（9月起任）
　　　　江建光（9月起任）
　　　　陈植能（9月起任）
副局长：余　勉
　　　　周　辉
　　　　江建光（3月起任）
纪工委书记：刘石源

计划生育服务

人口性别比综合治理　2017年，在梅坑镇中学旁建立大型“关爱女孩、打击两非行为”宣传牌（10米×5米）。印制了关爱女孩精美画报200套，发放到村居与相关单位张贴。卫计局联合公安局、食药监局制定《新丰县整治“两非”专项行动方案》，组建六个部门联合行动队伍，开展打击“两非”专项活动，当场查封终止妊娠药品米非司酮片和米索前列醇片各3盒。

计划生育利益导向　2017年，制定《关于做好计划生育奖励扶助工作的实施办法》，全县共审批各项奖励对象183人，发放各项奖励金2199人，合计金额208.704万元，其中农村部分计划生育家庭奖732人103.572万元，城镇独生子女父母奖290人24.352万元，农村计划生育节育奖1161人69.6万元，特别扶助奖14人11万元，手术并发症2人0.18万元。元旦、春节期间慰问特殊困难独生子女、纯二女户计生家庭27户，慰问金2.7万元。县计生协为全县纯二女户家庭334户购买新农村合作医疗参合资金15.84万元。严格控制政策外多孩出生，共审核社会抚养费征收卷宗95份，共征收社会抚养费336.14万元。

流动人口计生服务管理　2017年，抓综合治理流动人口计划生育管理工作责任制的落实，坚持执行部门计生信息通报制度。落实双向服务管理职责，完善流动人口数据采集、上报、核查工作。发送协查信息97条，回复全员系统信息4658条，回复率为100%。通报省外流入人员信息324条，接收通报信息216条，已反馈信息216条，信息反馈率及反馈及时率均为100%，已达到省一类管理要求指标。

2017年6月1日，创建卫生强县工作会议在县政府会议中心召开

公共卫生与疾病预防控制

【概况】　新丰县疾控中心是新

丰县疾病预防控制、卫生监测检验和卫生学评价的技术指导中心，2002年9月经新编委〔2002〕60号文批准组建的县直属副科级事业单位，2015年7月新机编〔2015〕21号文又重新将疾控中心与县慢病站合并，定为公益一类事业单位，列入财政补助一类，2017年7月落实到位。疾控中心7月份与慢病站合并后，内设办公室（含财会室）、疾控科、免疫预防门诊、健教科、公卫科、健康体检科、检验科、慢性病非传染性防治科、精神病防治科、结核病防治科共10个科室，有工作人员34人。疾控中心办公大楼占地面积1880平方米，建筑面积2947平方米。2017年卫生事业经费由财政差额拨款，各级财政补助经费总额178万元（含专项工作经费）。

【重点传染病预防控制】 2017年全县无甲类传染病报告，乙丙类法定传染病共报告发病14种1633例，总发病率754.97/10万，与去年同比上升21.30%；死亡3例（均是乙类），死亡率1.39/10万，与去年同期相比下降57.50%。乙类传染病：报告发病9种794例，发病率367.08/10万，比去年同期上升了2.26%；死亡3例。丙类传染病：报告发病5种839例，发病率387.89/10万，比去年同期上升了47.26%；无死亡病例报告。

【传染病疫情控制】 2017年，全县艾滋病（含HIV）报告发病3例，死亡2例；HIV报告发病8例。艾滋病发病报告数比去年下降了0.83%。狂犬病：报告发病1例，发病率0.46/10万，较去年下降了50%。死亡1例，与去年同比下降了50%。肝炎：报告发病353例，发病率为163.2/10万，较去年上升19.07%；无死亡病例。肺结核：报告发病140例，发病率为64.73/10万，与去年下降了29.17%，均为散发病例。手足口病：报告病例702例，发病率为324.55/10万，发病数较去年上升42.95%，呈散发发病，病例以散居儿童居多。

2017年12月1日在梅坑镇“世界艾滋病日”宣传活动

【疾病监测】 2017年，HIV/AIDS监测共对170人进行VCT服务，对15482人进行了HIV初筛，初筛阳性7人，最后实验室确证阳性3人。对新丰县看守所在押人员开展HIV抗体初筛，共检测102人，检验结果全部HIV抗体阴性。寄生虫病防治，认真做好消除疟疾评估验收后续工作，继续加强消除疟疾工作的督查，按要求完成疟疾血检工作及做好相关资料的归档整理。医疗机构死亡病例网络直报：2017全县在“死因登记报告信息系统”中报告死亡病例登记卡共1441张，由14间医疗单位报告，其中县级医疗单位（2间）共报告438张，乡镇级医疗单位（12间）共报告死亡病例登记卡1003张。与2016年（1486例）比较，同比下降了3.02%。按录入时间统计，报告及时率为97.64%、审核率99.51%、迟审率0.84%、一审通过率95.05%、身份证号码填写完整率99.09%、多死因链填写完整率64.71%、死因诊断不明率

1.39%，死因编码不准确合计率为0.84%，均达到死因监测工作质量要求，全县死亡病例网络直报工作质量处于较好的稳定状态。全人群死因监测：全县7个乡镇已于2015年全面启动全人群死因监测。2017年度7个乡镇/社区医疗机构报告病例数为1441例，其中丰城街道708例，黄磜镇66例，回龙镇117例，遥田镇172例，沙田镇86例，梅坑镇122例，马头镇170例，乡镇/社区医疗机构报告率为100%（14/14）。

【免疫规划管理工作】 常规免疫接种：2017年全市基础免疫接种情况报告如下：卡介苗接种率为99.93%（2799/2801），乙肝疫苗接种率为99.66%（3217/3228），脊灰疫苗接种率为99.66%（3502/3514），百白破疫苗接种率为99.63%（3235/3247），含麻疹成分疫苗接种率为99.74%（3073/3081），乙脑疫苗接种率为99.67%（3293/3304），流脑A群疫苗接种率为99.59%（3181/3194），甲肝疫苗接种率为99.64%（3033/3044）；加强免疫接种情况报告如下：脊灰疫苗接种率为99.68%（4004/4017），百白破疫苗接种率为99.69%（2888/2897），含麻疹成分疫苗接种率为99.69%（2911/2920），乙脑疫苗接种率为99.65%（3089/3100），流脑A+C疫苗接种率为99.66%（2917/2927）。免疫规划疫苗管理：2017年全县共接种一类疫苗70352剂次，二类疫苗16692剂次，合计87044剂次，单苗接种率达95%以上。所有疫苗的储存运输均按照《中华人民共和国药典》《预防接种工作规范》、《疫苗流通和预防接种管理条例》等有关疫苗储存、运输的要求进行。预防接种异常反应监测：2017年全县共报告疑似预防接种异常反应25例，经诊断，均为一般反应，均已按《全国预防接种异常反应监测方案》的要求，完成相关调查和报告。儿童预防接种信息化管理：全县共7间预防接种门诊儿童预防接种信息管理系统，并与广东省外地联网接种。2017年度全县新出生儿童2116人，录入金苗系统2116、发接种证2116人、录入及建证率100%。

【公共卫生监测】 食品安全风险监测　食品采购送检及自检：全年完成上级要求食品风险监测的送检采样及自检任务共110份：省级监测任务34份，市级任务监测任务52份，市级下本单位完成自检微生物监测任务24份。食源性疾病监测：2017年完成对辖区内监测点医院的机构培训以及进行了大量的督导及技术支持等工作，2017年度两所监测点医院均完成了所属单位需完成任务量。其中县人民医院上报14例，县中医院上报17例食源性疾病案例。

地方病防治　碘盐监测：按地区方位抽取5个乡镇，每个乡镇选取1间小学，在每间小学内随机选取40名8—10岁非寄宿学生（年龄均衡、男女各半），共200名，采集其家庭食用的食盐及该学生的尿样检验；按地区方位抽取5个乡镇，每个乡镇抽取20名孕妇家庭碘盐及该孕妇的尿碘检验。其中全县总盐样合格率为100，尿碘合格率为78%。水碘监测：按地区方位抽取5个乡镇，按乡镇的方位选取乡镇的东西南北中五个点，抽取该镇自来水工程或自建饮水工程的末梢水龙头水样，检测出该地水碘平均值。所检测乡镇的水碘平均值在正常范围内。

公共场所卫生监测　2017年建档检测的公共场所——理发美容业95间，文化娱乐场所15间，旅业66间，游泳场馆3间，桑拿浴室7间，共建档184间，合格90间，间数合格率48.9%，委托性卫生监测覆盖率100%。2017年度共监测公共场所微小气候401份，合格401份，合格率100%。公共用具消毒样品2449份，合格2306份，份数合格率94.50%，共监测卫生项次3383项次，合格3317项次，项次合格率94.1%。

预防性健康体检　食品、公共场所从业人员健康体检2116人，体检合格2115人，合格率99.95%；机动车驾驶员体检3022人，体检合格3022人，合格率100%。

生活饮用水卫生监测　对新丰县自来水公司第一制水厂开展了出厂水、末梢水及二次供水的监测。全年共计监测水样37份，包括出厂水13份、末梢水20份，二次供水4份。按方案要求达到了城区监测水样数，全年任务完成率为100%。农村水质监测量：全县七个街道/镇区均按监测方案的要求开展了农村饮用水的监测工作。全年共计监测水样62份，包括出厂水28份，末梢水28份，学校供水6份。其中，乡镇监测点监测水样54份，学校供水设施监测水样6份，全年任务完成率为114%。

学校卫生监测　学生健康体检：全县中小学生健康体检共14402人次。学生因病缺课监测：在全县选定10间中小学开展学生因病缺课监测，通过“广东省儿童青少年健康监测网络系统”进行在线报送监测信息，报告率位居全市前列水平。

消毒效果监测　对全县3间托幼机构、3间县城医疗机构，5间乡镇卫生院及5间乡镇卫生站开展消毒效果监测工作。经检验：托幼机构合格率为0，县城医疗机构合格率为100%，乡镇卫生院合格率为60%，卫生站合格率为40%。

病媒生物监测　诱蚊灯监测：全县3—11月使用诱蚊灯法进行生态环境监测，合计诱蚊灯捕抓蚊子198只，蚊密度为2.14。诱蚊诱卵器法监测：本年度总布放诱蚊诱卵器1350项次，回收诱蚊诱卵器1340项次，回收率达到99.25%。其中居民区（监测点包括名汇花园小区和江畔小区）MOI密度指数1.03，阳性指数6.32，为蚊媒低密度地区；公园（后山公园）MOI密度指数1.11，阳性指数5.03，为蚊媒低密度地区；工地（奥林匹克工地）密度指数1.06，阳性指数为6.34，为蚊媒低密度地区；医院（县人民医院）密度指数为0.96，阳性指数为5.6，为蚊媒低密度地区。布雷图指数法：本年度监测区域覆盖新丰县全部乡镇，全县年度BI为2.63，除遥田镇、梅坑镇属蚊媒低密度地区外，其他镇区均属于符合防控区域。

【卫生检验】　积极参加国家、省、市机构组织的各种有关的实验室间质量控制考核工作。完成了市HIV确证实验室组织的HIV抗体检测考核、市疾控中心组织的实验室间质量控制考核，结果待公布；完成了市质管科组织的食源性致病菌检测考核和水砷检测考核，结果合格。加强检验工作质量控制，提高检验工作质量。严格按照中心质量管理体系的要求，规范日常检测工作，通过采用标准物质校准、平行双样测试、空白对照、留样复测等校准方法对检验结果进行校核，对仪器进行运行测试等手段确保检验质量。提高了检验工作质量水平。按时按质完成检验任务。其中县城饮用水、农村饮水用水及群众委托检验的饮用水监测272宗；从业人员体检检材3802份；HIV抗体筛查110人次；碘盐监测300份；旅业、理发业、娱乐场所检测192间；麻、风疹抗体检测6份；食品风险评估食源性致病菌监测样品25份；医疗、幼托机构卫生效果监测16单。

【科研与教育培训】　疾控中心举办培训班4期，共培训80多人次，疾控中心39人参加了本级培训。疾控中心选派80人次参加上级有关部门举办的各种业务培训班。

【健康教育】　开展公众健康教育宣传咨询活动：以卫生宣传日为契机，与各有关单位紧密合作，开展84次宣传活动，发放宣传折页（册）60000多份、中医药健康教育宣传资料10000多份，宣传用纸巾200份、接受群众咨询4506人次。现场通过拉横幅、发放宣传资料、为群众进行健康体检等丰富的形式，活跃群众氛围，加深群众对健康教育的理性认识，取得了良好的宣传效果。举办各类人群健康讲座：在居委、学校、医疗卫生等举办的健康教育讲座。内容有健康素养、健康生活方式、慢性病防治等方面，累计开展93次宣传讲座。印发各种健康教育资料：2017年，印发25种资料，包括宣传册（读本）、标语、宣传用纸巾等，合计16万余份，内容包括健康素养、预防高血压、预防糖尿病、预防艾滋病、预防登革热等方面内容，通过各级健教网络免费发放到居民手中，提高群众的知晓率和自愿参与的积极性，创造良好的社会氛围，不断提高基本公共卫生服务的利用率和可及性。设置健康教育专栏：在城内各主干街道建成了36个健教宣传栏，每季度更新宣传内容，共更新144版次，同时，定期设计各种健康教育宣传栏版式，供给各单位选用，有助于提高全区健康教育服务效率。充分利用电视及向相关部门投稿等加大宣传力度，结合公共卫生服务项目和各种卫生日在电视台播放健康防病知识6种，播放42次，向有关部门投稿32次。

【精神病管治】 全县严重精神障碍管理网络覆盖率为100%；全县登记在册患者数1264人，在册人数1132人，在管人数999人，患者检出率5.28‰；检出患者管理率88.25%，规范管理率75.25%，病情稳定率83.32%；服药率67.05%，规律服药率14.22%；危3率1.57%；年累计建档患者37人；目前失访96人，累计死亡患者132人。根据《国卫办疾控函〔2017〕746号》文件要求，全县各乡镇卫生院结合村卫生站、村（居）委干部等以进村入户方式对失访库患者进行逐一排查核实，寻找失访患者去向，了解其失访原因，自2017年11月20日从系统失访库导出全县失访患者名单共202人，经过1个多月的努力，全县已转在管患者106人。对于以上96例确实无法追踪的失访患者各乡镇卫生院已将名单交由派出所协助排查。

【结核病防治】 2017年，网络报告肺结核病340例，网络追踪280人，免费检查肺结核病可疑症者235人，发现涂阳病人27人，涂阳率0.11%，涂阴病人35人；密切接触者调查81人；下乡督导访视130人；对全县寄宿制学校初中、高中新生入学进行了结核病筛查，筛查总人数4040人。利用第二十二个“世界防治结核病日”开展结核病防治宣传活动，同时还通过发放宣传单小折页、微信、电视、悬挂宣传横幅等形式，加强结核病防治知识的宣传。（欧洪蝶）

2017年10月10日在南门塘“全国高血压日”宣传活动

附：2017年新丰县疾病预防控制中心主任名单

主　任：潘希东

卫生监督管理

【概况】 新丰县卫生监督所于2003年在原新丰县卫生防疫站基础上挂牌成立，是新丰县卫生和计划生育局领导下的具体行使卫生监督执法职责的执法机构，为副科级事业单位，2009年列为参照公务员法管理事业单位，原核定编制人数25名，2016年重新核定为15人。2017年末，在职在岗人员12人，退休9人；内设办公室、稽查股、卫生监督股、医疗卫生监督股、受理发证股。依照国家的法律、法规，对公共场所、生活饮用水、医疗机构、母婴保健技术服务机构、放射诊疗、传染病防治、采供血、学校、职业病危害行使卫生监督执法管理职能。

【卫生监督】 2017年，新丰县有公共场所219户（其中旅店

60户，美容美发业店143户，卡拉OK歌舞厅6户，其他10户）。2017年卫计局窗口全年共受理公共场所申请单位105间，新发放许可证82间，变更1间，延续21间，注销1间，办结率为100%。公共场所从业人员数623人，持健康证明人数585人，持健康证率93.9%。监督检查469户次数，监督覆盖率98.46%，对存在问题发出整改意见书132份。加大对辖区的巡查力度和频次，严厉打击未取得有效卫生许可证擅自开展公共场所经营，对无证的经营单位下达限期整改通知书，经营单位均能在限期内进行整改，并办理卫生许可证营业。对逾期不办理的经营单位进行了查处，今年共查处1间经营单位，罚款金额1000元。

全县共有医疗卫生机构161个，对新丰县行政区域内的每个医疗机构进行不少于2次的常规监督检查，不断规范各级医疗机构的各项工作。开展打击非法行医专项行动和非法采供血工作，共出动执法车72辆次，监督执法人员415人次，2017年对5间医疗机构发出行政警告处罚，查处了无证牙科门诊和黑诊所各1间，医疗卫生单位7间，共罚款金额3.02万元，这极大地震慑了违法分子，并对公立医疗单位起到了警醒作用，人民群众的就医环境也不断得到改善。

【重点监督抽检】 2017年，重点监督抽检专项工作以国家“双随机、一公开”的形式产生，全县被国家抽取清单任务的单位共25间。其中放射卫生2间，公共场所15间，学校卫生6间，集中式供水单位2间，经过全所人员的共同努力，专项工作按时完成了监督、监测及数据收集上报工作，任务完成率92%，完结率100%。

2017年12月12日，韶关市爱卫办主任彭有莲等一行到新丰县遥田镇检查卫生村创建工作（李建行 摄）

【监督培训】 由县卫生监督所所长主讲，举办了“执法人员业务知识培训班”。培训内容主要涉及执法人员行为规范和执法形象方面。县卫生监督所组织了现场快速检测仪器使用操作培训，培训采取理论与现场演示相结合的方法，并现场演示了余氯检测、浊度、PH酸碱度值等检测项目的操作步骤，并针对日常监督工作的问题进行反馈和交流。

【业务培训】 2017年县卫生监督所对公共场所经营者举办了2期培训班，全县157间经营单位参加了培训；对辖区内4家餐饮具集中消毒单位的负责人进行了《中华人民共和国食品安全法》《食（饮）具消毒卫生标准》等相关法律法规知识的培训。县卫生监督所举办了一期《医疗机构管理条例》《医疗废物管理条例》知识培训班，并由监督所的温燕红、陈红先二位所长进行授课。

【监督宣传】 县卫生监督所在紫城工业区的广州广兴企业集团开展了2017年《中华人民共和国职业病防治法》宣传活动。活动现场，工作人员通过悬挂宣传标语、展出宣传展板、免费向职工发放宣传资料、设置咨询台现场解答问题等形式，重点对职业病预防、职工权益、工伤保险等有关政策法规进行宣传普及，并向企业职工和社会公众解答各类职业病的防治知识。

【党日活动】 新丰县卫生监督所到挂扶的遥田镇茶西村开展主题党日活动，传达学习中共十九大精神。县卫生监督所副所长陈红先为该村全体党员干部上了一堂生动的“不忘初心、牢记使命”“实施农村振兴战略”主题党课。 （余尚策）

附：2017 年新丰县卫生监督所所长名单

所　长：温燕红

新丰县人民医院

【概况】 新丰县人民医院始建于1935 年，是一所集医疗、教学、科研、急救和预防保健等职能于一体的综合性二级甲等医院，占地面积22957 平方米，总建筑面积38080 平方米。人员编制数 238 人，病床编制数 174 张。

2017 年在职员工 504 人（其中在编人员 165 人，聘用合同制人员 339 人），退休人员 155 人，开放病床 443 张。卫生专业技术人员 428 人，占 84.9%，其中硕士 2 人、本科 136 人、大专 169 人，中专及以下学历 121 人；高级职称 31 人，中级职称 80 人，初级及以下职称 317 人。

县人民医院设有呼吸内科、心血管内科、儿科、重症医学科、骨科、外科、感染科、康复科、妇产科等临床科室和西医门诊部、急诊科、五官科、口腔科、中医科、功能科、病理科、医学影像科、注射室、血液净化室等医技科室，设有 8 间手术室（其中 2 间百级层流手术室）和 6 间专家门诊。

2017 年，收入总计 12953 万元，同比增 1.64%，人均业务收入 26.15 万元，同比减 9.64%；总支出 16036.33 万元，同比增 13.4%，其中医疗支出 12028.02 万元，同比增 9.01%。

2017 年，总诊疗病人 22.7 万人次，同比增 4.1%；出院人数 2.09 万人次，同比增 2%；住院手术例数 3845 人次，同比增 23.3%。

【医疗质量管理】 重点抓病案质量（包括现住院运行病案、归档病案）、合理使用抗生素、防患医疗差错和事故等工作，每月对相关科室的服务水平、医疗质量、医风医德等内容进行调查，定期（每月一次）对临床科室进行考核，做出评价，制定持续改进措施并监督落实，并与绩效挂钩。开展副院长业务查房 33 次，医务部业务查房 37 次，科室专题协调 21 次，行政领导每日进行行政巡房 1 次。每月开展护理质量考评，住院部病房 100% 开展优质护理服务，全院护理服务满意度平均 94.6%。荣获“新丰县人民医院先进护理科室”2 个（门急诊、儿科）、“县卫生系统优秀护士”19 人、“新丰县人民医院优质护理先进个人”19 人。于“5·12”国际护士节对先进护士进行表彰，树立典型。

【专科建设工作】 医院积极完善、发挥核心专科的作用，不断改进服务方式和改善服务环境，全面提升管理和服务水平。2017 年度对门诊一楼及住院部一楼大厅进行了装修，口腔科装修也将完毕，内二科 2 区（心血管内科）于 7 月份正式开科，设置 20 张床位的新 ICU 及搭建远程会诊的新信息系统于 9 月份投入使用，远程会诊系统目前已与上级医院对接并投入使用，全县 120 急救中心指挥系统在门诊四楼装修改造。购置的大型医疗设备有彩色多普勒超声波诊断仪、1.5T 医用磁共振成像等。

【信息工作】 医院开通微信、支付宝等平台支付功能工作进展顺利，现已与农行签订建立微信服务号服务功能（简称“银医通”），购置了 3 台服务终端机并已投入使用。开通后对群众服务功能包括微信支付、微信挂号、微信查阅个人就诊和体检情况等。医院公众微信号有序运维，2017 年度共推送发布信息 160 篇；3 月份派出 2 名运维信息人员参加省卫计委举办的微信公众号春季培训班，并取得“百佳学员”称号。

【易地搬迁工作】 医院整体搬迁新建项目正在稳步推进中，目前已投入 25.5 万元完成了该项目的可行性研究报告和选址等相关工作。

【人才队伍建设】 2017年共招聘专技人员47人，其中本科学历6人，大专及以下学历41人；医生13人（其中主治医师、副主任医师各1人），护士29人，药学3人，管理学2人。共计完成68名编外工作人员合同的新签。共有31名医务人员到上级医院进修学习，有127人次外出参加学术会议，院内业务学习31次，接收乡镇卫生院进修人员1人，完成实习生教学44人次，新招聘人员岗前培训43人次，助理全科医生培训3人次，全科医生转岗培训7人次，有2项新技术新项目达到了县内先进水平，1项市级科研项目立项。继续与广州华侨医院保持帮扶关系，从3月份起，逢周六邀请该院乳腺科专家团队到本院坐诊，并带领外科、妇产科医务人员开展相关手术14人次；该院于5月份选派了一名妇科专业博士张羡到本院挂职副院长并驻妇产科开展业务工作，提升本院医务人员诊疗技术水平。

【党廉建设工作】 医院制定并下发了《2017年新丰县人民医院党风廉政建设和反腐败工作任务分解表》和《新丰县人民医院党政班子成员党风廉政建设岗位职责》，明确了工作重点。为切实抓好党风廉政、纠风工作，成立了以院长为组长的行风建设专项治理工作领导小组，明确了党政一把手按照“一岗双责”的要求，领导班子其他成员根据分工对分管科室的党风廉政建设负直接领导责任。

【作风建设】 2017年，根据新丰县开展干部作风建设活动要求，认真开展行风建设工作，努力提高办事效能，改善服务态度。根据总值班人员登记及患者的投诉情况，对违反院规的9人进行了处罚。开展“纪律教育学习月”活动，通过主要负责人上辅导课、邀请县检察院职务犯罪预防科科长上廉政宣讲课、组织党员干部参观县反腐倡廉警示教育基地、对党员干部入股投资、经商、办企业进行专项治理等，从思想上加强党员干部的廉洁行医教育。加强廉政风险重点部门防控工作，要求住院科室与住院病人签署《医患双方不收和不送红包协议》，与药品供应商签署《医药产品廉洁购销合同》，规范医疗行为。

【党团建设工作】 根据前期党员组织关系排查工作部署，完成了党员组织关系排查工作，确保每名党员纳入组织管理。目前全院党员100人，其中在职党员63人，退休党员37人。认真落实“三会一课”制度，要求各支部及各党员做好“三会一课”记录和学习心得体会。共召开党总支学习会8次，党支部学习会12次，党小组会78次，党课7次。通过制定“两学一做”学习方案、宣传栏，组织党员干部观看《与时俱进话党章》宣教片、开展学习“全国优秀党员”廖俊波、黄大年同志先进事迹和习近平总书记“7·26”重要讲话精神，组织党员参加“学习贯彻省第十二次党代会精神，争做融珠先行排头兵”演讲比赛、定期报送“两学一做”信息采集等工作，确保医院“两学一做”工作常态化制度化取得实效。

（郑利斌　潘星群）

附：2017年新丰县人民医院正副院长名单

院　长：叶宗果

副院长：刘继笏

　　　　赖民园

　　　　欧阳敢丰

　　　　张羡（5月起挂职）

新丰县中医院

【概况】 新丰县中医院始建于1982年，是一所集医疗、教学、科研、康复、预防保健于一体的县级综合性中医院，于2009年被评定为二级甲等中医医院。院占地面积3838平方米，建筑面积17500平方米。人员编制数75人，病床编制数100张（实际开放259张）。

2017年，新丰县中医院设有门诊部、急诊科、内一科、内二科、普外科、骨伤科、妇产科、康复科、风湿病科、口腔科、治未病科等临床科室和检验科、放射科、功能科（B超、心电）、手术室、供应室等辅助科室；全院共有在职人员306人（其中在编人员97人，聘用合同制人员209人），其中本科以上学历69人，大专126人，中专及以下111人；卫生专业技术人员253人，其中副高以上职称15人，中级职称46人，初级职称139人。

2017年，新丰县中医院实现业务收入5290.9万元，门诊人次13.4万人次，住院病人9127人次，实际占用总床日数73069天，床位周转次数36次，病床使用率78.2%，出院病人平均住院日7.9天；开展手术868例。

【医院管理】 2017年，新丰县中医院严格按照规定范围内的诊疗科目执业，进一步规范医院经济活动决策机制和程序，不断修订完善医院经济管理方案，落实医疗服务和药品价格公示，提高收费透明度；不断完善各项工作制度及技术操作规程和质量考核标准，形成了人员有职责、工作有考核、考核有标准、奖惩有措施的管理体系。

【医疗质量管理】 2017年，新丰县中医院严格按《中华人民共和国执业医师法》《医疗质量管理规定》等相关法律规定执行，依法依规行医，遵循临床诊疗指南、临床技术操作规范、行业标准和临床路径等相关要求开展诊疗工作，严格遵守医疗质量安全核心制度，做到合理检查、合理用药、合理治疗。严格对照“二级甲等中医医院”、“广东省医疗质量管理巡查表”的标准，结合“创建平安医院”活动，进一步加强医疗质量管理，落实医疗质量定期检查考评制度，每季度对全院各科室进行一次全面医疗质量检查，病历书写严格执行《广东省病历书写规范》，院《病历书写质控管理制度》，定期对病历质量总结、分析、评价，提出整改措施，通过严抓病历质量管理，病历质量明显提高。加强医院感染管理，严格执行消毒隔离、手卫生、抗菌药物合理使用和医院感染监测等规定，建立医院感染的风险监测、预警以及多部门协同干预机制，开展医院感染防控知识的培训和教育，严格执行医院感染暴发报告制度。加强医技科室的质量管理，建立覆盖检查、检验全过程的质量管理制度，加强室内质量控制，不断提高诊断水平，同时进一步加强各医技科室与临床科室的沟通交流合作，提高整体医疗水平。

【科研教学管理】 2017年，新丰县中医院安排人员参加院外短期业务学习，全年各科室人员参加省、市及县内各短期学术会议、培训77期，共1050人次参与学习；院内举办了各种知识培训学习13次（其中聘请外院专家授课4次）；对基层进行中医药适宜技术推广培训8期，共培训乡医、村医32人次；招收3名中医类别全科医师进行系统培训；接收韶关学院医、护、药院校实习生13名，做好大、中专院校医学实习生的带教工作，接收基层进修人员2名。安排4名医务人员分别到韶关市粤北人民医院、韶关市妇幼保健院等上级医院进修培训，开展新技术新项目2项。

【中医特色专科建设】 2017年，按照广东省中医药局《关于印发县区级中医医院治未病平台建设项目实施方案的通知》粤中医办函〔2017〕25号文件通知精神，新丰县中医院成立了中医特色专科—治未病科，经过短期建设，于9月1日正式开科，配备专职医护人员，主要业务是提供中医预防、体质辨识，体检等服务；9月份与韶关市中医院签订对口支援新丰县中医院协议，同时签订《韶关市中医医疗机构特色专科联盟合作协议书》，9月23日与佛山市医院签订了医疗联盟合作协议，在10月23日完成“技术支持协作医院”挂牌。建立促进优质医疗资源上下贯通的通道，利用佛山市中医院、韶关市中医院及周边兄弟中医院特色专科的资源及特色科室优势，增强基层服务能力，通过增加科室医疗设备、派遣人员进修学习、邀请专家下来授课、交流等方式，进一步加强医院重点专科的服务能力；加强韶关市中医特色重点专科康复科建设，在今年年初已完成综合治疗区（康复二区）建设及康复一区病房装修改造工程，并增加了部分需用设备，对治疗区按照功能进行优化，对充分发挥中医药特色优势，提高临床疗效，促进业务发展有积极意义；通过电视媒体对中医特色专科的业务开展情况进行了有效的宣传。

【人才队伍建设】 2017年，新丰县中医院大力引进高学历、实用型专业技术人才，全年共招录25人，本科2人，大专17人，中专6人，其中医生13人，护士7人，技师2人，药剂3人；2017年，2人晋升副高级职称，4人取得中级职称，20人取得初级职称。

【信息化建设】 2017年，新丰县中医院按照县级中医医院升级建设项目信息化平台建设目标，新增180个网口，12台交换机，并将信息中心机房重新规划建设，新添置了4台服务器，2台存储系统，3台中间件服务器，2台核心交换机，24小时不间断电源，借助新设备、新系统将医院院机房打造成一个安全、放心、高效率的信息中心，为2018年春季新His系统上线做好充足的准备。利用微信公众号及时推送医院相关医疗业务发展动态，形成信息化、专业化的一个展示医院形象的重要窗口。

【基础设施建设】 2017年，新丰县中医院实施易地搬迁升级建设，整体迁移至县人民医院原址项目已经明确。前期已完成地形测绘、取得建设用地、规划、环评审查意见及项目立项。

【工会工作】 2017年，新丰县中医院为全院干部职工开展体检工作；对困难职工、因病住院职工给予人文关怀慰问；组织五四青年节登山活动、“5·12”国际护士节活动、“迎新杯”篮球赛、职工运动会等各种有意义的活动，增强干部职工凝聚力。（李汉修　陈子悦）

附：2017年新丰县中医院正副院长名单

院　长：刘继芳（任至3月）
　　　　陈仕学（3月起任）
副院长：李素苗
　　　　李常吾
　　　　苏章嘉

新丰县妇幼保健院

【概况】 新丰县妇幼保健院创建于1957年，原名为新丰县妇幼保健所，2007年更名为新丰县妇幼保健院，1998年被省市命名为“爱婴医院”，是新丰县婚前医学检查定点单位，2007年升格为副科级单位；2008年5月被定为“广东省妇幼保健院宫颈疾病乳腺疾病防治中心新丰分中心”定点单位，2010年9月被定为社会医疗保险定点单位，2011年增挂“新丰县妇女儿童医院”牌子。新丰县妇幼保健院是非营利性具有公共卫生性质的公益性保健机构，坚持以“保健为中心、以保障生殖健康为目的，实行保健和临床相结合，面向群体、面向基层和预防为主”的妇幼卫生工作方针。承担全县妇幼保健专业指导、医疗临床、科研、计划生育、优生优育以及健康教育等任务，是一所集保健、医疗、技术指导为一体的县级妇幼保健机构。2017年继续实施出生缺陷综合防控、农村妇女住院分娩补助、增补叶酸预防神经管缺陷、农村妇女两癌检查及预防艾滋病、梅毒和乙肝母婴传播等重大公共卫生服务项目及孕产妇保健、0—7岁儿童保健两项基本公共卫生服务。现有床位52张，开设有妇产科、儿科、新生儿科住院部，妇女保健科、儿童保健科、功能科等科室。

【孕产期保健服务】 新丰县妇幼保健院提供婚前、孕前、孕期、分娩期、产褥期的保健服务。

婚前保健　进行婚前健康教育、性保健和性教育，宣传新婚避孕知识及计划生育指导、孕前保健知识、遗传病的基本知识、影响婚育的有关疾病的基本知识、其他生殖健康知识，对婚前医学检查发现的异常情况及服务对象提出的具体问题进行解答、提供信息和提出医学意见，帮助受检对象在知情的基础上做出适宜的决定，对不能确诊的遗传性疾病、传染病、有关精神病及重要脏器、生殖系统等疑难病症实行转诊。

对前来婚检的青年进行了一对一的健康咨询指导，为预防及减少出生缺陷，提高出生人口素质，做好第一道防线。

孕前保健　孕前期提供健康教育，包括有关生理和心理保健知识；有关生育的基本知识；孕前及孕期运动方式、饮食营养和环境因素对生育的影响；出生缺陷及遗传性疾病的防治等；对可计划怀孕的夫妇进行孕前检查准备指导；对医学检查发现的异常情况及服务对象提出的具体问题进行解答、提供信息和提出医学意见，帮助受检对象在知情的基础上做出适宜的决定，必要时提供转诊服务及全方位的保健、营养、心理等服务。

孕产期保健　孕产期包括妊娠期生理与各期保健、孕期营养与体重管理、产前筛查及产前诊断的意义与时间、母乳喂养、孕妇自我监测胎动及异常症状的识别、促进自然分娩；对高危孕产妇实行专人专门的管理、追踪、随访。产妇产后有专人上门做产后访视工作，对产妇及新生儿做出及时的保健指导、预防疾病的发生。

出生缺陷防控工作　新丰县妇幼保健院负责全县出生缺陷筛查的业务指导和质量控制。

【儿童保健服务】　新丰县妇幼保健院开展儿童保健服务，包括胎儿期、新生儿期、婴幼儿期、学龄前期及学龄期保健，幼儿园卫生保健进行管理和业务指导。重点加强儿童早期综合发展、营养与喂养指导、生长发育监测、心理行为咨询、听力、视力保健、儿童疾病综合管理等儿童保健服务。2017年对全县3—6岁的儿童入托体检人数为1768人，较往年1566人，同比上升12.8%，健康体检5569人，体检率93.2%，体检中发现低体重328人，占5.88%；贫血人数138人，占2.47%，佝偻病92人，占1.65%，地图舌29人，占0.52%；对发现的问题及时给予指导意见。

【妇女保健服务】　新丰县妇幼保健院开展妇女保健服务，包括青春期保健、婚前保健期、围生育期保健、围绝经期保健、老年期保健。重点加强心理卫生咨询、营养指导、计划生育技术服务、乳腺癌、宫颈癌筛查、生殖道感染、性传播疾病等妇女常见病防治。全县应查妇女29735人，普查24006人，完成普查率达80.73%。查出患病5820人，患病率24.24%。对筛查出的阳性体征妇女进行追踪随访，做到早预防、早发现、早治疗。（陈秀珍）

附：2017年新丰县妇幼保健院院长名单

院　长：陈秋贵

爱国卫生工作

【概况】　新丰县爱国卫生运动委员会办公室（简称“县爱卫办”），是参照公务员法管理的副科级事业单位（公益一类），事业编制3人，其中主任1人。2017年在职人员4人，退休人员5人，城区除“四害”消杀队4人（临时工）。2017年，以新时期爱国卫生运动42字方针为准则，“以人民健康为中心，政府主导，跨部门协作，全社会动员，预防为主，群防群控，依法科学治理，全民共建共享”，围绕县委、县政府中心工作，加强组织协调，经常组织开展群众性爱国卫生活动，在创文巩卫、城乡环境卫生整治行动、除四害、登革热防控、卫生镇村创建、农村改水改厕和农村饮用水水质监测等工作取得新的成绩。

【卫生创建和巩卫工作】　结合新丰县城市提升及巩卫工作，2017年制定了《新丰县城乡人居环境管理工作实施方案》，重新明确各单位工作职责。为改善全县城乡环境卫生面貌，全面开展城乡环境卫生整洁行动，提高人民群众卫生健康意识和自我保健能力，以城市提升为抓手，继续加强县城“五小六乱”环境卫生专项治理，实行新时期爱国卫生“三个一”制度。根据市政府卫生镇村创建和工作部署，认真贯彻《新丰县2015—2020年加快推进创建卫生镇村工作方案》，大力推进卫生镇村创建工作，通过宣传发动，上下配合，部门联动，创建成效显著，2017年12月遥田镇和梅坑镇通过韶关市爱卫会考核，被韶关市爱卫会授予“韶关市卫生镇”称号，把新丰县卫生镇创建工作推向新的台阶；回龙古塘村、丰城街道横江、马头镇潭石村、沙田镇咸水村、遥田镇金山村、梅坑镇梅西村和黄礤镇雪峒村等17个行政村分别被授予“韶关市卫生村”的荣誉称号，卫生村覆盖率和人口受益率达到了36.17%和36.23%，通过创建活动，有效地改善了农村的卫生环境，提高了广大人民群众的健康水平。

【爱卫宣传和健康教育】 2017年，新丰县爱卫办结合爱卫月活动、纪念爱国卫生运动65周年活动、预防禽流感、登革热和寨卡病毒防控专项活动，加大宣传，充分利用电视台等新闻媒体、宣传巡回车、健康教育栏、标语、横幅、宣传单张和广告牌等形式在全县范围内广泛开展除害防病知识宣传，一年共印制各种宣传资料及宣传画册等30000多份，发至各机关、学校、企业、社区居民和镇（街），派发除四害药物3000多公斤，熏蚊片8万多片，乡镇和县城新制作健康教育栏70处，悬挂标语、横幅400多条；县广播电视台在爱卫月和登革热防控期间，开设卫生知识宣传栏目，宣传防病除害、卫生防疫知识，引导群众养成健康文明的生活习惯，通过多形式宣传，全县形成“爱国卫生人人参与，共建共享健康新丰”良好氛围，群众自我保健意识得到提高，达到了本地无暴发登革热等传染病疫情发生的目标。

【农村改厕】 继续推进农村改厕工作。2017年，结合农房改造的优惠政策，通过加强宣传和技术培训，调动群众积极性，全县农村共投入资金150多万元实施农村改厕500户，到2017年10月工程全面竣工并通过市县验收，2017年底全县农村卫生厕所普及率达98.37%，其中无害化厕所普及率达97.83%。

【农村饮用水水质监测】 积极协调组织县疾控中心在农村开展饮用水水质监测工作，2017年全县城区、六镇一街设立了37个监测点，按要求对水质进行科学跟踪监测，并建立监测档案，加强饮水宣传，保障群众饮用水安全，2017年全县无发生饮用水中毒个案。

【病媒生物防制】 2017年，坚持“环境整治为主，药物消杀为辅”原则和“专项整治、常态消杀”方法，结合登革热防控等工作，加强科学除“四害”宣传和主体责任的落实，抓好城区专业消杀队员技术培训，严格实施新时期爱国卫生“三个一”制度，动员社区、单位和群众开展经常性爱国卫生大扫除活动和除“四害”工作，清除垃圾及卫生死角，消灭“四害”滋生地，2017年新安装毒鼠屋200多个，全面投放慢性抗凝血毒鼠药2000多公斤，由于措施得力，“四害”密度大幅减低，据疾控中心的病媒生物监测数据显示，灭鼠、灭蝇达标成果得到新的巩固和提升，蚊子、蟑螂两项密度均控制在省标准的2倍以内，遥田镇和梅坑镇被韶关市爱卫会授予“韶关市灭鼠达标镇”称号，病媒生物防制工作取得了新的成效，确保群众身体健康。

（爱卫办）

附：2017年新丰县爱国卫生运动委员会办公室主任名单

主任：陈国强（任至2月）
　　　刘静文（3月起任）

社会生活

人力资源和社会保障

【概况】 新丰县人力资源和社会保障局是县政府主管人力资源和社会保障行政事务的职能部门。内设机构10个：办公室（人事股、监察股）、就业促进股（退休人员社会化管理服务股、农民工工作股）、劳动关系股、专业技术人员管理股（县职称改革办公室）、职业能力建设股、社保基金监督管理股、事业单位人事管理股、劳动监察大队、工资福利股、公务员管理办公室；下属事业单位3个：人才工作管理办公室、劳动人事争议仲裁院、就业服务管理局。行政编制18名，行政执法编7名，事业编制5名，机关后勤服务人员编制3名，2017年在职人员25人。

2017年，新丰县人力资源和社会保障工作取得了较好的成绩，较好地完成了市对县、县对局的考核指标，就业形势稳中向好，全民社保迈上更高水平，人才队伍更高质量，人事管理更加规范，劳动关系更加和谐，各项改革更加深入。

【城乡就业】 2017年，新丰县城镇新增就业人数1883人，完成目标任务1700人的111%；城镇失业人员再就业1655人，完成目标任务1600人的103%；就业困难人员再就业人数156人，完成目标任务150人的104%；促进创业133人，完成目标任务130人的102%；城镇登记失业率2.39%，控制在市下达的3.5%以内；大力开展“大众创业万众创新”活动，鼓励创业带动就业，2017年共发放小额担保贷款70笔，共1248万元，带动就业人数219人；组织762人参加劳动力技能晋升培训；共举办“南粤春暖”“双创”活动和精准扶贫系列招聘会21场，入场企业142家，提供就业岗位1601个，进场求职人数3069人次，达成就业意向282人次，成功实现就业人数44人次，派发春风卡等宣传资料3533份（张）。

【社会保险】 2017年，新丰县企业职工养老保险参保人数为20046人，基金征缴10860万元；失业保险参保人数10336人，基金征缴263万元；工伤保险参保24194人，基金征缴454万元；生育保险参保13496人，基金征缴201万元。城乡居保参保80644人，城乡医疗保险参保205595人，城镇职工医疗参保206211人。

【机关事业单位养老保险制度改革】 根据省、市关于推进机关事业单位养老保险制度改革统一部署，2017年新丰县停止实施机关事业单位工作人员养老保险个人缴费制度，并开设县级机关事业单位工作人员养老保险基金收入户和支出户，方便机关事业单位养老并轨后养老金的缴纳和扣取工作。截至12月，全县参保登记人数7460人（其中在职4974人，退休2486人），已上线单位46家，上线人数660人，待遇发放88人。

【被征地农民社保资金分配】 2008年以来，全县征地共获批19个批次，涉及马头、回龙、梅坑、丰城等四个镇（街）共2318.8万元养老保障金需要落实参保名单。为有效推进征地社保资金分配，2017年8月新丰县制定和印发了《新丰县2017年被征地农民养老保障预存资金分配工作方案》，将2016年已获批的445.5万元征地社保资金分解到各镇（街）。截止到2017年底，全县2008—2016年批次的征地农民社保资金已100%划拨到城居保专户，落实到个人的分配工作也已完成65.17%。

【人才招引培育】 依照“人才优先”工作主线，2017年县人社局积极统筹做好人才招引育工作。2017年计划招录公务员89人，实际招聘82人；拟计划招聘事业单位工作人员145名，2017年8月，面向社会公开招聘县委党校、县卫生和计划生育局、县教育局下属事业单位工作人员48名，此次招考共313人报考，经笔试、面试、体检、政审环节，共聘用36人。剩余的57名事业单位工作人员于2017年12月3日已发出招聘公告，将于2018年12月20—22日进行现场报名。招聘“三支一扶”人员10人，政府雇员6人，政府特聘专才2名。

【公务员与事业单位工作人员管理】 规范做好人事管理 2017年，任免副科级干部87人次，审批股级干部职数65个，办理公务员调动（安排）104人，办理事业编制人员调动182人，公务员职级晋升5人，公务员辞去公职1人，辞退公务员2人，学历认定32人，审批社会购买服务人员79人，办理事业单位人员转正定级40人。

做好事业单位人事管理自查自纠工作 督促新丰县产业转移工业园管理委员会及时进行岗位设置；督促殡葬管理所及时完善11位在编人员的聘用手续；督促相关单位及时与合同到期未续签的48名在编人员续签合同，与未签订聘用合同的79名在编人员及时签订合同。完成18个事业单位的岗位设置，审批岗位聘用261份。

认真做好机关事业单位2016年年度考核报批工作 2016年全县机关事业单位股级以下工作人员应参加考核5496人，经县考核委员会审议同意评定为优秀等次700人；评定为称职（合格）等次4600人；不定等次人员186人（其中新参加工作人员153人，受处分、立案调查33人）；评定不称职（不合格）等次人员9人；评定为基本称职1人。

进一步加强流动人员人事档案管理服务工作 截至12月，共调出个人人事档案197份，查阅档案27宗，接收档案1089份。

开展专业技术人员继续教育网上申报的审核认定工作目前已顺利完成全县3700多名专业技术人员的2016年继续教育各科目和学时的审核认定。

积极开展公务员的教育培训 2017年上半年，组织开展了2016年新进公务员开展初任培训；选送了20名县、镇机关公务员到东莞进行对口培训；组织了全县450名股级以下公务员到县委党校开展习近平总书记重要批示精神学习；组织全县1500名公务员及参公事业单位工作人员，参加学习贯彻落实中共十九大精神及新时期公务员职业道德建设专题全员培训。

【劳动保障监察执法与劳动关系】 认真接访，依时解决来访人员的诉求。2017年，共受理来信来访来电案件78宗，涉及人数520人，来信来电答复率达98%，来访案件的答复、解决率达98%。开展农民工工资支付专项检查及劳动用工和社会保险法律法规情况专项检查，

2017年2月9日县总工会联合人社局在南门塘举办劳务招聘会

共检查企业单位130家次，涉及劳动者人数5732人，追发劳动者工资待遇461.3万元。开展建筑行业工伤保险的工作。联合县住建局、地税局等职责部门成立工作小组，建立县建筑行业工伤保险工作联席会议，通过宣传发动现已有19家在建项目参加建筑行业工伤保险，在建项目参保率100%。经县政府常务会议讨论通过，设立200万元欠薪应急周转金，加强劳资纠纷源头治理。严格执行建筑企业工人工资保证金和工资分账管理制度，2017年共收取26户建筑企业工资保证金1215万元。

【劳动争议仲裁】 劳动人事争议仲裁案件申请案件29宗，立案21宗，不予受理8宗，法定时限内结案20宗，涉及人数29人，案件标的164.13万元。受理案外调解案件29宗，结案29宗，涉及人数166人，涉及金额178.26万元。

【工资制度改革】 根据省、市文件要求，制定了《新丰县调整机关事业单位工作人员基本工资标准和增加机关事业离休人员离休费实施方案》（新人社联〔2016〕15号），从2017年1月起调整了全县机关事业单位工作人员的工资标准；从2016年7月1日补发了离休人员的离休费。积极贯彻省的养老金调整政策。制订新丰县机关事业单位退休人员退休费预调方案，并在12月份执行并从2017年1月起进行补发。进一步规范津补贴发放工作，进一步规范“月均奖”及机关事业单位发放等事宜。（陈瑞瑛）

附：2017年新丰县人力资源和社会保障局领导班子成员名单

局长、党组书记：冯志东

副局长、党组成员：赖群力

朱秋景

郑得意（3月起任）

邓明（3月起任）

民　政

【概况】 新丰县民政局是新丰县政府的职能部门，主要负责专项社会行政事务管理、基层民主政治建设、社会救助与福利、服务军队和国防建设等方面的工作。局机关配行政编制13名，在编10人；机关后勤服务人员2名，在编2人。局内设办公室、优抚安置股、救灾和社会救助股、基层建设和区划地名股、社会福利和社会事务股、社会组织管理股、老龄办7个职能股室。局下属4个事业单位：新丰县社会福利院（2017年11月调整为公益一类事业单位），配事业编制4名，现在编2人，聘请政府购买服务人员3人；新丰县殡葬管理所（公益二类事业单位），配事业编制14名，在编10人，缺编4名；新丰县双拥办（公益一类事业单位），配事业编制1名，在编1人；新丰县婚姻登记处（公益一类事业单位），配事业编制3名，在编3人。

2017年，新丰县民政局认真贯彻落实县委、县政府及上级民政部门的决策部署，紧紧围绕全县中心工作，突出保障民生、服务社会的职能作用，各项工作取得较好成绩。

【城乡低保】 通过入户调查、信息化管理以及不断完善与公安、工商、住建、金融等部门信息比对机制，完善低保、五保基本信息采集，提高低保标准，农村低保标准从335元/月提高到400元/月，城镇低保标准从485元/月提高到580元/月。2017年，全县享受低保救助6758人，发放低保金1895.83万元。

【五保供养】 五保供养标准由540元/月提高到674元/月，发放五保金754万元，惠及五保户928人（集中供养80人，分散供养848人）。

【孤儿保障】 提高孤儿基本生活费标准，分散供养每人每月由820元提高到880元，集中供养每人每月1340元提高到1450元。发放孤儿基本生活费补助155.95万元，惠及孤儿125人（集中供养2人、家庭寄养2人、分散供养121人）。落实事实无人抚养儿童基本生活保障制度，发放标准为每人每月500元。发放事实无人抚养儿童基本生活费60.48万元，惠及事实无人抚养儿童133人。

【残疾人保障】 残疾人“两项补贴”从2017年1月开始由县民政局发放，标准为重度残疾人护理补贴200元，困难残疾人生活补贴150元。为4039名残疾人发放“两项补贴”827.27万元。

【城乡医疗救助】 医疗救助“一站式”结算实现全市全覆盖，低保、精准扶贫户医疗救助比例由70%提升到80%，临时救助标准由每人每年上限0.5万元提高到1万元。2017年，共发放医疗救助金427.62万元、临时救助金245万元，惠及困难群众9242人次（含资助参加医保人数）。

【减灾救灾】 修订《新丰县民政局低温冰冻和强降雨防御工作应急预案》，多次联合消防部门开展防火救灾演练，发放救灾资金49.86万元，救灾物资一批（棉被1510床、绒衣绒裤1544套），投入重建家园资金17万元，帮助4户因灾“全倒户”重建家园。

【流浪乞讨人员救助】 7月20日，新丰县流浪乞讨人员救助安置中心在县社会福利院挂牌。全年救助临时求助人员1083人次，发放临时救助金5.2万元；累计集中安置22人，支出生活费23.83万元，医疗费4.4万元。

【优抚安置】 为1227名优抚对象发放各项优抚补助金629.6万元；落实退役士兵安置政策，为51名退役士兵发放自主就业一次性生产生活补助金130多万元；做好优抚对象数据更新核查工作，完成855名优抚对象信息核查；为解决优抚对象医疗问题，全县优抚对象均由政府资助纳入县医疗保障体系和“一站式”结算服务，共补助各类优抚对象149人次，24.66万元。

市民政局邢丽局长率检查组到新丰县开展民政服务机构安全隐患整改督查

【双拥工作】 “八一”中国人民解放军建军、春节期间，广泛开展各项“拥军优属、拥政爱民”活动，走访慰问了驻县部队官兵、该县服现役军人，慰问转业、复退军人、优抚对象，发放慰问金106.5万元。

【复退军人服务体系建设】 7月20日，设立新丰县复退军人服务中心，并在7个镇（街）设立服务站、各村（居）设立服务点。切实履行部门职责，积极与相关部门协调沟通，及时掌握动态，拟定解决方案，做好上访人员的思想疏导和稳控工作，共接访复退军人来信来访近600人次，未出现群体性越级上访事件。

【换届选举】 完成县第七届村委会和第六届居委会选举工作，民主参选率，支书主任“一肩挑”比率、交叉任职率均达到上级要求，得到省、市充分肯定。中组部共产党员网和国家民政部、省委组织部、省民政厅主办的官网及简报分别介绍了新丰的换届工作经验做法。换届选举后，与县相关部门对新一届668名村（社区）“两委”干部进行了培训。

【村务公开】 积极开展省民政厅定点联系新丰县村务公开工作，制定工作实施方案，成立领导机构，加大3个村务公开示范村和20个村务公开先行村的打造力度，进一步推动全县村务公开“五化”建设。

【村民理事会】 大力推动村民理事会创建工作，引导建立规范章程，完善理事制度，全县已建成652个村民理事会。

【地名普查】 顺利完成第二次全国地名普查第二阶段工作，5月25日已通过市级验收考核，9月22日通过省级验收。

【县福利院公寓楼（光荣楼）建设】 县福利院公寓楼（光荣楼）建设项目基本完成，项目累计投入200多万元，建筑面积1890平方米。

【民政服务机构安全隐患整改】 对全县民政服务机构开展安全隐患排查整治专项行动，并取得明显成效。县福利院消防改造项目共投入50多万元，正准备消防验收；制定和完善各镇（街）敬老院相关安全制度，联合消防部门到各镇（街）敬老院定期开展消防演练；投入资金93万多元，对7间敬老院进行消防设施设备改造，年底基本完工，开始报请消防验收。

【居家养老服务】 梅溪村居家养老服务站、遥田镇敬老院扩建顺利完工，为各敬老院更新了床、衣柜、棉被等房间用品。

【殡葬宣传】 4—5月，开展殡葬宣传月活动，大力宣传殡葬管理的相关政策法规，引导群众倡导厚养薄葬、文明节俭的殡葬方式。

【殡葬基本服务保障】 城乡居民殡葬基本服务免费实现常态化，全年免费殡葬基本服务1523宗，免除费用216.2万元。

【慈善事业】 开展“广东扶贫济困日”暨“慈善一日捐”活动，得到各级各部门和社会力量积极参与。募得款（物）合计539.7万元，其中已到账资金369.7万元，物资170万元，排在全市各县区前列。

【婚姻登记】 5月1日开始实施周末和节假日婚姻登记服务，新增事业编1名。依法办理结婚登记1993对，离婚登记709对，补办结婚证556对，补办离婚证42对。

【老龄事业】 落实高龄老人津贴制度，标准为80—89岁的每人每月20元，90—99岁的每人每月30元，100岁以上的每人每月200元。共为5446名高龄老人发放津贴124万元。同时，为老年人办理优待证7000多个。

【社会组织管理】 加强社会组织的管理。全面开展社会组织年度检查工作，对62个社会组织完成年检工作，其中社会团体43家，民办非企业单位19家。2017年新成立社会组织12家，其中社会团体5家，民办非企业单位7家。现共登记有社会组织98家（其中社会团体67家、民办非企业单位31家）。

【社工工作】 实施“双百镇（街）社会工作服务站”建设运营示范项目，在丰城街道、梅坑镇建设运营两个社工服务站4个服务点。同时，积极组织人

2017年新丰县“广东扶贫济困日”暨“慈善一日捐”活动集中捐款仪式

员参加社工考试，共有11人取得社工证，使全县持证人数达到了117人。

（胡卫东 黄河浪）

附：2017年新丰县民政局正副局长名单

局　长：刘祥铁（任至3月）
　　　　俞远珍（5月起任）
副局长：朱雄欣（任至4月）
　　　　余友文
　　　　陈新华（任至3月）
　　　　陈雪群（3月起任）L
　　　　嵇建盛（8月起任）

民族·宗教

【概况】 新丰县民族宗教事务局成立于2002年，为县政府工作部门，正科级单位，与县委统战部合署办公，共有行政编制2名，实际人员3名，设正、副局长各1人。2017年，全县少数民族人口837人，没有世居的少数民族；宗教活动场所5间，其中佛教场所2间、基督教场所3间。

【促进全县民族团结】 紧紧围绕"知边疆赞边疆——民族团结成就系列宣传活动"主题，全面贯彻执行党的民族政策，大力弘扬民族团结进步的思想观念。通过宣传，进一步营造了民族平等、团结、和谐的社会氛围。

【宗教法规学习与宣传】 2017年，新丰县民族宗教事务局以"学习《宗教事务条例》"为主题，与学习中共十九大精神及习近平总书记关于宗教工作的重要论述结合起来，扎实开展宗教政策法规学习活动，营造依法管理宗教事务的良好氛围，进一步促进了宗教界的和谐稳定。

【强化民族宗教领域的安全意识】 2017年，新丰县民族宗教事务局依法加强对民族宗教事务的管理，对民族宗教领域各类矛盾纠纷进行全面排查，建立长效的宗教活动场所日常安全管理工作机制，宗教活动场所治安秩序良好，没有发生非法、违法及邪教活动的事件，教职人员和信教群众对宗教活动场所的治安满意率达100%。按照中央、省、市、县安全生产工作会议的精神和要求，新丰县民族宗教事务局切实把民族宗教领域的安全生产工作放在第一位，明确各宗教活动场所的安全生产职责和主体责任，落实年度安全生产监督计划，完善应急预案，积极消除安全生产隐患，确保民族宗教领域安全稳定。

【加强服务与管理】 春节前夕，新丰县民族宗教事务局深入到各宗教活动场所开展走访慰问活动，为他们送去慰问金以及春节的问候；争取韶关市基督教三自爱国会支持10多万元，更新基督教马头堂设施设备，解决了基督教马头堂的实际困难；积极组织宗教界参加公益慈善活动、"6·30"扶贫济困日活动等，发动全县宗教界投身慈善活动，巩固日常善举；11月份，在新丰县基督教丰城堂举办韶关市各基督教堂负责人义工培训班，培育和践行社会主义核心价值观，使教职人员增强遵纪守法，爱国爱教的观念，领悟爱国情怀。

【做好县委、县政府中心工作】 切实加强依法行政，及时做好县级权责清单的调整完善工作，落实"一门式一网式"政府服务模式改革工作；积极推进"两学一做"学习教育常态化制度化工作，认真贯彻落实中央和省、市、县关于改进工作作风、密切联系群众的有关要求，进一步提高工作效率，推进政风行风建设；结合全县旅游规划，积极协助县相关部门推进竹林古寺和西莲寺的改扩建工作，挖掘和弘扬佛教文化，展示佛教文化底蕴，保护历史文化遗产，开发宗教旅游，辐射带动地方经济发展。

（潘杵汝）

附：2017年新丰县民族宗教事务局领导班子成员名单

局　长：胡伟民
副局长：叶素娟（任至8月）
**　　　　陈芳新（8月起任）**

社会保险

【概况】 韶关市社会保险服务

管理局新丰分局是参照公务员法管理的事业单位。主要负责经办社会养老、失业、医疗、工伤、生育保险等业务。2017年底，在职干部职工25人，下设8个股（室）：人秘股、社会保险关系股、医疗工伤生育保险待遇核发股、城乡居民医疗保险管理股、养老失业保险待遇核发股、机关事业养老保险管理股、社会保险稽核监督股、计划财务股。

【养老保险】 2017年，参加养老保险统筹37624人，其中：按企业参保25814人；养老保险基金收入14227万元，基金支出16873万元，当期结余—2646万元，滚存结余—5455万元。2017年新增核定企业职工养老保险退休待遇460人，目前退休人数为6734人，人均养老金为1956元/月，共发放退休养老金79000人次、发放金额为15720万元；核定企业养老保险一次性待遇300人，发放金额为730万元。根据养老保险有关规定开展年度领取养老金资格验证工作，2017年度需办理验证人数为6520人，已办理验证人数为6342人，未验证人数为178人，验证率为97.27%。

【失业保险】 2017年，全县参加失业保险10336人，失业保险基金收入260万元，基金支出260万元，当期结余0，滚存结余171万元；2017年新增核定企业职工失业救济金待遇70人，领取失业金人数为56人，共发放失业救济金780人次、发放金额为85万元，为失业人员缴交医疗保险费32万元。

【医疗保险】 2017年，参加城镇职工基本医疗保险20751人，城镇职工基本医疗保险基金总收入6034万元，基金支出4718万元，当期基金结余1316万元，滚存基金结余7110万元。2017年，参加城镇职工基本医疗保险的人群当中，住院人次为4703人次，统筹基金支付1976.2万元（不包含异地住院直接结算）。其中新丰县住院人次为4167人，统筹基金支付1603.9万元，异地住院返回结算536人次，统筹基金支付372.3万元；门诊特定项目人次为396人次，统筹基金支付179.9万元。普通门诊53788人次，统筹基金支付405.8万元。

【工伤保险】 2017年，全县参加工伤保险24194人，工伤保险基金总收入440万元，基金支出440万元，当期结余0，滚存结余147万元。全县工伤认定66人，其中享受伤残待遇20人，因工死亡3人；工伤医疗费支付76人次，基金支付92万元，平均支付1.21万元；工残退休及工亡供养共24人，基金支付32.56万元。

【生育保险】 2017年，全县参加生育保险13291人，生育保险基金征缴收入680万元，基金支出680万元，当期结余0，滚存结余31万元，全年享受生育待遇共计538人次。

【城乡居民基本医疗保险】 2017年，新丰县城乡医保参保人数205931人，城乡医疗保险基金收入12625万元，基金支出8239万元，当期结余4386万元，滚存结余9271万元。截至2017年12月，全县城乡居民本地就诊人次127596人次，医疗总费用为11987.7万元，统筹基金支付7236万元；异地就医返回结算人次为4704人，医疗总费用为5361.6万元，统筹基金支付：2299.7万元。

【城乡居民基本养老保险】 2017年，新丰县城乡居民养老保险参保人数80800人，缴费人数40500人，缴费金额900万元。2017年新增待遇领取人员2400人，享受长期待遇人数31363人。共为364930人次发放了城乡居保待遇，发放金额4380万元。

【机关事业单位养老保险】 截至2017年12月底，新丰县机关事业总参保单位数为190家，已登记181家，完成率为95.26%；总参保人数8781人，已登记参保人数7923人，完成率90.23%；全县已上线单位46家，其中在职661人，退休499人，征缴养老金134万元，发放养老待遇101万元。

【开展新时期精准扶贫工作】 2017年，韶关市社会保险服务管理局新丰分局深入挂扶村马头镇军一村开展扶贫工作。2017年度城乡医疗全面覆盖贫困户138人；完成危房改造并成功验收13户，每户享受4万元的危房改造补贴，合计52万元；26户有劳力户，24户开展了种养产业帮扶，2户参加镇统筹项目，使用帮扶资金约21.5万元；对符合条件的19户扶贫户实行种养奖补，奖励4.5万元；对符合条件的22户扶贫户申请就业奖励6.5万元；对3户符合条件养殖户发放饲料费共0.5万元；对符合条件的14名学生发放学生生活补贴，标准为每人每学期1500元；共有五保户16户，每人每月发放五保金540元，共有低保户20户，每人每月发放335—900元不等的低保金。（肖慧靖）

附：2017年韶关市社会保险服务管理局新丰分局领导班子成员名单

局　长：张党群

副局长：古伍炬

　　　　潘桂明

老区建设

【概况】　2017年，新丰县老促会坚持以服务老区人民为宗旨，以贯彻落实中央办公厅、国务院办公厅《关于加大脱贫攻坚力度支持革命老区开发建设的指导意见》和省委办、省府办《关于加大脱贫攻坚力度支持革命老区开发建设的实施意见》为中心，围绕县委、县政府工作大局，深入开展调查研究，大力弘扬老区精神，积极争取援建项目，为促进全县老区建设做了一些力所能及的工作，取得了一定成绩。

【深入开展调研活动】　2017年四五月间，按照省老促会在全省开展老区产业扶贫调查的部署，在市老促会指导下，县老促会会同县扶贫办深入老区镇、村开展产业扶贫调研，通过实地调查，召开干部群众座谈会，掌握了大量第一手资料，联合撰写了《发展特色产业，推进脱贫攻坚》的调查报告，全面总结了新丰县老区近几年来大力实施产业扶贫的重大进展、主要措施和存在问题。与此同时，县老促会还多次深入黄礤营盘村，认真总结该村积极引进外来投资开发，大力提高村民产业参与度，加快全村特色产业发展的经验。这些调研活动，既为县委、县政府全面了解全县产业扶贫情况提供了依据，又为省老促会来新丰县开展产业扶贫调查做了充分准备，受到省老促会领导的肯定和好评。12月，为推动老区新农村建设，县老促会又先后赴黄礤、马头、沙田等镇，开展老区新农村建设调研，并就在推进中一些值得注意的问题，与当地村干部进行座谈交流，提出了意见和建议。

【加大老区宣传力度】　按照中国老促会和省、市老促会部署，组织编纂《新丰县革命老区发展史》。2017年7月成立由县委书记任主任、县长任执行主任的编纂委员会，并抽调和聘请有文史工作经验的人员成立编辑部，落实了前期工作经费，为史书编纂工作打下了良好的基础，史书编写工作有序进行。成立由县委宣传部、党校、社科联、史志办、广播电视台和老促会派员参加的老区宣传报道组，并采取相应激励措施，动员各方力量向新闻媒体投稿，使全县老区宣传报道工作实现了新突破。据不完全统计，2017年1—12月，有关新丰县老区的新闻稿件，被各级报刊、电台电视台和互联网采用48篇，比往年有了大幅度增加。其中潘俊才同志在《源流》杂志，中国老区网刊登各类稿件9篇，为全县老区宣传工作做出了积极贡献。继续跟进红军早期领导人李任予故居的修复保护工作，经过多方努力，已从省、市老促会和县政府争取到修缮资金27万元对故居进行修复。继续做好《中国老区建设》《源流》等刊物的征订发行工作，让红色文化走进机关、单位和校园，为广大干部群众和青少年提供了解老区历史，传承红色基因的鲜活教材。

【为老区办实事好事】　2017年，县老促会积极向上级申报援建项目，经过多方努力，现已落实5个援建项目，其中包括遥田镇大埔村文化长廊、马头镇福水村烈士纪念碑、黄礤镇秋洞村河堤、马头镇横岭村村道、沙田镇金青村村道等项目，为老区群众排忧解难提供了帮助。同时，继续做好烈士后裔在大中专院校就读的调查摸底工作，核实助学对象，按照有关政策规定落实助学资金8．4万元，及时发放到14名在校就读的烈士后裔手上，并把助学标准从往年大专生每人每年3000元，中专生每人每年2000元，分别提高到6000元和4000元，使烈士后裔更多地分享到发展成果，更深刻感受到党和政府对他们的关心和厚爱。

【换届工作】 根据《新丰县老促会章程》5年换届的规定和省、市老促会部署，在县委的重视下，在县委组织部及有关部门支持下，经过推荐审查，初步确定了新一届老促会组成人选，于2017年10月下旬召开换届大会，选举产生了县老促会第七届理事会和常务理事会，以及会长、副会长、秘书长等。为适应新形势，更好地动员社会力量支持和参与老区建设，这次换届增设了县委办、县府办、县委农办等17个部门为理事单位；推选各镇（街）人大主席和2名民营企业家为常务理事，为县老促会注入了新活力。

【队伍建设】 一年来，为加强驻会人员思想作风建设，县老促会坚持学习制度，做到紧跟新形势，结合新情况，与时俱进地组织政治学习，引导大家不忘初心，牢记使命，增强“四个意识”，在思想上始终与党中央保持高度一致，不断提高做好老区工作责任感和使命感。大力发扬老区精神，要求驻会人员用老区精神做好老区工作，努力当好弘扬老区精神的传承人，践行老区精神的带头人，在工作中不求索取，甘当义工，积极为促进老区建设出谋献策，贡献余热。在这个基础上，进一步健全各项工作制度，明确责任分工，坚持做到周一至周五上班，确保老促会各项正常运行。 （李一友）

附：2017年新丰县老区建设促进会会长名单

会长：潘英化

关心下一代工作

【学习宣讲十九大精神】 2017年10月18日，县关工委组织县直机关单位关工委常务副主任和部分“五老”共60多人在县关工委会议室集中收看中共十九大开幕式，认真收看收听了习近平总书记所作的十九大报告。10月27日，县关工委和教育局关工委研究制定向全县中小学生宣传中共十九大精神的实施方案。11月7日，县关工委驻会人员集中学习中共十九大精神。11月10日，县关工委组织镇（街）关工委常务副主任学习十九大精神。11月16日，邀请县委党校培训部主任李莉冰，在第十五期农村创业青年培训班上，对63位学员讲授学习中共十九大精神。12月下半月，县关工委、县教育局关工委关爱团到新丰二中、三中、回龙中学和县城一小、二小、三小、实验小学、回龙中心小学等8所中小学宣讲中共十九大精神，举办中共十九大

二小十九大图片展现场。新丰县关工委执行主任赖展域（左3）、二小校长潘小剑（左2）与师生在一起观看

图片展览。受教育师生共17492人。

【召开工作会议】 2017年4月21日，县关工委召开2017年工作会议。韶关市关工委常务副主任肖志雄等4人到会指导，介绍韶关市关工委青少年社会主义道德教育、农村青年创业“双带”人才培训、“朝阳读书”活动等工作品牌情况。县关工委执行主任赖展域总结2016年工作，部署2017年工作。会议传达市关工委工作会议精神，并为5名市农村创业青年示范户颁发牌匾。县关工委顾问温标主持会议。

【举办图片展览】 县关工委、教育局关工委先后到全县中学、中心小学举办中国人民解放军建军90周年图片展览，参观师生2.2万多人。

【开展主题教育活动】 县关工委、县教育局根据实际，制订2017年新丰县青少年主题教育活动实施方案，成立组织机构，并将方案下发至全县各中学、中心小学。在全县中小学普遍开展“中华魂”（辉煌与梦想）教育活动的基础上，9月27日，在实验小学举办新丰县中小学“中华魂”（辉煌与梦想）演讲比赛决赛，比赛分小学、初中、高中组三个组别，各中小学经过初步选拔，共推选出25名选手参加决赛，评选出县级一等奖3名，二等奖9名，三等奖13名，优秀指导教师30名。

8月15日晚上，县关工委、丰城街道关工委在龙围、龙文村举行2017年暑假青少年“辉煌与梦想”教育暨践行社会主义核心价值观演讲比赛活动，参加活动的学生和家长160多人，6位青少年作了演讲，龙围村、龙文村的村民文艺骨干表演了歌舞节目。

【举办培训班】 学习水果、兰花种植技术及猪牛羊鸡鹅鸽等养殖技术，学习电子商务知识以及农民专业合作社法、农产品质量安全法等法规。参训学员63人。

【扶贫招生】 2017年，经过考试与筛选，推荐16名初中毕业贫困生到深圳德昌电机技术学院免费学习。

【工作调研】 县关工委、教育局关工委多次前往回龙中学、回龙小学以及县城各学校进行留守儿童、心理失衡青少年情况调查，并形成书面调查报告。

【举办夏令营活动】 协同配合新丰县大学生协会举办“青春情暖，阳光助成长”第八届爱心夏令营活动，丰富青少年的暑期精神文化生活。有200多名留守儿童和家庭贫困学子参加了活动。 （钟幸儿）

附：2017年新丰县关工委领导班子主要负责人

县关工委主任：曾军（中共新丰县委副书记）

县关工委第二主任：刘国洪（中共新丰县委常委、组织部部长）

县关工委执行主任：赖展域（原新丰县政协主席）

2017年12月26日，新丰县关工委在第三中学举办学习十九大精神图片展。图为新丰县关工委执行主任赖展域与三中校长与学生们一起

扶贫开发

东城对口帮扶新丰工作

【概况】 东城新丰对口帮扶指挥部成立于2014年2月，是东莞市东城街道与新丰县开展对口帮扶工作设立的临时工作机构。由东城新丰两地有关领导分别担任正副总指挥，指挥部设总指挥1名、副总指挥1名，专责推进对口帮扶各项工作。指挥部下设办公室，由对口双方选派业务能力强的干部组成，设办公室主任1名，副主任2名，主要负责协调涉及当地的各项工作。指挥部办公室下设综合组、规划组、招商经协组、精准扶贫4个工作组，不定行政级别，并根据工作需要与新丰相关机构合署办公。

【招商引资】 2017年，指挥部联合新丰相关部门组成招商团共二十多次联合招商；同时邀请东城街道三大商会、唯美陶瓷、岭南园林、新奥燃气、味盟食品等企业团体到新丰调研投资考察。成功召开东城新丰第九次、第十次联席会议，两地签订了《东莞市东城街道办事处与韶关市新丰县人民政府对口帮扶共建协议》及《东城新丰对口帮扶产业项目招商引资合作协议》。积极参加各类推介会，现场签约计划总投资为3.6亿元的东莞味盟食品新丰生产基地项目和计划总投资1.3亿元的美瑛新型人造石英石建材生产项目。全年协助新丰县成功签约6个项目，合计投资额约为56.88亿元；在建项目4个，投产项目7个，在谈项目13个，其中超亿元项目9个。

2017年4月20日召开东城新丰对口帮扶第九次联席会议，东城街道办事处主任邵宏武与新丰县签订《东城新丰对口帮扶共建协议》

【产业共建】 2017年，指挥部将园区共建作为产业共建的基础，配合新丰县将马头园、回龙园以及创新园等三大园区进行转型发展，同时紧盯园区项目落地。

【推动珠江东岸（新丰）创新产业示范园建设】 积极配合推动创新产业示范园首期工程建设，指挥部积极配合并派驻两名业务骨干协助园区资金开发筹措和招商引资等工作，首期工程已完成封顶。

【协助新丰县马头工业园转型】 园区正在加紧道路建设，指挥部积极配合，协调相关工作推进，完善园区基础设施建设；已落户的部分化工企业，因为环保问题未能投产，指挥部协助跟进企业的环保排放做好整改。韶能生物质发电项目已正式投产，同时指挥部与县相关部门做好跟踪服务，召开协调会，帮助企业解决有关投产中遇到的问题，推动其尽快上马工期项目。6月，到深圳宝能集团商讨韶能产业事宜，并达成合作关系，8月，成功签约宝能生态植物纤维项目和生物质发电厂二期项目，宝能生态植物纤维项目于10月底启动奠基仪式。

【推动回龙工业园重整】 配合推动新丰县回收天恩公司在回龙工业园2000亩地块；协助园区稀土分离厂项目建设及稀土采矿权报批，并积极引导东莞公司参与收购等事宜。

【谋划东新食品产业园】 积极规划东新食品产业园，以做大谋略，发展新方向的思维方式，做适合新丰发展的“园中园”规划，委托东莞市中和汇产业经济研究院，中和汇大数据有限公司，结合国内知名食品产业园的发展案例，新丰现状特点和实际情况，先后拟出了《新丰县东新食品产业园发展研究报告》《东莞味盟生产基地建设项目可行性研究报告》《味盟新丰生产基地建设项目评估报告》，主力引进符合东江环保要求的食品类企业。11月，成功签约味盟新丰食品园项目，同时艺成食品项目已达成投资意向。

【推动重点项目建设】 指挥部紧盯重点产业项目建设，除跟踪落实已建设投产的项目外，还积极跟踪韶能生态植物纤维项目、广兴牧业增资扩产项目和华瑞生态农业等重点项目。其中，广兴牧业项目增资扩产地块涉及东莞市运河商城和新丰县债权问题，指挥部积极协调，主动联系，经过多次邀请东莞市国资委到新丰调查摸底情况，还带领新丰相关领导到东莞协调地块等多项事宜，目前双方协商进展顺利，东莞市国资委已批复同意，11月30日启动广兴集团增资项目签约及动工奠基仪式，进一步推动新丰重点项目落地建设。

【宣传推广】 为推动两地合作交流，让东莞众多旅行社、媒体体验新丰丰富的自然资源，扎实推广落实帮扶政策，在5月初，东莞市旅游局、东莞国旅和东莞广播电视台等相关负责人开展旅游踩线考察，东莞国旅表示下一步将力争打造几条新丰精品旅游线路；同时，协助东莞广播电台制作推出《从东莞出发—玩味韶关新丰》，全方位展示新丰特色资源。组建微信公众号平台，结合多元化宣传渠道，实时宣传东城新丰帮扶资讯动态，紧密联系群众，面向多方位人群推广新丰招商、旅游资源优势，助推新丰县经济增长及旅游发展等。

【十大行动】 2017年，东城街道调动各方资源支持新丰各项民生事业发展。1. 文化帮扶行动计划。协助新丰县建设基层文化活动阵地示范点，开展“互展互演”交流活动，建立“东城新丰爱心图书室”，举办“东新杯青少年舞蹈比赛”，在新丰举办《翰墨传情》书画作品联展，并出版《翰墨传情书法作品集》；2. 教育帮扶行动计划。助推受帮扶学校实施五对五对接的模式，互派教师跟班上课有序开展；3. 干部培训对接行动计划。跟岗锻炼活动，

2017年4月20日东城街道办事处与新丰县签订《东城新丰对口帮扶共建协议》

首批7名跟岗锻炼干部已到东城相关部门学习，组织新丰村（社区）支书、主任共80人到东莞参加学习培训班；4. 旅游行动计划。协助新丰举办“越野新丰”、樱花节等活动；做好韶关旅游宣传片拍摄工作（新丰站）；协助举办2017年全国学生定向锦标赛暨“中国四维杯”全国测绘地理信息职工定向越野赛；打造“农业+旅游”的“新丰县首届百香果节”；5. 医疗对接计划行动。跟岗学习行动基层医疗卫生水平对接正式展开，以及在新丰举行赠医赠药和义诊宣传活动拉开帷幕，联合在新丰开展3次“下乡义诊惠民生，精准帮扶暖人心”活动；6. 创新资源对接行动。由东城经贸办、科技办、质监站及民营商会企业家代表等到新丰开展优质创新资源对接行动；7. 政风对接行动。新丰县委办、县府办到东城开展政务政风行政改革对接行动，国土、住建部门相互对接交流等对接活动；8. 人力资源对接行动。设置东城招聘宣传栏，在新丰举办富余劳动力技能晋升培训活动等。2017年东城街道累计投入十大行动资金183.4万元，取得良好的成效，深受新丰人民好评。

【精准扶贫】 自2016年以来，东城驻新丰县工作组坚持入户走访，充分掌握贫困户动态，做贫困户的知心人，竭力为贫困户排忧解难，确保各项扶贫政策措施到户取得成效。东城街道对口帮扶新丰县城西、城东、会前、罗峒、高桥、寨下、水背、天中、缠良、叶屋10个相对贫困村，共有相对贫困户共415户1201人。2016年度，帮扶206户468贫困人口实现脱贫。2017年度，完成149户539人，脱贫人数达到总贫困户的83.8%。围绕全年任务，拟定的产业扶贫为主的帮扶措施确保任务完成。由东城街道出资投入200万元引入岭南园林公司针对十个帮扶村做新农村示范村建设规划。以改善村民生活生产环境为抓手，自2016年10月以来，东城财政共投入1028.42万元用于十个帮扶村的基础设施建设。东城街道组织发动党员干部与社会各界人士，共筹集65.96万元慰问贫困户。结合新丰特色种植和农村旅游开展扶贫增收项目，由东城街道投入150万元入股发展种植“百香果”产业，在天中村、缠良村以及周边种植1000亩百香果，为入股村每年增加4万元收入，协助支持举办“新丰县首届百香果节”；由东城街道财政投入100万元启动城东和高桥村莲藕种植项目。2017年，东城街道共投入730.05万元用于特色产业种植项目、贫困村集体增收、贫困户养殖增收项目及资助村民购买医疗保险等项目，预计村增收项目每年能为贫困村及贫困户增收48.08万元；贫困户养殖增收项目预计达到100.8万元。 （钱成亮）

附：2017年东城新丰对口帮扶指挥部领导班子成员名单

总指挥：祁晓峰

副总指挥：陈小可（3月起任）

扶贫开发

2017年是新时期精准扶贫精准脱贫三年（2016—2018年）脱贫攻坚的第二年。新丰县省定贫困村共19个，其中省直（中直驻粤）单位帮扶7个贫困村、市直（省直驻韶）单位帮扶2个贫困村、东莞市东城办事处帮扶10个贫困村、其余的122个非贫困村由本县县直（市垂直）单位对口帮扶（贫困村数以及对口帮扶单位与2016年一致）。全县141个贫困村均有贫困户。按照动态管理的原则（即贫困户能进能出的原则），到2017年底全县录入的贫困户为3396户8832人，其中五保户839户869人，低保贫困户1673户4852人，有劳动能力贫困户1848户6714人，无劳动能力贫困户1548户2118人。

工作措施

【落实“三保障”政策】 教育保障大力推进教育扶贫，以建档立卡贫困人口为重点，以提高群众基本文化素质和劳动者技术技能为抓手，采取有力举措，精确对准教育最薄弱领域和最贫困群体。让贫困学生都能享有公平的教育资源，让贫

黄磜镇的万亩高山茶生产基地

困家庭子女都能接受公平有质量的教育，2017 年入学率达 99.57%。2017 年，共发放建档立卡贫困户家庭学生免学费和生活费补助共 1292 人。医疗救助、临时救助及低保、五保保障 2017 年全县贫困户参加城乡居民基本医疗保险参保率 100%；全年开展医疗救助 8587 人次，发放医疗救助金 427.6 万元；全年开展临时救助 655 人次，共发放救助金 244.91 万元；全县共使用大病救助 150.39 万元，患重特大疾病贫困户纳入救助率 100%；发放低保金 2192.18 万元，发放五保金 754.2 万元，全县符合低保条件贫困户纳入最低生活保障率 97.62%；发放 2017 年财政兜底资金 72.05 万元；共筹得“6·30”广东扶贫济困日 281.37 万元。住房保障 2017 年危房改造指标共 500 户，截至 2017 年 12 月底，系统录入 488 户，开工 486 户，开工率为 99.59%，已验收、发放建房补助金 309 户，共发放建房补助金 1267.4 万元。

【开展产业扶贫】 全县在家有劳动力贫困户参与长效稳定的产业项目率 100%。按照“产业到村、扶持到户”原则，把培育和壮大特色优势产业作为扶持重点，以产业化扶贫项目带动贫困户脱贫，根据“一镇一业”“一村一品”要求，大部分镇、村建立长效特色产业。如马头镇、丰城街道、梅坑镇三镇（街）依托田丰蔬菜专业合作社、广鸿联民合作社、新绿源蔬菜专业合作社大力发展蔬菜生产，建立万亩蔬菜生产基地，带动全县发展蔬菜种植面积达 10 万亩。还有黄磜镇的万亩佛手瓜、万亩“两茶”（茶叶、油茶）基地，沙田镇的千亩百香果基地等特色主导产业。通过土地出租、种植、务工、入股等多种形式带动贫困户发展生产脱贫致富。

【开展资产收益扶贫】 积极开展资产收益扶贫政策宣传，立足本地资源条件、产业基础，选好资产收益扶贫实施主体，使贫困户获得稳定收益。全县参与资产性收益项目的贫困户共 3935 人，参与率 59.16%。丰城街道入股云天海度假村等项目共 420.96 万元；梅坑镇入股潘家寨农业发展公司、有记食用菌农民专业合作社、云天海温泉度假村等项目共 265.38 万元；黄磜镇入股茶峒惠农高山有机茶专业合作社、营盘高山茶农民专业合作社等项目共 98.4 万元；沙田镇入股华农园种养专业合作社等项目共 187.75 万元；回龙镇入股来发养殖专业合作社、惠旺蔬菜专业合作社、古塘种养专业合作社等项目共 233.6 万元。

【开展就业扶贫】 依托精准扶贫信息平台，根据贫困户就业意向、创业愿望，积极依托本地特色种养、农产品深加工、农村电商等产业发展，开发适合贫困劳动力就业的岗位。同时，大力开发公益性岗位，2017 年提供 7 个公益性岗位，扶持贫困劳动力就业。紧紧围绕当地产业发展和企业用工需求，根据农村贫困劳动力培训需求和就业意愿，有针对性地开展就业培训工作，有效地提升贫困劳动力的就业能力。2017 年，全县对 1542 人次贫困户进行实用技能培训，通过培训提高了就业能力。

【落实帮扶责任】 制定精准扶贫配套政策，形成扶贫政策体系，进一步规范精准扶贫各项工作的管理，有效促进精准脱贫目标的实现。多次召开扶贫工作会议，通报工作情况，查找存在问题，研究部署脱贫攻坚计划，不断推进精准扶贫工作。组织相关责任单位研讨脱贫攻坚工作，准确把握工作问题和短板，细化落实措施。实行“领导挂点、单位包村、干部包户”的工作责任制，县班子主要领导分别挂点联系贫困村，深入推进结对帮扶。不定期开展督查，确保驻村工作落实到位。建立健全考核激励制度，将扶贫工作考核与干部年底评优推先挂钩，激发其谋事干事热情。开展扶贫领域专项巡察工作，精准发现扶贫工作中存在的问题，立行立改，提高扶贫工作质量。

省国资委自筹资金300万元帮助对口帮扶村——梅坑镇大岭建成的便民桥

【加大扶贫资金投入力度】 截至2017年底，新丰县共收到各级财政扶贫资金8618.6万元，其中中央资金247万元、省级财政资金4284万元、市级财政资金4087.6万元。已拨付使用的资金5025.76万元，使用率58.3%，其中中央资金114万元、省级财政资金3361.88万元、市级财政资金1549.88万元。

【开展小额贷款金融扶贫】 2017年6月，县扶贫办与县农信社签订金融扶贫战略合作协议，并协调县财政部门建立扶贫贷款担保基金，由县农信社放大10倍发放扶贫贷款，充分发挥财政资金的杠杆作用，有效缓解贫困户贷款难、抵押难问题。县农信社建立扶贫小额信贷分片包干责任制，开展贫困户评级授信工作，由县财政局按基准利率贴息，确保符合条件贫困户得到有效支持。至2017年底，县农信社已完成1836户贫困户评级授信工作，合计授信5509万元，共发放15笔54万元扶贫小额贷款，全县贫困户获得扶贫小额贷款户数占有劳动力贫困户总数的0.82%。

工作成效

通过各级党委、政府，各帮扶单位以及全县人民群众的共同努力，2017年实现脱贫贫困户998户3723人，其中有劳动能力贫困户57户93人（人均年纯收入达到6883元以上），无劳动能力贫困户941户3630人（人均年纯收入达到4800元以上）。全县19个贫困村铺设硬底化道路110.5公里、安装路灯2313盏、新建“五小”广场7个、修建三面光灌溉水渠2.7公里、修建闸坝2座；省国资委自筹资金300万元在对口帮扶村大岭村建设了一座便民桥。全县141个村完成了公共服务平台建设。　（余劳兴）

附：2017年新丰县委农村工作办公室正副主任名单

主　任：温巧靖

副主任：王云聪（任至8月）

　　　　曹志强（8月起任）

　　　　陈学长（12月起任）

镇·街道

丰城街道

【概况】 丰城街道位于新丰县中部，是县治所在地，又是全县政治、文化、经济中心。东与马头镇相邻，西与梅坑镇接壤，南与惠州市龙门县蓝田镇交界，北靠黄礤镇。辖区总面积 329.6 平方公里。2017 年，辖 7 个社区和 25 个行政村，总人口 87930 人，其中农业人口 34144 人，占总人口的 38.83%；非农业人口 53786 人，占总人口的 61.17%。丰城街道属地在明清时属长吉都的太平坊、文昌坊、黄陂约、塘肚围约，在民国时期属一区，新中国成立后，属第一区、附城区，1958 年撤区改乡时属城西乡、城东乡、附城镇，后城西乡与城东乡合并为黄陂乡，1959 年黄陂公社改为城郊公社，附城镇改为城镇公社，1976 年改城镇公社为丰城镇，1982 年将城郊公社改为丰郊公社，1983 年丰郊公社改为丰郊区，1986 年 12 月，将丰郊区与丰城镇合并，称丰城镇，2005 年 12 月，丰城镇改称丰城街道。

丰城街道地处青云山脉与九连山脉之间，地势南北高，东西低，西部为山涧峡谷地带，东部为低山丘陵地带，南北部为中山区，中部为沿江丘陵台地区，属南亚热带季风气候。环境优美，旅游资源丰富。新丰江发源地云髻山位于城区北面 8 公里处，已开发为集旅游、观光、温泉沐浴、休闲度假于一体的旅游景区。土质以赤红壤为主。农业以种植水稻、花生、黄豆、薯类为主。2017 年，有耕地 16387 亩，其中水田 13690 亩，旱地 2697 亩。种植水稻（早、晚造）21515 亩，蔬菜（含复种）27495 亩，花生 5197 亩，水果基地 23822 亩，花卉 1321 亩。生猪存栏 21508 头，出栏 19448 头。办有司茅坪、岳城、雪山、亚婆髻等县属林场和云髻山省级自然保护区。有林地面积 27.1 万亩，森林覆盖率 80%，是县林业重点地区，建有 6.3 万亩生态公益林。

丰城新姿

丰城街道党工委、办事处 2017 年行政编制 53 名，在编 46 人；事业编制 39 名，在编 32 人，行政工勤 2 人。办事处内设党政办公室、经济发展办公室、社会事务办公室、农业办公室、规划建设办公室、计划生育办公室、维护稳定及社会治安综合治理办公室 6 个职能办公室。

【重点项目】　丰城街道把推进重点项目建设作为第一要务、第一责任，扎实工作、攻坚克难，坚定不移推进重点项目建设顺利进行。

珠江东岸（新丰）创新产业示范园　截至2017年12月，首期27亩征地清表已完成，征拆范围内已拆迁完毕，工程如期推进。横江村涉及的各生产队安置地正在规划中。

武深高速　九连山隧道双线贯通，路基、桥梁工作已完成99%，三改工程完成60%，其他工作正在有序进行。

碧桂园房地产项目　南片区域准备交房。涉及的牙签厂、古春明旧房准备拆迁。六、十四组返还地集体经济留用地土地使用证已经办理，正在平整土地。

新龙公路县城段市政道路建设等项目　征拆工作全面完成，工程进展顺利。新丰名家物流商贸城、宝丰新苑、云髻山旅游等项目均顺利推进。

【精准扶贫】　2017年，丰城街道精准贫困户为653户1777人，其中有劳动力贫困户369户1365人，无劳动力贫困户284户412人。省民政厅统筹单位自筹资金120万元参股投入县丰投公司分红给紫城村贫困户，东莞东城街道扶贫单位自筹资金70万元用于参股投入县丰投公司分红给罗峒村贫困户，分红5年；东莞东城街道扶贫单位自筹资金40万元用于投入民康经济发展有限公司分红给城西村贫困户，分红10年；东莞东城街道扶贫单位自筹资金73万元用于购买新丰县云天海温泉度假村（林海2）产权式酒店项目分红给会前村贫困户，分红3年；东莞东城街道扶贫单位也投入资金250万余元用于支持所驻5个省级贫困村的村集体帮扶项目，县直（含市管单位）挂扶单位亦投入所帮扶村30多万用于两委换届和相关帮扶工作。

【土地确权】　2017年，丰城街道已公示村13个，累计完成公示户数约3000户，公示面积约一万亩左右。

【社会保障】　2017年，已完成农村医保录入54855人，完成新农保参保人数15169人，城居保参保人数1730人。

【征兵】　2017年，街道征兵体检合格青年20人，入伍16人，其中专科以上学历3人，高校新生3人。

【拥军优属】　2017年，街道有“三属”2人，残疾军人24人，复员军人11人，参战退役人员169人，铀矿人员17人，五老人员2人，60岁以上退伍老兵88人，烈士子女1人。“八一”中国人民解放军建军慰问残疾军人24人15000元，慰问在乡复员军人5人1500元，慰问“三属”2人600元，慰问部分铀矿退役人员17人1700元。优抚对象座谈会经费每人50元，2206人共110300元。合计“八一”经费发放176970元。

【党建】　推进“两学一做”学习教育常态化制度化，学习贯彻中共十九大精神。组织各党支部开展主题党日活动，积极动员各党支部组织党员进行考学，参加考学人数2474人，参考率100%。做好村级班子青苗培养工作。严格按照《新丰县村级班子青苗培养工程实施意见》的要求，通过村级推荐、街道严格把关，科学选拔出了一支素质高、结构优、机制活的村级班子后备人才队伍，夯实农村基层组织建设基础。

【党风廉政】　2017年，街道纪工委共收到党员干部违纪违法线索7条，其中受理案件7宗，结案7宗，结案率100%，其中处以开除党籍2人，留党察看一年1人，党内警告4人。

【人口与计划生育】　2017年1月至12月全街道总出生1404人，其中一孩出生465人，二孩出生828人，多孩出生111人。计外多孩率2.78%。计划生育率96.58%，性别比为106.77，出生率15.21‰，死亡率5.35‰，自增率9.86‰。

【教育】　2017年，丰城街道辖区内有县属高级中学1所，县属职业高中1所，县属初级中学2所，县属小学4所，县属幼儿园2所。街道中心小学下辖4所小学和一所幼儿园。街道辖区内初中辍学率为0.61%，小学辍学率为零，均在县控制基准线下；户籍内在校初中升学率为100%以上，其中入全日制高中76.4%，其余入职中，达到全县平均水平。（罗文珊）

附：2017年丰城街道党政领导班子成员名单

党工委书记：潘小定（任至5月）
　　　　　　廖剑（5月起任）
党工委副书记：
　　　　　　谭志雄（任至9月）
　　　　　　雷彩霞
　　　　　　丘国鹏
　　　　　　陈锦彬（9月起任）
纪工委书记：陈泽明
党工委委员：陈泽明
　　　　　　李国英
　　　　　　陈志豪
　　　　　　李成文
　　　　　　潘文华（任至9月）
　　　　　　罗纵飞
　　　　　　丘文导
人大工委主任：陈子筹
办事处主任：谭志雄（任至9月）
办事处副主任：李成文
　　　　　　丘文导
　　　　　　钟能达

表4 **丰城街道2017年主要社会经济指标**

指标	单位	数量		指标	单位	数量	
		2016	2017			2016	2017
农林牧渔及服务业总产值	万元	54954	57955	粮食总产量	吨	12965	13346
工业总产值	万元	—	—	生猪存栏量	头	21572	21508
固定资产投资	万元	8000	10000	小学	所	4	4
招商引资实际投入	万元	—	—	小学在校生	人	106	100
财政收入	万元	1785	2320	小学在职教师	人	96	45

表5 **丰城街道2017年村（居）委会基本情况**

序号	村（居委会）	总人口（人）	总户数（户）	村民小组（个）	耕地面积（亩）	经济总收入（万元）	农民人均所得（元）
1	高桥	1439	457	13	1100	7318	13560
2	文长	762	240	7	560	2225	12580
3	邹洞	713	238	8	313	1853	12157
4	长陂	671	205	8	410	4745	11995
5	双良	1515	480	9	1025	5092	12901
6	紫城	2458	771	14	726	6097	13173
7	罗洞	1980	670	22	526	5619	13163
8	城西	1774	655	14	200	6599	12447

续表 5

序号	村（居委会）	总人口（人）	总户数（户）	村民小组（个）	耕地面积（亩）	经济总收入（万元）	农民人均所得（元）
9	横江	1273	415	14	541	4655	14480
10	龙江	1851	540	13	739	6901	14747
11	龙文	1196	390	9	564	5511	11565
12	龙围	1735	533	9	650	6800	11977
13	会前	1562	442	12	693	3749	12757
14	黄陂	2614	947	24	580	13960	10031
15	松园	2667	888	31	1000	8870	10341
16	城东	2024	844	19	423	7884	13659
17	大洞	1399	466	9	844	4365	10949
18	坳头	307	100	3	227	2642	18020
19	岳城	723	245	8	832	2132	15760
20	横坑	1478	457	9	918	4895	11682
21	涧下	1559	494	14	944	7111	14141
22	鲁古	990	332	9	902	2884	12977
23	板岭	921	289	11	1175	5069	5614
24	朱洞	511	164	3	291	3501	8476
25	新塘	995	396	3	204	12116	17884
26	东瓜坑			1	—	—	—
27	坳头附属队	—	—	—	—	—	—
28	黄沙坑	—	—	—	—	—	—
29	居民	52805	24713	—	—	—	—
合计	—	87922	36371	296	16387	147219	215060

马头镇

【概况】 马头镇位于新丰县境东北部，东邻东源县，南毗龙门县，西连新丰县城，北接连平县，镇政府驻马头圩，距县城14公里。辖区总面积529.85平方公里。2017年，下辖30个行政村，3个居民社区，374个村民小组，总户数13001户，总人口46351人，其中农业人口44185人，外来人口2166人。2017年农业生产总值4.7亿元，工业生产总值23.65亿元，规模以上工业总产值21.09亿元；农作物总播种面积83458亩，粮食总产量13059吨，农民人均纯收入12644元，2017年财政收入2270万元。

【扶贫开发】 2017年，全镇预脱贫人数285户1131人，其中有劳动力贫困户有272户1131人，无劳动能力贫困户13户19人，开展“一户一策”扶贫增收项目500多个，直接受益贫困人口1800多人。

【基础设施建设】 全面完成文化街铺设工作，并逐步完善文化街附属工程建设；完成马头墟镇新市场至派出所排水设施改建工程；推动马头镇墟镇提升工作，全面进行市场整治，投入近200万元建设两个市场，改善商户营商环境。

【教育】 2017年，辖区内有初级中学1所、小学3所、幼儿园3所、教学点5个，在校学生共2785人。适龄儿童入学率100%。

【文体】 2017年，马头镇有文化站1间，广播站1间；配有专职文化工作人员3名，配有村文体协管员30名、社区文体协管员3名；30个村均设有农家书屋；送戏下乡16场，送电影下乡396场，镇业余舞蹈队有队员80多名。

【医疗卫生】 2017年，辖区内有卫生院3间，所有村（社区）均设有卫生站；开展全镇65岁以上老年人免费健康体检，受检人数共3026人；举办免费健康知识咨询活动23场，1000人次，发放各类健康知识宣传材料16300份；参加城乡医保（新型农村合作医疗）共38586人，参保率达93.39%。

9月18日，县委副书记曾军一行到马头镇实地调研土地确权工作

【计划生育】 2017年，全镇总出生684人，人口出生性别比为106.65，计划生育率96.49%；一孩生育登记214人，二孩以上生育登记及审批304人。免费孕前优生健康检查完成116对（232人），完成目标人群覆盖率为96.66%。全年征收社会抚养费54.8145万元。

【社会保障】 2017年，参加城乡医保（新型农村合作医疗）共38729人，比去年同期增长143人，完成率为93.56%；参加城乡养老保险（新型农村养老保险）17574人，新增166人，完成率为100.15%。举办招聘会3场，新增再就业人员152人。

【综治维稳】 2017年，受理各类矛盾纠纷157宗。现已调处解决141宗，调处率90%。全年未发生重大或恶性的信访维稳事件，没有恶性刑事案件，没有进京越级上访情况发生，没有发现境外宗教浸透及非法集会现象。县转交网络问政24宗，现已答复24宗，答复率100%。

【党建工作】 马头镇全面完成2017年村级换届选举工作，选优配强村、社区“两委”班子。不断优化党组织建设，在3个村设立党总支部，50个党支部均成立微信党支部，加强党员队伍的管理，增强学习效果。做好党组织和党员信息采集工作，共核实1582名党员信息，更正信息500多条，为783名党员出具了党员身份认定书。将全镇132名干部职工组建成33个驻点团队，每个团队驻点一个村，解决群众诉求，实现服务下沉，驻村（社区）组长每周提交下村周报表，填写驻村日志，建立台账。全镇干部共走访群众4.8万人次，联系群众15858户，入户率达100%，解决问题58个，其中镇党政班子会议研究解决4个。

【火灾隐患整治】 马头镇投入资金近2000万元，全面提升消防基础设施建设，编制了马头镇消防专项规划，排查整治消防隐患，全面推进消防网格化和专职消防队建设，加强消防安全宣传教育，顺利通过省市县考核验收。（李 杨）

附：2017年马头镇党政领导班子成员名单

党委书记：陈赞写
党委副书记、镇长：谭展如
人大主席：周建长
党委副书记：李春英
　　余云德（2月起任）
党委委员、纪委书记：
　　余云德（任至2月）
　　关 俊（2月起任）
党委委员、副镇长：刘志青
组织委员：蒋军成
宣传委员：黄小密
党委委员、武装部长：赖宏基
党委委员、党政办主任：
　　刘辉素
党委委员、副镇长：吴笏堂
副镇长：罗盛焕（任至10月）
　　马 月（9月起任）

表6

马头镇2017年主要社会经济指标

指标	单位	数量		指标	单位	数量	
		2016	2017			2016	2017
农林牧渔及服务总产值	万元	41658	44351	生猪存栏量	头	11046	11358
工业总产值	万元	213642	236508	水渠总产量	米	2356	2574
固定资产投资	万元	10000	11200	中学	所	1	1
财政收入	万元	1610	2270	小学	所	2	3
农民人均纯收入	元	11707	12644	中小学在校生	人	1684	1721
粮食总产量	吨	12987	13059	中小学在职教师	人	225	225

表7

马头镇2017年村（社区）委会基本情况

序号	村（居）委会	村民小组（个）	居民小组（个）	总户数（户）	总人口（人）	集体经济收入（万元）	人均纯收入（万元）
1	军一	14	—	480	1656	14	12718
2	军二	9	—	171	605	16	12836
3	军三	11	—	413	1599	21	12519
4	福水	17	—	492	1875	25	12678
5	张田坑	22	—	657	2363	23	12580
6	科罗	5	—	331	1363	43	12640

续表 7

序号	村（居）委会	村民小组（个）	居民小组（个）	总户数（户）	总人口（人）	集体经济收入（万元）	人均纯收入（万元）
7	乌石岗	7		342	1203	23	12979
8	秀坑	8	—	291	1034	22	12826
9	大陂	20	—	515	1971	88	12882
10	秀田	14	—	379	1391	38	12827
11	上湾	18	—	483	1708	24	12544
12	层坑	18	—	604	2150	25	12458
13	潭石	16	—	655	2477	23	12628
14	雅盖	11	—	351	1397	33	12589
15	雅坑	7	—	303	1181	20	12805
16	羌坑	16	—	507	1807	22	12878
17	板岭	23	—	651	2247	45	12444
18	湖塘	7	—	272	999	64	13223
19	马头社区	—	7	985	1622	—	—
20	坪山	11	—	324	1281	64	12434
21	塘尾	4	—	230	947	91	12888
22	岭头	4	—	167	686	38	12860
23	水背	7	—	169	764	32	12835
24	寨下	7	—	328	1487	100	12539
25	大席社区	—	3	108	167	—	—
26	罗陂	20	—	348	1375	14	12489
27	湾田	15	—	545	2025	30	12426
28	石角	11	—	398	1602	22	12491
29	桐木山	5	—	305	1204	22	12491
30	横岭	11	—	280	1176	34	12594
31	路下	11	—	369	1435	31	12599
32	文义	10	—	320	1177	26	12448
33	石角社区	—	5	228	377	—	—

梅坑镇

【概况】 梅坑镇位于新丰县西南部，墟镇距县城 10 公里。2017 年，下辖 20 个行政村、2 个居民社区，户籍总人口 2.8864 万人，常住人口 1.9003 万人。辖区总面积 310 平方公里，其中耕地面积约 3.1 万亩，粮食总播种面积 1.81 万亩，粮食总产量 6146 吨。林地面积约 39.6 万亩，森林覆盖率 82.87%。2017 年，全镇工业总产值 7.3 亿元，其中规模以上工业产值 6.5 亿元。

【项目建设】 2017 年，梅坑镇始终坚持以重点项目为契机，不断加快开发步伐，发展的动力和活力进一步加强。珠江东岸（新丰）创新产业示范园已完成初步（144 亩）土地收储及清表交地工作。华润风电已按计划完成 6 个机点位征地工作。利坑现代农业生态园已完成第一期建设。上川食品饮料项目已完成主体工程。新丰宋美汽车露营旅游项目，投入资金 6000 万元，现已按计划完成相关田地、山林及房屋测绘和租赁，已完成项目接待中心建设、越野线路规划、规划方案调整，目前正进行租金发放的准备。大岭温泉开发项目，2017 年投入资金 5000 万，现已完成 16 个村民小组 286 户的征地协议签订工作。韶新高速建设项目已完成境段内 5 个隧道口、沙田互通处 70 亩急需用地的征拆工作，目前已交付项目部进场施工，正着手进行全线红线范围内的征拆工作。潘家寨旅游项目累计完成投资 3000 万元，果树种植已初具规模。

【基础设施建设】 2017 年，完成中小河流治理 37.4 公里；完善张田村、禾溪村、梅中村、梅西村、黄柏村水利工程建设；完成大岭村、长江村村村通自来水工程，对梅坑村供水工程进行提质增效改造；启动实施新长坪道路大修工程，竣工后将解决两村群众出行难问题；贯通了梅坑河龙皇宫至梅南村段一河两岸旅游公路路基；完成镇综合市场连接省道 S347 线的道路硬底化建设；完成政府后院及财政所停车场建设，规范了干部职工停车秩序，解决了群众及村干部到政府办事停车难问题。

【基层治理】 推进驻点联系群众制度，深入开展农村（社区）基层治理工作，切实提高基层治理水平。创建青年干部组织，扎实改进乡镇作风。2017 年 5 月梅坑镇成立一支由平均年龄约 26 岁的年轻干部职工组成的队伍——“尖刀连”，作为镇级青年组织，承担镇一级众多急难险重的工作任务，在 2017 年村“两委”换届选举参选人竞选视频录制、日常打击“两违”及“非采”行动、安全生产、新农村建设等工作中均发挥了重要作用。“尖刀连”的成立进一步加强和改进了政府工作作风，政府工作效率和服务水平得到较大提高。同时举办“思乡节”篮球友谊赛等活动，加深村民思乡情怀，搭建镇村沟通桥梁，营造良好人文风气，进一步凝聚民心、汇聚民力，推进基层治理向纵深发展。

2017 年 11 月 16 日，省人大常委会副主任、省总工会主席黄业斌（右三）到梅坑村查看“三清三拆”情况

【扶贫开发】 新时期精准扶贫工作，梅坑镇共有3个省级相对贫困村，17个非重点村（贫困户分散村）；2017年全镇有相对贫困户共502户1362人，其中有劳动能力贫困户308户1091人，无劳力贫困户194户271人。3个贫困村相对贫困户154户418人，有劳动能力贫困户96户335人，17个分散村贫困户348户944人，其中有劳动能力贫困户212户756人。目前，全镇共到位扶贫资金2813万元，其中财政性扶贫资金452万元，帮扶单位自筹2361万元；全镇开展帮扶项目进展顺利，其中村项目80个，投入资金2053多万元，户项目6573个，投入资金760万元。

【综治维稳】 2017年，梅坑镇综治信访维稳中心共受理群众来信来访68宗92人次，其中来访46批68人次，办结44宗，办结率95.6%；受理上级转办来信22件，办结21起，办结率95.4%。并成功调处镇领导包案积案1宗，余下5宗正在积极化解之中。

【司法调解】 2017年，全镇受理纠纷案件共263宗，其中镇级23宗，村级230宗，在有关部门及调委会配合下全镇共调解调处253宗，调处率达100%，调处成功共248宗，调解成功率98%。

【社会救助】 2017年，梅坑镇农村线享受最低生活保障金的有713人，其中城镇居民7人，有五保户109人，其中敬老院居住14人，分散供养95人，生活费每人每月674元。全年享受临时救助人数100人次，共发放临时救助款353060元。全年没有出现非正常的伤亡事故。

【社会保障】 2017年，全镇参加城乡居民医保人数25023人，完成县下达任务数的97%。全镇新农保任务数为10361人，达到任务完成率的99.58%，其中60岁以上的人员有5985人，新农保续费人数为5216人，续费率为87.15%。

2017年1月18日到帮扶对象家中走访慰问

【拥军优属】 2017年，梅坑镇有军属24户，烈属1户（其中领定期抚恤金2人），梅坑镇退伍军人533人，其中伤残军人1人，复员军人9人，带病回乡退伍军人1人。全年共发放抚恤金1048176元。

【文化】 全镇现有标准“农家书屋”20间，藏书25000册。完成全综合性文化服务中心全覆盖建设有13个村，其中有3个示范村。全镇有农民醒狮队4个，春节期间，醒狮队到各村、机关单位拜年贺岁。积极开展送科技、送戏、送电影下乡活动，丰富人民群众的文化生活。2017年，省非物质文化遗产张田饼印分别接受了中央、南方都市报、韶关日报记者的采访。分别参加了广东手信和新丰十大旅游手信展览活动。市非物质文化遗产龙皇宫出行活动在每年的农历五月初一至初三举行游行活动，丰富群众文化生活。

【特色旅游】 梅坑镇有清道光年间建的白塔、咸丰年间建的龙皇庙和清代建的客家围龙屋儒林第、有明万历年间在司前村设的乍坪巡检司遗址等。旅游资源有梅东温泉、龙皇庙、大岭温泉、龙山公园、儒林第、坐落在司前村北部半山处的燕岩景点等。传统手工技艺张田饼印，入选广东省第一批非物质文化遗产。革命旧址有叶剑英在新丰住过的旧址、小正革命烈士纪念碑等。在张田村还有国民党第十二集团军教导团抗日阵亡官兵纪念碑遗址。辖区内如张田村、梅坑龙山公园与小正片区拥有众多的百年老树资源，分布错落有致，形成一道道独特风景线，如张田村的鸳鸯树。

【教育】 2017年，全镇有小学11所，中学1所，中心幼儿园1所，民办幼儿园1所，小正附属幼儿园1所，小学教职工86人，中学教职工62人，幼儿园教工32人，在校小学生638人，在校中学生266人，幼儿园452人。

【计划生育】 扎实开展免费孕前优生健康检查工作，做好计生层级动态管理责任制的落实和流动人口服务管理工作，全面推动全镇计生工作的开展。2017年，全镇总出生382人，其中一孩144人，二孩出生223人，政策生育率97.91%，性别比107.6，常住人口政策生育率97.62‰，死亡率6.43‰，自增率5.97‰。

【党建工作】 深入开展驻点普遍直接联系群众工作，深入贯彻落实十九大精神及习近平总书记系列重要讲话，认真开展“两学一做”教育活动，做好“双示范”创建工作。2017年，梅坑镇共有党支部41个，其中村级党支部22个，其他党支部19个，全镇共有党员1095人。2017年全镇发展党员23人，其中妇女党员6人，占新发展党员的26%。

【镇人大工作】 2017年5月15日省人大常委会主任李玉妹考察梅坑村精准扶贫工作时，将梅坑人大作为省人大的联系点。经过县委、县人大的努力争取，梅坑镇人大被省人大列为全省打造乡镇人大工作示范点的九个乡镇之一。一年来，镇人大以建设全省乡镇人大示范点为契机，通过抓“六有”“三化”“两重点”“一组织”“一加强”五个方面工作，力争人大工作走在全省前列，为乡镇人大工作出经验、树标杆。

【成立中共新丰县梅坑镇委农村党校】 梅坑镇高度重视党员教育发展工作，2017年在全县范围内首创镇级农村党校，并列为年度“书记项目”，制定教学目标，完善教学机制，强化教学管理，邀请优秀党员、支部书记及镇领导班子集中授课，每周利用一天晚上对支部书记、党员、预备党员、入党积极分子进行十九大精神、党章党规等政策的培训，将考核优秀的党员列为村干部后备人选，考核优秀的入党积极分子作为党员优先发展对象，缓解村级党员干部队伍后备力量薄弱问题。截至2017年12月，镇农村党校共举办5期培训班，培训220人次。

【青苗工程】 2017年完成村（居）“两委”换届选举后，选拔60名村级后备干部，对后备干部的基本情况、专业特长、教育培训、现实表现、考察评议等情况进行登记造册，建立跟踪式个人档案并归类。建立后备干部微信群，积极推送中共十九大等学习资料，11月，镇党委组织60名后备干部进行专题培训，进一步提升后备干部素质，营造浓厚的学习氛围。

（陈洪检　李海龙）

附：2017年梅坑镇领导班子成员名单

党委书记：陈雄章
人大主席：谭青天
党委副书记：王春家（任至5月）
郑国荣（5月起任）
陈良加（任至9月）
潘晋锋（2月起任）
李小扬（9月起任）
党委委员：陈传宋
李国锋（任至2月）
赖罗明
潘蓓阳
余春凤
王水坤（任至8月）
潘晋锋（任至2月）
陈汝婷（3月起任）
潘　浩（8月起任）
陈　亮（8月起任）
镇　长：王春家
郑国荣（5月起任）
副镇长：李国锋（任至2月）
赖罗明
陈芳新（任至8月）
人大副主席：罗艺林（9月起任）

表 8 **梅坑镇 2017 年主要社会经济指标**

指标	单位	数量	指标	单位	数量
工业总产值	万元	73045.902	幼儿园	所	3
固定资产投资	万元	7160	小学	所	11
财政收入	万元	1666.9	中学	所	1
粮食面积	亩	18095	幼儿园在校人数	人	452
粮食总产量	吨	6146	中小学在职教职工	人	148
生猪存栏量	头	5234	中小学在校生	人	904

表 9 **梅坑镇 2017 年村（居）委会基本情况**

序号	村（居）委会	村民小组（个）	总户数（户）	总人数（人）
1	梅西	15	561	1910
2	梅南	11	367	1189
3	梅坑	20	714	2260
4	梅中	5	273	846
5	梅东	15	451	1489
6	张田	22	832	2693
7	大岭	23	689	2152
8	利坑	15	406	1361
9	徐坑	6	201	637
10	清水	8	276	877
11	华溪	5	226	813
12	黄柏	5	204	685
13	禾溪	8	281	935
14	新正	8	278	995
15	小正	11	265	932
16	司前	7	292	924
17	茶坑	9	207	698
18	长江	19	854	2792
19	长坪	18	528	1730

续表 9

序号	村（居）委会	村民小组（个）	总户数（户）	总人数（人）
20	新坪	16	601	1906
21	小正居委	—	175	218
22	梅坑居委	—	638	793

沙田镇

【概况】 沙田镇位于新丰县境西部，东邻梅坑镇，南毗从化市，西连遥田、英德，北接回龙、翁源、韶关，镇政府驻沙田社区，距县城42公里。沙田镇交通以陆路为主，省道347线、X262线，新遥公路、叶东公路贯通全镇，全镇村村通公路，各村公路都实现硬底化，交通便利。全镇实现了村村通电、通邮、通电话、通广播电视，手机信号覆盖全镇，农村基础设施日臻完善。

沙田镇辖区总面积242.2平方公里，其中山地面积192.78平方公里，耕地32746公顷。林地面积20326公顷，森林覆盖率84.17%。2017年辖17个行政村，1个居民社区。年末户籍人口24547人，农业人口23399人，外来人口137人。全镇经济发展以农业生产为主，农民多以种植水稻、反季节蔬菜为主要经济来源。近年，镇政府大力推进特色农业发展，努力培育发展特色经济，引导农民种植凉粉草、马蹄、霸王花、火龙果、砂糖橘、牛大力等经济效益高的农作物，有效增加农民收入。

沙田镇有丰富的水力资源和矿产资源，水力蕴藏量为0.8万千瓦，可开发量为0.73千瓦；矿产资源主要有瓷土、稀土等；咸水村境内有热水出露，水温在45℃，出水量约1000立方米/小时。

【农业和农村工作】 2017年，沙田镇发挥本地气候、水土优势和作用，以百香果、砂糖橘、马蹄、霸王花、牛大力、大棚蔬菜等生产基地为中心向四周辐射发展，各类种植面积（含复种）已达4300多亩，形成一定规模化、产业化，带动全镇的农业产业结构调整。重点打造以百香果为特色农作物，大力发展百香果种植产业，百香果种植示范基地已示范种植约1000亩，投入资金约720万元，于10月2日成功举办百香果采摘节；百香果基地游客服务中心已建成并投入使用，投入资金约80万元；生态养殖示范园投入资金约500万元，已进入设施设备试运营阶段，筹备引进种猪。

【基础设施建设】 积极推进华润风电项目建设，实现重点项目“零”突破，截至2017年12月，升压站主体工程施工完成，风场道路施工31公里，风机基础浇筑完成20个，风机叶片72片已全部进场完毕，集电线路施工21个基础已全部完成，完成风机吊装19个，已启用发电。中能风电项目土地征收工作，该项目已经进入宣传动员筹备阶段，待与业主对接，洽谈后将推进交通路网建设，积极配合交通局、地方公路管理局以及公路发展总公司等部门推进公路、桥梁建设。

X262线沙田段已全线贯通并全面通车，为沙田融入珠三角奠定良好基础；政府门前桥梁建成并投入使用，大大改善群众出行环境；叶屋大桥重建工作征地已完毕，已进场施工；乌石桥已建成，待上级部门验收后可投入使用。此外，还积极争取上级交通部门的支持，对境内连接X851县道与X362县道的X262县道部分路段进行重修，预计2018年进场施工。

【综治维稳】 沙田镇大力抓好“平安新丰”创建工作，切实抓好综治信访维稳和政法工作，按上级要求部署，圆满完成十九大特别防护期的综治信访维稳工作，其间实现到市、省、京零上访。2017年，沙田镇综治信访维稳中心共受理群众来信来访73宗126人次，其中来访44批96人次，办结42宗，办结率95%；受理上级转办来信32件（其中来信3件、县转信访件26件）办结30起，办结率94%。领导包案信访件3宗，其中县领导包案1宗，镇党政主要领导包案2宗，针对领导包案信访件做到一人一策一专班一方案，均建立了资料台账，明确镇包案领导，成立由镇领导班子成员带头、驻村工作组长和村干部参与的化解工作专班。同时，不断深化平安建设工作，通过悬挂横幅、印制宣传手册、张贴标语、到村居巡回播放平安宣传广播等方式全方位营造浓厚氛围，2017年共建成县级平安村15个，平安家庭4个。

【基层工作】　严格按照县委“三个导向”要求，健全党组织建设制度。发现、培养和使用干部，扎实做好村、社区换届选举工作，认真分析研判，确保换届平稳，于6月5—20日已全面完成18个村（居）换届选举工作，推选出支委成员54人，其中新进支委成员16人，交叉任职46人，主任任支书13人，选出小组长184人，村民代表396人，充实基层干部队伍建设，完善基层干部激励保障机制。扎实开展驻点直联工作，推动落实乡镇领导干部驻点普遍直接联系群众制度，力促“直联”工作长期化、常态化、制度化。扎实推进“两学一做”常态化、制度化，狠抓落实基层党建工作，下铺村成功召开基层党建示范点和新农村示范点“双示范”创建工作现场推进会，积极探索“党建+”模式，全面打响“云髻红枫”党建工作品牌。完善干部考核机制，充分吸取练溪托管中心事件教训，严格执行“四项制度”（考勤制度、五天四夜制度、请假销假制度、督导通报机制和驻点直联制度）。

【城乡合作医疗和社会保障】
社会保障体系更加完善。养老、医疗、工伤、生育保险等社会保障机制不断完善，扎实推进社会保险扩面征缴工作，全镇城乡居民基本医疗保险参保人数为19759人，完成率92.22%，城乡居民养老保险参保人数为8954人，完成率98.83%；积极落实惠民政策，开展养照护项目，为老年人进行健康体检，开展健康讲座，完成了重点村育龄妇女两癌筛查摸底、留守儿童情况统计及健康教育、健康快车项目白内障病人复明初筛等任务；积极落实各项就业政策，健全培训就业、创业带动的就业服务体系，做好城镇就业困难人员、大中专毕业生等群体就业再就业工作，2017年召开2场贫困人员专场招聘会，共有13间企业为贫困人员提供58个就业岗位，有效解决贫困人员就业难问题。

【新农村建设】　根据县委、县政府工作要求，沙田镇积极开展“三清理、三拆除、三整治”活动，加强村容村貌整治，加快推进新农村示范村建设工作，沙田镇主要有几点做法：加强领导。成立以镇委书记为组长的工作领导小组，制定社会主义新农村建设工作方案，定期召开班子会专门研究；高起点

督查沙田镇天中村社会主义新农村建设工作（潘俊才　摄）

规划。沙田镇的社会主义新农村建设工作，是在“美丽乡村+乡村旅游”的大背景下推动，以打造乡村旅游景点的标准来推动此项工作；充分发挥村的主体作用，调动群众的积极性。在全镇发出“美丽一日捐”倡议书，号召各部门干部职工、各村（居）干部和全体党员携起手来，筹资建立沙田镇创建美丽乡村暨卫生保洁基金，通过抛砖引玉，以小钱撬动大资金，发动和组织社会各界广泛参与；以点带线，以线促面。沙田镇的总体分布是“Y”字形，在每条线路选取一个村作为突破点，结合“天龙长福”旅游线路的打造重点推进。

【人口和计划生育】 2017年，沙田镇户籍人口25750人，已婚育龄妇女4514人，出生362人，其中男孩187人，女孩175人；一孩128人，二孩206人，三孩以上28人，出生性别比106.86，出生率14.03‰，自然增长率7.02‰，政策内生育率96.13%，政策外多孩率2.76%。

【文化】 2017年，沙田镇有文化站1个，配有分管领导1名，配有专职文化工作人员1名；广播站1个，配有专职工作人员2名；实现全部村有服务中心，为群众办事提供了便利，提高了办事效率。（陈嘉源）

附：2017年沙田镇党政领导班子成员名单

书记：陈雪东
党委副书记、镇长：谢罗生
人大主席：罗志华
党委副书记：员　飞
　　曹志强（任至8月）
　　潘如彬（9月起任）
党委委员：江友苗
　　钟新华
　　郭新韶
　　陈光汉（任至3月）
　　潘英才（3月起任）
　　江育辉（3月起任）
党委委员、副镇长：潘英骤
　　许坤明

表10　**沙田镇2017年主要社会经济指标**

指标	单位	数量		指标	单位	数量	
		2016	2017			2016	2017
农林牧渔及服务业总产值	万元	24227	25562	粮食总产量	吨	10655	11971
工业总产值	万元	33331	26521	生猪存栏量	头	6012	6173
固定资产投资	万元	4000	4100	中学	所	1	1
招商引资实际投入	万元	1500	4000	小学	所	1	1
财政收入	万元	1078	1441	中小学在校生	人	1293	910
农民人均纯收入	元	11827	12336	中小学在职教师	人	87	91

表11　**沙田镇2017年村（居）委会基本情况**

序号	村（居委会）	村民小组（个）	总户数（户）	总人口（人）	集体经济收入（万元）
1	天中村	14	479	1687	25
2	缠良村	13	467	1696	20
3	善塘村	9	712	2568	15
4	白楼村	4	160	598	22

续表 11

序号	村（居委会）	村民小组（个）	总户数（户）	总人口（人）	集体经济收入（万元）
5	咸水村	7	284	1028	30
6	龙潭村	4	209	716	51
7	阳福村	9	371	1278	19
8	长引村	9	342	1219	43
9	金青村	8	300	1214	93
10	河洞村	11	258	858	23
11	长春村	7	228	749	7
12	排岭村	9	238	744	12
13	羊石村	16	379	1291	13
14	乌石村	11	642	2282	42
15	新岭村	7	332	1131	14
16	下埔村	18	597	2054	56
17	叶屋村	21	627	2286	20
18	社区居委	—	654	1148	22

遥田镇

【概况】 2017 年，遥田镇辖 1 个社区和 19 个行政村，全镇总户籍 9997 户，总人口 38080 人，其中农业人口 29871 人。全镇实现农业总产值 3.5 亿元，同比增长 9%；地方财政总收入 1431.63 万元，同比增长 28.7%；农民人均收入 12306 元，同比增长 7%。

【扶贫开发】 2017 年，严格落实精准扶贫工作规程要求和帮扶责任，实施产业帮扶及就业帮扶，做好贫困户项目增收。通过“以奖代补”形式，鼓励有劳力的贫困户发展种养及外出务工。采取“村统筹，户合作”等方式发展冬种油菜项目。2017 年有劳力贫困户奖补资金已全面发放，贫困户脱贫资金使用率达 95% 以上，完成 2017 年脱贫任务 355 人。

【农业农村工作】 2017 年，遥田镇适时引导产业转型。针对砂糖橘主导品种已进入高风险期状况，积极引导和鼓励发展新的产业品种，在金山村试种罗汉果，新群村试种柠檬、猕猴桃，规模化发展极具潜力。继续培育农民专业合作社和家庭农场发展。增强农业互助、信息互通、风险共担作用。抓良种良法种养。2017 年优质水稻、优质蔬菜、地膜花生面积分别达到 3.1 万亩、1.5 万亩、0.55 万亩，在稳定粮食生产的同时，增加经济效益。抓动物检疫防疫，保障养殖业健康发展。开展春秋两季动物防疫，密度达 100%，全年未发生一起畜禽疫情。抓劳动力转移和农技应用培训。全年劳务输出达 1.35 万人次，收入达 2.8 亿元。参加省、市、县和自办各类劳动力技能培训和创业培训 20 多期 3500 多人次。抓绿色生态建设。完成造林及树林抚育任务分别为 1430 亩、6002 亩，乡村绿化美化景观林 650 亩，加强了森林防火、林政管理、林业开发工作，森林质量、生态功能和经济效益进一步提高。扎实推进农村土地确权工作。现已全面完成二轮审核公示工作，目前加紧与农户签订合同，力争在上级要求时限完成颁证工作。

【招商引资】 2017年，遥田镇推进丹桂山旅游综合开发建设。县政府及相关部门已出台竹林寺建设概念性规划图和划定征地红线。制定征地工作方案，抽调人员成立征地工作组，第一阶段征地任务基本完成。

【镇村建设】 加快X852线重点项目建设。完成清表13公里、土石方25万方，建成小桥6座、中桥1座、涵洞45道，完成防护排水工程约8000方，累计完成总投资6030万元。抓城镇公路交通等改造建设，不断优化发展环境。墟镇改造提升。在2016年完成全面亮化的基础上，打造光明街、群众一、二街商业步行街；完成了光明街、群众一、二街、新建二街下水道建设，墟镇排污系统进一步完善；新建文化广场舞台并投入使用。乡村道路建设。大埔下卢至丹桂山竹林寺旅游公路改造得到县立项安排；努力协调申报观昌凹至桃源公路改造项目。抓水利设施建设。全面完成中小河流整治总长66公里，其中河堤建设33.5公里。继续完善农田水利设施建设，维修陂头、水圳工程8宗。大力实施基础设施建设，镇村面貌不断改善。

【城乡居民医疗养老保险】 2017年，遥田镇关注弱势群体，重新核查核实低保、五保户户数及残疾人“二项补贴”人数，做到应保尽保，全年共发放社会保障、救助资金600多万元；全面完成城乡医保、养老保险工作任务，共核报及减免医疗费用200多万元，受益人数达2万多人次，完成最急需农房改造任务107户。

【教育】 2017年，加大投入完善教育教学基础设施标准化建设和其他软件建设，规范学校管理，坚持“两免一补”政策，小学入学率保持100%，中学入学率达到98%。教育教学环境和条件得到较大改善，中小学教学成绩名列全县前茅。

【医疗卫生】 坚持公共医疗卫生公益性质，不断加强对卫生事业的规划、投入和对食品、药品生产和销售的监管。

【计划生育】 完善计生内部管理制度，努力完成计生各项指标任务，实现计划生育率96.24%，人口出生率控制在12.72‰，自然增长率为7.52‰，达到上级各项指标要求。

【生态建设和保护】 着力抓好绿色生态建设。落实森林防火应急预案，强化林政管理，有序推进林业开发。全年完成造林任务2218亩，森林质量、经济效益和生态功能进一步提高。

【党建工作】 深入学习贯彻中共十九大精神。创建党建示范村、软弱涣散党组织整顿转化等各项工作成效明显。落实普

遥田镇下埔村农村党建示范广场

遍直接联系群众制度，组织党员干部深入基层、深入群众，了解掌握社情民意，为群众排忧解难，谋为民之策，办为民之事，树立党员干部良好形象。

【党风廉政建设】 全面落实党风廉政建设责任制，形成党委统一领导，党政齐抓共管，纪委组织协调，部门各负其责，依靠群众参与的工作格局。严肃财经纪律，落实政务公开，着力抓好领导干部廉洁自律，纠正部门行业不正之风，营造风清气正的干事创业环境。

【信访维稳工作】 综治维稳和信访工作不断加强，全年调处矛盾纠纷成功率98%，群众来信来访办结率100%。十九大期间，遥田镇做到“四不发生”，成功摘除2016—2017年度市社会治安综合治理重点治理镇帽子。“一村（社区）一法律顾问”和“和促会”作用得到有效发挥，社会维稳工作得到市县表扬。全力守护矿产资源，落实领导包点和日巡夜查监控并在全县率先使用无人机巡查，保持了矿山秩序稳定。

（林　旭）

附：2017年遥田镇领导班子成员名单

党委书记：黄剑武
党委副书记：谭文增（2月起任）
潘宝乔
罗益婷
党委委员：谭志明
陈志豪
潘建（2月起任）
李展翅
陈赞挑
赖安定
陈　亮（2月起任）
人大主席：陈文林
镇长：谭文增（2月起任）
副镇长：陈志豪
陈　亮（2月起任）
罗天生

表12　**遥田镇2017年主要社会经济指标**

指标	单位	数量		指标	单位	数量	
		2016	2017			2016	2017
农林牧渔及服务业总产值	万元	50029	54532	生猪存栏量	头	12985	25600
固定资产投资	万元	14000	15000	中学	所	1	1
招商引资实际投入	万元	6800	7200	小学	所	10	10
粮食总产量	吨	14000	14560	中小学在校生	人	2362	2245
财政收入	万元	1111.98	1431.63	中小学在职教师	人	167	164
农民人均纯收入	元	11610	12306	—	—	—	—
水泥公路	公里	6.5	8	—	—	—	—

表13　**遥田镇2017年村（居）委会基本情况**

序号	村（居）委会	村民小组（个）	总户数（户）	总人口（人）	集体经济纯收入（万元）	农民人均纯收入（元）
1	新群	11	243	896	7.2	11761
2	南坑	12	649	2612	4.2	12533
3	左坑	19	651	2704	5.2	12018

续表 13

序号	村（居）委会	村民小组（个）	总户数（户）	总人口（人）	集体经济纯收入（万元）	农民人均纯收入（元）
4	长安	14	268	1133	5.2	12586
5	大马	22	744	2982	7.4	12573
6	高石	9	356	1361	4.2	12073
7	维新	32	865	3612	4.2	12368
8	大埔	25	714	3021	7.2	12054
9	高墩	22	682	2689	7	11996
10	茶江	18	762	3141	7.2	12594
11	茶西	6	227	884	10.2	12572
12	竹岭	7	203	866	9.2	12511
13	石教	7	220	925	10	12593
14	江下	6	369	1372	7.2	12327
15	联丰	10	380	1503	4.3	12253
16	桃源	17	579	2265	7.2	12610
17	旗寮	14	539	1929	5.2	12054
18	半陂	8	383	1424	7.2	12604
19	金山	12	356	1355	7.2	11745
20	居委	—	807	1406	3.8	—

回龙镇

【概况】 回龙镇位于新丰县西北部，是新丰县通往韶关市区的必经之地，素有新丰“西北大门”之称。镇政府驻地回龙村，距县城58公里，距韶关市区100公里，与106国道青塘段相距10公里。省道347线横贯境内，向北可达韶关、长沙、武汉，向南两小时可到达广州市区。全镇17个行政村实现了公路硬底化，电话、用电、有线电视实现村村通，无线通信网络覆盖全镇。

2017年，回龙镇政府公务员、工勤人员编制40名，实际配备34人；事业编制21名，实际配备14人。总编制61名，实际配备48人（其中在岗人员45人）。政府内设党政办、社会事务办、经济办、计生办、综治办、农业办6个职能部门。镇直17个机关单位：中心小学、供销、地税、国税、工商、卫生院、林业、信用社、供电所、交管站、中学、电信、邮政、畜牧站、八一电站、交警中队、金水水库；镇政府下辖17个行政村，1个居委会。回龙镇辖区总面积193平方公里，2017年有耕地面积1418.56公顷、林地面积202423.5亩，墟镇建成区面积3.25平方公里。年末户籍人口22682人，农业人口19050

人。粮食总产量8327吨；农民人均纯收入12521元。

【历史沿革】 回龙镇在明朝前属翁源县宜阳乡辖地，古称伏龙山，明隆庆三年（1569年）划归长宁县（新丰县管辖）。该镇属地在明清时属甘棠都的小溪约，在民国时期属五区，中华人民共和国成立后，属第三区，1952年8月，从第三区划出属第五区，1956年属沙田区，1957年成立回龙区，1958年撤区改乡时属回龙乡，后改为回龙公社、回龙区、回龙镇。1986年11月，撤区设镇，镇政府驻地回龙村。

【自然资源】 回龙镇水力资源和矿产资源丰富。有大小河流43条，水利资源理论蕴藏量1.47万千瓦。在矿产方面，主要矿产有铁矿、水泥石灰岩，铁矿储藏量25.5万吨，稀土储藏量9.7万吨，石灰石储藏量13518万吨，瓷土的储藏量也非常丰富。

【旅游资源】 回龙镇是个革命老区镇，有丰富的天然旅游资源和旅游待开发景点：新村有石灰岩溶洞燕子岩、枫叶林；松山温泉，属于硫磺泉水；回龙水库及周围的自然森林区；位于许屋村与松山村交界的大尖山谷；建于1941年的陆军六十三军抗日阵亡将军公墓等。

【地方特产】 主要农业产品有水稻、地膜花生、黄豆、甘蔗、马蹄、慈姑、砂糖橘。特产有灵芝、龙眼、黄皮、松山米酒、酸水豆腐等，特色小吃有油炸糍、艾糍等，深受广大群众欢迎，其中回龙灵芝和由松山天然无污染的山泉水酿造的松山米酒，远近驰名。

2017年10月7日，市委副书记、县委书记陈波在回龙镇调研新农村建设

【重点项目建设】 近年来，回龙镇充分依托并发挥区位优势和资源优势，抢抓机遇，强化服务项目建设，努力打造成工业重镇，初步形成以稀土分离、陶瓷加工、水泥生产三个产业集群为主的工业发展模式。2017年，进一步夯实工业园基础设施建设，年处理稀土精矿7000吨的中色南方稀土（新丰）分离厂项目主体工程建设基本完成，稀土采矿证正在申办；全力开展韶新高速公路回龙段建设，临时用地基本完成，中铁四局六分部指挥部驻地和搅拌场也在紧张建设中，红线内松山隧道进口征地工作已开展；佛山美瑛公司新型人造石英石建材生产项目落户回龙镇投资建设，项目规划用地面积约70亩，项目总投资约1.6亿元，预计可实现年产值约6亿元，提供300个就业岗位；华润风电项目输入输出线路建设基本完工，风塔建设在进行中，进展顺利。

【“三农”工作】 大力优化农业产业结构，指导引进优良品种和高效优质品种，培育发展农业龙头企业和农民专业合作组织，2017年，灵芝、地膜花生、砂糖橘、马蹄等特色产业兴旺。积极进行农业科学技术推广和服务工作。共举办6场次农技培训班，发放农科资料1000多份，技术人员每月多次进村入户现场指导，有效解决农户遇到的种植技术问题。坚持“多予、少取、放活”的方针，抓好粮食生产，做好种粮补贴申报工作，及时统计上报，确保农民拿到应有的补贴。2017年，农作物总播种面积50144亩（含复种），总产量34782吨。其中粮食作物20672亩，产量8327吨；经济作物10615亩，产量1978吨；其他农作物18857亩，产量24477吨。园林水果产量3900吨；茶叶142亩，产量10吨；肉类总产量1011吨，猪肉产量751吨；牛肉产量11吨；羊肉4吨；禽类产量245吨。

【基础设施建设】 2017年，完成17个村金融服务站以及助农取款点建设，农户在村即可享受便捷高效的金融服务；强化农业基础设施建设，做好农田水利建设工作。涉及4个村，来石、官坪、楼下、丘姚村的农村综合开发项目已动工建设；村村通自来水工程已申报成功，现正办理相关手续；小型水利重点县建设项目已完成建设待验收；小型灌区改造工程已完成待验收；加强墟镇污水的净化整治工作，加强饮用水源的保护，抓好污水处理厂招商引资工作；结合人居环境整治工作，对墟镇、村庄脏、乱、差进行整治，规划摆卖和规范管理，农村生活垃圾治理全面展开，环境进一步得到优化。

【教育】 积极落实县“创建现代化教育”方案，补齐教育短板；全面落实闲置校舍移交地方管理方案。经过科学布局调整，全镇有初级中学1所，完小4所，教学点10个，公立幼儿园1所，民办幼儿园1所，成人文化技术学校1所。全镇有中小学教职工173人，其中中学教职工51人，小学教职工122人。初中学生671人，小学生1588人，幼儿园教职工35人，在园幼儿737人。目前中小学共有电脑室4间，电脑100多台，建立了校园网，教学平台69个，生均图书达到30册以上，中小学体育卫生基本条件和艺术教育基本达标率均达到100%。小学适龄儿童入学率100%，年辍学率均为0；初中学生毛入学率为100%，年辍学率分别为0.24%。2017年，回龙中学初三学生考取新丰一中100人，考取省、市重点高中1人，普高升学率为99.2%。开展新丰县原民办代课教师身份和工作年限认定工作。全镇已收到原代课老师的身份和年限认定申请238份，通过镇审核的有235份，按照工作要求，已提交至县认定工作小组，切实解决镇民办和代课老师的身份问题。

【文化】 重大节日组织群众开展多种形式的文化活动，丰富群众的文化生活。2017年先后开展了群众性的篮球比赛，象棋比赛，县送戏、送电影下乡等文化活动。管好各村农家书屋，方便群众借阅。认真做好2017年党报、党刊的征订工作。配合党和政府的中心工作，开展征兵、国土资源保护、护林防火、环境保护等宣传。抓好非物质文化遗产——民间鲤鱼舞传承工作。协助回龙中学出版《可爱的回龙，我的家》乡土教材，开设乡土文化课程；并在回龙中学打造文化教育基地。

【医疗卫生】 2017年，回龙镇卫生院共接诊病人46256人次数，住院病人946人次，医疗业务总收入2441786元，完成纯利收入571747元，占全年任务的107.1%。重点加强H7N9禽流感、流感、登革热、手足口病、流行性腮腺炎等传染病的防控工作；大力推进居民健康档案建设，全镇总人数17621人，电子录入为13523人，录入率为76.7%；全镇共有精神病患者120人，建立健康档案规范管理患者为73人，规范管理率为60.8%；开展老年人健康管理服务项目，共登记常住65岁及以上老年人1490人，电子录入为1271人，管理率85.3%；全镇0—6岁儿童1536人，实行系统管理1505人，系统管理率97.9%，电子录入1294人，录入率84.2%；规划好中医馆的规范化建设，全年共为1271名65岁以上老年人，655名0—3岁儿童开展了中医药健康管理服务。镇域公共卫生服务体系已形成，全年开展了家庭医生式服务、65周岁以上老人免费体检、出生缺陷防控等一系列活动，有效控制了突发公共卫生事件发生。

【精神文明】 回龙镇在坚持以

经济建设为中心的同时，大力发展文化建设，满足人民群众精神生活需要。18个村（居）都建有篮球场、农家书屋、文化室、户户通设备，有效延伸文化阵地触角。积极开展鲤鱼舞非物质文化遗产保护和传承，与县文化馆合作申报省级非物质文化遗产；来石村文化服务中心项目正在建设中。在节庆期间，纸马舞、采茶戏、狮子舞、闹灯节等活动吸引众多人员参与。

【综治维稳】 严格落实领导包案制度，健全镇、村矛盾排查研判和纠纷预防化解机制，积极回应群众合理诉求。2017年度回龙镇领导包案有4宗，经过一系列的努力，以信访人签诉息罢访书和签订租房协议的方式，成功化解了2宗信访积案。另外2宗信访积案进入涉法涉诉阶段，有待继续跟进、稳控；镇综治信访维稳中心共接访群众39批，128人次，受理信访件37宗，解决信访件37宗，解决率达到100%。办理省、市、县交（转）办案件13宗，现11宗信访件已按时限办结上报，还有2宗正在办理中，全年没有发生赴省进京上访事件；每月召开一次矛盾纠纷排查分析研判会议，并结合专项排查，2017年度共进行排查16次；创建平安宣传活动，发放宣传单2000张，法制读本500本，全力营造平安创建人人参与的良好社会氛围；积极开展创建平安等一系列活动，2017年开展禁毒、反邪教、防盗、防诈骗等大型宣传活动3次，校园安全教育活动2次，消防演练2次；扎实推进“中心+信息化+网格化”工作。共划分了76个网格，配备76个网格员，对网格员进行了3次培训；扎实推进“一村（社区）一法律顾问”工作，群众法治意识明显提升。

【人口与计划生育】 回龙镇完善计生工作制度，加强计生专干培训，进一步强化计生服务能力，接受由省委托市进行的计生工作考核。2017年，全镇人口出生共411人，政策生育率为95.38%，政策外多孩率为2.43%。出生人口政策符合率、政策外多孩率均控制在年度人口和计划生育工作目标计划之内。全镇出生性别比为107.58:100，出生人口性别比保持正常水平。

【城乡基本医疗保险和城乡养老保险】 2017年，回龙镇城乡医保参保人数为19397人，任务数为16328人，完成率118.8%，位列全县第一；新农保参保及领取待遇总人数6868人，任务数7073人，完成任务率97.1%。此外，农村五保、低保对象、其他社会弱势群体得到更好的关爱和救助，全镇社会保障体系更加健全。扎实开展城乡困难群众救助工作，对53名困难群众发放临时生活救助金，共付金额225766元，医疗救助57人，金额166210元，发放棉被棉衣、大米等物资一批，没有出现因冻、因饿受灾情况，真正有效解决了困难群众的临时生活困难及医疗困难。

【民生和社会各项事业】 积极推进农村最低生活保障制度，全镇218户503人农村特困群众纳入了最低生活保障对象；落实残疾人相关补助、器具发放工作，2017年，373名残疾人发放了重度残疾人护理费340200元；发放贫困残疾人生活费220800元；为贫困残疾人修补危房4套，每户6000元共24000元，9月份，残联在上级部门的关心下为肢体残疾人发放轮椅7部。2017年共有五保户90人，其中敬老院13人，分散供养77人。日常深入了解五保户生活情况，根据实际情况定期发放大米、棉被和花生油，解决生活上的困难；定期对敬老院进行检查，完善管理制度，改善院内环境卫生、安全等，培训消防知识，确保敬老院老人人身财产安全；大力培训贫困户劳动力，掌握劳动技能提升劳务开发水平，2017年，城乡新增就业153人，城镇失业人员再就业135人，就业困难人员实现就业20人，全年在镇墟范围举行招聘会2场，进场企业10多家，提供岗位上百个，派发宣传资料几百份，达成就业意向7人。积极发展妇女、儿童、关工委、老龄和残疾人事业，加快以改善民生为重点的社会建设，促进社会各项事业均衡发展。

【精准扶贫】 通过进村入户，深入走访了321户农户，深入掌握各贫困家庭的人口构成、住房、教育、医疗、务工、收入等综合性信息，其中有劳动力175户605人，无劳动力146户213人，残疾人数101人，贫困户住房改造74户，在校142人。2016年脱贫178户315人，2017年脱贫81户297人。同时，结合各村、各贫困户实际制订三年帮扶计划和年度规划，做到一村一策、一户一策。已完成贫困户子女就读学生申请生活补助154人，帮助321户818人购买城乡居民基本医疗保险。根据贫困户的意愿，咨询引导选择合适的帮扶项目，带动贫困户增收脱贫。入股来石村养牛合作社10.8万元，入股新丰县惠旺蔬菜专业合作社102.6万元，入股新丰县古塘种养专业合作社120.2万元。

【党建】 结合村（居）换届推进驻点直联工作。在村（居）换届期间，全镇领导干部积极行动，各驻点团队坚持到村入户深入开展驻点普遍直接联系群众工作。截至2017年12月初，回龙镇干部驻点普遍直接联系群众5859户，入户率达到87%，帮助群众解决疑难问题161个，切实处理好联系群众的“最后一公里”问题；积极推进整顿软弱涣散党组织。通过调研排查，确定新村村为软弱涣散农村党组织，针对基层治理问题比较突出，信访矛盾纠纷较为集中的问题进行重点整顿。通过村级换届，挂扶单位以及镇党委的努力，村“两委”班子战斗力得到加强，群众满意度提高，各项整顿转化工作有序推进；推进“两学一做”学习教育活动。自7月份开展考学工作以来，目前全部共738名党员干部与积极分子都完成了网上考学并取得了优秀的成绩；落实“三会一课”制度，回龙镇党委严格按照“三会一课”制度，在各党支部成立了“三会一课”工作领导小组，同时要求各支部在召开支部党员大会、支部委员会、党小组会、上党课时做好相关记录；认真做好党员管理工作。做好发展党员工作，2017年回龙镇转正党员18名，计划新发展党员18名，并择优培养多名积极分子；开展党员基本情况采集工作，经过对全镇各党（总）支部的党员组织关系进行一次全面的梳理排查，核实党员身份、入党时间、转正时间以及家庭住址等信息，进一步完善党员管理系统；做好党费收缴工作，按照相关要求落实党费收缴工作，专人管理，目前共收缴党费50352元，收到党员互助金10352元；认真做好困难老党员的统计、表彰、慰问等工作，提高党员的积极性与凝聚力。

（李文芳）

附：2017年回龙镇党政领导班子成员名单

党委书记：徐建平
党委副书记：徐建平（任至2月）
冯艳超
周文学
曾国昌（2月起任）
党委委员：张宏文
郑得意（任至8月）
余力军
江峥嵘
曾国昌（任至2月）
邓秀兰（任至8月）
张帮意
廖玉和（2月起任）
陈景嘉（8月起任）
人大主席：许海洋
镇　长：徐建平（任至2月）
周文学（3月起任）
副镇长：曾国昌（任至2月）
张宏文（3月起任）
张帮意
叶友练

表14

回龙镇2017年主要社会经济指标

指标	单位	数量		指标	单位	数量	
		2016	2017			2016	2017
农林牧渔及服务业总产值	万元	19788	21371	生猪存栏量	头	5501	5641

续表 14

指标	单位	数量		指标	单位	数量	
		2016	2017			2016	2017
工业总产值	万元	223929	224308	中学	所	1	1
固定资产投资	万元	11810	9360	小学	所	14	14
财政收入	万元	1138	1456	中小学在校生	人	2211	2259
农民人均纯收入	元	11982	12521	中小学在职教师	人	149	173
粮食总产量	吨	8489	8327	水泥公路	公里	16	2.5

表 15 **回龙镇 2017 年村（居）委会基本情况**

序号	村（居委会）	村民小组（个）	总户数（户）	总人口（人）	集体经济纯收入（万元）	农民人均纯收入（元）
1	回龙	5	370	1346	3.5	12521
2	正子	5	282	1110	7	12536
3	井塘	10	228	962	10.4	12524
4	古塘	6	383	1540	5	12520
5	合子	3	104	380	9	12523
6	新村	17	460	1883	28	12517
7	塘村	11	340	1426	5	12517
8	丘姚	7	192	739	9	12520
9	楼下	7	298	1152	5	12525
10	官坪	9	509	2077	7	12515
11	来石	7	614	2585	7	12502
12	鸡岭	10	262	1008	9	12509
13	良洞	6	280	1140	7	11520
14	锁洞	4	170	634	10	12515
15	甫昌	8	276	1136	8.5	12533
16	许屋	4	151	568	7	12045
17	松山	5	198	710	10	12529
18	居委	—	1108	2286	—	—

黄磜镇

【概况】　黄磜镇位于新丰县北部，东与马头镇和连平县隆街、崧岭两镇相邻，西北与翁源县龙仙、周陂两镇交界，南与丰城街道和梅坑镇接壤，距离县城23公里。2017年辖区总面积247.3平方公里，辖13个行政村和1个社区。2017年末总人口19195人，农业人口18484人。据初步测算，2017年黄磜镇完成地区生产总值7.58亿元，其中农业总产值1.75亿元，工业总产值5.83亿元。镇财政收入1158.5万元，比上年增加了17.03%。农村人均纯收入12139元。耕地面积15024亩，粮食播种面积11083亩，粮食产量4564吨。林地面积33万亩，森林覆盖率79.03%。主要经济来源有：种植高山茶、高山花卉、佛手瓜、美少女西瓜、油茶、有机蔬菜、番薯，旅游业收入等。全镇有初中1所，小学4所，幼儿园1所，教学点4个，在校学生483人；有文化站1个，广播站1个。全镇参加医疗保险人数16012人，参保率95.50%。土特产有高山茶、佛手瓜、高山花卉、番薯、薯丝、油茶、美少女西瓜等。主要旅游景点有西莲寺、樱花峪、大丰休闲农场。自然资源十分丰富，土地、山林、矿产、水力等资源丰富。

黄磜镇属地在明清时属清贵都的黄茶铺约和磜头约，在民国时期属五区的黄茶乡和梁坝乡，中华人民共和国成立后，属第一区、附城区，1958年撤区改乡时称营盘乡，后改为营盘公社，1963年11月改称黄磜公社，后改称黄磜区、黄磜镇。

黄磜镇属高寒山区镇，地势从东北向西递减，介于青云山脉和九连山脉之间，千米以上高山有十多座，平均海拔560米。年平均气温17℃，年降水量1912.6毫米，夏天气温凉爽，冬天有下雪结冰现象。

黄磜镇境内资源丰富，有独特的气候资源，冬暖夏凉，适于反季节蔬菜、名贵花卉种植、旅游开发等。有铁、铝、钨、煤、锰、石灰石、瓷土、稀土等多种矿产资源。水力资源丰富，资源蕴藏量1.52万千瓦，已建成36座小水电站，装黄磜镇有较好的区位优势和良好的基础设施，国道G220线横贯全境，县道公路有黄磜—磜下公路，往西可通英德、佛冈，往北通翁源、始兴、韶关，往南通县城、龙门、惠州、东莞、深圳等地。全镇实现了村村通公路、通电、通邮、通电话、通广播电视，完成了宽带网建设，手机信号覆盖全镇。

【农业与农村工作】　抓好粮食生产。2017年，黄磜镇粮食播种面积11083亩，产量4564吨，其中水稻播种面积7249亩，总产量2711吨。2017年实现经济总产值75830万元，农业总产值17553万元，工业总产值58277万元，农民人均纯收入12139元。

【精准扶贫】　按照有劳动能力户人均可支配收入达到6883元和无劳动能力人均可支配收入达到4800元的脱贫标准，并实现“八有”要求，黄磜镇2017年共有贫困户63户258人实现预脱贫，超额完成县下达的预脱贫任务数。此外，全镇共有88户贫困户落实发展项目，发放散户种养扶贫发展资金54万元，其中贫困户发展种养项目资金29.4万元，产业奖补23万元，就业奖补17.5万元，完成2017年度精准扶贫精准脱贫各项工作。

【招商引资】　以露营概念为主题的杰荣樱花峪景区，既是广东规模最大、品种最多的樱花观赏地，又是广东第一个以樱花为主题的综合性农业旅游区；“市级农业龙头企业”大丰观光休闲农场，目前已完成投资1500多万元，进一步加快了黄磜镇茶叶产业与观光休闲旅游的融合发展；计划总投资20亿元的源生态岭南红叶世界建设项目，着力打造集旅游观光、休闲度假、娱乐山体运动于一体的综合旅游园区；以佛教文化为脉络，高起点、高质量重新规划西莲山佛寺，引进安徽省九华山观音洞寺庙进行注资扩建，计划投资7500万元，新建大雄宝殿、客堂、斋堂、观音寺等设施；茶峒高山花卉基地建设项目，依靠科技创新，建设面积大、品种多、质量优的高新花卉产业园区，目前已建成投产；预备项目洪栎宝有机农业项目、云峰梅林旅游度假有限公司项目、新丰县青钱柳茶叶项目已完成投资洽谈。

【新农村建设】 黄磜镇雪梅、营盘、下黄、西草、秋峒、茶峒等6个S244线沿线村列入县定人居环境综合整治和社会主义新农村先行试点村，按照“整体推进、示范带动、体现特色”的工作思路，全面落实四个100%（100%完成农村人居环境综合整治规划编制、100%完成三清三拆、100%完成村民理事会、100%完成垃圾清运处理和保洁体系建设县域全覆盖）目标，以连片先行、示范带动全镇13个行政村开展“三清三拆三整治一美化”工作，乡村面貌展现新景象。2017年，共统筹整合综合类资金661万元、项目建设类资金1076万元，发动干部、群众2179余人次，组织行动32次，使用车辆335辆次，清理垃圾1.5万吨，拆除危旧泥砖房、废弃猪牛栏、厕所茅房907间，预计拆旧面积5.6万平方米，已签订协议计划拆旧面积2.5万平方米。

【城乡居民社会养老保险与城乡居民医保】 2017年城乡居民基本养老保险参保人群6851人，参保目标任务完成率98.89%，基本完成上级下达的新增任务。城乡居民基本医疗保险参保工作顺利完成，截至2017年12月21日，黄磜镇参保人数16801人，参保率91.02%。2017年全镇新增就业人数为90人，城镇失业人员再就业人数23人，就业困难人员就业人数17人。2017年劳动纠纷5起，成功调解5起，有效防止了上访、群体性事件的发生。社会保险扩面工作取得一定成效，共有13人新增参保。

黄磜镇营盘村文化长廊

【社会保障】 通过逐村排查、走访、调查等形式，落实农村最低生活保障人数，规范发放资金程序。全年共发放棉被215床，棉衣188套，医治康复白内障7人，开展残疾人技能培训2次，为残疾人创业，养鸡培训3人，发放鸡苗60只，盲人定向行走培训3人，发放生活补贴98人，护理补贴110人。

【教育】 全镇有初级中学1所、小学4所，在校学生483人，适龄入学率达100%。黄磜镇坚持实施“科教兴镇”的发展战略，不断加大教育投入，改善办学条件，加强教师队伍建设，优化资源配置，深化教育教学改革，全面推进素质教育，教育综合实力明显增强。

【医疗卫生】 2017年，黄磜镇有卫生院1间，乡村卫生站14所。加大对医疗卫生工作的管理和卫生设备的投入，加强医院的建设和管理，提高医务人员业务水平，全面推进农村初级卫生保健工作，解决群众看病难、看病贵的问题。

【人口和计划生育】 2017年1月至2017年12月出生264人，计外9人，计生率96.59%，性别比106.25；其中一孩100人，二孩139人，三孩25人；政策外多孩率2.65%。

【生态旅游】 持续推动农业生

态观光旅游项目。2017 年，已建成的樱花峪景点总接待游客 20 万人次，旅游收入达 2000 多万元。另外，茶峒高山茶观光休闲景区已现雏形，结合绿色产品的迅速发展，形成了生态旅游业与特色农业互促互进的良好局面。

2017 年，黄磜镇荣获“全省休闲农业与乡村旅游示范镇”称号，进一步规范全镇“农旅”产业建设，强化带头作用，引领休闲农业与乡村旅游健康发展。突出抓好“规模、市场、品牌”三篇文章，“公司 + 基地 + 农户”生产经营模式不断推广，农村淘宝、丰农电商等互联网营销平台不断完善，农产品流通渠道进一步拓宽，茶叶、油茶、蔬菜、水果等特色农产品知名度不断提升，“农旅”融合发展势态强劲。

【党建工作】 迅速掀起学习宣传贯彻中共十九大精神热潮。将学习宣传贯彻十九大精神作为首要政治任务和最重要的“纲”，制订镇级学习计划，开展集中学习培训 29 次 549 人次、宣讲会 3 场 158 人次，发放学习资料 1000 余本，实现党员学习基本覆盖；开展学习贯彻中共十九大精神党员主题活动日，镇领导班子分别给支部党员讲党课并到营盘村革命烈士纪念碑重温入党誓词。

【作风建设】 贯彻落实全面从严治党要求，严格执行中央“八项规定”实施细则，持之以恒反“四风”；坚持把纪律和规矩挺在前面，严格执行廉洁从政各项规定，认真落实党风廉政建设主体责任制。加强作风建设，以更高标准更严要求持续整治“四风”突出问题。2017 年镇纪委共查处信访件 10 起，立案 4 件，结案 4 件，给予党纪处分 4 名；进行专项作风检查 24 次，受检 106 人次，给予通报批评 5 人次。

【信访维稳】 认真组织开展矛盾隐患排查、调处和化解工作，落实领导包案和定期接访制度，着重在源头化解和落实责任上下功夫，确保了在 2017 年全国“两会”、十九大等特殊防护期实现零越级上访；扎实推进平安黄磜创建工作，强化治安综合防控体系建设，提高见警率管事率，刑事治安警情同比下降 8.75%，群众安全感有效提升；深入开展“七五”普法工作，扎实推进“一村（社区）一法律顾问”工作，健全镇、村矛盾排查研判和纠纷预防化解机制，积极回应群众合理诉求，群众法制意识明显提升。

【矿山整治】 2017 年，黄磜镇加大对矿产资源管理的巡查打击力度，成立安全生产巡查小组，一年来对辖区内矿点进行常规性巡查 90 多次，做到发现情况及时整治和报告上级部门。积极配合县委、县政府开展的矿产资源联合执法行动，联合县公安局、县执法大队、县矿管办等相关部门严厉打击雪峒矿区非法采矿行为 12 次，扣押车辆 7 台、挖掘机 1 台、炮机 1 台，全面压制非采苗头，确保矿山依法依规、安全开采。

（黄磜镇）

附：2017 年黄磜镇领导班子成员名单

党委书记：朱　君
党委副书记：陈小玲
　　廖先发
　　陈锦彬（任至 10 月）
　　潘文华（10 月起任）
委　员：嵇建盛（任至 8 月）
　　廖诗琦（8 月起任）
　　陈文波（2 月起任）
　　罗哲强
　　黄瑶瑶
　　陆琪琪（3 月起任）
　　丘文用
　　张少波
人大主席：陈志新
镇　长：陈小玲（2 月起任）
副镇长：陈文波
　　张少波（2 月起任）
　　李金玲

表 16 **黄磜镇 2017 年主要社会经济指标**

指标	单位	数量		指标	单位	数量	
		2016	2017			2016	2017
农林牧渔及服务业总产值	万元	17553	16784	生猪存栏量	头	3031	3005
工业总产值	万元	58277.1	73516	中学	所	1	1
固定资产投资	万元	25900	20000	小学	所	4	4
招商引资实际投入	万元	1865	6300	中小学在校生	人	483	533
财政收入	万元	1158.5	989.9	中小学在职教师	人	100	105
农民人均纯收入	万元	12730	11648	—	—	—	—
粮食总产量	吨	4564	3570	—	—	—	—

表 17 **黄磜镇 2017 年村（居）委会基本情况**

序号	村（居委会）	村民小组（个）	总户数（户）	总人口（人）	集体经济收入（万元）	农民人均纯收入（元）
1	三坑	9	400	1373	6.1	12192
2	梁坝	12	250	872	9	12307
3	高群	7	228	762	9	12223
4	黄沙坑	7	293	1062	5	12118
5	三岔	9	295	977	7	12142
6	梅溪	6	251	840	8	11890
7	雪梅	10	323	1011	7	11807
8	雪峒	26	989	3376	5	11696
9	营盘	18	550	1886	7	12763
10	下黄	13	350	1218	5	11744
11	西草	14	406	1303	5	11819
12	秋峒	13	438	1604	7	12262
13	茶峒	26	649	2200	5	12842
14	居委	—	445	711	—	—

统计资料

新丰县2017年国民经济和社会发展统计公报

新丰县统计局

2018年3月26日

2017年，在县委、县政府的坚强领导下，紧紧依靠全县人民的共同努力，紧扣“融珠先行”核心任务，适应和引领经济发展新常态，真抓实干，全县经济社会持续健康发展，县域经济呈现出良好的发展态势，为决胜全面小康进一步奠定坚实基础。

一、综合

国民经济较快发展。初步核算，2017年全县地区生产总值89.01亿元，增长7.8%，比去年同期回升0.7个百分点，增速全市排名第3位。其中：第一产业增加值13.12亿元，增长4.5%，对GDP增长的贡献率为8.7%；第二产业增加值40.10亿元，增长6.8%，对GDP增长的贡献率为39.5%；第三产业增加值35.79亿元，增长10.2%，对GDP增长的贡献率为51.8%。三次产业结构为14.7：45.1：40.2，三次产业分别拉动GDP增长0.7、3.1和4.0个百分点。按常住人口计算，人均地区生产总值41113元；民营经济增加值60.81亿元，同比增长6.8%。

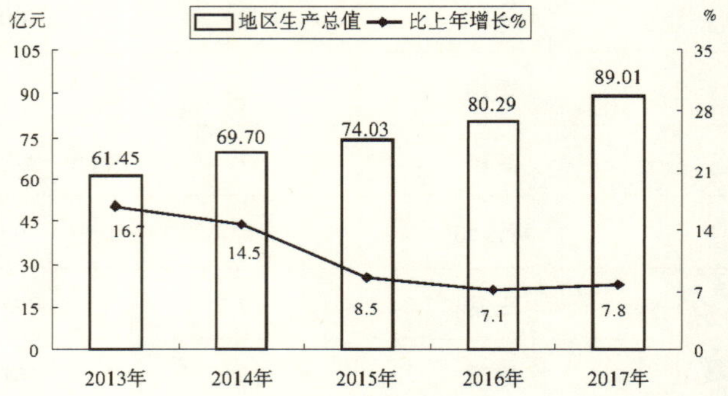

图1　2013—2017年地区生产总值及增长速度

财税增速回升。全年一般公共预算地方本级收入3.30亿元，增长8.7%，增速比去年同期回升22个百分点，其中税收收入2.19亿元，增长8.1%。一般公共预算地方本级支出18.35亿元，增长8.7%，增速比去年同期回升16.5个百分点，其中财政八项支出14.20亿元，增长15.1%。

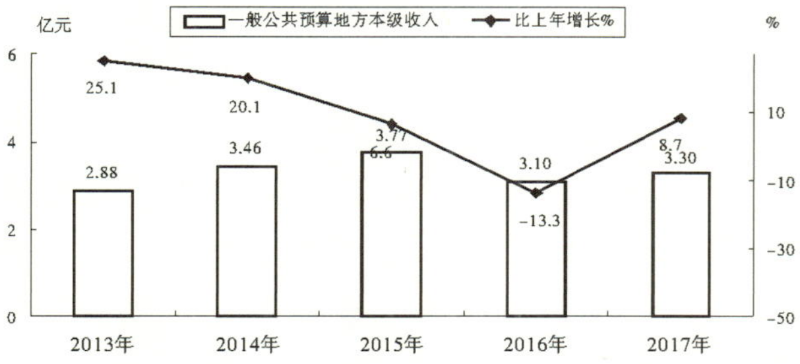

图 2　2013—2017 年一般公共预算地方本级收入及其增长速度

二、农业

农业发展平稳。全年农林牧渔业增加值 13.12 亿元，比上年增长 4.5%。其中：农业增长 4.4%；林业增长 7.9%；畜牧业增长 4.0%；渔业减少 1.7%，农林牧渔服务业增长 6.1%。2017 年全县耕地 16213.3 公顷，园地 1159.7 公顷，林地 165570.8 公顷，草地 2049.9 公顷，设施农业用地 58.3 公顷。

2017 年全县粮食播种面积 18.35 万亩，同比增长 2.2%，粮食产量 5.84 万吨，同比增长 3.5%。2017 年全县甘蔗播种面积 0.34 万亩，与去年持平；全县油料播种面积 6.33 万亩，同比增长 3.1%；全县蔬菜播种面积 18.80 万亩，同比增长 4.2%；全县水果播种面积 10.15 万亩，同比增长 1.5%。

2017 年末农业机械总动力 5.01 万千瓦时，比上年增长 0.4%；农村用电量 10044 万千瓦时，增长 233.2%；化肥施用量（折纯）4918 吨，增长 0.2%。

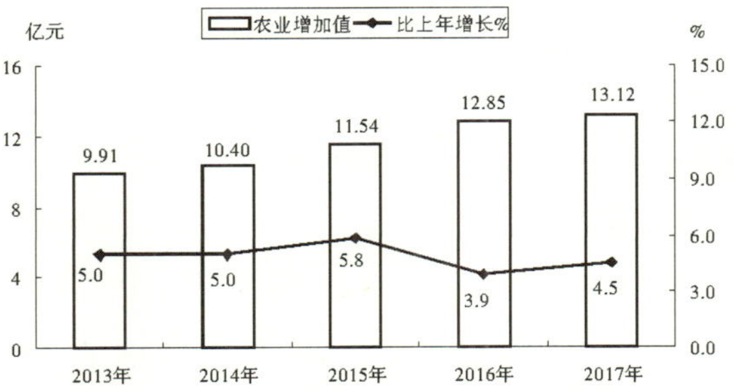

图 3　2013—2017 年农业增加值及其增长速度

表 18　　主要农业产品产量表

农产品名称	计量单位	绝对数	比上年 ±%
粮食	吨	58377	3.5
#稻谷	吨	45649	2.8
蔬菜	吨	247173	4.6
甘蔗	吨	6127	—0.1
花生	吨	6449	4.4
茶叶	吨	507	30.3
大豆	吨	2607	4.0
油料	吨	6962	3.7
水果	吨	42970	4.9
水产品	吨	4338	—4.1
肉类	吨	8050	0.02
#猪肉	吨	5991	—0.05
猪肉出栏量	头	80139	—0.7
猪年末存栏量	头	64320	2.5
牛年末存栏量	头	6449	—60.5
出售和自宰家禽总数	万只	123.65	4.3

三、工业和建筑业

工业生产回暖。2017 年全部工业完成增加值 36.72 亿元，比上年增长 6.6%，工业增加值对全年经济增长的直接贡献率为 35.7%，拉动经济增长 2.8 个百分点。年末规模以上工业企业 67 家，本年新增 1 家，规模以上工业完成增加值 24.37 亿元，同比增长 7.5%，增速全市排名第 4 位。从经济类型看，国有及国有控股企业增加值 2.54 亿元，同比增加 86.8%；集体企业增加值 2.66 亿元，同比下降 10.3%；股份制企业增加值 16.88 亿元，同比增长 6.0%；外商及港澳台企业增加值 0.97 亿元，同比增加 15.2%；其他经济类型企业增加值 1.33 亿元，同比下降 6.7%。规上工业总产值 94.55 亿元，增长 11.2%，民营工业增加值 20.16 亿元，同比增长 3.3%。

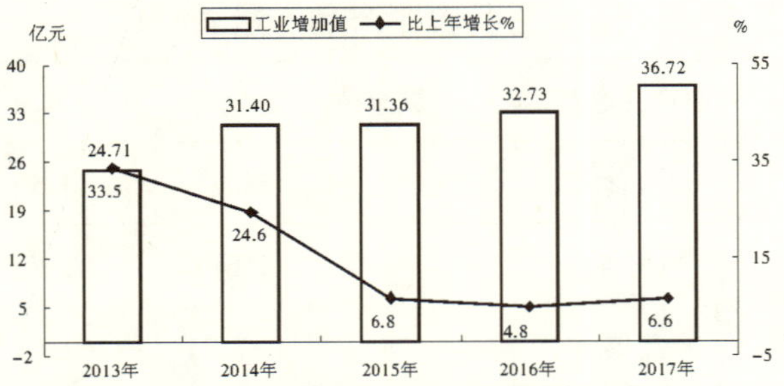

图 4　2013—2017 年工业增加值及其增长速度

表 19　　规模以上工业主要产品产量表

产品名称	计量单位	绝对数	比上年 ±%
发电量	亿千瓦时	3.36	—44.1
水泥	万吨	360.9	13.3
铁矿石原矿量	万吨	34.1	—53.6
涂料	万吨	10.6	40.2
商品混凝土	万立方米	45.8	26.6
瓷质砖	万平方米	1801.4	—6.5
纤维板	万立方米	21.8	17.0

建筑业稳中向前。全县年末资质内建筑企业 8 个，全年实现建筑业增加值 3.38 亿元，同比增长 8.1%。房屋施工面积 100.19 万平方米，增长 36.4%，其中新开工面积 34.03 万平方米，增长 366.2%。房屋竣工面积 13.52 万平方米，增长 104.2%。

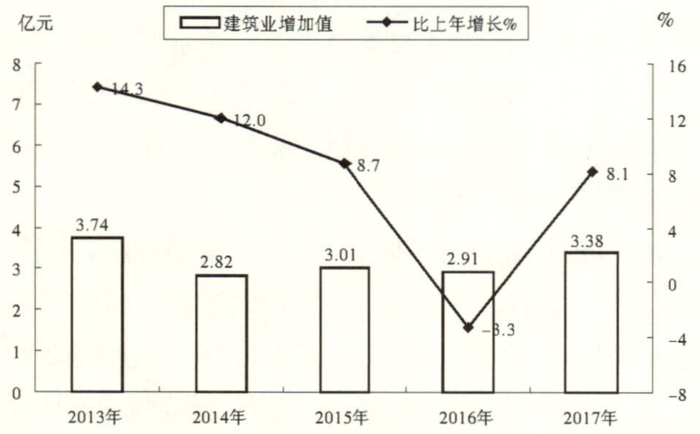

图 5　2013—2017 年建筑业增加值及其增长速度

四、固定资产投资

投资逐渐回暖。全年社会完成固定资产投资 42.73 亿元，增长 13.1%，增速全市排名第 2 位。其中：第一产业完成投资 2.28 亿元，增长 59.4%；第二产业完成投资 8.31 亿元，下降 30.3%；第三产业完成投资 25.63 亿元，增长 40.3%。分类型看：固定资产投资项目完成额 32.97 亿元，下降 2.4%，其中武深高速完成额 3.69 亿元，下降 40.3%，韶新高速完成额 2.83 亿元；房地产开发投资完成额 9.76 亿元，增长 143.7%。分投资主体看：国有及国有控股经济投资 8.83 亿元，增长 25.3%；民营经济投资 23.21 亿元，增长 26.4%；外商及港澳台经济投资 2.47 亿元，增长 50.4%。

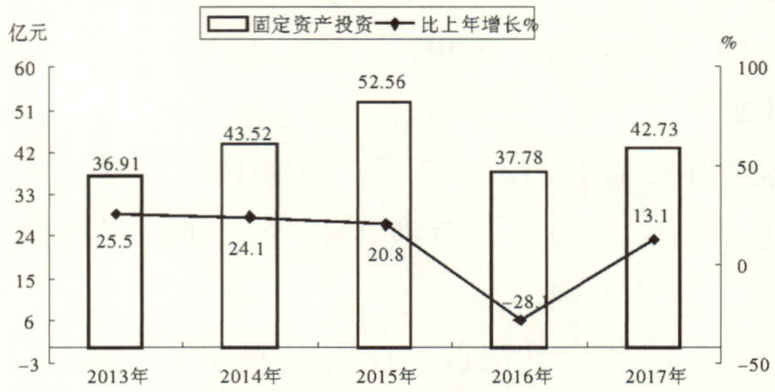

图 6　2013—2017 年固定资产投资及其增长速度

2017 年，全县重点项目完成投资 35.74 亿元（部分项目未统计入库），占年度计划的 89.7%，对比去年同期增长 1.2%。全县 54 个重点项目中，已开工项目 41 个，占 75.9%；统计入库 37 个，占 68.5%。其中市重点项目完成投资 11.3 亿元，占年度计划的 88.97%。

全年商品房销售面积 26.43 万平方米，同比增长 121.4%，其中住宅商品房销售面积 25.84 万平方米，同比增长 120.1%。商品房销售额 11.46 亿元，同比增长 119.0%，其中住宅商品房销售额 10.76 亿元，同比增长 113.5%。

五、贸易和外经

消费市场稳定。全县年末限额以上商贸企业 42 家，全年实现社会消费品零售总额 26.48 亿元，同比增长 9.0%，增速全市排名第 1 位，增速比上月回升 0.3 个百分点，比去年同期回落 4 个百分点。限额以上批发业销售额 10.83 亿元，增长 9.6%；限额以上零售业销售额 2.72 亿元，增长 19.9%；限额以上住宿业营业收入 1.29 亿元，增长 17.5%；限额以上餐饮业营业收入 0.39

亿元，增长20.6%。全年实际利用外资545万美元，同比增长3.4%；完成外贸进出口总额3068.3万美元，同比增长18.1%。

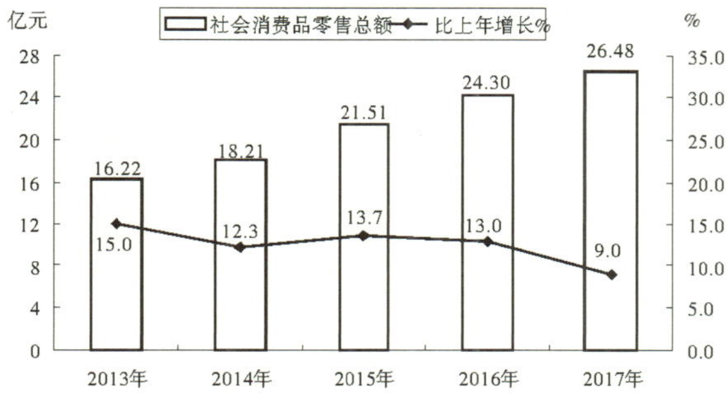

图7 2013—2017年社会消费品零售总额及其增长速度

六、交通、邮电和旅游

2017年交通运输、仓储和邮政业增加值3.60亿元，增长9.6%。全年完成客运量145.66万人次，同比下降15%，客运周转量12089.78万人公里，同比下降24.1%；完成货运量144.57万吨，同比下降6.6%，货运周转量16108.22万吨公里，同比下降12%。

全县民用车辆拥有量50445辆，其中汽车19185辆，包含：载客汽车16011辆、载货汽车2941辆、其他汽车233辆；摩托车31257辆。机动车驾驶员35090人，其中汽车驾驶员28571人。全县现有营运车辆713台，其中客车108台3785座，运行县内线路32条、市内线路3条、跨市线路21条；货车605台7868.54吨。有出租车公司1个，出租车25辆；有驾驶员培训单位1个，教练车84辆。

全县共有客运站场3个，其中二级站1个（县汽车客运站），四级站1个（回龙汽车客运站），五级站1个（马头汽车客运站）；有招呼站4个，其中A类招呼站2个（梅坑站、黄礤站），C类招呼站2个（沙田站、遥田站）；有农村客运候车亭155个，其中A类候车亭143个，B类候车亭12个；全县141个行政村已全部开通了班车客运。

到目前为止，我县公路通车总里程1566.52公里，其中国道57.13公里（1条），省道106.51公里（2条），县道260.27公里（15条），乡道754.71公里（213条），村道349.91公里（340条）。

全县有邮政机构1间，邮政支局7间，全年邮政业务总量2279.15万元，完成业务量函件36.64万件、包件8.33万件、汇票0.15万件、报纸杂志137.18万件。

随着我县交通区位优势不断凸显，旅游业正日渐成为支柱产业，以山水田园、文化历史和乡村民俗的地域环境为依托，总体定位为“山水田园城”，聚焦珠三角城市群旅游市场，规划打造集山水观光、户外运动、文化休闲、农耕体验、旅居度假等功能于一体的综合性生态休闲旅游目的地。7月，我县举办了“2017年全国学生定向锦标赛”，全国有来自北京大学、清华大学、中国地质大学等159所学校202支代表队2600多人到我县进行为期8天的国家级赛事，规模之大，人数众多。赛事是“越野新丰”系列比赛之一，是2017年新丰旅游活动的重头戏，是进一步扩大“越野新丰”旅游品牌吸引力的重要举措，也是此项赛事首次选在县级城市举办，我县历年来举办过的规模最大、项目最多、时间最长的户外体育盛事，推动我县“旅游+教育+体育”融合发展。

七、金融和保险业

金融稳定增长。年末金融机构各项存款余额84.66亿元，增长10.1%；其中城乡居民储蓄存款56.77亿元，增长9.9%；年末金融机构各项贷款余额44.08亿元，增长7.0%；其中短期流动资金贷款7.43亿元，增长30.3%。

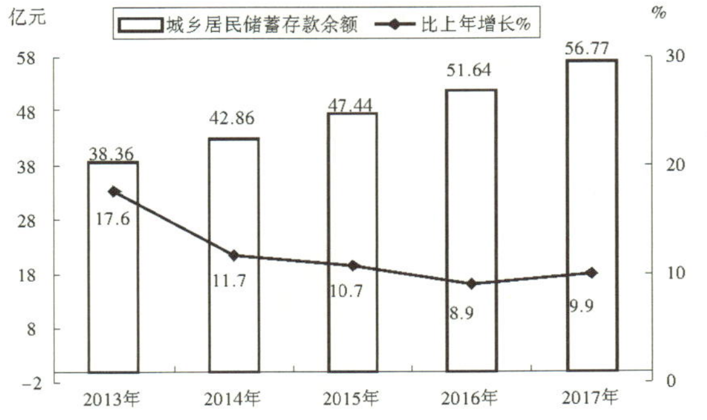

图8 2013—2017年城乡居民储蓄存款余额及其增长速度

全年商业保险机构实现保费收入14446.87万元，其中：财产险保费收入3056.87万元，同比增长4%；人寿险保费收入11390万元，同比增长15.0%。全年商业保险机构支付各类赔款1764.23万元，其中：财产险支付赔款1139.23万元，同比下降25%；人寿险支付赔款625万元，同比增长16%。

八、教育和卫生

年末拥有普通中学10所（普通高中1所、初级中学9所），小学16所，幼儿园40所，职业中学1所，县委党校1所。全县在校学生共37396人，其中普通中学10967人，小学16695人，幼儿园8516人，职业中学1218人；全县教师共2494人，其中普通中学888人，小学1000人，幼儿园547人，职业中学59人。

2017年全县小学适龄儿童入学率达100%，小学辍学率保持为0；初中入学率达100%，初中阶段的辍学率0.27%，初中保留率为96.1%，初中毕业生升学率达99%；普通高中毛入学率达96.1%。

全县共有卫生机构193间，其中：县及县以上医院3间，卫生院9间，卫生站156间，疾病预防控制中心1间，妇幼保健机构1间，卫生监督所1间，社区服务中心1间，诊所20间，计生服务中心1间。全县共有卫生工作人员1457人，同比减少4.8%，其中卫生技术人员1216人［医生414人、护士508人、药师（士）75人、技师（士）57人、其他人员162人］，占83.5%；管理人员27人，占1.9%；工勤人员129人，占8.9%，其他技术人员85人，占5.8%。全县共有床位1042张，同比增加2.7%，床位分布：县级医院754张，卫生院288张。

九、文化和体育

年末全县有公共图书馆1个，藏书量11.89万册，借阅人数49952人次，借阅册数9173册次，阅览总席位181个；农家书屋141个，藏书量30.47万册；文化馆1个，镇（街）文化站（中心）7个；文物保护管理机构1个，文物科研机构1个，省级文物保护1处，县级文物保护15处，非物质文化遗产项目10个。电影院1间，放映1692场次，电影放映收入33.84万元。电视台1间，有线电视用户数25246户，其中：城镇20560户，农村3686户，有线广播电视入户率为30%。

全县有1个体育馆，7个全民健身广场（包括乡镇健身广场），2个标准游泳池，3个室外篮球场、1个室内篮球场、1个网球场、1个田径场、1个射击场和1个举重房。2017年，县体育局被国家体育总局评为2013—2016年度群众体育先进单位。全年获得国家级奖项1人，省级奖项3人，市级奖项20人。

十、人口、资源与环境

年末全县常住人口为21.74万人，比上年增加0.18万人。城镇人口比重51.63%，比上年提高0.56个百分点。年末全县户籍人口为26.76万人，比上年增加0.06万人，其中城镇人口9.8万人，比上年增加1.14万人；乡村人口16.97万人，比上年减少1.07万人。

年末户籍人口的主要构成：男性13.92万人，占52%；女性12.85万人，占48%。2017年全县出生3663人，其中男孩1906人，占比52.0%；女孩1757人，占比48%。

物产丰饶，资源富集。矿产资源丰富，已探明有瓷土、稀土矿等14多种，其中铁矿储量856.4万多吨，平均品位53.2%，稀土矿储量6349.6万吨，瓷土储量335.3万吨。水能资源充沛，蕴藏量达14.9万千瓦，电力、供水充足，是全国首批100个电气化试点县之一。地热资源量大品优，高温、南方稀有的含氡温泉，具有独特养生保健功效，有国家4A级景区云天海温泉原始森林度假村、国家3A级景区新丰江源温泉旅游度假山庄，温泉开发初具规模。旅游资源独具特色，境内有省级自然保护区云髻山（主峰海拔1438.8米，为珠江三角洲最高峰）、市级自然保护区鲁古河水库、樱花峪、九栋十八井、西莲山、丹桂山竹林寺、梅坑温泉等旅游休闲景区景点。高山生态农业特色鲜明，新丰佛手瓜成为“国家地理标志保护产品”，获评“广东省名特优新农产品”，大丰农场“蝉红”牌红茶获“广东手信”称号，仙堂山牌红茶获省级名优茶质量特等金奖，两项高山茶品牌获全国“中茶杯”一等奖。

生态良好，环境优美。新丰是广东省东江流域重要支流新丰江的源头，新丰江水库（万绿湖）主要水源地。境内林木葱郁，植被繁茂。森林覆盖率高达 80.79%，在全省县级排名第四；森林蓄积量 1048.5 万立方米。崇山峻岭，有大小山峰 1109 座，其中千米以上的山峰 65 座。空气质量优良率达 100%，饮用水源地水质达国家Ⅱ类水标准。四季分明，气候温和，雨量充沛，光照充足，无霜期长，属南亚热带季风气候。有鲁古河国家湿地公园、省级自然保护区云髻山，是国家重点生态功能区、全国生态示范区建设试点县、广东省重点生态功能区、广东省林业重点县，名副其实的“广东香格里拉”。

全年总降雨量 1704.9 毫米，比去年减少了 1030 毫米；最大降雨量 120.8 毫米，比去年增加了 2.1 毫米；雨期天数 153 天，比去年减少了 32 天。全年最高气温 38.1℃，最低气温—0.1℃，年平均气温 20.9℃。

十一、人民生活、社会保障与安全生产

据城乡居民抽样调查，2017 年全县城乡居民人均可支配收入 18803 元，同比增长 10.2%，其中：城镇居民人均可支配收入 23663 元，同比增长 10.6%；农村居民人均可支配收入 12730 元，同比增长 10.2%。

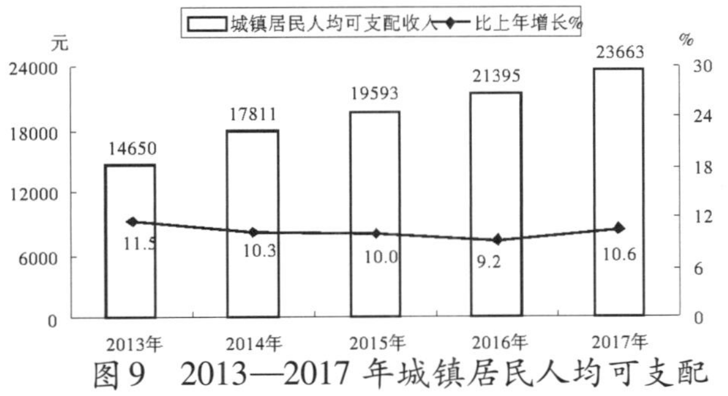

图 9　2013—2017 年城镇居民人均可支配收入及其增长速度

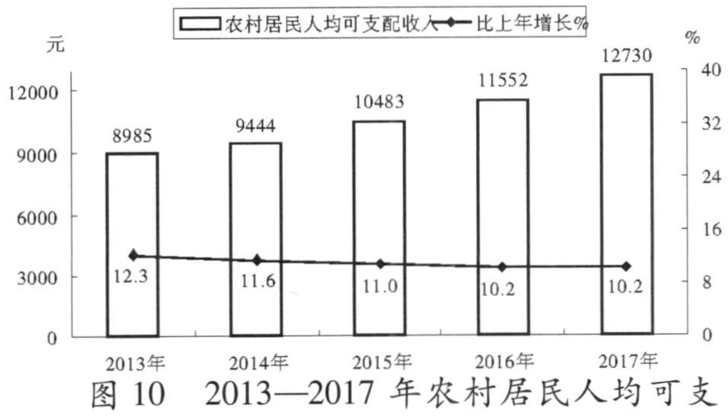

图 10　2013—2017 年农村居民人均可支配收入及其增长速度

年末基本养老保险（含企业统筹、机关事业单位）参保人数 31762 人，下降 12.9%；失业保险参保人数 10336 人，增长 0.7%；工伤保险参保人数 24194 人，增长 0.1%；生育保险参保人数 13496 人，增长 7.1%；医疗保险参保人数 20961 人，增长 1.2%。2017 年，养老、失业、工伤、医疗、生育保险全年征缴 2.22 亿元、支出 2.32 亿元；其中医疗保险全年征缴 6034 万元，增长 4.1%；医疗保险全年支出 4722 万元，增长 17.8%。

年末全县拥有社会福利机构 8 所（敬老院 7 所，社会福利院 1 所），敬老院收养人数 80 人，同比下降 3.6%；全县五保户 928 户，同比下降 1.4%。城乡居民享受最低生活保障 6758 人，同比下降 19.6%；其中：城镇 622 人，下降 24.1%；农村 6136 人，下降 19.1%。

2017 年全年共发生各类事故 60 起，同比增长 100%；死亡 11 人，同比增长 120%；受伤 7 人，同比下降 58.8%。直接经济损失 288.66 万元，同比增长 57.8%。其中：1、发生道路交通事故 11 起，同比增长 10%；死亡 10 人，同比增长 100%；受伤 7 人，同比下降 58.8%；直接经济损失 122.6 万元，同比增长 408.3%。2、消防火灾事故 48 起，同比增长 140%；死亡 0 人，受伤 0 人，直接经济损失 98.06 万元，同比下降 38.3%。3、工矿商贸事故 1 起，死亡 1 人，受伤 0 人，直接经济损失 68 万元。

注：1. 本公报中 2017 年数据为初步统计数，统计图中 2013—2016 年数据为年报数，部分数据因四舍五入的原因，存在着与分项合计不等的情况。

2. 地区生产总值、各产业增加值、产值绝对数按当年价计算，增长速度按可比价计算。

3. 从 2011 年起，规模以上工业统计口径由 500 万元调整为 2000 万元及以上；固定资产投资项目统计起点由计划总投资 50 万元提高到 500 万元；限额以上批发企业标准，年销售额 2000 万元以上；限额以上零售企业标准，年零售额 500 万元以上；限额以上住宿餐饮企业标准，年营业额 200 万元以上。

先进单位和个人

表 20

2017 度获得表彰先进集体名单

序号	获奖单位	荣誉称号	授予机构	授予时间
1	新丰县汽车运输有限公司	广东省交通安全文明示范运输单位	广东省文明办 广东省公安厅 广东省教育厅 广东省司法厅 广东省交通运输厅 广东省安全生产监督管理局	2017 年 4 月
2	新丰县体育局	2013—2016 年度全国群众体育先进单位	国家体育总局	2017 年 8 月
3	新丰县银视数字电视营业大厅	广东省巾帼文明岗	广东省妇女联合会	2017 年 3 月
4	中国移动通信集团广东有限公司新丰分公司	连续十二（2005—2016）广东省守合同重信用企业	广东省工商行政管理局	2017 年 6 月

表 21

2017 年度获得表彰先进个人名单

序号	姓名	所在单位	荣誉称号	授予机构	获奖时间
1	马月华	新丰县公安局小正派出所	全国优秀人民警察	中华人民共和国公安部	2017 年 5 月
2	江国勋	新丰县人民检察院	个人嘉奖	广东省人民检察院	2017 年 7 月
3	戴瑞朝	新丰县公安消防大队	个人三等功	广东省公安消防总队	2017 年 10 月

表 22

2017 年度获得副高（副教授）以上职称人员名单

序号	姓名	所在单位	荣誉称号	授予机构	获奖时间
1	黄秀柬	新丰县马头镇卫生院	妇产科副主任医师	广东省人力资源和社会保障厅	2017. 12
2	谭明芳	新丰县计划生育服务站	护理学副主任护师	广东省人力资源和社会保障厅	2017. 12
3	陈晓茶	新丰县中医院	副主任护师	广东省人力资源和社会保障厅	2017. 2
4	李玉蕉	新丰县中医院	副主任医师	广东省人力资源和社会保障厅	2017. 2

附录

表23

2017年中共新丰县委重要文件目录

序号	文件标题	发文号	发文时间
1	中共新丰县委关于印发《中国共产党新丰县委员会工作制度》的通知	新发〔2017〕2号	2017. 1. 25
2	中共新丰县委新丰县人民政府关于印发《新丰县法治政府建设实施纲要(2016—2020年)》的通知	新发〔2017〕6号	2017. 4. 21
3	中共新丰县委关于认真学习宣传贯彻中共十九大精神的通知	新发〔2017〕10号	2017. 11. 9
4	中共新丰县委关于印发《新丰县委巡察工作五年规划（2017—2021年)》的通知	新发〔2017〕11号	2017. 11. 17
5	中共新丰县委关于加强党内法规制度建设的实施意见	新发〔2017〕12号	2017. 12. 7
6	中共新丰县委关于加强和改进保密工作的实施意见	新发〔2017〕13号	2017. 12. 18
7	中共新丰县委印发《新丰县“十三五”人才发展规划》的通知	新委发电〔2017〕2号	2017. 6. 13
8	中共新丰县委新丰县人民政府印发《关于创建卫生强县的实施方案》的通知	新委发电〔2017〕3号	2017. 6. 14
9	中共新丰县委印发《关于进一步加强镇人大工作和建设的实施意见》的通知	新委发电〔2017〕7号	2017. 8. 25

表24

2017年中共新丰县委办公室重要文件目录

序号	文件标题	发文号	发文时间
1	中共新丰县委办公室新丰县人民政府办公室印发《关于推行法律顾问制度和公职律师公司律师制度的实施意见》的通知	新办发〔2017〕15号	2017. 12. 5
2	中共新丰县委办公室新丰县人民政府办公室关于印发《新丰县19个省定贫困村创建社会主义新农村示范村实施方案》的通知	新委办〔2017〕42号	2017. 10. 10
3	中共新丰县委办公室新丰县人民政府办公室关于印发《新丰县建立和完善复退军人服务体系实施方案》的通知	新委办〔2017〕43号	2017. 10. 11

续表 24

序号	文件标题	发文号	发文时间
4	中共新丰县委办公室关于印发《县领导同志开展“深调研”工作方案》的通知	新委办〔2017〕54 号	2017. 12. 19
5	中共新丰县委办公室印发《关于新常态下加强干部作风建设的意见》的通知	新委办发电〔2017〕46 号	2017. 5. 10
6	中共新丰县委办公室新丰县人民政府办公室印发《关于进一步加强新丰县医疗卫生服务能力建设的实施方案》的通知	新委办发电〔2017〕61 号	2017. 6. 14
7	中共新丰县委办公室新丰县人民政府办公室关于印发《新丰县全面推行河长制工作方案》的通知	新委办发电〔2017〕95 号	2017. 8. 17
8	中共新丰县委办公室新丰县人民政府办公室关于印发新丰县全域推进农村人居生态环境综合整治建设社会主义新农村示范村总体工作方案的通知	新委办发电〔2017〕110 号	2017. 8. 30
9	中共新丰县委办公室新丰县人民政府办公室关于印发《新丰县关于在城区主次道路实行“路长制”管理的实施方案（试行）》《新丰县城区“路长制”管理工作考核方案》的通知	新委办发电〔2017〕132 号	2017. 10. 16
10	中共新丰县委办公室新丰县人民政府办公室关于印发《新丰县云髻特色小镇规划建设实施方案》的通知	新委办发电〔2017〕159 号	2017. 12. 14

表 25

2017 年新丰县人民政府重要文件目录

序号	文件标题	发文号	发文时间
1	新丰县人民政府关于第一批清理规范 28 项县政府部门行政审批中介服务事项的决定	新府〔2017〕20 号	2017. 6. 22
2	新丰县人民政府印发关于进一步优化新丰县投资营商环境的具体措施（试行）的通知	新府〔2017〕22 号	2017. 7. 11
3	新丰县人民政府关于印发新丰县国有林场改革实施方案的通知	新府〔2017〕27 号	2017. 7. 17
4	新丰县人民政府关于印发新丰县政府投资非经营性项目代建管理办法（试行）的通知	新府〔2017〕34 号	2017. 8. 15
5	新丰县人民政府关于印发新丰县盐业体制改革实施方案的通知	新府〔2017〕36 号	2017. 8. 28
6	新丰县人民政府印发《关于解决新丰县不动产统一登记历史遗留问题的处理意见》的通知	新府〔2017〕37 号	2017. 8. 31

续表 25

序号	文件标题	发文号	发文时间
7	新丰县人民政府关于划定森林防火区的通告	新府〔2017〕45 号	2017. 9. 29
8	新丰县人民政府关于印发新丰县畜禽养殖禁养区、限养区和适养区划定方案的通知	新府〔2017〕47 号	2017. 10. 9
9	新丰县人民政府关于印发新丰县县级行政许可事项目录（2017 年版）的通知	新府〔2017〕51 号	2017. 11. 23

表 26

2017 年新丰县政府办公室重要文件目录

序号	文件标题	发文号	发文时间
1	关于印发《新丰县固定资产投资项目全流程审批实施办法（试行）》的通知	新府办〔2017〕2 号	2017. 2. 8
2	新丰县人民政府办公室关于印发《新丰县城市人居环境整治工作实施方案》的通知	新府办〔2017〕6 号	2017. 3. 14
3	新丰县人民政府办公室关于印发《新丰县登革热疫情防控工作预案》的通知	新府办〔2017〕8 号	2017. 4. 14
4	新丰县人民政府办公室关于印发《新丰县创建广东省推进教育现代化先进县工作实施方案》的通知	新府办〔2017〕10 号	2017. 5. 19
5	新丰县人民政府办公室关于印发《关于进一步规范行政审批行为的实施意见》的通知	新府办〔2017〕11 号	2017. 5. 22
6	新丰县人民政府办公室关于印发新丰县地方志事业发展规划（2017—2020 年）的通知	新府办〔2017〕12 号	2017. 5. 24
7	新丰县人民政府办公室关于印发新丰县盘活财政存量资金工作实施方案的通知	新府办〔2017〕16 号	2017. 7. 18
8	新丰县人民政府办公室关于进一步加强建设用地报批工作的通知	新府办〔2017〕18 号	2017. 8. 9
9	新丰县人民政府办公室关于印发新丰县行政应诉工作办法的通知	新府办〔2017〕24 号	2017. 9. 26
10	新丰县人民政府办公室关于印发新丰县中小学生校外托管机构管理办法（试行）的通知	新府办〔2017〕27 号	2017. 11. 6
11	新丰县人民政府办公室关于印发新丰县精神卫生工作规划（2016—2020 年）的通知	新府办〔2017〕29 号	2017. 11. 26

续表 26

序号	文件标题	发文号	发文时间
12	新丰县人民政府办公室关于印发《新丰县深化医药卫生体制改革总体方案（2016—2018）》的通知	新府办〔2017〕30 号	2017. 12. 17
13	新丰县人民政府办公室关于印发新丰县促进社会办医加快发展实施办法的通知	新府办〔2017〕31 号	2017. 12. 17
14	新丰县人民政府办公室关于印发新丰县医疗卫生强基创优行动计划实施（2016—2018）的通知	新府办〔2017〕32 号	2017. 12. 17

表 27 市际、县际班线发车时间、线路、途经站及终点站一览表

线路	新丰发车时间	对方站发车时间	途经站点及终点站	客位	票价（元）
新丰—东莞长安	08：20 12：30	06：40 13：30	增城、东莞、厚街、虎门、东莞长安	86	100
新丰—深圳蛇口	08：40 15：00	蛇口：07：00 14：30 银湖：08：00 15：30	四角楼、龙岗高速路口、丹竹头、布吉、深圳（银湖站）、深圳（蛇口站）	94	120
新丰—深圳福田	12：40	7：00	四角楼、龙岗高速路口、丹竹头、布吉、深圳（福田站）	47	98
新丰—深圳龙华	13：20	6：50	常平（司马）、樟木头、塘夏、凤岗、观澜、深圳（龙华站）	47	100
新丰—深圳南头	07：30 13：45	07：15 13：20	增城、东莞、大岭山、东莞长安、松岗、宝安、深圳（南山站）	94	115
新丰—深圳东湖	7：15	11：50	四角楼、龙岗高速路口、丹竹头、布吉、深圳（东湖站）	33	77
新丰—珠海	11：50	6：10	从化、番禺、亭角、二冲、中山、三乡、珠海（拱北站）	45	112
新丰—中山	16：25	9：00	从化、中山、中山（小榄站）	38	110
新丰—顺德（大广高速）	10：00 13：35	顺德容桂：07：10 14：40 顺德大良：07：30 15：00 佛山鸿运站：08：30 16：00	从化、佛山、乐从、顺德（大良站）、顺德（容桂站）	85	86

续表 27

线路	新丰发车时间	对方站发车时间	途经站点及终点站	客位	票价（元）
新丰—广州（大广高速）	05：35 06：25 06：50 07：35 08：15 10：10 10：35 11：00 11：25 12：15 14：25 15：00 16：00 18：00	07：00 08：15 08：50 09：30 09：55 10：20 11：10 12：00 12：50 14：50 15：30 16：15 17：30	广州广园站（高速）	638	72
新丰—东圃（大广高速）	09：20	广园站： 14：00 东圃站： 13：10	广州广园站（高速）、广州东圃站（高速）	47	78
新丰—芳村（大广高速）	08：55	广园站： 13：30 芳村站： 12：40	广州广园站（高速）、广州芳村站（高速）	47	75
新丰—滘口（大广高速）	13：10	8：00	广州（永泰）、广州滘口站（高速）	43	75
新丰—黄埔（大广高速）	12：45 15：30	06：50 08：20	广州永泰（高速）、广州黄埔站（高速）	88	80
新丰—花都	09：45	13：45	北兴、广州（花都站）	45	58
新丰—番禺（大广高速）	14：00	7：20	广州永泰、海珠、番禺站（高速）	46	80
新丰—南沙（大广高速）	08：35	14：00	广州永泰、番禺（罗家）、广州（南沙站）	45	85

续表 28

线路	新丰发车时间	对方发车时间	途经站点及终点站
新丰至锡场	13：20	07：00	马头、石角、林石、林和、锡场

注：1. 以上发车时间、线路、途经站点及终点如有变动，按当天车站售票窗口实际购票为准

2. 如有疑问，可拨打车站咨询电话：0751—2252156，0751—2289666

表 29

新丰县旅行社一览表

单位名称	类别	地址	总经理	电话号码	传真号码
新丰县旅游公司	国内社	新丰县丰城大道东 2 号	林旭升	2260100	2260101
新丰县交通旅社有限公司	国内社	新丰县法政路 4 号	罗凌云	2259335	2262345
新丰县阿婆髻旅行社有限公司	国内社	新丰县人民东路 32 号	周素素	2288610	2288510
新丰县青年旅行社有限公司	国内社	新丰县丰城大道东 28 号	潘夏斯	2299999	—
广东志纯国际旅行社有限公司韶关分公司	国际社	新丰县丰城街道丰城大道东美华巷 8 号	朱卫良	2296898	—
广东志纯国际旅行社有限公司新丰西门门市部	国际社	新丰县丰城街道人民西路 222 号二楼	朱卫良	2296898	—
新丰县德润教育旅游有限公司	国内社	新丰县丰城街道罗洞村新和组	罗励锋	2252833	—
敏通旅行（广州）旅游有限公司新丰营业部	国内社	新丰县丰城街道文体西路 12 号一楼	罗雯	2282683	—

表 30

新丰县星级酒店一览表

单位名称	星级	法人	单位所在地（地址）	电话号码	传真号码	房间数	床位数
新丰县交通大酒店	3	卢　雁	新丰县城 105 国道旁交通大厦	2299888	2299988	80	146
新丰江源温泉旅游度假山庄	3	李振华	新丰县梅坑镇梅东村	2381111	2381084	107	188
新丰县百乐宫大酒店	3	俞旺家	新丰县丰城镇丰城大道东 10 号	2267888	2267078	65	116
新丰县皇天星悦酒店	3	潘金海	新丰县丰城街道新龙大道 113 号	2328888	2328999	71	127
新丰县澳城花园酒店	未评星	何洪超	新丰县丰城大道西 132 号	2197988	2197989	85	139
云天海温泉原始森林度假村	未评星	罗钦文	新丰梅坑镇利坑村	6920666	6920000	565	1066
新丰县云髻山温泉度假山庄	3	骆柱英	新丰县丰城街道云髻山景区	2295979	2280020	58	128
新丰恒胜客家大院酒店	3	陈智浩	新丰县新龙大道 17 号	6978333	6978000	41	78

表 31

新丰县主要旅游景区（点）一览表

单位名称	质量等级	单位所在地（地址）	电话号码	传真号码
云髻山旅游区	未评定	新丰县丰城街道办事处	2298286	2280020
云天海温泉原始森林度假村	AAAA	新丰梅坑镇利坑村	6920666	6920000
新丰江源温泉旅游度假山庄	AAA	新丰县梅坑镇梅东村	2381111	2381084
樱花峪	未评定	新丰县黄礤镇	2423608	—
万亩果园	未评定	新丰县丰城街道双良村	13827900778	—
云髻山温泉度假山庄	未评定	新丰县新丰县丰城街道办事处	2295979	2280020
天地人和葡萄园	未评定	新丰县丰城街道岳城村	13602913198	—
新丰县乐萄萄生态农业发展有限公司	未评定	新丰县梅坑镇利坑村	18602029001	—

表 32

新丰县星级农家乐一览表

单位名称	星级	法人	单位所在地（地址）	电话号码
雪山林苑	3	陈小河	新丰县丰城镇朱洞村	2297177
丰衣足食农庄	2	陈伊凡	新丰县丰城街道横江村	2299337
新宝塔山庄	2	陈贤望	新丰县丰城街道坳头村（105 国道旁）	2199222
小河湾酒店	2	谭光天	新丰县梅坑镇 347 线省道旁	2381818
九里香农家庄		潘光武	新丰县丰城街道黄陂村茨菇坑	13927805555
丰珠山庄	1	丘传珠	新丰县丰城街道洞下村（105 国道旁）	2194169
竹林人家	1	温新闻	新丰县丰城街道新龙公路旁赵洞路	2269777
李宁山庄	1	冯国锦	新丰县丰城街道朱洞村	13827906066

新丰书法作品选刊

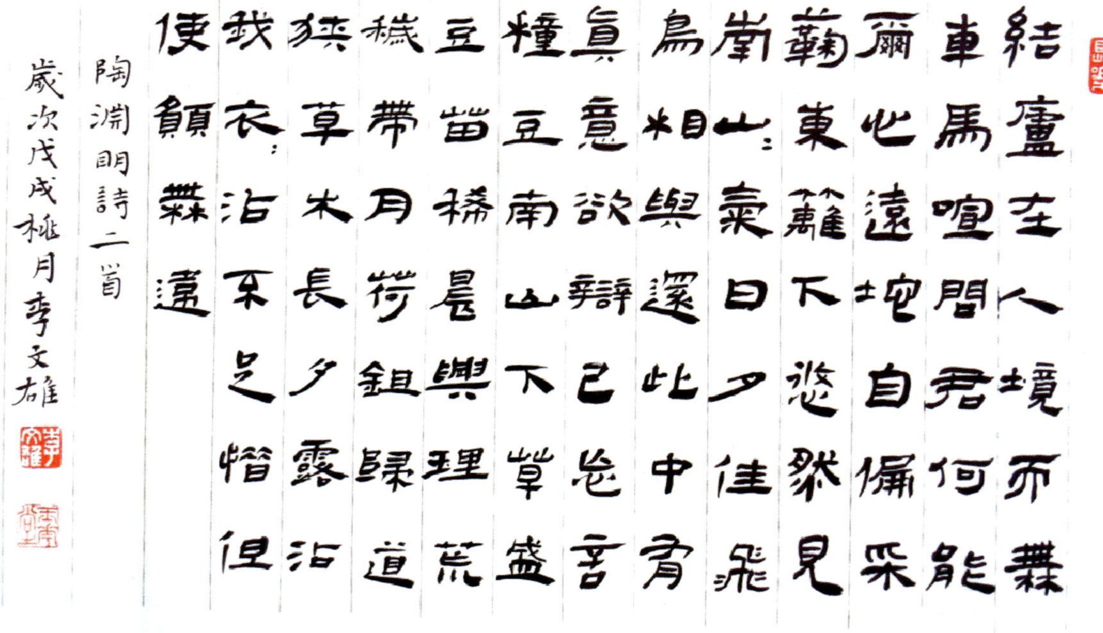

李文雄书法作品

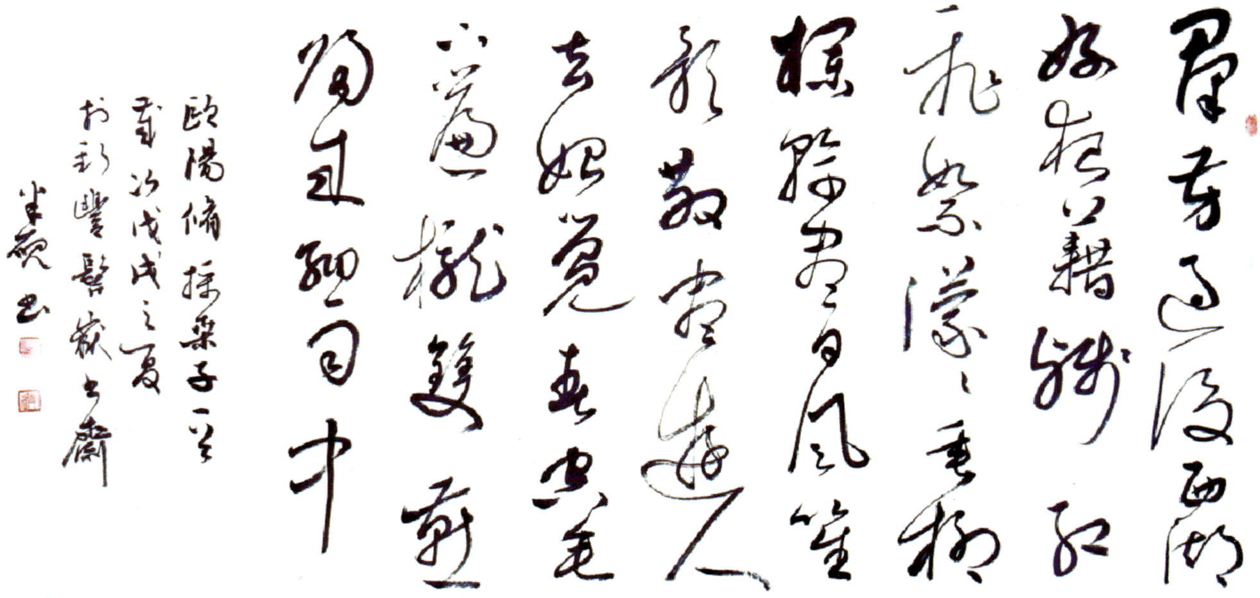

罗耀辉书法作品

冯寿宗书法作品

潘智知书法作品

陈罗章书法作品

陈小兵书法作品

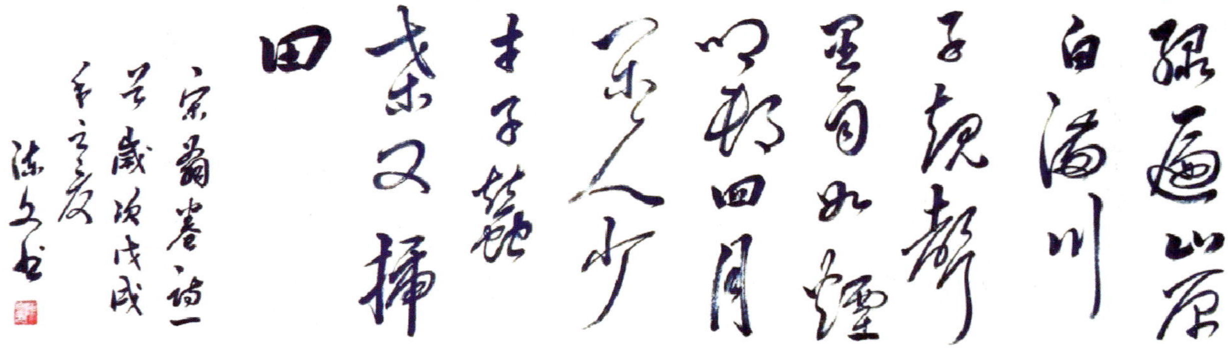

陈文书法作品

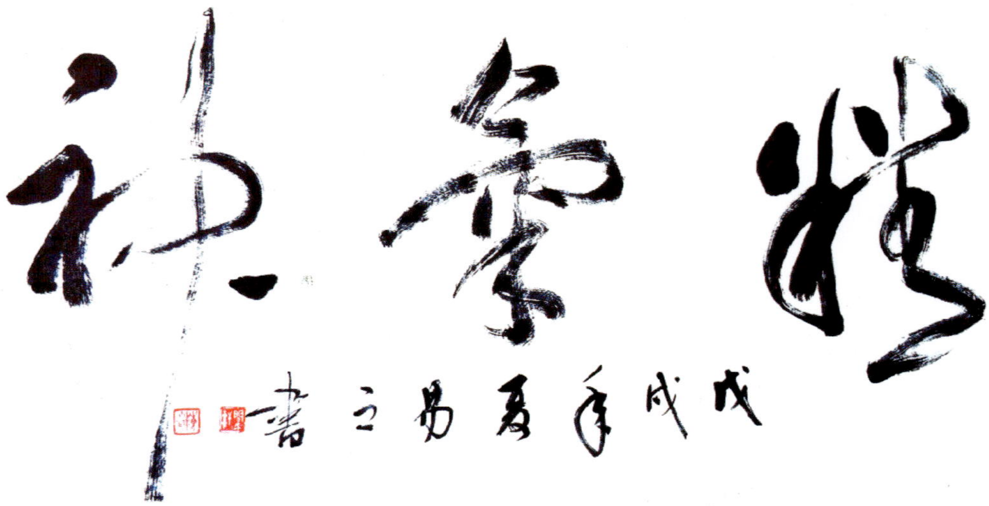

陈小可书法作品

张京泉书法作品

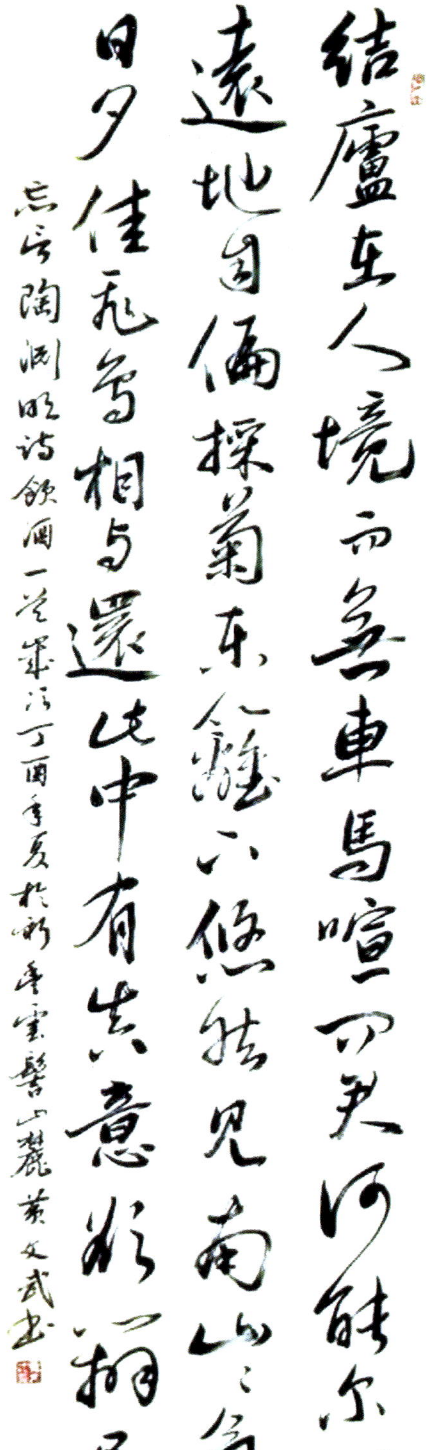

黄文武书法作品

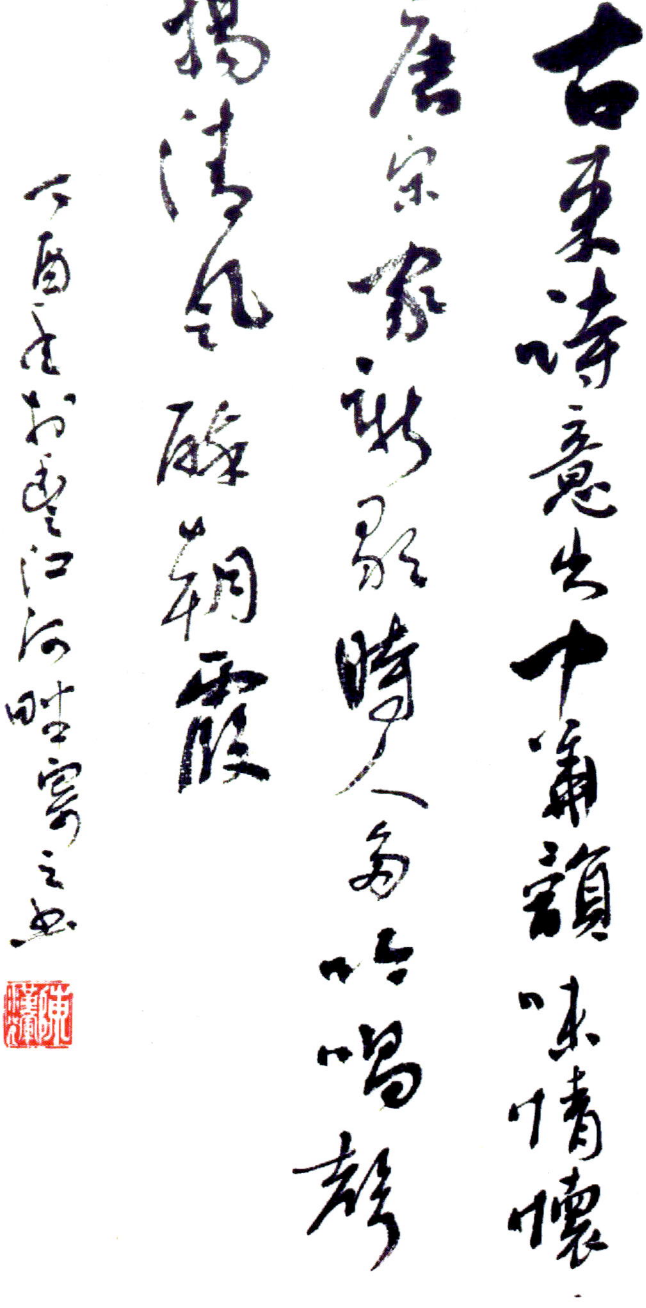

陈汉辉书法作品

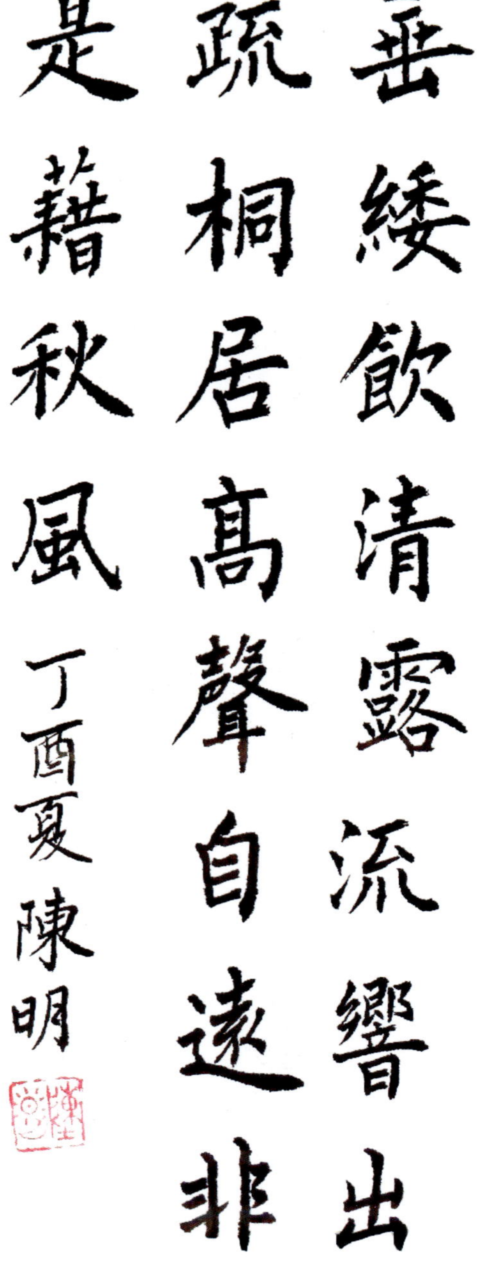

陈明书法作品

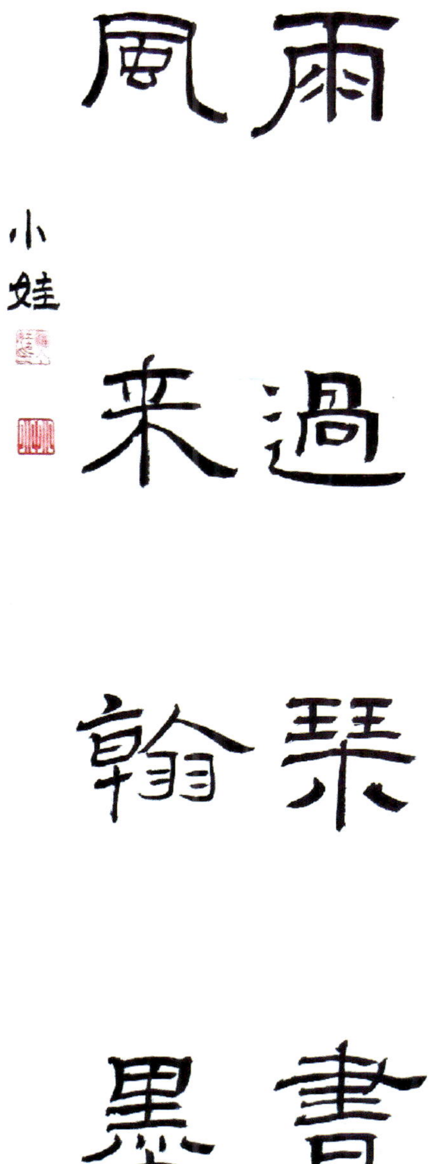

潘小娃书法作品

陈小芬书法作品

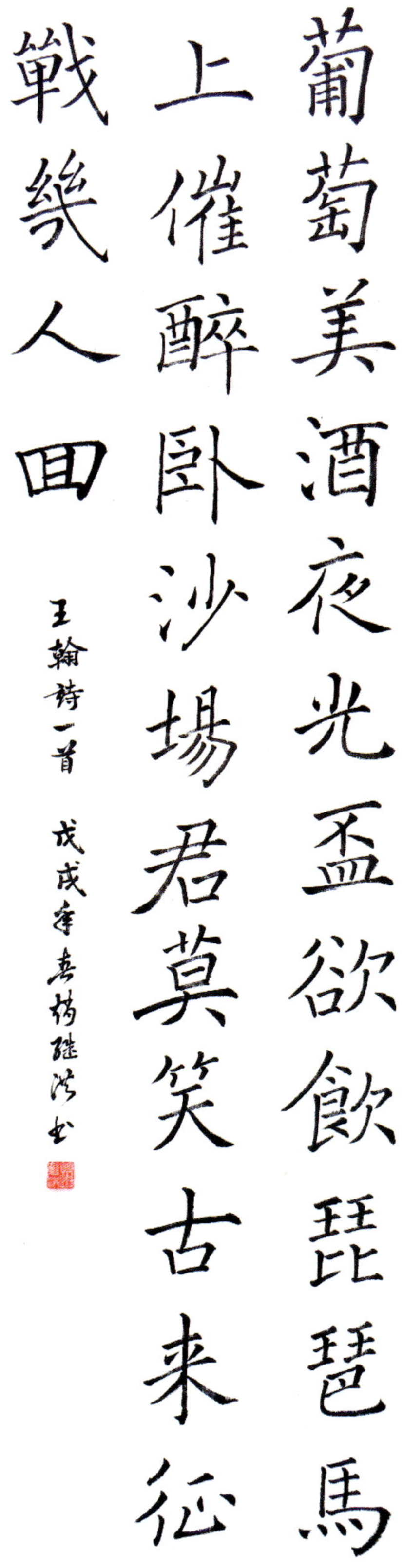

赵继洪书法作品

索　引

主题索引

说　明

一、本索引采用主题分析方法，款目按汉语拼音字母（同音字按声调）循序排列。
二、文中的类目题、分目题用黑体字表明，其余用宋体字排印。表格、图片在其款目后分别注明“表”或“图”。
三、索引款目后的数字表示内容所在的页码。
四、本索引对《大事记》等篇不作内容主题分析。

C

D

E

F

G

K

L

M

R

S

T

W

X

表格索引